KB003384

1997년 이후
한국사회의 성찰

지은이 김동춘(金東椿)은 1959년 경북 영주에서 태어나 서울대 사범대를 졸업하고, 같은 대학교 대학원에서 사회학 박사 학위를 받았다. 『역사비평』과 『경제와 사회』 편집위원, 참여사회연구소 소장, 진실·화해를위한과거사정리위원회 상임위원을 역임했으며, 2004년 한겨레신문 선정 '한국의 미래를 열어갈 100인'으로 뽑혔고, 2006년에는 제20회 단재상을 수상했다. 현재 성공회대 사회과학부 교수로 재직하며, 『황해문화』 편집자문위원을 맡고 있다.

저서로 『1960년대의 사회운동』(공저, 까치, 1991), 『한국사회노동자연구』(역사비평사, 1996), 『한국사회과학의 새로운 모색』(창비, 1997), 『분단과 한국사회』(역사비평사, 1997), 『자유라는 화두』(공저, 삼인, 1999), 『근대의 그늘』(당대, 2000), 『전쟁과 사회』(돌베개, 2000), 『IMF 이후 한국의 빈곤』(나남, 2000), 『NGO란 무엇인가』(공저, 아르케, 2000), 『독립된 지성은 존재하는가』(2001, 삼인), 『한국 시민사회의 변동과 사회문제』(공저, 나눔의집, 2001), 『국가폭력, 민주주의 투쟁, 그리고 희생』(공저, 함께읽는책, 2002), 『전쟁과 사람들』(공저, 한울, 2003), 『한국의 언론정치와 지식권력』(공저, 당대, 2003), 『미국의 엔진, 전쟁과 시장』(창비, 2004), 『편견을 넘어 평등으로』(공저, 창비, 2006), 『우리 안의 보편성』(공저, 한울, 2006), 『1997년 이후 한국사회의 성찰』(도서출판 길, 2006), 『복합적 갈등 속의 한국 민주주의』(공저, 한울, 2008), 『한국 민주화와 사회경제적 불평등의 동학』(공저, 한울, 2009), 『리영희 프리즘』(공저, 사계절출판사, 2010) 등이 있으며, 역서로는 『정보 불평등』(민음사, 2001)이 있다.

우리 시대의 새로운
프런티어21
지적 대안 담론 ❹

1997년 이후 한국사회의 성찰
기업사회로의 변환과 과제

2006년 12월 31일 제1판 제1쇄 발행
2007년 3월 31일 제1판 제2쇄 발행
2007년 7월 20일 제1판 제3쇄 발행
2008년 1월 31일 제1판 제4쇄 발행

2011년 8월 20일 제1판 제5쇄 인쇄
2011년 8월 31일 제1판 제5쇄 발행

지은이 | 김동춘
펴낸이 | 박우정

기획 | 이승우
편집 | 이현숙

펴낸곳 | 도서출판 길
주소 | 135-891 서울 강남구 신사동 564-12 우리빌딩 201호
전화 | 02)595-3153 팩스 | 02)595-3165
등록 | 1997년 6월 17일 제113호

ⓒ 김동춘, 2006. Printed in Seoul, Korea

ISBN 89-87671-57-7 93300

1997년 이후
한국사회의 성찰

기업사회로의 변환과 과제

김동춘 지음

도서출판 길

우리는 지금 시장 자본주의의 거대한 회오리바람 중간에 휩싸여 있다. 국제 경쟁력을 갖춘 한국의 대기업들조차 한 발만 잘못 디디면 낭떠러지로 떨어질 위기 속에 있으며, 지구라는 무대 위에서 선진국의 일류 기업들과 죽기 살기의 경쟁을 하고 있다. 몇몇 재벌그룹 산하 대기업의 성패에 생존을 내맡기고 있는 우리는 모두 한 치 앞을 내다볼 수 없는 불안을 느끼며 지금 누리는 약간의 풍요를 놓치지 않을까 노심초사하고 있다. 인류 역사상, 대한민국 역사상 인간이 이렇게 치열한 경쟁 속에 살았던 적이 있었을까? 프랑스에서는 청년 학생들이 신노동법을 반대하기 위해 전국적인 시위를 벌이고, 한국 정부는 한미 FTA를 서두르는 것만이 우리의 살길이라고 외친다. 개방과 유연화라는 유령은 온 지구를 휩감고 있다. 미국 공화당이 표방한 소유자사회(ownership society)는 지구 모든 국가의 표준이 되고 있다. 소유하지 못하면 무능하며, 무책임하고, 부도덕하기까지 하다는 것이다. 지구상의 모든 것은 소유의 대상이며, 소유는 곧 인격이고 자존심이며, 존재의 가장 중요한 기반으로 간주된다. "힘 있는 사람들이 좀 부패했다 한들 뭐가 문제인가? 무능한 정치가, 경제를 활성화시키지 못하는 청렴함은 못 참겠다"는 것이 이 시대 대중들의 암묵적인 태도, 가치관, 그리고 생활 철학이다.

4

외환위기 이후 지난 8년 동안 한국사회는 양극화가 심각해졌고, 확실한 계급사회로 진입해 들어가고 있다. 근대 이후 한국사회가 지금처럼 불평등해진 적이 있었는지, 한 국민이 이렇게 둘로 쪼개진 적이 있었는지 모르겠다. 그러면 우리는 1990년대 후반 이러한 양극화, 불평등의 심화, 기업사회 혹은 소유자 사회로의 진입을 예상할 수 없었던 것일까? 그렇지 않다. 우리는 충분히 그것을 예상할 수 있었다. 단지 지구화, 국경 없는 경제, 개방화의 불가피성을 강조하는 담론의 위세 앞에서 '팔 수 있는 것은 모두 팔자'는 시대의 거센 압력을 막을 수 없었을 따름이다. 지난 반세기 동안 반공주의의 위세 앞에 정부의 불법, 반인권 폭력행사를 제대로 비판하지 못하고 주눅 들어서 살아왔듯이, 권위주의 정권 붕괴와 외환위기 이후 지난 10여 년 동안 우리는 시장이 모든 것을 해결해준다는 시장 근본주의를 제대로 비판할 수 없었다. 발육부전의 한국 시민사회는 '민주화'라는 구호 아래 진행된 이 '자유화'의 거센 압력에 저항할 힘이 없었다. 민주화가 가져다준 성과가 놀라운 것은 사실이지만 사회는 이제 시장에 포획되었으며, 국가 폭력은 거의 사라졌으나 그보다 더 매운 시장의 채찍이 한국인들의 일상을 사로잡고 있다.

모든 사람이 투자자가 되고 자본가가 되는 시대, 공공 서비스가 비즈니스의 개념으로 접근되는 시대, 그리고 모든 사람이 실업자로 전락할 위기에 놓여 있는 이 시대를 사회과학적으로는 뭐라고 불러야 할지 모르지만, 우리는 분명 지금 그러한 시대 안에 깊숙이 들어와 있다. 우선 필자는 기업이 단순히 사회의 일부인 것이 아니라 오히려 사회가 기업의 모델과 논리에 따라 재조직되는 오늘날의 사회를 '기업사회'라 부르고 그것을 나름대로 개념화하려고 시도해보았다. 그리고 우리가 민주화, 혹은 진보의 시대라고 부르는 지금의 시대, 그리고 민주화 이후 정치권력의 담당 주체가 변화되었다는 보수 진영 측의 볼멘소리나 불편한 심기, 독기에 찬 참여정부 비판이 거의 매일 보수 신문 지상을 장식하는 지금의 시대는 사실은 그보다 더욱 확고하게 대자본의 막강한 지배력으로 대표되는 경제적 보수주의, 기독교 등 사회적 보수주의가 본격적으로 뿌리를 내리는 시대라고 보고 있다.

여기에 실린 글들은 모두 외환위기 이후 한국사회의 변화를 바라보는 필자의 입장과 시각을 보여주고 있다. 대체로 1998년 이후 집필한 논문 중에서 한국전쟁, 과거사, 노동운동 관련 글들은 제외하고 묶은 것이다. 이 기간 동안 필자는 주로 한국전쟁 관련 저서를 준비·출간하고, 한국전쟁 관련 민간인 학살 진상규명 운동, 과거사법 제정 운동 등 과거사 관련 운동에 직접 개입했다. 아울러 한국사회의 제반 쟁점에 대한 정치한 분석을 시도하기보다는 에세이나 신문 칼럼 등을 통해서 더 많은 의견을 표출하였다. 그러나 사회과학도로서 현재 진행형인 한국사회의 변화에 대해 침묵할 수는 없었기 때문에, 여러 청탁이나 논문 발표 기회가 올 때 나름대로 생각을 정리해서 발표했으며, 이 책은 그간의 논문을 모은 것이다. 시의성이 다소 떨어지는 글도 있지만, 필자의 문제의식이 크게 변하지는 않았기 때문에 오래된 통계 자료를 바꾸고 조금씩 다듬는 선에서 손을 보았다. 서두의 「'민주화 이후' 한국사회」는 이 책을 위해서 새로 쓴 글인데, 2005년 후반기에 집필했던 미발표 원고다.

2000년 『근대의 그늘』이라는 논문집을 묶어 낼 때 다음에는 좀더 완성도가 높은 논문들을 묶어서 출간해야겠다고 생각했지만, 그러한 다짐은 결국 공염불이 되고 말았다. 이 중에서 한두 편을 제외하고는 모두가 오랜 준비를 거쳐서 집필하고 또 엄격한 학술적 논증을 거쳐서 다듬은 글이라기보다는 학회나 학술잡지의 논문 발표 요청을 받아서 급히 썼다가 조금씩 수정을 해서 다시 실은 것이기 때문이다. 그러나 당대의 시대적 과제에 응답해야 한다는 사회과학자로서의 책무 때문에 완성도가 낮은 글이라고 생각되는 경우에도 일단 글을 발표하게 되었다.

여기에 실린 논문을 쓰는 과정에서 날카로운 비판과 적절한 지적을 해준 많은 동료들에게 이 자리를 빌려 거듭 감사드린다. 성공회대학교 사회과학부의 동료 교수들 역시 이런 작업을 진행할 수 있도록 많은 지적 자극을 주었다. 연구와 집필에 시간을 많이 투여한 만큼 가정에는 등한시할 수밖에 없었기 때문에, 가족들은 이 책이 나오는 데 가장 많이 희생을 한 당사자들이다. 특히 올해 초 아버님이 타계하셨다. 아버님은 내게 세속적인 성공에 눈을 돌리지 말고 소신을 갖고서 나의 길을 가라고 언제나 말씀하셨다. 이 자리를 빌려 삼가 아버님의 명복을 빌면서 아버님의 뜻에 어긋나지 않는 연구자가 되도록 노력하겠다.

이 책은 도서출판 길의 박우정 대표와 이승우 실장의 권유가 없었으면 세상에 나올 수 없었을 것이다. 두 분의 정성과 관심에 깊이 감사드린다.

2006년 11월

김동춘

차 례

책머리에 • 4

서론   '민주화 이후' 한국사회 | '기업사회'로의 변화를 중심으로 • 13

제1부

탈분단 시대 지식인의 역할 | 리영희의 사상과 실천을 생각하며 • 35

한국 사회과학의 탈식민 과제 • 54

21세기에 돌아보는 1980년대 한국 사회성격 논쟁 • 84

한국의 지식인들은 왜 외환위기를 읽지 못했는가 • 118

제2부

한국의 우익, 한국의 '자유주의자' | 상처받은 자유주의 • 147

한국의 자유주의자 • 166

한국의 지식사회와 지식권력 • 188

제3부

'민주화'라는 환상? | 교체되는 권력과 교체되지 않는 권력 • 209

강요된 지구화와 한국의 국가, 자본, 노동 | IMF체제하의 한국 • 232

노동 · 복지체제를 통해 본 한국 자본주의의 성격

       | 냉전 자본주의에서 신자유주의로? • 264

한국 노동자 내부 구성과 상태의 변화 | '계급' 없는 계급사회? • 286

신자유주의와 한국 노동자의 인권 | 외환위기 직후를 중심으로 • 319

전환기의 한국사회, 새로운 출발점에 선 사회운동 • 357

제4부

　　한국 민주화의 주도세력 • 379

　　21세기에는 학벌주의가 사라져야 한다

　　　　　| 대학 서열화 극복을 위한 대학개혁 • 407

　　유교와 한국의 가족주의 | 가족주의는 유교적 가치의 산물인가 • 428

제5부

　　한국인들의 자민족 중심주의 • 461

　　시민운동과 민족, 민족주의 • 481

　　21세기와 한국의 민족주의 • 505

　　일상적 파시즘론에 대한 생각 • 515

　　해방 60년, 한국의 민족주의와 민족문제의 위상 • 521

　　찾아보기 • 544

　　수록 논문의 출처 • 554

서론

·
·
·

'민주화 이후' 한국사회

'민주화 이후' 한국사회

'기업사회'로의 변화를 중심으로

1. 머리말

미국의 역사학자 콜코는 그의 초기 저작 『보수주의의 승리』에서 남북 전쟁, 노예해방 이후 미국의 역사는 흔히 알려진 것처럼 민주주의와 진보 주의의 승리가 아니라 정치에 대한 자본의 통제가 확립된 시기였다고 지적한 바 있다.[1] 진보의 시기로 알려진 미국 역사의 황금기는 민주주의 실종의 시기였으며, 민주주의란 사실 경쟁적 자본주의 경제를, 진보주의란 대자본의 승리를 의미하게 되었다는 것이다. 1990년대 이후 지금까지의 한국사회를 민주주의와 진보의 시기로 보는 한국 학계의 통상적 시각을 생각해보면 콜코의 지적이 연상된다.

지구화(globalization), 외환위기, 국제통화기금(IMF) 관리체제와 그 이후 진행된 기업 구조조정은 한국사회를 심대하게 변화시켰다. 물론 두 번에 걸친 민주화 세력의 집권이 정치나 대외관계, 그리고 엘리트의 교체 등의 차원에서 한국 사회를 결정적으로 변화시켰다고 보는 사람도 있을 것이다. 물론 그렇게 볼 수도 있다. 그러나 정치 민주화가 외환위기 극복을

---

1 Gabriel Kolko, *The Triumph of Conservatism: A Reinterpretation of American History, 1900~1916*, London: The Free Press Glencoe, Collier-Macmillan Limited, 1963, p. 2.

명분으로 한 미국식 주주 자본주의, 시장경제 질서를 우리 사회에 훨씬 더 강력하게 착근시키는 안전판이나 바람막이로 작용한 점도 있었다는 일각의 지적을 깊이 새겨보면 이 정치적 민주화는 과연 우리 사회 대다수 구성원들에게는 무엇을 의미하는 것일까 생각해보지 않을 수 없다. 외환위기와 IMF 관리체제는 한국이 '미국 재무부의 소유물'이 된 것이라는 돈부시(Rudiger Dornbusch)의 지적이 다소 과장된 것이라고 하더라도,[2] 외환위기 이후 8년을 되돌아보면 과연 경제위기와 IMF 관리체제, 이후 경제 개방과 자유화가 한국사회를 어떻게 변화시켰으며, 국내외의 어떤 세력에게 가장 큰 이득을 안겨다 주었고, 누구를 가장 어려운 처지로 내몰았는지 대차대조표를 그려볼 수 있지 않을까?

그러나 필자가 관심을 갖는 것은 한국 경제의 변화가 아니라 오늘과 미래의 한국인들에게 훨씬 더 심대한 영향을 줄 수 있는 '사회'의 변화다. 민주화 이후의 한국사회를 여기서는 시론적으로 '기업사회'라고 일단 지칭하고 기업사회로서 현재 한국사회의 특징들을 살펴보기로 한다.

2. 기업사회와 그 특징들

대통령이나 국회의원을 사실상 돈으로 살 수 있고, 대기업의 총수가 대통령이나 장관이 되거나 그 이상의 영향력을 행사하고, 신문과 방송이 대기업의 사실상의 홍보지 기능을 하고, 검찰과 법원이 대기업 활동을 법적으로 정당화해주는 역할을 하고, 학자와 지식인들이 대기업의 이해를 세련되게 대변해주고, 심지어 대기업의 자회사들이 전장 후방에 투입되어 군대 훈련은 물론 작전의 일부까지도 담당하고,[3] 지방자치 단체장과 의원

---

2 1998년 1월 CNBC의 토론에서 지적한 내용. 더그 헨우드, 이주명 옮김, 『월스트리트 누구를 위해 어떻게 움직이나』, 사계절, 1999 중의 저자 서문.

은 모두 지역의 건설업자나 자영업자로 채우고, 동사무소·복지관·탁아소·양로원을 모두 기업에서 직접 운영하고, 대학의 인문사회 계열이 모두 경영학과로 개편되어 입학부터 졸업까지 마케팅 강의와 어학 위주의 강의로 개설되고, 시민 교육을 모두 대기업의 재테크 강좌로 채우는 일이 발생한다면 세상 사람들은 어떤 반응을 보일까? 30년 전에 이런 이야기를 했으면 미친 생각이라고 했겠지만, 지금도 과연 그럴까?

기업사회의 원조는 미국이다. 조사에 의하면 1933년에서 1965년까지 미국 각료의 63퍼센트와 국방부장관의 86퍼센트가 임명 전에 기업가나 법률가였다고 한다.[4] 역대 미국 최고의 국무장관으로 일컬어지는 애치슨(Acheson)은 원래 재무성 관리였으며 기업 법률가였다. 닉슨 행정부의 국무장관 키신저는 거대 컨설팅 기업의 총수로 일하고 있다. 현직 국무장관 라이스는 미국 여러 대기업의 이사로 활동했다. 체니 부통령과 부시 대통령 또한 그 전에 기업가였으며, 클린턴 행정부의 주요 각료들은 월가 출신이었다. 미국에 관한 한 기업과 정치의 경계는 거의 없다. 정치 특히 그 연장인 전쟁은 대체로 대기업의 이익에 봉사한다. ABC 뉴스의 조사에 의하면 미국인들의 80퍼센트는 정치가들이 자신의 선거운동 자금을 대준 부자들을 특별 대우한다고 생각하고 있다.[5]

이렇게 말하면 성급한 사람들은 "그러면 아예 효율성과 경쟁력을 갖춘 대기업이 정부와 정치를 모두 직접 담당하면 좋지 않은가" 하고 질문할 수도 있을 것이다. 국가와 정치 과정에서 거추장스러운 갈등 과정을 생략한 채 기업이 일사불란하게 국가를 운영할 수 있을 것이기 때문이다. 그런

---

3 이라크 전쟁은 이제 전쟁과 군사 작전이 민간 군사기업의 업무가 된 대표적인 사례다. 피터 W. 싱어, 유강은 옮김, 『전쟁 대행 주식회사』, 지식의 풍경, 2005.

4 Gabriel Kolko, "Power and Capitalism in Twentieth-Century America," J. David Colfax & Jack L. Roach, eds., *Radical Sociology*, New York: Basic Books, INC., 1971, p. 222.

5 March 2001의 조사. Kevin Phillips, *Wealth and Democracy: A Political History of the American Rich*, New York: Broadway Books, 2002, p. 328.

데 이러한 도발적 문제제기는 기업이라는 특수 이익 추구 조직이 공공성을 감당할 수 있다고 보는 시각으로, '기업이 이윤을 확보하여 많은 사람들에게 일자리를 주는 것이 공공성'이라는 최근 유행하는 주장과 짝을 이룬다. 과연 대기업이 국가의 교육, 복지는 물론 국가의 최후 보루인 안보와 전쟁 업무까지 일부 담당하는 기업가 정부, 기업가 국가가 나타나는 일이 가능할까? 오늘의 미국이 바로 거기에 가까워지고 있다.

이런 질문은 과연 기업이란 무엇인가 하는 물음으로 나아간다.

우선 기업은 이윤을 극대화하기 위해 만든 조직이며, 기업 소유자는 기업에 대해 무한 책임을 지고서 이윤이 지속적으로 발생할 수 있는 내외적 환경을 만드는 것을 임무로 삼는다. 기업은 창출된 이윤을 재투자하지만 동시에 자기 상품의 시장 점유율(market share)을 극대화하기 위한 외적 환경 조성에도 적극 투자한다. 이윤을 극대화하고 시장 점유율을 높이기 위해 기업은 스스로를 혁신하지 않고서는 살아남을 수 없다. 그 과정에서 기업은 경제는 물론 정치와 사회에도 활력을 불어넣는다. 기업의 혁신은 경쟁 상대 기업에 경쟁 우위를 확보하기 위한 목적에서 추구되는 것이다. 따라서 기업은 대체로 학습 능력이 우수하고 새로운 기술과 경영 방법 적용이 신속하다. 기업의 의사결정은 기업의 생존과 관련되는 문제이기 때문에 소유자 및 최고 경영자의 의사결정권 행사가 대단히 중요하다. 그러한 결정을 내리고 또 원하는 목적을 달성하기 위해 기업 내부에는 경영자, 법률가가 필요하고 외부에는 정치가, 언론, 지식인의 지원이 필요하다. 기업의 생과 사를 좌우할지도 모르는 투자 관련 결정을 내리는 것은 무척 어려운 일이다. 또 일단 내린 결정이 이윤 확보로 연결되기 위해서 기업의 의사결정은 은밀할 필요가 있다. 한편 생산과 투자, 시장 확보를 위한 결정이 방해받지 않고 이루어지기 위해서는 기업 내부 대항세력(노조)의 힘이 극소화해야 한다. 시장을 확실하게 장악하기 위해서는 금융 등 시장 조건이 기업 내부화하거나(재벌, 하청 계열화) 정치, 언론 등이 기업 활동에 우호적일 수 있도록 바뀌어야 한다.

시장경제에서 기업은 재산권의 보장을 전제로 성립할 수 있다. 시장사회에서는 자연을 포함한 모든 것이 소유의 영역에 들어간다. 지구상의 모든 것은 재산권 행사의 차원에서 접근되기 때문에 주인 허가 없는 자유로운 이용이 제한을 받는다. 특허제도, 지적 재산권 문제가 그 대표적인 예이다. 급기야 오늘날처럼 생명체에 대해서도 지적 재산권이 합의되어 자연을 모두 기업의 소유물로 변화시킨다. 생명도 이제 인간이 누릴 수 있는 것이 아니라 특허권자에게 돈 주고 구매해야 하는 대상이 된다.[6] 그래서 시장사회에서 소유자의 권한은 1인 1표의 민주주의 권리를 넘어선다. 이 글에서 말하는 기업은 자본주의 시장경제를 전제해야만 존립할 수 있다.

대체로 기업은 4, 5년에 한 번 교체되는 정권보다 훨씬 더 오래 그리고 세대를 넘어서 지속된다.[7] 기업을 특정 소유자가 지배하는 한, 그리고 위험한 투자 환경 속에서 살아남아야 할 비상조직 성격을 띠는 한 기업은 민주적 조직이 아니다. 주주 자본주의 하에서 기업 운영에 불만을 가진 주주는 주식 매각을 통해 불만을 표시한다. 그러나 그것은 소유자나 경영자의 전권을 위협할 만한 힘을 갖지는 못한다.[8] 그래서 기업의 의사결정은 정치 영역보다 훨씬 더 권위주의적일 개연성이 높다. 그리고 이러한 의사결정의 영향을 받는 종업원이나 외부 소비자들의 발언권은 더욱더 축소될 가능성이 높다. 단 소유자의 전제적 의사결정이나 경영자 지배는 그 자체가 목적이라기보다는 기업 이윤 극대화라는 점에서 정치 영역에서의 독재와는 성격이 다르다. 그리고 기업들의 이윤 극대화는 국가 경제성장과

---

6 참여연대 국제인권센터, 「인권·노동·환경보호와 기업의 사회적 책임: 한국 해외진출 기업감시 제2차 국제회의」, 1998. 11, 130~133쪽.

7 Michael Novak, "The Business Corporation: A Distinctive Social Institution," *Business Korea*, Jan 1995, Vol.12, Iss 7.

8 조영철, 「미국의 기업 지배구조」, 전창환·조영철 엮음, 『미국식 자본주의와 사회민주적 대안』, 당대, 2001, 77쪽.

고용 창출로 연결될 수 있기 때문에 기업 지배력 확대는 곧 노동자들에게
돌아갈 몫의 확대에도 기여한다. 그래서 자본주의 국가에서는 언제나 분
배보다는 성장주의가 설득력을 얻는다. 이처럼 사회 구성원 모두를 최종
적으로 먹여 살려준다는 명분에 기초한 기업의 사회적 지배는 '시장 멘털
리티'를 갖도록 사회 구성원을 일상적으로 재교육하여 정치권력의 지배
보다 훨씬 더 강하게 사람들의 자발적 동의를 이끌어낸다.[9]

이처럼 시장경제 하에서 대기업이라는 조직이 단순히 소비자와 투자자
를 만족시키기 위해 생산·판매·금융 등의 영역에서만 활동하지 않고, 자
신의 기업 활동에 영향을 미치는 정치·사회 환경을 보다 적극적으로 통
제하려 할 때, 기업 외의 사회조직과 사회관계를 자신의 모습으로 변화시
키려 할 때 통상의 자본주의 사회는 기업사회의 성격을 띤다. 현대 자본주
의 사회는 정도의 차이가 있을 뿐 모두 기업사회라 할 수 있지만 가장 전
형적인 기업사회는 다음과 같은 특징을 지닌다고 볼 수 있다.

1. 자본의 고유한 권력인 생산 지휘권이 극대화되고 사회 영역으로 확대
된다.

2. 정치·사회가 기업 활동을 통제하기보다는 오히려 그것에 봉사하는
역할을 한다.[10]

3. 기업의 생산성이 곧 국가나 사회의 생산성으로 간주된다.

4. 1인 1표의 원리가 아닌 소유 지분만큼의 권리 원칙이 기업 외의 사회
조직에도 적용된다.

5. 대기업 및 기업가 단체가 단순한 경제문제뿐만 아니라 정치·사회 영
역까지 간섭한다.

9 Devendra Mishra, "Globalization and Market Mentality," *Businessline*, Mar 17, 2004.
10 새뮤얼 볼스·허버트 진티스, 차성수·권기돈 옮김, 『민주주의와 자본주의: 재산, 공동체, 그
   리고 현대 사회사상의 모순』, 백산서당, 1987, 119쪽.

6. 정치 활동, 정책 생산, 법원, 미디어 등은 주로 대기업들의 이익을 보호하는 쪽으로 기울어진다.

7. 국민·시민·주민 혹은 기업의 판매망 안의 모든 사람들은 곧 소비자로 불린다.

8. 모든 정부·사회 조직의 우두머리는 경영자 CEO를 이상적인 역할 모델로 설정한다.

9. 조직의 목표가 기업과는 가장 거리가 먼 조직, 예를 들면 교회와 학교까지도 기업의 모델을 따라서 자신을 재조직한다.

10. 정치·사회 엘리트층까지도 주로 기업 경영자 출신이 차지하게 된다.

11. 노조활동은 대체로 기업 경영의 방해물로 간주된다.

12. 행정부는 기업조직을 모델로 한다. 정부 부처 중에서는 경제 부처가 다른 모든 부처를 압도한다.

13. 경제학이 사회과학 중의 사회과학이 되고, 또다시 회계학과 경영학이 경제학을 대신한다.

14. 경쟁력이 없는 것은 곧 부도덕한 것으로 간주된다. 공공성은 곧 무책임과 동일시된다.

기업사회란 폴라니(Karl Polanyi)가 말한바 시장이 사회로부터 분리되어 나와 자율적인 것이 되는 데 머물지 않고, 시장이 사회를 식민화한 상태를 말한다.[11] 시장이 사회조직의 일부가 아니라 사회가 시장의 일부인 것으로 나타나는 상황, 기업이 하나의 사회조직이 아니라 모든 조직의 이상형으로 부각되는 현실을 지칭한다. 코튼(David Korton)이 말한 '기업에 의한 사회의 식민화'가 기업사회의 특징을 집약해주고 있다고 할 수 있다.[12] 이

---

11 칼 폴라니, 박현수 옮김, 『거대한 변환: 우리 시대의 정치경제적 기원』, 민음사, 1991; Karl Polanyi-Levitt, ed, *The Life and Work of Karl Polynyi: A Celebration*, New York: Black Rose Books, 1990.

12 데이비드 코튼, 채혜원 옮김, 『기업이 세계를 지배할 때』, 세종서적, 1997.

식민화는 총과 칼을 앞세운 것이 아니라 생산성·효율성을 명분으로 한 이데올로기, 구성원들의 자발적인 동의와 헌신에 기초하고 있다. 따라서 사회구성원들의 일상적인 의식과 실천을 통해서 일상화한다.

지구화한 경제질서 하의 기업사회는 외양으로는 대기업, 특히 다국적 기업의 힘이 가장 막강해진 상황인 것처럼 보이나, 실제 개별 기업의 존립은 치열한 국제 경쟁에 노출되어 만성적 생존 위기 상태에 놓였다고 볼 수 있다. 기업사회에서 경쟁력이 없는 기업, 소비자를 만족시키지 못하는 조직이나 개인은 퇴출되며, 탈락자들에 대한 자선이나 동정은 무의미하다. 그래서 기업사회는 소비자 주권의 사회라고 볼 수도 있다. 그러나 여기서 소비자는 구매력 있는 소비자, 주로 경제적 상류층을 의미한다. 이렇게 보면 기업사회란 분명히 계급사회 즉 구매력 있는 상류층이 주권을 행사하는 사회라 볼 수 있다. 한편 기업사회에서 개혁은 사회조직의 기업조직화를 의미하며, 도덕적이라는 것은 적극적으로 이윤 추구 활동을 해서 경쟁력이 있는가의 문제다. 경쟁력이 없으면 부도덕하다는 낙인을 찍는 기업사회는 지난 수천 년 인류 역사에서 공유되어온 도덕의 개념까지 바꿔놓았다. IMF 관리체제 이후 미국발 도덕적 해이(moral hazard)라는 말이 유행한 것도 그런 배경에서였다.

모든 기업사회는 자본주의 사회이지만 모든 자본주의가 기업사회는 아닐 것이다. 독점 대기업의 시장 지배를 제한하는 법과 제도가 강력할 경우, 대기업이 학교, 병원 등 공익 법인을 운영하는 데 제한을 두는 경우, 기업의 정당 후원에 일정한 제한을 두는 경우, 언론이 단순히 기업의 논리에 의해 운영되지 않고 소유에도 일정한 제한을 가하는 경우, 기업가가 정치가나 관료가 될 때 회전문을 통과하여 소관 사기업에서 일하지 못하게 하는 규정이 지켜질 경우, 기업 경영에 대한 노동조합이나 이사회의 감시와 통제가 제대로 이루어질 경우, 정부의 정책적 목표가 성장뿐만 아니라 사회적 형평성 유지와 환경보전 등에도 상당한 비중을 두는 경우, 기업의 불법 부당한 이윤 추구에 대한 사회적 비판과 법적인 제재가 비교적 엄격하게 이루어지는 경우 등에는 기업의 활동이 주로 시장 영역에만 국한되고 사회·정치 영역을 식민화하는 지경까지 가지는 못할 것이다. 그러나 신자유주의 지구 경제질서는 정도의 차이만 있을 뿐 과거의 복지국가였던 나라를 포함한 거의 모든 나라를 기업사회로 변화시키는 경향이 있다. 현재 지구상에는 앵글로색슨형과 라인형 자본주의 모델 간의 장단점에 관한 논의가 활발하지만, 자유시장의 논리에 입각한 미국 모델이 대세를 차지하게 되면서 20세기 중후반에 미국 경제 그리고 미국식 기업사회 혹은 소유자사회(ownership society)[13] 현상은 이제 전세계로 수출되어 일반화되고 있다.

그러나 기업사회는 자기모순을 갖고 있기 때문에 대단히 불안하다. 우선 기업의 절대권력화는 가공할 만한 기업 부패를 불러온다. 미국의 엔론(Enron) 회계 조작 사건은 그 대표적인 예였다. 더욱 중요한 것은 미국 노스웨스턴 대학의 노동시장연구소에서 밝혔듯이 국가 경제나 기업의 경제 회복과 생산성 향상이 사회 구성원 모두에게 돌아가지 않는다는 점이다.[14] 생산성 향상을 명분으로 한 기업의 범법행위나 무차별적인 정치권 로비, 기업 경영자의 정치적 진출, 소액 투자자 기만행위는 공익성과 이윤 추구 간에 심각한 괴리 현상을 낳고,[15] 이것이 기업사회의 정당성을 허물어뜨리는 역할을 하게 된다. 기업의 사회 지배는 곧 기업 소유자인 대주주의 지배를 의미한다. 여기서 주주란 통상 기관 투자자를 의미하는데, 기관 투자자는 개인보다 단기적 이익에 매달리고 있다. 투기자본(헤지펀드)이

---

13 미국의 부시 대통령은 미국이 소유자사회가 되기를 원한다고 밝힌 바 있다. 즉 개인 소유만이 책임성을 담보할 수 있다는 현 미국 신자유주의·신보수주의의 철학을 집약한 것이 소유자사회론이다.

14 Bob Herbert, "We're more Productive. Who Gets the Money?" *The New York Times*, April 5, 2004.

15 돈을 위해 사람을 죽이는 일을 마다하지 않는 전쟁기업이야말로 기업사회의 모순을 가장 극명하게 보여준 사건이다. 피터 W. 싱어, 앞의 책, 382쪽.

그 대표적인 예이다. 사회적 책임감이 없는 주주와 기업이 사회를 지배하게 된다는 점에서 기업사회의 모순이 가장 극명하게 드러난다.

3. 한국사회의 기업사회로의 변화

1990년대 이후 지구화의 압력 속에서 한국도 기업사회의 양상을 점점 보이다가 1997년 외환위기를 계기로 확실히 기업사회로 변해왔다. 외환위기 이후 작은 정부, 효율적 정부의 구호 아래 공기업 중에서 팔 수 있는 것은 모두 팔고, 정부를 기업처럼 운영하자는 담론이 본격적으로 등장했다.[16] 지난 10여 년간에 일어난 변화가 얼마나 놀라울 정도인가는 우선 한국에서 유행하는 용어를 보면 알 수 있다.

초일류, 일등 등 경쟁을 부추기는 용어는 매일 아침 신문 광고에서 확인할 수 있지만 CEO 대통령, CEO 총장, CEO 장관, CEO 시장이라는 말도 유행이다. CEO는 우리 사회의 이상적인 리더 모델이 되었다. '기업 따라 배우기', 한국의 잘나가는 'CEO처럼 되기'는 이 시대의 '반공 포스터'가 되었다. 경제부처장관이 교육부장관에 기용되는 상징적인 사건을 비롯해서 정부 부처에 기업 경영자 출신들이 등용되고, 서강대학교 등 주요 사립대학에서 CEO 출신을 총장으로 모시기 시작했다. '경쟁력' '퇴출' '유연성' '구조조정' '도덕적 해이' '투명성' '고객 만족' 등 기업에서 사용하는 용어는 이제 모든 조직에서 사용하는 보편적인 용어가 되었다. 원래 이윤추구를 목적으로 하지 않는 공공조직도 이제 '기업 따라 배우기'를 몸소

---

16 이를 기업가적 정부라 지칭한다. 정부가 기업과 완전히 동일시되지는 않지만 기업의 원리에 따라 정부가 움직여지는 경우를 말한다. 정병순, 「기업가적 정부와 미시적 공간 개발의 정치: 가능성과 한계를 모색하며」, 한국공간환경연구회, 『세계화 시대, 일상공간과 생활정치』, 도서출판 대윤, 1995.

실천하고 있거나 실제로 아예 기업조직처럼 운영된다. 6 시그마, 목표관리제 등 기업 경영 방법이 교육기관인 대학에 도입된 것이 그 대표적인 예이다. 오늘의 대학은 중장기 발전전략 핵심사업 선정 등에서도 경제 전문가의 컨설팅을 반영한다. 서울대의 승진심사제 역시 삼성경제연구소의 컨설팅 결과를 토대로 했다.[17]

한국이 기업사회로 변하고 있다는 것을 확인할 수 있는 가장 중요한 현상은 사회경제적 대우에서 대기업의 엘리트가 정부, 정치권 엘리트를 압도하게 되었다는 점이다. 실제 최근 10년 사이의 연봉을 비교해 보면 대기업 최고 경영자의 보수는 정부 최고 관리자 보수의 몇 배를 상회하게 되었다. 방송사의 잘나가는 앵커나 유능한 재경부, 기획예산처 관리와 능력 있는 검찰이 모두 유수의 대기업에 취업하고 있으며, 사법연수원을 마친 우수한 변호사들이 대기업의 법률 서비스 업무를 주로 담당하는 로펌에 들어가고 있다. 이들은 그 뛰어난 능력으로 외국, 국내 사기업의 이윤 극대화에 복무하고 있다. 대학에서 인문학은 완전히 파리 날리는 신세가 되었다. 모든 학생들은 기업 입사 준비와 고시 공부에 매달리고 있다는 소식을 매일 접할 수 있다. 오늘의 한국 대학생들이 가장 입사하고 싶은 직장은 대기업, 그중에서도 삼성이다. 대학에서 최고의 인재들은 삼성에 입사하기 위해 고시 공부하듯이 준비를 하고 있다. 대학가에서 삼성 입사고시는 국가고시보다 더 화제가 되고 있다.[18]

한국이 기업사회로 변화하는 흐름의 중심에 삼성의 영향력 확대가 있다. 삼성은 일본의 소니 등을 제치고 세계 초일류 기업으로 도약하여 한국인들의 자존심을 살려주었으며, 급기야 국가 경제를 책임지는 견인차와 같은 존재로 부각되어 칭송을 받게 되었다.[19] 실제 언론 조사에 의하면 삼

17 「대학을 흔드는 경제계 입김」, 『교수신문』, 2006. 2. 27.
18 『조선일보』, 2006. 3. 15.
19 노무현 대통령은 자신이 아니라 삼성이 한국의 대표자라고까지 말한 바 있다. *International*

성은 영향력뿐만 아니라 신뢰도에서도 1위로 떠올랐다. 대기업이 경제 영역뿐만 아니라 사회·문화적 영역에서도 가장 큰 영향력을 갖게 되었다는 이야기다. 그동안의 삼성전자의 노력과 성공을 폄하할 필요는 전혀 없지만, 문제는 삼성이 1등이자 국가 경제 그 자체이므로 삼성 비판은 중지되어야 한다는 논리가 시민사회나 정치권의 기업 비판을 위축시키는 점이다.[20] 이 점에서 시민단체인 참여연대는 '삼성공화국'을 하나의 실체로 받아들인다고 지적한 바 있다.[21] 대한민국은 시민이 주권자인 민주공화국이지만 실제로는 삼성이 자본의 힘을 바탕으로 경제 영역은 물론 정치·사회적 지배력을 행사하고 있다는 지적이다. 이러한 주장의 타당성 여부는 좀더 논의해볼 문제이지만 한국사회의 기업사회로의 변화를 추적하기 위해서는 1990년대 후반 이후 지구화의 압박 속에서 삼성을 비롯한 대기업이 국내 시장은 물론 비시장적 영역에 대한 영향력, 통제력을 어떻게 확대해왔는지를 살펴볼 필요가 있다.

기업사회에서 대기업의 범죄는 사실상 범죄로 간주되지 않는 경우가 많다. 2004년 10월 검찰은 시민단체가 부당 내부거래 혐의로 고발한 삼성·현대·SK·LG·대우 임원 83명에 대해 6년 동안 조사를 미루어오다가 끝내 면죄부를 주었다. "국민 경제 전반에 심대한 악영향을 줄 수 있다"는 것이 검찰의 논리였다.[22] 그것은 곧 대기업이 사실상 국가이며, 대기업 총수의 경제 범죄는 범죄가 아니라는 사회의 공론을 확인시켜준 조치였다. 한국의 검찰과 국세청은 삼성의 편법 증여 의혹을 일절 조사하지 않음으로써 면죄부를 주었고, 금감위는 삼성이 금산법을 세 차례나 위반했는데

Herald Tribune, August 18, 2005.

20 민경국, 「이제는 사회가 화답할 차례다」, 『중앙일보』, 2006. 2. 13. 그는 "삼성이 글로벌 기업으로 도약하는 과정에서 사회는 무엇을 했는가"라고 언성을 높이면서 마음만 먹었다면 삼성도 한국을 떠날 수도 있었는데, 떠나지 않은 점을 높이 평가해야 한다고 말한다.

21 『시민의 신문』, 2005. 8. 8.

22 『시민의 신문』, 2004. 10. 4.

도 형사 처벌은 물론 과태료조차 부과하지 않았다. 안기부 X파일 등 사태로 삼성의 정치자금 문제는 매번 의혹이 제기되었지만 여러 가지 이유가 등장해서 거의 제대로 조사된 적도 없고, 관련자가 처벌받은 적도 없다. 반대로 그 의혹을 제기한 기자가 처벌받았다.

삼성은 막대한 언론 기부금과 광고비 지출을 통해 언론기관의 보도가 자신에게 유리하도록 하고 있으며, 국가의 경제정책, 노동정책과 복지정책, 교육정책을 좌우할 정도의 막강한 힘을 갖고 있다. 경제정책은 금융산업법 논란에서 불거진 바 있지만, 복지정책의 경우 1994년 삼성병원 설립을 시작으로 하여 삼성생명과 병원, 의대의 네트워크를 구축하면서 장기적으로는 정부의 공적 의료보험 체계를 흔들고 삼성 주도의 민간보험 체계를 구축하려는 의혹을 사고 있을 정도다. 그래서 1990년대 이후 삼성은 사실상 국가와 같은 지위를 갖게 되었다. 이것은 대기업이 자신의 논리와 입지, 즉 경쟁력 강화를 국가의 경쟁력과 동일시하고, 그러한 논리가 사회적으로 공인되고 있다는 것을 뜻한다.[23]

삼성의 사회적 지배는 최근 수년 사이에 나타난 가장 뚜렷한 특징이었다. 삼성은 법조계, 학계, 언론계, 정부 등 주요 인사들을 직접 직원으로 채용하거나 재단이사, 사외이사 등으로 포진시켜 삼성의 사회적 지배를 확대, 강화해왔다. 특히 삼성에 들어간 관료들은 대부분 재경부, 금융감독기구, 국세청 등 (준)사법기구 출신이 80퍼센트로서, 기업을 감시 감독하던 공직자로서의 오랜 경험과 전문성이 모두 사기업인 삼성의 이익을 배가시키는 데 활용되고 있다.[24] 급기야 정부의 주요 정보가 사유화되고, 이들이 과거 부처 동료들에게 적극적으로 로비를 펼치면서 정부의 정책이 삼성의 이해에 맞게 재조정될 위험까지 발생하였다.

---

23 기업의 사회 공헌은 경쟁력을 훼손시킬 정도로 이루어져서는 안 된다는 반론은 곧 기업 경쟁력이 국가에 공헌하는 길이라는 논리를 반영하고 있다.

24 참여연대, 「삼성의 인적 네트워크를 해부한다」, 2005. 8. 3.

삼성의 무노조주의 경영은 앞에서 언급한 기업가의 생산 지휘권이 극대화된 예로서 노조가 기업 지배구조를 변화시킬 위험성을 사실상 제로로 만드는 조치다. 기업사회의 무노조주의는 군사독재 시절의 무노조주의와 비견된다. 한국 최일류 기업의 무노조주의는 한국 기업이 기본적으로 무노조주의 정신에 의해 생산활동을 하고 있다는 말이 되고, 노동자의 생존권은 기업가의 소유권이나 경영자의 생산 지휘권에 언제나 종속될 수 있다는 말이 된다. 그래서 오늘날 기업 지배구조의 개혁이 기업의 투명성 강화 작업은 정치적 민주화보다 더 어려운 과제가 되었다.

기업사회에서는 공(公)과 사(私)의 구분이 무너진다. "무능한 공보다는 유능한 사가 더욱 공적이다"라는 논리가 공공연하게 통용된다. 정부의 능력이 이제 몇몇 대기업에 추월당한 이 한국사회에서 정부 고급관리가 삼성에서 재교육을 받게 되었다. 2004년에서 2005년 사이 경제부처뿐만 아니라 기업활동과 무관한 통일부나 외교부의 과장급 이상 관리들이 삼성 인력개발원에 가서 재교육을 받았다.[25] 국가 운영의 철학·방향·의제를 사기업인 삼성에서 배우려 했다는 이야기다. 그뿐 아니다. 현 정부는 진대제 삼성전자 부사장을 정통부장관에 임명하였으며, 삼성의 일원인 중앙일보의 홍석현 회장을 주미대사로 임명하기도 했다.

한국에서는 최근 대기업 집단이 공세적으로 자신의 입지를 사회적으로 확산시키려는 태도를 보여주는 대표적인 두 사건이 있었다. 경제 교과서 개정 압력이 그 첫째다. 2005년 10월경에는 재경부 등 5개 단체가 경제 교과서 114종을 분석하여 그중 446곳을 수정하라고 요구하기도 하였다. 전경련 등 기업가 단체와 뉴라이트 계열의 경제학자들이 "반시장-반기업 정서를 부추기는 교과서를 개편해야 한다"면서 교육부에 수정을 요구한 것이다. 『조선일보』는 이러한 기업집단의 요구에 기다렸다는 듯이 응답

---

25 심상정 의원실, 『삼성공화국 성역 허물기: 총수일가기업에서 국민기업으로 개혁되어야』, 2005, 15~16쪽.

하면서 우리나라 학생들의 경제 관련 인식이 사회주의적이라 주장하며 교과서 재편 요구에 맞장구치기도 했다.[26]

둘째는 기업파업의 '위협'이었다. 이수영 경총 회장은 비정규직 법안이 노동자에게 편향되게 입법화된다면 기업은 해외 이전과 같은 기업형 스트라이크를 하겠다고 '기업파업' 발언을 했다. 이것은 한국의 중소기업은 물론 대기업도 국가와 국민의 힘으로 성장했으며, 지금도 내수시장을 기반으로 활동하고 있다는 사실을 인정하기보다는 기업이 오히려 외국에 가지 않고 '애국심을 발휘하여' 남아 있음으로써 국민들을 봐주고 있다는 인식에서 나온 것이다.[27] 국민이 대기업을 키운 것이 아니라 기업이 일자리를 창출하고 국민을 먹여 살리고 있다는 가정에 기초를 둔 논리인 셈이다. 기업파업 발언은 지구화 경제 하에서 생존의 압박에 시달리고 있는 한국 기업의 위기의식을 반영한다고 볼 수도 있지만 바로 기업사회로 변한 한국의 새로운 이데올로기 담론 지형을 반영하는 것이기도 하다.[28]

그래서 기업사회로 변한 오늘 한국사회에서 대기업의 부도덕하고 불법적인 행태에 대한 공개적 비판과 제재는 군사독재 시절 투옥을 각오한 정권 비판보다 더욱더 힘든 일이 되었다. 과거 언론과 지식인은 정부에게 비판을 감히 제기하지 못했지만, 오늘의 언론과 지식인은 이제 알아서 처신하고 있다. 지배의 성격이 바뀌었으므로 물리적 처벌은 없지만, 사회경제적 처벌의 두려움은 훨씬 더 심하다. 이건희 고대 방문 사태 이후 고대 학생들의 반응, 강정구 교수 사건 당시 대한상의 회장의 "취업 불이익" 발언으로 동국대 학생들이 위축된 것이 그 대표적인 사례다.[29]

---

26 『조선일보』, 2006. 3. 2.
27 윤종용 삼성전자 부회장은 "기업이 경제발전의 90퍼센트를 담당했다"고 검사들 앞에서 강연을 했다(2005. 3. 23, www.ohmynews.com). 국가 교육 제도, 소비자와 노동자가 기업을 만들고 지탱했다는 사실은 생략되어버리고 기업이 국민을 먹여 살렸다는 논리의 대표적인 예이다.
28 「이수영 기업파업 발언은 대국민 협박」(『프레시안』, 2006. 2. 10, www.pressian.com).
29 김상렬 대한상의 회장은 "반시장경제적인 교수들의 강의를 들은 학생들은 취업시 불이익을

한국은 기업사회인가? 그렇다고 말할 수 있다. 앞의 기업사회의 여러 징후를 보여주는 현상 중 4, 6, 8, 10, 11 항목 등에서 아직 한국은 미국·영국·호주 등 앵글로색슨형 자본주의 국가 정도로 철저한 기업사회로 변했다고는 볼 수 없다. 그러나 교육, 복지 등에서 공공부문의 취약성, 노동 배제의 측면에서 한국은 유럽이나 일본은 물론 미국보다도 더욱 강한 기업사회의 특징을 지니고 있다. 향후 10년 동안 기업에 대한 견제장치가 없다면 한국은 미국과 같은 수준의 기업사회로 변화해나갈 것이다.[30]

4. 군사형 사회에서 기업사회로

자본은 곧 권력이다.[31] 시장을 '보이지 않는 손'이라고 보아온 기존 관념은 권력과 시장을 별개로 보게 만드는 마술을 부린다. 자본이 단순한 물질이 아니라 정치, 사회관계라고 본다면 기업사회는 바로 관계로서의 시장, 자본의 본래적 성격에서 곧바로 도출할 수 있는 사회 모델이다. 기업사회는 정치적 민주주의 위에서 발전할 수는 있지만, 한국사회의 특유한 혈연주의, 그리고 군사정권이 뿌려놓은 권위주의 등의 문화적 자원과 결합되어 있다. 소유권을 성역화하는 소유권 절대주의가 그것이다. 외환위기와 IMF 관리를 겪고 나서도 일부 혈연집단이나 폐쇄적 혼맥으로 구축된 재벌이 존재하고 있으며, 이들 재벌은 혈연적 네트워크, 탈법적인 증여 등의 방식을 활용해서 여전히 건재하고 있기 때문이다. 이 점에서 한국의

주겠다"고 발언한 바 있다.
30 물론 '미국과 같은 수준'을 지표화하기는 쉽지 않고 그러한 연구도 없다. 학술적인 작업은 아니지만 앞의 Kevin Philips의 저작과 그의 이전 저작 *Arrogant Capital: Washington, Wall Street, and the Frustration of American Politics*, New York: Back Bay Books, 1994에서 묘사된바 기업의 워싱턴 정가 장악 상황을 연상하면 될 것이다.
31 심숀 비클러·조나단 닛잔, 홍기빈 옮김, 『권력 자본론』, 삼인, 2004, 39~41쪽.

기업사회는 21세기적 현상임과 동시에 19세기, 20세기의 한국 문화 사회의 토양 그리고 냉전하의 군사주의 위에서 만들어졌다는 점을 확인할 수 있다.

베버(Weber)가 이야기했듯이 국가권력은 폭력의 독점에 기초하고 있으며 시장경제 및 그 주역으로서 기업의 작동 역시 국가권력 즉 궁극적으로는 폭력에 의존하고 있다. 세계 최강의 군사대국 미국이 벌인 이라크 전쟁은 역대 어떤 전쟁보다도 가장 상업적 이해에 따라 움직였는데, 그것은 가장 친시장적인 부시 행정부의 정책의 또 다른 표현이다. 한국의 대표 기업이 자체의 노력과 국민적 지원에 힘입어 세계적 기업으로 발돋움하기 시작하면서, 이제 국가 경제를 책임지는 도덕적 존재로까지 추앙을 받게 되고 정부는 물론 대학까지도 소비자 주권의 원리를 도입함으로써 군사주의 시절과는 분명한 단절을 보인다. 그러나 한국의 과거 군사주의와 1990년대 이후 한국의 기업사회로의 변화는 단절적 측면만큼이나 깊은 연속성도 갖고 있다. 재벌의 황제 경영, 무노조주의는 과거나 현재나 다름이 없고, 정치와 사법의 노골적 기업 편향성은 거의 그대로이다.

1998년 이후 한국의 기업사회로의 노골적인 변화는 일부 재벌기업이 주동한 프로젝트는 아니며, 이전부터 존재해왔던 냉전하의 한국사회 내의 권력관계, 자본/노동관계가 지구화·신자유주의의 흐름과 맞물려 형성된 것이지만, 1987년 이후 민주화·자유화·개방이 이루어진 조건 위에서 시민사회의 일부인 기업이 가장 적극적으로 자신의 입지를 구축한 것이라고 볼 수도 있다. 이렇게 보면 1987년 이후 정치 민주화라는 현상은 바로 군사정권이 구축해놓은 정치경제 질서의 내재적 흐름의 진행과 지구화·신자유주의라는 거대한 세계 경제 환경 변화의 바다 위에 떠 있는 작은 물결에 불과했을지도 모른다. 1987년 이후 한국 시민사회의 확대, 그것은 곧 시장이 자율성을 획득하면서 급기야는 자신의 사회성을 부인하고 거꾸로 여타 사회를 식민화한 역사이며, 사실상 기업사회로의 변화를 의미했다고 평가할 수 있지 않을까?

　그동안 한국 재벌기업 지배구조의 비민주성을 교정하기 위한 노력이 없었던 것은 아니다. 사외이사 선임 등을 통한 기업 지배구조 개선안, 상법과 증권거래법상의 소액 주주권 강화 등이 대표적이었다. 그러나 이러한 조치는 총수 독재체제로서 한국 대기업의 지배구조를 변화시키지 못했으며, 대기업 총수 일가의 지배는 물론 기업의 사회적 지배, 나아가 사회적 무책임성의 위험을 결코 완화하지 못했다. 기업사회의 현상이 가장 노골화된 지금 시점에 기업의 사회봉사, 사회적 책임(SR) 강조, 삼성이 강하게 제창하고 있듯이 모든 사원의 자원봉사 활동 투입이 요란하게 모색되는 것은 대단히 역설적이다.[32]

　기업사회에서의 처벌은 사유화된 한국통신 KT에서 나타났듯이 구금·체포·고문·학살이 아니라 명예퇴직 강요, 분사, 비정규직화, 해고, 비연고지 근무 요구 등이다. 그리고 그것은 처벌이 아니라 기업 경영 합리화라는 아름다운 이름으로 포장되어 있다. 이 고통은 외형적으로는 과거 독재 권력에 의한 처벌 즉 구금·체포·고문보다 훨씬 부드러워 보일지 모른다. 그러나 종업원이 실제로 퇴직을 강요당하거나 비정규직화되면서 이들은 우울증, 불안감, 불면증, 대인기피, 스트레스, 이로 인한 사망 등의 고통으로 신음하고 있다.[33] 현재 한국 직장인들 중 10퍼센트만이 행복감을 느낄 정도로 기업사회의 구성원은 피곤하고 힘들다.[34] 기업사회의 소외와 차별, 억압은 사회적으로 주변화·개인화되며, 탈락자들은 그 책임을 자신에게 돌린다는 점에서 정치적 차별보다 더 무섭다. 그것은 기업사회의 이데올로기가 패배자들에게도 철저하게 내면화되어 있기 때문이다. 한국

---

32 그러나 아직 대다수의 기업은 이러한 활동을 대단히 부정적으로 보고 있으며, 따라서 소극적이다. 1등을 지향하는 여유 있는 삼성만이 그러한 일을 선도하고 있다.
33 인권단체연석회의 외, 『KT 상품판매 전담팀 인권백서』, 2004, 13쪽.
34 『연합뉴스』, 2005. 7. 14.

비정규직 노동자들의 분신자살은 그러한 고립화되고 개인화된 저항의 전형이다.

한국에서 군사독재의 붕괴와 1987년 민주화 이후 '민주주의'의 성격과 과제는 변했다. 불안정한 고용 조건은 급기야는 권위주의 우익 민족주의를 부활시키고, 인간을 경쟁적 시장과 임금의 노예로 만들 위험성이 크다. 만연한 정치적 무관심과 냉소주의, 거침없는 욕망의 분출과 높은 자살률은 모두 1990년대 후반 이후 한국사회가 기업사회로 변화된 것과 깊이 연관되어 있다. 지구화·신자유주의는 한국사회 내부에서 이러한 모습으로 구체화되고 있으며, 그것은 모든 구성원의 일상과 영혼을 규율하고 있다. 기업사회로의 진전 면에서 한국은 아직 대기업이 정치권·언론·정부·학계를 완전히 장악하고 있는 미국 정도까지 진척되지는 않았다. 그러나 모든 공기업이 민영화되고, 모든 미디어가 사기업의 이윤 동기에 따라 움직이고, 유능한 정부 관리가 회전문을 통과해서 대기업에 모두 빨려들어간 이후에야 조지 오웰의 『1984년』을 다시 읽고 경악한다면 이미 때는 늦을 것이다. 사회가 기업을 키워주는 것이 아니라 기업이 사회를 먹여 살린다는 본말 전도의 논리가 공식화되어 세상을 지배하는 한 일부 수혜자를 제외한 대다수 사회 구성원은 점점 더 불행해질 것이다.

5. 맺음말: 기업사회에서 벗어나는 길

기업사회란 사회의 존립 이유가 상품 생산과 이윤 추구가 되고, 사회조직이 기업처럼 되고, 개인이 소비자가 된 것을 의미하기 때문에 한국사회를 더 노골적인 기업사회로 변화시키지 않기 위해서는 사회를 시장의 식민지 상태에서 분리해내고, 인간의 경제 활동과 기업이 사회의 한 부분으로서 본래의 역할에 머물게 하는 것 외에는 대안이 없다. 그러기 위해서는 우선 자유무역 및 '테러와의 전쟁'이라는 명분하에 지구를 시장과 전쟁터로 만드는 국제 금융자본과 미국 패권주의의 활동이 지구촌 시민사회에 의해 견제되도록 해야 한다.

우선 기업 소유자와 경영자들이 이윤 추구라는 조직의 목적을 수행하되 지속 가능한 생산 활동 및 피고용자들의 삶의 거름이 되는 '사회'에 더 호응함과 동시에, 정치사회 공동체에 더 책임을 느끼도록 만들어야 할 것이다. 그들을 강제하는 힘은 윤리적 호소가 아니라 정치다. 그래서 기업사회를 견제할 수 있는 버팀목은 정치 및 시민사회일 수밖에 없고, 대중의 관심과 참여, 조직화만이 정치가, 정당, 의회로 하여금 그러한 역할을 수행하게끔 해줄 수 있다. 그와 더불어 국가 기관이 공공적 역할을 수행하고, 미디어가 상품 광고지에서 공적 매체로 변하는 과정이 선행되어야 한다. 한국사회의 맥락에서 보면 대기업이 아닌 정치, 대통령, 국가가 여전히 모든 정책 결정을 독점하고 있다는 착각에서 깨어나야 한다. 그리고 이러한 착각을 매일 퍼뜨리고 있는 상업 언론의 중독에서 벗어나야 한다.

사회를 시장의 식민지 상태에서 벗어나게 하는 데는 주체의 복원이 가장 중요하다. 오늘날 우리 모두는 정치경제 현장에서도 종업원 혹은 소비자로 호명되고 있지만, 소비자는 결코 시민이 아니며 주체가 아니다. 우리는 유권자이며, 노동자이며, 주민이며, 학부모이며, 자신의 귀중한 삶의 방향을 선택해야 할 존엄한 인간이다. 그리고 우리는 타인의 고통과 억울한 죽음에 공감해야 할 신성한 의무가 있는 공동체의 구성원이다. 모든 이가 피해자인 동시에 어떤 점에서는 가해자이기도 한 이 기업사회의 거대한 물결 속에서 자신의 존재와 처지에 대한 자각을 일깨우는 새로운 페다고지(pedagogy)가 요청된다.

제1부

⋮

탈분단 시대 지식인의 역할
한국 사회과학의 탈식민 과제
21세기에 돌아보는 1980년대 한국 사회성격 논쟁
한국의 지식인들은 왜 외환위기를 읽지 못했는가

탈분단 시대 지식인의 역할

리영희의 사상과 실천을 생각하며

1. 들어가는 말

권력이 독점되고 특권화한 사회에서 특권층은 자신이 어떤 위치에 서있는지 알지 못하며, 자신과 다른 모든 생각을 지나치게 위험한 것으로 보는 정신적 불구 상황에 놓이게 된다. 다른 편으로 특권을 완전히 상실한 사람들도 열등감과 패배의식, 정보의 통제 때문에 자신의 문제를 파악하고 해결할 능력을 갖지 못하는 경향이 있다. 라스키(Laski)는 "권력이 중대하게 불평등하게 분배된 사회에서 특권층은 피지배자들이 지식을 얻을 기회를 제공해주지 않기 때문에 그 사회에서 밑바탕에 있는 사람의 성격과 지능은 부자연스럽게 억눌린 상태에 빠진다"고 지적하면서 그러한 사회에서 일반 국민들은 "자신의 분노의 감정을 올바른 목표물에 겨냥할 줄을 모르며, 설령 알았다고 해도 자신의 고통의 원인인 질병들을 고칠 방법을 모른다"고 말한 바 있다.[1] 과거 식민지 지배, 극우반공주의 체제와 같이 권력관계가 극도로 불평등하게 배분된 사회에서는 반드시 금기와 성역이 존재하게 되고, 성역이 있는 사회에서 대다수 구성원인 피지배자들의 지

---

1 해롤드 라스키, 김학준 옮김, 『현대 국가에서의 자유』, 서울대 출판부, 1987, 206쪽.

적인 능력, 나아가 문제해결 능력은 모두가 외부인의 눈으로 보면 비상식적으로 저열한 수준에 머물러 있게 된다.

한국전쟁 후 지난 56년여 간 한국의 특권층과 피지배계급의 정신 상황도 이와 같다고 생각된다. 전쟁 후 극우세력의 독재체제 수립은 이념의 독재, 정치적 현실 해석의 독재, 교육 내용의 독재, 언론 보도의 독재를 가져왔고 그것은 권력층은 물론 국민의 판단력을 한심한 수준으로 떨어트렸다. 2001년 중국에서의 한국동포 처형문제를 둘러싼 한국 정부의 어처구니없는 대응이나[2] 일본과의 어로 문제 등 중요한 쟁점 사항에서 국익을 제대로 챙기지 못하고는 실수를 연발하는 모습, 러시아와의 탄도탄요격미사일제한협정(ABM) 협상문제를 둘러싸고 미국 측에 당한 수모[3] 등을 통해 우리는 한국의 국가능력 자체를 의심하게 된다. 이러한 사건들은 단지 담당자인 정부 관리 한두 사람이나 장관 개인의 실수가 아니라 국제문제에 대한 정부의 인식 수준, 더 정확하게 말하면 국가와 국민의 국제적 시야를 오직 북한과의 냉전적 대립문제로 고정시키고 미국과의 관계를 국제 정치 교과서에 없는 '혈맹' 즉 정상적인 '국가 간의 관계'로 설정하지 못하도록 만들어놓은 정치적 지배구조의 결과가 아닌가 생각해본다. 그리하여 "나는 공산당이 싫어요"와 같은 방식의 반공주의가 사회적으로 칭찬받고 리영희가 지적한 바 있듯이 미국이 정치적 목적으로 흘리는 '철군

---

2 2001년 9월 중국 내의 한국동포가 처형당했는데도 한국 외교부가 이에 제대로 대응하지 못했던 사실을 지칭한다. 물론 이것은 한국인이기 때문에 문제가 되는 것은 아니고 중국이 한족, 티베트족, 위구르족에게도 이러한 반인권적인 처형을 자행하고 있다는 점이 지적되어야 할 것이다.

3 ABM 조약은 미국과 구소련이 1972년에 맺은 군비통제조약인데, 미국의 미사일방어(MD)체계는 이것을 위반한 것이 되기 때문에 미국 클린턴 행정부는 구소련과 맺은 이 조약의 수정을 요청하였다. 2001년경 미국은 MD의 일차적 목표를 북한에 두었기 때문에 한반도와 인근에 MD를 구축하려 하였다. 그런데 한국이 러시아와 ABM 조약을 지지하는 성명을 발표하자 미국은 극도로 분노하여 한국 정부에게 MD 지지를 강요하기도 했다(『한국일보』, 2001. 6. 15). 이것이 한국 정부의 무지에 기초한 외교적 실책인지, 주권국으로 발돋움하려는 시도였는지를 둘러싼 논란이 있었다.

고려' 등의 수사에 보수 언론의 선동을 필두로 하여 온 국민 '몽땅 까무러치기'[4] 증세를 보여온 한국사회의 천박한 정신 상황은 온전한 민족국가(nation-state)를 이루지 못하고 국가가 국민의 안전과 복지를 충분히 책임지지 못해온 정치·사회 현실을 반영하고 있다.

반공 이데올로기 지배로 인한 권력의 독점은 문화·교육·지성의 편향과 편식을 낳게 되고, 편식을 거부한 소수의 깨어 있는 지식인들을 완전히 억누르거나 추방한 이후 이러한 문화적 내용을 일방적으로 국민들에게 주입한다. 그러한 사회는 독재를 넘어서는 신질서를 창출할 능력을 상실하고, 독재의 피해자들조차도 그 독재질서를 사실상 용인하거나 그것을 넘어설 수 있는 대안을 찾지 못하는 악순환을 겪는 것을 우리는 지켜봐왔다. 예를 들면 1천만 월남자 가족은 북에 있는 혈육과 친지를 만나고 싶어하는 절실한 소망을 갖고 있었지만, 남북 적대의 냉전적 이념과 그것을 일관되게 지지해온 그들의 의식과 행동은 오히려 그러한 열망이 점점 더 실현 불가능하게끔 정치적 분위기를 몰고 갔다. 또 한국 노동자들은 자신의 사회경제적 지위와 복지가 향상되기를 절실히 원하고 있지만, 그들의 투표 행동이나 이익 표출 행동들은 지역주의 정치를 지지하고 기업별 노사관계에 안주하여 노동자 '계급'의 이익을 대변하는 단체나 정당이 활동할수 있는 정치적 공간을 오히려 축소시키는 데 기여하기도 했다. 이들의 '주관적 열정'과 그것의 '의도하지 않은 결과'는 모두 자신이 원하는 것과 그것을 이루기 위해 선결되어야 할 정치적 과제를 연관시킬 수 있는 지적 능력을 상실한 데서 비롯한다. 대학 진학률이 세계 2위를 기록하고 사회 전체적으로 지식의 축적량이 높아져도 반성적 능력, 비판적 능력으로서의 지성(intellect) 혹은 백낙청이 말하는 '지혜'는 여전히 부족하기 때문에, 결과적으로 대중들이 겪는 삶의 고통은 별로 경감되지 않고 있다.[5]

---

4 리영희, 「한국인 몽땅 까무러치기 증상」, 『자유인, 자유인』, 범우사, 1990.

이러한 사회 전반적인 지적·정신적 무능은 다분히 과거 파시즘 체제의 일본이나 독일이 그러하였듯이 흑백논리 아래 비판과 반성의 공간, 대안적인 정책이나 이념을 제기할 공간을 폐쇄한 신중세주의적인 냉전 및 극우반공주의가 조장한 것이라고 볼 수 있다. 20세기 후반 이후 한국사회에서 지식인 혹은 집단적 사회비판 운동으로서 사회운동의 가장 중요한 역할은 바로 냉전과 분단이 강요한 이러한 신중세주의적, 파시즘적 지배체제와 그것이 조장한 지적인 야만성과 종속성을 극복하여 분단이 가져온 마이너스의 역사를 우선 제로로 돌려놓는 데 있었다. 그 선도적인 투쟁 대열에 바로 리영희를 비롯한 일군의 비판적 지식인들이 있었다. 이제 이들이 해온 그간의 노력을 생각하면서 탈냉전, 탈분단 시대 지식인의 역할에 대해 생각해보기로 하자.[6]

2. 지식의 출발점: 우상의 타파[7]

베이컨(F. Bacon)은 우상의 타파를 통하지 않고서는 진정한 지식을 획득할 수 없다고 말했는데, 그가 언급한 네 가지 우상 중에서 우리 사회와 관련해서 의미있는 것은 바로 종족의 우상, 동굴의 우상이다. 즉 자신의

---

5 백낙청, 「지혜의 시대를 위하여」, 『창작과비평』, 1990년 봄.
6 여기서 탈분단이란 용어는 분단 극복, 혹은 통일 등과 대비해서 사용한다. 그것은 분단 극복이 곧 통일로 인식되던 이전의 지배적인 담론과는 거리를 두고, 남북 간에 평화와 화해의 추구, 그리고 우리 사회 내에서 냉전 유산의 청산, 이데올로기적 대립 구도의 청산과 정상적인 사회 구성의 모색을 지향한다는 의미를 내포한다.
7 여기서 '우상'은 리영희의 작업을 의식한 것이다. 그는 한국의 지배층이 "바른 것, 옳은 것, 아름다운 것, 화평스러운 것, 착한 것, 진실된 것을 보기만 해도 눈알이 뒤집히고 온몸에 경련이 일어나는 정신병 환자"라고 지칭하면서 반무슨주의, 냉전논리, 흑백 이분법이라는 우상을 갖고 있다고 비판하였다. 리영희, 「『우상과 이성』 일대기」, 『역설의 변증: 통일과 전후세대와 나』, 두레, 1987, 269쪽.

경험을 절대화하여 그것을 일반화·객관화해내지 못하고, 교육받거나 강요된 논리만을 절대적으로 신봉하여 다른 시각이나 주장이 존재할 수 있음을 인정하지 않는 것이다.[8] 그런데 이러한 종족의 우상과 동굴의 우상이 판을 치는 것은 특정한 정치 이데올로기 상황 속에서이다. 도그마가 비판 담론의 형성을 억제하는 신정국가나 파시즘 국가에서 구성원들은 자신의 경험을 객관화하거나 자신이 받아들인 특정한 생각을 비판적 거리 두기를 통해 재검토해볼 기회를 상실하게 되는 것이다. 그것은 사회 구성원 전원에게 영향을 미치는 교육과 언론이 정치적 힘의 작용에 의해 자율성을 갖지 못하게 되는 상황이라 할 수 있을 것이다. 이 경우 교육과 언론을 통해 전달되는 지식의 양이 아무리 많아도, 그것은 인간의 지적 능력과 판단력을 향상시키고 사회를 지혜롭게 만들고 정말 비상식적인 일이 발생하지 않도록 막는 데는 별로 기여하지 못하게 된다.

  남북한의 분단, 특히 남한에서 극우반공주의의 지배는 바로 반공주의를 중세의 교권주의 혹은 조선조 말기의 화석화된 주자학과 같은 수준으로 승격시키고, 그것에 대한 반론이나 이견을 모두 봉쇄한 지적 암흑기와 같았다고 볼 수 있다. 그것은 적색 공포, 단정과 독단, 일방적인 판단만이 지식과 언론의 세계를 지배하게 되어 모든 구성원들을 끊임없이 의심하고 그들의 사상적 순수성을 고백하도록 강요하는 체제이다.[9] 이러한 극우반공주의 지배하에서는 그러한 도그마에 부합하는 자신의 체험만을 절대화하거나, 주입된 논리나 해석에 반하는 논리와 사실들에 대해서는 가족 간에서조차 위험을 의식하여 '귓속말'로 속삭이듯이 말하게 된다.[10] 그리

---

8 프랜시스 베이컨, 진석용 옮김, 『신기관』, 한길사, 2001, 39~78쪽.
9 반공주의의 정치적 기능에 대해서는 권혁범, 「반공주의 회로판 읽기: 한국 반공주의의 의미체계와 정치사회적 기능」, 『당대비평』, 1999년 가을.
10 미국의 경우에 그러하였듯이 이러한 적색 공포는 주로 언론에 의해 유포된다. 언론은 노동자의 파업 행동을 공산주의적인 체제 파괴로 간주하고 공격을 하는데, 이렇게 되면 모든 저항적 사회운동은 위축되지 않을 수 없다. 김형곤, 『미국의 적색 공포: 1919~1920』, 1996.

고 '적색 공포'가 지배하는 사회에서 지식인과 학자들은 그 사회가 안고 있는 구체적인 정치·경제·사회적 이슈에서 눈을 돌리고 점점 더 추상적인 이론이나 현실 맥락과는 거리가 먼 외국의 고상한 철학적 논의에 몰두하거나, 정치적 위험 부담이 없는 의제나 연구 주제, 현실정치 혹은 지배 질서와의 긴장을 상실한 화석화된 역사연구 등에만 관심을 두는 경향을 보이게 된다. 이러한 분위기에서 학문활동, 특히 사회과학이 활성화되지 못하는 것은 너무나도 당연하다. 그것은 집단적이고 암묵적인 문제 회피 전략이다. 사회과학의 기초 훈련을 받은 사람이라면 이러한 비뚤어진 지적·정신적 상황이 분명히 잘못된 정치 상황의 탓이라는 사실을 알 수 있다.

이러한 사회에서 지식은 주로 계층 상승, 정치적 출세를 위한 중요한 수단이 된다. 키신저가 TV 토론에서 극우적인 발언으로 미 보수세력의 주목을 받아 일약 국무장관이 되어 출세 가도를 달릴 수 있었듯이,[11] 지난 시절 지식인들은 자신이 얼마나 반공적·친미적인가를 과시함으로써 안정적인 지위를 보장받고, 출세의 길을 걸을 수 있었다. 이 경우 파농(Fanon)이 '검은 피부, 하얀 가면'이라고 지적하였듯이,[12] 지식인들은 단지 미국의 시각을 자신의 것으로 차용하는 데 그치지 않았을뿐더러 '미국인보다 더 미국적인' 시각과 해석이 주류 언론의 지배적인 담론으로 등장하였다.[13] 반면 그러한 '우상'에 도전하거나 도그마의 신뢰성 여부를 의심하는 모든 문제제기는 고의적으로 회피되었다. 예를 들어 20세기 한반도에서 발생

---

11 Herbert I. Schiller, *Information Inequality: The Deepening Social Crisis in America*, New York: Routledge, 1996.
12 프란츠 파농, 이석호 옮김, 『검은 피부, 하얀 가면』, 인간사랑, 1995.
13 민언련이 2001년 11월 15일에 연 토론회에서는 "『조선일보』는 미국보다 더 미국적인 시각을 갖고 있다"는 주장이 제기되었다. 발표자들은 테러 사태 이후 『조선일보』는 미국이 피해자임을 강조하며 테러를 절대악으로 간주하여 보복에 정당성을 실어주고 있다고 지적하였으며, "미국이 오폭으로 간주했음에도 불구하고 『조선일보』는 이 부분에 대한 기사는 약하게 취급하였고, 고통받고 있는 아프간의 참상을 보여주는 일은 아주 드물다"고 비판한 바 있다.

한 가장 중요한 사건인 한국전쟁에 대해서 한국 정부의 공식 해석과는 다른 대안적 관점이 존재하기 어렵고, 그에 대한 체계적인 연구 자체가 주로 외국인에 의해 시작되었다는 사실이 그것을 웅변으로 증명한다. 국가 예산의 20퍼센트를 국방비에 지출하고 동족을 겨누기 위해서 미국의 무기를 세계에서 셋째로 많이 구입하는 상황을 보고서도 그것을 심각한 학문적 주제로 삼지 않는 학문 풍토 역시 이러한 상황과 무관하지 않다. 지난 반세기 동안 발생했던 미군 범죄에 대한 미국 측의 공식 사과가 한 번도 없었으며, 한국 사법부의 미군 범죄 재판권 행사율이 3.9퍼센트에 불과해도 그것이 법리적으로도, 정치사회학적으로도 왜 심각한 문제인지 거론하지 않는 것도 같은 맥락의 산물이다.

민중들의 수준에서는 '반공'이라는 리바이어던 즉 우상이 지배하게 되고, 그 우상은 기성의 권력, 유례없는 독재체제를 지탱하는 기반이 된다. 민중들 사이에서 의식적 무의식적으로 형성된 반공의 우상 때문에 세간에서 말해질 수 있는 것들은 대체로 일제 말에서 한국전쟁 종료 시점 정도까지 그들이 겪고 본 이야기들 중 냉전적인 논리에 부합하는 것, '위험하지 않은 것'들이다. 그래서 한국의 민중들은 신앙 혹은 미신의 세계에 침잠하여 구원을 기다리거나, 세속적 출세와 물질적 성공이라는 새로운 우상을 만들어냄으로써 자신이 겪었던 엄청난 고통과 상처를 오직 자기 자신과 가족만의 것으로 간주하고 살아왔다. 한국 시민사회를 실질적으로 대신하고 있는 교회, 한국을 제2의 이스라엘로 찬양하면서 살아온 기독교인들의 정신문화, 성전 짓기와 불상 올리기에 몰두해온 기성 제도권 종교의 물량주의 논리가 그것을 잘 보여준다.

반면 담론의 세계에서 거의 독점적 지위를 차지해온 한국의 극우 신문들과 보수 지식인은 1997년 외환위기 당시에서 최근의 황우석 사태에 이르기까지 일단은 우상만을 쫓아가다가 문제가 생기면 언제 그랬냐는 듯이 곧바로 태도를 바꾸어 문제의 책임을 정치권이나 국민에게 돌리고, 그렇지 않으면 모든 문제의 원인을 '좌경' 운동권에 두어왔으며 위기의 진정한 근원이 무엇인지 묻지 않았다. 이들 언론이 우상 대신에 진실을 추구하려는 노력을 했더라면 정신적 문화적 냉전이 이렇게 완강하게 지속되지는 않았을 것이다.

결국 건드릴 수 없는 우상이 사람들의 정신을 지배하고, 정치사회적 터부가 존재하는 상황에서 진정한 지식을 얻기 위한 노력은 이러한 인간을 노예화하는 우상의 타파에서 출발할 수밖에 없다. 그것은 정치적 억압은 물론 자본의 압력과 여론의 이름을 빌린 사회적 분위기의 압력을 무시하고서 바로 자신이 보고 느끼는 것을 그대로 말할 수 있는 자유의 획득이며, 일방적이고 강요된 해석에 대한 반론권의 획득이며, 공식화된 담론에 대한 비판 공간의 획득이다. 적어도 1980년대 말까지 우리의 우상은 정치권력에 의해 만들어졌고, 그 시절에 우상 타파에 나선다는 것은 해고, 투옥, 고문 그리고 죽음을 가져올 수 있었다. 리영희와 1970, 80년대 한국의 비판적 지식인들이 바로 그 선봉에 서서 투쟁을 해왔다.

3. 냉전과 지구화의 이중주

그렇다면 탈냉전·탈분단 시대에 들어선 지금 과거의 반공·성장주의, 미국 메시아론 등의 우상은 이제 자취를 감추었는가? 이제 과거의 우상 대신에 새로운 우상이 그 자리를 차지하게 된 것은 아닌가? 1990년대 이후 한반도와 한국사회는 어떻게 변해왔는가?

필자가 보기에 한반도는 세계에서 제1차 미국화와 제2차 미국화가 공존하는 거의 유일한 지역이다. 제1차 미국화란 곧 미국이 2차 대전 후 세계의 패권국가가 되어 과거 독일과 일본의 식민지였던 지역, 또한 그동안 고립되어 존재하던 세계 여러 국가·지역·종족이 미국 주도의 자본주의와 자유주의의 재생산권으로 편입되는 과정, 즉 냉전체제 구축 과정에서 미국의 정치·군사·경제적 영향권에 편입되는 과정을 말한다. 제2차 미국화란 현존 사회주의 붕괴 이후, 지구적 자본주의를 신자유주의 즉 미국식 앵글로색슨형 자본주의로 변화시키는 과정을 지칭한다.[14] 그런데 역사 논리적으로 보면 신자유주의적인 지구 자본주의(global capitalism)는 냉전적 지구 자본주의 이후의 시대에 나타난 것이지만, 한반도는 냉전의 유산인 남북 분단이 여전히 존속하는 가운데, 현존 사회주의 붕괴 이후 지구 자본주의의 영향권에 놓였다. 구체적으로 말하자면 북미(北美) 간의 휴전협정이 아직 평화협정으로 전환되지 않고 있고, 한국에서는 한국전쟁의 교전 당사자인 미군이 주둔하고, 한국이 미국에 대해 아직 군사 즉 정치적 주권을 충분히 확보하지 못한 상태이며, 대북관계 추진에서도 미국의 입김으로부터 자유롭지 못한 처지에 있는데, 1997년 외환위기 이후 이제는 경제적으로 민영화, 노동시장 유연화, 자본시장 개방 조치 등 미국 주도 지구 자본주의에 더욱 깊숙하게 편입되는 상황에 놓이게 된 것이다.

이 두 지구 정치경제의 조건이 강요하는 공통점은 '주권'(sovereignty)의 제약이다. 물론 주권이라는 것은 근대 세계체제의 산물이며, 근대국가 성립 이후 패권국가를 제외한 어느 나라도 '배타적 주권'을 누리기는 사실상 어렵다는 것은 분명하다. 그러나 국가의 자기결정권으로서 주권의 부재 혹은 제한은 국민에 대한 국가의 책임성 부재, 즉 정치사회적 시민권 보장의 제한을 가져올 수밖에 없다. 그것은 형식적으로 수립된 국가가 '국민의 국가'로서 제대로 역할을 할 수 없다는 것을 보여준다. 과거 냉전체제에서는 정치·군사적인 차원에서 분단된 한국의 국가가 '국민의 국가'로서 역

---

14 20세기가 사실상 미국의 세기였으며, 냉전과 지구화(globalization)는 그것의 다른 표현에 불과하다고 본다면 이러한 구분은 무의미할 수도 있다. 그러나 냉전이 군사력을 앞세운 데 비해, 지구화는 금융자본의 힘을 내세운 것이라는 점에서 그 양상은 상이하게 나타나고 있다.

할을 제대로 하기 어려웠던 점이 바로 이러한 미국의 정치·군사적 영향력 행사, 남북 분단과 연관되어 있었다면, 오늘의 지구 자본주의 혹은 1997년 이후 IMF 관리체제는 대기업은 물론 한국의 노동자, 농민 혹은 중산층의 생산과 재생산 활동이 국가의 정치·경제 주권 범위 밖으로 확대되고 있다는 것을 말해준다. 1998년 이후 대다수 노동자의 비정규직화와 노동시장 불안, 그리고 농민의 몰락, 지방의 자영업자나 주민들이 마그넷(Magnet)·월마트(Wall Mart)·이마트(E-Mart) 등 국내외 상업자본의 유통망 속에 편입되어 지역이 국내외 거대 상업자본의 식민지 혹은 사냥터로 전락해가는 현실이 바로 그것이다.

지난 반세기 동안의 냉전과 분단은 미국의 지구적 이해관계와 국제 자본이 배후에 숨어 있고, 그것의 요구를 지역적으로 관철하기 위한 군사·정치적 힘이 전면에 부각된 시기였다면 오늘의 지구 자본주의 시대는 군사·정치적인 힘 대신에 부드러운 권력인 국제 금융자본이 전면에 얼굴을 내밀고 개별 국가 내 주민의 생존 기반을 장악해 들어오는 시기라 볼 수 있다. 그리하여 앞 시기에 주로 논의되었던 국가, 혹은 '민족' 개념이 약화되고 이제 모든 사회 구성원들은 경쟁하는 개인으로서 거대 초국적 자본과 부딪히지 않을 수 없는 상황이 된 것이다.

제1차 미국화 과정에서 한국은 전세계 자본주의 국가 중에서도 미국의 영향을 가장 강하게 받은 국가 중 하나였다.[15] 그러한 조건이 변함없이 유지되는 상황에서 외환위기를 맞아 미국 주도의 신자유주의적 지구 자본주의권에 그대로 편입되었기 때문에, 형식논리적으로 후자가 전자의 문제를 자동 해체하는 측면도 있다. 그러나 실제로는 지구화로 상징되는 20

---

15 커밍스는 한국은 베트남보다도 미국의 손이 많이 간 나라라고 지적한 바 있다. 군사조직에서 법, 경제적 기반, 엘리트 육성에까지 대한민국은 미국의 작품이라고 해도 과언이 아니다. Bruce Cumings, *The Origins of Korean War*, Vol. 2, Princeton: Princeton University Press, 1990, pp. 466~483.

세기 후반 전세계적 미국화는 '반공' '친미'라는 우상이 '효율'과 '경쟁'이라는 같은 뿌리를 갖는 보다 보편주의적이고 문명론적인 우상으로 대체된 것을 의미한다. 정치·군사적 지배가 우위에 섰던 시대에 전자의 우상은 폭로·비판될 수 있는 여지가 많았지만, 시장이 지배하는 시대에 들어서서 후자의 우상은 이제 지구 자본주의의 승리를 구가하는 후쿠야마의 '역사 종말론' 담론과 더불어 습관, 생활의 영역으로 고착화되어 사회 구성원의 일상을 사로잡고 있다.

그리고 냉전, 분단 정치 상황에서 정착된 민중들의 복종과 무지, 레드 콤플렉스는 후자의 시기에 와서는 다른 형태로 변형 유지되고 있다. 즉 시장의 이름으로 이루어지는 지배는 '말과 언론의 시장화'를 동반하기는 했으나 '금기'는 여전히 남겨진 채 금기를 건드리지 않는 말들만이 시장에 쏟아졌다. 쓸데 있는 말과 쓸데없는 말이 뒤섞여서 쏟아져 나오는 '시장의 우상' 시대에 접어들었는데, 그나마 상업적인 언론이 말의 시장을 독점하면서 '쓸데 있는 말'이 유포될 수 있는 기회와 분위기조차 차단되어 있는 것이 엄연한 현실이다. 즉 여전히 '우리에게 미국은 무엇인가'라는 질문은 언론과 교육기관에서 조심스럽게 거론될 수밖에 없었는데, 이제 대중매체는 한편으로 마음껏 언론의 자유를 구가하는 듯이 보이지만, 사실은 제기해야 마땅할 의제를 쓰레기장에 묻어버리고 있다. 그래서 지난 냉전 시대 이후 지금까지 한국 땅 안의 미국 땅인 매향리와 평택의 미군부대 주변 주민들의 찢긴 삶에 대한 이야기는 주류 매체에 거의 등장하는 법이 없었듯이, 이제는 비정규직 노동자의 삶을 공공연하게 거론하는 것도 암암리에 '시장의 적'으로 치부되고 있다.

탈냉전과 지구화는 한반도에서 극우냉전 정치문화를 해체한 것이 아니라, 자본주의의 확실한 승리라는 자유주의 담론의 위세 속에서 남의 우익을 승리감에 도취시킴으로써 '아직도 망하지 않고 살아남은' 북과 아직도 시대착오적인 생각을 버리지 못하는 소위 평등주의자들을 더욱 압박하는 힘으로 작용하였다. 북을 지구 자본주의 흐름에 끌어들임으로써 통일을 이루겠다는 성급한 북 붕괴론과 흡수통일론, 혹은 북의 심각한 인권 침해를 문제 삼아서 외부에서 압박을 가해야 한다는 주장은 사실상 북의 체제 존립 포기를 종용하는 것이다. 북의 체제 변화가 내적인 동력에 의해 진행되지 않을 경우 그것은 북의 개혁과 주민의 인권 신장으로 연결되지 않고, 결국 북이 통일된 한반도 국가의 내부 식민지로 전락하게 될 가능성이 더욱 크다. '냉전'적 사시(斜視)로 세상을 바라보는 남의 극우세력은 '탈북'의 행렬을 남의 체제 승리로 곧바로 해석하고, 북의 급작스러운 붕괴가 가져올 위험은 아랑곳하지 않은 채 그것을 문제해결의 길로 보았다. 이것은 '적과 나'의 대립 속에서 미국과 서구 문명을 사시로 봐온 북측만큼이나 자신의 문제점을 객관화할 수 없었던 남측의 정치·언론·지식사회의 현실 파악 무능력을 보여준다. 지구화를 지구적 경쟁력을 갖는 초국적 기업이나 '금융자본의 지구화'로 인지하지 못한 채 끝내 외환위기를 맞이한 김영삼 정부와 당시 주류 언론의 무능력도 이와 무관하지 않다.

지난 시절 냉전과 분단은 안보 지상주의를 불러왔고, 지구화는 시장 지상주의를 가져왔다. 이 이중주가 현재 남한사회에서 나타나고 있는데, 그것은 친미·반공·반북(反北)·친자본·반노동이라는 점에서 일관된다. 단지 안보의 국제정치학은 시장의 국제경제학으로 대체되었으며 과거 국정원이 발휘했던 무소불위의 권력은 이제 대기업, 재경부로 넘어갔다. 과거 국가 '안보'를 인간 안보 앞에 놓는 사회에서 인간이 설 자리는 없었다. 2001년 밝혀진 수지 김 사건처럼 '안보' 논리에는 멀쩡한 사람을 간첩으로 몰아서 한 가정을 완전히 파괴할 수 있는 흉기가 숨어 있다. 마찬가지로 '시장 만능주의'에도 인간은 설 자리가 없다. 사회의 모든 가치들이 상품성, 교환 가능성의 기준에 의해 가늠되면 경쟁력 없는 인간의 도태는 막을 수 없다. 무차별적인 정리해고와 사회적 안전망(social safety-net)의 부재는 바로 지구 자본주의가 가져온 그늘이다. 이것은 국가 안보의 우상과 시장의 우상을 돌파하지 못하는 조건에서 약자들의 인간다운 삶은 보장되지 않는다는 것을 의미한다. 지속 가능한 사회와 경제를 추구하자는 목소리는 안보와 경제라는 다급한 요구에 언제나 종속되었다.

4. 우상파괴의 두 길: 지식인의 역할

1980년대까지 우상파괴 작업 즉 친미·반공 논리의 물신화에 대한 비판은 주로 반제 민족주의와 반미운동에 의해 진행되어왔다. 존슨이 최근에 지적한 것처럼 탈분단의 길에 들어섰다고는 하나 한국의 국가 안보는 1948년 제주도 4·3사건 당시와 별로 다를 바 없이 여전히 미군의 관장 범위를 벗어나지 못했으므로[16] 분단체제 혹은 남한 지배질서에 대한 비판으로서 담론과 반공 우상파괴 움직임이 지금까지도 계속 진행되고 있다고 볼 수 있다. 한국에서 우상파괴는 1945년 좌우합작이 사회적 합의를 이루던 나라에서 급기야 남북한이 적대하여 서로 '철천지원수'가 된 역사, 한미관계를 한국 측에서만 '혈맹'이라고 우기는 상황을 냉정하게 인식하는 일, 그리고 그것 속에 존재하는 우상과 거짓들을 비판하는 일에서 출발한다는 것은 두말할 나위도 없다.

이러한 우상의 시대에는 우상이 만들어진 과정을 추적해야 우상파괴 작업이 성공을 거둘 수 있다. 우상의 최대의 적은 실상이기 때문에 일차적으로 감추어진 과거 사실의 재구성, 억압된 기억의 재구성을 통해서 우상과 신화가 만들어진 배경을 살펴볼 필요가 있다. 우리는 '국가' 혹은 '민족'을 건드릴 수 없는 공동체라고 전제하고서 모든 지적인 활동을 시작한다. 그러나 국가나 민족이 성립하기 위해서는 반드시 희생자가 존재한다.

---

16 Chalmers Johnson, *Blowback: The Costs and Consequences of American Empire*, New York: Henry Holt and Company, 2000, p. 102.

모든 근대국가가 그러하듯이 국가 주권이 건드릴 수 없는 원칙으로 고착되는 과정에는 주권국가에서 배제된 인종·종족·여성들의 희생이 따랐다. 아렌트가 유태인 학살은 바로 근대 주권국가 등장의 또 다른 비밀이라고 밝힌 것처럼[17] 남한에서 반공국가, 친미국가의 등장에는 '독립운동 세력의 정치적 배제', 제주 4·3과 여순 지역에서 '빨갱이'로 분류된 민간인의 희생이 있었다. 마찬가지로 북의 반미 사회주의 정권의 수립 과정에서도 유사한 방식의 우익 청소, 남로당계 숙청 작업이 있었다. 남북의 국가 신격화와 국가논리(반공, 반미)의 도그마화에서는 근대국가의 희생자들, 이러한 역사의 일부 내용의 선별 과정이 함께 있었기 때문에 희생의 역사, 망각된 기억을 부활시키는 것이 대단히 중요하다. 이것은 바로 '역사를 새롭게 정치화하는' 작업이다. 분단체제라는 것은 분단 과정에서의 일부 사실을 확대 과장하여 '역사를 정치화'함으로써 지탱되었기 때문에 대항적인 역사 정치화 작업이 바로 우상파괴의 길이 될 것이다. 돌이켜 보면 리영희의 『전환시대의 논리』, 황석영의 『죽음을 넘어 시대의 어둠을 넘어』와 『사람이 살고 있었네』는 당시의 시점에서는 우상파괴의 중요한 시도였다.

그런데 사실은 공안기구가 더는 우상 만들기의 주역을 담당할 수 없게 된 민주화 시대에 접어들어 이미 『조선일보』를 비롯한 보수 언론에서는 1980년대 말 이후 거세게 등장했던 반제·반미 담론에 위기의식을 느끼면서 '역사 정치화' 작업을 시작한 바 있다. 『조선일보』의 '이승만과 나라 세우기' 특집과 '박정희' 특집은 대단히 중요한 역사 정치화 작업이며, 최장집 교수가 쓴 한국전쟁 관련 논문을 사상 시빗거리로 제기한 것 역시 흔들리는 우상을 버티기 위한 역사 정치화 작업이었다고 볼 수 있다. 우리는 이러한 방어적 작업이 정치권력이 지식을 독점하던 시대가 지난 1990년

---

17 Hannah Arendt, *The Origins of Totalitarianism*, New York: Harcourt, Brace and Company, 1951, pp. 11~120.

대에 본격화했다는 점을 주목해야 한다. 즉 이제는 우상이 억압적 국가권력에 의해 지탱되지 않는다고 판단한 보수 언론이 앞서서 이러한 우상수호 작업을 시작한 것이다. 역사적으로 보면 피지배계급은 자신의 이해를 불분명하게 인식하고, 그것을 정치화해내지 못하지만 지배계급은 자신의 이해를 정치화할 능력이 있는데, 과거 『조선일보』가 이승만 박정희의 나라 세우기에 엄청난 지면을 할애하고 계속 색깔 시비를 주도하는 것은 바로 지배층이 기존 이익을 지키기 위해 역사를 정치화한 대표적인 사례이다.

물론 우상파괴 작업의 내적인 한계도 드러났다. 반공주의 비판, 반미 민족주의는 분명히 초기에는 중요한 계몽적인 역할을 했지만 큰 약점도 갖고 있다. 폭로적이고 공격적인 반제 민족주의는 적과 나를 이분법적으로 파악하기 때문에 학생들이나 초보적인 지식인들은 훨씬 접근하기 쉽지만, 이러한 이분화 논리는 대상에 대한 진정한 접근과 인식을 방해할 수도 있으며 '민족' 혹은 '국가'를 물신화한 단일 실체로 가정하는 위험성이 존재한다. 즉 민족주의라는 것이 원래 그러하지만 그것은 식민지하에서는 투쟁을 위한 중요한 무기이기는 하나 또 다른 우상을 만들어내는 덫이 될 수도 있다. 특히 오늘의 패권국가인 미국의 군사적 지배가 결국 지구 자본주의 경제질서의 상부구조이며 자본의 이해를 반영하는 것이라고 본다면, 정치적 '음모론'의 시각에서 냉전과 분단의 현실을 설명하는 것은 한계가 클 수밖에 없다. 일본에 격렬한 거부감을 느끼는 한국의 기성층과 보수 언론이 미국에 대해 미국인들보다 더 무비판적인 점이나, 미국에 대단히 부정적인 사회운동가들이 한국에 들어온 외국인, 중국동포, 한국 내 여성과 소수자 차별에 거의 무관심한 채 애국주의 담론에 쉽게 동조하는 것도 이러한 이유 때문이다.

민족문제를 특수한 것으로 보기보다는 자본주의 세계체제, 지구 정치(global politics) 모순의 한 발현으로 본다면 보다 넓은 시야로 이 문제에 접근해 갈 수 있을 것이다. 1980년대식의 반제·반미 담론을 견지하던 인물들 중 상당수가 1990년대 신자유주의의 효율성, 경쟁력 논리에 쉽게 굴복한 것도 바로 과거 그들이 보였던 것과 같은 지적 정신적 한계 때문이다. 특히 정치적 우상이 아닌 오늘날 '시장의 우상'은 강요되는 것이 아니라 사람들의 살과 뼈에 스며들어 그들을 자발적으로 움직이게 하는 일상생활의 논리이자 일종의 유사종교와 같은 것이기 때문에 더더욱 과거의 우상파괴 방식이 설 자리가 없다. 생활세계의 식민화, 무교양주의, 공공적 지식인의 실종은 이 시대 모든 나라에서 나타나는 현상이지만,[18] 반공의 우상이 반세기 이상 지배했던 한국에서 그 정도는 더욱 심하다.

　　지식과 정보를 정치권력이 독점할 때에는 과거와 같은 우상파괴가 가장 효과적이었지만 시장이라는 우상이 지배하는 오늘의 시점에서는 반드시 그렇지만은 않다. 이제는 바로 '시장의 우상' 즉 분단 극복, 남북한의 화해 혹은 통일을 시장에서 선택할 수 있는 하나의 상품 정도로만 생각하고, 단지 못산다는 이유로 북과 중국의 동포들을 업신여길 준비가 되어 있는 이 사회에 만연한 '효율성의 우상' 문제에 더 많은 비중을 두어야 할 시점이다. 그것은 우연한 듯이 발생하는 오늘의 정치경제 현실 속의 문제 군들을 배열하여 연관 고리를 밝혀내는 작업이며, 동시에 '시장의 우상' 속에 살고 있는 일반 민중들이 '내가 지금 무엇을 하고 있는가'를 성찰할 수 있는 기회를 제공해주는 일이다. 그리하여 비이성적인 남북 적대와 소모적인 군사 대결은 물론이고 경쟁으로 몰아가는 신자유주의적인 경제질서, 자신과 가족의 생명을 파괴하는 비인간적·반환경적 물질문명의 지배에 눈을 뜨게 하는 일이다. 그것은 문화비판, 대안적인 생활문화 창출운동 방식으로 나타날 수 있을 것이다. 즉 지식인은 단순한 우상파괴의 전사에서 이제 '세상의 해석자' '성찰 계기의 제공자' '우상의 희생자들의 대변

---

18 현대 자본주의의 무교양주의에 대해서는 프랭크 퓨레디, 정병선 옮김, 『그 많던 지식인들은 다 어디로 갔는가』, 청어람미디어, 2005 참조.

자'로 변신할 것을 요청받고 있는 셈이다. 그것은 단순히 거짓을 폭로하고, 부도덕한 사실을 비판하는 수준에 머물러서는 안 되며 '도덕의 피안' 속에서 살고 있는 사람들에게 자기 존재와 그러한 존재의 기원과 구조를 보여줌으로써 자신이 속한 사회적 관계의 의미와 성격을 깨닫게 해주는 일이다.

결국 이 시점에 지식인들은 과거 이래의 정치적 우상과 더불어 오늘의 신자유주의 시대의 경제·문화적 우상을 파괴하는 작업이 필요하다. 전자에 속하는 것은 교육과 언론에서 성역으로 남아 있는 친일파 부일협력자 문제, 1945년 이후 미국이 한반도에서 한 역할 문제, 안보 지상주의 논리들, 그리고 한국전쟁에 관련된 문제이다. 이 문제를 '기억의 정치' '고발과 비판'의 차원에서 진행해야 한다. 백화점식으로 널려 있는 과거 청산 (정신대 문제, 징용징병 문제, 한국전쟁 전후 민간인 학살 진상규명 문제, 베트남전 진실규명 문제, 1970~80년대 의문사 진상규명 문제 등) 운동들이 여기에 속할 것이다. 한편 후자의 작업은 초국적 금융자본의 지구화, 그것의 일환으로서 신자유주의적인 정책들에 의해 파생된 문제점들을 들추어내고, 그것이 사회적 형평성과 민중들의 생존 기반을 어떻게 흔들고 있는지, 기존의 상업적 매스컴과 소비문화가 어떻게 생산대중들의 주체 형성을 가로막고 있는지를 밝혀내는 작업이 될 것이다.

이 두 우상을 파괴하는 작업을 통해서 우리는 분단 극복 이후의 새로운 사회 건설의 대안을 본격적으로 논의할 수 있을 것이다. 우상파괴 작업이 정치적 힘, 역사 변혁적인 힘을 갖기 위해서는 민중의 생활세계 속에 침투해 있는 우상을 파괴할 수 있어야 하며, 그것은 바로 '대안적 정치운동'을 통해서 현실화할 수 있을 것이다.

5. 맺음말

탈분단의 시대는 반공주의라는 우상이 사라진 시대가 아니라 성장과 효율이라는 새로운 우상과 씨름해야 하는 시기다. 탈분단의 과제가 고상한 이념과 사상에서 출발하는 것이 아니라 상식과 이성에서 출발해야 하듯이 새 우상과 싸우기 위해서도 무지와 감각적인 외피만을 중시하는 문화에 대해 상식의 칼을 준비해야 한다. 리영희를 짧게 논평하는 자리에서 필자는 다음과 같이 말한 바 있다.

그는 상식인이다. 그는 '위대함'을 추구하기보다는 자신이 사는 시대에서의 일정한 역할로 만족하려 했던 루쉰(魯迅)의 정신을 따르고 있다. 그의 글들이 모두 난삽한 이론보다는 상식에 호소하는 글인 까닭도 여기에 있다. 그런데 이러한 자유인이자 상식인이, 좌는 절대로 그르고 우는 절대로 옳다는 위험하고 유치한 이분법을 받아들일 수 있을 리 없다. 그의 삶의 기조는 '제복'을 반대하는 정신이다. 제복은 중·고등학교, 그리고 군인, 그리고 수인으로 그의 삶을 옥죄었다. 제복을 자발적으로 선택하는 문화에는 제복을 걸침으로써 지위와 계급을 차지할 수 있다는 생각, 규격화의 사상이 동시에 자리 잡고 있다. 전 국민에게 제복을 입히려는 사회는 획일적인 세계관을 강요하는 사회, 국민을 군인화하는 사회이다. 이러한 제복의 사회를 비판하는 자유의 정신, 상식의 정신은 매우 평범한 것으로 보이지만 동시에 매우 비범한 것이다. 진실한 평범은 요란한 비범을 앞서는 법이다. 분단이라는 허구의 덩어리를 부수는 것은 유행을 쫓아가고 권력에 굴종하는 '현학적' 학자가 아니라 제복과 유행을 의심할 수 있는 인간이다.[19]

---

19 역사문제연구소 편, 『학문의 길, 인생의 길』, 역사비평사, 275쪽.

지난 반세기 동안 한국사회에서는 상식인과 자유인이 되는 데도 대단한 용기가 필요했다. 그것은 한국의 지배구조가 상식인, 혹은 성찰하는 인간이 설 자리를 대단히 좁게 만들어놓았기 때문이다. 그러나 상식인이 되지 않고서는 진정한 전문인이 되기 어렵고, 설사 전문인임을 자처하더라도 그의 전문성은 특정 계층이나 집단의 이익에 봉사하는 것이 되기 쉽다. 따라서 우리가 상식인, 자유인이 되어야 한다는 것은 매우 평범한 주장인 듯이 보이지만 자본의 지배가 만물을 상품화하고 욕망이 천하를 통일한 새로운 우상의 시대에는 지식인이라면 마땅히 갖추어야 할 중요한 덕목이다. 비록 잠시였다고는 하나 황우석 신드롬이 온 사회를 휘감아서 극소수 젊은 언론인이나 과학자들이 의심하는 목소리를 내더라도 곧 '반역자' 취급당했던 이 정신적 불모의 사회에 우리가 살고 있다는 사실을 기억할 필요가 있다. 획일적 반공주의는 시장 만능주의의 모습으로 우리 사회에 여전히 살아서 움직이고 있다.

　반세기 이상의 분단이 이제 남북 간 체제의 이질화로 심화되고, 남북 사회 각각 내부의 심각한 사회적 질병으로 고착되고 있는 오늘의 시점에도 여전히 지식인의 역할은 필요할 것이다. 지식인들은 모든 사람이 '예스'라고 해도 '노'라고 말할 수 있어야 한다. 그들은 문제를 투명하게 인식하는 노력 못지않게 문제를 구조적으로 이해해야 한다. 탈분단의 시대에 한국의 지식인들은 분단을 지구 자본주의, 지구정치의 한 흐름 속에 위치시키고, 탈분단의 과제가 우리 민족에만 특수한 것이 아니라 지구적·보편적인 과제의 일환이라는 점을 자각하고, 그것을 이론화하여야 한다. 그래서 탈분단 시대 한국의 지식인은 이제 분단체제, 반공주의 비판에서 한 걸음 더 나아가 비인간화, 새로운 형태의 노예화의 총체적 구조에 대한 성찰과 문제제기, 그리고 새로운 대안 제시 작업으로 나아가야 한다.

한국 사회과학의 탈식민 과제

1. 1990년대 정치경제와 사회과학

1990년대 이후는 사회주의 붕괴라는 거대한 상황 변화, 자본의 지구화 (globalization)와 맞물린 새로운 자본주의 질서가 전세계 인간의 삶을 지배한 시기였다. 유럽 북미에서의 지역 경제통합, 국민국가의 기능 축소, 민족분규와 인종갈등, 국가복지의 약화와 한 나라 내 계급구조의 변화, 신자유주의 경제정책으로 인한 유연화된(flexible) 노동시장의 구조화, 노동자 계급의 파편화, 전통적인 노동운동과 노사교섭 체제의 변화, 정당의 역할 축소와 대의제 민주주의의 위기, NGO의 등장과 소수자 등 새로운 저항세력의 형성 등의 양상이 나타났다. 이미 아롱(R. Aron) 등이 1950~60년대에 사회주의와 자본주의의 수렴에 대해 말한 적이 있지만,[1] 1990년대 이후의 세계는 이제 수렴을 넘어서 단일화의 국면으로 치닫고 있다. 민족과 종족 단위의 자조적 삶의 공동체가 완전히 무너지면서, 이제 지구 내에서 시장 문명과 신자유주의의 물결에 거역할 수 있는 공간은 완전히 사라진 것 같다. 국제 금융 자본과 다국적 기업은 과거 제국주의의 총과 칼을 대신하는

---

[1] 산업화가 진전되면 시장경제와 계획경제는 유사한 성격을 갖게 된다는 이론을 지칭한다. 양자 모두 산업주의라는 특징을 갖게 되며 이데올로기성은 약화된다는 점을 강조하였다.

새로운 점령군으로 등장하고 있으며, 나이키(Nike)와 맥도널드(McDonald's)의 공략, '디지털 혁명' 인터넷의 담론에 노출되고 있는 세계 각 지역의 젊은이들과 주민들은 이제 새로운 형태의 식민지 백성이 되고 있다.

한국 역시 이러한 물결에서 예외지대로 남아 있지 않았으며, 민주화 국면에서 국가의 조절 능력이 상실되고 천박한 시장논리가 판을 치면서, 오히려 세계 경제와 다국적 기업의 압박을 더 강하게 받게 되었다. 특히 1997년 말 경제위기 이후 IMF와 미국이 강요한 고통스러운 구조조정은 과거 외세에 의한 군사·정치적 간섭을 방불케 하였다.

이러한 시장 문명의 승리는 '자기조절적 시장'(self-regulating market)의 신화를 바탕으로 하는 자유주의 사회과학을 최종 승자의 위치에 올려놓았다.[2] 한국 학계도 예외는 아니었다. 방법론적으로는 신고전파 경제학 이론에 바탕을 둔 합리적 선택이론(rational choice theory)이 미국 주류 사회과학의 이론적 기반이 되었고 1980년대 초까지 어느 정도의 세력을 갖고 있었던 변증법적 시각이나 거시구조적 접근 경향이 약화되었다. 특히 한국에서는 국가·계급·자본주의 등의 현상을 거시구조적으로 다루던 마르크스주의 사회과학이 급격히 쇠퇴하고 정치·경제 제도의 미시적 과정에 초점을 맞추거나 행위자 중심의 이론이나 탈근대(post-modern) 사회 이론에 관심을 갖는 경향이 지배적이 되었다. 이러한 이론 사상적 경향은 페리 앤더슨(Perry Anderson)이 지적한 바와 같이 사회주의 붕괴와 미국 자본주의의 세계 제패 이후 "사상 처음으로 자본주의가 전지구화된 것이 이

---

2 자기조절적 시장은 바로 폴라니가 비판했던 개념이다. 그는 경제가 사회에서 분리된 것으로 현상화되는 자유주의 신화의 모순을 지적하면서 대공황의 정치경제적 기원을 분석하였다 (Karl Polanyi, 박현수 옮김, 『거대한 변환: 우리 시대의 정치경제적 기원』, 민음사, 1997). 그의 이론은 한동안 잊혀졌으나 자본의 지구화 국면에서 다시 주목을 받게 되었다. 오늘 지구화와 신자유주의 자본주의 하에서 마치 시장경제가 제도적 기반 없이 스스로 작동할 수 있다는 신화가 또다시 지배하고 있는데 이러한 상황에서 시장에 대한 사회적 개입의 필요성이 제기되기 때문이다.

론적으로 자신을 드러내는 의복"이라고 볼 수 있다. 이념의 '족쇄'가 사라지면서 사실 양적으로는 사회복지, 매스컴과 커뮤니케이션 분야에서의 정책적 방향 등을 다루는 연구들이 훨씬 많이 쏟아져 나왔다. 시장의 승리는 곧 사회과학에서 민족성 혹은 역사성이 가장 개입하기 어려운 경제학과 경영학의 시대를 열었다. 더 정확히 말하면 '돈 버는 법' '성공하는 법'을 다루는 책들이 기존 교과서를 완전히 대체하였다. 사회과학 논의는 사라지고 이제는 주로 미국에서 만들어진 '기업 성공의 비결' '처세의 기술'이 그것을 대신하였다.

한국에서 1990년대 상황은 민족 담론의 후퇴, 혹은 보수적 민족주의의 등장을 수반하였다. 1980년대까지 탈식민주의 담론을 주도하였던 민족해방 노선들, 특히 자본주의 발전과 민족을 대립시키면서 북한의 '자주' 노선에 호의적이었던 이론적·실천적 경향들이나 탈종속적인 발전이 가능했을 것이라고 암암리에 가정해온 문제의식들이 급격히 후퇴하였다. 1990년대의 탈근대 담론의 등장은 1980년대식 '민족주의'의 도전에 '서구주의' 혹은 자유주의적 '보편주의'(universalism)가 총반격하는 성격을 띤다. 따라서 민족 담론의 후퇴는 그와 마찬가지로 객관주의 혹은 본질주의(essentialism) 성격을 띠었던 민중주의, 계급 담론의 후퇴를 수반하였다. 이처럼 지구 자본주의 시대의 학문정치로서 국제화·지구화 담론은 과거의 문명개화론과 근대화론이 그러하였듯이 사회변혁 노선에서의 민중주의적 대안에 대한 반격이었으며,[3] 민주주의·민족·복지·공동체 등 가치에 대한 '자본'의 정치적 공세를 표현한 것이었다. '자기조절적 시장'의 신화는 시장이 모두의 복리를 가져온다는 전제하에 그것에 반하는 어떠한 대안도 지구 자본주의 하에서는 가망 없다는 논리를 기정사실로 만들었다. 이들은 식민지화에 저항하는 고식적인 민족주의자를 향하여 시대

---

3 졸고, 「국제화와 한국의 민족주의」, 『역사비평』, 1994년 겨울.

의 흐름과 문명개화의 불가피성을 들이대며 반박하였던 구한말 일제 식민지화 초기의 급진적 개화론자(이후 그 상당수가 이후에 친일 인사로 변신했다)의 문제의식, 그리고 분단의 극복이라는 '비현실적인' 과제에 집착하기보다는 반공주의와 미국 패권하의 자유와 민주주의의 길을 걷자고 나섰던 친미 지식인의 정서를 계승하고 있다. 한국에서 정신적 식민화(colonization)의 지속은 지난 100년 동안의 식민화 과정에서 동조해온 세력들이 계속 권력권에 머물러 있다는 엄연한 사실에서 확인된다.

2. 식민화란 무엇인가

그렇다면 구식민지가 사라진 지 한참 지난 오늘 왜 다시 식민화가 문제가 되는가? 특히 담론 혹은 이론의 영역에서 식민화 혹은 '탈식민'이라는 것은 어떤 의미가 있는가? 오늘날 담론 혹은 이론 영역에서 식민화란 곧 신자유주의의 논리 즉 미국과 다국적 기업의 새로운 세계 지배, 혹은 디지털 자본주의 질서의 정당화를 의미하는가?

식민화란 무엇인가? 그것은 특정 정치권력이 강제력에 의거하여 특정 지역의 주민들을 복속시켜서 노예화한 다음, 그 지역의 모든 인적 물적 자원을 강제적이고 독점적으로 동원하고 그것을 자신의 의도대로 사용하고 식민지 주민들로 하여금 그러한 질서를 받아들이도록 교육하는 것이다. 이 점에서 생각해본다면 식민화란 정치적·개인적 주권(sovereignty)의 상실과 동일한 것이다. 철학적으로 본다면 식민화된 민족 혹은 지역의 주민은 자신의 재산권의 생사, 운명의 결정, 그리고 삶의 방식의 선택에서 주인이 되지 못한다. 그것은 헤겔(G. W. F. Hegel)과 호네트(A. Honneth)가 말한 것처럼 인간이 인간으로 인정받지 못하는 것이며 기본적인 자유나 권리를 박탈당하는 것이다.[4] 따라서 식민화란 일차적으로는 외세의 정치·

경제 지배가 관철되는 상황이자 동시에 외세에 점령당한 지역의 주민이 자신의 모습이나 주장을 있는 그대로 표현하지 못하고 정신적으로 의존하는 상황을 통칭한다고 볼 수 있을 것이다.

근대사회는 바로 봉건세력, 혹은 토지귀족의 토지 독점과 신분적 억압, 개인의 자유 제한으로부터의 탈피 위에서 성립하였다. 다시 말해 근대사회는 권리를 갖는 개인, 즉 주체의 등장을 전제로 하는 것인데, 그렇다면 봉건질서와 분명한 차이가 있는 식민화라는 것은 바로 근대 속의 전근대, 혹은 '근대'의 불완전성이나 제한성을 보여주는 것이다. 그런데 이 식민화의 과정은 바로 근대의 상징인 자본주의적 산업문명, 국민국가와 군대의 자기 확장, 제국주의적 침략의 산물이므로 국내적으로는 독재와 노동 억압을, 국외적으로는 식민지 백성 억압과 착취, 정신적 노예화를 수반한다. 따라서 이것은 단순한 전근대적인 지배와 달리 봉건세력을 제거하고 자본주의 산업문명을 이식한다는 점에서 근대화·문명화의 한 과정으로 나타나며, 또 근대화·문명화라는 논리에 의해 정당화되고, 동시에 세계적 차원에서의 문명화 과정 일부를 이룬다. 즉 자본주의 문명 이후 제국주의에 의해 시작된 식민화는 분명히 근대화를 지향하는 하나의 혁명이고 그 파급력은 유럽의 부르주아 혁명에 버금갈 수도 있지만,[5] 그것이 피식민지 사회발전의 내적인 동력과 무관하게 외적으로 강요된다는 점에서 차이가 있다.

20세기의 가장 보편적인 식민화 양상은 자본주의 축적 논리와 그것의 연장 속에서 나타난 제국주의의 식민지 지배였다. 그것은 특정 국가 혹은 민족의 타민족·타인종 지배와 억압으로 나타났다. 이 지배는 자본의 이

---

4 악셀 호네트, 문성훈·이현재 옮김, 『인정투쟁』, 동녘, 1996 참조.
5 마르크스는 영국의 인도 지배는 프랑스 대혁명 이상의 파급력이 있다고 주장한 바 있다. Shlomo Avineri, ed., *Karl Marx on Colonialism and Modernization*, New York: Anchor Books, 1969, p. 17.

윤 추구를 기본 동기로 하지만, 구체적으로 드러난 양상은 민족·인종 차별, 군사·경찰력에 의한 억압, 테러, 강제적인 노동동원, 성노예화 등이었다. 그러나 앞에서도 강조한 것처럼 식민화는 특정 국가의 다른 국가 지배, 특정 민족의 다른 민족 지배로만 국한되지는 않는다. 우리는 자본주의 세계 정치경제 질서 속에서 식민화는 세 단계로 나타난다는 점을 확인할 수 있다.

첫째는 기본적으로는 자본주의적 축적 논리나 자본주의의 내재적 모순에 바탕을 둔 것이기는 하나 외양적으로는 군사·경찰력으로 무장한 정복 국가의 강압적인 지배로 나타난 구식민지 단계의 식민주의, 둘째는 제2차 세계대전 종료 후 피식민지 민족이 형식적인 독립을 획득한 다음 경제·문화적 종속 상태에서 나타난 신식민주의, 그리고 선진 자본주의 국가의 경우 자본의 지배가 새로운 방식으로 전개되면서 나타난 여성, 이민노동자, 소수자(minority) 차별과 사회적 배제, 마지막으로는 지구 자본주의 하에서 이제 국민국가의 조절능력이 약화되고 거대 다국적 기업과 금융자본, 미국의 대학과 매스컴, 문화산업이 생산하는 정보의 주도하에 남(the South)에 속하는 민중들의 물질적 재생산과 정신 영역이 지구적 자본주의 논리 속에 완전히 흡수되어 자신의 문화와 전통, 사고방식과 삶의 방식을 그것을 본(本)으로 하여 재조직하지 않을 수 없게 된 오늘날 지구 차원의 경제·문화적 식민화가 그것이다.[6] 그러나 식민주의는 인종차별주의와 대체로 결합되어 있으며, 그것은 빈자 혹은 사회적 약자의 차별과 중층적으로 결합되어 있다.

---

6 최봉영은 문화 다자인이라는 개념을 사용하여 이러한 현상을 설명하고 있다. 인간이 생각의 주체로서 문화를 디자인하는 것은 본(principle-prototype)과 보기(phenomenon-instance)의 근거에 기초해서 이루어진다는 것이다. 본이란 문화현상이 근거하고 있는 본질·본성·원리·원형 등을 말하고, 보기는 본에 기초하여 실현된 문화현상의 개별적 단위나 사례를 말한다(최봉영, 「21세기와 문화 디자인」, 『문화와 사람』, 제2호, 2000, 19쪽). 이렇게 본다면 식민화란 지배자를 본으로 하여, 그것에 부합하게 사고와 행동을 조직하는 것을 말한다.

이 모든 식민화는 정치경제적 지배를 최종 심급으로 하지만, 각 식민화 상황에서 정치·경제·문화가 차지하는 비중은 다를 수 있다. 우리는 과거 20세기 초·중반 제국주의 시대와는 분명히 다른 식민화의 새로운 국면을 맞고 있다. 그것은 정보와 문화를 전면에 내세우고 있으나 그것이 군사력 대신 자본의 논리와 결합되어 있다는 점에서 일종의 '부드러운 식민주의'라 부를 수도 있을 것이다. 여기서의 '부드러움'은 가시적 억압과 폭력이 완화되었다는 것을 뜻하며, 그것이 제국주의의 지배력과 침투력 혹은 식민화가 가져다주는 물질적 정신적 노예화가 과거에 비해 완화되었다는 것은 아니다. 그것은 일상생활과 정신의 내면세계에까지 지배질서가 착근하여 철저하게 식민화 상황을 은폐하고 합리화하게 된 상황을 의미한다고도 볼 수 있다.

물론 1990년대 이후 한국은 이러한 유형, 단계 어디에도 속하지 않는 독특한 양상을 보인다. 미국에 대한 정치·군사적 종속은 식민화라고까지 말할 정도는 아니지만 지구 자본주의의 영향과 신자유주의적 정책 기조의 흐름 속에서 오히려 부차화되면서 IMF 위기 이후 외국 자본에 의한 경제주권 상실이 좀더 중요한 현실이 되고 있다. 앞에서 언급한 것처럼 현재 한국은 상이한 역사 단계의 식민화가 동시에 공존하는 이중적인 미국화(Americanization) 상태에 있다고 볼 수 있다. 그래서 현재 한쪽에서는 미군 폭격에 의해 육체적·정신적 고통을 받으면서 지난 50년 전부터 지금까지 힘겹게 살아왔던 '대한민국 국민' 매향리, 그리고 새롭게 주둔군이 진주하여 거주지를 떠나야 하는 평택 대추리 사람들이 '국가로부터 보호받지 못하는 존재'로 있는 가운데 다른 편에서는 IMF의 경제 관리와 신자유주의 구조조정의 광풍을 맞아 하루아침에 거리로 내몰리고, 불안한 고용 조건과 낮은 임금을 감수하고라도 새로운 일자리를 찾아야 하는 현대판 '나라 없는 백성'인 실업자, 비정규직 노동자들이 공존하고 있다. 오늘 이들 두 존재는 모두 국가의 보호 밖에 있거나 국민으로서의 소속감을 느낄 수 없으며, 삶의 기반과 정신적 자율성을 박탈당한 존재이다. 전자는 군사적 정치적 주권의 결여 때문에 삶을 송두리째 잃어버렸다면, 후자는 본인들이 의식하건 하지 못하건 육체와 정신이 시장이라는 '신'(神)의 노예가 된 존재다.

이처럼 식민화를 오늘의 시점에서 다시 정의해본다면 사회과학의 식민화 문제는 단순히 학문의 서구화, 미국화만을 의미하는 것이 아니다. 그것은 보다 추상적인 차원에서 보면 공산주의에 대한 공포감에 기초한 미국발 반공주의, 테러와의 전쟁 논리, 자본주의의 지구적 팽창을 정당화하는 시장 근본주의(market fundamentalism)와 자유주의에 대한 일방적인 추종이고, 이를 건드릴 수 없는 진리로 보는 사고방식과 결합되어 있다. 학문의 식민화란 미국이 주도하는 신자유주의의 지구화 논리의 지배 및 그것에 대한 문화적 굴복과 정신적 항복을 수반한다.[7]

3. 한국 사회과학의 식민성

식민지의 사회과학에서 가장 어려운 과제는 근대/서구=보편이라는 관념에서 벗어나는 일이다. 1960년대 이후 최근까지 한국 사회과학 논문에 자주 등장한 '후진적' '파행적' '기형적' '왜곡' 등의 형용사와 명사는 모두가 서구=보편, 정상이라는 인식의 반영이다. 두말할 것도 없이 이들 개념과 사고방식은 한국사회가 처한 상황을 서구적 보편에 대립하는 하나의 '특수'로서 자리매김한 다음, 어떻게 하면 보편에 가까워질 수 있는가 하는 문제의식에 기초해 있다. 마르크스주의 사회과학 역시 다르지 않았다.[8] 단지 보편의 내용과 준거가 달랐을 따름이다. 혁명, 계급투쟁, 계급

7 강상중, 이경덕 옮김, 『오리엔탈리즘을 넘어서』, 이산, 1997, 182쪽.
8 졸저, 『한국 사회과학의 새로운 모색』, 창비, 1997 참조.

갈등은 언제나 19세기의 '전형적인 경우', 20세기 혁명이 발생했던 나라의 경우, 혹은 유럽 국가 등이 한국 노동운동의 준거가 된 셈이다. 학자들의 이러한 태도는 서구=보편이라는 문화적 헤게모니가 얼마나 철저하게 내면화했는지를 잘 보여준다.

식민화의 정신구조는 '그릇된 보편성'과 '그릇된 특수성'의 공존이다. 그릇된 보편성이란 특수한 것, 개별적인 경험이 매개되지 않는 무조건적인 일반론의 패권적 군림이며, 그릇된 특수성이란 자신에 대한 객관적 인식의 결여 혹은 내부에 일반화·보편화의 계기를 내장하지 않는 자기 중심주의(egocentrism)이다. 이것은 헤겔이 말한 자신을 타자화할 수 있는 능력이 없는 상황, 자신을 타자에게 무조건 매몰시킴으로써 자신과 타자를 일체화하는 태도이며, 다른 편으로는 타자의 진정한 내용과 의미를 제대로 파악하지 못한 채 자신의 눈으로 타자를 볼 수 있는 능력을 상실한 상태에서 배타주의나 자기 중심주의(폐쇄적 민족주의)에 침잠해 있는 상황이다. 문화이론의 영역에서 서구 추종주의와 민족주의가 대립하는 듯이 보여도 실상은 같은 정신구조의 반영인 이유가 여기에 있다.

사이드(E. Said)가 오리엔탈리즘(Orientalism)론에서 언급하였듯이 이러한 사고는 서구의 자본주의, '서양'을 이상적인 것으로 봄으로써 서양을 단일한 것으로 이상화하게 되며 자신을 특수한 것, 혹은 일탈적인 것으로 개별화하게 된다. 그렇게 되면 '서구'라는 개념하에 미국과 유럽 사회의 차이가 나타나지 않고, 유럽 개별 국가들 간의 중요한 차이가 나타나지 않는다. 알베르가 말한 앵글로색슨형과 라인형 자본주의 각각의 특징이 주목되거나 논의되지 않는 것은 두말할 나위도 없다.[9] 이 경우 미국 혹은 유

---

9 미셸 알베르(Michel Albert), 김이랑 옮김, 『자본주의 대 자본주의』, 소학사, 1993 참조. 한국에서는 "유럽형 자본주의는 실패한 모델이다"라는 미국발 담론이 일방적으로 전파되는 경향이 있다. 물론 국민소득에서 서유럽 여러 나라가 30퍼센트 이상 뒤처져 있는 것은 사실이다. 그러나 어느 모델이 약자에게 더 좋은 모델인가는 논의되어야 할 점이고, 미국 모델의 문제점은 더욱 자주 논의되어야 할 주제이다.

럽은 '보편'이므로 미국이나 유럽 개별 국가들을 개별 형태로서 대상화하지 못한다. 특히 미국은 '보편'이자 곧 세계 그 자체이므로 '개별 국가'로서 미국이 부각되지 않는다는 말이다. 한국에는 미국에 유학 갔다 온 사회과학자가 수천 명 있지만 미국 경제, 미국 정치, 미국 사회를 연구하는 전문가가 태부족인 이유도 이와 연관되어 있다. 지금까지 한국 사회과학에서 미국은 연구와 학습의 대상이 아니라 그냥 '이론'이자 '보편'이었다.[10]

한편 서양 혹은 미국을 '대상'으로 파악할 수 없는 지적 식민화 상황은 자신에 대한 즉자적 인식, 자기중심적 해석, 더 나아가 자신에 대한 무지와 무관심을 수반한다. 전자는 한국의 역사학계에서 주로 나타나는 현상인데, 주로 우리나라의 경험을 특권화하는 지적인 경향으로 표현된다. 우리 자신은 제국주의에 피해를 당한 존재이므로 다른 사회 혹은 국가와 도저히 비교할 수 없는 특수한 대상으로 간주된다. '민족'의 역사는 고난에 찬 것으로 과도하게 부각되거나 신비화되고, 과거 역사와 현재의 정치사회 현실이 분리된 채 파악되는 경향이 있다. 한국의 제도권 역사학의 편제가 국사와 일본·중국 등 동양사를 분리하고, 동양사와 서양사를 분리하며, 일본 혹은 중국과의 비교연구는 물론 다른 아시아 국가와의 비교 연구가 드문 이유도 여기에 있다.[11] 사이드가 주장하듯이 민족주의 역사학이 제국주의에 대하여 강한 반침략주의 기조를 유지하는 것처럼 보여도 실제로는 제국주의의 식민주의 논리와 동일한 한계를 갖는 이유가 여기에 있다. 양자는 모두 그릇된 보편, 그릇된 특수의 틀 속에 머물러 있기 때문이다.

그릇된 특수라는 것은 자신을 비교의 대상으로 설정하지 못하거나, 자

---

10 한국 언론이 언급하는 국제사회, 혹은 외국은 언제나 미국을 의미했다. 특히 이라크 전쟁 후 미국의 조어(造語)인 '테러와의 전쟁'은 곧 국제사회의 용어가 되었다.

11 최갑수, 「서양사: 유럽 중심주의의 극복과 대안적 역사상의 모색」, 『역사비평』, 2000년 가을, 98~100쪽.

기 속에 내재해 있는 보편의 계기를 파악하지 못함으로써 자신에 대한 진정한 인식에 도달하지 못하는 것을 말한다. 이것은 자신의 개별에 대한 무관심 혹은 자신의 경험을 보편화·일반화할 수 있는 능력의 결여로 나타난다. 수년 전 암스덴(Amsden)이 재벌기업 혹은 독점 대기업이 가장 전형적으로 발전한 한국에서 한국의 대기업 집단을 전문적으로 연구하는 경제학자가 없다고 지적한 점이나, 최근 타계한 이규태가 펄 벅 여사의 한국문화에 대한 감탄을 듣고 나서야 자신이 몰랐던 한국문화에 눈을 뜬 것[12]도 자신의 문화나 특징들을 자신의 눈으로 보거나 연구할 여유를 갖지 못한 채 서구인의 눈을 통해서만 바라볼 수밖에 없었던 식민지 지식인의 불행한 의식을 잘 보여주고 있다.

사회과학 이론에서 식민성은 문화에서 식민성이 그러하듯이 미국 혹은 서구에서 최근에 유행하는 이론이 무엇인가가 가장 중요하게 거론되고, 자신의 눈으로 직접 관찰할 수 있는 현실은 언제나 이론의 '적용 대상'으로 전락한다. 심지어 자신이 직접 목격하고 관찰할 수 있는 사회 현상은 노골적으로 무시되기도 한다. 필자가 지적한 바 있지만 우리는 한국전쟁 이후 1950년대 한국 사회과학에서 이러한 모습을 발견할 수 있었다. 당시 사회과학자들이 일반 대중들과 만나는 중요한 매체였던 『사상계』를 보면 한국정치, 한국사회 분석은 거의 찾아볼 수 없고, 주로 실존철학 등을 소개하는 철학 논문들, 사회주의 이념 사상을 비판하는 논의만이 지면을 차지한다. 비록 학문 수준이 아직 높지 않았고 전쟁의 상처로 신음하던 시점이기는 했으나 한국의 1950년대야말로 전통과 근대가 교차하는 극히 보기 드문 역사 실험실이었고, 사회과학자들은 그러한 희귀한 조사 현장에서 수많은 연구 자료를 수집하고 관찰할 수 있는 행운을 누릴 수 있었다.

---

12 당시 신참 기자로서 펄 벅을 취재하던 그는 소가 힘겨워할까 농부가 달구지를 타지 않고 볏단만을 싣고 가던 모습에 펄 벅이 감탄하는 것을 보고 자신이 몰랐던 한국문화에 눈을 뜨게 되었고, 이후 한국인의 의식구조를 본격적으로 연구하게 되었다.

그러나 사회과학자들은 당시의 '구체적인' 정치사회 현실을 있는 그대로 대면할 수 있는 지적인 용기를 갖지 못하였다. 1958년 정도가 되면 『사상계』에서 비로소 한국사회를 다룬 사회과학 논문이나 평론이 나타나는데, 그 시점에 와서야 한국 사회과학자들은 한국이 미국을 맹주로 하는 '자유세계'의 일부라는 냉전 이데올로기, 정치·문화적 식민지 상황에서 약간씩 벗어나게 된다.

한국의 사회과학에 관한 한 1990년대 이후 지금까지는 여러모로 1950년대와 유사하다. 1950년대가 한국의 학계나 문화계가 거의 압도적으로 미국의 문화적 영향 속에 있었던 시기라면, 1980년대라는 '혁명의 시대'가 지나간 1990년대 이후는 새로운 형태의 미국화의 시대였다. 1950년대에 그러하였듯이 1990년대의 사회과학자들은 변화한 한국 자본주의 현실에 대한 분석을 거의 시도하지 않았으며, 주로 이론적인 논의만 전개하였다. 이론이 없이 조사 분석이 이루어질 수 없는 것은 당연하다 해도, 이론만을 추구하는 것은 '구체적 현실'을 대면해야 하는 곤란함을 면제받을 수 있는 식민화된 정서의 반영일 가능성이 높다. 지난 10년 동안 한국 사회과학계를 돌아보면 우리는 이러한 특징을 잘 발견할 수 있다. 학문 분야별로 약간의 차이는 있겠지만 실제 현상과 사회적 사실을 대상으로 하는 연구가 거의 없다. 초기에는 주로 사회주의 실패 이후 대안과 전망에 관한 수입된 논의만이 주로 이루어지다가 후반에 와서는 그나마도 거의 실종되고 만다. 한국을 분석하는 것은 무의미하고, 그냥 보편의 한 계기로서 충분히 설명 가능하리라는 전제가 있기 때문일 것이다.

이러한 태도는 한국사회를 보편, 즉 자본주의 시장경제 혹은 범세계적인 자유주의 확산의 한 계기로만 볼 뿐 자신의 개별성, 특수성을 부각시키는 것이 별로 의미가 없다는 생각이 표현된 것이다. 앞선 자본주의 사회의 분석, 그것에 기반을 둔 선진 이론만이 가장 결정적인 영향을 미친다고 보는 태도의 반영이다. 이것은 타자 혹은 보편 속에 자신을 일방적으로 흡수시키는 것이기 때문에 실상은 자기 부정의 정신구조라 해도 과언이 아닐 것이다. 자신이 주체로서 인정받지 못하는 상황에서 그러한 '인정을 위한 투쟁'을 포기한 태도가 달리 표현된 것이다. 이것은 바로 식민지화된 사회과학의 모습이며 김영민이 말하는 '기지촌 지식인'의 정신이다. 해방 이후 사회과학계에서는 한국사회를 분석하는 능력보다는 영어 구사 능력, 파농이 말했듯이 모국의 언어를 얼마나 잘 구사하는가,[13] 모국의 이론을 얼마나 빨리 받아들여 소개하는가가 학자로서 성공할 수 있는 가장 중요한 무기였다. 좀 완화되기는 했으나 미국 저널에 실린 논문 편수가 학문적 업적의 지표가 되는 지금도 그러하다.

한국의 사회과학은 자신의 역사적 체험의 집성과 단절되어 있다. 한국의 사회과학은 일제시대 이전 전통사회의 '아름다운 과거'를 강조하는 경우는 있어도 일제 식민지배 이후의 현대사에 상대적으로 무관심하다. 그러나 가까운 역사인 식민지 시대의 집합적 기억이야말로 사회과학의 뿌리가 되는 가장 중요한 자료의 보고이다. 그동안 한국 사회과학이 해방과 분단에 이르는 8년간의 정치·사회사에 거의 무관심했던 것도 바로 이 시기의 역사적 사실과 집합적 기억의 부활이나 재해석이 가져올 파괴적인 효과를 두려워했기 때문이다. 현대사에 대한 무관심은 애초에는 반공주의라는 정치권력과 이데올로기가 조장한 것이고 이차적으로는 학자와 지식인이 자발적으로 수용한 것이다. 그래서 그간 한국 사회과학의 주류를 형성해온 60대 이상의 학자들은 조선시대나 전통문화는 종종 언급하면서도 자신이 직접 겪었던 한국 현대사는 연구 대상으로 삼지 않는 경향이 있다. 그들의 체험과 이론은 크게 분리되어 있다.

사회과학 논문을 읽다 보면 한국 연구자들의 연구논문을 전혀 인용하지 않거나, 인용하더라도 오직 자신이 한국어로 발표한 논문만 열거하는

---

13 프란츠 파농, 이석호 옮김, 『검은 피부, 하얀 가면』, 인간사랑, 1998, 24쪽.

경우를 발견할 수 있다. 미국에서 유학하고 돌아온 연구자는 영어 논문만 인용하고, 독일에서 유학하고 돌아온 연구자는 독일어 논문만을, 프랑스에서 유학한 학자는 프랑스어 논문만을 주로 인용하는 경향이 있다. 나는 이런 저서나 논문을 볼 때마다 이상한 느낌이 든다. 이들의 인용 태도에서 자신도 한국인이면서 자신을 제외한 한국인 연구자들을 경멸하는 오만함을 읽을 수 있기 때문이다. 동시에 자신이 연구자로서 수련 과정을 거친 그 정신적 모국의 지적 성과물을 지적인 준거로 자리매김한 다음, 그것만이 배우고 인용할 가치가 있다고 과시하는 식민지 지배의 현지 대리인과 같은 태도가 느껴지기 때문이다. 그것은 서구세계, 혹은 자신과 관련 있는 서구 특정 국가의 지식세계와의 근접성으로 권위를 과시하려는 태도이다.[14] 이들의 행동에서 상전과 한편이 되어 '주인보다도 하인을 더 멸시하는 마름'의 노예적 퍼스널리티(personality)의 편린을 엿보게 된다. 이들은 '한 수 아래'인 한국 연구자들과 토론하기보다는 선진 외국 학자들의 글과 개념을 인용하기를 즐기면서, 지적인 독백을 계속하는 셈이다.

4. 탈식민 사회과학 건설을 위한 전제

(1) 기억과 체험의 재구성

정치경제적 식민지화 과정은 곧 지식의 지배, 피식민지 주민의 정신적 노예화를 의미한다는 앞의 설명과 연관시켜 본다면, 그것은 제국주의 혹은 그 대리자들의 입지와 논리를 보편·일반·진리로 간주하는 것이고, 피식민지의 지식인들에게 그것을 받아들이도록 강요하거나, 일반 백성들의 실제적인 체험과 기억을 국부적인 것, 열등한 것으로 만들고, 예외적

---

14 파농은 흑인들은 백인세계와의 동화 정도를 통해서 자신을 평가받는다고 지적한 바 있다. 사회과학 역시 예외가 아닐 것이다. 프란츠 파농, 앞의 책, 47쪽.

인 것으로 파편화하거나 심지어는 완전한 망각을 강요하기도 한다. 결국 이러한 질서가 지속되면 피식민지의 지식인과 백성들은 입을 열지 않거나 귓속말로 대화하게 된다. 그들은 자신의 체험이 '공식 체험'과 배치되고, 자신의 체험을 말하는 것이 당국으로부터 탄압과 불이익을 가져올 것이라는 점을 의식하고 있기 때문이다. 그래서 심지어 자녀에게도 자신이 실제 겪은 일을 말하지 않는다. 이것은 바로 '압제받은 체험' '부인된 기억'이라고 말할 수 있을 것이다. 그들의 담론은 사적인 영역에 머물러 있다.

친일파 문제가 해방 후 수십 년 동안 한국에서 본격적으로 거론될 수 없었던 것이나, 미국의 외교정책을 비판하는 것이 터부시된 것도 바로 그 대표적인 예이다. 필자가 『전쟁과 사회』에서 강조하였듯이[15] 한국전쟁 후 남한에서는 전쟁 일반으로 인한 피해와 고통, 그리고 북한 인민군의 남침으로 인한 직접 피해는 자유롭게 말할 수 있었으나, 미군과 '국군'에 의한 피해는 감히 말할 수 없었다. 가족과 친지 사이에서 사사롭게 발설은 할 수 있었다고 하더라도 공개될 수는 없는 것이었다. "미국과 한국군도 주민들에게 못할 짓을 많이 했다"는 것은 오랜 세월 동안 유언비어(流言蜚語)로만 돌아다녔다. 그것은 공공연한 비밀이었다. 이러한 유언비어로 돌아다니는 식민지 기억, 한국전쟁 체험과 기억은 푸코(M. Foucault)가 말한 '예속된 앎'이다. 이 예속된 앎은 지배적 앎, 혹은 지식권력과 마찬가지로 '전투의 패배' 기억을 바닥에 깔고 있다.[16] 그 전투가 회복 불가능할 정도로 완전히 패배로 끝났기 때문에 '예속된 앎'은 더욱더 위축될 수밖에 없으며, 공포에 질린 패배자들은 이웃 심지어는 자식에게도 직접 겪었던 일을 발설하지 않았던 것이다.

따라서 이론 사상의 영역에서 탈식민화의 첫 단계는 현재적 문제의식

---

15 졸저, 『전쟁과 사회』, 돌베개, 2000 참조.
16 미셸 푸코, 박정자 옮김, 『사회를 보호해야 한다』, 동문선, 1997, 25쪽.

을 갖는 역사 연구를 통해서 우선 정치권력에 의해 무시되고, 억압된 기억들을 부활시키는 일이다. 물론 그것은 피해자들로 하여금 강제적으로 억눌린 앎들을 발설하게 하는 작업에서부터 시작될 것이다. 이러한 앎들은 비체계적이며, 인과관계가 불투명할 수도 있으며 혼란한 경우도 많다. 그러나 중요한 것은 발설 그 자체이다. 이 발설은 억압의 틀을 부수는 출발점이 된다. 언론에서 공식화된 용어를 다르게 표현하기, 공식 기억과 개인적 기억의 차이를 인정하는 것이고, 차이의 실존을 통해 자신이 실제 어떤 존재인지를 드러내는 과정이다. 1989년은 일제의 성노예로 고통받았던 정신대 할머니들이 처음 입을 연 해이며, 1999년은 미군에게 학살당한 주민들이 처음으로 발설한 시기였다. 이 모든 발설은 식민화의 역사에 대한 '앎의 봉기'였다. 제국주의 일본에 의한 국가의 성폭력을 '매춘'으로 묘사하고, 미군에 의한 학살을 '좌익 소탕을 위한 성스러운 전쟁'으로 설명해 온 기존의 공식적인 앎에 대한 대안적 기억이며, 동시에 민초들이 간직해 온 자기 모멸감, 자기 불신의 극복이다.

기억의 부활은 자신의 상처를 감추면서, 오직 자신에게만 그 상처의 책임을 돌리는 상황에서 벗어나 상처를 공개적으로 드러내고, 그 상처를 초래한 질서에 항거하는 것이다. 부인된 기억 혹은 압제받은 체험은 단순히 앎의 영역에만 존재하는 것이 아니라 정신대 할머니, 전쟁 당시 피학살 현장에서 기적적으로 살아났으나 불구자가 된 사람들처럼 '고통받는 몸'(the body in pain)에 체현되어 살아 숨쉬고 있다.[17]

사회과학의 탈식민화 작업은 바로 앎의 봉기, 침묵했던 자들의 발설을 통해 사실과 기억을 재구성하는 작업에서 출발해야 한다. 그것은 발설된 앎들을 단순히 정리하는 것이 아니다. 파편화되고 억압되었던 앎에 성급하게 문명과 보편의 칼날을 들이대는 작업을 삼가면서 그것을 과거에서

---

17 김성례, 「근대성과 폭력: 제주 4·3의 담론 정치」, 역사문제연구소, 『제주 4·3 연구』, 역사비평사, 1998, 266쪽.

현재로 연결되는 연속선상에서 재구성하는 것이다. 이것은 일제 말에 경제성장이 가장 놀랍게 진척되었다는 식의 식민지 근대화 담론으로 실제 민중에게 가해진 억압을 은폐하는 접근 방식처럼 사회 현실을 수량적·도식적·공학적 대상으로 보는 것이 아니라, 당시에 살았던 사람들의 체험을 통한 역사적 현실로 바라보는 데서 출발해야 한다. 사회과학은 추상적 개인의 행위를 탐구하는 과학이기 이전에 특정한 역사적 국면에 처한 인간 자신의 문제해결 과정을 탐구하는 과학이기 때문이다.

이것은 인도의 서발턴(Subaltern) 연구에서 시도되었던 방법인바, 이들은 서발턴 즉 인민을 통일적인 실체로 보지 않고 계급·카스트·연령·성에서 분열된 존재로 파악하였다. 그람시(A. Gramsci)의 이론에서 차용된 서발턴의 개념은 "일반적인 종속성을 가리키는 것"인데, 이들은 피식민지 농민들의 의식과 의지와 행위를 민족 혹은 계급의 칼날을 들이대기보다는 스스로의 목소리를 통해서 복원하려 하였다.[18] 농민의 예속성을 지배의 효과로 인정하려 함으로써 예속된 지위의 농민이나 노동자를 또 한 번 타자화하기보다는 그들의 입장에서 그들의 목소리를 복원하려 시도한 것이다. 이러한 방법론을 동원하여 인간을 역사적 행위의 주체로 보고, 그들의 앎을 통해서 역사적 특성을 재구성할 때, 비로소 '지배하는 지식'과 '예속된 지식'의 실존을 명확하게 파악할 수 있다.

물론 사회과학자의 작업은 단순한 기억의 부활, 혹은 역사 재구성과는 차이가 있다. 그것은 앎의 내용을 손상시키지 않는 범위 내에서, 앎의 질서를 하나의 권력관계의 반영 혹은 효과로 보면서, 앎의 의미를 현재적 권력관계 혹은 사회관계와의 연관 속에서 분류·정리·계열화하는 것이다. 이 점에서 사회과학자의 작업은 피식민화된 민중들의 의식과 행위 속에 내면화된 식민주의 담론을 비판하는 작업으로 연결될 수밖에 없다.

---

18 김택현, 「인도의 식민지 근대사를 보는 시각과 서발턴 연구」, 『역사비평』, 1998년 겨울.

(2) 비판

사이드가 말했듯이 오리엔탈리즘은 서구 제국주의의 위압적 지배와 그것과 병행한 지식 체계에서 생겨난 것이므로 탈오리엔탈리즘 혹은 탈식민의 과제는 우선 그것을 권력과의 연관 속에서 비판하는 일에서 출발하여야 한다. 여기서 비판이란 식민화의 논리가 사실과 부합하지 않는 점, 논리적으로 일관되지 못한 점 등을 폭로하는 것이다. 특히 식민세력과 그 대리자들은 침략과 착취 혹은 지배·노예화를 문명화·개화 혹은 발전이라고 선전하고 주권 회복을 위한 투쟁을 폭력과 테러, 난동 등으로 개념화하는 경향이 있는데 이러한 식민주의자의 개념화를 근원적으로 재검토하고 비판하는 것이 가장 일차적이다.

여기서는 일차적으로 앎의 봉기로서 정당한 '회의'의 과정이 수반된다. 보편주의의 이념과 가치중립주의로 무장한 서구의 자유주의 사회과학이 우리가 처한 삶의 조건을 해명하는 데, 또 그것을 개선하는 데 얼마나 기여했는가 하는 반성, 그리고 그러한 이론으로 자신의 행동을 설명해온 사실에 대한 자기비판이 필요하다는 것이다. 제국주의 / 식민지, 종속 / 자주의 이분법으로 돌아가자는 것이 아니다. 가장 근원적인 데서부터 출발하여 우리가 익숙하게 사용하는 개념이 현실을 반영하고 있는지, 잘 반영하지 못한다면 어떠한 점에서 그러한지, 은연중에 그러한 개념을 차용하여 자신을 대상화하는 것은 아닌지를 성찰해야 한다는 것이다. 그러나 정당한 회의는 오직 출발점일 따름이다. 그것은 이론으로 연결되어야 하고, 이론은 바로 실천과 결합될 수밖에 없다. 투렌(Touraine)은 "주체를 만드는 것은 바로 거부하는 몸짓이며 저항하는 힘이다"라고 강조한 바 있다. 주체화란 언제나 사회화 순응화에 반대되는 개념이므로 의심과 회의에서 출발한다.

비판은 주로 담론의 영역에서 발생하지만, 그 자체가 정치적 저항을 포함한다. 예를 들면 안중근과 신채호의 일본발 '동양', 아시아주의 담론 비판은 곧 일제 식민지 지배에 대한 정치적 저항의 의미를 포함하고 있었다.[19] 동양, 아시아주의의 뒤를 이은 담론은 '자유세계'의 '혈맹' 담론이었는데, 그것에 대한 비판은 한국의 주권 양도, 혹은 한미주둔군지위협정(SOFA)의 예속성, 미군 주둔에 의한 한국인들의 피해 사실 등을 고발하고 저항행동을 감행하는 일과 동시에 진행된다. 이 점에서 사회과학자들의 인식과 실천은 일종의 학문정치(politics of academics)라 볼 수 있으며, 구체적 정치행동과 간접적으로 연결된다.

그런데 과거 구식민지 시대에는 물리적인 억압이 비판 담론을 제기하는 것을 가로막았으나, 국가가 형식적인 독립을 취득한 이후에는 이제 지구 자본주의 팽창을 정당화하는 자유주의 이론과 가치관, 경쟁과 효율을 중시하는 가치관이 교육이나 매체를 통해서 영향력을 확장하고 있다. 군사독재의 억압과 인권 탄압도 모두 경제성장이라는 논리로 정당화되었다. 이 경우 비판 담론이 형성될 수 있는 최소의 공간이 확보되기는 하나 그것의 영향력을 제고하는 데는 큰 장벽이 가로막혀 있다. 탈식민 담론은 이제 자유주의 일반, 시장논리 일반에 대한 비판의 영역으로 확장되지 않을 수 없게 되었다. 1990년대 이후 신자유주의, 정보화 담론 역시 큰 틀에서는 이러한 식민주의 지배 담론의 연장에 있다.

오늘의 시점에서 탈식민의 논리는 신자유주의 경제질서 속에서 주민의

---

19 안중근은 애초에는 서양과 동양의 대립, 혹은 백인종과 황인종의 대결이라는 시각을 갖고 있었다. 그러나 러일전쟁에서 승리한 일본이 조선을 노골적으로 침략하는 것을 목격한 이후 생각을 바꾼다. 결국 형 집행 직전 "자연의 형세를 돌보지 않고 같은 인종 이웃 나라를 해치는 자는 마침내 독부(獨夫: 악정을 행하여 백성의 원성을 받는 군주)의 환란을 기필코 면하지 못할 것이다"라고 비판하였다. 신채호 역시 "한 마을이 단결하여 우리 집의 화를 구해준다면 이를 추구함이 옳거니와 오늘날의 경우는 그렇지 않으니 악독한 도적의 뒤를 따라 이를 공의(共議)하면 어찌 노예의 어리석음이 아니리오"라고 일본의 침략성을 비판하면서 조선의 각성을 촉구하였다. 최원식·백영서 엮음, 『동아시아인의 '동양 인식'』, 문학과지성사, 1997, 215~219쪽.

생존보다는 이윤을 앞세우는 다국적 기업과 소비주의의 세계 지배에 반대하는 저항으로 연결된다. 이때 비판이라는 것도 단순하게 문화·문명 비판의 차원에 머물 수는 없다. 1990년대 이후 탈식민주의 논의는 주로 중심/주변의 문화적 이분법의 구도 속에서 주변부 지식인의 새로운 자의식 획득과 실천의 전략으로 논의되고 있다. 때로 이러한 담론은 여성이나 소수자의 해방 담론과 연결되기도 하고, 전통주의로의 복귀라는 방식으로 접근되기도 한다. 그러나 이 모든 탈식민 담론은 지구적 자본주의의 지배를 정치·경제적 현상으로 보기보다는 문화, 지식 현상으로 보는 경향이 있다. 그것은 탈식민 담론이 주로 지식인의 자의식 획득, 지식인들의 주체화 과정으로 해석됨을 말해준다. 그러나 더 중요한 것은 신자유주의 질서 아래서 가장 큰 고통을 당하고 있으며, 끊임없는 고용불안과 실업, 삶의 근거지 상실의 위험에 놓인 지구 차원의 주변부 지역 민중의 입장에서 세상을 바라보는 것이다.

앞에서 언급하였듯이 필자는 신자유주의 질서 속에서 자본의 세계 지배를 과거 제국주의 시대의 식민지 지배, 하버마스(J. Habermas)가 말한 선진 자본주의 국가에서의 생활세계 식민화와 함께 보아야 이 문제의 성격을 제대로 볼 수 있다고 생각한다. 식민화란 지식권력의 문제라기보다는 지식권력을 가능케 하는 현실 권력과 현실 경제력이라는 점을 인식해야 한다. 따라서 탈식민의 과제 역시 단순히 서구의 학문 이데올로기와 지적인 단절 혹은 민족주의 정서의 강화를 통해 해결될 수 있는 것이 아니라, 그것을 가능케 했던 물질적인 조건, 정치적 지배구조 비판으로 나아가야 한다. 그리고 식민화는 기본적으로 자본주의 질서 속에서 제한적으로만 주체화되는 노동자들의 삶과 일상의 영역에 가장 구체적으로 나타난다는 점을 염두에 두어야 할 것이다. 그렇게 본다면 탈식민화의 진정한 주체화 문제는 여전히 남아 있는 셈이다.

결국 문화주의적인 탈식민 담론에서 제기하는 비판은 정치·경제 현상을 건드리지 않는 한 진정한 비판의 힘을 갖지 못한다. 정치·군사적 억압이 강요되는 조건에서 소수자의 해방은 가능하지 않다. 반공, 친미가 강요해온 노예적 정신이 우리들로 하여금, 한미관계를 비롯하여 동아시아의 정치경제 현상, 남북한 관계를 제대로 살필 수 있는 기본적인 능력을 빼앗았다. 여기서는 지적인 창조도 혁신도, 참신하고 새로운 이론도 전혀 기대할 수 없기 때문이다.

(3) 보편과 특수의 통일로서 '개별성'의 인식

헤겔에 따르면 인륜성으로 하여금 파괴된 균형의 재통합을 통해 보편성과 특수성의 통일로 나아가게 하는 것이 차이의 실존(Existenz von Differenz)이다.[20] 그런데 이것은 특수성을 특수한 것으로 인지하지 않고, 개별들 간의 차이를 인정하는 것을 의미한다. 주체, 자주적인 실체로서 인정받는 것이 인식의 발전에서 가장 일차적인 단계가 될 터인데, 일제의 강압적 병합과 분단 이후 미국에의 정치·군사 주권 이양은 이러한 인정을 불가능하게 만들었다. 이렇게 본다면 한국의 정치경제 현실을 인지하는 능력은 이러한 차이를 인정하지 못하는 데서 일차적으로 비롯된다. 그것은 바로 1950년대 나타난 것처럼 미국과 한국이 한 몸이라는 정치 이데올로기와 그것을 물리적으로 강제하는 국가보안법의 체계, 그리고 현대 한국 지식인들에게 내면화된 정신적 노예의식인 것이다.

오늘날 특수주의, 혹은 차이의 실존을 인지하지 못하는 것은 바로 오리엔탈리즘의 한 면인 민족 중심주의, 자국 중심주의와 상통한다. 미국에 지나치게 경도된 세계관은 한국에게는 가장 중요한 타자인 인근 일본과 중국의 실체를 제대로 볼 수 있는 능력, 한국 내 소수자인 외국인 노동자들을 제대로 볼 수 있는 능력을 박탈한다. 한국의 식민주의 우익이 일본을

---

20 악셀 호네트, 문성훈·이현재 옮김, 『인정투쟁』(동녘, 1996), 47쪽.

반대하는 듯하면서도 결국은 일본 우익과 같은 논리에 사로잡혀 있는 것이 대표적인 예이다.[21] 한국의 과도한 자민족 중심주의는 이러한 정신적 유아 상황, '반공과 자유'라는 그릇된 보편주의와 동전의 양면을 이루고 있다. 한국이 휴전협정, 동북아시아 평화질서의 구축 및 북미·북일 관계의 수립에서 주체로 인정받지 못하는 정치적 현실에서, 역으로 외국인 노동자를 차별·학대하고 재일조선인의 고통에 무관심한 것은 바로 이러한 '인정의 결여'에서 기인한 것으로서 자신을 보편과 특수의 결합이 아니라 그릇된 보편성과 그 이면의 잘못된 특수로 보는 태도가 연장된 것이다.

근대 서구의 정신을 반영하는 오늘의 사회과학은 개인으로서의 존재, '경제인'으로서의 존재에 초점을 맞추고 있지만, '욕망 추구적 인간' 모델은 자본주의화한 한국에서도 아직 완전히 익숙한 것은 아니다. 또한 우리 사회 구성원의 행동은 그러한 경제인의 관점으로 설명되지 않는 점들이 많다. 기업의 조직, 소비와 저축, 정당과 선거, 노사 갈등, 교육문제, 유별난 기독교 부흥 등 많은 사회 현상은 이러한 서구 사회과학의 이론·개념·인간관으로는 만족스럽게 설명되지 않는 영역이다. 이것을 비정상적인 혹은 예외적인 사례로 접근하기보다 근대 혹은 자본주의의 한국적 양상으로 보기 위해서는 오늘의 한국인의 존재 조건에 대한 새로운 고찰이 필요하다. 물론 오늘의 한국인은 단순히 심리학적으로나 인류학적으로 분석되어야 할 대상은 아니며, 분명히 역사적·정치적인 존재라는 점이 강조되어야 한다. 우리는 40년간의 일제 식민지 경험, 1950년대의 분단의 경험이 한국인의 정서와 의식, 습성과 행동에 어떠한 영향을 미쳤으며, 그것이 어떻게 구체적인 경제·정치·사회 현상으로 나타나고 있는지를 밝힐 필요가 있다. 논리적 행동, 규칙 준수적인 행동 이면에 숨어 있는 무논

---

21 양자가 사용하고 있는 자유주의, 자학사관 등의 용어는 완전히 동일하다. 다른 점이 있다면 적어도 식민주의 하에 있지 않은 일본의 우익은 '애국자'이지만, 한국의 우익은 애국자가 될 수 없다는 딜레마이다.

리적 행동, 타성적인 행동도 밝혀내야 할 것이다. 인간의 이론, 행위의 이론은 사회과학의 초석이 되므로, 우리는 이러한 작업에서부터 출발하지 않으면 안 될 것이다.

개별성의 인식이란 앞에서 언급한 것처럼 지금까지 무비판적으로 받아들였던 자본주의적인 '본(本)-보기'의 인식에서 탈피하는 것이다.[22] 그러한 탈피는 전통적으로 받아들여졌던 본이 무엇인지, 그것에 어떠한 인간적인 내용이 포함되어 있는지 이해하는 일이다. 그것은 바로 인문학적 전통에 대한 성찰을 의미할 것이다. 우리는 이러한 인문학적인 성찰을 기초로 하여 사회과학 이론의 역사화, 현재화의 과제에 접근해 갈 수 있다. 현재화와 역사화는 섣부른 '미래화'가 서구를 지나치게 본으로 설정하여 이론 진영과 대중들을 미혹시키는 것을 막을 수 있는 해독제이다. 사회과학 연구 작업에서 현재화, 역사화, 미래화(이론화)는 동시에 진행되어야 한다. 그러나 지난 50년 동안 사실상 '제1세계'의 정신적 속국으로 살아온 한국의 지식인, 연구자 들에게는 연구 작업의 현재화와 역사화의 과제가 더욱 시급하다. 한국 사회과학의 50년 역사는 짧다면 짧다고도 볼 수 있지만, 이제는 성찰적인 자세에서 그동안의 이력을 돌아보고, 자신의 과정을 보다 일반화된 시각에서 정리할 만한 시간은 되었다고 볼 수 있다.

오늘처럼 자본주의 경제질서, 상품화의 논리가 전 영역에 침투하고 자본축적이 지구화한 조건에서 '한국적인 것' '우리'를 배타적으로 고집하는 것은 적절하지 않을지 모른다. 정도의 차이는 있지만, 상품·화폐관계의 전지구적 확산과 전면적 침투에 따른 경제적·사회적 진통은 물론, 환경의 위기, 인간성과 가치관의 위기에서도 한국의 '국민'은 단일한 실체가 아니며 한국사회는 결코 자본주의의 후발주자만은 아니다. 따라서 향후 한국 사회과학의 운명은 이러한 세계질서를 해석하는 능력에 좌우될 것

---

22 '본-보기'의 개념에 대해서는 최봉영, 앞의 글 참조.

이다. 이 점에서 우리는 선진국의 사회과학과 같은 지평에 발을 디디고 있으며 그들과 보다 직접적으로 대화하고 교류할 수 있는 위치에 서 있다. 이것은 이제 한국을 단순히 지구 자본주의 내의 특수한 사례로서가 아니라 자본주의 일반의 틀 속에서 볼 수 있는 조건이 마련되어 있다는 것을 의미한다. 한국 사회과학은 미국의 사회과학을 본으로 설정하여 그것을 일방적으로 모방, 학습할 필요는 없을뿐더러 공유된 조건을 기초로 하여 동시에 우리의 생각을 발전시켜 함께 겪고 있는 이 문명의 위기를 극복하는 대안을 제시할 수도 있다는 것이다.

우리는 사회과학에서의 이론적 발전은 결국 인문학의 깊이, 문제제기의 깊이에서 나온다는 평범한 사실을 인식할 필요가 있다. 인간사회를 다루는 학문으로서 사회과학은 해당 사회의 정신과 문화의 깊이, 자신이 안고 있는 문제에 대한 집단적인 물음과 해결을 위한 행동의 수준만큼 발전한다고 볼 수 있다. 그 해당 사회의 정신의 깊이를 보여주는 것은 인문학이며, 따라서 인문학이 안고 있는 고민과 절연된 상태에서 사회과학이 발전하기란 거의 불가능하다. 사회과학이 현실을 해석하는 능력과 미래를 조망하는 능력을 갖추는 것은 바로 역사적으로 형성된 정신구조의 저류에 들어와서 개별적인 사회 현실을 단순한 예외 혹은 특수한 사례로서 보는 것이 아니라 보다 일반화할수 있는 보편의 한 전개 방식으로 인식하면서 그것을 재구성할 때 가능하다. 따라서 현재와 같은 범세계적인 사회과학의 위기 상황이 풍부한 인문학적 상상력과 역사학적인 전통이 있는 우리에게는 하나의 기회가 될 수도 있다. 지구화한 자본주의와 그 위기 국면에서 볼 때 우리의 조건이 반드시 불리한 것만은 아니다.

그러나 이러한 방향으로 사회과학의 탈식민의 길을 추구하기 위해서 우리가 염두에 두어야 할 점이 분명히 존재한다. 그것은 위에서 언급한 것처럼 식민화한 질서의 피해자들, 자신의 목소리를 낼 수 없는 사람들의 실존적 삶에 대한 공감과 직시, 그들의 문제를 해결하려고 노력했던 실천운동의 궤적들, 그리고 선인들이 이룬 인문학적 성찰의 지적 자산을 정리하는 작업이 반드시 전제되어야 가능하다는 것이다. 오늘의 사회과학 특히 진보 사회과학이 갖는 한계는 외국의 선진 이론을 보다 빠르고 확실하게 흡수하지 못했기 때문이 아니라 한국사회의 모순과 갈등의 진면목과 민중들이 처한 고통을 주체적으로 이해하는 깊이가 얕기 때문이다. 그리고 현대 한국의 인간을 어떻게 볼 것인가, 더불어 근대 한국의 역사를 어떻게 볼 것인가 하는 근원적인 문제제기와 그것에 대한 대답의 깊이가 낮기 때문이다. 특히 역사학은 사회과학의 거름과 같아서, 역사학의 기초가 없이는 사회과학이 자라기 어렵고, 설사 자라더라도 꽃을 피울 수 없게 되어 있다. 1990년대의 사회과학을 반성하고, 새로운 사회과학의 발전을 기대한다면, 오늘 우리가 제기하는 인간과 역사에 대한 배움과 물음(學問)이 어떠한지를 먼저 성찰해볼 필요가 있을 것이다.

5. 맺음말

사회과학에서 식민 / 탈식민의 문제는 문화적 차원 전에 기본적으로 정치·경제 차원의 문제다. 따라서 엄존하는 정치 현실을 무시한 문화론적 탈식민론은 반드시 '전통주의'로 회귀하거나 탈주체의 사고로 귀결될 위험성이 크다. 전자는 오늘의 역사·정치적 현실을 무시하고 시간을 뛰어넘어서 전통에서 자원을 발견하려는 경향으로 나타나고, 후자는 국가 / 계급 중심적 담론을 해체하고 탈근대 담론에 도취되어 거시적인 지배를 보지 못한 채 소수자의 실존과 차별화에 대한 관심으로 지나치게 기운다. 따라서 정치적인 차원에서 헤겔이 말한 인간의 정신적 자립의 기초가 되는 '자신에 대해 동시에 타자로 존재할 수 있는 능력'을 결여한 상황에서 어떻게 문화적 주체성을 획득할 수 있을 것인지 묻지 않게 된다. 예를 들면 여성의 권리 인정, 여성을 독립적 인격체로 인정하는 문제는 단순하게 가부장제라는 법적·사회적 현실에 의해서 규정되기 이전에 여성을 '가족의 구성원'으로만 제한하면서 탈정치화하는 기존 정치적 지배질서의 산물이기도 하다. 경제적 능력의 박탈과 정치적 지배질서는 여성의 예속을 가져오는 일차적인 배경이 된다. 따라서 여성 억압은 단순하게 남성 지배라는 성차별 문화의 산물로서가 아니라 노동시장에서 여성에게 가해지는 제약과 결부해서 보아야 한다.

그러나 사회과학 이론 영역에서의 탈식민은 상대적으로 독자적인 이론 작업을 통해서만 현실화할 수 있다. 그것은 문화 일반에서의 탈식민 전략이 그러하듯이 일차적으로는 압제된 앎을 복원시키고, 무시되어온 경험들을 부활시키는 일에서부터 출발해야 한다. 그리고 그것을 단순히 재구성하는 데서 그치는 것이 아니라 지배구조, 권력과의 연관성 속에서 자리매김하는 작업으로 나아가야 한다. 이것은 곧 지배적인 현실 비판으로 나아갈 수밖에 없는데, 그것은 식민지 지배질서 비판이자, 그것에 길들여진 정신적으로 노예화한 자신을 함께 비판하는 일이다. 이러한 비판 작업은 한국 분단 상황, 한국 자본주의 인식으로 발전되어야 하는데, 그것은 이제 한국을 단순한 희생자, 피해자, 혹은 특수한 사례로서 접근하기보다는 지구 자본주의의 구조적 재생산의 한 개별적 양태로서 파악하는 것이다. 이것은 서구주의와 민족주의의 이항대립 의식을 극복하여 자신을 특수한 것인 동시에 보편적인 것으로 파악하는 것을 의미한다.[22]

지배하지도 않고 지배당하지도 않는 앎, 그것은 진정한 탈식민의 전략이다. 이 점에서 탈식민의 과제는 과거의 단순한 반식민, 민족주의 패러다임과는 차이가 있다. 오늘의 한국 사회과학은 미완성의 반식민 과제를 내

---

22 강정인은 서구주의 극복을 위한 전략으로 동화·역전·해체·혼융의 전략을 제시한 다음 각각 장단점이 있지만 혼융 전략이 가장 바람직하다고 결론을 내렸다. 문명 간의 평등한 대화, 다중심, 다문화주의가 그 핵심이다. 강정인, 『서구 중심주의를 넘어서』, 아카넷, 2004, 492~515쪽.

부에 내장하되 새로운 탈식민의 지평으로 나아가야 할 것이다. 만약 우리가 그것을 성취할 수 있다면 그것은 신채호가 말했듯이 1천 년 이래 대사건이 될 것이다. 결국 인간의 인간에 대한 지배를 넘어서려는 열망과 전략은 탈식민의 핵심을 이룬다.

| 참고문헌 |

강내희, 「포스트모더니즘 비판」, 『사회평론』, 1991년 6월.

강정인, 『서구 중심주의를 넘어서』, 아카넷, 2004.

김균 외, 『자유주의 비판』, 풀빛, 1996.

김동춘, 「한국 맑스주의 노동자계급 연구」, 김수행 외, 『1980년대 이후 한국의 맑스주의 연구』, 과학과사상, 1995.

김성구, 「한국 자본주의 분석의 이론적 발전을 위하여」, 『이론』, 1993년 겨울.

김성례, 「근대성과 폭력: 제주 4·3의 담론 정치」, 역사문제연구소, 『제주 4·3 연구』, 역사비평사, 1998.

김영민, 『탈식민성과 우리 인문학의 글쓰기』, 민음사, 1996.

김택현, 「인도의 식민지 근대사를 보는 시각과 서발턴 연구」, 『역사비평』, 1998년 겨울.

민주와 진보를 위한 지식인 연대(김성구·김세균 외 지음), 『자본의 세계화와 신자유주의』, 문화과학사, 1998.

백낙청, 『흔들리는 분단체제』, 창비, 1998.

「분단 50년, 진보적 사회과학의 반성과 과제」, 『동향과 전망』, 박현채 선생 추모 특집호, 1995년 가을.

사이드, 에드워드, 박홍규 옮김, 『오리엔탈리즘』, 교보문고, 1994.

송건호, 「한국 지식인론」, 『정경문화』, 1967년 9월호.

송두율, 「서구의 지성, 남한의 지성」, 『사회평론』, 1991년 7월.

신광영, 『계급과 노동운동의 사회학』, 나남, 1994.

신현준, 「사회과학의 위기」, 『1998 지식인 리포트』, 민음사, 1998.

안병직, 「중진 자본주의로서의 한국 경제」, 『사상문예운동』, 1989년 겨울.

_____, 「한국 근현대사 연구의 새로운 패러다임」, 『창작과비평』, 1997년 겨울.

앤더슨, 페리, 「문명과 그 내용들」, 『창작과비평』 창간 30주년 기념학술대회 발표논문
    집, 1996.

양우진, 「한국 경제론의 대상과 방법에 관한 소고」, 한국사회경제학회, 『사회경제평
    론』 9호, 1996.

윤수종, 「맑스를 넘어선 맑스」, 서울사회과학연구소, 『맑스, 프로이드, 니체를 넘어
    서』, 새길, 1997.

이경원, 「프란츠 파농과 정신의 탈식민화」, 『실천문학』, 2000년 여름.

이명현 외, 『근대성과 한국 문화의 정체성』, 철학과현실사, 1997.

이병천·박형준 편저, 『후기 자본주의와 사회운동의 전망』, 의암, 1993.

이승환, 「유교의 관점에서 본 문화의 진보」, 한국철학회, 『문화의 진보에 관한 철학적
    성찰』, 철학과현실사, 1998.

일상문화연구회 엮음, 『한국인의 일상문화 : 자기성찰의 사회학』, 한울, 1996.

임현진, 「사회과학에서의 근대성 논의」, 『지구시대 세계의 변화와 한국의 발전』, 서울
    대학교 출판부, 1998.

정성진, 「한국 경제의 사회적 축적구조와 그 붕괴」, 학술단체협의회, 『6월 민주항쟁과
    한국사회 10년 1』, 당대, 1997a.

최갑수, 「서양사 : 유럽 중심주의의 극복과 대안적 역사상의 모색」, 『역사비평』, 2000
    년 가을.

최봉영, 「21세기와 문화 디자인」, 『문화와 사람』, 제2호, 2000.

최종욱, 「지식인의 무책임성에 대한 자기반성과 제안」, 『1998 지식인 리포트 2 : 좌파
    의 목소리』, 민음사, 1998.

카갈리츠키 외, 카페레프트 옮김, 『선언 150년 이후』, 도서출판 이후, 1998.

파농, 프란츠, 이석호 옮김, 『검은 피부, 하얀 가면』, 인간사랑, 1998.

폴라니, 칼, 박현수 옮김, 『거대한 변환: 우리 시대의 정치경제적 기원』, 민음사, 1997.

푸코, 미셸, 박정자 옮김, 『사회를 보호해야 한다』, 동문선, 1997.

학술단체협의회 엮음, 『우리 학문 속의 미국: 미국적 학문 패러다임 이식에 대한 비판적 성찰』, 한울, 2003.

함재봉, 「유교와 세계화」, 『전통과 현대』, 1997년 여름.

호네트, 악셀, 문성훈·이현재 옮김, 『인정투쟁: 사회적 갈등의 도덕적 형식론』, 동녘, 1996.

홍성민, 「부르디외와 푸코의 권력 담론 비교: 새로운 주체화의 전략」, 현택수 외, 『문화와 권력: 부르디외 사회학의 이해』, 나남출판, 1998.

Albert, Michel, *Capitalisme contre Capitalisme*, Paris: Editions du Seuil, 1991(미셸 알베르, 김이랑 옮김, 『자본주의 대 자본주의』, 소학사, 1993).

Alexander, Jeffrey C., *Fin de Siecle Social Theory*, London: Verso, 1995.

Bowles, Samuel and Herbert Gintis, *Democracy and Capitalism: Poverty, Community, and the Contradiction of Modern Social Thought*, London: Routledge & Kegan Paul, 1987(차성수·권기돈 옮김, 『민주주의와 자본주의: 재산, 공동체, 그리고 현대 사회사상의 모순』, 백산서당, 1994).

Burawoy, Michael, "Critical Sociology: A Dialogue Between Two Sciences," *Contemporary Sociology* 27: 12~20.

Mouzelis, N. P., *Back to Sociological Theory*, London: Macmillan, 1991.

Smelser, Neil J., "The Social Scienes in a Changing World Society," *American Behavioral Scientist*, Vol. 34, No. 5, 1991, pp. 518~529.

Touraine, Alain, *Critique de la Modernité*, Librairie A. Fayard, 1992(정수복·이기현 옮김, 『현대성 비판』, 문예출판사, 1995).

Wallerstein, I., *Unthinking Social Science: The Limits of Nineteenth-Century*

Paradigms, Cambridge: Polity Press, 1991.

Wood, Ellen Meiksins, "Modernity, Post-Modernity or Capitalism," *Review of International Political Economy* 4, 3 Autumn 1997, pp. 539~560.

21세기에 돌아보는 1980년대 한국 사회성격 논쟁

1. 1980년대와 21세기

21세기 오늘의 시점에서 1980년대를 돌아보는 것은 먼지 묻은 앨범에서 빛바랜 옛날 사진을 끄집어내는 일과 같다. 먹고살기에 바빠 벽장 속의 옛날 앨범을 들추어낼 여유가 없지만, 그래도 가끔 젊었던 옛날의 용감했던 모습을 보면서 "그때는 그렇게 열정적이었구나"라고 그 시절을 되돌아보는 것도 쓸데없는 일만은 아닌 듯하다. 1990년대 이후 그 열정은 식었고, 이상은 냉정한 실패의 잔해 앞에 고개를 숙였다. 그러나 옛 사진 속의 주인공이 지금도 살아서 다른 모습으로 활동하고 있듯이 1980년대 사회성격론, 사회구성체론, 변혁론의 주역들 일부는 민주노동당·열린우리당의 정치가, 여러 시민단체·노동단체의 활동가, 학계의 사회과학자가 되어 자신과 견해가 다른 인사들에게 비판의 날을 접지 않은 채, 21세기 속의 1980년대의 현존을 보여주면서 이 땅에서 살아가고 있다.

1980년대 한국의 사회성격 논쟁은 1990년대 초반 이후 사실상 종식되었다.[1] 이것은 한국에서 전통적인 변혁운동의 쇠퇴, 실용적인 시민운동의

---

[1] 그러나 최근에까지 그러한 문제의식을 갖고서 작업을 한 예도 있다. 정성기, 『탈분단의 정치경제학과 사회구성』, 한울아카데미, 2001 참조. 그리고 『역사비평』, 2005년 여름호 특집 "다시 한

등장, 노동운동의 노동조합주의 경향 강화와 정확히 일치한다. 사회성격 논의는 사회운동 진영의 요구 특히 엄혹한 정치사상적 탄압이라는 분위기 아래서 현실 돌파를 추구했던 좌파의 실천적인 사회과학의 흐름 속에서 출발하였기 때문에 그 논의의 그릇이라고 할 수 있는 사회운동의 변화와 운명을 같이할 수밖에 없었고, 또한 한국 혹은 지구적인 차원에서의 마르크스주의 사회과학의 위축과 운명을 같이하였다. 사회성격 논의의 중단은 그것을 주창하는 주체의 약화, 소멸과도 일치한다. 1990년대 초반 이후 대다수의 학생운동 출신 노동운동가는 운동 현장을 떠났고, 자본주의라는 거대한 용광로 속에 녹아들어가서 그 일부가 되었다. 그리고 그 논의에 가담하거나 또 어느 한편의 입장을 옹호하였던 젊은 국내파 사회과학자들은 대학 혹은 제도권 학문사회에 자리 잡는 데 거의 실패하였으며, 학자로서 생존하기 위해 전공을 바꾸거나 연구 주제를 변경하거나 과거의 입장을 포기하는 길을 걸었다. 즉 당시로는 20대 후반, 30대 초반이었던 사회성격론의 주창자들은 학술 논쟁에서 패배한 것이 아니라 그러한 이론이 더는 필요하지 않은 1990년대 이후 지구 자본주의 발전과 시장이 주도한 한국사회, 그리고 이론 고객의 소멸이라는 엄혹한 현실 속에서 젊은 시절의 모든 열정을 접을 수밖에 없었다.

우리 근현대 역사에서 찾아보기 어려운 이념의 시대였고, 정치의 시대였으며,[2] 뒤늦은 '혁명의 시대'였던 1980년대는 출발부터 분단과 군사독재가 강요했던 한국의 정신적·사상적 불모 상태를 토양으로 하였다. 즉 1980년대 청년 학생들은 자신의 세계관을 만들어가는 과정에서 동시대 세계의 시간대 속에서 자신을 위치짓기보다는 1980년 5·18 광주라는 한국사회의 내재적 경험을 통해 얻는 한국의 '자기 시간'의 틀에 과도하게

국 사회구성체론을 생각한다"에 실린 논문 참조.

2 이해영, 「'사상사'로서의 '1980년대': 우리에게 1980년대란 무엇인가」, 이해영 엮음, 『1980년대, 혁명의 시대』, 새로운 세상, 1999.

빠져 있었다. 이들을 들뜨게 만들었던 마르크스 – 레닌주의와 주체사상은 무엇보다도 투쟁의 무기였지 깊은 사상적 천착의 결과는 아니었다. 변혁의 열정에 사로잡힌 젊은이들을 소비자로 해서 번성한 1980년대의 사회성격 논의는 바로 이런 이유 때문에 전반적으로 우물 안 개구리 식으로 '한국사회의 독특한 맥락 혹은 100여 년 전의 혁명 전야의 러시아'에 지나치게 집착했으며, 동시대의 세계적 시간대의 변화를 감지하지 못했다. 그래서 1989년 현실 사회주의 붕괴, 미국의 레이건 행정부의 우익 혁명과 신자유주의, 정보화 혁명, 북한의 경제적 침체와 경직화 등 한국 외부에서 일어나는 지각변동을 제대로 주목하지 못했으며, 1990년대 초반 해외에서 발생한 급격한 변화에 당황할 수밖에 없었다. 그중에서도 1980년대의 민족해방론(NL: National Liberation)은 한국이 여전히 일제 식민지하, 해방정국과 한국전쟁 시기에 놓여 있다는 시간관념을 갖고 있었고, 민중민주주의(PD: People's Democracy) 진영은 19세기에서 20세기 중반까지의 전형적인 계급사회의 관념으로 한국사회를 바라보았다.

이러한 1980년대 진보 사회운동 진영의 지적인 한계는 이후의 정치사회적 실천에도 반영되었다. 물론 사상적 입장은 바뀌었다고 하나 오늘의 노동운동, 시민사회 운동, 현 정치권과 정부의 일부 리더들의 정서와 사고구조에까지도 그것은 여전히 나타나고 있다고 볼 수 있다. 오늘 지구화된 경제질서에 깊이 편입된 한국사회의 양극화 현상, 그리고 그것을 극복할 수 있는 대안을 찾기 위해서 과거의 실천 지향적 지식 논쟁들을 돌아보고, 또 그것을 통해서 장차 한국사회가 추구해야 할 경제사회의 모델을 모색해볼 수 있을 것이다.

2. 사회성격론에서 제기된 방법론상의 문제점

(1) 경제결정론과 교조성

1980년대 사회구성체 논쟁에서 제기된 여러 입장들의 가장 치명적인 방법론적 약점은 무엇이었을까? 두말할 것도 없이 마르크스의 경제결정론에 지나치게 의존했으며 스탈린 식의 교조적 태도를 견지하고 있었다는 점을 들 수 있을 것이다. 우선 경제결정론 혹은 경제주의부터 살펴보면 사회구성체론은 크게 마르크스 · 레닌의 '경제적 사회구성체'론에 기초하고 있었다. 당시의 사회운동 진영의 젊은이들과 소장 학자들은 토대 / 상부구조의 이분법, 혹은 토대 분석을 통해 정치, 문화 모든 현상이 설명 가능하다는 전제를 의심하지 않고 받아들였다. 1985년 이후 한국 자본주의 성격을 국가독점자본주의론(이하 국독자론) / 신식민지국가독점자본주의론(이하 신식국독자론)으로 규정했던 진영, 그리고 한국을 전형적인 계급사회로 보는 시각들은 대체로 이러한 전제 위에 서 있었다. 따라서 이들은 한국 자본주의의 모순과 변혁 주체를 이러한 토대 분석에서 곧바로 도출하려는 사고방식을 갖고 있었다. 한국 국가의 성격, 정치체제를 설명하는 데도 이러한 논의는 그대로 연장되었기 때문에 경제적 모순에 대한 마르크스의 파국론의 관점과 더불어 한국의 국가 혹은 정치질서를 부르주아 독재 혹은 파시즘으로 이해하려는 경향을 피할 수 없었다.

경제주의는 교조주의를 수반하였다. 1980년대 사회구성체론의 입론은 대체로 소비에트 공식 노선을 금과옥조로 받아들였다. 1930년대 스탈린주의를 받아들인 사람들은 민족모순 / 민족해방론에 집착하였으며, 1970년대 소련의 공식 정치경제학 교과서에 집착한 사람들은 국독자론 / 신식국독자론을 받아들였다. 교조주의는 환원주의(reductionism)를 수반한다. 그래서 모든 현상을 계급 / 민족 모순으로 환원하려는 경향이 있다. 민중

민주(PD) 진영의 경제주의는 비판하면서도 한국에서 분단/민족 모순이 근본모순이라고 본 민족해방(NL) 진영은 여전히 자신의 이론적 실천적 관심을 오직 분단/민족 문제에만 고정시키려 했다. 교조주의는 이론 논의를 사상투쟁·이데올로기 투쟁으로 해석하고, 자신의 입장과 다른 사람들을 이단으로 취급한다. 그리고 교조주의는 차이 혹은 원칙에서의 일탈을 용납하기 않기 때문에, 자신과 다른 모든 이론을 수정주의 혹은 개량주의로 취급한다. 그래서 자신과 정치적으로나 이론적으로 적대하는 위치에 서 있는 지배 블록의 이론 흐름들보다 같은 사회운동 진영 내에서 자신과 차이를 보이는 입장에 더욱 적대적 태도를 보이기도 했다.

그런데 당시의 사회성격론은 생산관계 혹은 시장/국가의 이분법을 이론적인 도구로 하여 한국 자본주의의 성격을 규명하였으며, 그러한 구조론에 입각해서 사회변혁의 방안을 모색하였기 때문에 자본축적의 사회문화적·제도적 기반을 제대로 파악하지 못하는 것은 물론 변혁의 주체 형성 문제에도 아주 원론적인 대답만 반복하게 되었으며, 결국은 소련 정치경제학, 철학 교과서의 경직된 원칙에서 별로 벗어나지 못했다. 당시의 운동가들 역시 억압적 현실 속에서 교조적 이론을 수정할 수 있는 정신적 유연성이 없었다는 것은 그렇다고 치더라도 연구자들이 이론의 현실 적합성이나 맥락성을 비교 성찰할 지적 능력이 없었다는 것은 대단히 치명적이었다. 그것은 한편으로는 당시의 젊은 연구자들이 사회운동의 요구에 과도하게 압도당했으며, 실천의 이름 아래 이론 작업의 독자성과 중요성을 과소평가했다는 말도 된다.

19세기, 20세기 초 유럽 각국의 자본주의 발전을 모델로 하는 마르크스 이론에서는 시민사회 혹은 사회적 영역에 대한 관심이 설 자리가 없었다. 따라서 보편주의 혹은 세계시민주의 정신에 인도되었던 19세기 자유주의와 마르크스주의 경제이론은 각 나라의 다양한 형태의 자본주의를 단순한 경제체제가 아닌 정치경제 체제, 또는 더 나아가 정치경제사회 체제로서 이해할 수 있는 이론적 폭이 부족했다. 그리고 상이한 전근대의 역사적 경험과 제도적 지속성을 지닌 '사회들'을 비교 분석할 수 있는 이론적 역량 역시 모자랐다. 이 점에서 사회구성체론이 의거하고 있었던 마르크스주의 경제학, 정확히 말하면 소련 공식 교과서의 정치경제학은 신고전파 경제학이 그러하듯이 재생산의 영역, 제도 혹은 시민사회 영역에 대한 관심을 결여하고 있었다. 1980년대 한국 자본주의 성격 규명 작업에서는 그 중에서도 가족·혈연적 재생산을 보지 못한 점이 가장 치명적이었다.[3] 즉 사회과학적으로 볼 때, 1980년대 한국 사회과학에서의 경제주의/교조주의/환원주의의 가장 심각한 문제점은 첫째 정치/경제의 구조적인 영역 이외의 제도(institution)가 설 수 있는 공간, 혹은 사회/시민사회의 영역에 대한 관심과 문제의식의 결여이며, 둘째는 한국 자본주의 및 정치경제사회 제도들의 역사성에 대한 문제의식이 대단히 취약했다는 점이다.

특히 마르크스-레닌주의에 근거를 둔 국독자/신식국독자론은 자유주의 경제학이 그러하듯이 자본주의 경제질서가 국가라는 제도 혹은 가족 등의 사회제도가 없이도, 혹은 그 역할을 극소화하고도 작동할 수 있는 것으로 가정하였다. 그러나 다른 모든 경우가 그러했듯이 개별 역사사회적 구성체로서 한국 자본주의는 그 출발부터 식민지, 분단 등의 역사적 유산

---

3 가족, 혹은 가족주의가 한국 자본주의와 어떻게 맞물려 재생산되고 있는지 필자는 다음과 같은 글들을 통해 보여주려 시도했다: 「한국 자본주의의 성격과 지배질서: 안보국가, 시장, 가족」 (1994), 「노동복지 체제로 본 한국 자본주의의 성격」(1997), 「1950년대 한국 농촌에서의 가족과 국가」(1998). 1990년대 중반 이후 필자는 근대/전근대, 봉건/산업사회의 이분법을 넘어서는 3차원의 분석적인 개념 틀을 제시하려고 시도하였다. 그 중간 단계의 작업이 바로 전쟁사회이다. 즉 앞의 이분법은 해당 사회가 평화로운 질서 아래 있다는 전제 위에 수립되어 있다. 만약 국가 간에 전쟁이 발생하여 그 전쟁이 오랫동안 지속된다면, 각각의 사회는 우리가 설정한 이러한 이분법의 모델로는 설명될 수 없는 또 다른 논리에 의해 움직일 것이다. 그런데 이러한 이분법의 주창자들은 근대사회의 특징을 설명하기 위해 전쟁이라는 변수를 사고에서 제외하거나 과소평가하였다. 이것은 근대 사회과학의 기둥이 되는 고전경제학과 마르크스주의 경제학이 주로 모두 전쟁과는 거리가 먼 섬나라인 영국을 모태로 하였으며, 2차 대전 이후 사회과학의 이론적 근거지인 미국이 본토에서 국가 간의 전면전이 발생하지 않았기 때문일 것이다.

속에서 형성되었으며, 질서 유지를 위해 국가 혹은 억압적인 기구가 필요하였고, 가족 등 사회조직과 네트워크, 그리고 사고와 의식의 차원에서 그러한 질서를 받아들이는 주체로서의 행위자가 존재했기 때문에 작동할 수 있었다. 이러한 입론은 국가의 계급성을 일방적으로 강조하면서 국가의 자본축적 개입을 전제로 했지만 민주화 이후의 한국 국가의 성격 변화, 그리고 자본축적 양상의 변화를 설명할 수 없었다. 마르크스주의 이론가들이 그러하듯이 한국 사회성격론의 논객들 역시 가족과 사회조직, 문화 등에 거의 무관심했다. 기업의 조직화나 피고용자의 정서적·물질적 재생산은 가족·친족·사회집단 등 기업 외의 사회조직이 없이는 작동되지 않았거나 훨씬 많은 생산비를 부담하여 결국은 지탱할 수 없었을 것이다. 외환위기를 겪고서도 의연히 작동하고 있는 재벌체제/기업별 노조의 한국 자본주의의 구체적 재생산 양상은 경제주의/환원주의 입론에서는 설명할 수 없는 현상으로 간주될 것이다.

고도로 구조론적이고 추상적인 이러한 입론들은 1980년대 말 3저 호황이후 한국 경제의 유례없는 발전 및 1990년대 초반 이른바 '신 3저 호황'과 경기침체 그리고 외환위기와 IMF 관리체제에 이르는 한국 자본주의의 지속적인 변화와 성장을 제대로 예측할 수 없었다. 역설적으로 외환위기가 닥쳤을 때, '신식국독자' 아래 한국 경제의 파국 가능성을 진단하던 사회구성체론의 논객들은 모두 사라졌거나 구체적인 경제 현상에 대한 분석 작업을 하지 않았다. 그리고 1990년대 이후 한국 계급구조의 변화, 정치적 민주화 등의 모든 현상의 설명 역시 포기하고 매우 추상적이고 철학적인 논의로 후퇴하여 경험적인 현상을 분석하는 작업 자체를 그만두고 말았다. 역설적으로 1990년대 이후의 지구화와 신자유주의적 자본주의는 1980년대보다 어떤 점에서 훨씬 더 시장논리가 '사회'를 압도하는 양상을 보였으며, 마르크스-레닌주의에서 주장하던 전통적인 계급분화는 아니지만 경제 양극화가 더욱 두드러지는 사회로 변했다. 마르크스가 1848년

「공산주의자 선언」에서 외친바 "자본주의 시장경제가 모든 딱딱한 것을 녹여버린" 이 지구적 자본주의 사회에 와서, 그리고 모든 한국인들이 지나칠 만큼 '경제인'이 된 이 시점에 한국에서는 마르크스주의 경제 분석이 실종되고 말았다는 것은 대단히 역설적이다.

한편 신식국독자론은 식민지성과 독점자본주의의 결합, 즉 보편과 특수의 결합을 강조하기는 했지만 실제로는 독점자본주의의 '단계론'적 시각에서 벗어나지 못했기 때문에 근대화론/마르크스주의 이론이 그러하듯이 서구 사회과학의 주된 이론적 가정인 전근대/근대의 이분법에서 탈피하지 못했다. 물론 그것의 경제주의적인 가정 때문에 전근대적 의식과 제도가 근대적 사회관계 속에서 어떻게 재생산되고 있는지에 대해서도 주의를 기울이지 못했다. 그런데 '근대'는 '전통'과 단절되어 존재하는 것이 아니라, 전통의 요소들을 현대 자본주의, 국민국가 질서 속에서 변용하여 포괄하고 있다. 오늘의 한국사회의 모습은 추상형으로서 '근대'라는 개념 틀로 이해할 수 있는 것이 아니라 전통이라는 사회적 '자원'을 자본주의, 국민국가 질서 속에서 나름대로 변용한 '역사적 근대'로서 존재하고 있다. 여기서 한국의 경우 자원으로서 '전통' 중에 가장 중요한 것으로 가족 질서, 유교적 가부장주의 등을 들 수 있을 것이다.

'사회'성격 논쟁, 혹은 '사회구성체'론이라고 말들은 했지만 사실상 '"개인' 혹은 '계급'을 기본 단위로 하는 사회'라는 서구 근대사회의 관념 역시 현재의 한국은 물론 1980년대 한국사회의 맥락에서도 좀더 논의해볼 만한 주제였다. 그러나 당시에는 계급 개념을 철저한 내적인 비판과 성찰 없이 그냥 차용하여 한국 자본주의 사회 현실을 조명해왔다. 식민지 경험, 식민지하에서의 상업과 자본주의의 도입, 전쟁과 냉전 등 모든 경험들은 사실은 '사회'의 개념만으로 설명하기에는 부족했다. 그럼에도 당시에는 '보편주의'적인 근대상을 갖고서 한국의 정치경제 현실을 꿰맞추어왔다. 물론 사회를 총체로서 이해하려는 문제의식이 타당한지는 또 다른 논의가 필요하지만 당시에는 그러한 접근이 너무도 당연시되었고, 1980년대 한국사회의 구체적인 현상을 분석, 이해할 수 없었음은 물론이다.

(2) '안과 밖'의 문제 설정

민중민주(PD) 혹은 국독자/신식국독자론은 국민국가 외의 변수에 대한 고려가 대단히 취약하지만 민족해방(NL)파는 제국주의/분단/민족모순을 가장 중요한 설명 변수로 삼고 있다. 우선 1960, 70년대 우리 사회를 풍미한 '근대화 이론'이나 1980년대의 국독자론/계급 양극화론은 '밖'의 변수를 심각하게 고려하지 않았던 '일국 중심주의' 이론이라는 비판을 받을 수 있다. 이들 이론은 모두 국가 사회 내부의 산업화, 계급분화, 정부의 정책 등을 주요한 설명 변수로 설정하고서, 그것에 따른 사회 변화 가능성을 탐색하였다. 주지하다시피 이러한 이론은 국제적인 힘의 불평등 구조, 국가의 성격과 역할의 차별성, 남북한의 분단과 민족문제의 구체적 성격 등을 과소평가하였으며, 당시 시점에서 선진 사회(혹은 암묵적으로는 소련 사회주의)를 한국사회가 장차 걸어가야 할 미래로 간주하는 심각한 결점을 안고 있었다. 반대로 종속이론이나 제국주의론/분단모순론은 외세의 한국 지배, 미국과 한국 간의 정치적인 힘의 불평등에 대해서는 민감하게 살폈으나 한국 내부 사회세력의 성장과 국가정책이 이러한 국제적인 힘의 관계에 어떠한 작용을 가하는지 볼 수 있는 시야를 갖지 못하였고, 세계질서를 지나치게 구조적이고 정태적으로 보는 한계를 안고 있었다.

그래서 1980년대 사구체론 논객들이 '밖'의 문제의식이 아예 없었다고 볼 수는 없지만, '밖'을 제대로 파악했는가, 그리고 한국 자본주의 발전과 국제사회의 변화에 따라 한국 사회구성체를 설명하는 데서 안과 밖의 변수를 각각 어떻게 배치해야 할 것인가를 논리적으로 밝히려 하지는 않았다는 점이 중요하다.[4] 즉 그람시안 국제정치학자인 콕스(R. Cox)가 강조하는 것처럼 국내 사회세력의 성장, 국가의 선택, 세계질서의 변동을 세 축으로 놓고 이들 간에 어떠한 역학관계의 변동이 있는지를 추적하는 것이 필요했다.[5] 그러나 한국의 국제정치학은 한국 사회성격 논쟁에 거의 개입하지 않았고, 또 사회성격론의 논객들은 당시의 국제정치학, 국제 정치경제학에 거의 관심을 기울이지 않았다. 이 중에서도 한국이 처한 미국과의 역사적 관계, 한반도의 정치지리학적인 조건, 혹은 수출입과 에너지 공급에서 대외 의존도, 한반도 안보 상황 등이 본격적으로 고려, 검토되지 않았던 점은 역사적 구체성을 상실한 채 서구의 입론에 의존해온 한국 사회과학의 가장 치명적인 결함이었다. 그리고 반대로 한국 경제발전과 민주화가 한국과 주변 국가 간의 정치경제 관계를 변화시켜왔다는 점에는 거의 생각이 미치지 못했다. 이는 지난 세기 한국 사람들이 깊이 견지해온 피해의식의 다른 표현이었다.[6]

한국과 같이 주변 강대국의 이해 다툼이 부딪히는 지점에 위치하는 소규모 정치 단위는 세계질서에 편입되는 순간부터 국제적, 세계적 환경의 영향을 많이 받지 않을 수 없다. 특히 아직 세계질서가 틀이 잡히기 이전에 — 세계질서의 영향을 상대적으로 적게 받으면서 — 공업화와 근대화를 경험한 서유럽 여러 국가들과 달리 1945년 이후 국민국가 형성과 공업화에 본격적으로 진입한 나라는 그 출발부터 자본주의 세계체제, 그리고

---

4 여기서 '안' 혹은 '밖'의 개념은 애초에 노재봉이 사용했다. 그는 강력정치(power politics)론에 기초한 한국의 국제정치학이 안과 밖의 변수의 유기적 결합에 대한 문제의식을 제대로 설정하지 못하고 있다고 비판하였다. 노재봉, 「안과 밖」, 홍성민 편저, 『포스트모던의 국제정치학』, 인간사랑, 1992, 37~49쪽.

5 로버트 콕스, 「사회세력, 국가, 그리고 세계질서: 국제정치 이론을 넘어서」, 홍성민 편저, 앞의 책, 146~194쪽.

6 예를 들면 한국전쟁은 미국을 변화시켰고, 동시에 세계를 변화시켰다. 한국은 냉전체제의 최전선에서 그 영향을 가장 심대하게 받은 나라였지만, 한국에서의 좌우 갈등과 전쟁은 세계적인 차원에서 냉전체제를 고착화했으며, 미국을 영구군비경제(permanent war economy)로 나아가게 만드는 데 결정적인 역할을 했다. 좌건 우건 한국인들은 자신을 과소평가하기 때문에 한국정치의 변화와 국제 정치·경제를 어떻게 변화시켜왔는지 지나치게 무관심한 경향이 있다.

열국체제의 압도적 규정 속에서 국가 및 자본주의의 틀을 구조화하였다고 볼 수 있다. 따라서 국토의 규모가 크고 단일한 재생산권을 이룰 수 있을 정도의 인구와 경제력이 있는 나라에서 구축된 이론과 주요 설명 변수 설정 방식은 한국의 맥락에서는 재해석되지 않으면 안 될 상황에 있었다. 예를 들어 패권국가에서는 주로 국내 변수가 고려 대상이 된다면, 종속국가·약소국가에서는 '밖'의 변수가 주로 고려 대상이 될 수도 있을 것이다. 그러나 이 경우에도 '밖'의 변수는 국가 간의 정치적 역학관계에 의한 국제 정치적 변수, 그와 관련되어 있고 또 그것의 기초가 되기도 하는 국제 경제적 변수로 구분해 볼 수 있다. 탈냉전 이후 세계질서는 국제 정치적 변수 대신에 국제 경제적 변수, 즉 지구 자본주의의 규정력이 더욱 확대된 시기로 볼 수 있을 것이다.

물론 한국에게는 지구 정치경제 변수와 더불어 남북 분단과 적대라는 또 하나의 중요한 변수가 추가될 수 있을 것이다. 한국전쟁을 비롯해서 1960년대의 남북한 긴장, 한국 내의 각종 이데올로기 대립과 관련된 정치 사건, 한국의 국방, 경찰 관련 조직과 예산 등을 생각해보면 북한이 남한 사회에 미치는 영향은 — 시기에 따라 다르기는 하지만 — 국제 정치적 변수보다 더욱 심대하고 직접적이다. 그런데 냉전시대에는 양자가 사실상 결합되어 존재하였으나, 현존 사회주의 붕괴 이후에는 그와 별도로 독립적으로 한국의 정치와 사회에 영향을 미치고 있다. 탈냉전 이후에는 분단 변수가 약간 완화된 형태로 작동하는 가운데 이제 지구화로 인한 '밖'의 변수가 본격적으로 영향을 미치기 시작했다.

지구화의 물결은 과거에는 예상하지 못했던 새로운 전지구적 현상이기 때문에, 그러한 맥락에서 한국의 정치경제를 이제 전혀 새로운 각도에서 접근해야 한다는 주장이 설득력을 얻기 시작했다. 그러나 이렇게 말하는 사람들은 한국이 세계의 다른 어떤 국가보다도 이미 국제 정치경제의 영향, 정확히 말하면 냉전체제에서 미국의 압도적인 정치·군사적 영향 아래 있었으며, 이들이 '국제화되어 있지 않다'고 진단하는 한국사회의 중요한 부분 그 자체가 지난 시절 국제 정치적 조건이 작용한 결과라는 점을 놓치고 있다. 즉 1970년대 후반 이후 한국의 비판 사회과학계가 기존의 주류 학계가 갖고 있었던 근대화론의 한계를 넘어선 가장 중요한 지점은 바로 미국의 영향 특히 '밖'의 문제의식을 도입한 것이었고, 그 예로 1980년대 이후 도입되었던 종속이론, 제국주의론, 신국제분업론, 세계체제론, 분단체제론 등을 거론할 수 있다. 사상적인 입장은 조금씩 다르더라도 이러한 '밖'의 변수를 고려해야 한다는 주장은 이미 국내의 일부 국제정치학자들이 제기한 바 있지만 1980년대 한국사회의 구체적 현실에서 출발하지 않았기 때문에 별로 반향을 일으키지는 못했다. 미국의 지적 영향권 아래 있는 한국의 국제정치학이나 사회과학이 한국사회에 가장 큰 영향을 미친 미국사회, 특히 미국이 한국에 끼친 영향을 본격적으로 분석하지 않는 이론적 직무유기는 여전히 지속되고 있지만, 이들 사회과학자들이나 국제정치학자들의 직무유기가 거꾸로 1980년대 사회성격론이 과도하게 일국주의 경향을 갖거나 낡은 제국주의론에 의존하게 만드는 데 일조한 점도 무시할 수는 없을 것이다.[7]

특히 1980년대 종속이론, 제국주의론, 신식국독자론 등 '밖'의 변수를 중시한 입론들이 월러스틴(I. Wallerstein)이 세계체제론에 대해 그렇게 명명하였듯이 대체로 '대안'으로서보다는 '비판'으로 제기되었고, 젊은이와 실천가들이 당연히 보일 수밖에 없는 단순 도식성과 이론적 미숙성을 벗

---

7 1980년대 비판적 사회과학 혹은 사회성격론 논쟁에 가담하지 않았던 분야가 국제정치학과 법학이었다. 한국의 법학은 애초부터 사회과학의 성격보다는 통치학 즉 지배체제 유지를 위한 기술학의 성격을 지니고 있었으며, 한국의 국제정치학은 미국 국제정치학의 수입 번역 작업 이상으로 나아가지 못했다. 즉 이들 학문은 문제 설정을 한국사회의 역사구조적 맥락에 두려는 문제의식이 대단히 취약했고, 학문사회의 보수성이 너무도 강했기 때문에 그와 거리를 둔 젊은 학자들이 독자적인 목소리를 내는 것이 대단히 힘들었다. 한국의 법학이 사회과학의 한 분야 혹은 정치학과 어깨를 나란히 하는 사회과학으로서 역할을 하지 못하는 것은 한국 사회과학의 큰 비극 중의 하나인데, 이는 현재까지도 별로 변하지 않고 있다.

어나지 못했기 때문에 쉬운 공격의 대상이 되었다.

　냉전체제 형성과 분단 이후 한국사회를 구조화한 '밖'의 변수의 영향은 매우 컸지만, 그 각각의 요소들의 비중은 계속 변해왔다는 것이 필자의 생각이다. 그리고 1960년대 이후 한국의 자본주의 산업화로 인한 경제성장, 사회변동과 사회세력의 성장은 '안'과 '밖' 변수의 배분에서 '안'의 비중을 높였고, 이것은 한국의 경제력 증대가 정치적 자주성을 높이는 데 일정하게 기여했음을 말해준다. 그러나 '안' 변수 중에서도 역사·문화적 변수는 자본주의 산업화와 더불어 그 영향력이 축소되고 있으며, 사회세력 특히 재벌 혹은 대기업 집단의 영향력은 더욱더 확대되어 1990년대 이후에는 정치집단을 압도하게 되었다고 판단된다. 한편 '밖'의 변수의 비중은 한국 정치세력이 독자적인 국가 건설의 길로 매진할 수 없었던 해방 직후 8년 동안에는 사실상 모든 국내문제를 압도하였으나, 1960년대 이후 미국·소련 간의 대결과 양극체제의 이완, 제3세계의 등장, 미·중 관계 정상화 등으로 점차 약화되어왔다. 그러나 '밖' 중에서도 국제 정치 변수 특히 미국의 군사정치적 영향력이라는 변수는 점진적으로 약화되어왔고, 1990년대 초반 이후 경제의 글로벌화와 한국 경제의 개방으로 국제 경제 변수의 비중은 더욱 커지고 있다.

　한편 1980년대 이후 북한의 경제력 쇠퇴는 북한이 남한 정치·사회에 미칠 수 있는 영향력을 상대적으로 축소시켜왔다. 과거에는 북한의 대남 정책이나 동향이 남한의 정치·사회적 분위기를 결정적으로 좌우하는 주된 변수였으며 일부 남한 정치세력이 '북풍' 등으로 지칭된 것처럼 북한을 활용하기도 했지만, 남한 경제가 북한을 압도하게 되면서 남한 내 정치·사회세력 간의 관계가 더 중요한 변수로 등장하고 있다. 물론 북한의 체제 위기는 북으로 하여금 핵 개발을 가속화하도록 압박을 가했고, 그것은 북·미 관계의 긴장, 나아가 한국 내에서 여전히 북한 변수가 상존하고 있음을 환기시켜주기도 했다.[8]

이러한 변수들이 상호 배타적이라고는 볼 수 없고 또 각각의 영향력 변화를 정확하게 수량화할 수는 없지만 시기별 비중의 변화를 그려보면 다음과 같다.

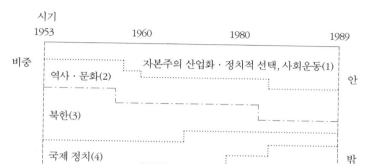

〈그림〉 한국 사회구성체에 대한 '안'과 '밖'의 규정력 변화

그렇다면 1980년대 한국 사회성격론에서는 이들 각각의 변수들을 어떻게 취급했는가? 1970년대 이후의 한국 사회과학 특히 1980년대의 사회성격론을 반추해 보면 자유주의 근대화론과 마르크스주의 사구체론과 계급론은 주로 (1)을 고려하면서 부차적으로 (2), (5)를 고려하였다고 볼 수

8 2003년 이라크 파병을 둘러싼 논쟁들은 한국 정치 내에서 의사결정이 어떤 변수에 의해 좌우되는가를 보여주는 좋은 실례였다. 과거 같으면 이것은 미국의 정치·군사적 압력과 한국 내의 보수 정치세력의 힘에 의해 그렇게 결정되었다고 단순하게 답할 수 있을 것이다. 당시 상당수의 찬성론이 거론한 것은 이라크에 파병해야 북한문제 해결에 한국이 미국의 도움을 받을 수 있으며, 미국과 등을 지게 되면 북핵문제를 더욱 꼬이게 한다는 논리였다. 그러나 더욱 중요하게 거론한 것은 이라크 파병을 하지 않음으로써 한반도에 긴장이 발생하면 한국의 신용등급이 낮아지고 외국 투자자들이 철수할 것이라는 위협이었다. 즉 정치·군사적인 변수 그 자체가 고려된 것이 아니라 결국은 외국 투자자들의 한국 경제 철수라는 논리가 파병론의 내면에 깔려 있었다. 물론 1960년대의 박정희도 베트남 파병시 경제 변수를 매우 중요하게 고려하였다. 그러나 당시로서는 미국의 요청(사실상 거역할 수 없는 압력, 안보의 위협)이 더욱 결정적인 변수였다고 판단된다.

있고, 종속이론과 제국주의론(식민지론)은 전자가 주로 (5)를, 후자는 (4), (3)을 중심으로 하되 (5)를 고려하였다고 볼 수 있다. 한편 1990년대 이후 정부와 대기업 집단, 그리고 주류 경제학자들이 주로 주창했던 국제화, 지구화 담론은 (5)와 (1)을 강조한다는 점에서 과거의 주류적인 시각인 근대화론의 한계는 극복하고 있는 듯이 보이지만 (3), (2)를 별로 심각하게 고려 대상으로 삼지 않는다는 점에서 여전히 서구주의적인 시각을 견지하고 있다. 대부분의 서구 이론에 바탕을 둔 국내 사회과학은 한국에서의 북한 변수의 영향을 별로 고려하지 않는 경향이 있고, 특히 '밖'의 변수를 고려하는 제반 국제 정치 이론에서도 한국사회에서 (3)의 변수가 갖는 영향력에 대해서는 심각하게 고려하지 않았던 경향이 있다. 이는 상당수의 한국 사회과학이 남한사회가 실제로는 냉전적 세계질서의 압도적인 영향을 받고 있다는 것은 인정하지만 그중에서도 한국전쟁이라는 '열전'을 치른 국가로서 분단과 냉전체제 아래서 국가 및 사회조직이 이러한 현실에 의해 어떻게 주조되었는가를 깊이 고려하기보다는 서구 혹은 미국과 같은 선진 자본주의 국가에서 실험된 정치경제사회 모델이 장차 한국사회에서도 실현될 것이라는 진화론적, 단선론적 역사발전 시각을 여전히 견지하고 있음을 말해주는 것이다. 그러나 우리는 민주화 과정에 들어선 1989년 이후 한국사회의 변동과 김영삼, 김대중 정부의 경제·노동·외교정책을 통해서 북한과의 일상적인 적대관계와 미국에 대한 정치경제적 의존이 어떻게 '문민정부'의 정책 전환을 가로막고 있는가를 쉽게 확인할 수 있다.

1990년대 이후 지구화는 다른 나라도 그렇지만 국민국가가 국내 경제에 개입하는 정도/방식을 변화시켰고, 결국 안/밖의 구분을 크게 희석시켰다. 이제 안과 밖의 구분은 점점 무의미해지고 있으며, 지구화는 한국 정치경제사회에 내재화되어 있다고 봐도 좋을 것이다. 지구화를 미국화로 볼 수 있다면 전지구적인 미국화의 추세 속에서 한국사회도 예외로 남아 있을 수 없음을 말해준다. 그렇다면 우리가 한국사회의 특성, 그 독자적인 발전 방향을 모색하는 것이 과연 의미있는 일인가? 아니면 적어도 지구화가 본격화하기 이전인 1980년대는 의미가 있었는데, 지금은 무의미하게 되었다고 보아야 할 것인가?

(3) 진화론적 이분법

1980년대 신식국독자/민중민주론은 물론 식민지/민족해방론조차도 전근대/근대라는 서구 사회과학의 진화론적 이분법에서 자유롭지 않았다. 이는 마르크스주의 이론 역시 자유주의 근대화론의 이론적 틀을 공유하고 있었다는 말이 된다.

미국 주류 사회학의 근대화 이론은 국민국가 내에서의 사회제도, 집단, 문화의 긴장과 변동이 전근대에서 근대로 이행해 간다는 것을 전제로 하고 있었는데, 그것은 세계 정치경제 질서의 헤게모니를 장악한 미국 사회의 모습을 반영하였다. 파슨스(T. Parsons)의 사회학은 바로 권력과 헤게모니의 절정에 있는 미국의 입지를 정확하게 반영한다. 따라서 이러한 주류 사회학에서는 국가, 제국주의, 종속, 민족 갈등, 전쟁과 군사적 대립 등의 문제는 다루어지지 않았고, 모든 후발국이 미국의 모델을 따라가면 근대로 이행해 갈 수 있다는 전제가 있었다. 이것이 종속이론 혹은 월러스틴식의 세계체제론의 반격을 불러일으킨 직접적인 배경이라고 할 수 있다. 그러나 근대화론의 사고방식은 마르크스주의 입장을 견지했던 1980년대 사회성격론에도 그대로 살아남았다. 단지 '근대'의 모델이 미국이 아니라 소련 등 혁명에 성공한 사회주의 국가로 바뀌었을 따름이었다. 이는 1980년대 한국의 좌파 지식인들 역시 미국·유럽 등 강대국 지성의 압도적인 영향력으로부터 자유롭지 못했다는 것을 보여준다.

1990년대 이후 한국사회 및 세계 여러 지역에서 발생하는 변화들을 보면 사회발전을 진화론적 이분법에 기초해서 바라보는 시각의 한계가 드러난다. 눈을 세계로 돌려보면 우리는 합리성과 민주주의 시대에 여전히 대중의 마음을 사로잡고 있는 광적인 종말론과 근본주의 종교운동을 볼 수 있으며, 민족주의의 열병과 인종청소 현상을 목격하고 있고, 가공할 만한 국가숭배주의를 알고 있다. 그뿐 아니다. 한국에서 1990년대 이후 산업사회의 질서는 여전히 계약보다는 강압과 폭력에 의해 지배되었고, 전통적 신분은 사라졌으나 새로운 형태의 유사 신분인 비정규 노동자, 외국인 노동자, 소수자 등의 차별화가 강하게 자리 잡게 되었는가 하면, 문민정부 참여정부가 들어섰다고 하나 민주주의는 공고해지는 것이 아니라 좌절과 굴절을 계속하고 있다. 재벌과 독점 대기업의 가족주의적 지배구조와 재무구조의 취약성 및 투명성의 결여가 외환위기를 가져온 주요 원인임에도 IMF 관리체제를 겪고 나서도 재벌체제는 의연히 존속하고 있으며, 시장경제는 국가 개입에 의해 변형된 형태로 존재한다. 경제적 신자유주의는 문화적 신보수주의와 결합되었다. 세계 여러 나라에서 가족 가치가 부활되었으며, 인종주의와 민족주의는 21세기에도 더욱 기승을 부린다.

결국 1990년대 한국사회의 변화를 보면 근대 / 전근대, 신식민지 / 사회주의의 암묵적 이분법은 대단히 근거가 취약한 도식임을 확인할 수 있다. 전통은 현대와 결합되어 새롭게 탄생되거나 발명되기도 했고, 자본주의 시장경제는 전근대적 조직문화와 결합된 채로 존재하였다.

3. 자본주의 사회구성체의 보편성과 한국적 특수성

1980년대 한국 사회성격 논쟁에서 가장 핵심적인 쟁점은 국가·자본주의·계급구조화 등등의 보편성과 식민지·주변부·종속·후발 등으로 개념화되기도 한 한국사회의 특수성을 어떻게 결합시키는가의 문제였다. 앞에서 강조하였듯이 하나의 서구 이론으로서 마르크스주의는 1960년대 이후 풍미한 미국발 근대화 이론과 마찬가지로 서구에서의 자본주의 발전과 계급분화, 그리고 혁명을 하나의 '보편'으로 전제하기 때문에, 그와의 차이를 경험적으로 인지하지 않을 수 없는 후발국의 지식인들은 보편과 특수의 결합 문제를 고민하지 않을 수 없었다. 원래 종속(dependency)이라는 개념도 이러한 문제의식에서 나온 것이지만 1980년대의 사회성격론의 역시 자본주의라는 보편성을 분단, 군사독재, 재벌체제 등 한국사회에서 나타난 특수한 현상들과 어떻게 결합시킬 것인가 하는 문제의식을 출발부터 강하게 갖고 있었다. 당시 신식국독자론 / 식민지반자본주의론 등의 개념화야말로 그러한 고민을 집약하고 있는데, 결국 한국 자본주의 발전단계론과 특성론의 긴장을 둘러싼 논쟁을 촉발시킬 수밖에 없었다. 이후 나타난 중진자본주의론, 종속약화론 등은 모두가 동시성 혹은 특수성에 과도한 방점을 둔 자기폐쇄성에서 벗어나려는 시도였다.

그런데 당시에 '사회구성체'를 개념화하기 위해 '신식민주의' '식민지' 등의 접두사를 붙였지만 여전히 그것은 극히 추상적인 개념이었다. 즉 이러한 개념화에 입각해 있으면 자본주의 사회구성체 일반론 아래 구체적이고 역사적인 형태로서 개별 국가의 자본주의 사회구성체를 설명하기가 대단히 어려웠다. 그러한 개념화, 이론화는 한국 자본주의, 한국사회의 역사성과 경로의존적(path-dependence) 성격과 다른 나라와의 비교론 시각에 입각한 특징을 밝힐 수 없게 되어 있었다.[9] 역사성, 경로의존성, 비교론적 특징 등을 밝힐 수 없다면 당연히 단선적 역사발전 경로 확인, 혹은 자본주의에 대한 파국론적인 인식 말고는 미래 사회를 구체적으로 전망할 수 없게 된다. 과연 세계의 식민주의, 신식민주의는 어디서 와서 어디로 가는가, 그리고 어떤 나라가 그러한 유형에 포함되며, 그러한 나라들의 미

---

9 미국의 경제학이나 사회과학에서 최근 사용되는 방법론을 지칭한다. 즉 현재의 경제적 결과는 현재의 조건만의 산물은 아니며, 과거의 결정적인 전환기의 역사적 선택과 그것에 의해 만들어진 제도와 역사 발전 경로를 추구해온 결과 오늘의 특정한 성과가 이루어지게 되었다는 설명이다. 즉 사회 현상의 원인을 설명하는 데 있어서 역사적 변수를 중요하게 고려하는 방법론적 경향을 지칭한다. http://www.eh.net/encyclopedia/article/puffert.path.dependence 참조.

래는 어떠한지 답하기 어렵다는 이야기다. 1990년대 들어서 지구화라는 담론이 거세게 등장하고, 한국 자본주의의 변화를 바라보면서 20세기 초반의 자본주의 발전의 경험을 이론적 준거로 하는 국독자/신식국독자론이 이러한 변화에 별다른 설명도 하지 못한 채 갑자기 무너진 것은 이러한 이론적 한계 때문이었을 것이다.

반면에 NL(민족해방론)처럼 한국의 역사 현실에서 '민족'적 성격을 지나치게 특권화하고 절대화하면 한국사회의 자본주의적 측면을 놓치게 되고, 결국 1930년대식의 식민지 상황 인식을 유사성만을 강조하여 계급분화, 사회분화가 고도로 진척된 1980년대에 대입하는 몽매함을 낳게 되었다. 미국이 여전히 한국의 정치·군사 영역에 압도적인 영향력을 행사하고 있다는 경험적으로 확인 가능한 현상들이 이러한 확신들을 더욱 강하게 만들었는데, 여기서 대상인 '민족'에 대한 애정, 그리고 외세 지배와 분단 현실이 가져온 좌절감 때문에 사물의 한쪽 측면만을 보는 인식론적 오류가 발생하게 되었다. 민족주의는 주로 사회 주체의 처지에 주목하기 때문에 자신의 특수성을 강조하는 경향이 있다.

사회구성체로서는 물론 경제체제로서 한국 자본주의, 좀더 구체적인 예를 들면 금융, 토지, 노사관계 등의 제도들은 모두 나름대로의 역사성과 경로의존성을 갖고 있다. 따라서 1990년대 이후 한국의 맥락에서 볼 때 지구화라는 외부 경제 환경과 신자유주의라는 구체적인 정치경제 체제 역시 모든 나라에 동일하게 관철되는 보편성만 갖고 있는 것이 아니라 유형론적 특성과 국가마다 차이가 있는데, 여전히 1980년대식 사고방식을 견지하고 있는 일부 한국 사회운동 진영의 활동가들은 오늘날 부정적 사회현상의 원흉으로 신자유주의를 지목하는 경향이 있다. 즉 과거 국독자/신식국독자론을 견지했던 활동가나 이론가는 이제 사라졌지만, 보편주의의 정신을 여전히 견지하고 있는 21세기의 일부 이론가나 활동가들은 과거 사구체론의 국독자/반자본주의의 구호를 이제 신자유주의/반신자유주의로 대체하여 사용한다. 그래서 과거와 다름없이 자본주의=신자유주의=악이라는 단순 사고를 견지하고 있다. "지구화는 과연 제국주의 지배를 새롭게 표현한 것인가, 신자유주의는 자본주의적 착취를 달리 표현한 것인가"라는 질문이 끊임없이 제기되는 것도 이런 이유 때문이다.

결국 이러한 시각들은 모두 앞서 말한 것처럼 자본주의 사회구성체, 시장이라는 것이 경제제도이자 정치사회 제도라는 점, 즉 시장의 사회적 구속성 문제, 혹은 국가 사회 단위의 개별적 시장제도의 역사적 형성에 대해서는 질문을 던지지 않기 때문이다. 그리하여 이들의 처방은 모두 보다 더 철저한 시장원칙을 적용하거나, 시장원칙을 아예 철회하면 문제가 해결될 수 있다는 전제를 암암리에 깔고 있다. 이들 시장 근본주의(market fundamentalism)와 신자유주의 환원주의의 접근 방식과 대안에서는 그러한 고민이 생략되어 있다. 그것은 바로 한국 자본주의, 한국 정치경제 체제를 자본주의 혹은 신자유주의라는 보편성과 개발독재·관료주의·분단 체제라는 특수성이 나름대로 결합한 형태로 볼 수 있는 시야를 결여하고 있다는 말이 된다. 그것은 지구화 혹은 신자유주의의 보편성을 강조하는 나머지, 우리의 주변부적 위치 혹은 동아시아 역사 발전 경로의 위치, 중심부 자본주의와의 차이를 제대로 사고하지 못한 '주체 관점의 결여'에서 기인한다. 즉 1990년대 이후 현재 한국의 신자유주의를 살펴봄에 있어서 한국과 같은 '개발독재 변형형 신자유주의'와 '복지국가 변형형 신자유주의', 혹은 구사회주의권의 신자유주의 간의 질적인 차이가 무시되고, 모두가 등가적인 것으로 간주되기에 이른다.[10]

---

10 필자는 탈규제·사유화·유연화 등을 특징으로 하는 신자유주의를 정책이나 사회경제적 실체로서 국가/시장/가족의 독특한 결합체제로 본다. 그래서 개별 국가의 신자유주의는 과거 자본주의의 성격, 내부의 힘의 역학관계를 반영하고 있다. 복지국가 변형형 신자유주의가 정부의 재정 지출 축소, 복지 삭감, 노동시장의 제한적인 유연화 등을 특징으로 한다면 개발독재 변형형(혹은 일각에서는 종속적 신자유주의라 표현하기도 한다) 신자유주의는 IMF, World Bank 등의 요구에 대한 국가의 대외적 자율성의 취약성과 내부 노동세력의 취약성 때문에 관료 혹은

지난 냉전체제 아래서 한국사회는 냉전 ─ 경제의 군사화 ─ 국가 개입의 증대 ─ 대량생산 체제 ─ 노동계급의 제도 내 편입 등으로 집약되는 '현존'(really existing) 자본주의 국가 일반의 그늘 속에서 발전해왔지만, 냉전질서하의 자본주의는 1960~70년대 초 미국 단일 패권이 흔들릴 무렵에 내외부의 역학에 의해 구조화된 일본식 자본주의, 담합주의(corporatism)적 서유럽 자본주의, 미국형 자본주의 등으로 분화·정착했듯이 나름대로의 발전 '경로'를 겪어왔다. 개별 국가가 다양한 양상을 지니게 된 것은 냉전과 미국 주도의 세계 경제질서의 재편이라는 국제 정치, 국제 경제 조건에 일방적으로 좌우된 것이 아니라 자국의 역사·문화적 조건과 사회세력 간 힘의 관계 속에서 구조화되었다는 것을 의미한다. 예를 들면 군사적 문제를 미국에 의존해온 독일과 일본은 파시즘 경력이 있는 2차 대전 패전국가이지만 독일은 노동계급에 타협 전략을 유도하여 시장 위주의 복지국가를 만들어나간 반면, 일본은 국내 노동세력을 기업 차원에서 포섭한 다음 높은 경제성장을 추구해왔다. 한편 독일과 한국은 같은 분단국가이지만 독일은 과거 제국주의 국가였으며, 한국은 근대화를 경험하지 못한 식민지 국가였다. 이것은 양자의 분단을 매우 상이한 것으로 만들었으며, 분단 상황에서의 경제·사회 발전에 심대한 차이를 가져왔다.

　　한국의 입장에서 보면 높은 수출의존도, 정치지리학적으로 냉전체제의 전방에 있었다는 점, 미국의 직접적 영향권 안에 있었다는 점 등의 외부 규정력과 '적'으로서 북한과 일상적으로 대치하는 상황은 시민사회에 대한 국가의 억압적 통제를 정당화하였으며, 시민사회와 정치사회의 분리

국가권력에 의한 노골적인 개방과 탈규제가 진행된다. 구사회주의권의 신자유주의도 개발독재형과 유사하게 사적 자본에 의한 국가자본의 약탈과 분배가 이루어지고 사적 자본에 대한 사회적 규제가 거의 부재한다는 특징이 있다. 이 경우 무차별적인 시장주의가 관료주의와 공존한다.

를 구조화하였다. 한편 1960년대 미·일 산업구조의 고도화와 구조전환 국제 경제질서 속에서 진행된 경제성장은 하청형 조립가공 중심의 공업화를 정착시켰다. 그것은 국내의 넓은 소비시장과 노동계급의 세력화가 결여된 일종의 '주변부 포디즘'을 정착시켰으며, 국내 대기업과 중소기업 간에 하청의 사닥다리를 구축하였다. 이러한 국제 정치경제 질서의 영향 속에서 한국에서는 2차 대전 이전의 파시즘에 버금가는 국가숭배주의, 천민적 시장주의와 재벌의 비대화가 이루어졌으며, 제도화된 정치사회를 제외한 모든 이익집단을 어용화, 탈정치화함으로써 시민사회의 정치화를 차단하였다. 과중한 군사비 지출, 낮은 복지, 사회적 약자에 대한 천대와 억압, 전근대적 노동통제 등의 현상은 발생론적 관점에서 한국의 정치·군사적 종속성 혹은 한국의 전근대성의 징표가 아니라, 이러한 복합적 조건에서 구조화된 것이다.

1980년대 상황에서 보더라도 이러한 역사적 배경과 구조화된 사회 현실들은 식민지/민족해방론자들이 생각했듯이 한국만의 '특수성'으로 존재했던 것도 아니고 한국사회 내부의 발전 경로와 역사적 특성을 무시할 수 있는 정도의 (신식민지) (국가독점)자본주의 '본질'로서 존재했던 것도 아니다. 4·19, 10월 유신, 1970년대의 중화학공업화, 5공화국의 경제 자유화, 1987년 6·29 선언과 이후의 민주화 등 현상은 분명히 동시대 세계 자본주의의 규정 — 미국의 대한국 정책, 미국의 세계체제 내 위상의 변화, 세계 자본주의의 성격 변화 — 을 무시하고서는 설명될 수 없지만, 그러한 현상들은 한국 공업화와 사회변동, 사회운동의 성장이라는 내재적 요인을 통해서 구체화된 형태로 나타나게 된 것이다. 예를 들면 1972년 10월 유신은 미국 단일 패권의 와해와 미소 대립의 약화라는 세계 정치질서의 충격에 대한 국내적 대응이지만, 그것은 1960년대 한국의 자본주의 산업화가 초래한 모순과 함께 민주화 운동의 도전으로 지배질서의 정당성이 도전받으면서 현실화된 것이다.

1990년대 한국 자본주의, 혹은 IMF 관리체제 이후 한국사회의 성격을 이해하는 데도, 한국의 구체성을 매개로 하지 않는 1980년대식 보편주의적 사고, 그리고 보편주의적 시야를 상실한 특수주의/민족주의 시각이 상당히 위험하고 무책임하다는 것을 확인할 수 있다. 일종의 '강요된' 지구화로서 1998년 외환위기와 외국 자본의 유입은 한국의 재벌체제를 해체한 것이 아니라 오히려 강화하였으며, 김대중 정부가 야심차게 기획한 노사정위원회는 결과적으로 노동시장 유연화를 촉진하는 안전판으로만 작동하였으며, 노동시장 유연화는 장기 인력정책의 구상 없이 오직 수량적 유연화의 방식으로만 추구되었다. 국가는 나름대로 방향과 계획을 갖고서 탈규제를 추진한 것이 아니라 무차별적으로 탈규제, 사유화 정책을 추진하였다. 국민연금제도의 도입 등 복지정책이 형식적으로 완결된 모습을 갖추었으나 한국의 저복지 체제의 근간을 흔들지는 못하였으며, 시장주의와 구호처럼 거론되었던 '작은 정부론'은 과거 개발독재 시대의 관료주의를 약화시킨 것이 아니라 개발독재 시절의 정부 관료가 신자유주의의 옷을 입고서 다시 등장하게 만들었다.

결국 1990년대 말 이후 한국의 신자유주의는 1990년대 이전의 냉전 자유주의에 경로의존적이고 과거의 전통과 일련의 연속성을 갖고 있다는 점이 드러났다. 흥미롭게도 신식국독자론이 제기했던 독점강화/종속심화가 오늘날 지구화된 경제 현실 속에서 다른 형태로 드러나게 되었는데, 이제 독점성은 국내 자본에 의해서가 아니라 해외 자본과의 결합 속에서 이루어졌으며, 종속은 국내 일반, 국내 자본 모두에 해당하는 것이 아니라, 안과 밖 즉 자본의 국경이 없어진 조건에서 지구화되지 않는 경제 부분 일반에 해당하게 되었다.[11] 특히 1997년 경제위기를 전환점으로 해서

---

11 임현진은 1997년 외환위기의 징후를 읽은 다음 종속이론의 모델이 지구화된 조건에서 한국 경제의 내적인 불균형을 설명하는 데 여전히 유효하다고 주장한 바 있다(임현진, 「종속이론은 죽었는가」, 『경제와 사회』 36호, 1997년 겨울).

한국 자본주의의 성격은 중대한 변화를 겪었으며, 이후 현재까지 사회과학자들은 이제 자본주의 자체의 변혁보다는 여러 자본주의 시스템 중에서 어떤 것을 선택할 것인가의 문제에 더 관심을 갖게 되었다.[12]

정도의 차이는 있지만 한국 자유주의 학자들도 이러한 진화론적, '보편주의' 정서를 갖고 있다. 즉 1990년대 이후 자유주의 이론가들은 지구화와 시장경제를 그렇게 강조하면서도 한국에서 시장이 어떻게 역사적 · 사회적 제도로 작동하는지를 살펴보는 논의를 심도 있게 전개하지 않았다. 서유럽 복지국가의 좌파 이론가들도 미국이나 일본의 자유주의 이론가들처럼 탈규제, 복지의 삭감, 생산방식 유연화의 불가피성과 그에 따른 선진 자본주의 사회 일반의 구조적 개편을 조심스럽게 논의하고 있다. 그러나 이들은 '보편주의'의 언술 속에서도 자신의 구체적 과제를 중심으로 문제에 접근하고 있어서 주목된다. 지구화를 이야기하면서도 일본의 학자들은 '생활의 질'을 높이기 위한 '보통 국가'로의 발전을 논의하고 있으며, 미국의 학자들은 탈냉전 후 미국의 새로운 헤게모니 설정을 논의하고, 유럽의 학자들은 '유럽 문화의 독자성'과 변화된 정세 속에서의 복지 문제를 고민한다. 그러나 한국의 자칭 자유주의는 지속적 성장의 필요성을 강조하고 있지만, 오로지 정부가 시장에서 손을 떼고 노동조합이 기업 경영에 협력만 하면 문제가 다 해결될 것처럼 말하고 있다. 군사독재하의 성장주의 경제학처럼 자유주의 역시 대단히 이데올로기적이고 원론적이다.

1980년대 한국 사회성격론에 가담했던 '뜨거운 사람들'은 일부를 제외하고는[13] 1990년대 초반 이후 거의 활동을 그만두었기 때문에, 외환위기

---

12 이에 대한 논의는 이병천, 「전환시대의 한국 자본주의론: 61년 체제와 87년 체제의 시험대」(『역사비평』, 2005년 여름) 참조.

13 정성진의 경우는 예외적이다. 그는 최근에 펴낸 『마르크스주의와 한국 경제』(책갈피, 2005)와 논문 「21세기 한국 사회성격 논쟁: 마르크스주의적 분석은 여전히 유효하다」(『역사비평』, 2005년 여름)에서 여전히 마르크스주의 이론이 현실 경제 분석에 유의미한 도구임을 주장한다. 그는 1997년 외환위기 역시 금융자본이 주도하는 지구화의 결과가 아니라 자본의 이윤율

의 도래를 제대로 진단하거나 경고를 보내지 못하고 다수의 노동자들이 실직의 고통을 겪게 된 비극적인 사태 앞에서 어떠한 예상이나 처방을 제시하지도 못하였다. 강요된 신자유주의와 경제 개방의 압박 아래 자본과 노동의 관계와 이후 한국 자본주의의 성격 변화와 경제 양극화 등을 예상하지도 못하였고, 애초부터 단절적인 변혁론적 사고를 갖고 있었기 때문에 정책적으로도 적절한 대안을 제기하는 데 실패했다.[14]

4. 대상으로서 '한국 자본주의' '한국사회'

1980년대 이전까지 한국 사회과학자들의 머리를 지배했던 '사회'의 관념은 과연 어떤 것이었나? 1980년대 '사회성격론' 중 국독자/신식국독자론에서 사회는 국가 단위의 사회, 정확히 말하면 시민권(citizenship)이 적용되는 범위, 국민국가를 주로 지칭한다. 농업이 생산의 기초가 되는 사회에서 공업이 기초가 되는 사회로, 신분적 차별이 존재하는 사회에서 계약이 중심이 되는 사회로, 공동체의 논리가 지배하는 사회에서 이익이 중심이 되는 사회로, 전제주의에서 민주주의로, 미신과 종교가 지배하는 사회에서 과학과 합리성이 지배하는 사회로 변천해왔고, 한국은 전근대에서 근대로 이행해왔다는 것이 1960년대는 물론 전혀 다른 이론적 입지에 선 1980년대 사회성격론이 한국사회를 이해하는 기본 패러다임이었다.

이러한 관념은 일차적으로는 주류/비주류 이론가 할 것 없이 서구 사회과학의 틀 때문에 주입된 것이기는 하나, 실제 우리가 살아가고 있는 국

저하에서 비롯된 것이라고 주장한다. 그는 트로츠키의 입장에 서서 과거부터 스탈린 식의 국가독점자본주의론과 일국 중심주의를 비판해왔으며 국내외 자본의 위기와 공세를 가장 중요한 설명 변수로 두고 있다.

14 이 책에 함께 실린 졸고, 「한국의 지식인들은 왜 외환위기를 읽지 못했는가」 참조.

가(민족)의 변화 발전, 경제 변동, 그리고 경험적인 정치 현실과 상당히 부합하기 때문에 우리의 인식체계 속에 별다른 비판 없이 자리 잡게 되었다. 마르크스주의 역시 자유주의와 마찬가지로 일종의 근대화론이자 오리엔탈리즘(orientalism)이고 봉건주의와 자본주의 혹은 전통과 근대를 단절적으로 보기 때문에 서구 사회과학의 한계는 고스란히 우리의 인식에도 영향을 미치게 되었다.

그러나 한국사회를 자세히 들여다보면 분석 대상으로서 한국 '사회'를 독자적 사회구성체로 보려는 시각 곧 주류 사회과학도 그러했지만 1980년대의 마르크스주의 사회성격론 역시 대상인 한국사회를 국가라는 정치적 테두리, 실정법이 적용되는 테두리와 사실상 동일한 것으로 보았다. 즉 사회성격론, 특히 국독자 / 신식국독자론은 한국사회를 '일정 정도로' 자기완결성이 있는 사회구성체라는 점을 전제로 하였다. 반면 식민지 / 민족해방론은 사회 대신에 '민족'이라는 중요한 공동체를 불변의 전제로 설정했기 때문에 나름대로의 장점이 있었으나, 분단된 상태에서 국민국가라는 정치 단위가 민족보다는 경제사회 단위로서 주민들에게 일차적 규정력을 행사하고 있음을 지나치게 무시하였다. 결국 신식국독자론은 스탈린의 일국사회주의론 / 일국자본주의 발전론의 한계를 그대로 안고 있었기 때문에 한국에서 '사회'의 민족적 성격을 간과하였다. 한국의 국가 형성과 자본주의 발전은 애초부터 동시대의 냉전체제, 미국 주도의 자본주의 질서, 조직 자본주의의 이완과 와해, 포드주의의 위기와 탈산업화 등의 국제 분업관계 속에서 세계체제의 일부로 진행된 것이다. 그래서 한국의 자본주의 산업화는 선진 자본주의의 그것, 혹은 제3세계 중에서 한국보다 산업화를 앞서서 진행했던 나라의 것을 반복, 답습하는 것이 아니었다. 냉전과 한국전쟁으로 국내 반자본주의 세력의 소멸, 과대 성장한 국가, 풍부한 저임 노동력, 국내 부존자원의 부족, 미국의 군사·정치적 보호와 일본·미국과의 특수 관계 등이 한국사회를 출발부터 경제적이든, 정치적이든 자기완결적 구조를 갖춘 선진 자본주의 사회와는 거리가 먼 반(半) 자율적 사회구성체의 성격을 띠게 만들었다.

한편 한국의 국가와 사회는 1945년 일제에서 해방된 이후 국민적·민족적 주체세력을 중심으로 구성된 단일한 국민국가가 아니라, 냉전체제의 형성과 분단국가 수립 과정에서 '민족' 구성원 중 일부를 '적' 혹은 잠재적 적으로 간주하면서 성립된 '결손국가'였으며[15] 전쟁국가였다. 그리고 이러한 분단된 반쪽 국가라는 조건 때문에 한반도에서는 민족 정체성과 국가 정체성이 분열되었으며, 국가 정체성은 냉전의 국내적 표현인 '자유주의 진영'이라는 구호 아래 미국과 한국인들을 운명 공동체로 여기는 사고방식과 한몸을 이루고 있었다. 1972년 북한 사회주의 헌법 제정 과정에서 유례를 찾기 어려운 가족주의적 사회주의 체제가 수립되는 시점에 그에 대립한 남한에서는 가공할 군부독재 혹은 유사 파시즘적 권위주의 체제가 등장하였으며, 양자는 상호 규정, 상호 의존하면서 1980년대까지 존속해왔다. 지난 30여 년간의 급속한 자본주의 발전은 앞의 그림에서도 지적한 것처럼 남한에 대한 북한의 규정력을 약화시켰고, 이러한 조건이 1980년대 중후반 한국의 사회과학도들로 하여금 한국을 단일한 자본주의 사회구성체, 계급사회, 시민사회, 포스트모던 사회로 이해하도록 만드는 객관적인 조건을 만들기도 하였다.

특히 1990년대 중반 이후 앞에서도 강조한 것처럼 '안과 밖'의 구별이 거의 사라지기 시작하면서 분석 단위로 국가와 사회를 일치시키는 것이 적절한가 하는 이론적 문제가 제기되었다. 지구촌화, 지방화가 강하게 거론되는 마당에 한국 자본주의, 한국정치, 한국사회 등의 용어를 계속 사용하는 것이 적절하겠는가 하는 의문이었다. 이것은 개별 국가 내에서 시민권의 약화를 반영하는 것이었다. 2005년 미국 뉴올리언스 해일 사태로 대

---

15 임현진, 「한국에서의 민족 형성과 국가 건설: '결손국가론'을 중심으로」, 『지구시대 세계의 변화와 한국의 발전』, 서울대학교 출판부, 1998 참조.

량의 사망사건이 일어났을 때 뜻있는 미국 지식인들 사이에서 "이곳이 미국인가" 하는 회의가 제기되었던 것과 같은 맥락에서 거론할 수 있는데, 지구화 시대에 국민국가의 역할이 축소되면서 이제 세계 경제, 지구 정치와 직접 연결된 국가 내의 특정 지방이 존재하고, 각국의 빈곤층과 그들의 거주지는 그 나라의 부유층과 중간층의 생활세계보다는 오히려 지구 저편의 빈곤층과 더욱 유사한 조건에 놓이게 되었음을 말해주는 것이다. 결국 한편에서 사회라는 단위는 국민국가를 넘어서고 있으며 다른 편으로는 국가 내부에서 별개의 영역으로 존재한다.

결국 한국에서는 사회구성체 논쟁이 거의 자취를 감춘 1990년대 중반 들어서서 지구화, 새로운 형태의 종속과 지구적 양극화와 계급 형성, 지구화가 국내의 사회관계에 미치는 영향들, 지구화와 신자유주의로 인한 생활세계 재구조화와 네트워크 형성의 문제들이 본격적으로 제기되었다. 과거에도 그러했지만 지금도 한반도를 둘러싼 국제 정치경제 질서의 압도적 규정을 받고 있으며, 비교적 대등한 인구 규모와 경제력이 있으면서 주변의 강대국이나 제국주의의 위협을 받지 않은 나라에서 성립된 초기의 유럽 사회과학(독일은 제외)이나 국토의 규모나 경제력에 있어서 '어느 정도' 자기충족적인 체계를 갖춘 미국 사회과학은 '사회'라는 단위를 설정하는 데 우리와는 전혀 다른 맥락에 있다는 것을 확인하게 되고 이것을 철저하게 비판한 이후에야 한국의 토착 사회과학이 성립할 수 있다는 사실을 확인하게 되었다.

대상으로서 '사회'를 보다 구체적으로 접근하지 못했던 이유들을 생각해보면, 1980년대 사구체론에서 국제정치학, 국제경제학의 성과가 전혀 반영되지 않았다는 사실, 거꾸로 한국의 국제정치학자 국제경제학자들이 주로 미국의 주류 학문을 한국에 대입하는 데만 열중했을 뿐 발전도상에 있으며 군사·정치적으로 미국에 의존해 있는 한국 사회구성체 문제에 적극적으로 개입하지 않았다는 사실이야말로 한국 사회과학을 불구 상태로 만든 주요 요인이었다.

5. 사회과학자의 주체 위치

1980년대 사회성격론은 그 이전까지 한국인들에게 만연했던 제1세계 의식[16]을 청산하고 한국이 종속국가, 신식민지 사회, 자본주의 모순이 실재하는 사회구성체라는 점을 분명하게 의식하고 출발하였다. 사회성격론의 입론들은 대부분 그 이전까지 지식인들이 극단적인 반공주의 영향 속에서 한국사회를 지배해온 잘못된 제1세계 의식에서 벗어나지 못했다는 전제를 갖고 있었다. 이것은 사실 한국의 주체 위치, 한국 이론가들이 자신이 서 있는 터전의 위치를 제대로 설정하지 못한 것이었다. 즉 주체 위치의 잘못된 설정이라는 것은 지식인, 혹은 사회과학자가 자기가 대상으로 하는 사회 혹은 국가가 구체적으로 어떠한 입지에 서 있는지 철저한 인식이 결여되어 있음을 말해준다. 즉 자본주의 세계체제 내에서 모든 사회과학은 지구사회를 대상으로 하며 궁극적으로는 '인류'의 해방을 지향하기는 하나, 개별 이론(가)들은 '인류', 지구 공동체라는 터전을 무매개적으로 전제하지는 않는다. 무정부주의를 지향하는 촘스키(N. Chomsky)조차도 모국인 미국이라는 특정한 정치적 공동체를 바탕으로 인류의 미래를 모색하고 있으며, 러시아의 사회과학자 카갈리츠키의 『근대화의 신기루』를 보면 그가 근본적으로는 후발 자본주의 국가 혹은 제3세계의 관점에 서서 러시아를 바라보는 것을 확인할 수 있다.

그런데 1970년대까지의 한국 사회과학에서는 한국사회의 준거를 제3세계에 두는 것인지, 선진 자본주의 국가에 두는 것인지, 동아시아 국가군

---

[16] 제1세계 의식이란 자유세계, 우방, 혈맹 등의 공식 담론에서 나타나는 미국과 한국을 한 몸으로 여기는 사고를 말한다.

(群) 위에 두는 것인지가 불분명했으나, 사회성격론 논쟁은 현대 한국사회에서 처음으로 이 문제를 치열하게 끌어안았다는 점에서 대단히 중요한 역사적 의의를 갖고 있다. 식민지, 신식민지의 규정은 분명히 한국의 정치경제를 과도하게 저평가한 점이 있었고, 민족국가 혹은 민족적 발전에 집착함으로써 인류의 보편적인 발전이라는 시야를 갖지 못하는 편협함이 있었으며, 1990년대 이후에도 여전히 발전을 지속했던 한국 자본주의의 역동성과 생명력을 고려해 본다면 한국 내부의 모순을 너무 크게 부각시킨 점이 없지 않았지만, 한국 사회과학과 운동가들의 주체 위치가 어디인가를 고민함으로써 사회과학의 토착화 과제를 실천적으로 끌어안았다고 평가할 수 있을 것이다.

그러나 1990년대 초 사회성격 논쟁의 종료는 곧 한국 사회과학이 주체 위치에 대한 고민과 논쟁을 그만둔 시점과 거의 일치하였다. 그리하여 1990년대 이후에는 한국 자본주의의 거시구조적 성격 규정은 물론이고 그것이 어디에서 와서 어디로 가고 있는지 논의가 거의 사라지게 되었다. 오히려 포스트모더니즘의 물결과 지구화, 정보화 담론은 이제 한국을 동시대의 선진 자본주의의 대열에 위치지으려는 경향을 만연시켰으며, 지구화가 한국에게는 어떠한 양상으로 충격을 주고 한국 자본주의를 어떻게 변화시킬 것인지 논의를 진전시키지 못했다. 경제학이 사회과학의 왕좌를 확고하게 장악하면서 그러한 경향은 더욱 심해졌다. 그럼에도 불구하고 한국 경제학은 1997년 한국 자본축적의 위기 및 외환위기의 징후를 읽지 못했는데, 한국 경제학의 무국적성, 주체 위치의 부재가 낳은 가장 치명적인 결과였던 셈이다.[17]

외환위기는 사회성격론 진영의 좌파 논객의 권위를 크게 떨어뜨렸지만 이들 대신에 주류로 부상한 자유주의 사회과학의 위신도 추락시켰다. 외

---

[17] 외환위기 징후를 분명하게 읽어낸 것은 오히려 대우경제연구소 등 민간 연구소였다. 사회학자인 앞의 임현진의 경우도 종속이론의 문제의식에서 위기를 강조한 바 있다.

환위기 이후 인기를 끈 자유주의 사회과학은 기업 구조조정, 사회개혁 문제에서 시장주의적 접근과 처방을 앵무새처럼 반복하였으나 그것이 한국 사회의 역사·정치 맥락, 한국의 기업문화나 노사관계의 조건에서 어떻게 실현될 수 있을 것인지는 묻지 않았다. 과거의 사회성격론만큼이나 이데올로기성이 강한 자유주의 경제학자들의 시각은 미국의 월가 혹은 IMF의 공식적인 입장에 가까운데, 그것은 대체로 친자본주의와 반사회주의의 구호를 노골적으로 내세웠다. 이들은 국가의 과도한 규제, 정경유착, 기업의 지대 추구적 성격, 시장 기제의 왜곡, 경제 운영의 투명성 결여가 위기를 가져왔다고 보며, 재벌의 개혁, 각종 규제의 철폐, 노동시장 유연화, 공기업의 민영화 등을 통한 경제 합리화, 즉 신자유주의적 정책을 대안으로 내세우고 있다. 1990년대 한국의 시장론은 새로운 형태의 근대화론이자 1960년대 로스토(Rostow)에 비견되는 반사회주의 선언이다. 즉 1990년대 이후 한국의 지식사회는 1980년대라는 돌출적인 시기를 예외로 만들면서 그 이전의 근대화론 시기로 다시 회귀한 셈이다.

사실 1980년대 당시도 그러했지만 한국 제도권 학계는 여전히 자유주의 사회과학의 일방적 헤게모니 아래에 있다고 볼 수 있다. 그것은 경제의 시장화 과정을 통해 효율성과 생산성 확보, 나아가 정치적 민주화를 달성할 수 있다는 신념이 언론, 정부, 대학 등 모든 지식 생산 기제에서 압도적인 영향을 미친다는 것을 말해준다. 그것은 지구화된 경제질서의 불가역성과 불가피성, 그리고 지구화 시대에 신자유주의적인 경제·사회정책 도입의 불가피성을 강조하는 미국과 제1세계 자유주의 사회과학이 한국의 정치와 지식사회에 여과 없이 받아들여지고 있기 때문이다. 그런데 흥미로운 것은 과거 냉전과 반공/반북, 개발독재를 정당화했던 바로 그 지식인들이 이번에는 신자유주의의 사도로 변신했다는 점이다. 이것은 한국의 신자유주의가 이데올로기로 작동할지언정, 실제 한국에서 적용된 신자유주의 정책의 성격과 변화 방향에 대한 이론적 논의는 별로 진척시키지 않고 있음을 말해준다.

한편 1980년대 사구체론에 참가했던 좌파 논객들은 이제 이론 무대에서는 거의 사라졌으나 남아 있는 일부는 지구화 및 신자유주의 일반을 반대하는 데는 한목소리를 내고 있으며 신자유주의를 마치 악의 원천인 양 비판하고 있다. 그러나 이들은 신자유주의는 이데올로기이지만 동시에 정책이고 따라서 그것이 전개되는 양상은 국가에 따라 상이하다는 점에 충분히 주의를 기울이고 있지 못하다.[18] 한국에서 좌파나 우파나 자신의 논지를 전개하는 방식은 대단히 정치적이며, 그들보다 더욱 정치적인 보수 언론이 그것을 부추기는 경향이 있다.

예를 들면 박정희 시대의 발전 모델을 어떻게 평가할 것인지 더욱 학술적으로 진행되었어야 했으나, 그것은 너무 쉽게 정치적인 논란으로만 제기되었다. IMF 위기를 맞게 된 배경 역시 학술적으로 논의되어야 할 쟁점이었지만, 제대로 천착되지 않은 채 넘어가고 말았다. 과거 한국의 민족주의를 비판하는 목소리는 커졌으나 오늘날과 같은 입지에서 민족주의의 존립 기반과 전망에 대한 논의는 별로 없었다. 김대중 정부가 표방했던 생산적 복지론을 두고 정치적 찬반 논쟁은 제기되었으나 한국의 정치경제 조건에서 도대체 어떤 방식으로 어느 정도의 사회복지가 작동 가능할 것인가 하는 논의는 드물었다. 1998년 이후 많은 기업이 민영화되고 공적 자금이 투입된 이후 해외 매각이 되었지만, 이후 그 기업들은 어떻게 되었는지 등의 신자유주의 정책의 대차대조표를 살피는 논의도 별로 없었다. 대다수의 경제정책이나 사회정책은 튼튼한 이론에 바탕을 두지 못하고 주로 정치적 고려에 의해서 시행되고, 일단 정책이 시행된 이후에는 그에 대한 지식사회의 관심은 급격히 떨어졌다.

---

18 손호철은 한국에서 신자유주의는 이미 1980년대 초에 나타났다고 보고 있다. 즉 칠레 등과 마찬가지로 한국의 신자유주의는 군사독재 아래 이미 채택된 바 있다. 손호철, 『신자유주의 시대의 한국정치』 푸른숲, 1999 참조.

어쨌든 1998년 이후 한국 자본주의의 세계적 위상은 어떠한지, 그것은 어느 정도 한국만의 특징이고 과연 어느 정도 세계 여러 국가들과 성격을 공유하고 있는지 등을 둘러싼 정확한 주체 위치 설정이 필요하다.

6. 맺음말

20세기 후반 이후 지구 차원에서 일어난 가장 큰 변화는 지구화, 정보화로 요약해 볼 수 있고, 정치경제적으로는 신자유주의가 천하를 통일했고 경제학은 사회과학 중의 사회과학으로 등극했다. 21세기 들어서서 한국사회도 이데올로기 대신에 '욕망'이 천하를 통일하였다. 그래서 진지한 논쟁은 사라졌고, 대다수 신문의 학술면은 사라지고 출판면이 학술면을 대신하였다.

이처럼 이 '욕망'이라는 리바이어던은 1980년대식의 좌파 이론만 몰락시킨 것이 아니라 그들을 비판했던 우파까지도 위기에 빠트렸다. '적'이 사라진 세계에서 미국 역시 휘청거리듯이, 이론적 적수를 잃어버린 자유주의 사회과학은 진정한 헤게모니를 누리지는 못한다. 그래서 응용 학문과 실용서가 '고객'의 관심을 압도하는 오늘의 시점에서 1980년대식의 사회변혁은 물론 원리를 추구하는 모든 사회과학 논문이나 서적도 거의 고객을 얻지 못하고 있다. 이러한 경향을 지구화, 시장주의라는 외적인 환경 탓으로 돌리는 것은 적절치 않아 보인다. 아직 한국 사회과학의 연륜은 50년밖에 안 되었다고 자위할 수도 있을 것이다. 그러나 사회과학 여러 학문 분야에서 변변한 사전 하나 편찬한 것이 없고, 교과서 하나 제대로 집필된 것 없고, 사회과학 박사학위 받으러 미국 가는 학생의 비율은 1990년대 이후 더 늘어났지만 한국에 사회과학 배우러 오는 외국 학생이 거의 없는 현실은 무엇을 말해주는가? 1990년대 이후 이른바 자유주의 학자들과 보수 언론은 1980년대 좌파 사회구성체론을 공격하는 데 총력을 집중했지만, 결과는 지식사회 일반에 대한 신뢰의 실종이었다.

1990년대 노동운동도 사회성격론을 비롯한 지적인 논쟁을 종식시키는 데 기여했다. 노동운동계에서 학생, 지식인 출신들이 대거 빠져나오고 난 이후, 소모적 사상투쟁이나 정파 간의 이론투쟁은 사라졌을지 모르지만 노동조합 운동 진영에서는 더욱더 실리적인 지향이 압도하게 되었으며 정책과 운동 방향이 전제된 노선투쟁이 아닌 노조 권력 장악을 위한 노선 투쟁이 그 자리를 대신하였다. 그래서 1990년대 노동운동가들은 이제 더는 사회과학을 학습하지 않게 되었으며, 그것은 결과적으로 노동운동 자체를 경험주의의 포로가 되게 만들었다. 사상과 이론이 없으면 장기적으로 운동의 생명력도 유지될 수 없다. 반지성주의, 반지식인주의, 반사회과학은 운동을 실용화하고, 조합원들을 기업의 사내 교육의 공세 아래 무방비로 노출시켰다.

교육부나 학술진흥재단 연구지원비를 받아서 등재 학술지에 세련된 논문 하나 올리는 일이 실천적이고 도전적인 에세이나 논문 한 편 쓰는 것보다 더 중요해진 지금 강단 학계의 풍경을 바라보면, '무식해서 용감했던' 2, 30대의 아마추어 좌파들이 대단한 이론가 행세하면서 '철없는' 학생들이나 사회운동가들의 밤잠을 빼앗던 1980년대가 오히려 한국 사회과학의 전성시대였다고 볼 수 있다. 이러한 전성시대는 다시 오기는 어려울 것이다. 그러나 사회과학자들이 주체 위치를 놓치지 않은 채 좀더 이론적으로 단단하게 무장해서 당면 한국 자본주의를 분석하면서 한 단계 성숙한 사회성격론을 전개한다면, 그 긍정적인 성과는 한국사회에 두루 미칠 것이고, 나아가서 지구 사회과학의 발전에도 기여할 수 있을 것이다.

한국의 지식인들은 왜 외환위기를 읽지 못했는가*

1. 들어가는 말

1997년 말 국가 경제가 부도 위기에 몰리고, IMF 구제금융을 받게 되자 그동안 지식인들, 특히 경제학자들은 왜 이러한 위기를 진작 파악하지 못했는가 하는 비판과 자성의 목소리가 거세게 제기되었다.[1] 이에 대해 경고를 보낸 적이 없던 언론들은 오직 외신 보도나 외국의 저명 학자들의 진단만을 주로 인용하기 시작하였고, 한국의 경제학자나 정부 연구소 및 지식계가 기능 부전 상태에 빠졌다고 소리 높여 비판하였다. 물론 한국 경제, 특히 재벌의 무소불위의 힘에 쓴 소리를 하는 학자들의 주장은 아예 들으려 하지도 않으면서, 지속적인 경제성장을 낙관하면서 과소비를 부추겨

---

* 이 글은 「강요된 지구화와 한국의 국가, 자본, 노동」과 같은 시점인 1998년 1, 2월에 쓴 글이다 (『경제와 사회』, 1998년 봄호 권두논문). 한국이 1997년 말 분단 이후 최대의 위기라고 부를 만한 외환위기, IMF 관리체제에 놓이게 되었는데, 우리 사회의 어떤 지식인이나 지식인 집단도 그에 대해 제대로 경고 신호를 보내지 못했다는 데 대한 자책과 한탄, 그러한 일이 발생하게 된 원인을 지식사회학의 문제의식으로 진단한 것이다. 글을 쓴 지 시간은 오래 지났지만 앞으로도 이러한 위기는 언제나 닥칠 수 있고, 또 그것에 대한 우리 지식사회의 자세와 수준이 별로 변하지 않았다면 이 글은 여전히 유의미할 것이다. 이 글 역시 시제만 바꾸고 약간의 각주를 보충하여 원래의 내용을 살렸다.

1 사회학자 송호근의 자성적 책, 『또 하나의 기적을 향한 짧은 시련: IMF 사태를 겪는 한 지식인의 변명』, 나남, 1998이 대표적이었다.

온 보수 주류 언론이 외환위기 경제위기 사태에 훨씬 큰 책임이 있다고 볼 수 있다. 그렇다고 하더라도 관련 학자들이나 지식인들이 책임을 면할 수는 없을 것이다.

동아시아 여러 나라의 외환위기와 IMF '사태'만 놓고 본다면 그것을 예측하지 못한 것은 사실 한국의 경제학자들만이 아니었다. IMF 구제금융을 받게 된 이후 한국 언론에도 자주 등장하는 하버드 대학교의 제프리 삭스(J. Sachs) 교수도 그 직전까지 한국 경제에 지극히 긍정적인 견해를 피력하였다. 『조선일보』 1997년 1월 12일자 대담을 보면 그는 한국 경제가 심상치 않은 징조를 보이고 있는데 "멕시코와 같은 사태가 발생할 소지가 없는가"라는 기자의 계속되는 질문에도 불구하고 "한국은 단기적으로나 장기적으로 위기에 빠져 있다고 생각되지 않는다. 멕시코보다 훨씬 건실하고 역동적인 경제체제다. 〔……〕 한국의 반도체는 경쟁력을 갖고 있다. 〔……〕 무역 적자의 확대는 반도체의 가격 하락에 기인한 것이며 일시적인 현상이다. 〔……〕 한국 경제의 근간은 건실하다. 〔……〕 한국은 향후 20년 동안은 낙관적이다. 미래에도 빠른 성장을 할 것이다"[2]라면서 극히 희망적인 전망을 보여주었다. 물론 MIT의 폴 크루그먼(P. Krugman) 교수처럼 동아시아의 양적 성장의 한계를 지적한 사람도 있었으나 그 역시 "이렇게 급박하게 위기가 닥쳐올 것으로는 생각하지 않았다."[3]

미국의 세계적인 경제학자들도 동아시아나 한국의 경제위기를 제대로 진단하지 못했으니 이론적으로 그들에게 의존하는 한국 경제학자들이 경제위기를 진단하지 못한 것은 당연한 일인지도 모른다. 그러나 어떤 점에서 외국의 세계적인 한국 전문가도 한국에서 연구 활동을 하고 있는 대학생이나 대학원생만큼도 한국을 정확하게 알지는 못할 것이라는 우리의 상식에 기초해 보면 아무래도 이들에게까지 책임을 돌리는 것은 적절치

---

2 『조선일보』, 1997. 1. 12.
3 「금융기관들의 '도덕적 해이'가 위기」, 『주간조선』, 1998. 2. 19.

않아 보인다. 크루그먼이 실토하였듯이 한국의 금융기관이나 기업이 외국의 투기성 단기자본을 아무런 방어장치 없이 직접 끌어들이는 지구화된 경제질서에서 전통적인 경제지표상으로는 위험 신호가 제대로 나타나지 않았던 것도 사실일 것이다. 그러나 한국에서 1980년대 말 이후 지가 상승으로 인한 가공의 자산가치 증대가 갖는 위험성이나 1993년 전후 반도체 호황의 실제 배경, 환율 평가절하를 실시하지 않는 데서 초래되는 위험성 등을 정확하게 분석하고 경고하지 않았던 주류 경제학, 그리고 구조적인 위기론만 거론했지 1996년 이후 기업의 이윤율 하락과 외채의 급격한 증대 신호를 제대로 읽지 못했던 마르크스 경제학, 그리고 사회 현상을 경제 현상과 결부해 파악하지 못했던 정치학자, 사회학자 들의 책임은 면제되지 않는다고 본다.

물론 한국의 진보 사회과학자들은 그 전부터 한국의 재벌체제를 비판하고 한국 경제의 낙관론을 계속 비판하기는 했으나, 그들의 경고와 비판은 다소 원론적이었으며, 금융연구원 등 일부 정부 연구소나 몇몇 개별 연구자들이 한국 경제의 위기 가능성을 진단하기는 했으나 어떤 연구자도 이 문제를 구체적이고 지속적으로 제기하지는 못했다. 필자가 1990년대 중반 이후 관찰하기로는 금융 부문과 관련하여 경고 신호를 가장 지속적으로 보낸 대중매체는 『한겨레21』이었다고 생각되는데,[4] 우리 사회의 어떤 미디어나 경제학자, 사회과학자도 『한겨레21』만큼 나름대로의 성실성과 국가의 장래에 책임성을 갖지 못했다는 점은 별로 항변할 여지가 없을 것이다. 이 점은 이후 학계에서 보다 냉정하게 평가해야 마땅하다.

여기서는 우리의 무능이 어디서 기인하는가를 살피면서 한국의 미디어, 지식인과 사회과학이 제자리를 찾을 수 있는 길을 모색해본다.

---

4 『한겨레21』의 1995년에서 1996년 사이의 재벌, 외채, 금융 관련 특집들을 참조하라.

2. 신자유주의의 반격과 1990년대의 학문정치

주지하다시피 1989년 소련과 동유럽 사회주의 붕괴 당시 서구의 사회과학자 특히 주류 사회과학자들은 거의 그것을 예측하지 못하였다. 월러스틴(I. Wallerstein) 같은 거시 세계체제론자들만이 세계체제에서 사회주의의 지탱 불가능성을 계속 지적했다는 점에서 다른 학자들보다는 분명히 한 수 위에 있었는데, 그 역시 미시적인 분석에는 거의 기여하지 못했다. 그러나 이들 대부분의 사회과학자들은 엄격한 자기반성의 시간을 갖기도 전에, 자본주의 승리의 찬가를 불렀다. 그리하여 전세계의 학문사회는 시장경제와 자유민주주의의 최종 승리를 주장하는 통화주의 경제학자, 자유주의 정치학자들의 거센 물결에 정신 차릴 틈도 없이 휩쓸려 들어갔다. 따라서 1960~70년대 기간 신좌파나 베버주의적 국가 개입론자들에 의해 한동안 위축되어 있었던 자유주의자들은 시장 유토피아론과 지구화의 기치를 내걸고 전세계 학문사회를 석권하기 시작하였다.

1990년 이후 한국의 주류 사회과학계 역시 이러한 분위기에 휩쓸려 들어갔다. 그것은 주로 1980년대 한국 지식사회를 주도했던 사회구성체론과 좌파 사회과학에 대한 자유주의 학파의 일대 반격으로 나타났다. 한국에서 좌파 이론에 대한 우파의 반격은 한편에서는 지구화론, 중진 자본주의론과 유교 자본주의론, 식민지 근대화론으로 나타나기도 하였고, 다른 편에서는 계급이론 비판과 포스트마르크스주의, 포스트모더니즘 담론으로 나타나기도 하였다. 그중에서도 가장 중요한 현상은 역시 '경제학 제국주의'라 부를 수 있다. 탈냉전 신자유주의 시대에 접어들어 경제학은 경제를 연구하는 사회과학의 한 분야가 아니라 이제는 사실상 사회과학의 황제가 되었고 그 자체가 권력이 되어 무엇이 정통이고 사이비인지 판정하는 최고의 심판관 역할을 하였다.[5] 물론 냉전 시절에도 신고전파 경제학과 근대화 이론은 세계적 차원에서 사회주의에 대항하는 이론적 근거이자 '자유의 십자군' 교리로서 미국을 거점으로 일본, 한국으로 강력하게 유포되어왔다. 그래서 1990년대 이후 경제학은 학문이 아니라 사실상 이데올로기로서의 역할을 하기 시작했다.

김영삼 정권 들어 정치권에서 국제화·지구화·정보화 담론이 풍미하면서 경제학이 그것을 충실하게 뒷받침하였다. 이제 지식인들도 "지구화와 시장질서 속에서 어떻게 구조조정을 해서 국가 경쟁력을 기를 것인가" 등의 문제를 주요 의제로 삼기 시작하였다. 미국을 비롯한 다른 서구 국가에서처럼 신고전파 경제이론과 그에 기초한 합리적 선택이론(rational choice theory) 등 이미 자본주의 경제체제에서 기득권을 갖고 있는 자유주의-개인주의적인 시각이 모든 사회과학을 압도한 것도 그러한 맥락에서였다. 그리하여 자본주의, 민주주의, 계급, 국가, 노동운동, 빈곤, 통일 등을 이야기하면 "세상 변한 줄 모르고 아직도 그런 것을 공부하느냐"는 눈총을 의식해야 했고, 그러한 담론이 아예 지식사회에 발을 붙일 수 없는 분위기가 만들어졌다. 그리하여 '진보' 지식인이나 학자들의 대대적인 사상 전향과 연구 주제 이동이 일어났고, 이제 학문에 입문하는 새로운 세대의 학자 후보생들은 한국사회의 딱딱한 사실들보다는 문화·여성·사상 등 부드러운 주제로 대거 관심을 옮겼다. 그리하여 1990년대 중반 이후 한국 사회과학자 중에서 재벌기업 연구자, 노사관계 노동운동 연구자는 거의 찾아보기가 어려워졌다.

단군 이래 최대의 땅 투기가 벌어지던 노태우 정권 시절에 학문사회에도 본격적으로 거품이 일기 시작하였다. 이러한 거품은 바로 땅 투기로 부자가 된 사람의 심리가 그러하듯이 이제 우리 사회가 저임 노동력에 기초한 고도성장기에서 질적 성장기로, 생산 중심 사회에서 소비 중심 사회로

---

5 Johnson, Chalmers, *The Blowback: The Costs and Consequences of American Empire*, New York: Henry Holt and Company, 2000, p. 181.

진입하였으며, 지식보다는 정보가, 계급(class)보다는 차이(difference)가, 거대담론보다는 미시담론이나 생활의 정치가 중심이며, 구시대의 상징인 노동운동보다는 자유주의적인 시민운동이 주도적인 역할을 하는 사회로 들어섰다고 전제하고 있었다. 확실히 학문 외적인 정치 상황의 변화는 학자들이 제기하는 질문의 내용을, 나아가서는 예상되는 결론까지도 변화시켰다. 그리하여 이제는 "한국사회 어떤 점이 문제인가"를 묻기보다는 "한국이 21세기의 진짜 일류 국가가 되기 위해서는 무엇을 해야 하는가" 등의 질문이 주로 제기되었다.

학문 혹은 학자들의 인식과 실천은 학문정치(politics of academics)의 산물이며, 넓게는 정치적 지배질서 혹은 자본주의의 문화 현상의 일부라고 볼 때, 한국의 사회과학자들, 특히 주류 사회과학자들이나 경제학자들이 1997년 말 한국 경제위기의 징후를 제대로 읽지 못한 것은 일차적으로는 이론적인 한계보다는 정치적 한계, 즉 주류 사회이론이 갖는 체제 옹호적 성격, 비판적인 능력의 부재에 기인한 것이 아닌가 생각된다. 그들은 자본주의와 시장경제의 합리성, 진보성은 잘 알고 있으나 지구화한 자본주의에서 국제 금융자본의 투기적 성격, 그것으로 인해 발생할 수 있는 시장의 실패나 경제위기가 민주주의를 좌초시킬 위험성, 사회적 불평등과 긴장이 시장경제를 작동하기 어렵게 만들 가능성은 별로 알지 못했을뿐더러, 그러한 문제를 제기하지도 않았다. 그러면서 이들은 직접 간접으로 시장경제의 미덕, 자본주의 경제체제의 우월성, 다국적 기업과 초국적 기업의 해외 투자의 긍정적 효과, 미국과 국제 금융자본이 주도하는 새로운 세계질서와 세계적 소비주의의 확산과 그 불가피성을 주로 선전하였다. 현존 사회주의의 붕괴와 '역사의 종언'이라는 거품 속에서 사태를 제대로 볼 수 있는 눈이 생겨나지 않았던 것이다. 특히 사회주의 북한과 대치, 경쟁해온 한국에서는 자본주의의 완전한 승리, 한국 모델 혹은 동아시아 자본주의 모델의 승리라는 거품이 몇 배 증폭되어 나타났다.[6]

뭐니 뭐니 해도 1994년 이후 4,5년 동안 한국 지식사회와 미디어를 유행처럼 풍미하였던 국제화·지구화 담론에서 우리는 오늘의 지식사회의 위기의 연원을 추적할 수 있다. 한국의 지식사회에서 거론된 국제화·지구화 담론은 그 출발부터가 그러하였지만 학술적 문제의식에서 출발한 것이 아니라 정치적 분위기의 한 산물이었다고 볼 수 있다. 그것은 그동안 국제화·지구화가 우리 사회에서 진행되는 구체적인 현상, 객관적 사실로서의 측면보다는 국제화 '전략', 지구화 '전략' 등 이념, 정책, 혹은 국가 방향 설정을 지칭할 때 주로 사용되었다는 점을 확인하면 금방 알 수 있다. 즉 지금까지 자본과 정보의 세계적 이동과 다국적 기업의 세계 지배라는 측면은 거의 강조되지 않았고, 오직 무한 경쟁, 총체적 경쟁력 시대, 일류만이 살아남는 시대, 시장 개방, 자율화, 국가 규제 철폐 등 시장질서로의 개혁과 동의어로 사용되었다.[7] 그래서 "국제적인, 보편적인 행위준칙을 따르자"[8]는 어설픈 세계시민주의나 "서세동점의 문명의 대조류에서 이제 동세서점으로 나아가는 것이 국제화"[9]라는 등 어설픈 민족주의적 해석에 이르기까지 국가 '전략' 혹은 국민 행위의 지향으로서 지구화만이 주로 관심의 초점이었다. 이 중에는 더러 OECD에 가입한 한국의 국제적 의무는 무엇인가, 한국이 경제 개방체제로 나아갈 경우 어떤 내적인 위험 요소를 안고 있는가 등의 문제제기도 없었던 것은 아니나, 대체로는 이제 잘사는 국가집단의 한 멤버가 된 한국이 확실하게 그들과 어깨를 겨루기 위한 과제를 찾고, 아직도 남아 있는 민족주의, 국가 규제의 잔재를 없애고 모든

6 안병직 교수 등이 제창한 중진 자본주의론 혹은 식민지 근대화론 역시 순수 아카데미즘의 소산이었다기보다는 다분히 1990년대 이후 지구적 자유주의화 혹은 보수화라는 국제·국내 정치적 조건의 산물이고, 일종의 학문정치였다고 볼 수 있다.

7 조순, 사공일, 이현재, 좌승희 등 당시 거의 모든 주류 경제학자들의 주장.

8 「국경 없는 경쟁…… 세계시민을 키우자」, 『서울신문』 1993년 11월 22일 대담에서 이상우의 주장.

9 「국제화 시대 그 의미와 우리의 대응 전략」, 『경향신문』 1994년 1월 1일 좌담에서 홍일식의 주장.

것을 시장에 맡겨서 개방성과 투명성 그리고 자유경쟁이 모든 것을 해결해주는 선진사회를 만들어나가자는 취지에서 주로 국제화와 지구화의 구호를 외쳤다.

　이러한 현실정치 혹은 학문정치로서 국제화·지구화 담론은 당시의 김영삼 정부 차원에서는 선진국화라는 개발독재식의 국가발전 모델을 건드리지 않은 채 개방과 자유화를 말하는 자기모순 상태에서 제기되었다. 또 학자들과 언론에게는 과거 서구발 문명개화론, 근대화론이 그러하였듯이 1980년대까지 우리의 지식사회를 지배해온 민중주의, 좌파적 대안에 반격하는 성격을 갖고 있었으며,[10] 민주주의·민족·복지·공동체 등 가치에 대한 '자본' 혹은 신자유주의의 정치적 공세를 집약하고 있었다고도 볼 수 있다. 따라서 한국 경제의 구체적 개방도와 내적인 취약 요인, 대기업의 자본축적 조건과 금융 상황, 중소기업 문제, 노동운동의 조건, 농민들의 상황, 남북한 관계 등 이론적으로 검토되어야 할 수많은 내용은 거의 생략된 채, 바람몰이식으로 지구화·개방화·정보화론이 제기되었다. 예를 들면 1996년 OECD 가입 문제는 정책적으로 결정하기 이전에 학계에서 충분히 논의되어야 할 매우 중요한 사안이었으나 당시의 신문을 눈을 씻고 보아도 이필상 교수가 국회 공청회 석상에서 성급한 개방의 위험을 지적한 것을 제외하고는 깊이 있는 논의도 없이 지나가고 말았다.[11] 한국금융연구원, 대우경제연구소에서 "한국에서 멕시코 사태 가능성 진단"과 같은 보고서가 제출된 것을 제외하고는 자본시장이 개방될 경우 어떤 일이 발생할 것인지를 냉정하고 강도 높게 지적한 논문이나 보고서는 거의 찾아볼 수 없었다.[12] 실제 그러한 연구조사나 경고가 개인 연구자나 정부 연구

---

10 졸고, 「국제화와 한국의 민족주의」, 『역사비평』, 1994년 겨울.
11 "정부가 관료주의 방식으로 금융기관의 목을 죄고 있는 상태에서 OECD에 가입할 경우 외국 투기자본의 횡포에 의해 모두가 희생을 당하는 엄청난 결과가 초래될 수도 있다"고 경고하였다. 『한겨레』, 1995. 4. 2.

소 차원에서 활발히 이루어졌다고 하더라도 이러한 바람몰이식 지구화 담론의 합창에 묻혀버렸을 것이다.

김영삼 대통령이 1994년 국제화를 제창한 이후 1998년 초까지 무려 60여 권의 국제화·지구화 관련 저서 번역서가 쏟아져 나왔고, 아마 모르긴 해도 백여 편 이상의 지구화 관련 논문이 쏟아져 나왔을 것이다. 하지만 지구화한 경제질서는 경쟁력 있는 부분과 그렇지 못한 부분을 양극화할 것이며, 그것에 미처 준비하지 못하고 있는 후발국가에게는 엄청난 재앙을 가져다줄 가능성이 높다는 점을 지적한 책이나 논문은 극소수였다. 이 것은 이들 연구자들이 세계 경제와 세계 정치의 성격을 잘 인지하지 못했기 때문이라기보다는, 다분히 신자유주의적인 개혁과 시장 주도의 정치 경제 질서를 옹호하는 이데올로기, 정치 거품에 지나치게 압도당했기 때문이었다고 볼 수 있다. 당시 정부 주도의 세계화추진위원회는 지구화 시대의 국가 과제를 무려 53항목이나 제시하는 업적을 남기기는 했으나, 그 내용을 자세히 살펴보면 그러한 진단과 처방이 일본이나 싱가포르에서 제출되어도 별로 문제가 없을 정도로 추상적이고 일반론적이었다. 당시 대통령 자문 정책기획위원회 등에서 수많은 연구 보고서가 쏟아져 나왔고, 그중 일부는 참고할 만한 귀중한 내용을 담고 있는 것도 사실이었다. 하지만 막상 외환위기, IMF 관리라는 위기 상황에서 그것들이 휴짓조각처럼 보였던 이유는 한국의 정치적 역학이나 재벌구조, 금융 시스템, 중소기업과 기술 문제, 불평등, 남북한 관계 등 가장 한국적인 특성을 강하게 갖고 있으며 예민하지만 반드시 짚고 넘어가지 않으면 안 될 쟁점들을 제대로 건드리지는 않은 채, 그리고 그러한 경제질서 하에서 한국의 입지는 어떻게 되어야 하는지에 관한 논의는 없이 주로 일반론적인 관점에서 미래의 청사진만을 강조했기 때문이다.

---

12 두 기관은 이러한 내용의 보고서를 정부 경제팀에 제출했으나 면박만 당하고 말았다. 『한국일보』, 1997. 11. 21.

사회주의 붕괴, 자본주의 세계 제패의 이론적인 표현인 지구화론, 동아시아 발전론, 박정희 신드롬 등 실천적으로뿐만 아니라 이론적으로 매우 중요한 쟁점들은 모두가 사회주의 붕괴와 지구적인 신자유주의라는 국제 정치적인 배경 속에서 도입, 확산되었다. 그러기에 그러한 논의들은 일관된 철학적, 방법론적 기초를 갖지 못한 채 정치 담론으로 유포되었던 느낌이 있었다. 따라서 그것은 남한 자본주의 체제를 옹호하는 논리로는 기능할 수 있었을지 모르나 한국사회의 당면 현실을 냉정하게 이해하고 나름대로의 입지를 정의하며 장기적인 모델을 선택하는 데는 한계가 있었다. 이들 보고서를 읽어보면 현대 한국사회의 역사구조 측면, 한국의 정치경제, 한국인의 의식과 행동 등에 관해 막연한 일반론적 전제에서 출발하는 경우가 많았다. 또 사실의 중요한 부분을 무시하거나 거론하지 않으면서 결론을 이끌어내기도 했다. 예를 들어 지구화 조건에서 선진국의 표준에 따라야 한다는 주장들은 선진국=미국이라는 전제를 의심하지 않았으며, 우루과이라운드와 한국의 농업 개방, 기후협약 준수 등이 어떤 결과를 가져올 것인지에 관한 철저한 논의가 부족했다. 그리고 자본주의 시장경제가 세계적으로 확산된 오늘날에는 계급적·정치적 노동운동보다는 국민적 조합주의와 노사 타협체제가 필요하다는 지적이나 처방들 역시 한국의 자본축적 구조와 노사관계의 기본 질서, 한국에서 노사타협의 객관적 가능성이 어떠한가 하는 분석이나 고찰이 생략되어 있었다. 따라서 그러한 대안들은 노동자 및 노사문제 관련 당사자들에게 아무런 생산적인 지침도 내려주지 못하고 오직 노동운동을 탄압하는 명분으로만 활용되었다. 21세기론이나 정보화 담론 역시 노동운동을 비롯한 집합주의적인 사회운동을 비판하는 무기로 활용되기도 했다.[13]

이러한 담론들은 정부나 언론, 기업체 경제 연구소의 관련 연구자들이

---

13 대통령자문 21세기위원회, 혹은 세계화추진위원회에서 발간된 각종 보고서 등을 주로 지칭한다.

주도하였는데, 이들이 유포했던 논리는 확실한 철학적 원칙이나 한국 상황의 구체적 이해에 기초해 있었다기보다는 미국 학자들이 정리한 각종 지구화, 미래 사회 관련 논의를 직수입하거나, 정치권력과 대기업의 이해를 대변하는 것으로만 일관되어 있다.[14] 특히 대기업체 연구소는 해당 기관의 성격상 기업의 이윤 추구가 공적 책임성에 우선한다. 그래서 이들의 논리를 보면 시장경제와 투명성을 옹호하면서도 그와 배치되는 재벌체제를 고수하는 이율배반적인 태도를 취하며, 국가 경쟁, 개방, 지구화, 선진국의 표준 등을 거론하면서도 19세기적인 총수 독재의 기업 지배구조, 정경유착, 기업 의사결정 관행을 옹호한다. 시장 원칙, 공정한 경쟁이라는 논리는 오직 기업에 대한 정부의 간섭 축소를 요구할 경우에만 사용되었으며, 재벌기업의 불공정 경쟁과 부당한 시장 지배가 문제가 될 때는 적용되지 않았다. 이들은 시장이라는 보편적인 잣대를 그렇게 강조하면서 '우리의 현실 경제'는 소유와 경영의 분리를 전면적으로 수용하기 어렵다는 이상한 논리를 늘어놓기도 하였고,[15] "외채 망국론은 기우"라고 주장하다가 급기야 한국이 IMF 구제금융을 받게 되자 "국민 모두에게 책임이 있다"고 몰아세우는 궤변을 남발하기도 하였다.[16] 시장논리를 강조하는 재벌기업의 대변자들이 시장논리에 기초한 IMF 측의 구조조정의 칼날이 한국 재벌기업을 향하게 되자 급기야 '민족 이익'을 내세웠는데 이거야말로 희극의 극치라 할 것이다. 이것이 1990년대 이후 지구화 담론의 거품에 들떠 있던 한국 정신세계의 현주소였다.

따라서 한국의 지식사회, 특히 경제학계가 1997년 위기를 읽지 못한 것

---

14 김영삼 정부의 세계화추진위원회가 각종 중요한 의제를 제기하고, 선진 외국의 논의를 소개하고, 한국의 실정을 고려하면서 나름대로의 대안을 제시했던 공로를 깡그리 부인할 수는 없을 것이다. 그러나 정부가 주도하는 위원회에 앞서 사실은 학계에서 그러한 논의를 주도하는 것이 바람직했었다고 판단된다.

15 공병호, 『동아일보』, 1997. 6. 7; 『시장경제란 무엇인가』, 한국경제연구원, 1996, 407쪽.

16 「친재벌 논객 5인방의 요설」, 『시사저널』, 1998. 1. 8.

은 어쩌면 당연한 일이었다고 생각된다. 거시적으로 보면 냉전논리, 재벌 주도의 성장논리가 비판적·대안적 지성의 성장을 억제하고, 자본주의를 비판하는 것 자체가 악이 되며, 신자유주의 학문정치가 학술연구 자체를 압도하는 조건에서, 국가 경제의 위기를 정확하게 읽을 수 있는 자율적이고 책임 있는 학문사회는 애초부터 성립한 적이 없기 때문이다. 특히 1990년대를 풍미한 자본주의 최종 승리론, 시장경제 만능론, "더 나은 대안이 없다"(There's no alternative)는 주장에 감히 어떤 반론도 제기하기 어려웠고, 미국형 자본주의의 지구화는 우리가 따라야 할 표준이며, 그것은 장밋빛 미래를 가져다줄 것이라는 시장주의 학문정치가 압도하는 상황에서, 국가 경제를 이끌어가는 견인차인 재벌기업들의 도덕적 해이를 비판하는 것은 거의 불가능했다. 심지어는 사실상 미국이 배후에서 움직인 경제위기를 당하고서도 "미국이 시장의 논리에 한국을 내맡기지 않고 IMF 구제금융을 받게 한 것은 역시 미국이 한국의 맹방임을 입증해준 것"[17]이라는 허무맹랑한 주장이 주류 언론의 지면을 장식하면서 한국 지식사회를 대표하는 논리로 행세하였다.

3. 학문사회 내부의 문제점

(1) 인문사회과학의 위기

1989년 동유럽 사회주의가 붕괴하였을 때, 사후적 설명에만 만족해온 서구의 사회과학계에서도 이와 유사한 반성과 비판이 제기되었다. 차라리 거시 역사적인 관점에서 소련 사회주의의 지탱 불가능성을 지적한 월러스틴이나 일찍이 소련 사회주의의 전체주의 측면과 그 모순을 지적한 프

---

17 김경원의 칼럼, 『중앙일보』, 1997. 1. 11.

랑크푸르트학파 등 네오마르크스주의 이론가들, 이미 오래전에 완벽한 계획의 불가능성과 경제체제로서 사회주의가 작동하지 못할 것을 지적한 미제스(L. Mises)나 하이에크(F. Hayek) 등과 같은 자유주의자, 극히 추상적인 체계이론(system theory)의 시각에서 소련 사회주의의 붕괴 가능성을 지적한 소수의 사람들은 면죄부를 받을 수 있을지 모른다. 그러나 서방의 자유주의, 마르크스주의 경험주의 이론가들 대부분은 1980년대 특히 브레즈네프 시대 소련 경제의 침체와 체제 경직화, 정보화 사회에서 통치 불가능성의 확대 등을 정확히 읽지 못했으며, 사회주의의 이데올로기적 혁신 가능성을 과대평가하였다.

독일 하이델베르크 대학의 클라우스 폰 바이메 교수는 서방 사회과학자들의 이러한 잘못된 판단이 서구 주류 학계의 실증주의(positivism)에 기인한다는 점을 지적한 바 있다.[18] 그는 자연과학이 내년의 기후를 예측하지는 못하고 오직 다음 주의 기후만 예측할 수 있는 것처럼 자연과학의 모델을 원용한 서구의 주류 사회과학 역시 1960년대 이후 복지국가의 성장붐을 타고 단기적인 정책 대안 마련에만 치중하고 좌파는 이론적으로 자기교정 능력을 갖지 못하였으며, 양자 모두 행위자들의 의식과 행위의 측면을 간과하였다고 지적하고 있다. 사실 하벨 같은 지식인이 소련과 동유럽 사회주의 붕괴 훨씬 전인 1970년대 말에 사회주의 체제의 문제점을 탁월하게 분석한 바 있지만,[19] 이미 1980년대 소련과 동유럽은 사회주의의 완성으로 나아가기는커녕 내적으로 붕괴되고 있었다. 그것은 무엇보다도 지식인과 중간층의 정신적 이반, 사회주의 이데올로기의 체제 정당화의 실패로 나타났다. 물론 그것은 사회주의 경제체제 운영에서도 드러나고

---

18 Klaus von Beyme, "The Collapse of Socialism and Its Consequences for Social Science Theory," *Law and Society*, Vol. 49/50, 1994.

19 Vaclav Havel, "The Power of the Powerless," *Open Letters: Selected Writings, 1965~1990*, Ed. Paul Wilson, NY: Vintage Books, 1992.

있었다. 그러나 실증주의, 과학주의, 객관주의의 정신으로 무장된 서구의 주류 사회과학이나 동유럽 마르크스-레닌주의 어용학자들은 그것을 파악할 수 있는 지적인 능력이 없었다. 정치 사회 현실은 무엇보다 인간의 의식과 행위의 구성물이라는 점이 이들에게는 별로 심각하게 고려되지 않았던 것이다.

지구화한 경제질서 속에서 1997년 동아시아의 외환위기와 경제위기도 통상적으로는 순수 경제적인 위기인 것처럼 나타나고 있다. 한국의 경우 1997년 기업의 지불 불능 상태는 분명히 외환 유동성의 위기인 측면이 있고 준비되지 않은 경제 개방이 가져온 예상했던 결과라고 볼 수도 있을 것이다. 그러나 우리는 시장, 효율, 합리성의 신화에 사로잡혀 있는 경제학과 사회과학이 효율의 이율배반(二律背反), 즉 지구화된 시장경제의 딜레마를 파악할 수 있는 능력을 상실하게 된 사실을 주목하지 않을 수 없다. 실증주의에 기초한 시장 유토피아주의는 역사적 혹은 변증법적인 문제의식을 결여하고 있기 때문에 1920년대 대공황 직전에 인류가 직면하였던 시장 작동의 모순, 자본축적의 딜레마, 국가 개입의 필요성 등을 거의 기억하지 못한다. 따라서 자본축적 과정에서 기업들이 생산을 통해 어느 정도로 '사회'가 처리해야 할 쓰레기를 배출하고 있는지, 그리고 그 생산의 사회적 손비가 어떻게 기업 회계장부에 기록되지 않은 채 자본주의 국가가 국민 세금으로 대신 처리하고 있는지,[20] 그 쓰레기의 산출이 시장에 의한 부의 창출을 능가할 경우 어떤 일이 발생할 것인지 거의 반성적인 시각을 결여하고 있다. 이러한 시장 유토피아주의에 사로잡힌 미국의 경제학과 경영학은 멕시코와 동아시아 경제에 엉터리 분석과 진단을 내리고, 월가의 금융자본가들에게 투자를 권유하여 수많은 투자자들에게 손해를 입

---

20 국가의 재정 지출은 결국 이러한 생산의 손비를 처리하기 위한 것이라는 점을 오코너는 지적한 바 있다. 제임스 오코너, 우명동 옮김, 『현대 국가의 재정위기』, 이론과 실천, 1990, 189~253쪽.

히기도 했다.

1980년대 말 사회주의 붕괴 이후 자본주의의 완전 승리에 지나치게 도취된 경험·분석적 사회과학은 이제 그것이 몸담고 있는 자본주의에 대한 비판 능력, 반성 능력을 상실한 채 온 세상을 완전히 자기조절 능력을 갖춘 시장으로 만들 수 있다는 착각을 하게 되었다. 그리하여 이들은 인간의 정신을 다루는 인문학, 특히 과거를 반성하는 기회를 제공해주는 역사학을 완전히 무대의 뒷전으로 쫓아냈다. 이것이 범세계적인 지성의 위기, 대학의 위기, 인문사회과학의 위기를 불러온 중요한 요인이었다.[21]

이제 정치경제학 대신 경영학이, 정치학 원론이 빠진 국제 정치의 비평이, 사회학 대신 사회 조사가 학생들에게 더 중요하고 인기 있는 분야가 되기 시작했으며, 지식 대신 정보가, 책 대신 TV와 인터넷 등 매체가 우리의 정신을 사로잡기 시작하였다. 사전을 통해 획득할 수 있는 지식이 아닌 인터넷으로 검색 가능한 정보, 내면적 성찰보다는 외모가 사람들의 관심을 압도하게 되었다. 김영민이 강조한 것처럼 정보의 체계라는 것은 "지식이 인문적 지혜의 역사성과 깊이를 망실하고 실용성이나 환전성(換錢性)의 특색만이 도드라진 채 요소론적으로 단위화되어 자본주의 체제의 커뮤니케이션 네트워크를 통해 대단히 신속하고 비인간적으로 생산·분배·복제되는 체제다."[22] 그래서 오늘날의 사회과학은 "우리는 어디에서 와서 어디로 가는지" 질문하지 않는다. "경쟁이다, 효율이다, 국가 규제 철폐다, 1등만이 살아남는다" 하는 선전 구호가 인문사회과학에 필수적인 '비판'(critique) 능력을 빼앗았으며 '긍정주의'(positivism)의 세상으로 우리 모두를 몰아세웠다.

이러한 탈냉전 후 세계 일반의 분위기 속에서 발육 부전의 한국 대학,

---

21 Philip G. Altbach, "An International Academic Crisis?: The American Professoriate in Comparative Perspective," *Daedalus*, Fall 1997.
22 김영민, 『진리, 일리, 무리: 인식에서 성숙으로』, 철학과현실사, 1998, 35쪽.

사회과학, 지식사회는 상업문화와 소비문화의 가벼움을 극복할 수 있는 역량을 충분히 축적하지 못하고 있었다. 1990년대 들어서 '주체'의 문제의식을 결여한 포스트모던 담론이 유행하기 시작하였고, 그것은 반지성주의를 부추기는 데 일조하였다. 그리하여 대학에서나마 거론되던 모든 사회과학 담론은 기업 경영 합리화, 구조조정, 경쟁력 강화를 위한 공학으로 전락하는 순간에도 비판의 무기를 휘두를 힘을 갖지 못하고 있었다. 한국 재벌기업, 금융 시스템, 관료적 통제 등 외국 투기자본의 사냥터가 될 위험성을 안고 있었던 개방 이후 한국 경제의 취약성, 그리고 경제의 정치사회적 측면 특히 문화와 거시 역사를 논리적으로 말하는 기회는 점점 드물어졌고, 오직 세계를 제패한 시장 자본주의 아래서 살아남을 수 있는 미래학만이 관심권에 떠올랐다.

(2) 한국 학계의 식민성과 공리공론성

그러나 1990년대 들어선 이후 한국 자본주의의 성격, 군부독재 정권 이후 민주주의 심화와 발전 문제, 사회적 갈등과 통합의 문제 등 중요한 사회과학적 쟁점이 논의의 뒷전으로 물러난 것은 무엇보다도 우리 학계의 구제 불능 식민성과 공리공론주의와 관련이 있다고 보아야 할 것이다. 식민성과 공리공론주의는 상호 연관되어 있으며, 하루아침에 생겨난 것이 아니다. 그것은 적어도 수백 년의 역사를 갖고 있으며 우리의 뼛속 깊숙이 스며들어 있다.

필자는 몇 년 전 동아시아 경제 및 한국 경제의 전문가라고 할 수 있는 암스덴(A. Amsden)이 『동아일보』의 칼럼에서 대기업이 가장 전형적으로 발전한 한국에서 한국의 대기업을 전문적으로 연구하는 경제학자가 없다는 점을 비판한 글을 읽은 기억이 있다. 그녀는 바로 대기업을 주제로 하는 국제학회에 한국 학자들이 거의 참여하지 않는 현실에서 그러한 점을 느꼈다고 했다. 그녀의 말대로 한국의 독특한 재벌기업에 주목하면서 그것을 비교경제사적인 측면에서나 순수 거시경제적 측면에서 그 효과와 한계를 정리한 경제(사)학자가 있었다면, 그는 경제학적인 인식 지평을 여는 데 기여했을 것이고 동시에 한국 경제가 안고 있는 문제점도 보다 과학적으로 인식할 수 있었을 것이다. 그러나 불행하게도 우리가 신문이나 잡지, 학술논문에서 읽었던 한국의 주류 경제학자들의 글들은 하버드나 예일의 경제학자들이 썼더라도 그렇게 썼을 논문들 뿐이었다. 베버(M. Weber)나 베블런(T. Veblen)이 갈파하였듯이 시장이란 본래 순수 경제제도가 아니라 정치제도이자 사회제도이다.[23] 소비자 행동이나 노동자의 행동은 더더욱 그러할 것이다. 그런데도 우리가 한국의 주류 경제학자들에게서 들을 수 있었던 인간관은 오직 '최대의 이익을 추구하는' 합리적 행위자 모델뿐이었다. 이들의 답변은 한결같이 국가의 개입을 축소하고 시장의 기능을 활성화하자는 것이었다. 과연 외국 자본에 의해 한국의 기업이 모두 파산하고 노동자가 거리로 내몰리는 바로 그러한 시장의 논리까지 지지할 작정인가?

정치학, 사회학도 다르지 않았다. 민주주의 공고화(consolidation)의 이론이나 담합주의(corporatism)의 계급타협론, 시민사회론과 신사회운동론 등은 1987년 이후 한국사회의 변화 발전을 다루는 데 가장 자주 동원된 개념인데 그러한 개념들이 모두 소련 동유럽 사회주의 붕괴 이후 사회 변화, 군부독재 이후 정치사회 변동을 다룬 미국과 유럽 학자들의 개념에서 원용된 것임은 두말할 나위도 없다. 우리의 민주화나 자본주의 발전 경로가 이들의 경험과 같은 맥락에서 진행되었다는 점에서 이들의 개념 차용 자체를 탓할 수는 없을 것이다. 그러나 문제는 1987년 이후 10년의 세월이 지나도록 개념과 이론 틀의 비판적 검토와 재구성 작업이 없이 반복적으

---

23 이러한 입장을 견지한 경제학의 제도학파가 미국에도 일정한 흐름으로 존재한다. 그러나 미국에서 제도학파가 소수인 것 이상으로 한국 경제학계에서 제도학파는 더욱더 소수이고, 또 인근 사회과학 혹은 역사학과는 거의 결합되지 않는다.

로 사용됨으로써 오늘의 위기에 이르는 정치경제적 역학이나 구조-행위 차원에서의 변동 과정을 거의 설명하지 못하였다는 점이다. 이러한 개념들은 문민정권에서 여전히 지속된 극우반공주의의 공세, 군부독재자를 대신해서 등장한 문민 정치지도자의 권위주의 독재, 민주화 이후에도 남아 있는 전근대적인 붕당정치의 행태들, 대중들의 지역주의 투표 행태, 노동자들의 기업 이기주의, 사회적 시민권의 지지부진한 진전 등등 허다한 사회 현상들을 오직 민주주의 공고화를 향한 약간의 우회 혹은 예외적 사례들로만 치부하면서 그것을 본격적인 탐구의 주제로 잡지 않았다.

1990년대 중반 이후 한국에 풍미한 유교 자본주의론이야말로 식민성의 극치를 이룬다. 만약 그것을 과거 박정희 시대나 전두환 정권 시대에 한국의 경제학자들이나 사회학자들이 제기했다면 정권을 비호한다는 비난을 받았을지 모르나, 아마 베버의 『프로테스탄티즘 윤리와 자본주의 정신』과 비견되는 이론적 문제제기로 주목을 받았을지도 모른다. 그러나 불행히도 그것은 일본 자본주의와 동아시아 자본주의 성공에 주목한 미국과 서구의 학자들이 먼저 제기했고, 한국의 학자들은 그것을 역수입하였다. 서양 사람들은 유교적 가치가 얼마나 성차별을 정당화하며, 가부장적 노동 억압을 정당화하는 사상인지 알고는 있지만 직접 체험하지는 못했다. 그들은 재벌기업이 성공하기 위해 얼마나 많은 한국 부모들의 고통과 노동자들의 감내가 수반되었는지 모른 채 오로지 유교적 가치가 자본주의 기업의 성공과 어떻게 연관되는지만 논했다. '밖'의 눈으로 보면 성공은 아름다울 뿐 그 이면의 고통은 보이지 않는 법이다. 그러나 유교적인 가족질서, 식민지와 군사독재를 '체험'한 학자라면 결코 '유교'를 남의 일 보듯이 그런 방식으로 다루지는 못할 것이다. 결국 그들은 우리의 생활 원리로서 유교를 모르는 상태에서 서구인이 '지식'으로 알고 있는 유교를 다룬다는 이야기다.

이론에서의 식민성은 정서와 문화에서의 식민성이 그러하듯이 이론에서 대세를 추종한다는 점, 자신의 눈으로 직접 관찰하기보다는 대국(大國)의 학자들이 무엇을 중요시하는가를 일차적으로 고려한다는 점, 원칙보다는 표피적 현실에 지나치게 좌우된다는 특징이 있다. 1998년 이전 수년 동안 한국의 지식사회, 언론, 사회과학계를 돌아보면 우리는 이러한 특징을 쉽게 발견할 수 있다. 우선 1960년대 유행하던 근대화 담론이 1990년대 들어서 지구화 담론으로 확실하게 교체되었다는 점을 들 수 있다. 냉전 시절 미국의 패권과 미국 모델의 확산을 위해 만들어진 개념이 제3세계의 교리가 된 것처럼, 탈냉전 이후 새로운 미국화, 지구질서의 재편을 위해 만들어진 개념이 곧 한국의 교리가 된 셈이었다.[24] 둘째로는 실제 한국사회에서 진행되는 현상을 대상으로 하는 연구가 거의 실종되었다는 점을 발견할 수 있다. 1990년대 들어서 이론적 논쟁이 가열되면서 실물경제, 실물정치, 실물사회에 대한 기초 조사연구(research)가 거의 사라지고 포스트모던, 지구화 등등을 거론하는 추상적인 이론적 언명들만이 그것을 대신하게 되었다. 사회학의 경우에도 조사연구가 거의 실종되었다. 1970년대부터 계속되어온 농촌 조사, 노동현장 조사, 기업체 조사, 소비실태 조사 등은 석 · 박사 학위논문이나 정부 연구소의 프로젝트에서 약간 다루어질 뿐 나름대로의 이론적 관점을 전제하고서 현실의 변화를 추적하기 위한 본격적인 조사연구 작업은 거의 찾아볼 수 없었다.

공리공론성은 전통사회 이래로 한국의 학계가 안고 있는 최고의 병폐인데, 이는 이론의 식민성과 깊이 관련되어 있다. 문제의 출발이 우선 연구자가 발 딛고 있는 정치사회의 구체적 현실이 아니기 때문에 오로지 "누가 무슨 말을 했다" "요즘 미국에서는 무엇이 매우 중요하다"는 발언들이 가장 중요하게 다루어졌다. 과거 조선시대의 한문학을 보면 조선 땅이 무대인 작품은 『홍길동전』, 『양반전』 등을 제외하고는 거의 없었다. 그

---

24 강정인, 『서구 중심주의를 넘어서』, 아카넷, 2004, 109쪽.

들은 조선 땅에 발을 디디고 있었으면서도 언제나 정신은 중국에 가 있었다. 그러니 조선 사람들이 무슨 옷을 입고, 무슨 음식을 먹으며, 무엇을 생각하고 있는지는 그들의 관심거리가 아니었다. 자기의 것을 소중히 여기지 않으니 그에 관한 기록들을 남길 이유가 없고, 후세 사람들은 추측과 상상력만으로 역사 연구를 할 수밖에 없게 된다. 사회의 미래를 조망하려면 나의 처지와 다른 사람이 제시한 훌륭한 생각들을 결합해야 할 터인데, 우리 사회에서는 나의 처지는 생략되고 오직 남이 좋다고 생각하는 것만이 나에게도 좋을 것이라 가정하고 그들이 중요하다고 말하면 곧바로 수입하여 우리도 그쪽으로 나가자는 주장들이 곧바로 등장한다. 중국, 일본, 미국이라는 강대국의 정치·문화적 지배를 받다 보니 이렇게 되었겠지만, 외세의 엄청난 힘과 그들 모델의 위세 앞에 우리의 정신적 주체성도 완전히 포기해온 것이 사실이다.[25]

외환위기가 터진 직후 진덕규 교수는 일간 신문에 IMF 사태에서 자신을 자책하는 글을 발표한 바 있는데, 그것은 우리 학계의 현주소를 잘 말해준다.

나는 [……] 본질을 외면한 채 겉치장에 몰두했으며, 나다움의 가치보다는 시세에 편승해서 모방하는 일에 전념했으니 그 거품이 얼마나 심했는지는 짐작하고도 남는다. 공부한 내용이 우리의 현재와 미래를 집요하게 묻고 대답하는 실학적 연구가 아니라 한낱 외국의 이론들, 그것도 우리와 별로 연관되지 않는 것들을 무슨 대단한 학문인 것처럼 받아들이고 고답적으로 주장했으니 그것이야말로 대표적인 거품이요 허학적인 것에 불과했을 뿐이다.[26]

---

25 강정인은 서구 민주주의를 지나치게 이상화하는 한국의 지적 풍토도 이러한 식민성에 기인한다고 주장한다. 같은 책, 355~384쪽.
26 『한국일보』, 1998. 2. 18.

한편 취약한 경제적 자원과 정보의 제약으로 구체적인 현장에 접근하기 어려운 진보 사회과학자들은 더욱더 공리공론주의에 빠져들 위험성이 크다. 특히 실제 자본주의 사회의 경험적인 자료들은 대체로 마르크스의 추상 이론과는 반대되거나 거리가 있는 것들로 가득 차 있기 때문에 마르크스주의 이론 원칙을 지키면서도 경험적인 자료를 분석하는 것은 여간 어려운 일이 아니다. 정치적으로야 원래 그러했다 치더라도 1990년대 이후 자본주의 승리의 물결 속에서 학계에서 거의 주변부로 밀려나 발언권이 별로 없는 국내 학위자들로 이루어진 소수의 마르크스주의 경제학자들에게 경제위기를 정확하게 진단하지 못한 책임을 묻는 것은 온당치 않을지도 모르겠다. 그러나 그들은 자본주의 위기에 나름대로의 입장이 있으며, 대학에 자리 잡아 최소한의 연구 여건과 논문을 발표할 수 있는 지면을 갖고 있었기 때문에 책임의 일부를 공유하고 있는 것은 사실이다.

결국 1990년대 후반 한국에서는 주류건 비주류건 할 것 없이 이상과 같은 이론적, 메타이론적 한계가 있었고 그것이 1997년 외환위기 당시 한국 지식사회를 공황 상태에 몰아넣었던 한 배경이었다. 유행에 휩쓸리지 않고, 자신이 서 있는 곳을 분명하게 인지하면서 연구조사 작업을 해온 한국 사회과학자들이 대단히 희소했다는 자책을 할 수 있을 것이다.

(3) 대학의 지식생산 기능 부재

그런데 이 정도로 이야기하고 그친다면 언론에서 말하는 나라가 위기에 빠지게 되었는데도 "그동안 학자들은 무엇을 하였는가" 하는 식의 학자들의 직무유기론과 별 차이가 없을 것이다. 사실 앞에서 언급한 것들보다 더 중요한 것은 학자들의 재생산구조 즉 대학과 대학교육을 담당하는 정부 당국에 있다고 볼 수 있다. 진정한 연구, 학문 활동 부재의 한국 대학이 IMF 지식 공황을 낳았고, 또 앞으로도 낳을 수밖에 없다는 점을 주목해야 한다.

필자는 앞에서 지구화, 정보화 등을 주제로 한 1990년대의 학문적 성과가 바로 대학과 교수들에 의해서가 아니라 오히려 정부나 기업 연구소, 그리고 이들 기관과 가까이 지내는 학자들에 의해 주도되었다는 점을 주목하였다. 사실 한국 현대사에서 전무후무한 사회과학의 전성시대로 기록될 1980년대의 지식사회 분위기도 학자들이나 학문사회 자체의 힘으로 만들어진 것이 아니라 대학 밖의 치열한 사회운동과 출판운동의 진전 덕분에 가능했다는 것은 주지의 사실이다. 따라서 1990년대 들어서 사회운동이 약화되면서 점차 독자층이 줄어들고, 자연히 출판시장도 축소되고 사회과학도 더불어 실종된 것이다. 대학은 과거나 현재나 이 흐름의 주변에 존재하였다. 따라서 학문사회 밖에 있는 사람들에게는 매우 이상하게 들리겠지만 학문 방법론이나 원칙, 학파의 형성에 중심적인 역할을 해야 하는 대학은 한국의 모든 사회과학 논쟁의 주변에 머물러 있다.

1998년 2월 17일 민주교수협의회와 학술단체협의회에서 "학문정책을 세우자"고 제창한 바가 있었지만, 한국의 대학에는 교육은 있어도 학문은 없고, 교육정책은 있어도 학문정책은 없다고 해도 지나친 말은 아닐 듯싶다. 그리고 교육정책 중에서도 초중등교육 정책은 있어도 고등교육 정책은 실제로 없는 것이나 마찬가지라고 볼 수 있을 것이다. 특히 사회의 생산력 발전과 직접 연결되지 않는 것으로 느껴지는 인문 분야의 대학 및 연구와 관련된 구체적인 정책은 1990년대 후반 약간의 연구 진흥을 위한 지원이 시작된 것을 제외하고는 거의 찾아볼 수 없었다. 한국의 유명 대학에서도 대학원은 사실상 대학의 곁다리로서 존재하고 있는데, 가르쳐야 할 학문이 대부분 수입되므로 대학원은 연구와 지적인 토론의 전당이 아니라 오직 석사, 박사 졸업장 주는 기능밖에 하지 못하게 된 사실을 알 만한 사람은 다 알고 있다.

우리의 대학 교수 집단은 적어도 1997년 무렵까지는 경제적 대우에 관한 한 그렇지 않을지 모르나 사회적 지위로 본다면 어느 누구로부터도 도전받지 않는 특권층 중의 특권층에 가까웠다. 전문직인 변호사 집단이나 의사 집단만 하더라도 자체 협회 조직이 있어서 자정 노력을 하면서 스스로 직업윤리를 세우기 위해 노력하고 있다. 그러나 대학 교수 집단은 학생들과 대학에 진입하지 못한 아웃사이더(시간강사)들로부터 도전받지 않으면서 특권을 향유해왔다. 한때 서울대의 자연과학계 교수들이 자체 평가를 제창하면서 내부의 규율을 세우려는 시도를 해 신선한 충격을 준 적이 있지만, 그것은 극히 일부의 움직임에 불과했다. 대다수 대학의 대학원생이나 연구조교는 자신의 미래를 좌우할지도 모르는 교수들에게 거의 예속되어 있으며 어떠한 학문적 비판도 제기하지 못하는 정신적 노예 상태에 있었다.

한국의 대학은 중병을 앓고 있다. 단지 그 구성원 누구도 그것이 중병이라고 공개적으로 떠들고 다니지 않기 때문에 마치 병이 없는 것처럼 보일 따름이다. 대학이 중병을 앓고 있다는 것은 도덕적으로 완전히 타락했다는 것만을 지칭하는 것은 아니다. 교수 채용 때 담합과 자기 사람 심기도 용납할 수 없는 현상이기는 하나, 더 심각한 것은 한국의 대학에서는 비판과 논쟁이 없으며 대학을 움직이는 논리가 학문이 아닌 정치와 경제의 논리라는 사실이다. 정치가 그러하듯이 자신의 사상과 입장을 세우려면 상당한 위험 부담을 안게 되는 한국의 현실에서 박사과정생들이나 젊은 학자들이 선배 교수들과 충돌할 소지가 있는 소신 있는 주장을 내세울 리 없고, 따라서 미국에서 수입한 이론의 권위에 기대는 것만이 가장 안전한 길이 될 수밖에 없다. 그러니 대학이 연구기관으로 설 날은 까마득하고 교수들은 대학에서 그저 '교사'로만 만족해야 하는 실정인 것이다. 예로부터 주장이나 이론을 강하게 내세우는 사람은 성격적으로 원만하다기보다는 고집이 세고, 따라서 공격적으로 보일 소지가 많은데, 우리나라의 이러한 대학에서 강한 주장을 내세우는 학자가 자리 잡을 수 있을 것인가? 외환위기 사태가 발생하기 훨씬 이전부터 한국 대학의 사회과학 분과들은 큰 병을 앓고 있었다.

교수 집단은 1990년대 들어서 우리 사회 기득권층의 일부로 확실히 편입되었다. 1970년대까지 일부 남아 있었던 선비정신을 지닌 학자들은 이제 대학에서 거의 사라졌다. 1990년대 들어서 사회과학자들이 정부나 기업 발주 연구 프로젝트에 참여할 기회가 넓어진 것도 외환위기 이후 지식사회의 붕괴와 무관하지 않다. 즉 지구화 담론의 거품 속에서 생산적인 논의가 빈곤했던 것은 다분히 학자들이 자신의 입론보다는 덜 중요한 일(외부 연구 용역)에 너무 많은 시간을 빼앗겼다. 그것은 미국 68세대의 체제 포섭 과정을 잘 설명한 자코비가 지적한 것과 유사하게 학자들의 체제 포섭 과정이었다는 점도 주목해볼 필요가 있다.[27] 재벌기업과 부패한 권력은 언제나 그들의 나팔수가 필요한 법이다. 기업이 발주하는 외부 용역은 그들이 학자들의 고상한 의견을 듣기 위해서보다는 자신의 부정적인 모습을 호도하거나 장래의 네트워크를 구축하려는 정치적인 목적에서 추진되는 경우가 많다. 1990년대 들어서 과거에는 생각할 수 없었던 엄청난 액수의 기업 발주 프로젝트가 경제학, 경영학, 정치학, 언론학 관련 학자들에게 쏟아졌다. 그리하여 우리 사회의 발전 전망을 수립하는 데 필요한 연구 과제의 수행과 문제제기나 토론 작업은 오히려 뒷전으로 밀리는 경우가 많았다.

특히 지구화 바람을 타고 증액된 지역 연구 관련 프로젝트는 많은 한국 사회과학 연구자들을 외국 지역 전문가로 '변신'시켰다. 그리하여 심지어는 한국에서 학위 과정을 밟는 많은 신진 사회과학자들이 지역 연구자가 되기도 했고, 지역 연구는 가장 인기 있는 사회과학 분야가 되었다. 외국 연구가 매우 필요한 일이기는 하나 김영삼 정권의 지구화 거품과 연구 용

---

27 R. Jacoby, *The Last Intellectuals: American Culture in the Age of Academe*, New York: Basic Books, 1997 참조.

역 기회의 확대는 당장 시급한 우리 사회의 문제를 탐구하기보다는 외국 지역 연구를 선호하는 분위기를 만들 정도로 어처구니없는 것이었다. 지구화 거품은 학계를 크게 타락시켰다.[28]

어쩌면 한국의 기업이나 기업체의 경제 연구소 관계자들이 대학에 몸담고 있는 교수, 연구자 들을 무시하고 비판하는 것도 일면 타당성이 있다. 기업체의 연구자들은 그래도 생생한 자료를 만지면서 기업에 필요한 생산적인 성과라도 내놓기 때문이다. 여기서 "장사꾼의 지식이 무능한 학자의 지식보다 훨씬 낫다"는 주장도 제기되는 것이다.[29] 비록 그 주장이 온당하지 않은 것은 분명하지만, 책상머리에 앉아서 뭔가 중요한 일을 한다고 주장하면서 당면한 문제에 전혀 도움을 주지 못하는 대학의 지식분자들에게 가장 강력한 도전장임은 틀림없다.

4. 맺음말

1998년 2월 25일 김대중 대통령 취임식을 전후하여 일부 방송은 영국에서 1980년대 실시된 대처의 개혁을 특집으로 보도하였다. 그것은 당시 한국의 언론을 이끌어가는 사람들의 시각이 어떠하며 문제의식이 어디에 있는가를 단적으로 보여주었다. 한국의 지배 엘리트나 지식인들은 위기 상황에 빠진 한국사회를 1980년대 미국의 레이건이나 영국의 대처가 추진했던 방향으로 끌어나가려는 신자유주의적인 시야를 갖고 있었다. 물론 그들이 생각하는 신자유주의는 앞에서 언급하였듯이 미국의 비위를

---

28 김영삼 정부가 들어선 이후 유명 대학의 지역학 연구소에 쏟아 부은 돈이 과연 어떻게 사용되었는지 사람들은 별로 관심이 없다. 이후 정부 예산이 끊어지자 자생력을 기르지 않은 채 오로지 돈 받는 데만 관심이 있었던 대학들은 지역 연구를 중단하였고, 채용된 교수들은 다른 학과로 배치되었다.

29 공병호, 앞의 책, 387~423쪽.

거스르지 않으려는 냉전주의 및 재벌 옹호론과 잡탕을 이루고 있으며, 따라서 일관된 철학과 비전에 기초한 것도 아니다. 그러나 멕시코, 칠레 등 IMF 구제금융 아래서 신자유주의 개혁을 추진한 나라들이 결국은 어떻게 일그러진 경제사회 시스템을 갖게 되었는지 이미 드러난 바 있으며, 무차별적인 신자유주의 개혁이 사회정치적으로는 물론 경제적으로도 지탱 가능하고 효율적인 사회경제 체제를 만들어낼 수 없었다는 것도 어느 정도는 결론이 나 있다.

한국전쟁 이후 최대의 경제위기 상황에서 한국 지식사회, 사회과학계는 바로 그러한 문제에 답을 내려주었어야 했다. 특히 진보 사회과학은 지구화한 자본주의 질서, 통화주의와 시장주의가 어떻게 인류의 문명을 야만 상태로 몰아넣을 것인지를 분명히 비판하여 밝혀낸 다음 그러한 비판을 기초로 하여 한국사회의 발전 모델을 제시해야 할 책무를 안고 있었다. 민주화가 되었다고 하지만 한국에는 일관된 철학과 공공적 임무를 갖는 어떠한 정치집단, 관료집단, 지식인 집단도 존재하지 않았던 것은 아닌가 의심하지 않을 수 없었다. 당시에도 6개월이나 1년 정도의 시간이 흘러가서 대통령의 장악력이 떨어지기 시작하면, 또다시 냉전주의, 경제 살리기를 명분으로 한 천박한 재벌 옹호론이 득세할 가능성이 대단히 높았고,[30] 당시 필자가 우려했듯이 실제로 그러한 일이 발생했다. 그것을 막기 위한 방법 중의 하나가 사회과학계나 지식인 집단에서 한국의 개혁과 발전에 나름대로 원칙과 방향을 세우는 일이었다.

따라서 연구자들은 지구화, 외환위기, IMF 관리체제 아래서 한국 자본주의의 구체적 성격과 이후 방향을 둘러싼 사회구성체 논의를 다시 시작할 필요가 있었다. 물론 1980년대의 거대담론 위주의 추상적 사회구성체론은 심각한 문제를 안고 있었기 때문에 다시 반복되어서는 안 되었을 것

---

30 졸고, 「IMF와 한국: 강요된 세계화와 한국의 국가, 자본, 노동」, 『실천문학』 1997년 봄호 참조.

이다. 그러나 경제·정치·사회를 총체로 파악하려 했던 1980년대의 문제 의식, 실천적 과제를 학문적인 논의와 연결하려 했던 태도나 자세는 발전 적으로 계승할 필요가 있었다. 1997년 외환위기와 경제위기, 그리고 무차 별적인 개방 압력과 한국 경제의 타율적 '지구화'는 그 어느 때보다도 사 회과학자들의 분발을 요청하였다. 남북한 긴장 완화와 평화, 통일문제가 제기되면, 통일된 사회 건설을 위한 논쟁이 또 한 번 벌어질 것이다. 그때 가서도 또 위기론과 책임론이 반복되지 않도록 하기 위해서는 21세기 통 일된 한국사회 건설을 위한 방향 모색 작업이 시작되어야 할 것이다. 그것 은 필자가 다른 지면에서 강조하였듯이 사회과학을 세우는 작업이 될 것 이다.[31] 'IMF 사태'는 한국 대학과 지식인 사회가 거듭 태어나 지식의 생 산자로서 기능하는 기회가 되었어야 했다. 과연 그때 그러했는지, 그리고 지금은 어떠한지 돌이켜 보아야 할 때이다.

---

[31] 졸저, 『한국 사회과학의 새로운 모색』, 창비, 1997.

제2부
:

한국의 우익, 한국의 '자유주의자'
한국의 자유주의자
한국의 지식사회와 지식권력

한국의 우익, 한국의 '자유주의자'

상처받은 자유주의

1. 들어가는 말

2001년 10월 20일 상하이에서 개최된 APEC 정상회의에서 말레이시아의 마하티르 총리는 지구화 흐름에 대한 아시아 사람들의 단결을 강조하는 자리에서 "아시아 나라들은 자유를 위해 투쟁하기 이전에 아부하는 법부터 배웠다"고 반성을 촉구한 바 있다.[1] 한국의 우익, 혹은 '자유주의'를 생각할 때마다 그의 지적이 떠오른다. 한국의 자유주의자들은 출생 당시부터 봉건, 제국주의 억압에 대항하여 자유를 쟁취해온 경험이 없으며 미국이 주도하는 자본주의 세계체제의 이념과 질서에 순응하고 북의 공산주의적 개혁에 거부감을 갖고서 스스로의 입지를 '방어'하려는 체질을 지니고 있었다. 그들이 내세운 '자유'는 투쟁을 통해 수립된 것도 아니며 깊은 철학적 성찰이 담긴 것이라고 보기도 어렵다. 그들이 내세운 자유라는 것은 사실상 자유주의 모국인 미국 모방과 적응의 논리이자 생존 본능을 표현해준 담론이었다. 18, 19세기에 해방(liberation)의 이념으로 등장한 자유주의(liberalism)가 어떻게 정반대의 방향으로 개념의 굴절을 겪는지, 자

---

1 『한겨레』, 2001. 10. 22.

유주의가 어떻게 반자유주의적인 실천을 정당화하는 논리로 사용되는지는 냉전 시기 미국의 매카시즘 그리고 탈냉전 시대에도 냉전 문화가 지속되는 한국 정치를 보면 알 수 있다.

만약 공산주의의 전체주의적·반자유주의적 측면에 대항한 투쟁을 들어서 자유주의의 이력을 과시하려면, 공산주의와 유사한 억압 체제인 일제 말기의 군사 파시즘에는 왜 저항은커녕 일방적으로 복종하였는지 설명해야 하며, 그것이 어떤 철학적 내용과 사상적 근거를 갖고 있는지 주장하기 위해서는 왜 '국가'나 '민족'보다도 개인의 자유가 중요한지를 주장하고 실천해야 하는데, 불행하게도 한국의 자유주의(자)는 그것을 할 수가 없다. 한국의 자유주의는 반자유주의적인 '국시'(國是)의 논리, 체제 정통성이라는 담론들, 그리고 일제시대의 치안유지법과 그것을 계승한 '국가보안법'의 억압성과 폭력성을 한 번도 체계적이고 논리적으로 비판하거나 저항한 적이 없기 때문이다.

우리는 한국 '우익' 출생의 정치적 맥락을 이해하면 왜 한국의 자유주의가 '반자유주의적'인 논리나 지배체제에 언제나 예속될 수밖에 없었는지, 왜 한국에는 진정한 자유주의가 존립할 수 없었는지 알 수 있다. 그리고 우익이 주장하는 자유가 해방의 이념으로서가 아니라 마하티르가 말한 아부의 논리이자 자기 이익 방어를 고상하게 표현한 것, 즉 친미·반공의 논리, 심지어는 재벌 옹호와 파시즘을 정당화하는 정치적 실천으로 존재해왔고 또 지금도 존재하고 있음을 이해할 수 있다.

2. 한국 '우익'의 논리와 행동

김대중 정부 당시 정부의 경제정책과 언론사 세무조사, 시민단체의 제반 운동들을 둘러싸고 '색깔' 논쟁이 벌어진 적이 있다. 전경련의 싱크탱

크인 자유기업원은 재벌의 세습을 차단하고 합리적 경영을 요구한 시민 단체의 요구, 사용자의 자의적인 해고 조치를 막으려는 노동조합 활동을 모두 시장경제를 위반한 좌경운동이라고 몰아붙인 바 있다. 자유기업원은 "우익이 총궐기하여 좌익이 더는 국정을 농단치 못하게 해야 한다"고 '시장경제와 그 적들'에서 우익 총궐기론을 제기하였다. 이것은 1989년 당시 양동안이 제기한 우익 총궐기론의 재판이다. 물론 김영삼 대통령 당시 김일성 사망에 따른 북 조문 문제로 일부 국회의원들에게 정치 공세를 가한 것도 이러한 맥락 속에 있으며, 김대중 정부 시절 최장집 교수 사상 시비도 그 한 예에 속한다. 한나라당과 김종필은 김대중 정부의 '북한 퍼주기' 정책, 언론사 세무조사와 사기업으로서 언론 감시와 통제, 김대중 대통령이 북한의 남침을 '무력에 의한 통일 시도'라고 규정한 것도 친사회주의, 친북적인 것으로 규정하였다. 물론 이러한 색깔 시비, 우익 총궐기론의 배후에는 '자유'의 십자군 『조선일보』가 있었다.

이러한 '색깔론'을 펴는 우익은 국가권력의 후원 아래 재벌기업들이 벌인 일들, 즉 기업들에게 음성적인 정치자금을 모금하여 정치가를 매수하고, 기업의 의사결정을 오너와 그의 가족들이 독단적으로 장악하며, 중소 기업 고유 업종에 들어가 시장을 독점하고, 가격을 상승시키기 위해 다른 기업과 담합하고, 편법으로 증여하여 상속세를 물지 않고, 주식시장에 '작전'을 감행하여 주가를 조작하여 소액 투자자를 몰락시키고, 회계장부를 조작하고, 노조 결성을 막기 위해 은밀히 폭력배를 동원하거나 종업원에 대한 일상적 감시체제를 구축하는 행동들을 재산권과 자유경제를 지키기 위한 불가피한 일들이었다고 암암리에 변명하며, 지난 시절 권위주의 정권이 저항적인 사회운동이나 반정부 세력에 가한 고문과 인권침해, 억압과 학살은 국가를 지키기 위한 애국적인 행동이라고 생각하고 있다. 즉 '국가'와 '자본주의'를 지키기 위한 행동들은 무조건 정당화할 수 있다는 논리는 곧 1930년대 독일과 일본, 1950년대 남한과 미국에서 나타난 '광신적 반공주의'에 다름 아니다.

　이러한 우익적 주장들의 특징은 이분법적 사고, 즉 우리 편이 아니면 모두 적이라는 논리에 입각해 있다. 최장집 강정구 교수 사상 시비에서 나타난 것처럼 한국전쟁을 북한에 의한 무력 남침이라고 주장하지 않는다면 북의 공식 입장인 '조국해방전쟁론', 통일전쟁론에 동조하는 것으로 취급되고, 자유기업원의 주장처럼 노조가 기업의 경영권에 도전을 하면 좌파 혹은 사회주의 세력으로 낙인을 찍는다. 대북 지원사업을 옹호하면 친북 좌익 세력으로 간주되고 토지 공개념을 주장하면 시장경제를 무시하는 위험한 좌경분자가 된다. 부시 정권과 네오콘이 9·11 테러 이후 '악의 축' 발언을 하면서 "미국을 선택할 것인가, 테러집단을 선택할 것인가" 물은 것도 전형적인 이분법적 사고이며, 반대 입장을 봉쇄하고 자신의 입장을 절대화하는 도그마이다. 즉 이러한 이분법에서는 상대방에 대한 관용은 물론 기대할 수 없고, 대화와 타협의 여지가 애초부터 차단되어 있다.

　둘째 이러한 사고방식은 과거 리영희 교수가 강조한 것처럼 논리적으로도 앞뒤가 맞지 않으며 상식적인 초등학생조차 이해시킬 수 없을 정도로 극히 저급한 교양 수준을 반영한다. 과거 정주영이 '반국가단체가 지배하는 지역'인 북으로 '잠입 탈출'한 것은 '민족 화합'으로 칭송해도 반정부 세력이 방북한 것은 '국가 보안'을 심각하게 해친 사건으로 간주하니 그러한 규범이 정당하다고 볼 수 있을 것인가? '혈맹'인 미국이 주한미군 분담비 증액을 요구하고, 용산 기지 이전 비용을 한국이 전적으로 책임지라고 하고, 한국산 철강 수입 금지 조치를 내려도 그들이 내세운 시장 개방과 지구화의 원칙에 토를 달거나 비판하는 것은 시대착오적 '좌파 민족주의'로 공격을 받으니 이러한 논리 또한 개방사회와 맞지 않는 억지가 아닌가? 자본의 독재, 독점자본의 지배가 소비자와 노동자의 선택권을 제약해도 그것은 '시장'의 활성화이며, 자본에게 무한한 자유를 허용하고 자본을 반대하는 측을 사회적으로 매장해도 그것은 '시장'의 법칙과 모순되지 않는다는 궤변을 어떻게 이해할 것인가?

셋째 이 논리에는 '국가'를 지키자는 것 외에, 국가의 무엇을 어떻게 지키자는 내용이 생략되어 있다. 자주 지적되는 것이지만 한국의 우익에게는 반대의 논리만 있지 긍정적인 이념이나 사상이 없었다. 최근 들어서는 시장경제를 거의 주문처럼 외고는 있지만 시장논리가 대기업의 시장 독점에 맞서서 중소기업의 입지를 옹호하는 논리로서 사용되는 법은 거의 없다. 그들에게 일관된 것이 있다면 그냥 '공산주의 반대'거나 그렇지 않으면 친미, 친시장, 반노동, 반북한으로 집약해볼 수 있는데, 이것은 서양의 전통적인 보수 '우익'이 표방하는 종교적 가치나 전통 존중, 가족 질서나 공동체 강조와도 거리가 멀다. 통상 서양의 보수 우파의 논리는 프랑스혁명기의 구질서가 내세웠던 '재산, 가족, 종교'에 기원을 두고 있는데, 대체로 세습 귀족제, 인종적 우위, 특권의 옹호 등의 내용이 포함되어 있다. 그에 반하여 자유주의의 논리는 자율성, 개인의 인권, 차별의 철폐, 개방성 등의 가치를 존중하면서 그러한 우파를 비판한다. 한국의 우파 역시 서구의 우파처럼 '가치'를 내세우기보다는 '지킬 것'을 주로 강조하는 경향이 있는데, 단지 지켜야 할 것이 '국가'와 '자본'으로 매우 단순하다는 특징이 있다. 특히 한국의 우파는 귀족주의 전통이나 인종, 권위, 가족주의 등의 지켜야 할 가치를 내세우면서 민중들을 설득하려 하기보다는 주로 반대파를 좌익으로 공격하여 중간 지대에 있는 사람들의 공포심을 조장하는데 열중해왔다.

문민정부 이후 이러한 입장을 옹호하는 시민단체, 지식인 단체도 등장했는데, 이들의 자금이 과연 평범한 시민들의 호주머니에서 나오는지, 그리고 그 활동의 내용과 방향에서 과연 중립적인 시민단체로 남을 수 있는지는 미지수다. 왜냐하면 한반도에서는 해방 직후를 제외하고는 우파가 강압적 힘과 돈의 힘에 의지 않고서 그들의 이념과 노선에 끌려서 자발적으로 찾아온 지지자를 조직하는 데 성공한 사례를 찾기 어렵기 때문이다.

봉건세력과 파시즘에 투쟁한 역사가 있는 서구에서는 인종주의, 민족주의를 내세운 '우익'의 위협으로부터 자유민주주의를 지키자는 사회적 공감대가 어느 정도 형성되어 있다. 그런데 한국에서는 과거나 현재나 '우익'이 자유민주주의자임을 자처하며, 일반인들에게는 그것이 혼돈스러울 수밖에 없다. 지금까지 한국에서 극우반공주의는 보수주의와 자유민주주의를 통괄하는 우익의 지배 이념이었기 때문에 극우반공주의를 넘어서거나 비판하는 보수주의 혹은 자유민주주의의 존립 기반은 극히 협애하였다. 문민정부 이후 우익들은 자신의 부정적 이미지를 탈피하기 위해 신우파, 개혁적 우파, 개혁적 자유주의, 그리고 최근에는 뉴라이트(new right) 등 여러 명칭을 써왔지만, 여전히 우익 진영의 헤게모니는 전통적인 극우반공주의에 있으며, 이 극우반공주의가 자유민주주의의 외피를 지니는 점은 변함이 없다.

그런데 사실 한국의 우익에서 더 중요한 것은 그들의 입장이나 이념이 아니다. 필자는 한국의 극우반공주의가 보수주의 일반의 이념, 혹은 자유민주주의와도 거리가 먼 '상처받은 자유주의'라고 보고 있으며, 그들이 왜 이렇게 '색깔론'에 집착하는지, 그리고 정책적 이념적 토론보다는 극히 공격적이고 험악한 언사를 사용하거나 문제가 생겨도 자신의 과오를 인정하기보다는 상대방의 잘못으로 돌리는 대단히 속 좁은 방식으로 자신의 입지를 옹호하려 하는지를 이해하기 위해서도 그들이 입었던 '상처'의 역사를 알아야 한다고 본다.

한국의 우익과 가장 유사한 입장의 우익으로는 1945년 이후 냉전체제 형성 과정에서 미국에서 전형적으로 나타난 우익을 들 수 있다. 그들이 표방한 노선과 담론이 바로 냉전 자유주의(cold war liberalism)였다. 미국의 경우가 그러하듯이 냉전체제에서 자유주의는 '자유민주주의'로 존재할 수 없었다. 그것은 재산의 소유권을 배타적으로 옹호하고 소유권 행사를 제약하는 모든 노동운동이나 민주화 운동을 소련의 사주를 받는 공산주의 운동으로 간주하였기 때문이다. 일찍이 법학자 한태연은 1950년대 말 『사상계』 지면에서 자유민주주의가 원래 세계관에서는 상대주의이며 가치에 있어서는 중립주의였으나 공산주의 질서에 대항하기 위하여 점차 절대주의, 종교와 같은 것으로 변질하기 시작하였으며, 공산주의와 전쟁을 벌인 한국에서 그러한 양상이 가장 두드러진다고 지적한 바 있다. 그가 지적하듯이 한국에서는 그것이 국가보안법의 법제화로 나타난 것이고, 한국전쟁 당시 무수한 민간인 집단 학살로 나타난 것이다. 한태연 역시 국가보안법이 존재하고 반공이 '국시'가 되는 나라에서 '자유의 한계'가 설정될 수밖에 없다는 점을 솔직하게 인정하고 있다.

자유민주주의의 기본 질서를 유지하기 위해 계엄과 국가보안법과 긴급조치와 쿠데타가 필요하다는 논리가 가능하다면, 여기서 제주 4·3 사건 당시 무고한 민간인 학살을 정당화했던 계엄령과 같은 국가의 비상조치들이 실제로 자유민주주의와 헌법의 정신을 근본적으로 부정한다는 모순이 존재한다. 한국의 자유주의는 바로 이러한 해명할 수 없는 자기모순 상황에 처해 있는 것이다. 공산주의에 대항하여 '자유'를 지키자는 법이 실제로는 안보의 명분하에 '자유'를 탄압하는 법률이 될 때 그 모순이 가장 극명하게 드러난다. 이것은 추구하는 사회의 모습, 그러한 사회에 필요한 인간형, 그것을 이루기 위한 방법의 성찰이 완전히 결여된 가장 천박하고 타락한 자유주의, '붉은 세력'에게 몽둥이를 가할 수 있는 강력한 국가와 억압적 기구를 환영하는 '자유주의'인 것이고, 공산주의가 아닌 것은 어느 것이라도 ─ 그것이 파시즘이나 군사독재일지라도 ─ '자유'라고 강변하는 것이다.

3. '우익' 탄생의 비밀

기존의 한국 우익 즉 극우반공주의의 진면목에 도달하기 위해서는 1945

년 8·15 당시부터 1960년 4·19 이전까지 만연했던 우익 정치폭력을 이해해야 한다. 그 시절 공격적인 반공주의는 무소불위의 강력력을 동반한 반공청년 운동을 통해 주로 드러났으며, 방식은 바뀌었지만 그 생리는 완화된 방식으로 현재까지 유지되고 있기 때문이다. 1945년 이후 남한에서 벌어진 백색 테러 혹은 정치폭력은 일차적으로는 지주·대자본가를 포함한 구 친일세력의 자기방어 심리, 이차적으로는 38선 이북에 거주하던 기독교 인사나 지주 세력들이 겪었던 위기의식과 공포에서 출발한 것이다. 독일의 파시즘이나 미국의 매카시즘이 그러하듯이 공격적인 우익 이념이나 우익적 실천은 언제나 좌익 혹은 진보세력의 기득권 박탈 위협에 따른 공포감에서 출발하며, 이들의 공세가 위협적일수록 그리고 그 공세에 대한 방어 논리나 입지가 취약할수록 대항논리도 더욱 공격적으로 변하는 경향이 있다.

친일세력이라고 우리가 부르는 집단은 적극적 부일(附日) 협력 세력과 생존을 위해 어쩔 수 없이 일본의 지배질서에 협력한 세력으로 구분해 볼 수 있는데, 일제하에서 출세와 승진의 길을 도모하였던 관료, 군 장교, 경찰 간부, 친일적 담론을 유포한 지식인 등을 적극적인 친일세력으로 본다면 말단 관료, 말단 군인, 말단 경찰관 등은 소극적인 생존을 위해 일제에 협력한 세력이 후자다. 한국의 해방이 미·소에 의한 분단을 수반하지 않았다면, 독일이나 프랑스에서 그러한 것처럼 수립될 정권이 자유주의적 성격을 지녔든 사회주의적 성격을 지녔든 간에 국가 건설(nation-building) 과정에서 배제되거나 어느 정도 단죄를 받았을 것이고, 소극적 친일세력은 자기반성을 거쳐 재기용되었을 것이다. 그런데 해방이 자력에 의한 것이 아니었던 만큼 우리의 의지와 무관하게 한반도가 미·소의 분할 점령으로 귀결되고 냉전적인 기류가 한반도에서 조속하게 형성됨으로써 민족국가 수립 문제는 좌우익 이념 대립 문제에 의해 뒤로 밀려나게 되었다. 물론 이러한 냉전질서의 구축은 소련의 공세, 미국의 전후 자본주의 재건 전략, 일본의 군국주의 우익 부활 전략과 한반도의 일본에 대한 방어진지 구축 전략 등의 산물이었다. 남한의 경우 냉전이란 곧 일본 군국주의에 협력했던 친일세력, 즉 극우세력의 부활을 의미하였다. 이들은 자신을 '구원해 줄' 유일한 세력은 반공과 반소, 친자본, 친 현상유지 정책을 펴는 미국임을 확실히 파악하고 그 길로 매진한 것이다.

그러나 타력에 의해 주어진 해방이라고 하더라도 친일세력이 미국의 점령과 냉전 분위기에 편승하여 자신의 기득권을 유지하는 것이 당시 일반 민중들의 정서로는 도저히 용납할 수 없는 일이었다. 따라서 좌익 정치세력의 사주와 무관하게 민중적인 차원에서 이들에 대한 자연발생적인 저항이 빈발하였는데, 그것이 가장 극적으로 표출된 것이 1946년의 대구 10·1 사건이었다. 친일 경찰에 대한 대중들의 저항감과 이를 이용한 좌익 정치세력의 배후 사주로 인한 봉기에 위기의식을 느낀 친일세력은 미군정의 지원에 힘입어 폭력 진압을 감행하게 된다. 미군정하에서 초기에 공세적인 입지에 있었던 좌익과 민족세력은 점차 정치적 입지를 상실하게 되었고, 상대적으로 '우익' 애국세력으로 변신한 구 친일세력은 공세적으로 좌익 소탕에 나서게 되었다. 이제 이들은 자유민주주의, 혹은 자유 진영으로 자신을 포장하게 되었으며, 국가 건설의 주역으로서 입지를 확보하기에 이르렀다.

그러나 이러한 좌익에 맞선 우익의 대응 방식을 더욱 폭력적으로 만든 주역은 38선 이북에서의 급진적인 사회주의 개혁을 피해서 월남한 우익 청년들이었다. 이들은 '고향을 상실한' 뿌리 뽑힌 존재로서 남쪽 친일세력이 일반 민중들이나 좌익세력에게 공격을 당했듯이 북에서는 직접적으로 자신의 물적인 터전을 잃었고 종교적 자유를 박탈당하였으며 지식인으로서의 체면을 유지할 수 없었다. 따라서 이북에서 친일 경력이 있거나 상당한 재산을 소유했던 사람들이 남으로 내려와서 가장 호전적인 우익이 되었으며, 기독교 인사와 온건한 자유주의자들도 이러한 반공의 대열에 앞장서게 되었다. 이들은 남의 우익과는 달리 공권력을 장악한 사회주의 세력에게 자신의 물질적 기반을 직접 박탈당한 체험이 있었기 때문에 공산주의에 대한 적개심이 이들의 정서를 지배하게 되었으며, 공산주의가 싫어서 남으로 내려왔다는 그 이력과 명분 하나만으로도 남한 반공주의 지배체제의 헤게모니를 잡을 수 있었다. 1950년대까지 이들은 체제 수호의 선봉에 섰으며 정계, 군부, 『조선일보』를 비롯한 언론, 기독교계에서 막강한 영향력을 행사하였다

결국 남한 내 구 친일세력과 1947년 이전에 월남한 우익세력의 대다수는 '자유'의 가치를 존중해서 남한을 선택했다기보다는 일차적으로 살아남기 위해, 그리고 자신의 재산과 고향을 빼앗은 공산주의 세력에 대한 증오와 공포 속에서 반공국가 건설에 앞장섰다고 볼 수 있을 것이다. 그러한 입지를 지키는 데 가장 믿을 만한 방패는 미국의 지원과 이승만 정권의 수족이었던 경찰이었다. 이승만 정권의 기반이 경찰과 군대, 그리고 미국의 지원에 있었던 만큼 한국 우익의 초기 기반은 물리적인 국가기구와 미국의 절대적 지원에 있었으며, 한국전쟁은 그러한 기반을 확고하게 다지는 데 기여하였다.

정부 수립과 한국전쟁을 거치면서 잔존했던 민족세력과 중도좌파 세력이 완전히 제거되면서 남한의 정치·이데올로기 지형은 대체로 다음과 같이 변했다.

우선 한국전쟁을 거치면서 위의 '1946년 당시의 지형'에서 왼편 반쪽이 완전히 제거되었다. 박헌영 등 극좌 혹은 중도좌파 세력, 김구 등과 같은 우파 민족세력, 조소앙 등 중도파 민족세력, 여운형계의 중도좌파의 완전한 제거다. 그리하여 아래의 '1953년 이후의 지형'에서와 같이 위의 오른쪽 반이 전체 정치세력 그리고 이데올로기 지형을 채우게 되었고, 그중에서도 극우의 입지가 훨씬 넓어졌다. 실제로 극우 파시즘에 해당하는 세력이 우파 일반의 입장을 대변하게 되었고, 원래는 중도파 혹은 자유민주주의를 주창하는 세력이 진보 혹은 좌익으로까지 간주되는 경향이 나타났

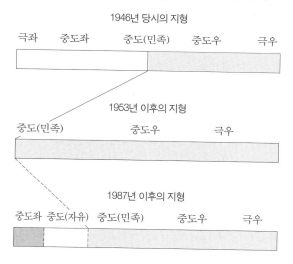

〈그림〉 한국전쟁 전후 한국의 정치, 이데올로기 지형의 변화

1946년 당시의 지형

극좌   중도좌   중도(민족)   중도우   극우

1953년 이후의 지형

중도(민족)   중도우   극우

1987년 이후의 지형

중도좌 중도(자유) 중도(민족)   중도우   극우

으며 살아남은 중도좌익, 사회민주주의적 정치세력인 진보당, 혁신 계열이 극좌로 분류되었다. 이 극좌로 분류된 중도, 중도좌, 좌파 민족주의 세력은 4·19 직후 잠시 정치 무대에 등장하였으나 5·16 쿠데타 이후 심각한 탄압을 받았으며, 박정권 시절 동안 재기하지 못했다.

1987년 이후 민주화에 힘입어 전체 이데올로기 지형이 약간 변화했는데, 우선 민주화 운동 출신이 정치권에 유입되고 시민사회 진영이 정치적 영향력을 행사함으로써 자유민주 세력이 일방적으로 좌익으로 분류되지는 않게 되었으며, 전체 지형에서 우파가 차지하는 비중이 좁아지고, 좌파 민족주의 혹은 사회민주주의를 지향하는 진보세력이 제일 왼쪽에 일부 포진하게 되었다. 물론 노무현 정부 등장과 2004년 총선에서 민주노동당이 원내로 진출하면서 이 지형은 약간의 변화를 겪었다. 그래서 이데올로기 지형으로 보자면 아직 냉전체제 형성 이전인 1946년 정도의 국면으로까지 이행하지는 못했지만 진보당 대표인 조봉암이 사형을 당했던 1950년대 정도와는 유사한 국면으로 가게 되었다. 1960년대 이후 민주화 운동에 앞장선 세력은 이데올로기적으로는 분단하에서 살아남은 중도, 민족주의, 자유민주주의 혹은 사회민주주의를 지향하고 있다고 볼 수 있으나 그 이후 한국에서 언제나 이들은 좌익으로 분류되어 공격을 받았다.

이러한 분단 상황에서의 정치 환경 변화는 극우세력이 제도 정치의 장에서 과잉 대표되는 환경을 조성하였다. 극우, 중도우파가 독점하는 정치 질서 속에서 정당은 이념이 아니라 권력의 창출 문제를 중심으로 이합집산하는 양상을 띠게 되었다. 여야의 구분은 이데올로기적 구분과는 어느 정도는 무관하게 편제되었다. 극우 매체의 언론 독점 역시 유사한 양상으로 나타났다. 언론계에서의 중도, 혹은 자유민주주의를 지향하는 기조는 극히 미미한 세력만을 차지하였다. 민족주의적 언론은 4·19 직후와 같은 예외적인 시기에 잠시 나타났다가 사라졌으며, 일부 자유민주주의를 지향하는 언론인은 1970년대 유신 정권 아래서 언론계에서 추방당했으며 1980년대 이후 언론의 기조는 극우와 우의 입장만이 허용되었다. 지식사회 혹은 시민사회에서도 이와 유사한 양상이 나타났다.

1970년대까지 극우반공주의에 대한 안티테제는 민족주의와 자유민주주의였다. 그리고 그것을 주도한 세력은 반공주의의 틀 내에 있지만 극우의 이념에 동조하지 않는 자유주의적인 학자, 목회자, 학생, 중간층이었다. 장준하, 함석헌 등과 같이 이들은 주로 분단, 한국전쟁 과정에서 남한 체제를 선택했던 양심적인 기독교 인사들이며, 남 체제의 극우반공주의와 일정한 거리를 유지하고 있던 자유주의 혹은 민족주의 세력이었다. 이들은 4·19 학생운동을 기점으로 해서 본격적으로 목소리를 내기 시작하였으며, 1970년대 유신반대 운동 과정에서 혹심한 탄압을 받았다. 이들 중 다수의 인사들이 고문과 탄압의 후유증으로 사망하거나 활동을 중지하였으며, 일부 인사들만이 1980년대 이후에도 민주화 운동에 가담하였다.

결국 1980년 이전까지 한국 정치는 사실상 극우반공주의의 독재체제였다고 해도 과언이 아니다. 극우반공주의를 비판하는 정치세력과 사회세력이 공식적으로 활동할 수 없었으며, 그들의 세계관을 의심하는 지적인 흐름이 존립할 수 없었다. 리영희가 쓴 『전환시대의 논리』 중의 베트남전쟁 관련 논문은 그것을 우회적으로 비판하는 것이었는데도 저자는 심각한 탄압을 받고 책은 의식화를 부추긴 서적으로 분류되었는바, 그것이 극우반공주의의 근간을 흔들었기 때문이다. 그러나 이 극우반공주의에 가장 결정적 도전장을 던진 세력은 1980년대의 거센 민중민족주의와 사회주의였으며, 그것의 주창자는 학생운동 진영이었다. 이 학생운동은 남한의 극우반공주의는 친미 반민족 세력의 입지를 정당화하는 이데올로기에 불과한 것이며, 가장 노골적인 친자본/반사회주의 논리라고 공격하였다.

1987년 6월 항쟁 등 군부의 퇴진과 민주화 운동의 진척은 극우반공주의의 입지를 크게 약화시켰고, 극우반공주의는 보다 공격적인 대응 전략을 구사하게 되었다. 특히 1989년 소련 동유럽 사회주의 붕괴는 이들의 목소리를 강화할 수 있는 조건으로 작용하였다. 이들은 민주/독재라는 구도가 잘못된 것이며, 좌익세력과 체제유지(자유민주) 세력 간의 갈등이 근본적인 것이라고 보면서 민주화 운동을 친북/용공 혹은 좌익적인 것으로 규정하기 시작하였다. 극우세력을 지탱해주던 군부는 사라졌지만, 그 과정에서 획득된 자본과 언론의 힘이 새로운 버팀목이 되기 시작하였다. 지구화, 신자유주의 경제 상황은 이제 과거의 안보논리 대신 경제논리를 앞세워 우익의 입장을 내세울 수 있는 계기가 되었다. 분명히 1990년대 이후에는 우익에게 매우 유리한 환경이 조성되었다.

그러나 한국에서는 민주화와 탈냉전 분위기로 우익의 입지가 외형적으로는 더욱 좁아지는 양상이 나타났다. 그래서 김대중 정부 등장 이후 우익은 더욱더 공격적이 되었다. 이는 민주화로 인해 우익의 정치 독점이 가능하지 않게 되었기 때문이다. 우익의 공격성은 1950년대와 달리 물리적 폭력 수단에 의거하기보다는 주로 보수 언론이 선도하고, 정치권 내의 극우세력이 화답하는 방식으로 진행되었다. 노무현 정부 들어서 이러한 공격성은 더욱 거세지게 되었는데, 두 번 권력을 상실했다는 패배감과 또 한 번 정권을 잃으면 끝장이라는 생각이 확산되었기 때문이다. 일부 극우인 사들의 쿠데타 선동 발언 등이 나오게 된 것은 그러한 배경에서였다. 반면 이러한 공격적 극우세력의 대처 방식이 이제 더는 젊은이들에게 공감을 일으키지 못한다는 인식이 확산되면서 신우익(뉴라이트)이 등장하기도 했다. 보수 언론들은 이제 구세주를 만난 듯이 뉴라이트를 부각시키는 데 매진하고 있다.

4. '우익'의 공격성: 상처받은 자유주의

1947년 이후 미국의 일본 재부흥 정책과 한반도의 현상유지 정책은 단순하게 일본의 전범과 한국의 친일파를 정치적으로 부활시키는 데 끝나지 않았다. 일본의 경우 맥아더 사령부가 그래도 최소한의 '민주 개혁'을 강요했기 때문에 문제가 덜 되었지만, 한국에는 반민족 친파시즘 세력이 '국가의 지도자'가 되는 사회적 뒤틀림 효과가 발생하였다. 분단과 전쟁은 '우스꽝스러운 보통 사람'을 영웅으로 만들었다. 일본의 헌병 밀정 출신 김창룡이 '친일 콤플렉스'를 갖고서 여순 사건 이후 숙군 작업의 선봉에 서고, 이후 한국전쟁 중 특무대장으로 실질적으로는 국가의 2인자로 부상하는 어처구니없는 역사가 이렇게 만들어진다. 양심적 자유주의자들이 자신과 가족의 생존을 위해서 김창룡의 폭력 앞에 머리를 숙일 수밖에 없었다는 사실이야말로 한국 자유주의자의 최대 치욕이요, 지워버리고 싶은 악몽과 같은 기억이다. 그러나 그것은 사실 김창룡 개인이 아니라 당시의 법이요 '질서'였고, 체제였으며 '국가'였다. 김창룡은 바로 상처받은 신, 상처받은 국가의 상징이었다.

김창룡은 과거 파시즘에서 전형적으로 나타나는바 천박한 교양 수준과 콤플렉스로 가득 차 있었으며 자신에 대한 공격을 두 배로 갚아주려는 공격적인 우익의 화신이었다. 그는 자신의 치부에 대한 비판과 공격을 끊임없이 의식하면서 그들을 제거하기 위해 동물적인 공격성을 발휘하였다. 자신의 과거 이력에 대한 열등감과 그것의 비뚤어진 표현인 공격성은 이들이 '민족'국가의 정상적인 주역이 될 수 없다는 근원적 한계를 다른 방식으로 돌파하고 만회하려는 데서 출발한 것이다. 즉 과거 일제시대 '반민족'의 전력 때문에 민족 구성원, 국가 구성원으로서의 자격을 박탈당할 절체절명의 위기, 그러한 경험이 무리수를 쓰거나 최고 권력자에게 맹목적 충성을 보임으로써 신생 정치 공동체에서 중심이 되고자 하는 강력한 열망을 불러일으켰으며, 이들의 열등감이 중심 혹은 주류, 혹은 정상적인 구성원이 되고자 하는 무리한 수단의 사용을 부추긴 것이다.

특히 어떤 사회에서 소외된 사람들이 주류로 편입하려고 열망할 때 자신의 존재를 인정받기 위해 애초부터 주류에 속한 사람보다도 더 주류적인 언사와 행동을 감행하는 경우가 많은데, 그것이 한국에서는 민중들의 극우반공주의 지지와, 구 사회운동 세력의 우파로의 대대적 전향으로 나타났다. 친일 경력이 있는 사람들은 민족국가의 구성원이 되기 위해서 반공을 도그마로 만들고, 반공을 위해 반대세력에 테러와 학살을 감행해서라도 자신의 정당성과 주류에 충성을 입증해야 했다. 앞에서 언급한 김창룡이 가장 공격적인 우익의 입장을 취하게 된 것은 그가 새로운 민족 공동체의 구성원이 될 자격을 애초에 결여한 가장 부끄러운 과거를 가진 인물이었기 때문이다. 반공주의가 하나의 신앙이나 도그마가 되고 자신의 정치적 반대세력에게 폭력을 가하는 몽둥이로 활용된 것도 바로 그 때문이다.

한국전쟁 당시 좌익 혐의를 받던 사람들 혹은 학살 피해자들이 군에 입대하여, 공격적인 우익이 되거나 실제로 학살에 가담한 것도 이렇게 이해할 수 있다. 박정희가 5·16 쿠데타 직후 자신의 좌익 경력을 의심하는 미국과 정적인 윤보선을 의식하면서, 자신이 우익임을 입증하기 위하여 북의 밀사인 형의 친구 황태성을 서둘러 처형하고 혁신계 인사들을 마구잡이로 구속 처형한 것도 같은 맥락이다. 이문열과 같이 부친의 좌익 경력 때문에 큰 고통을 당한 분단의 희생자들이 그들을 고통스럽게 만든 현실을 개혁하려 하기보다는 오히려 그러한 냉전논리를 비판하는 사회운동세력에 더욱 적대적 태도를 보이면서 체제옹호론자로 활동하는 것도 이러한 사회심리적 맥락에서 이해할 수 있다. 좌익으로 지목되는 것이 사실상 천형과 같은 세상에서, 생존과 세속적 출세를 열망하는 좌익 혐의자들이 택할 수 있는 방법은 우익보다 더 우익적이 되는 것이다. 따라서 이들에게 극우반공주의는 자신의 정치적 입지와 생존의 기반을 확보하기 위한 수단에 불과하며, 이들이 거론하는 색깔론은 반공의 충정과 '자유'의 가치 존중에서 나온 것이 아니라 주류 진영에 확고하게 편입하기 위한 수사, 혹은 자신의 상처를 건드린 세상에 대한 보복에 가깝다. 따라서 이들은 민주주의자는 물론 아니지만 자유주의자는 더욱 아니다. 이들에게 일관된 것이 있다면, 그것은 생존을 위한 동물적인 본능뿐이다.

이것은 지난 50년 동안 반복된 색깔론에서 전형적으로 나타난다. 이 색깔론은 선진국의 우익세력이 표방하는 인종주의의 한국판이라고 부를 수 있다. 한국사회에서는 인종주의적 균열이 존재하지 않기 때문에 그러한 비이성적인 차별화의 논리는 주로 지역주의와 색깔론으로 나타나고 있다. 지역주의와 색깔론은 상대방과 대화의 길을 완전히 차단하는 폐쇄성을 지닌다. 지역주의와 색깔론은 기득권 세력이 자신의 입지를 정당화할 수 있는 가장 중요한 무기이기 때문에 자신의 입지가 어려워지면 언제나 이 무기를 사용하려는 유혹에 빠지게 된다. 따라서 색깔론은 위기의식에서 나오는 것이며 그것을 제기하는 세력이 주관적으로 느끼는 위기의 심도만큼 더욱더 공격성을 띠게 된다. '우익 총궐기론'이나 색깔론이 1990년대 이후 더욱 기승을 부리는 것도 그동안 일방적 우위를 보여온 극우반공의 입지가 민주화, 혹은 운동세력의 집권으로 위기에 놓였기 때문이다. 1940년대 말이나 한국전쟁 당시 우익의 위기의식은 정치 테러와 민간인 학살로 나타났는데, 1990년대에 와서는 이와 같은 보수 언론 주도의 언어의 폭력으로 나타난 것이다. 과거에는 공안기구를 통해서 상대방을 제압하는 것이 가능했지만 민주화 국면에서는 그러한 방식으로 지배하는 것이 불가능하게 되었기 때문에 이제 언론이 그 역할을 대신하는 것이다. 직접 폭력이나 말의 폭력이나 그 기원과 성격은 동일하다. 상대방과 대화를 차단하고, 할 수만 있다면 상대방을 좌익으로 몰아서 정치적으로나 경제적으로 매장하는 것이다.

보수언론이 그렇게 민주화 경력이 있는 정치가들의 사상 검증에 집착하는 것이나, 이승만 영웅 만들기, 그리고 냉전시대의 한국 현대사에 대한 공식 해석에 자구 하나도 건드리지 못하도록 하는 이유도 여기에 있다. 극우반공주의의 정당성을 확보할 수 있는 가장 중요한 지점인 한국 현대사, 특히 한국전쟁과 이승만에 대한 평가에 주로 중점을 두었고, 오히려 마르크스주의 경향의 이론이나 논설들, 그러한 입장을 펴는 논객보다는 주로 한국전쟁, 이승만과 박정희 등에 대해 극우반공주의와 다른 시각을 견지한 논객이나 정치가들을 공격 대상으로 한 것, 과거 『한국논단』이 경제·복지정책 문제를 중심으로 진보적 논객을 공격하기보다는 주로 현대사 해석, 북을 보는 시각 등에 유달리 민감하게 반응하는 이유도, '기억의 정치', 즉 현대사 해석의 정치적 중요성을 잘 알고 있기 때문이다. 이러한 이유 때문에 보수 신문은 공공성을 지닌 언론이라기보다는 입지가 좁아진 극우반공주의의 정치 선전지와 유사한 기능을 하는 경우가 많다.

21세기 들어서 구우익이 대체로 일선에서 물러나게 되고, 지구화·자유화의 물결에서 시장경제에 반대하는 분위기가 거의 사라지게 되자 우익의 상처도 점차 아물어들기 시작했다. 그러나 민주화로 인한 극우세력의 정치 독점구조의 균열은 이들의 상처를 도지게 만들었다. 그래서 이들은 갑자기 해방정국에 나타났다가 사라진 좌파가 또다시 나타난 것이 아닌가 하는 공포에 시달리고 있다. 노무현 정부에 대한 한나라당의 색깔 공세는 5공 세력으로 대표되는 구우익의 불편한 심기를 반영한다. 그러나 구우익의 정서를 지닌 집단이 자유민주 세력을 받아들일 수 있는가, 그리고 사회민주주의 세력까지도 용인할 수 있는가의 문제는 21세기 한국의 미래와 매우 밀접한 연관관계가 있다.

5. 맺음말

'국가의 안보를 위해' 개인의 자유를 언제라도 유보할 수 있는 국가에서 자유주의가 온전하게 생존할 수 있는가? 계엄령과 테러, 쿠데타와 학살, 고문과 의문사의 부끄러운 역사로 점철된 나라에서 자유는 주로 누가 향유해온 가치이며 누가 그것을 주창해왔는가?

냉전, 분단과 군사정권의 일방적 지원과 보호 속에서 자라나 부를 축적하고 막강한 여론 주도력이 있는 대자본과 보수 신문들이 돈의 지배와 '말의 지배'를 구사할 수 있는 시점에서 시장경제, 규제 완화, 재산권, '언론의 자유'를 내세우는 것을 보면 한국에서 자유의 이념은 대단히 뒤틀려왔다는 것을 새삼 확인할 수 있다. 과거 계엄령, 고문, 정치 사찰로 상징되던 냉전 자유주의는 이제 시장 만능주의를 옹호하는 자유기업원 식의 자유주의로 변했다. 과거나 현재나 일관된 것이 있다면 바로 '악덕 자본가'까지도 용인할 수 있는 '돈 벌 자유'를 자유의 으뜸으로 삼고 있으며, '돈 벌 자유'를 비판하는 사람을 좌익(빨갱이)으로 낙인찍으며, 그의 존재를 용납하지 않는다는 점이다.

자유민주주의는 오랜 갈등을 겪은 이후의 타협의 산물이며, 관용의 가치를 포함한다. 그것은 '재산, 종교, 가족'을 내세우는 보수주의 혹은 우익과의 투쟁 속에서 성장하였다. 그러나 한국에서는 출생 당시부터 그것이 불가능했다. 그래서 한국인들은 우익을 자유민주주의자로 착각하였다. 따라서 우익에서 자유민주주의가 분리되지 않는 한 한국에서 타협과 관용이, 논쟁과 토론이, 자유의 제반 가치를 존중하는 건전한 정치문화가 자리 잡기에는 좀 시간이 걸릴 것이다. 냉전 극우반공주의를 신성시하는 '색깔론'이 정책적 입장을 둘러싼 공방으로 변화해야, 국가가 개인의 선택권을 함부로 억압할 수 없다는 주장과 실천이 공공연히 제기될 수 있어야 이 땅에서 진정한 정치 논쟁이 시작될 수 있으며 정책이 자유롭게 거론될 수 있고, 통치가 아닌 정치가 시작될 수 있으며 지식과 문화가 꽃필 수 있다.

자유주의, 혹은 자유민주주의의 빈곤이야말로 한국정치나 한국사회가 지금처럼 뒤틀리게 된 가장 중요한 이유이다. 이제 '상처받은 자유주의자'들은 정치 무대에서 점차 소수가 되어가고 있다. 그러나 신세대 우익들이 선배들의 행태를 여전히 답습하는 것은 안타까운 일이다. 20세기를 확실히 청산하기 위해 과거를 털고서 나아가야 하며, 화합의 정치문화를 만들어야 한다.

한국의 자유주의자

1

20세기 한국에서 가장 많이 사용되었던 단어는 무엇일까? 단연코 '자유'가 아닐까 생각된다. 특히 한국전쟁은 '자유'의 소중함을 국민적으로 각인시킨 가장 중요한 사건이었다. 그 이후 자유는 공산주의와 대립되는 개념으로 확고히 자리 잡았다. 한국전쟁을 겪은 후 1950년대 후반 전쟁의 폐허 더미 위에서 소설가 박종화는 인민군이 잠시나마 서울을 점령하였던 공산 치하의 '지옥'을 벗어나 '다시 찾은' 자유의 기쁨을 다음과 같이 노래하였다.

> 자유대한의 푸른 하늘엔
> 학두루미가 펄펄 날으네
> 춤을 추네
> 얼마나 그리웠던 자유였더냐
> 우리 지금 자유 찾았네
> 사람이 누릴 수 있는 자유를 갖었네

이 시가 쓰인 1950년대는 전쟁 자체를 직접적으로 체험할 수 없는 신체 허약자, 병역 기피자들만이 살아남아서 도시를 방황하였고, 살아남은 사람들도 전사자들 이상으로 전쟁의 상처로 신음하던 때이다. 정치적으로는 "입으로는 미사여구를 늘어놓으면서도 행동 면에서는 폭력단의 보스로서 몽둥이를 휘두르며 동포들을 폭력으로 억누르던" 이승만 독재정치의 말기적 증상이 노골적으로 드러나던 시기였다. 인구의 70퍼센트에 달하던 농민들이 고리채에 시달리고, 30만 명의 절량 농가가 보릿고개로 신음하며, 수많은 고학생들이 피를 팔아 힘겨운 생계와 학업을 이어가던 시절이다. 도시의 대학생들은 전쟁의 잿더미 위에서 좌우 대립에 신물을 내면서 제3국으로 도피하고 싶어 한 『광장』의 이명준처럼 실존주의에 탐닉하여 극단적인 절망, 허무주의에 빠지거나 구미 문화의 쓰레기를 주워섬기는 넋 나간 삶을 살아가고 있었다. 『경향신문』이 강제로 폐간되고 국민의 사상과 양심의 자유를 억압하는 것을 내용으로 하는 국가보안법의 개악안이 통과되었다. 이러한 조건에서 민주주의 혹은 자유라는 말은 정치가의 레토릭이거나 책 속의 이상과 실제 현실을 착각하면서 살아가는 몽상가의 잠꼬대와 같은 것이었다고 해도 좋을 것이다.

그런데 이러한 처참한 가난과 고통의 시대, 우익이 아니면 곧 좌익으로 지목되는 단세포적 사회심리가 지배하는 상황, 미국인들과 만났을 때 영어 몇 마디를 할 줄 아는 것이 자랑거리가 되는 사회, '우리의 맹서'[1]와 같은 전체주의적 국민 구호가 암송되는 사회에서 도대체 '자유'의 기쁨을 노래하며 그러한 상황을 학두루미가 펄펄 난다고 해석한 것은 무엇을 말하는가? 어떻게 절망과 허무의 땅, 실향과 이산의 고통을 삭일 수 없는 낯선 땅이 유토피아가 될 수 있겠는가?

---

1 1950년대에 온 국민이 암송하였던 '우리의 맹서' 내용은 다음과 같다. "우리는 대한민국의 아들딸, 죽음으로써 나라를 지키자. 우리는 강철같이 단결하여 공산 침략자를 쳐부수자. 우리는 백두산 영봉에 태극기를 날리고 남북통일을 완수하자."

만약 그러한 상황을 '자유'라고 한다면 그것은 사회 일반 혹은 이웃과 절연하고, 가족과 고향에서 분리된 자의 슬프도록 고독한 비극적인 '자유'였을 것이다. 그렇지 않다면 그것은 바로 박종화가 외치듯이 지옥과 같은 "공산 치하에서 벗어나" 자유 대한민국에 살아남게 되었다는 생존자의 안도의 한숨 외에는 아무것도 아닐 것이다. 그것은 자유의 본체론적 가치, 즉 인간의 정신과 활동의 기초인 자유를 지키고 그것을 억압하는 모든 형태의 국가권력, 관습, 편견에서 벗어나려는 의지 혹은 신념과는 거리가 멀고, 적나라한 출세욕과 물질적 욕망, 맹목적인 반공주의, 주체성을 상실한 친미 사대주의의 노예가 되어버린 자신의 일그러진 모습을 포장하기 위한 수사였을 가능성이 높다. 이승만 정권 말기의 역겨운 이승만 숭배나 이들이 4·19 학생시위 당시에 어린 학생들에게 총질을 해대던 모습을 통해 우리는 이러한 '자유'의 이념이 자유를 억압했던 봉건·식민세력과의 전면전 선포가 아니라, 표현과 사상의 자유를 억압하거나 가부장적 권위로 민주주의를 내리눌렀던 가짜 자유주의 세력의 편을 든 것이며, 국가와 부당한 권위에서 '개인'을 분리하자고 주장하기보다는 개인은 국가의 일부라고 강조했던 논리라는 것을 확인할 수 있다.

　결국 휴전 이후 지금까지 한국에서의 자유 혹은 자유주의는 국가의 공식 지도 이념인 획일주의적인 반공주의의 다른 말이었다. 즉 현대 한국에서 자유주의(liberalism)는 절대주의 억압과 봉건적 질곡에 대한 투쟁과 그것에서 벗어나기 위한 개인의 해방(liberation)의 이념으로 등장한 것이 아니라, 공산주의와 집산주의의 위협으로부터 '국가'를 '해방'시키자는 이념, 분단된 두 국가 간의 대립질서 속에서 적대국가인 북에게 전면 투쟁을 선포한 증오의 이념이었다. 이렇게 보면 반공 획일주의와 자유주의는 그 자체로서 형용 모순인 셈이지만 한국에서 누구도 그것을 심각하게 제기하지 않았다.

　신탁통치 반대 운동을 계기로 등장한 한국의 반공주의는 '자유'를 지키자는 이념이 아니라 친일세력이 자신의 과거 경력을 은폐하기 위한 자기 정당화의 논리였다. 해방 직후 남북한에서 자연발생적으로 전개된 친일파 처벌의 움직임과 그들이 일제에 협력하여 모은 재산을 환수하자는 분위기는 이들의 위기의식과 공포심을 가중시켰다. 이들에게 자유는 곧 재산의 보호, 그리고 자신의 소유물을 보호해줄 수 있는 반공체제의 무조건적인 옹호를 의미하였다. 일종의 보수적 국가주의로서의 반공주의는 곧 일제하에서 군국주의에 투항하였던 지식인들의 정신구조를 연장한 것이다. 일제하에서 개량주의적인 민족운동에 종사하다 급기야는 황국 신민으로서의 여성 계몽에 앞장선 '자유주의자' 모윤숙이 6·25가 터지자 「국군은 죽어서도 말한다」라는 애국시를 쓰면서 대한민국 건국과 수호의 일등 공로자가 된 것이 그 대표적인 예이다. 1950년대 '자유' 개념의 허구성은 바로 '반공' 개념의 불구성에서 기인한다. 송건호는 한국 반공주의를 다음과 같이 비판한 적이 있다.

> 우리나라 반공은 가짭니다. 친일파들은 대세를 쫓은 거예요. 원래 친일파와 반공은 다른 개념이지만, 실제로 이들은 똑같은 사람들이에요. 친일파들이 반공을 한 겁니다. 대체로 일제시대에는 친미국, 친이승만으로 반공투사가 되었죠. 지나친 말인지는 몰라도 한국의 반공은 진짜 반공은 아니에요.

그가 말하는 진짜 반공이라는 것은 무엇인가? 아마 그것은 적극적이고 긍정적인 이념으로서의 자유주의를 말하는 것일 게다. 그러나 가짜 반공은 이념이 아니라 편의의 논리, 처세의 논리, 상황의 논리, 사대주의의 논리라는 말일 것이다. 즉 현대 한국에서 '자유'의 논리는 자유를 제약하는 정치·경제·사회 상황에 대한 비판과 저항의 논리가 아니라 친일 경력을 은폐하고 기득권을 유지하기 위한 동기에서 그러한 자신의 태도를 가장 강력하게 비판하였던 좌파에게 대항하기 위한 논리라는 말이다. 따라서 반드시 일체화될 필요가 없는 자유와 반공, 자유와 친미가 언제나 한국에서는 한 몸으로 존재해온 이유도 바로 이러한 이유 때문일 것이다. 서구에서 근대의 여명기에 피로써 쟁취되었던 자유의 개념은 냉전의 소용돌이 중심에 서 있던 1950년대 한반도에서는 이처럼 누더기의 몰골로 나타났다. 시인 고은이 말하는 것처럼 일종의 독재체제인 전쟁 상황에서 자유라는 것은 그 얼마나 사치스러운 개념이었는가? 그것은 라스키(H. Laski)가 말한바 자유의 비결인 '저항하는 용기'와는 거리가 멀었으며, 아마 전쟁을 겪고서 다행히도 살아남은 자들의 수치심과 공포가 뒤섞인 신음 소리였는지도 모른다.

2

물론 서구의 역사에서도 자유가 언제나 절대권력과 봉건적 족쇄로부터의 해방을 지향하는 전복적인 이데올로기로 기능했던 것만은 아니었다. 바이마르 공화국 당시 독일의 자유주의자들은 히틀러의 파시즘에 투항하였으며, 정치적 자유를 포기하고 '경제적 복리'에 박수를 보냈다. 이후 미국의 자유주의자들은 귀족세력이나 봉건세력과 심각하게 투쟁해본 역사가 없다. 특히 냉전질서가 정착되는 1940년대 후반 이후 1950년대 초반까지 미국에서의 자유주의도 한국과 동일한 성격을 지니게 되었다. 밀스(C. Mills)는 "전후의 자유주의는 정치철학을 지칭하는 것이었다기보다는 마르크스주의를 공격하는 무기로서 사용되었으며, 하나의 레토릭이었다"고 말한 바 있다. 결국 냉전하에서 미국의 자유주의란 프리드먼(Friedman)이 주장하는바 곧 재산권과 자유무역을 옹호하고, 평등주의나 국가 개입주의를 배격하는 사상이었다. 재산권의 배타적인 옹호가 곧 무산자 지배를 정당화하는 논리라고 본다면, 이러한 자유주의는 곧 "갖은 수사를 통해 비판자로부터 가진 자의 편중된 권력을 보호하는" 이데올로기일 것이다. 이 경우 자유란 곧 공산주의 및 그들에게 동조한다고 간주되는 사람들에 대한 인권 제약, 그리고 자유를 지킨다는 명분하에 사상과 표현의 자유를 제약하는 것과 동일한 논리가 된다. 그래서 여기서 자유주의는 독재와 결합한다. 이것은 자유주의의 가장 타락한 형태이다.

마르크스주의가 그러하듯이 자유주의에 있어서도 하나의 자유주의는 존재하지 않으며 호브하우스(Hobbhouse) 식의 노동자의 권리를 인정하자는 사회민주주의적인 자유주의에서 자유로운 기업 활동, 자본주의적 생산이 곧 자유라는 현존 사회주의 붕괴 이후 동유럽에서 사용된 자유주의, 그리고 냉전하 한국과 미국에서처럼 공산주의에 대항하기 위해서는 자본의 독재, 군사 통치도 필요하다는 '냉전 자유주의'(cold war liberalism)도 존재한다. 자유의 이념을 견지한 자유주의자들이 어떻게 처신하고, 어떠한 사고를 견지하는가 하는 문제는 그들이 처한 역사적 조건, 경제적 기반, 정치적 역학관계에 따라 달라진다. 대체로 자유의 이념은 언제나 보수의 이념, 혹은 전통주의와 대립항 속에서 존재하며, 동시에 자유의 이념을 부정한 진보의 이념 즉 사회주의 논리와 대결하는 양상과 시점에 따라 '자유'와 자유주의는 다양한 내용을 지니게 될 것이다. 즉 자유주의는 가족, 국가라는 공동체의 가치와의 대면 과정, 특정한 경제제도의 운영 과정, 국제정치적으로는 사회주의라는 새로운 운동과 정치체, 국가의 등장 및 그것과의 긴장과 대립 속에서 자신의 모습을 구체화해내게 된다.

그래서 자유주의자들은 때로는 군주제, 민주주의, 자유무역, 노동조합 조직, 국가의 경제 개입, 복지국가 등에 찬성하기도 했고, 반대하기도 했다. 그러나 그들은 공동체를 인정하지 않는다는 공통점이 있었다. 그들은 모두 사적(私的)인 것을 공적(公的)인 것과 분리하여, 자신을 둘러싸고 있는 세상과 담을 치고서 내면의 영역을 지키려 하였다. 양심의 자유, 생각의 자유와 그것에 기초한 개인의 자발적인 선택은 자유주의자들이 양보할 수 없는 최후의 성역이었다.

조선조의 붕괴 이후 한국에서 자유주의를 말할 때, 식민지 지배, 가족과 국가라는 이중의 억압에서 자유주의자들이 어떻게 벗어나려 하였는가가 가장 큰 쟁점이 된다. 한국의 자유주의자들은 출발부터 식민지 권력, 가족과 국가라는 집합체에서 스스로를 분리시키지 않고서는 자유의 가치를 확보할 수가 없었다. 그런데 일제 식민지 지배체제는 자유주의가 안고 있는 이중의 과제를 분열시켰다. 즉 식민지 국가는 유교적인 가족, 친족, 농촌 공동체를 해체함으로서 '자유'의 기반을 열어주면서도 동시에 자신의 경험과 생각을 자유롭게 말할 수 있는 권리, 그것을 행동으로 옮길 수 있는 권리 등의 자유주의적인 가치는 철저하게 억압하였기 때문이다. 일제는 아직 물질적 정신적 기반을 갖추지 못한 조선의 부르주아를 대신하여 조선의 봉건세력인 양반 지주세력을 굴복, 포섭하는 데 성공하였다. 결국 조선의 전통적인 왕조질서나 양반질서는 일제에 의해 무참하게 뭉개졌는데, 그것은 그들이 의도한 것은 아니었으나 우리의 근대화와 민주화에 매우 긍정적인 역할을 하였다. 그러나 이것은 동시에 자유주의의 적을 가시권에서 제거하는 효과를 가져왔고, 막 태동하는 자유주의의 균형 추를 상실하도록 만드는 역할을 하였다. 즉 일제는 사상과 양심의 자유, 정치적 자유, 결사의 자유는 엄하게 제한하였으나, 양반 지주세력의 물적 기반은 약화시킴으로써 경제적 자유의 길을 활짝 열어놓았다. 국가에 순응하는 범위에서 기업 활동을 장려한다는 것이 바로 그것이었다. 그것은 '욕망'의 자유였으며, 벙어리 상태에서의 자유였다.

분단과 냉전질서 아래서 '자유'의 최대의 적은 국가주의, 반공주의였다. 반공주의는 일제 식민지 지배의 흔적을 강하게 갖고 있는 '국시'(國是)라는 최고, 최상의 지배 이데올로기로 자리 잡았으며, 국가보안법으로 법제화된 강제력이었다. 반공주의와 그 물리적인 실체인 국가보안법은 자유의 가장 일차적인 조건인 양심과 사상의 자유를 근본적으로 제약하였다. 대중들의 일상의 경험들은 자유롭게 표현되지 못했고, 일방적 현실 해석만이 정신, 문화의 세계를 독점하였다. 자유로운 선거로 국민의 대표를 선출할 수 있다는 자유민주주의의 이념은 실제로는 좌익은 피선거권을 가질 수 없다는 근본적인 한계 내에서만 적용되었다. 이어령이 말한 것처럼 "한국의 작가들은 옛날이나 오늘이나 원고지의 백지를 대할 때마다 총검을 든 검열자의 어두운 그림자를 느껴야 했다." 사회과학자들 역시 마찬가지였다. 사회과학자들은 한국전쟁이 끝난 후 10년 이상 한국사회를 본격적인 분석의 대상으로 삼지 않았다. 그 후에도 오랫동안 허구를 말할 자유가 있는 소설가들의 은유와 비유가 사회과학자들의 현실 분석을 대신하였다. 1980년대에 와서도 대다수의 사회과학자들은 국가 대신 '정부'를, 계급 대신 '서민' '국민' 그리고 '민중'이라는 용어를 사용했다.

자유주의는 국가의 사상 통제에 의해서만 제약된 것은 아니었다. 경제성장을 향한 국민적인 동원체제는 자유가 숨 쉴 수 있는 공간을 허용해주지 않았다. 지난날 자본주의 진영에서 '반자유주의'로서 국가주의는 언제나 경제성장주의와 궤도를 같이한 예가 많다. 우리나라의 경우 박정희가 "자립경제의 과업을 달성하지 못하고서는 우리가 부르짖는 민족의 자주·자립과 국가의 독립, 개인의 자유, 자유민주주의라고 하는 것은 전부 공염불에 지나지 않는다"고 단언한 바 있는데, 그것은 바로 군사독재 시절의 성장 지상주의 철학이었다. 이러한 상황에서 '자유주의'가 설 수 있는 기반은 극히 협소하였다. "나라가 망했는데, 자유는 무슨 자유인가" 하는 일제시대의 저항운동가들의 논리는 "나라가 빈곤에 허덕이고 있는데 자유는 무슨 자유인가" 하는 국가 주도 성장주의와 일맥상통하는 점이 있다. 민족 공동체와 국가 공동체가 개인의 운명을 좌우하는 상황 속에서 개인·개성·양심·자율의 가치가 설 자리는 거의 없었으며, '자유'는 차라리 사치였다.

그러나 분단된 국가는 '자유민주주의'를 표방하였고, '정치적 자유'를 억제하는 대신 과거 일제하에서 그러했듯이 경제·종교·문화의 영역에서 자유를 허용하였다. 따라서 한국전쟁 이후 남한에서 경제적 자유와 종교의 자유는 거의 무한대로 확장되었다. 돈 버는 일이라면 무슨 짓이든지 허용되었으며, 교회를 건설하고 선교 활동을 하는 것은 완전한 자유의 영역에 속했다. 경제의 자유와 종교의 자유가 투쟁에 의해서가 아니라 거저 주어진 것이었던 만큼, 기업가와 기독교인들은 자유의 가치와 의미에 대해서는 거의 생각해볼 겨를이 없었다. "한국의 많은 시민들이 자유주의가 그렇게 우월한 까닭을 잘 아는 것은 아니다. 〔……〕 스스로를 자유주의자로 여기는 시민들의 의견을 살펴보면 자유주의적 빛깔보다 전체주의의 빛깔이 오히려 짙은 경우도 흔하다"는 복거일의 한탄은 바로 경제 활동의 자유와 종교의 자유가 한국 부르주아의 투쟁의 산물이 아니었다는 우리 근대사의 시원에서 유래하는 것이다.

이러한 정치경제 상황이 한국 자유주의의 기반을 이루었다. 그러나 그것은 동시에 자유주의를 지지할 수 있는 주체의 결여, 중간층의 결여, 도시 부르주아 문화의 결여에 기인하는 것이다. 도시는 원래 억압과 권위와 관습, 미신 등으로 가득 찬 봉건의 유습(遺習)과 농촌 공동체의 질곡으로부터 개인을 해방시켜주는 문명과 진보의 공간이지만 동시에 자신의 욕망과 생각을 주위의 눈치를 보지 않고 마음껏 표출할 수 있는 해방구이기도 하다. 도시의 세련됨은 바로 문명과 진보를 상징하는 것이다. 그러나 해방 이후 한국의 도시는 자유의 산실로서보다는 권위주의, 군사주의 통치의 중심, 외국의 삼류 문화의 쓰레기 하치장으로서의 역할을 더 많이 해왔다. 한국의 근대 도시는 식민 통치의 중심이었으며 그에 기생하였던 계층의 물적인 근거지였다. 해방과 전쟁 이후 한국의 도시는 피난자, 범죄자들의 해방 공간, 전쟁으로 가족을 잃은 상처받은 사람들의 허무와 방황의 공간이었지만, 방종이 아닌 '자유'를 추구하는 공간으로서는 별로 기능하

지 못하였다. 월남자, 도피자, 고향에서 버림받은 자 들이 넘쳐났던 1950
년대 한국의 도시문화는 가부장주의와 권위주의에서는 점점 벗어나기 시
작했으나 그것에 용감하게 맞서서 새로운 윤리나 규범을 세울 수 있는 정
신적 여유를 갖지 못했다. 오히려 도시의 청년들이 고리타분한 친족 가족
어른들의 눈치를 보지 않고 마음껏 거리를 방황할 수 있는 '자유'를 누렸
다는 점에서, 그리고 미군들이 남기고 간 영어 몇 마디를 중얼거리면서 프
랑스 실존주의 철학을 읊조릴 수 있는 공간이었다는 한도 내에서만 나름
대로 진보의 토양이 되었다.

즉 한국의 도시에서는 스스로 판단하고 행동할 수 있는 능력을 갖지 못
한 신민(臣民)으로서의 개인, 경제와 종교의 영역에서는 마치 국가나 사회
그리고 공동체가 존재하지 않는 것처럼 행동하는 '이기적이고 무도덕적인
(amoral) 개인'이 공존하였다. 자유에 대한 참된 애착은 그것이 가져다줄
개인적이고 물질적인 이득에 대한 전망에서 유래하는 것은 아니지만, 우
리에게 자유는 바로 적나라한 이기심의 발동, 욕망의 추구와 같은 것이었
다. 여기서 자유와 굴종은 동전의 양면을 이루는 것이고, 자유는 무책임성
과 공존하였다. 정비석(鄭飛石)의 『자유부인』은 봉건적인 가정주부의 굴
레에서 '자유'를 추구하는 데는 성공하였지만, 그러한 자유를 지킬 수 있
는 능력을 갖춘 새로운 인간형을 보여주지는 못했다. 1950년대 한국에서
나타났던 실존주의와 허무주의, 친미 사대주의는 바로 '원자론적인 자유'
의 추구, 혹은 신민의 윤리와 공존하는 한국식 자유주의의 모습이었다.

반면에 한국에서 도시가 진정한 자유의 산실, 시민이 참여하고 외칠 수
있는 공간으로서 역할을 하였다면 1950년대 말 자유당에 반대하는 '정치
적 공중의 형성'과 4·19에서 터져나온 저항의 물결이었을 것이다. 4·19
혁명은 '거짓 자유'를 '진정한 자유'로, '욕망의 추구'로서의 자유를 '민주
주의에 대한 책임'으로, '반공 자유주의'를 '자유민주주의'로 변화시키려
는 최초의 시도였다. 4·19 혁명은 억압을 자유라고 강변해온 기성세대와

한국의 지배층에 대항하여 '경험을 자유롭게 말할 수 있는 용기'를 지닌 청년들의 외침이었다. 이 사건을 계기로 한국에서는 과거와는 모습을 달리하는, 제대로 된 자유주의자들이 탄생하게 된다. 5·16 군사 쿠데타 이후 지방자치 제도의 폐지, 언론 통제 강화, 국가 주도의 성장주의 전략으로 자유의 공간은 또다시 축소되었지만, 4·19 직후 공간에서 '자유'를 맛보았던 학생들은 이후 '자유'민주주의를 외치는 집단으로 살아남게 된다.

3

물론 근현대 한국에서 가장 많은 수로 존재해왔던 반공 자유주의자, 민족 허무주의자, 근대화론자 들을 자유주의자가 아니라고 말할 수는 없을 것이다. 그들은 집단이나 공동체보다는 개인을 중시하였으며, 사회주의 경제체제를 반대하면서 시장경제와 자본주의를 구세주처럼 여겼고, 일당 독재체제를 회의하면서 의회 민주주의를 지지했다는 점에서는 분명 자유주의자였다. 그러나 그들은 '반공'을 위해서라면 언론·출판·사상과 양심의 자유를 포기할 수 있다고 생각하였으며, 시장경제를 옹호하지만 독점자본의 지배에 문제를 제기하지 않았으며, 자본과 권력이 유착하여 어떻게 다수의 '선택의 자유'를 제약하는가는 전혀 고민하지도 않았다는 점에서 '현존 자본주의 사회'에서 존재할 수 있는 자유주의자의 유형 중에서 가장 굴절된 자유주의자들에 속할 것이다. 그것은 한국의 자유주의가 '자유'의 정신으로 충만한 자유주의가 아니라 '상처받은 자유주의'였기 때문일 것이다.

그러면 근현대 한국에서는 이러한 굴절된 자유주의자들만이 존재하였는가? 그렇지는 않을 것이다. 이들 기득권을 누린 자유주의자 이면에는 진실로 '자유'를 추구하다가 신산(辛酸)을 맛본 존경할 만한 자유주의자들이 존재했다. 김우창이 말한 것처럼 "가장 소극적이면서도 가장 많은 사람들이 쉽게 동의할 수 있는 것은 가장 직접적인 의미에서의 정치적 자유"라고 본다면 정치적 자유를 위한 투쟁은 곧 봉건적인 권력, 제국주의 지배체제, 반공주의를 내세운 군사 통치와의 투쟁을 요구하였고, 우리는 한국 근현대사의 궤적에서 인간의 정치적 자유를 억압하는 권력에 대항해온 상당수의 자유주의자들을 발견할 수 있다. 일제 식민 통치에 맞서서 자주 독립을 주창하였던 서재필 등 독립협회의 계몽적 지식인들, 3·1 운동과 이후의 항일 학생운동에 가담하였던 청년 학생들, 교육·문화운동을 통해 일제에 저항하였던 우파 지식인들이 그에 속한다. 해방 이후에는 이승만 독재나 박정희 군사독재에 맞섰던 개신교 목회자들과 일부 기성 정치가들, 1950년대까지 반공주의 필봉에서 점차 반독재의 선봉장으로 나선 『사상계』의 지식인들이 그러한 부류에 속할 것이다.

그리하여 언론, 사상 탄압과 전향 공작이 기세를 부리던 1970년대까지 한국은 서구에서라면 자유주의자로 지목될 사람들을 반체제·반정부 인사, 심지어는 용공적인 인사로 만들었고, 무이념·무사상(無思想)으로 자기 이익만을 좇아서 행동하는 기회주의자, 출세주의자를 자유민주주의자로 탈바꿈시켰다. 함석헌, 장준하 등 남한이 좋아서라기보다 북한이 싫어서 월남한 일부 기독교 인사들이 바로 반체제 인사가 된 자유주의자들이었다. 자유주의자들이 활동할 수 있는 공간을 열어주지 않았던 1970년대 남한의 지배질서에 맞서서 그들은 가장 용감하게 투쟁할 수 있었다. 그러나 그들이 그렇게 용감하게 투쟁할 수 있었던 것은 그들이 단순히 철저한 자유주의자였기 때문은 아니었다. 사실 일제 말기 이후 자유주의의 천국으로 알려진 미국 문화의 세례를 받은 지식인이나 기독교 인사 중에서 박정희 군사 통치에 온몸으로 저항한 사람은 거의 없었다. 미국에서 배운 자유의 이념은 일제시기 당시 명문대가 출신이었다가 나중에 친일을 했던 윤치호가 그러했듯이 유교문화나 봉건질서를 반대하는 논리로서는 역할을 하였으나 우리의 조건에서, 자유를 적극적으로 찾아나가는 이념으로 기능하지는 못했다. 즉 자신이 처한 민족적·사회적 현실에서 출발하지 않는 자유의 이념이 곧 자유의 억압에 맞서 투쟁하는 무기로 변하지는 않았다. 사상이라는 것이 바로 자기 성찰이라고 본다면, 배워온 이념이 곧 사상으로 발전되기는 어려웠던 것이다.

1970년대 반정부 혹은 반체제 인사로 분류된 자유주의자들은 기실은 식민지 시기 이래로 민족적 억압에 나름대로 눈을 떴던 사람들이고, 자유의 실현을 민족의 독립과 견주어 생각했던 사람들이었다. 즉 일제하에서 민족의 독립을 찾지 않고는 자유를 찾을 수 없고, 개인이 품위를 지키면서 살기 위해서는 일제의 폭정을 물리치지 않고서는 불가능하다는 사실을 뼈저리게 체험한 사람들이었기 때문에, 이승만의 거짓 자유주의와 박정희의 유신 통치를 거부할 수 있는 나름대로의 사상적 근거와 내적인 에너지를 지닐 수 있었던 것이다. 반면에 민족의 엄혹한 현실을 정면 대결하지 않고 '개인'의 자유를 찾으려 했던 사람들은 군사주의와 유신 통치에 굴복하였다. 즉 이론적으로 자유주의는 공동체 혹은 집단을 우선시하는 민족주의와 양립할 수 없지만, 개인의 운명이 민족과 일체화된 조건에서는 민족을 무시한 자유는 존립할 수 있는 근거가 없는 것이다. 우리는 젊은 시절에는 미국 물을 먹은 자유주의자였던 김규식이 이후 민족주의자로 변하는 과정을 통해서도 한국에서 자유주의가 어떤 방식으로 존재할 수밖에 없었는지 확인할 수 있다.[2]

'정치적 자유'를 위해 투쟁하지는 않았지만 자유주의의 가장 근본적인 원리인 개별자로서 인간의 개성의 자유와 인격의 자유를 추구하면서 유교적인 가부장 문화, 명분과 체면의 도덕률, 가족주의 질서를 근저에서 부정했던 사람들 역시 지나칠 수는 없을 것이다. "우리 해방은 정조의 해방

---

2 졸고, 「사상의 전개를 통해 본 한국의 '근대' 모습」, 『근대의 그늘: 한국의 근대성과 민족주의』, 당대, 2000 참조.

부터 할 것이니 좀더 정조가 문란해지고 다시 정조를 고수하는 자가 있어야 한다"고 주장하면서 여성에게 들씌워진 유교적 규범을 근본적으로 비판한 나혜석과 같은 선각자나 물려받은 재산을 탕진하고 처자를 남 보듯이 하면서 오직 시인으로서의 자유로운 삶을 추구했던 김수영 같은 사람들에게서도 이러한 자유주의적 실천의 편린들을 읽을 수 있다. 이들은 정치적 자유를 위해 투쟁하지는 않았지만, 개성과 자유를 제약하는 문화적 굴레를 벗어버리기 위해 투쟁하였으며, 그러한 투쟁은 정치적 투쟁 못지않게 그들에게 고통을 가져다주었다. 나혜석을 비롯한 일제시기 신여성들의 파란만장한 삶은 바로 한국에서 자유주의자로 살아가는 것이 얼마나 험난한 것인가를 웅변해준다.

물론 자신의 양심을 지키는 것도 버거운 상황에서 내면의 울림을 소중하게 여기고, 양심의 자유를 추구한 사람도 있었다. 이들은 평등의 이념으로 개인의 판단의 자유를 제약하는 사회주의에는 거부감을 느꼈지만, 동시에 자유의 이름으로 반공을 강요하는 거짓 자유민주주의와도 화해할 수 없었다. 우리는 김성칠의 일기에서 이러한 자유주의자의 고뇌를 읽을 수 있다. 그는 자신이 본디 "대한민국의 그리 충성된 백성이 아니었다"고 고백하면서 "내 기회주의는 한 번도 어느 한 편이 승세인가 하고 기웃거리지 아니하였고, 어느 편이 올바른가 하고 마음속으로 따져보기는 하였으나 어느 편에 좇아서도 보다 더 출세하려는 생각은 털끝만큼도 품어본 일이 없으므로 내 양심에 물어보아도 부끄럽지 아니하였다"고 양심의 판단을 가장 중요시하였다.[3] 즉 남북한이 서로 교차하는 난리 통에 양쪽에 "애국자임을 억지로 증명해야 하는" 질서를 거부한 진정한 자유주의자였다고 볼 수 있다. 그러나 전쟁 상황에 있는 남북한은 그러한 사람조차도 생존할 수 있는 공간을 허용하지 않았다. 그리하여 한국전쟁이 끝났을 때, 북한에서는 물론 남한에서도 개인의 양심과 판단을 가장 앞세울 수 있는

3 김성칠, 『역사 앞에서: 한 사학자의 6·25 일기』, 창비, 1997 참조.

사람은 거의 살아남지 못했고, 이승만의 가부장주의 폭력을 '자유대한'이라고 찬양하는 사람들만이 자유민주주의자로 행세하였다.

그러나 우리의 비극은 타락한 자유주의자들에 비해 내면의 판단을 중시하면서, '정치적인 행동'으로 그것을 표현한 양심적 자유주의자들의 수가 너무나 적었다는 사실이며, 초기에 '비정치성'을 강조하면서 양심적 자유주의자로 출발한 사람들 중 상당수는 결국 친일, 친미, 친군사독재, 대세 추종주의 등의 모습을 보인 타락한 자유주의자로 변질되었다는 점에 있다. 일제하 조선의 천재요 선각자였던 춘원 이광수의 말년의 친일 행각은 가장 전형적인 예에 속할 것이다. 안창호를 가장 존경하였던 이광수는 안창호를 따라 자치, 실력 양성, 민족 개조를 표방하는 문화운동을 전개하였고, 그의 문학은 문화운동의 한 수단이었다. 그가 모든 소설에서 자유연애를 주창한 것은 혼인을 가족 간의 결합으로 정의하였던 유교적 도덕률에 대한 가장 강력한 반발이자, 개인을 가족 위에 두는 자유주의의 기본적인 원칙을 중시한 것이었다고 말할 수 있다. 그러나 이러한 '탈정치적' 문화운동은 결국 한국인에게 조그마한 '정치적 자유'의 공간도 허용하지 않았던 일제의 통치정책과 합치하는 것이었다. 그들은 정치적 자유를 포기하고 문화적 자유를 추구하였고, 문명인·개화인의 길을 추구하였으나, 결국은 일제하에서 문화적 자유조차 누리지 못하는 불구자가 되었다.

한국 근현대사에서 문화적 자유주의자들의 공통적인 특징은 1950년대 어떤 외국인이 지적한 것처럼 한국 문화나 역사에 대한 경멸이었다. 한국의 문화에 대한 경멸의 뿌리는 앞에서 언급한 윤치호에까지 거슬러 올라간다. 그는 조선 말기에 고위 관리의 아들로 태어나 많은 재산을 물려받았던 조선의 제일가는 부자였다. 그는 일본의 제국주의가 부여한 허구적인 자기의식을 체현한 사람으로서 민족적 아이덴티티가 어떻게 붕괴하는지를 보여주는 대표적인 사례이다. 그는 미국의 부강한 물질문명을 접하고서 미국이나 서구를 모든 문명이 추구해야 할 전형이라고 파악하였으며 강자 중심의 세계관을 갖게 되었다. 그는 결국 힘의 논리에서 우위에 서 있는 일본의 지배하에서 '조선 독립은 불가능하다'고 생각하게 되었으며 황인종 중심주의로까지 나아가 내선일체(內鮮一體) 시책에 적극 협력하였다가, 계속 승승장구하리라고 믿었던 일본이 패망하는 것을 바라보면서 자결을 하게 된다.

윤치호의 죽음은 근대 한국의 자유주의자의 비극을 상징적으로 보여준다. 근대화 과정에서 식민지로 전락한 조선의 처지에서 서구와 일본의 보편주의는 곧 자기부정과 자기해체를 강요하게 되고, 그것은 자신의 존재를 확인할 수 있는 정신적 기둥의 결여를 의미한다. 여기서는 역사적 경험, 문화적 정체성이라는 것이 설 자리가 없기 때문에 우월한 문명의 약소문명 지배만이 정당화되기에 이른다. 초기 미국의 물질문명에 감복하고 그것을 배우기 위해 노력하였던 선각자들이 대체로 이러한 정신적 자기분열의 과정을 겪게 된 것도 '보편주의'의 이데올로기적 성격을 바로 보지 못했기 때문이다. 자유주의를 지향하는 선각자들이 사회주의 이념을 견지한 사람들에 비해 일제 말에 더욱더 친일의 길로 나아가게 된 것도 여기에 연유한다고 하겠다. 해방 후 한국사회를 지배한 친미적 지식인의 행로 역시 이와 다르지 않다. 이 점에서 한국의 자유주의자들은 불행한 코스모폴리턴이었다.

결국 경제, 사회, 문화, 사상과 양심의 자유의 존립에 가장 일차적으로 요구되는 '정치적 자유'를 위해 투쟁한 자유주의자가 극히 드물었다는 것이 한국 자유주의의 비극이었다고 볼 수 있다. 일제하에서 자유주의는 민족의 문제와 씨름해야 했고, 분단 이후에는 반공주의 국시와 씨름해야 했다. 즉 일제하에서 조선인 개개인의 자유와 권리를 가장 심각하게 제약하는 정치적인 조건은 바로 일제의 파시즘 지배체제였고, 그것을 제거하지 않고서는 자유의 존립 근거가 없었다. 한국에서 자유주의, 자유민주주의는 한태연이 주장한 것처럼 언제나 교양과 용기를 지닌 지식계급을 전제로 하는 것이었고, 지식계급의 비판과 반항에 의해서만 유지될 수 있는 것이었다. 그러나 일제의 파시즘과 해방 후의 이념 대립과 분단에 지칠 대로 지친 한국의 지식인들에게 이러한 교양과 용기를 기대할 수는 없었다. 그리하여 자유는 오직 레토릭으로만 남거나 그냥 정치와 절연된 영역에서 극히 고립된 개인의 정신적 자유로만 남게 되었다. 그러나 여기서도 봉건의 속박에서 문화적 자유를 누릴 수 있는 공간이 존재하였는데, 일제하의 자유주의자들 대부분은 정치적 자유를 위해서 투쟁하기보다는 신앙의 자유, 전통적 속박으로부터의 해방, 자유주의 신문화의 향유 등 문화적 자유를 주창하면서 정치적으로는 결국 일제의 황민화 정책, 억압정책을 용인하는 친일의 길을 걷게 된다.

4

한국 자유주의의 역사는 바로 현대 한국의 사상적 불구성의 역사이다. 앞서 살펴본 것처럼 한국전쟁 후에 살아남은 한국의 자유주의자들은 어떤 점에서 정신적 불구자들이었다. 전쟁이 터지자 미군이 올 것을 학수고 대하면서 "하늘에 계신 우리 아버지는 미국의 아버지시요, 이승만의 아버지시요, 트루먼의 아버지시요, 인류의 하나님이라는 말이다. 그러므로 미국 사람과 한국 사람은 한 아버지의 아들이시요 한 형제인 고로 형제가 난을 당할 때 형제가 와서 구원합니다"[4]라던 남한 기독교 인사들의 정신 상황은 이러한 불구성을 잘 드러내 보여준다. 자유라는 보편 이념은 한국과 미국을 한몸으로 하는 '자유세계'의 지도 이념이었으며, 그것은 곧 공산주의로부터 자신과 가족을 보호해주는 '방공호'요 안식처였다. 그들은 자유

___

4 한국전쟁 중 어떤 목회자의 기도 중에서. 졸저, 『분단과 한국사회』, 역사비평사, 1997 중에서 재인용.

를 위해서 투쟁하거나, 자유의 가치를 지키기 위해 최소한 자신의 양심과 생각, 경험을 정직하게 표현하지 못해왔다. 스스로 자유주의의 원칙을 어기는 행동을 하지 않을 수 없는 그들의 모순적인 존재 조건이 이들을 정신적인 불구자로 만들었다.

물론 인간은 그렇게 용감한 존재가 아니다. 겁 많고 소심한 보통 인간들을 정신적 불구자로 만든 것은 일차적으로는 냉전과 분단이라는 일종의 국가 폭력체제, 그것에 의해 조장된 보수의 완강함에 있을지 모른다. 한국에서 원칙 그대로의 자유주의자로 살기는 대단히 어렵다. 군사 통치하에서는 정치적인 박해를 받을 수밖에 없었고, 고루하고 보수적인 사회 분위기에서 자유를 내세우고 실천하는 것은 엄청난 용기가 필요하다. 따라서 자유주의자가 권력에 참여하게 되면 파시스트가 되거나 무이념, 무사상의 존재가 된다. 일찍이 송건호가 말하였듯이 지식인에게 경제적인 기반이 없고, 무엇인가 외부의 힘에 의지해서 생활을 유지해나갈 수밖에 없는 사회에서 지식인의 권력 참여는 반드시 권력에 예속되는 것으로 나타난다. 이렇게 되면 지식인은 더욱더 비굴해진다. 그나마 한국에서 자유주의자가 존재한다면 생활을 유지하기 위해 불필요하게 굴종적인 자세를 취하지 않아도 되는 대학 교수들에게서나 가능한 이유도 여기에 있다.

상당수의 자유주의자들은 엄혹한 군사독재를 거치는 동안 냉소적인 인간이 되었다. 권력에 적극적으로 편승하기에는 자유에 대한 그의 평소의 생각이나 소신이 용납을 하지 않고, 저항을 하기에는 용기가 부족하기 때문이다. 냉소적인 인간은 중립적인 인간이 아니다. 그의 침묵 자체가 부정의하고 부도덕한 현실을 용납하는 행위인 동시에, 자유를 위해 투쟁하는 사람들에게 박수를 보내지 않음으로써 그들의 노력을 좌절시키는 데 일조한다. 냉소는 무기력과 좌절의 표현이고, 이러한 무기력과 좌절은 다른 방식으로 자신의 탐욕을 추구하도록 만들 수도 있다. 결국 냉소주의는 끝까지 냉소주의로 남아 있을 수 없으며, 현실에 영합하는 권력 추구욕으로 발현되는 경우가 많다. 그러나 냉소의 철학은 이기의 철학이며, 생존의 합리성을 모든 사회적 가치의 우위에 놓는 태도이다. 원인이 어떠하건 이러한 냉소주의자, 정신적 불구자에게서 고상한 생각이나 남을 감동시키는 이야기가 나올 수 없는 것은 자명하다. 그리하여 '자유를 지키기 위한 용기'를 발휘할 수 없었던 한국의 문화와 사상, 지식과 학문은 이렇듯 왜소해지고 황폐해졌다.

그렇다. 한국의 자유주의자를 정신적 불구자로 만든 것은 생존의 논리를 주의(主義)의 논리 앞에 둘 수밖에 없었던 사정에 기인한다. 일찍이 한용운은 "조선의 주의자로는 그 태도가 너무나 행운유수적(行雲流水的)이어서 금일에 갑주의자인 듯하다가, 명일에는 을주의자가 되고, 남에서 병주의자인 듯하다가 북에서 정주의자가 되어 주의에서 주의로보다도 혹은 반역자가 된다"고 질타한 바 있다. 생존의 법칙에만 따르는 사람은 생활인은 될 수 있어도 남을 이끄는 사람은 될 수 없다. 이들은 철저한 자유민주주의의 투사인 것 같으나 기실은 자유민주주의를 가장 빨리 버릴 수 있는 사람들이다. 이들의 지지를 받는 정권은 안정되고 튼튼한 것처럼 보이나, 따지고 보면 그처럼 허약한 정권도 없는 것이다. 정치는 상업의 논리에 지배되고 상업은 정치화되어, 정치 상업 어느 편에도 일관된 원칙이 존재하지 않는다. 양심적 자유주의자의 부재는 양심적 사회주의자의 부재와 일맥상통하는 점이 있는데, 국가 운영에서 중요한 역할을 맡아서는 안 될 이러한 인간들이 가장 중요한 역할을 맡게 되었다는 사실이야말로 남북한을 관통하는 우리 현대사의 비극이라고 할 것이다.

반공주의의 챔피언인 나라에서 힘 있는 반공을 찾기 어려운 이유, 자유의 천국에서 진짜 자유주의가 없는 이유도 자명하다. 그것은 모든 사람들을 기회주의자로 만들어온 저 엄혹한 정치권력을 생각해보기만 하면 된다. 자유는 '선택의 기회'를 전제로 한다. 그러나 '국시가 반공'인 나라에서 우리는 그러한 선택의 기회를 누려보지 못했다. 남과 북의 분단, 남북한 국민, 인민으로서의 존재 역시 진정으로 자유로운 선택의 결과는 아니었다. 빈곤에서 탈출하기 위한 경제성장 지상주의 역시 국민들의 충분한 토론과 동의를 거친 것이었는지는 의심스럽다. 자신의 자유의지로 상황을 선택할 수 없는 조건에서 자유의 가치를 공개적으로 주장하면서 그것을 실천에 옮기기는 어렵다. 이러한 상황에서 자유를 지킬 수 있는 길, 전체 혹은 패거리 문화에 가담하지 않으면서 자신을 지킬 수 있는 유일한 방법은 '나'를 절대화하면서 '나'의 세계에 침잠하는 방법밖에 없을지도 모른다. 정운영이 말한바 "차가운 이기주의만이 나를 지탱하게 한다"는 정신적인 태도는 마르크스주의 경제학자의 멘털리티라기보다는 자유주의자의 그것에 훨씬 가깝다.

그러한 자기 영역의 고수, 조직 혹은 집단과 거리 두기는 타락한 자유주의자, 타락한 지식인이 되지 않기 위한 방법이었다고 이해할 수 있지만, 현실정치의 억압에 자유스럽고 저돌적으로 대항하였던 김수영의 자유주의보다는 못한 것이다. 자유주의자의 입지가 그렇게 좁았다고 인정하더라도, 왜 그리 수많은 자유주의자들이 냉전 자유주의를 비판하지 못하였으며, 그러한 질서 속에서 기회주의자로서 살 수밖에 없었는가 하는 점은 우리의 숙제로 남는다. 아무리 어려운 상황이었다고 하더라도 자유주의자들이 좀더 '자유'에 충실했더라면, 우리의 문화 사상의 지평은 훨씬 건강해졌을 것이고 정치사회적 무질서도 상당히 극복될 수 있었을 것이기 때문이다.

5

이제 수많은 한국의 자유주의자들을 기회주의자, 정신 파탄자로 만들었던 그 험악한 시대가 지나가고 있다. 수많은 지식인들의 영혼을 유린했던 정치적 억압과 처참한 빈곤은 낡은 것이 되고 있다. 국가보안법 폐지 운동이 활발하게 전개되었으며, 30년 이상 감옥 생활을 한 장기수들도 준법 서약서 없이 출소하였다. 사회적으로는 가족이나 친족 조직과 집단에 충성을 강요하는 분위기도 점점 어색해지고 있다.

1990년 이후 들어서 우리 역사상 처음으로 '자유', 즉 상처받지 않은 자유의 시대가 도래하고 있다. "나는 나"라고 과감히 선포하는 Y세대를 주목해보자. "남의 시선을 의식하지 않고 살겠다" "내가 좋은 일 한다" "결혼도 선택이다"라고 과감히 주장하는 이들은 "여성도 인간이다" "감정에 충실하는 것이 중요하다"고 선포하였던 일제시대 신여성의 후예 자유주의자들이다. Y세대는 전쟁과 독재의 강요 속에서, 가족을 잃고서 도시의 이방인이 되어 자유로워진 존재가 아니라 자신의 삶을 선택할 수 있는 처지에 놓이게 되어 자유롭기 때문에 선각자 자유주의자들처럼 고난의 길을 걷지 않아도 될지 모른다. 그렇다면 이들이야말로 개인의 자유와 개성을 지키기 위해서 정신병적인 상황으로 자신을 몰아가지 않아도 되는 우리 현대사에 나타난 최초의 자유주의자일지도 모른다. 남의 눈치 보지 않고 자신의 개성과 관심과 욕구를 마음껏 펼칠 수 있는 세대의 출현, 그것이야말로 구세대 자유주의자들의 얼굴에 드리운 그늘을 걷어낼 21세기의 희망이 아니겠는가?

그러나 포스트모더니즘의 담론과 1990년대의 문화적 지향, 성 담론과 동성애 논자들의 주장들도 사실은 일제 이후 전통적인 한국 자유주의의 연장선에 있다. 그들의 말과 행동은 가족주의 가치, 권위주의로 포장된 민주주의의 허구성과 이중성을 폭로하는 데 가장 전복적이었고 진보적이었다고 볼 수도 있으나, 그들의 '해방적 실천'은 일제시기 신여성들이 그러하였듯이 주저하는 다수의 사람들을 감동시키지 못하였고, 더욱이 그들이 비판하는 질서를 가장 최종적으로 지탱하고 있는 정치적 지배질서에 대해 근본적으로 도전하지 못했다. 예를 들어 마광수 교수의 외로운 투쟁은 나름대로 의미가 있는 것이었지만 그의 복직은 대학사회의 보수성과 기득권 구조, 문화에서의 권위주의를 극복하는 데 별다른 역할을 하지 못했다. 한국의 자유주의의 전통적인 한계와 마찬가지로, 가부장적인 가족 가치를 파괴하는 데는 진보적이었으나, 개인의 자유를 억압하는 국가에 대항하는 데는 거의 무기력하였으며, '주체'를 세우기 위한 투쟁, 정치·사상의 자유를 위한 투쟁 과정에서 어떠한 역할을 수행하지 않음으로써 파괴된 가족 가치를 다른 형태의 가치로 대체하거나 자유주의적인 사회윤리를 확산하는 데는 실패했다.

한국의 조건에서 보자면 정치가 모든 사회적 영역의 결절점으로 남아 있는 한 정치를 회피하는 자유주의는 언제나 자유의 정신을 발양시킬 수가 없다는 점을 또 한 번 확인할 수 있다. 그러나 오늘의 시점에서 더 심각한 것은 범지구적인 신자유주의 자본주의의 물결이다. 앞에서 말한바 신세대의 자유는 '자본'의 울타리 속에서 길들여진 자유인지도 모른다. 그들이 자신의 주인이 되는 것은 이들이 원하는바 "자신의 일과 관심에 충실하도록" 경제적·정치적 조건이 허용된다는 전제하에서 가능한 일일 것인데, 불행히도 시장경제는 돈 있는 사람들에게만 자유를 허용하는 속성이 있다. 이렇게 본다면 전쟁과 독재 치하에서 살아남은 소수의 한국의 양심적 자유주의자들이 그렇게 원했던바 권력과 돈으로부터 개인을 지킬 수 있는 공간이 확보된 것처럼 보이는 오늘날 우리는 과연 자유로운가? 자유롭다면 과연 얼마나 자유로운가? 해고의 위험과 실직의 고통이 모든 생활인들을 옥죄고 있는 이 시대에 자유주의자자 된다는 것은 무엇을 말하는가? 오늘날 보이는 검열자나 보이지 않는 검열자가 사라진 대신 '상품'이라는 검열자가 우리를 둘러싸고서, 자유롭다는 느낌까지도 만들어주고 있는 것은 아닌가? 어쩌면 한국에서 자유주의자가 최초로 탄생하는 오늘의 시점은 이제 더는 자유주의자가 존재할 수 없는 시점일지도 모른다.

한국의 지식사회와 지식권력

1. 도입: 지식의 생산과 유통

지식사회를 분석할 때 일차적으로 필요한 것은 한 사회에서 지식이 어떻게 생산되고 유포되는가 하는 점이다. 근대사회에서 지식은 대학에서 주로 생산되며, 학교 교육, 출판, 그리고 미디어(media) 등을 통해서 유포된다. 대학 밖의 각종 사회조직, 개인과 연구집단 등도 지식 생산 역할을 하지만 역시 대학이 지식 생산의 가장 중요한 기지라고 봐야 할 것이다. '지식'(knowledge)의 개념을 확장하여 정보(information)도 지식의 한 부분으로 본다면 미디어도 지식 생산의 중요 기지라고 볼 수 있다.[1] 지식의 유통은 중·고등학교, 대학 교육과정을 통해서 주로 이루어지지만, 현대사회

---

1 김대중 정부가 들어선 이후 '지식'은 '정보'와 주로 같은 개념으로 쓰이는 경향이 있다. 신지식인 육성 정책도 그러하고 지식기반사회 구축의 구호도 그러하다. 김대중 정부는 신지식인이란 "지식을 활용하여 부가가치를 창출하고, 새로운 발상으로 자신의 일하는 방식을 혁신한 사람"이라고 규정한 바 있는데, 그러한 개념은 기본적으로 토플러(Toffler) 등이 제시하는 지식·정보 사회론에서 온 것이다. 즉 현대 자본주의에서는 지식·정보가 부가가치를 낳게 되므로 자본, 노동력 등 전통적인 요소 대신에 지식·정보가 중요한 역할을 하게 된다는 이론을 최근 한국의 정부나 기업에서 받아들여 지식과 정보를 사실상 같은 개념으로 사용하게 된 것이다. 그러나 엄밀히 말해 지식과 정보는 동일한 것은 아니다. 지식은 보다 추상적이고 체계화된 것이며, 일반화된 내용을 담고 있는 것이지만, 정보는 지식을 응용한 것, 하나의 체계를 이루는 것이 아니라 단편적인 사실들을 주로 지칭한다.

에서는 미디어의 비중이 점점 높아지고 있다. 교육을 통해서 유통되는 지식은 보다 학문적인 내용과 관련되는 경우가 많지만, 미디어는 일반인들이 쉽게 이해할 수 있는 것들을 주로 가공하여 전파하기 때문에 대중들에게 미치는 영향력은 훨씬 크다.

그런데 지구화가 진척된 오늘날 지식의 생산과 유통은 한 나라 안에서 진행되는 것이 아니라 세계적인 차원에서 이루어진다는 점을 주목할 필요가 있다. 그리고 세계적인 지식 생산의 흐름은 지구 자본주의, 국가 간 지배체제의 틀 내에서 진행된다. 과거 제국주의 시대에는 제국주의 모국의 언어와 지식이 자국은 물론 식민지 학생들에게 전달됨으로써 그것이 식민지 주민들의 정신세계를 지배하였다. 그러나 오늘날과 같이 전세계로 연결된 다국적 기업과 초국적 금융자본이 세계를 지배하는 시대에는 이들 자본의 요구에 부응하는 지식이 세계 중심 국가인 미국과 유럽의 대학·기업·미디어 등에서 생산되어, 그곳에서 수학한 전세계의 젊은이들이 자국의 대학, 미디어를 통해서 교육, 전파하는 모양새를 취한다. 그리고 인터넷 매체는 이제 국제어가 된 영어를 통하여 전세계의 지식인, 학생, 일반인에게 영향을 미치고 있다. 물론 언어, 역사와 문화 등과 같은 인문학적 지식은 이러한 세계적 규정력을 덜 받지만, 국제적 자본의 힘이 커지는 정도에 비례하여 인문 특히 역사 문화 관련 지식의 생산과 유통은 비중이 축소되는 경향이 있다.

지식, 특히 사회과학 지식의 경우 그 생산과 유통 과정에서 자본주의 세계체제의 정치경제적 규정과 한 국가 내의 정치적 지배질서로부터 자유롭지 않다. 사회과학적 지식을 체제 옹호와 체제 비판의 지식으로 이분화하는 것은 다소 무리가 있지만, 경향적으로 보자면 중심부 자본주의가 생산과 유통의 기지가 되어 전세계 구석구석을 자신의 영향권 안에 편입해 가고 있다고 볼 수 있다. 그리고 중심부 국가의 공용어가 주요 지식 전달 매체로 자리 잡아 모든 주변부의 학생과 지식인은 중심부 언어 학습,

오늘날에는 바로 영어 배우기에 모든 정력과 시간을 보내게 된다. 그리고 이 중심부의 언어를 통해 자신이 처한 사회 현실을 설명하는 이론들이 '주류'로 자리 잡아 대학·출판·미디어를 통해 유포되는 경향이 있다. 이렇게 될 경우 주변부는 독자적인 지식 생산 능력을 갖추는 데 노력을 기울이기보다는 중심부에서 생산된 지식을 빨리 흡수하는 데 치중하게 되고, 여기서 대학은 연구와 교육의 불일치 현상이 발생하고, 주변부에는 만성적인 지식 수입 체제가 구축된다. 그리고 주변부 국가의 미디어는 자국에 관한 정보는 자체 생산하지만, 세계 정세에 관한 정보와 지식을 미국과 유럽 등 중심부에 기지를 둔 거대 미디어에게서 직접 받아서 전파하는 창구 역할을 하게 된다. 그렇게 되면 미국 중심의 거대 미디어에 대한 지적 정신적 종속은 더욱 심해질 것이다.

결국 우리는 한국에서 인문사회과학 지식의 생산과 유통이 어떻게 이루어지고 있는지 사회적 분석과 성찰이 필요하다. 지식의 생산과 유통은 분명히 자유(liberty)와 민주(democracy)의 이념에 기초해야 한다. 그러나 실제로 지식은 자유롭게 생산 유포되지 않으며, 정치권력, 특정 이해집단의 힘에 굴절되기 마련이다. 즉 지식 생산 능력과 유통 능력은 정치경제적 제약을 받는다. 이 점을 고려하면서 한국의 지식 재생산 구조를 살펴볼 필요가 있다.

2. 지식사회와 지식권력

지식과 권력(power)은 형용 모순이다. 지식 그 자체는 자유로운 논쟁과 소통을 전제로 존립할 수 있기 때문에 권력을 지향하지 않으며, 지식이 곧 권력을 창출하지는 않는다. 특히 근대적 지식은 기본적으로 인간의 해방을 지향하며 비판의 정신을 간직하고 있다. 그리고 근대적 지식인 역시 이러한 해방의 정신으로 무장된 존재이다. 그런데 지식권력이라는 개념이 등장한 것은 무슨 까닭인가? 그것은 지식 그 자체가 지배질서를 유지하는 중요한 기둥이 되었다는 의미이며, 지식인이 권력자가 되었다는 의미일 것이다. 지식이 "다른 사람을 자신의 뜻대로 움직일 수 있는" 무기이자 자원이 되었다는 뜻이다. 사람들이 특정한 사상이나 가치, 혹은 지식에 매료되어 그것을 따르려는 모습을 보이는 일은 언제나 있는 일이지만 이것을 우리는 권력이라 말하지 않는다. 만약 특정한 사상이 다른 사람을 사로잡는 것만으로 그것을 권력 작용으로 본다면 예수와 공자는 최대의 권력자일 것이다. 지식권력은 지식이 특정한 경제적 이해, 지배질서의 창출과 유지를 도모하는 데 사용될 경우를 지칭한다.

그렇다면 지식의 힘은 어디에서 오는가? 그것은 삶의 이론적 형상화 능력, 복잡하게 얽힌 현실에 대한 설명력과 설득력에서 온다. 지식의 힘은 언어의 힘에서 오는 것이며, 이때 언어는 분명한 개념, 논리적 인과관계, 사실과의 부합성, 공유된 언어사용 합의구조 등을 전제로 해서 스스로를 구성한다. 지식이 이러한 힘을 가질 때 우리는 그러한 지식, 혹은 지식인이 영향력을 획득했다고 말할 수 있다. 그런데 영향력은 권력과 다르다. 영향력은 사후적으로 획득된 것이며, 사전에 기획된 것이 아니다. 그리고 영향력은 변화를 추구하는 동력이 되기는 하나, 그 변화가 곧 영향력을 행사하려는 주체에게 가시적으로 구체적인 이득을 가져다주는 것은 아니다. 그러나 권력은 '폭력'을 사용해서라도 상대방을 통제함으로써 그의 행동이 자신의 이해 추구에 기여하도록 만들 수 있는 힘이다. 권력은 자신의 기획 아래 특정한 지식, 지식의 체계를 자신의 파트너로 삼게 되고, 권력의 그러한 속성을 이해한 지식인은 적극적으로 권력화를 시도하기도 한다. 즉 지식은 논리적으로는 권력 바깥에 존재하지만, 실제 정치경제 현실에서 권력과 지식은 뗄 수 없는 관계를 맺고 있으며, 지식의 내용과 방향은 권력과 함수관계를 갖는다.

사실을 탐구하고, 현상 속에 숨어 있는 흐름과 추세 법칙을 찾고, 그것들 간의 관계를 연구하는 지식은 그 속성상 어떤 권력과도 거리를 두려는 경향이 있어서, 지식이 자신의 정신에 투철할수록 기성의 권력과는 불화할 가능성이 많다. 특히 권력이 특정 세력이나 계급의 이익을 일방적으로 편들거나 그러한 이해집단의 요구를 대변할 때, 그리고 그것을 관철하기 위해 '폭력'을 전면에 드러낼 때, 일부의 지식은 한편에서는 권력에 저항하는 양상을 띠지만 다른 편으로는 권력의 시녀가 되는 극단적인 태도를 취하지 않을 수 없다. 하나의 정보, 혹은 선동적인 주장이나 언어의 유희가 지식을 대신할 때, 그것은 때로는 비판적인 담론을 구사하지만 실제로는 정작 공격해야 할 대상에게는 침묵하면서 만만한 상대만을 물고 늘어져서 대중을 더 혼란스럽게 만드는 역할을 할 수도 있다. 신문의 논설이나 칼럼, 보도 기사 등에서 그러한 경향이 많이 나타난다.

지난 20세기를 통틀어 국가는 권력의 중심이었고, 구성원의 생각과 판단을 지배해왔다. 그러나 오늘 발전된 자본주의 사회에서 권력의 가장 중요한 원천은 기본적으로 자본의 힘에 있다고 볼 수 있다. 물론 자본의 이해, 관심과 요구와 일치하지 않는 권력, 일시적으로 자본과 충돌하는 권력도 존재할 수는 있다. 그러나 궁극적으로 자본주의 사회에서는 자본의 확대 재생산에 기여하고 자유경쟁과 시장논리를 찬양하는 지식이 주류로 자리 잡을 수밖에 없다. 자본의 힘은 봉건, 군사정권과 같은 폭력과 차별에 기초한 것이 아니라 대체로 구성원의 자발적인 동의에 기초한다. 즉 자본은 노동자를 포함한 자본의 비소유자들에게 더 많은 물질적 부를 누리려는 열망을 불러일으켜, 자본축적과 재생산, 시장에서의 경쟁의 승리, 학력 자격 취득 등을 통한 노동력 상품의 질 향상에 기여할 수 있는 지식 재생산 기제에 대한 구매력을 높여주고, 그러한 요구에 부응하는 학문과 출판, 미디어 생산물이 영향력을 확대할 가능성을 높여준다. 이 경우 자본에 대해 비판적인 지식이 존립할 수는 있으나 그것은 자본의 포용력을 과시하는 구색 맞추기로 존재하거나, 그 정도는 아니라면 현실 정치경제적 역학관계에 개입하지 않거나 그것에 무관심한 순수 학문, 순수 이론적 담론으로 존재한다는 서약 아래서 존립을 보장받는 경우가 많다.

물론 지식사회는 상징적인 권력투쟁이 발생하는 장이다. 따라서 정치경제의 장에 비해서 지식사회에서는 비교적 자유롭게 지식과 담론이 제기되고 다툼을 벌일 수 있다. 그러나 지식사회 자체에도 부르디외(Bourdieu)가 말하는 것처럼 어느 정도 사회적 자본과 문화적 자본을 소유한 사람들만이 진입이 가능하므로 이 지식사회에서의 경쟁과 투쟁도 엄격하게 말하면 사회에 분포된 모든 의견을 대표하지는 않으며, 의견 역시 비중이 같지 않음은 물론, 경쟁의 게임의 룰 역시 공정하지는 않다.[2] 지식사회의 담론 영역에 등장할 수 있는 주장과 등장할 수 없는 주장, 혹은 등장은 하더라도 주변적인 위치에 머물 수밖에 없는 이론들은 오늘날처럼 개방된 사회에서도 엄연히 존재하고 있다. 아니 어떻게 보면 오늘처럼 정보의 홍수 시대에 더욱 세련된 방식으로 특정 지식들이 영향력을 미치도록 조장, 유도되고 있다고도 볼 수 있다.

결국 지식사회 혹은 지식권력은 엄격히 말해서 그 자체가 독립 변수는 아니다. 즉 지식은 지식 밖의 정치경제적 이해에 다분히 종속된다. 그럼에도 불구하고 권력과 자본은 마치 지식이 자유롭게 생산되고 소통될 수 있는 것처럼 선전하면서 필요한 지식을 자신의 이익을 위해 활용한다.

2 피에르 부르디외, 신미경 옮김, 「여론은 존재하지 않는다」, 『사회학의 문제들』, 동문선, 2004, 241~269쪽.

3. 한국의 대학과 미디어

그러면 인문사회과학 지식의 생산 기지이자 유통 매체인 대학과 미디어를 통해서 한국의 상황을 살펴볼 필요가 있다.

일제 식민지 경험을 겪었고, 그 이후에는 미국의 정치경제적 영향권에 편입되었으며, 자본주의 세계체제에서 주변부에 처한 한국은 지금까지 독자적인 지식 생산 능력을 갖추지 못하고 지식을 일방적으로 수입하는 국가로 존재해왔다. 지식 수입의 주요 창구는 대학이었는데, 대학의 학제·교수·학문체계·교과서 등은 일본이 남긴 것에다 이후 미국 대학의 것을 수입하게 되었다.[3] 일제하에서 정착된 학문체계, 교재, 교수진은 1960년대 초반 이후에는 이제 세계 패권국가인 미국의 이론과 교재, 미국에서 수학한 교수진으로 바뀌기 시작하였다. 그 뒤 지난 40여 년 동안 한국의 대학은 독자적인 이론 생산 능력을 갖지 못한 채 주로 교육 활동에 전념해왔다고 해도 과언이 아니다.[4] 한국 대학에서 연구와 교육의 분리, 혹은 교육 중심주의는 곧 노동과정 이론에서 말하는 '구상'과 '실행'의 분리에 비견되는 것으로서, 한국의 대학에서 구상의 기능, 즉 연구 기능이 대단히 취약하거나 거의 부재한 것은 바로 한국의 정치경제가 미국에 크게 종속되어왔다는 사실과 무관하지 않다고 볼 수 있을 것이다.[5] 이러한

---

3 한국은 대학의 설립과 교육 이념, 교육 내용 등에 대한 국가의 통제는 일제 식민지 유산을 이어 받았으나, 고등교육을 공적인 것으로 보는가 수요자 중심으로 보는가의 문제는 미국식 제도를 따랐다. 즉 한국의 대학교육은 기본적으로 수요자가 비용을 부담하는 체제인 셈이다.
4 파키스탄 출신의 실천적 지식인 아마드는 파키스탄에 자주적인 대학을 설립하려 하다가 세계 은행(World Bank)의 방침을 접하게 되었는데, 그것은 제3세계 국가는 문명 퇴치에만 중점을 두면 되지 독자적인 대학이 존립할 필요는 없다는 것이었다(Equal Ahmad, *Confronting Empire: Interviews with David Barsamian*, Cambridge: South End Press, 2000, p. 20). 그것은 곧 지금까지 미국과 중심부 자본주의 국가의 공식 입장이었을 것이다.
5 한국의 이른바 명문 대학이 대학원 중심 대학으로 자기 변신을 하지 못하는 가장 중요한 이유

종속은 일단 국가의 체제를 수립하는 과정에서는 세계체제 내의 후발주자로서 자기 존립과 발전을 위해 불가피한 측면이 있었지만, 일정한 시점이 지난 이후에는 내부에 구축된 제도와 역학관계가 그것을 지속시키는 힘으로 작용하기도 한다.

서구에 의해 근대화된 후발국가이기는 하나 일본의 대학이 한국의 대학과 다른 점도 여기에 있을 것이다. 일본 역시 근대화 과정에서 독일 등지의 학문을 수입하여 근대적 학문체계를 수립하였고, 또 지금까지 세계 학계에 창의적이고 독자적인 인문사회과학 이론을 제출하는 단계에까지 올라섰다고는 보기 어렵지만, 일본의 대학생들은 유학보다는 국내 대학에 진학을 하고, 현지 지역 연구나 언어 습득을 위해서만 주로 유학을 하는 경향이 있는데, 이는 한국과 근본적으로 상이한 점이다. 일본은 인문·사회과학 지식의 생산과 교육에서는 일단 자기 완결성을 견지하고 있으며, 이것은 일본이 한국과 달리 과거 식민지가 아니라 제국주의 국가였다는 점과 깊이 연관되어 있을 것이다.

그렇다면 지식의 유통과 관련된 교육기관과 미디어의 경우는 어떠한가?

지난 군사정권 아래서는 군부 지배집단이 폭력적으로 지식의 생산 혹은 유통 기제인 학교와 미디어를 장악하였다. 물론 이 폭력은 물리적인 것과 상징적인 것을 모두 포함하지만, 한국에서 1987년 혹은 1990년대 초반까지 대학, 중·고등학교와 미디어는 국가권력의 노골적인 검열로부터 자유롭지 못했다. 대학 당국은 '문제 학생'을 사찰하는 기구 역할을 했다.[6]

도 이것과 관련되어 있다. 명문 대학의 이름은 학부에 우수한 학생이 진입한다는 사실에서 보증되는 것이지 대학원에서 우수한 학문이 생산되는 것과는 거리가 멀다. 따라서 명문 대학이 입학생 성적에 사활을 걸지언정 대학원의 질 향상에 관심을 두지 않는 것은 바로 한국의 대학이 독자적인 지식 생산 능력을 갖지 못하기 때문이다.

6 대학은 '문제 학생'들의 강제 징집을 적극적으로 지원했으며, 전국 대학 총·학장 회의를 열어 문제 학생과 관련된 정보를 교환하고 정부 방침을 전달받았다. 지도교수는 문제 학생을 전담

중·고등학교 검정 교과서 체계와 교과서 내용의 검열과 통제, 교사들 간의 자율적인 교과 모임에 대한 엄격한 제한, 대안적인 교과서 사용 엄금, 1989년 전교조의 불법화와 '참교육' 담론에 대한 위험시, 체제 비판 혹은 정부 비판 발언을 한 교사의 강제 해직 조치 등이 중·고등학교와 교사들에게 해당되는 것이었다면, 사실상의 학생 사찰기구로서 대학 행정제도와 학생조직, 비판적 성향의 교수의 대학 진입 차단과 해고, 대학 강의 내용 검열, 비판적 지향의 학자 지망생의 대학원 진학 금지,[7] 도서관에서 북한 혹은 마르크스주의 관련 서적의 대출·복사 금지, 비판적 내용의 강좌 개설 통제 등을 통해서 우선 교육 내에서의 폭력적 지배가 두드러졌다.

지식의 주요 유통 창구인 출판 영역에서는 국가의 이념인 반공주의와 거리를 두거나 반공주의 및 자본주의 체제에 비판적인 모든 출판물을 검열하거나, 판매 금지하는 조치를 통해서 사상과 지식의 자유로운 유통을 통제하였다. '이적 표현물'이라는 국가보안법의 개념 규정에 따라 비판적인 사상이나 이론이 '출판'을 통해 유통될 경우 잠재적으로는 이적성을 지닐 가능성을 안게 되었으며, 1970년대 말 이후 계속되는 출판 탄압, 출판인 구속 사태, 각종 필화 사건 등이 모두 이것과 관련되어 있다.

물론 출판보다 더욱 영향력이 막강한 방송, 신문 등 미디어에 대해서는 더욱 노골적으로 검열이 실시되었다. 언론사의 소유 지분, 사장을 비롯한 간부의 선임, 언론사 내의 인사 과정, 기자들의 역할, 정책 결정 과정에 공안기구나 핵심 권력기관이 직접 관여하였다. 그리하여 정권에 협조적인 인물들만이 언론사의 주요 간부직에 올라갈 수 있었다. 한편 국정원(과거

하여 사찰하는 역할을 하기도 했다. 『한겨레21』, 2004. 5. 10.

7 1981년 서울대 대학원 입학시험에서 학생운동 경력이 있는 '전과자' 지망자를 모두 탈락시킨 사례가 그것이다. 이들은 이듬해 다른 대학원으로 진학하거나 유학의 길을 택했다. 한편 1970, 80년대에 걸쳐 국립대 교수가 되기 위해서는 신원 조회를 거쳐야 했고, 따라서 감옥에 갔다 온 학생운동 경력자가 국립대학 교수가 되는 것은 거의 불가능했다. 1970년대 말에는 실제 중앙정보부가 교수 임용 시 신원 조회를 담당한 경우도 있었다.

의 중앙정보부, 국가안전기획부)이 신문과 방송에 실리는 내용을 모두 사전 검열하여 내용과 방향을 좌우하였다. 그리하여 모든 방송과 언론은 거의 앵무새처럼 권력집단이 지시한 내용을 뉴스, 각종 특집 기사에 반영하였다. 언론사의 편집권을 언론사 외부의 공안기구가 장악했던 가장 노골적인 경우는 1980년 광주 민주화 운동 전후 신문의 타이틀 활자, 내용 자체를 지웠던 사건이다. 당시 독자들은 신문에 흰 공백이 나타나거나, 심지어는 이미 넣은 활자를 긁어놓은 신문들을 발견할 수 있었다. 결국 당시 공안기구는 미디어를 통해 전달될 수 있는 내용과 전달될 수 없는 내용의 경계를 명확하게 하였다.

오늘의 한국인들 중 40대 이상의 사람들은 이러한 권력의 폭력적 지식 통제 아래서 학교를 다니고 신문과 방송을 청취하였으며, 출판물을 접했기 때문에, 한국의 근현대사나 한국사회에 대한 이들의 생각, 군사독재 시절의 기억들, 이들의 철학과 가치체계는 모두 검열을 거쳐 임용된 교사와 지식인, 그리고 검열을 통해 공식적으로 유포된 지식에 기초하고 있다고 해도 과언이 아니다. 목격한 현실과 얻어진 지식의 날카로운 괴리를 느끼면서 정치사회 현실의 성찰과 학습을 병행한 극소수를 제외하고, 대다수는 자신도 모르게 그렇게 유포된 지식의 일방적인 세례를 받았으며, 그것이 오늘 그들의 모든 판단의 기초가 되고 있다. 이렇게 본다면 1970년대 중반 이후 1987년 이전까지 실제 한국에서 일어났던 일, 그것을 판단하는 기초 자료들, 그리고 그러한 현상들을 성찰할 수 있는 역사 지식과 철학적 지식 등이 차단된 상태에서 얻어진 지식, 정보, 정치적 판단과 사회의식은 오늘날 '여론' 혹은 '침묵하는 다수'의 의견으로 종종 언급되고, 국민 대다수의 정치적 의견으로 포장되어 선거를 통해 낡은 시대의 인물을 또다시 권력에 앉히고, 지식시장을 형성하고 있으며, 그러한 지식시장이 거꾸로 출판과 미디어의 지형을 좌우하고 있다고 볼 수 있다.

결국 1980년대 말까지 한국에서는 학교나 미디어를 통해서 국가가 허용한 범위 내의 지식만 일방적으로 수입, 유통되었다. 이 과정에서 지식의 생산자이거나 전달자인 교사와 교수, 언론인 들은 크게 좌절했지만 그 대부분은 결국 현실에 안주하였으며, 학생들이나 시청자들도 공식화된 지식 혹은 정보와는 다른 의견과 목소리가 있다는 것을 알 수 있는 기회를 박탈당하였다. 이처럼 정신적 폭력의 세계, 혹은 지식의 권력화는 지식사회에 몸담고 있는 사람뿐만 아니라 그러한 지식의 세례를 받은 모든 사람들을 일종의 정신적인 장애인으로 만들었으며, 그들에게서 비판의 용기, 지식 추구의 열정을 빼앗았다. 이러한 국가의 지식 검열로 한국인들은 '달리 사고할 수 있는 용기'를 상실하였으며, 현실에 대한 분명한 판단력, 권리의식과 책임의식으로 무장한 비판적이고 성찰적인 시민의 등장이 어려워졌다. 그리고 대학에 국한하여 보자면 이러한 지적인 질식 상태는 한국의 인문사회과학 분야에서 창의적인 지적 생산물이 나올 수 있는 가능성을 제한하였다.

그러나 지식사회에 대한 권력의 억압과 통제는 사실상의 계급 지배, 엘리트주의 확대, 사회적 차별과 편견의 일방적 주입 과정이라는 점을 주목해야 한다. 즉 신문과 방송, 학교 교육에서는 성장과 안보의 가치 외에는 다른 이념이 전파될 수 없었음은 물론 노동자보다는 자본가나 엘리트의 시각이, 양성 평등의 정신보다는 가부장적 가치가, 사회적 소수자나 장애인보다는 다수의 시각과 가치를 일방적으로 전달하는 일종의 지식 독재가 뒤따랐다는 것이다. 그 때문에 군사독재는 물러가도 그들이 만들어놓은 문화적 지형은 그대로 존속하게 되었다. 시장의 장점은 찬양하면서도 노동의 중요성이나 가치는 거의 언급하지 않는 초·중고등학교의 사회 교과서, 비정규직 노동자가 700만을 넘어서도 그들이 처한 노동 현실과 요구를 경제구조 속에서 조명하지 않는 주류 언론이 그 대표적인 예이다.

4. 오늘의 지식사회와 지식권력

1990년대 초반 이후 한국사회 특히 한국의 지식 생산과 유통 과정에는 이제 과거와 같은 억압적 권력이 전면에 나서기보다는 점차 '상징적인 폭력'이 지배하게 되었다. 이제 거대 자본은 국가를 대신하기 시작하였으며 오늘날 미디어는 지식, 정보의 유통 과정에 점점 더 큰 영향력을 갖게 되었다. 특히 이제 거대 자본이 군부의 총과 칼을 대신하여 지식의 생산과 유통 과정에 개입, 통제하고 지식인을 길들이는 작업을 하게 되었다.[8] 미국뿐만 아니라 한국에서도 대학의 이사회와 이사장, 거대 언론사의 사주와 편집자, 그리고 대형 출판사의 사장은 지식사회의 실제 권력자로 등장하고 있다.[9] 지식 생산 기지로서 대학은 이제 '소비자'인 학생과 학부모의 적극적인 요구, 지적 생산물의 가장 중요한 고객인 기업의 요구에 의해 점차 자본의 논리, 시장의 요구에 종속되었으며 출판과 미디어는 소유주 혹은 광고주로서 자본이 직접 영향력을 행사하게 되었다.

한편 신자유주의 자본주의와 사회의 다원화에 따라 미디어의 영향력이 커지면서 공급자보다는 소비자가, 생산보다는 유통이 지식의 내용과 성격을 더 크게 지배하게 되었다. 이것은 '지식인의 종말'[10]을 논하는 상황을 만들어냈다. 즉 자본이 출판과 미디어를 지배하게 되면서, 지식인은 독자적인 목소리를 낼 수 있는 기회를 점차 박탈당하고 자신의 생존과 물질적인 이득을 위해 이들 출판사와 언론사에 기생하여, 그들의 요구에 부합

---

8 허버트 실러, 김동춘 옮김, 『정보 불평등』, 민음사, 2001, 17~61쪽.

9 발자크는 "모든 대중지는 지난날의 왕조처럼 중간에 심을 넣은 불룩한 치마 밑에서 조종된다"고 사주의 지배를 지적한 바 있다(오노레 드 발자크, 『기자의 본성에 관한 소고』, 서해문집, 1999, 26쪽).

10 레지 드브레, 『지식인의 종말』, 예문, 2001; 장 프랑수아 리오타르, 『지식인의 종언』, 문예출판사, 1993.

하는 지적 생산물을 만들어내는 쪽으로 길들여지게 되었다. 한국에서도 이러한 미디어의 힘에 편승하여 새로운 권력집단이 만들어졌다는 이른바 '문화권력' 논쟁이 촉발되었다.[11]

거대 자본이 지식의 생산과 유통을 지배하게 되면서 오늘날 대학에서는 이러한 자본의 요구에 부응하지 않는 학과나 강좌는 폐쇄, 축소의 운명을 맞게 되었고, 교육과 출판보다 미디어의 영향력이 훨씬 커지면서 지식인들은 학문사회보다는 미디어에 기대어 자신의 영향력을 확대하려 하고 있다. 보편적 지식, 교양적 지식, 인문학적 지식이 설 자리는 점차 줄어들었다. 대체로 자본의 대학 길들이기 작업은 기존의 질서를 비판하는 연구 작업에 지원을 중단하거나, 그러한 이론을 지향하는 연구자를 점차 배제하고 기존의 시장질서를 금과옥조로 여기는 연구자들을 지원, 격려하는 일을 통해서 이루어진다. 물론 이것은 학생들의 관심과 수강 시 자발적 '선택'이라는 과정을 거치는 경우가 많다. 학생들은 자본주의 사회에서 필요한 전공과 지식을 학습해야 직업을 갖는 데 유리하기 때문에 그들 자신의 '상품가치'를 높일 수 있는 지식 분야에 몰리게 된다. 학생들은 교육을 점차 투자로 인식하게 되고, 돈을 들여서라도 상품가치가 있는 분야의 학위를 획득하려 한다. 그리고 대학 교수의 충원에도 재단 이사회 등의 권

---

11 문화권력은 처음에는 이문열과 유홍준 등 영향력 있는 지식인들을 지칭하는 말로 사용되었다. 처음에는 문학권력이라는 말이 등장하여 쓰이기도 했고, 언론권력이라는 말도 나왔다. 문학계에서 문화권력 논의는 소설가 황석영의 동인문학상 비판, 평론가 이명원의 서울대 김윤식 교수 비판, 시인 남진우의 평론가 김정란 비판 등의 사건들과 관련되면서 계속 논란을 일으켰다. 그러나 경희대 도정일 교수는 문화권력은 "지극히 한국적인 조어일 뿐"이라고 지적하였다. 즉 외국에서는 지식인을 도마 위에 올릴 때 "급진이냐 자유냐 보수냐" "좌파냐 우파냐" "진보냐 보수냐" 하는 식으로 따진다고 한다. 도 교수는 "외국에서 문화권력(Culture Power)이란 단지 '문화의 힘'을 의미한다"며 "우리나라의 문화권력이란 의미는 외국에서는 정확하게 '문화권위'(Culture Authority), 혹은 '문화자본'(Culture Capital)으로 쓰고 있다"고 말했다. 그는 "진보든 보수든, 좌파든 우파든 합리적 지성이든, 문화적으로 일정 정도의 성과를 거두면 무조건 문화권력이라는 부정적 용어로 몰아붙이는 것은 한국사회가 지적 미숙아라는 것을 시인하는 꼴"이라고 말한 바 있다.

력이 개입하여 '합법적이고 공개적인 심사'의 외양을 지니면서 비판적인 학자들이 진입하기 어렵게 만든다.

　자본의 언론을 통한 지식사회 길들이기 역시 이와 유사하게 진행된다. 최대의 광고주인 기업들은 사주나 편집자들의 자발적인 선택의 과정을 통해서 기업에 비판적인 지식인이나 학자들에게 발언 기회를 주지 않고, 옹호하는 이들에게 지면을 줌으로써 미디어를 통해서 영향력을 획득하고자 하는 지식인들을 길들인다. 그리하여 지식인들은 영향력 있는 언론의 한 식구가 되기 위해 자기 검열을 하거나 그렇지 않으면 그들의 주목을 받을 만한 발언이나 주장을 생산해낸다. 이 경우 거대 언론의 지면을 계속 타게 되는 지식인은 하나의 지식권력, 문화권력으로 등장하는 듯한 모양새를 취하지만 그것은 사실 자기 자신의 권력이 아니라 언론권력, 혹은 보수 언론의 권력이며 이들은 바로 기득권의 이해를 옹호하는 앵무새일 따름이다.[12] 지식인은 권력에 접근하기 위해 언론을 과도하게 의식하고, 언론은 자신의 지배력을 계속 유지하기 위해 자신을 정당화해주는 지식인을 필요로 한다. 한국에서는 학자가 매스컴을 타게 될 경우, 정치권에 진출할 수 있는 유리한 고지를 점하게 되고, 설사 정치권 진출의 의사가 없다고 하더라도, 대학에서 충족되지 않는 영향력 확대의 욕구를 실현할 수 있다. 언론은 이러한 '뜻이 있는' 지식인들을 주목하고 있다가, 필요한 시기에 이들을 자신의 목소리를 대신할 인물로 활용하게 된다. 정치권도 그러하지만, 언론 역시 이들 지식인이 더는 필요하지 않을 때, 이들 지식인은 하루아침에 용도 폐기된다. 이 시점이 되면 그의 영향력의 원천은 자신

---

12 전 서강대 총장 박홍의 경우가 대표적이다. 그가 1990년대 초반 뱉어낸, 근거도 희박한 극우적인 발언들은 『조선일보』의 지면을 크게 장식하여, 당시의 운동진영을 위축시키는 데 일조했지만, 그것들은 제대로 사실 규명조차 되지 않았다. 총장직을 그만둔 이후 그가 거의 잊혀진 존재라는 점을 생각해보면 그의 영향력은 자신의 지적인 힘에서 나온 것이 아니라 『조선일보』가 만들어준 것에 불과하다. 『조선일보』와 한국의 지배 세력은 지식인이 아닌 서강대 '총장' 박홍을 이용한 것이다. 한국에서 이러한 사례는 무수히 많다.

의 지적인 능력에서 나오는 것이 아니라는 점이 판명된다.

오늘의 자본주의 사회에서 유통은 생산을 지배하고, 이미지와 정보가 지식을 압도한다. 그리하여 원리를 탐구하는 지적인 활동은 점점 주변화되지 않을 수 없다. 언론을 통해서 유포되는 언어는 인과관계, 사실 판단을 흐리게 하고 대중들의 정서를 자극하는 주장들, 과장과 단편적인 판단들로 가득 차 있다. 이 점 때문에 오늘의 지식사회는 사실상 미디어가 지배하고 있다고 해도 과언이 아니다. 그런데 미디어는 시장과 고객, 즉 자본의 요구에 점점 더 의존하기 때문에 미디어를 통해서 얻어진 지식권력이라는 것도 실제로는 자본의 힘을 반영하는 경우가 대부분이다. 기성 미디어의 힘을 빌리지 않고 출판을 통해서 자신의 의사를 전달하려는 노력이 무의미한 것은 아니지만, 거대 미디어를 무시하려면 자신의 지적 성과물이 세상에 알려지지 않을 각오를 해야 한다. 만약 자본의 논리하에 움직이는 미디어가 대중들의 단기적 관심과 유행에 편승하지 않을 수 없다면, 미디어상의 논쟁도 현상의 근본을 캐거나 공동체의 미래를 전망하는 내용으로 채워지기 어렵다.

오늘의 학교와 미디어는 이제 부드러운 방식으로 우리 사회의 지배구조와 차별구조를 정당화하는 역할을 하고 있다. 그중에서도 방송의 역할이 가장 크다고 볼 수 있다. 방송은 과거처럼 강압에 의해서가 아니라 자발적으로 자신이 다루는 소재를 제한하며, 군사정권 시절부터 형성된 우리 사회의 보수적 가치관, 경쟁 지상주의, 학벌주의를 조장하고 있다. 아직도 노동자나 여성, 사회적 약자는 방송에서 소외되고 있으며, 방송의 거의 모든 내용은 엘리트의 지배를 암암리에 정당화하고 있다.[13] 그러나 다른 편으로 보면 인터넷과 사이버 공간의 등장으로 기성 신문과 방송, 학교

---

13 특히 토론 프로에 출연하는 토론자들은 모두 학벌·지식·지위를 확보하고 있는 사람들로 채워지고 있다. 이들은 국민의 대표자, 혹은 시청자 대표로 나왔다고 할 수 있지만 그 소수의 의견이 대다수 대중의 생각을 과연 얼마나 대변할 수 있는지는 의문스럽다(오마이뉴스, 2002. 9. 2).

교육의 비중은 점점 축소되고 있다. 지난번 대선에서 인터넷 미디어의 영향력은 가장 인상적으로 드러난 바 있는데, 이것은 언론과 대학 등 제도를 기반으로 한 기성의 지식권력이 쌍방 의사소통 매체인 인터넷에 의해 허물어지고 있음을 보여준다. 전반적으로 인터넷 매체는 민주적 의사소통의 공간을 만들어내는 긍정적인 역할을 해나가고 있다. 그러나 그것이 기성의 문화권력이나 지식권력을 대신할 수 있을지는 의문이다.

5. 맺음말

지난 몇 년 동안 한국에서 유행한 지식권력, 혹은 문화권력 담론은 '부드러운 지배' 즉 미디어의 지식과 문화 영역 지배와 관련된 현상이라 볼 수 있다. 문화가 엘리트주의적이고 의례적인 역할을 할 때가 있었고, 그때 문화는 일상의 현실을 뛰어넘는다고 여겨졌다. 그러나 대중문화가 확장되면서 그런 미학적 전제는 거의 무너졌다. 지적 생산물이나 문화 작품을 상품의 일종이라고 간주하는 것은 위험하지만, 그렇다고 해서 시장과 권력의 자장에서 결코 자유롭지도 않을 것은 자명하다. 아니 오히려 오늘날 문화는 어떤 영역보다 더 사회적 차별과 차이를 재생산하고, 심지어 정치적·경제적 차별을 미학적으로 정당화하는 역할까지 한다.[14] 즉 단순히 지식인이 영향력을 확대하는 것을 권력이라고 비판해서는 안 될 것이다. 오히려 지식과 정보가 가장 부드러운 방식으로 기존의 질서를 옹호하고, 사람들을 그러한 방향으로 세뇌해온 점을 지적해야 한다.

안티조선 운동 등은 모두 과거 군사정권 시절 물리적 폭력의 대행자였던 『조선일보』가 오늘날에는 지배질서 옹호에 가장 교묘한 방식으로 역할

---

14 김진석, 「문화권력 논의의 맥락」, 『교수신문』, 2001. 12. 10.

을 하는 현실을 고발하는 새로운 방식의 운동이다. 그러나 우리는 지식권력의 기초 즉 대학·출판·언론의 의사결정 과정을 누가 지배하는가를 물어야 한다. 이들 문화권력 기제에 굴복하지 말 것을 지식인에게 요구하는 것은 지식인이 전통적인 계몽적 역할을 수행해야 한다는 당위론에 입각해 있는데, 이러한 당위론이 도덕적으로는 힘을 가질지 모르지만, 권력의 정치경제적 재생산 기제를 문제 삼지 않는다면 말 그대로 지식인들만의 운동에 그칠 것이다. 그리고 지식인의 운동 역시 단순한 도덕적 순결성을 촉구하는 것을 넘어서 그들이 어떻게 지식의 생산자로 역할을 할 수 있는가를 문제 삼아야 할 것이다.

1990년대 후반 이후 한국 지식사회에는 이제 생산적인 정책 논쟁, 이념 논쟁은 거의 사라지고 인터넷상의 댓글을 통해 특정 논객들의 주장이나 논리만을 말꼬리 잡고 비판하는 경향이 지배하고 있다. 이러한 담론 차원의 논쟁과 갈등은 사태의 원인과 사실 자체의 탐구에 익숙하지 않은 21세기 젊은이들의 취향과 부합되는 측면도 있는 것 같다. 그러나 우리 사회는 지배질서와 권력에 대항하여 지식이 독자적인 자리를 차지해본 경험이 없으며, 그러한 독자성을 주장할 정도로 지식의 인프라 자체가 갖추어지지 않았다는 점을 인식해야 한다. 지금까지 한국사회에서는 친미 반공, 극우독재, 신자유주의 지배체제에 대항하는 목소리가 충분한 시민권을 확보한 적이 없었다. 과도하게 정치화된 보수 언론들은 비판적 사회운동권과 지식인 집단의 영향력 확대에 극히 신경과민 반응을 보이고 있지만, 좌/우, 진보/보수를 막론하고 우리 사회에서 전문적이고 정책적인 식견을 갖춘 지식인은 매우 드물다. 그러한 지식인이 만들어지기 위해서는 이러한 점이 먼저 깊이 검토되어야 한다.[15]

---

15 최우석은 "지식인을 편의적으로 나눠 지성적 지식인, 전문적 지식인, 운동가적 지식인으로 구분한다면 전자는 희귀하고, 중간은 너무 적고, 후자는 너무 많다"고 지적한 바 있다(『한국경제』, 1999. 2. 11). 그동안의 한국 정치사를 보면 이러한 지적도 부분적으로 타당하다. 그러나

지금까지 한국에서 권력에 저항했던 지식은 단순히 비판적 지식이 아니라 공공적 지식의 성격을 띠고 있었다는 점을 기억해야 한다. 우리가 우려하는 것은 바로 이러한 비판적 지식의 약화 혹은 현실 설명 능력의 취약성이 아니라 신자유주의 시대를 맞이하여 공공적 지식이 크게 약화하고 있다는 점이다. 지금까지 진정으로 공공적 지식의 유포자로서 역할을 해오지 못했던 주류 언론의 철저한 자기반성과 쇄신이 선행되어야 하는 이유도 여기에 있다.

이러한 지적은 전문적 지식인이 왜 등장하지 않았는가에 대한 분석이 결여되어 있다.

제3부

:
:

'민주화'라는 환상?
강요된 지구화와 한국의 국가, 자본, 노동
노동·복지체제를 통해 본 한국 자본주의의 성격
한국 노동자 내부 구성과 상태의 변화
신자유주의와 한국 노동자의 인권
전환기의 한국사회, 새로운 출발점에 선 사회운동

'민주화'라는 환상?

교체되는 권력과 교체되지 않는 권력

1. 머리말

한국은 동아시아권에서는 물론 세계에서도 매우 짧은 기간에 민주화를 성취한 나라로 칭송받아왔으며, 특히 언론 자유에 관한 한 한국은 거의 세계 정상의 반열에 섰다. 필리핀, 인도네시아, 태국 등 민주화를 겪은 아시아 대부분의 국가에서는 아직도 구지배층이 권력권에 강하게 포진하여 과거 독재정권 시절 인권침해 사건들의 청산 작업을 완강하게 저지하고 있는 데 반해, 한국은 이러한 과거의 질곡을 거의 벗어던졌다. 군부는 정치의 장에서 물러났으며, 공안기구의 민주화 역시 크게 진척되었고, 냉전의 상징인 분단의 장벽도 상당히 무너졌으며, 미국에 대한 정치군사 예속 관계도 크게 변화되고 있다.

그럼에도 불구하고 현재 한국사회에는 민주화 피로증이 심각한 양상으로 확산되어 있다. 지역주의 극복, 탈권위주의를 표방한 참여정부는 일부 세력에게는 거의 조롱의 대상이 되고 있으며, 700만을 상회하는 빈곤층의 삶은 절망으로 치닫고 있다. 외환위기 이후의 사회적 양극화는 걷잡을 수 없는 상태로까지 진척되어 있으며, 사실상 '사회적 타살'로 볼 수 있는 자살률은 OECD 국가 중 거의 최상위를 기록하고 있다. 서민들은 치솟는 집값과 교육비로 신음하고 있으며 현대판 '노예'라고까지 불리는 비정규직 노동자가 전체 노동자의 절반을 넘어섰다. 그래서 1987년 이후의 민주화가 국민의 삶의 질 개선과 행복을 가져다주었는지 심각한 회의가 확산되고 있다. 절차적 민주주의, 탈권위주의, 지방 분권, 대미 종속 극복 등 문민정권이 표방한 가치에 이견을 제시하는 사람은 없지만, 그것이 과연 민중들의 삶에 무엇을 가져다주었는지 의문이 심각하게 제기되는 실정이다. 이웃 일본에서 10년 동안의 경제 침체가 정치적 무관심과 우익세력의 득세로 나타났고, 필리핀에서 피플 파워에 대한 환멸감이 커지면서 정치적 혼란이 계속되고 있듯이 이러한 민주화 피로 현상은 우익 선동정치나 유사 파시즘의 온상이 될 소지도 있다.[1]

물론 아직 사법 행정 영역은 물론 사회경제 영역, 풀뿌리 차원에서 우리의 민주화는 초보적인 상태이므로 민주주의는 이런 영역으로 더욱더 확대 심화되어야 한다는 주장이 있고, 그것은 매우 타당하다. 그런데 경제 침체 속에서 힘들고 지친 대중들은 그다지 인내심이 많지 않다. 현 정권의 핵심 인사들은 1987년 이후 민주화가 지역주의 정치구도로 정착되는 바람에 개혁세력의 정치적 동력이 제한되어 있다고 보면서, 한나라당과의 대연정까지 주장한 바 있으나, 위기의 본질은 지역주의에 있는 것이 아니라 사실은 문민정부나 참여정부의 대안 부재에 있다는 비판이 더욱 설득력을 얻고 있다. 특히 2004년 4·15 총선으로 자유민주주의 세력이 행정부와 의회까지 장악했는데도 국가보안법 등 자유민주주의를 심각하게 제약하는 제반 입법의 청산이 이루어지지 않고 있으며, 사립학교법 등 민주주

---

1 필리핀에서 전개되고 있는 대통령 아로요(Arroyo) 퇴진 시위와 쿠데타 기도는 2004년의 노대통령 탄핵을 연상케 한다. 한국에서 노동세력이나 우파 모두 노무현 정권에 비판적인 태도를 취하고 있는 것처럼 필리핀에서도 공산주의자와 극우파 모두가 반아로요 전선에 서 있다. 필리핀에서 민주정부는 구 토착 부르주아 지주세력의 집권을 의미했으며, 빈곤과 양극화를 더욱 심화시켰다는 비판을 받고 있다. '민주정부'의 실패는 수구세력의 반격을 초래하였다. 이들 수구세력은 "민주화가 무엇을 가져다주었는가"라고 대중을 선동하고 있다.

의 제도화, 공고화를 위한 제한 입법화나 제도개혁이 여러 가지 어려움을 겪고 있는 것이 사실이기 때문이다.

미네르바의 올빼미는 진정 황혼이 깃들어야 날기 시작하는가? 아니면 '문민정권' '참여정부'라는 허깨비 때문에 우리는 1987년 당시의 요구와 경험을 선별적으로 기억하게 되었는가? 그렇지 않으면 신자유주의라는 복병이 모든 것을 뒤틀어버렸는가? 민주화 세력의 인기가 바닥을 기고 있으며, 민주화라는 담론이 오히려 냉소의 대상이 된 지금, 지난 십수년의 기억의 지층을 들추면서 한국사회의 위치를 가늠해볼 필요가 있다.

2. 민주주의라는 난제

흔히 '인민의 지배'로 집약되는 민주주의는 지배자를 선출하는 하나의 방법으로 볼 수 있기 때문에 쉽게 도입, 정착시킬 수 있는 제도로 간주하는 경향이 있지만, 사실 민주주의는 그 자체로도 대단히 이루기 어려울뿐더러 유지하기도 어려운 프로젝트다.[2] 특히 정치적 민주주의가 작동하기 위해서는 정치 게임의 구성원이 절차를 지킬 의지와 양보의 정신이 있어야 하며, 책임 있고 양심적인 관료집단이 존재해야 하고, 자질 있는 정치가가 육성되어 있어야 하며, 대중들이 의사를 표현할 수 있는 자유가 허용되어야 하며, 대중들이 지혜롭게 판단할 수 있도록 충분히 교육되고 성숙되어 있어야 한다.

한편 민주주의의 절차를 거쳐서 선출된 후보가 반드시 독재자보다 우수하다고 볼 수 없으며, 또한 경제적인 성과의 측면만 본다면 민주적 방식이 독재보다 효율적이거나 생산성이 높다고 볼 수도 없다. 이처럼 단기적

---

2 David Held, *Democracy and the Global Order: From the Modern State to Cosmopolitan Governance*, Stanford: Stanford University Press, 1995, p. 5.

으로는 낭비와 혼란을 가져올 수도 있는 민주주의 제도를 옹호하기 위해서는 민주주의가 왜 사회 구성원 다수가 '선한 삶'에 이르는 데 그토록 중요한 제도인가에 대한 가치 합의도 필요하고, 민주주의가 정치 영역을 넘어서서 경제 영역에까지 도입될 수 있는지 논의도 필요하다.

그런데 언제부터인가 우리는 그냥 정치권력이 교체될 수 있고, 민주적 제도와 법만 도입하면 민주주의가 쉽게 이루어질 것인 양 여겨온 경향이 있으며, 왜 그것이 우리가 추구해야 할 중요한 가치인지를 원점에서부터 논의하지 않은 채 지나왔다. 지난 1987년 이후 대통령 직선제와 5년 단임제 문민정권 등장 이후 정권 초기의 시행착오와 정권 말기의 레임덕 현상, 정치적 의사결정 과정에서의 소모적인 갈등과 정치투쟁, 그리고 득표를 의식한 정치가들의 인기 영합적 행태 등을 생각해보면 5·16 이후 20여 년 이상 지속된 군사독재가 국가의 일관된 방향 설정, 특히 경제발전과 국민 복지를 위해서는 더 효율적이었다는 결론을 내릴 수도 있다. 박정희 향수라는 것도 어떻게 보면 지난 10여 년 이상 이러한 낭비와 혼란을 겪은 국민들이 무소불위의 권력을 가진 한 지도자가 20여 년 동안 통치함으로써 가능했던 정치와 정책의 일관성을 '무망하게' 그리워하는 점도 있다.

사실 냉정하게 생각하면 선거 혹은 다수자의 지배라는 정치 형식과 동일시되어온 정치적 민주주의라는 것은 선거를 통해서는 거의 교체될 수 없는 기성의 사회경제 권력과 기득 이익들을 합법적 절차를 통해 합법화, 제도화해줄 수 있는 덫과 같은 것이기도 하다. 슘페터(J. A. Schumpeter)가 지적했듯이 단순 다수결은 인민의 의사를 유효하게 반영하기보다는 오히려 왜곡하는 측면도 있다.[3] 프랑스 정치학자 마넹(Bernard Manin)이 주장했듯이 선거라는 방법이 민주적이라는 것은 신화에 불과할지 모른다. 마넹은 민주주의와 선거는 다른 것이며, 어떤 점에서 선거는 엘리트 지배를

---

3 슘페터, 이상구 옮김, 『자본주의, 사회주의, 민주주의』, 삼성출판사, 1981, 368쪽.

영속시키는 기제라고 지적하고 있다.[4] 미국은 물론이고 필리핀, 태국 등 아시아 여러 나라의 사례를 보면 자본주의 사회에서 선거 혹은 민주주의라는 절차가 어떻게 합법적 방식으로 부자들에게 안정된 권력을 보장해주는지를 잘 볼 수 있다. 이 점에서 경제적 민주주의 없는 정치적 민주주의는 근본적으로 한계가 있다고 볼 수 있다.[5]

군부독재의 종식이 반드시 민주화를 가져오는 것은 아니고, 민주화가 반드시 대통령 직선제를 의미하는 것은 아니며, 민주주의는 대단히 이루기 어려운 프로젝트라는 것을 어느 정도는 알고 있었는데도 1987년 당시 한국의 지식인과 젊은이들이 목숨을 걸고 민주화를 외쳤던 이유는 대중이 자신의 대표를 선출할 수 있고, 정치권력의 교체 가능성을 열어줄 수 있는 정치질서는 거역할 수 없는 시대적 대세라고 생각했기 때문이다. 6·29 선언 이후 '좌경세력 척결'을 빌미로 내세운 노동운동 탄압과 김영삼, 김대중 등 정치인들의 대선 행보를 우려해온 민주화 세력은 민주화의 유산(流産)을 심각하게 우려하였으며, 제도권 정치세력의 타협으로 이루어진 1987년 헌법이 '배반'의 전주곡임을 알아챘으나, 민주화를 대통령 직선으로 제한하려는 기성 정치권의 헤게모니를 흔들지 못했다. 그리고 일부 민주화 세력은 '현실정치'의 한계를 인정하자고 하면서 그 구도를 수용하였다. 당시 지배세력은 선거, 대통령 권한 축소, 국정감사 부활 등 1972년 유신 이전으로 돌아가는 정도로 민주화를 제한했으며 그것을 넘어서려는 어떤 시도도 '체제 위협'이라고 낙인찍었다. 그래서 노태우, 김영삼 정부 이후 작업장 민주주의 실현의 시도 즉 노동운동은 여전히 탄압의 대

---

4 그래서 그는 "권력의 교체 가능성과 기회의 평등성이 보장되는 추첨제야말로 민주주의 정신에 부합한다"고 주장한다. 버나드 마넹, 곽준혁 옮김, 『선거는 민주적인가』, 후마니타스, 2004.
5 자본주의와 민주주의의 양립 불가능성에 대한 마르크스주의의 지적들을 음미할 필요가 있지만 과거의 사회주의가 진정한 민주주의의 이상을 실현했는지에 대해서는 비관적 결론이 나 있고, 현재 남아 있는 북한, 쿠바 등의 사회주의가 그것을 구현하고 있는지에 대해서는 회의론이 지배적이다.

상이 되었고, 경제 민주주의 즉 경실련이 제창한 토지 공개념과 금융실명제 요구는 좌초하였다.

1990년대 이후 한국에서 민주화를 '선거' 혹은 권력 교체 가능성이라는 개념으로 축소시킨 이후 일어난 일들을 보면 선거 과정에서의 대규모 불법 정치자금 수수, 1990년 3당 합당과 같은 위임된 권력집단의 폭력에 가까운 합종연횡, 선거라는 절차를 통해서 과거 반민주·반인권 전력이 있는 구시대 인사들의 대거 정치권 진출, 대중들의 지역주의로 왜곡된 의사표현, 선출된 정치가들의 야합, 부패, 불성실한 국회 활동 등 이루 말할 수 없는 반민주적인 사례들을 떠올릴 수 있다. 민주주의 즉 선거를 통한 집권 가능성은 정치자금 조달 능력에 좌우되었는데, 결국 민주주의는 금권정치와 같은 말이 된 셈이다. 일찍이 루소가 영국의 민주주의를 비판하면서 선거가 끝나면 유권자는 또다시 노예로 변한다고 지적했듯이 한국에서도 선거만 다가오면 정치가들은 온갖 공약을 남발하거나 민원에 민감하게 반응하다가도 일단 선거에서 승리하기만 하면 대중들이 거의 통제할 수 없는 지배세력으로 둔갑했다. 이러한 선거 민주주의에 분노를 느낀 사람들이 시민단체를 조직하고 낙선·낙천 운동 등과 같은 초유의 선거개입 운동까지 벌인 것은 주지의 사실이다.

선거가 민주주의를 농단한 대표적인 사례는 지금까지 수차례의 대선과 총선, 한보 비리, 세풍사건, 대통령 아들들의 비리사건, 삼성·두산·SK 등 대선자금 사건 등 각종 거대한 부패사건이었던 것은 분명하지만, 그것이 대중들에게 환멸감을 준 비근한 사례로서 지방자치 단체 선거, 각 시도 교육감 선거, 국립대학의 총·학장 선거 등을 들 수 있다. 지방자치제 1~3기를 거치면서 뇌물 수수, 선거법 위반 등 자치단체장 기소 건수는 142건으로, 4명당 1명꼴로 기소되는 불명예가 계속됐는데, 실제 부정부패 건수는 그것을 훨씬 능가할 것이다. 간선제인 교육감 선거는 더욱 혼탁하다. 2005년 들어서도 전국 16개 시·도 교육감 가운데 3명이 부정선거 등 혐의로 구속되거나 불구속 상태에서 재판을 받았다. 직선제가 도입된 이후 치러지고 있는 국공립대학의 총·학장 선거는 학문의 전당인 대학의 권위와 학자들의 명예를 완전히 실추시킬 정도로 돈과 연고에 지배되고 있으며 혼탁하고 반지성적이라는 점은 주지의 사실이다. 이를 바라본 대중들은 지자체 선거 등의 극히 낮은 참여율과 돈과 지역주의에 휘둘리는 자신과 동료들의 행태는 문제 삼지 않은 채, 더 나아가 선거법 등 경쟁 규칙의 공정성, 자질 있는 후보자의 등장 가능성 등은 생각해보지 않은 채 "민주화가 밥 먹여주냐"고 아무 생각 없이 불만을 터트리게 된 것이다.

선거 혹은 절차적 민주주의는 경쟁을 통해 권력의 교체를 가능하게 한다는 이데올로기 효과가 있기 때문에 선거로 선출되었다는 사실이 갖는 정당화 효과는 엄청나다. 그래서 부정부패 사건, 반인권 전력으로 지탄을 받아온 인사들도 '선거'에서 "유권자들의 심판을 받겠다"고 선포하면서 돈과 지역주의에 힘입어 국회로 진출한 일이 비일비재했다. 그래서 이들을 사퇴시키거나 소환하는 것은 거의 불가능에 가깝다. 각 시도에서 교육감 비리사건들을 바라보는 교사들은 차라리 군사독재 시절과 같은 임명제였다면 갈아치우기가 훨씬 수월했을 것이라고 탄식할 정도다. 선거법이 비교적 엄격해져서 일단 국회의원에 당선되더라도 안심하기는 어렵게되었고, 지방자치 차원에서 주민소환제를 도입하는 법률도 제정되었다. 하지만 우리는 '1987년 헌법'으로 집약된 '민주화' 혹은 '민주주의'라는 구호가 하나의 허깨비처럼 우리의 시야를 지배하면서 다수의 대중들에게 그것만 쳐다보도록 만들었으며, 민주화 운동 경력자들도 정권 교체, 개혁등의 구호를 남발하면서 그 허깨비를 '실재'라고 강변해왔다는 사실을 새삼 반성해볼 필요가 있다.

3. 지구적 신자유주의

1987년 이후 한국의 민주화 과정에 가장 큰 영향을 미친 외적인 환경으로는 세계적 차원에서 전개된 탈냉전과 지구화, 그리고 지구적 신자유주의였다고 볼 수 있다.

지구화는 국가 단위 경제활동을 국제적인 시장경제에 노출시키고, 국가의 경제정책을 친시장적인 방향으로 변형할 것을 요구한다. 그래서 국가 차원의 경제 조절, 노사타협, 복지제도 등을 흔들고, 시장을 국가에 대해 우위에 서게 만든다. 탈규제, 사유화, 노동시장 유연화 등을 특징으로 하는 신자유주의 경제정책은 미국을 비롯하여 거의 모든 나라에서 나타난다. 그래서 조세, 복지, 중소기업 육성 정책 등에서 충분한 토대를 갖추지 못한 후발국 역시 이러한 지구적 신자유주의에서 자유롭지 못할뿐더러, 오히려 이런 나라에서 더욱 노골적인 신자유주의가 나타날 수 있다.

이념형으로 본다면 발전된 서구 자본주의 국가들은 20세기 초반까지 자유주의, 2차 대전 이후의 복지국가, 그리고 20세기 후반의 신자유주의의 경로를 겪고 있지만, 여타 후발국이 그러하듯이 한국은 엄밀히 말해 자유주의 단계도, 복지국가의 단계도 거치지 않았다. 말하자면 개발독재 체제에서 유사 신자유주의로 이행하고 있다고 볼 수 있을 것이다. 여기서 우리가 주목해야 하는 것은 냉전 개발독재의 성격이다. 이 체제는 정치적으로는 파시즘과 유사한 것이었지만 경제적으로는 요즈음의 신자유주의의 내용을 어느 정도 갖고 있었다. 한국처럼 정치경제적으로 대외 종속적이었던 국가는 국민들에 대해서는 억압적이었다. 국가의 대외적 종속성은 실제로 동원 가능한 경제자원 즉 하부구조적 힘(infra-structural power)의 취약성을 반영하는 것인데, 권력 재생산과 정책 수행을 위해 자본가와 토지 소유자들에게 의존하지 않을 수 없었다는 것을 의미한다. 재벌과의 구조적 유착은 불가피했고 따라서 지난 시절 관료들 역시 기업가들과 약간의 공생관계에 있었다. 그래서 유럽 복지국가와 달리 개발독재 국가에서 국가는 시장으로부터 국민을 보호하는 존재였다기보다는 국가가 곧 최고의 시장 역할을 했다고 볼 수 있다. 그래서 한국과 같은 나라에서 외세에 의한 국가 주권의 제약은 이미 지구화 이전부터 늘 나타났던 현상이었으며 한국은 애초부터 신자유주의였다는 지적 역시 단계론적 역사발전 경로를 겪지 않은 한국 자본주의의 모습을 잘 드러내준다.[6]

한국의 냉전 자유주의는 원래 자유민주주의의 기본 원칙, 특히 사상과 표현의 자유 및 노조 결성의 자유 등 기본권의 제한을 수반하였는데, 이것이 지구적 신자유주의와 결합되면서 또다시 사회 경제 영역에서의 민주화 요구에 심각한 제약이 가해지게 되었다. 군부독재의 붕괴는 원래 정치적 민주화와 경제적 자유화의 기회를 동시에 가져왔으며 양자를 충돌시켰다. 그러나 20세기 후반 후발 자본주의 국가인 한국의 처지에서 민주화와 자유화의 요구는 19세기, 20세기 중반 서구의 그것과는 다른 지평 위에서 있었다. 민주화는 아직 해체되지 않은 냉전체제라는 제약 속에 진행되었고, 자유화는 재벌체제를 기둥으로 하는 고도로 발전된 자본주의 경제 질서 위에서 진행되었다. 즉 한국의 민주화는 과거 자본주의 국가와는 다른 경로를 걸었다. 우선 남북한의 대결체제가 민주화의 요구를 반공주의로 억압할 수 있는 명분을 제공하고 있었다. 노태우 정권 시기 1989년 무렵 공안정국의 조성, 김영삼 정권 시기 김일성 사망 당시의 조문 파동, 김대중 정권하에서의 이데올로기 시비 등이 대표적인 예였다. 그래서 이러한 조건에서 자유화는 말 그대로 합리적이고 투명한 시장경제의 정착을 의미하는 것이 아니라 이미 무소불위의 힘을 갖고 있었던 독점 대기업 특히 재벌기업의 무차별적인 시장 장악을 용인, 정당화하는 결과를 가져왔다.

---

6 손호철, 『신자유주의 시대의 한국정치』, 푸른숲, 1999 참조.

정치적 민주화는 물론 아직 사회경제적 민주화도 제대로 진전되지 못한 한국에서 신자유주의 경쟁 담론을 주창한 사람들은 민주화보다는 시장화의 대안을 강조하면서, 사회경제 민주화의 극히 초보적인 요구도 냉전 자유주의 즉 '빨갱이' 담론을 사용하여 공격하였다. 그래서 1990년대 이후 한국의 신자유주의는 냉전 자유주의와 충돌하는 것이 아니라 사실상 한몸을 이룬다. "일등만이 살아남는 세상"이라는 삼성의 광고 카피는 신자유주의 경쟁주의를 집약하고 있는데, 이것은 과거 군사주의 아래서 군대나 학교에서 적용되던 전쟁 분위기 조성 및 획일적 약육강식의 논리와 기본적으로 동일한 논리구조를 갖고 있다. 군사주의 획일성과 시장적 획일성은 상통하는데, 그것은 모두 냉전 극우 지배체제가 만들어놓은 시민사회의 위축 현상을 반영한다. 국가가 과거부터 친시장적이었으며, 시민사회보다는 강대국의 힘이나 외국 자본의 요구에 부응한다는 사실은 외환위기를 맞았을 때 가장 노골적으로 드러났다.

외환위기 당시 국제통화기금(IMF)의 요구 조건을 한국 정부가 거부하기는 어려웠다고 하더라도, 당시 지배층과 언론이 한국의 경제 현실과 부합하지도 않았던 IMF의 요구를 거의 100퍼센트 받아들여 그들의 요구대로 따라 하지 않으면 국가가 망할 것처럼 떠들어댄 것도, 이러한 과거의 극우독재, 획일주의의 표현이라고 보아야 한다. 노벨상 수상 경제학자 스티글리츠(Joseph E. Stiglitz)가 지적한 것처럼, 그 우수한 한국의 엘리트 경제 관료들이 외국 금융기관의 도덕적 해이는 따지지 않은 채 모든 책임을 한국의 민중들이 지도록 했던 IMF의 오만함과 무리한 요구에 대해 한마디 반론조차 제기하지 못한 것은, 단순히 이들보다 한국 경제를 제대로 모르는 IMF의 대안이 적절하다고 판단했기 때문이 아니라 그 전부터 국민의 편에 서기보다는 외세의 요구, 자본의 논리에 너무나 익숙해져 있었기 때문이었거나, 그들이 미국에서 배운 신고전파 경제학과 시장 근본주의(market fundamentalism)에 압도당하고 있었기 때문일 것이다. 사실 경제 관료, 재벌의 입장에서 보면 시장 개방, 해외 자본 유입, 기업 구조조정이 위기였던 것은 분명하지만 그들 자신이 노동자들처럼 생존의 기로에 서는 처지는 아니었다. 이 시점부터 서민의 생존은 정권보다는 시장 특히 국제 자본에 종속되었으며, 그야말로 민주주의는 더욱 레토릭으로만 남았다.

그래서 외환위기를 계기로 하여 전면화된 한국의 신자유주의는 개발국가, 혹은 냉전 자유주의 원칙을 훼손하기는커녕 그것을 변형 확대하는 결과를 가져왔다. 예를 들어 외환위기를 겪고서도 재벌은 독립 경영체제로 변화되지 않았고, 금융기관은 공적 자금의 지원을 받았으며, 구조조정은 빅딜의 방식으로 마무리되었다. 외국 자본이 들어와 이들 재벌기업이 적대적 인수합병의 위험에 노출되자 정부는 자사주 취득 한도를 확대하였고, 지주회사 설립을 허용하였다. 국민의 세금인 막대한 공적 자금을 투입하고서도 그에 대한 사후 감사나 관리는 거의 이루어지지 않았다. 그리고 노동 유연화 조치 역시 사실상 과거 군사독재 시절의 노동 억압 체제를 변형한 것이었다. 일부 대기업을 제외하고서 노동 유연화는 전체적인 경제 시스템의 유연성 강화가 아니라 하층의 힘없는 노동자들을 해고할 수 있는 사용자의 권한 강화, 즉 수량적 유연성을 강화하는 쪽으로만 귀결되었다. 노조의 설립이 형식적으로 보장되기는 했으나 권한은 더욱 약화되었고, 노사정위원회가 설립되었으나 민주노총 등 전국 단위 노조는 경제정책에까지 발언권을 가진 파트너로 인정받지는 못했으며 시장의 작동을 방해하지 않을 만큼의 힘만 인정되었다.

1998년 이후 4대 보험 등 그나마 국가 복지의 기본 체계가 갖추어진 것은 김대중 정부의 의지도 있었지만 외환위기라는 비상 상황의 결과였다고 볼 수 있다. 이에 대한 긍정적인 평가가 없는 것은 아니지만,[7] 내용을 들여다보면 4대 보험의 보장성이 현저하게 떨어지고 수익자의 부담이 너

---

7 김연명이 대표적이다. 김연명, 「김대중 정부의 사회복지 정책」, 김연명 편, 『한국 복지국가 성격논쟁 1』, 인간과 복지, 2002.

무 높기 때문에, 우리 사회가 냉전 자유주의, 개발독재 시절의 기본 도식인 성장=복지의 틀을 뛰어넘었다고 보기는 어렵다. 즉 1998년 이후 사회경제적 민주화의 진척은 IMF와 신자유주의의 압력에 의해 심각하게 굴절, 후퇴하였다.

한국의 신자유주의는 통상의 시장주의, 즉 기업의 투명성, 합리성과는 무관한 군사독재 이래의 우승열패 논리의 연장이며, 탈법적인 삼성의 후계 승계의 사례가 보여주듯이 기업의 불법이나 반사회적 행동도 시장과 성장의 이름으로 정당화하는 반민주, 반자유주의 논리를 용인한다. 과거에는 저항세력을 '빨갱이'라고 낙인찍고 체포 투옥 고문을 했다면, 이제는 김상열 대한상의 회장이 강정구 교수를 비판하면서 그의 강의를 들은 학생이 "시장경제를 제대로 이해하고 있는지 의문"이라고 말하면서 "취업시 불이익을 주겠다"고 발언한 것처럼, 기업집단이 사회 구성원 사찰의 주역을 차지하고 있다. 그래서 오늘의 청년 학생들이 이러한 발언에 대해 느끼는 위축감은 과거 반정부 데모하던 학생들이 느꼈던 것보다 훨씬 심대하다. 왜냐하면 기업의 사찰은 과거 공안기구의 사찰과 달리 운동권 학생들에게만 적용되는 것이 아니라 모든 학생들에게 적용되는 것이기 때문이다. 그래서 청년들은 이제 자기 존중감과 민주주의의 가치를 자발적으로 포기하고 살아남기 위해 기업사회의 노예를 자청한다.

4. 교체, 감시되지 않는 권력

'민주화'는 대통령, 국회의원 등 상층부의 권력을 교체 가능한 것으로 만들었으며 권력을 국민의 감시권에 노출시켰다. 그러나 자본주의 아래 절차적 민주주의라는 것은 실제로 교체 불가능한 권력이 엄존하는 사실을 은폐하고 있다. 민주화 이후 한국에서도 숨바꼭질하듯이 이미 실제 권력은 다른 곳으로 넘어갔다.

1980년대 내내, 그리고 6월 항쟁 기간 동안 민주화 운동을 강 건너 불 보듯이 했던 상당수의 한국인들은 이미 당시에도 기업 권력에 속박되어 있었기 때문에 움직일 수 없었다. 과거나 현재나 기업주는 종업원에 대해 사실상 가장 무서운 권력이다. 기업 내에서 종업원은 자유로운 존재가 아니며, 기업 내 의사결정은 민주적이지 않다. 그래서 일부 부패 사학은 오늘 시점에도 1980년대처럼 여전히 '동토의 왕국'이다. 시장은 소비자들의 기호에 좌우되기 때문에 합리적이기는 하나 민주적이지는 않으며, 구매력 있는 소비자들이 지배하기 때문에 구매력 없는 사람들은 지분을 갖지 못한다. 종업원에게 가해지는 사용자의 인사권, 해고권은 군사독재 시절 대통령의 권한보다 무섭다. 시장이 불안해질수록, 기업 간의 경쟁이 격화될수록 사용자와 종업원의 힘의 역학관계는 더욱 기울어진다. 그런데 냉혹한 시장질서는 경쟁력 없는 기업을 끊임없이 도태시키고, 기업 역시 살아남기 위해 사활을 건 전투를 해야 하기 때문에, 기업가들은 자신은 절대 권력자가 아니라는 점을 누누이 강조한다. 실제 기업은 더 많은 임금을 받고자 하는 종업원의 자발적인 헌신성에 기대어 움직이기 때문에 권력체가 아닌 것처럼 보인다. 그런데 자신에게 유리한 후보를 대통령과 국회의원으로 만드는 데 결정적인 힘을 발휘할 수 있고, 자신에게 불리한 입법을 저지할 수 있고, 자신에게 유리한 여론만을 조직적으로 유포할 수 있고, 정부·사법부·언론계·학계의 우수한 인재를 자신의 종업원으로 만들 수 있는 대기업을 권력이 아니라고 할 수 있을까?

기업이라는 권력, 시장의 힘에 포섭되었으면서 '민주화'에 속고 있는 대표적인 집단이 노동자들이다. 기업 차원에서의 단결권 확보, 단체교섭의 제도화, 조합 민주주의 제도화는 분명히 노동자들에게 약간의 힘을 부여하였다. 그리고 모든 사용자들이 노조를 눈엣가시처럼 여기는 것도 이들이 실제 중요한 견제세력이 되었다는 것을 거꾸로 보여준다. 그런데 여기에도 덫이 있다. 1987년 이후 기업별 노조 설립은 사용자 집단에 대한 노동세력의 역량을 강화한 효과가 있지만, 그에 못지않게 노동자들을 자본의 하위 파트너로 포섭하고 그것을 통해 노동자의 연대를 해체한 효과도 있다. 예를 들어 현대자동차 노동자들이 비정규직 해고를 묵인한 것은 이들이 부도덕하기 때문이 아니라, 기업별 노조 제도화의 귀결이라고 봐야 한다.[8] 한편 노동자들은 단위 노조나 전국 단위 노조 모두 내부 선거 정치투쟁에 골몰하여 결국 범노동 측의 조직 역량이 소진되고 결과적으로 노조가 자본주의 시장경제와 경제사회 질서 내에 점차 편입되는 결과를 가져왔다는 점을 자각하지 못하고 있다. 즉 '반쪽만의' 노조 민주화는 다른 조직이 그렇듯이 조직을 과도하게 정치화하고, 조직의 지속성과 미래를 고민하는 집단의 설 자리를 없앰으로써 결과적으로 사용자가 언제나 교섭에서 우위에 서게 만들었다. 기업과 노조의 구조적 유착은 결국 노조 비리사건으로 비화되었다.

그러나 교체되지 않는 권력의 대표자는 바로 국가 관료기구다. 군사정권에서는 대통령, 군부, 공안기구 등 통치기구의 정치적 요구에 종속되어 있었기 때문에 그 존재와 역할이 부각되지 않았지만, 이제 선거 정치를 통해서 권력의 중심이 이들 통치기구에서 국가 내 다양한 기구로 분산되자 가장 강한 조직력과 지속성을 갖는 집단이 부각되는데, 바로 관료조직과 사법조직이다. 흔히 이들 조직은 정치권력의 하나의 도구로 간주되는 경향이 있지만, 이 기구의 구성원들은 풀란차스(Poulantzas)가 말한 것처럼 단순히 도구만은 아니며 독자적인 이해관계를 갖고 있다. 즉 정부의 권한 확대를 통한 관료 개개인의 정치경제적 이익 추구가 그것이다. 특히 관료 집단은 국가 예산을 집행하는 주체이자 전문성을 갖고 있는 집단이기 때문에 어떤 선출된 권력도 이들을 무시하고서는 일을 추진할 수 없게 되어

---

8 이에 대해서는 필자가 오래전부터 주장한 바 있다. 졸저, 『한국사회 노동자연구: 1987년 이후를 중심으로』, 역사비평사, 1995 참조.

있다. 사법부 특히 검찰은 식민지, 군사독재 이후 기소 독점권 등의 권력 자원을 누리고 있기 때문에, 군사정권 하에서는 비록 정치권력에 예속되어 있었다고 하지만, 민주화 이후 그러한 족쇄가 사라진 다음에는 1994년 전·노 두 전직 대통령 기소유예 처분, 기업가들에 대한 무혐의 처분, 대선 자금 수사 회피 등 사실상 마음대로 권력자들을 구속하거나 풀어줄 수 있는 무소불위의 권력체로 등장하였다. 민주화 이후 자주 교체되는 정치권력이 자신의 이해를 보장해주지 못한다고 판단했을 때 이들은 더욱 자신의 생존 요구에 매몰되었다.

식민지와 분단 아래서 오랫동안 강화된 국가권력은 관료, 사법부의 힘을 크게 늘려놓았는데, 이들이 실제 사회 내 약자의 민원을 해결한다거나 서비스 자세를 갖추거나 자기 정화 능력, 전문성과 책임성을 배양하는 모습을 보인 적은 거의 없다. 정치권력은 관료와 사법부의 상층부 인사권을 장악함으로써 이들을 계속 도구화·정치화해왔기 때문에 그것에 저항해서 자신의 독자적인 힘과 공정성을 기를 기회를 갖지 못했으며, 기업 및 시민사회의 이익집단과 유착하거나 사실상 그들의 대리자가 되어 심각한 부패의 고리를 형성해왔다. 슘페터가 지적했듯이 유능한 관료들은 정치가들을 지도하거나 교육까지 할 수 있기 때문에 겉보기에는 정치가들이 관료를 지배하는 듯하지만 사실은 관료가 '뜨내기' 정치가들을 지배한다고 할 수 있다. 따라서 한국에서도 1987년 민주화 이후 권력의 중심이 과거의 군부, 공안기구 등 통치기구에서 선출된 정치권력으로 이행하자 관료, 법관의 발언권이 커지게 되었다. 즉 이들은 '단순한 도구'가 아니라 자신이 내린 결정의 정책적 책임은 입법자들인 정치가들에게 전가하면서도 자신의 이권을 챙기는 '살아 있는 기계'로 기능하였다.[9]

한편 민주화는 지배의 성격을 변화시키는데, 다수의 합의와 공론을 통

9 막스 베버의 주장. 막스 베버, 「국가사회학」, 금종우·전남석 옮김, 『지배의 사회학』, 한길사, 1981, 347쪽.

한 의사결정이라는 형식이 바로 그것이다. 이러한 지배의 중심에 서 있는 것이 언론이다. 특히 1990년대 이후 정보화 사회로 진입하면서 언론기관의 역할이 더욱 비대해지는 경향이 있다. 언론은 의제 설정, 현상의 축소 및 확대 등을 통해서 현실을 자신의 프리즘으로 재해석해서 수용자들에게 전달한다. 언론은 여론을 수렴하기도 하지만, 사기업의 성격이 강한 한국 언론은 광고시장 즉 기업의 이해에 주로 종속되어 있다. 한국의 경우 방송은 정치적으로 종속되어 있지만 신문은 거의 전적으로 시장에 의존하기 때문에, 군사정권 아래서는 방송의 정치적 예속성이 문제가 되었지만 민주화·자유화 이후에는 기업집단의 이해를 반영하고 있는 신문이 더욱더 의사소통을 왜곡할 가능성이 높아졌다.

이들 교체되지 않는 권력체들은 지난 군사정권에서도 공공조직으로서보다는 주로 사익을 옹호하는 기능을 많이 해왔는데, 민주화 국면에서 자신의 부끄러운 과거를 청산하고 공익에 복무하는 조직으로 거듭나야 할 과제를 안게 되었다. 그러나 이들은 극우반공주의, 국가주의, 성장주의 가치관과 권위주의를 버리지 못하고, 기득권을 유지하기 위해서 강자에게는 복종했다가도, 강제력 사용을 포기한 취약한 문민정권에 대해서는 유독 자유·자율·독립성을 외친다는 공통점이 있다. 그리고 이들의 행태는 대체로 거대 자본과 친화적이며 노동자나 사회적 약자에게는 냉혹하다. 과거 문민정부는 대체로 '정치 자본'이 취약했기 때문에 더욱더 이들 교체되지 않는 권력의 눈치를 보았는데 노무현 정부는 그렇게 하지 않았기 때문에 이들과 전면전 상태에 돌입하게 된 셈이다.

지구화와 신자유주의는 작은 정부 혹은 기업가적 정부를 이상적인 것으로 설정하였으나, 관료의 기득권을 침해하지는 못했다. 오히려 관료·사법부·언론 모두 '치열한 경쟁 시대'에 기업의 공헌을 적극적으로 인정해야 한다는 논리를 내세워 군사정권 시절과 다름없이 다수 국민의 편을 들기보다는 자본의 편을 들고 있다. 어찌 보면 민주화 이후의 문민정권은 이들 교체되지 않는 권력 위에 얹혀 있는 섬과 같은 존재라고 봐도 좋을 것이다.

김대중 정부의 좌초가 대표적인 사례다. 김영삼과 달리 김대중은 출발부터 계속 극우세력에게 좌파라는 낙인이 찍히는 처지에 놓였는데, 관료·사법·언론 등 교체되지 않는 권력을 건드리지 못한 상태에서 그의 정치적 선택의 폭은 오히려 김영삼보다 더 좁아졌다. 2000년 무렵 의약분업에 대한 의사집단의 집단 저항이 대표적인데, 시민-정부 연합안인 의약분업안이 제출되자 보수 언론과 야당, 의사집단이 들고일어나 정부와 시민단체를 빨갱이로 몰기 시작했다. 결국 의약분업은 거의 누더기가 되고 말았다. 정부 진출 학자, 시민운동가 들에 대한 사상 시비는 김대중 정부에 기선을 제압하기 위한 이들 '교체되지 않는 권력체', 구 기득권 세력의 총공세 성격이 강했다. 이러한 조건에서 김대중 정부는 '빨갱이'로 몰리지 않으려고 시장 억제의 칼을 드는 일을 더욱 조심할 수밖에 없었고, 군사정권에 버금가는 노동 탄압 정책을 실시하였고, 감옥을 국가보안법 위반자로 채웠다.

결국 정권의 교체, 정치적 민주화가 진전되면서 의회, 사법부로 권력의 중심이 이동했고, 그 결과 매디슨(J. Madison), 토크빌(Tocqueville)이 경고한 것처럼 '다수의 독재'의 횡포가 나타났다. 2004년 대통령 탄핵 사태는 그 대표적인 예였다. 그런데 이들 의회와 사법부 다수파와 문민정부의 갈등, 그리고 교체되지 않는 권력과 교체되는 권력의 갈등은 현상적으로는 민주정부의 무능력으로 나타나고, 이는 권위주의 시대에 대한 향수를 불러일으킨다. 결국 민중들 사이에 정치적 민주화가 갖는 근본적 제한 요소에 대한 인식이 보다 확산되지 않는 한 지지와 교체의 시시포스의 노동은 계속될 위험성이 있다.

5. 정치의 실패와 시민운동의 대안?

현대 자본주의 국가에서는 국가의 실패／시장의 실패만 있는 것이 아니라 정치의 실패라는 것도 있다. 자본주의에서 정치가는 사실상 기업가와 유사하다. 좀 과장해서 이야기한다면 이들은 자신의 정치 활동을 위한 '엄마 젖'을 주는 실력자인 대기업가에게 간접 고용된 존재라고도 볼 수 있다. 국가 개입주의의 한계, 시장 만능주의의 문제점 못지않게 정치가들의 단기 이익 추구와 반공익적인 행동도 주목해야 한다. 부도덕한 기업들이 시장에서 생존하기 위해 소비자에게 유해한 물질도 생산 유포할 수 있듯이 정치집단, 자치단체장 역시 다수 득표, 재선, 권력 장악을 위해서 국가나 공동체의 장기적인 이해를 희생시키고 실적을 부풀리기 위해 예산을 낭비하는 등 자신의 이익을 앞세울 수 있다. 특정 이념과 가치, 그리고 정치철학이 확고하지 않은 정당, 정치 지도자일수록 이러한 경향은 더욱 두드러진다. 이러한 정치가들은 표를 얻을 수 있는 일에 수단과 방법을 가리지 않게 되고, 정작 중요한 사안은 등한시할 수 있다. 즉 시장 뿐만 아니라 정치도 근시안적일 수 있다. 한국처럼 대통령 단임제가 실시되는 나라에서 근시안적 행태는 더욱 강화된다.

김영삼 정부가 극우의 공세에서 탈피하기 위해 신공안정국을 조성한 것, 그리고 OECD 가입이라는 성과에 도취되어 외환위기에 대비하지 못한 것이 대표적이다. 김대중 정부 역시 경제위기 조기 극복이라는 정치적 성과에 매달려 경제 민주화 혹은 지구화 시대에 맞는 장기적인 시스템 구축에 진력하지 못하고 경제위기 돌파의 방편으로 노동시장 유연화 조치, 부동산 거품을 조장하였다. 결국 김대중 정부는 사회복지 정책에서 일정한 진전을 이루었고, 카드 남발 허용, 부동산 규제 완화 등의 조치로 소비를 조장하여 단기적으로는 경기를 회복하였으나 우리 사회를 치유할 수 없을 정도로 양극화하는 데 기여한 것도 사실이다. 그렇게 본다면 오늘의 심각한 사회 양극화는 바로 민주화 운동의 적자라고 자칭하는 '국민의 정부'에서 본격화했다고 해도 과언이 아니다.

이 두 정권 그리고 지금의 참여정부에 와서 민주화의 이름으로 시장의 힘은 더욱 증대되었고, 역설적으로 기득권 세력에게 엄청난 부를 안겨다 줌과 동시에 다수의 중산층을 빈곤층으로 전락시켰다. 그 일차적 원인은 바로 분단, 냉전 자유주의, 개발독재와 그것이 남겨놓은 권력 지형이라고 볼 수 있다. 그러나 구 정치세력과 집권을 위해 그들에게 편승했던 '민주화' 세력이 내건 민주화라는 구호는 사실상 구 세력의 기득권 유지를 정당화해준 레토릭이었다는 비판도 가능하다. 1987년 이후 한국은 민주화 국면이라기보다는 무엇보다도 경제 자유화, 즉 시장권력의 강화 과정이었고, 그것은 곧 노동자나 사회적 약자에게 더 큰 시련의 시기일 수 있다는 것을 의미한다. 그래서 제3세계에서 민주화란 실제로는 다국적 기업과 국내 대기업의 지배를 더욱더 용이하게 하기 위한 전략이라는 비판이 제기되는데 한국의 사례도 그것을 잘 보여주고 있다. 즉 1997년 외환위기가 없었다면 김대중 정부는 없었을 것이라는 지적이 그것인데,[10] 민주화가 해외 자본이 진입하기에 좋은 환경이 된다는 이야기다.

결국 1987년 6월 미완의 민주화 운동의 적자는 1990년대 시민운동이었다고 볼 수 있다. 1987년 민주화는 학생, 지식인, 일부 중간층의 투쟁의 산물이며 대다수 국민들은 소극적이거나 수동적이었기 때문에 민주화의 성과는 주로 1990년대의 시민운동의 등장으로 집약되었고, 1987년 당시 대

---

10 이른바 워싱턴 컨센서스(Washington Consensus)라는 것에 의해 남미나 아시아의 외환위기는 대체로 이들 나라의 대통령 선거 국면에 발생하여 권력을 잡을 수만 있다면 무슨 일이라도 할 준비가 되어 있는 대선 후보들로 하여금 국제 자본의 요구를 거의 100퍼센트 수용하지 않을 수 없게 만든다. 어떤 점에서 민주 세력이 권위주의 세력보다 정당성의 기반을 갖추고 있기 때문에 이들 해외 투기자본이나 IMF의 요구에 더욱 순종적일 수 있고, 따라서 민주 인사의 등장이 더 유리할 수 있다는 것이다. 손호철, 『신자유주의 시대의 한국정치』, 푸른숲, 1999, 196쪽.

규모 파업투쟁을 벌이기는 했지만 정치투쟁의 전면에 나서지는 못했던 노동운동은 여론집단적 성격을 띤 시민운동에게 이후의 사회정치적 의제 설정의 주도권을 넘겨주었다. 정치사회에서 시민운동의 과잉 대표성과 노동세력의 정치적 취약성은 1987년 민주화가 한국사회에 남긴 부정적 흔적이라고 볼 수 있다. 노동운동이 의미있는 사회세력으로 부상하지 못하고, 신자유주의 시장경제를 용인하는 자유주의적 시민운동이 실제 시민사회나 정치사회의 의제 설정을 주도하게 됨으로써, 결과적으로 '기업사회'의 도래를 촉진하고, 비록 의도한 것은 아니었다고 하더라도 사회 양극화를 더욱 확대하는 데 기여한 것은 아닌지 돌아볼 필요가 있다. 그리고 부안 사태에서 드러났듯이 정부 관료들의 과거 방식의 지역 개발 사업,[11] 그리고 시민운동의 대중적 기반의 취약성은 대중들 즉 유권자들을 참여 지향적 시민으로 변화시키지 못했다.

1987년 헌법, 절차적 민주주의, 기업별 노조의 제도화, 경제 자유화 등으로 집약된 지난 18년간의 민주화 도정은 이러한 외적인 제약과 내적인 역량의 부족, 정치적 선택의 실패 속에서 확실하게 한계에 부닥쳤다. 그 한계의 결과는 무차별적인 시장 자본주의와 '욕망의 천하 통일', 온 중산층의 부동산 투기꾼화, 400만 명의 신용불량자와 700만 명에 이르는 최저 생계비 이하 빈곤층의 퇴적으로 나타나고 있다. 외환위기 이후 심화된 양극화는 상층 5퍼센트에게 막대한 이익을 안겨다 주었는가 하면 하층 20퍼센트에는 과거보다 더욱 심각한 실업, 저임금, 무주택의 서러움을 안겨다 주었다. 이들에게 민주주의는 허구로 받아들여질 것이다.[12]

---

11 핵폐기장 선정 문제는 한국의 지방 차원에서 민주주의의 현주소를 가장 적나라하게 드러낸 사건이었다고 볼 수 있다. 국가 차원에서 핵폐기장 선정이 시급함을 인정한다고 하더라도 그러한 방식으로 부안에 무리하게 강행되었어야 했는가에 대해서는 많은 비판이 제기될 수 있다 (이에 대해서는 고길섶 지음, 『부안 끝나지 않은 노래: 코뮌놀이로 본 부안항쟁』, 앨피, 2005 참조). 그리고 2005년 경주와 부안에서의 주민 선거 역시 그러한 모순의 재연 과정이었다.
12 경실련 분석 결과에 따르면 2002년 우리나라 부동자산 가격은 3,500조 원이었지만 최근 4년

6. 환상을 넘어서

여야의 타협에 의해 구렁이 담 넘어가듯이 제정된 1987년 헌법에 대해 이미 당시에도 많은 민주화 운동 단체는 강력한 비판을 제기한 바 있다. 1987년 헌법의 핵심 내용인 대통령 직선제와 단임제, 국정감사 실시와 헌법재판소 설치 등은 민주화의 완성이 아니고 출발점에 불과했으며, 진정한 민주주의 제도의 도입과는 더더욱 거리가 멀다는 것을 인지하고 있었던 민주화 세력의 상당수는 이후 노동사회의 민주화, 과거 청산, 그리고 사회주의 붕괴와 지구화 물결 속에서 민주화의 동력이 크게 약화될 것을 우려하면서 나름대로 대응해왔지만, 노태우 정권 5년의 기간은 이러한 과제를 결정적으로 후퇴시켰다.

과거와 달리 이제 법의 이름으로 시행된 노동 배제와 과거 청산의 지지 부진함이 이후 정치적 역학관계에 미치는 효과, 중앙 정치에서든 풀뿌리 차원에서든 국민이 정치사회의 실질적인 주체로 등장하는 것을 저지한 효과는 실로 심대했다. 그것은 민주화 이후의 권력관계에서 노자 간의 힘의 균형을 자본 측에 훨씬 유리하게 구조화하는 계기가 되었으며, 미봉적 과거 청산은 5공 군부세력을 비롯한 구 기득권 세력의 부활을 조장하였고, 중세 종교적 이단자 박해의 현대판이라 할 수 있는 국가보안법을 여전히 살아 있게 만들었으며, 지역사회를 토착세력과 여러 이권세력의 수렵장으로 만들었다. '민주화' 세력의 지리멸렬함과 사회경제적 의제에 대한 상대적 무능함, 시장 자본주의와 소비문화의 확산, 정보화 사회의 제반 징후들은 한국사회가 서 있는 좌표 자체를 헷갈리게 만들었다.

간 2,500조 원의 거품 발생으로 인해 6,000조 원으로 증가했다. 이로써 불로소득 2,500조 원이 발생한 것이다. 이 불로소득 가운데 80퍼센트 규모인 2,000조 원은 5퍼센트의 땅 투기 세력이 챙겼다고 한다.

참여정부가 뒤늦게나마 검찰·언론 개혁의 의지를 표방하고 과거 청산의 중요성을 인지한 것은 1987년 '민주화'의 한계를 넘어서려는 의미있는 시도라 할 수 있으나, 민주화 이후에도 교체되지 않는 권력의 힘은 너무나 막강하고, 시장 자본주의의 힘은 이들이 감당할 수준 이상이다. 그런데 문민정부와 참여정부의 각료들이나 엘리트들은 노동세력을 배제하고서도 민주주의를 공고히 할 수 있다고 생각하는 경향이 있다.[13] 이미 정치권력권에 진입하여 권력의 맛을 누리게 된 구 민주화 세력의 정치적 상상력은 고갈된 것 같고, 이들이 아직도 좋은 사회를 만들려는 과거의 열정을 버리지 않았는지는 확인하기 어렵다.

그래서 우리는 빛바랜 '민주화' 담론, 그리고 민주주의라는 용어를 보다 근원적으로 천착하면서 그것이 갖는 이데올로기 효과를 명확하게 구분한 다음, 때로는 그것을 잠시 뒤로 밀쳐놓고 새로운 개념을 만들어야 할 필요가 있다. 오늘 한국사회가 처한 최대의 과제는 바로 기업국가, 기업사회의 무서운 압박으로부터 대중들의 어깨를 짓누르는 짐을 내려주고 그들이 숨 쉴 공간을 만들어놓는 것이다. 대통령도 CEO가 되기를 요구하고 정부와 지자체, 언론, 사법부, 대학의 수장이 모두 CEO처럼 되어야 하고, 그러한 조직의 운영도 모두 기업처럼 되거나 기업의 요구에 부응하는 형태로 재편될 것을 요구받는 사회에서 기업의 이윤 추구 가치가 아닌 사회적·인간적 가치가 존재할 수 있는지를 보여주고 실천하는 문제다. 모든 국가기구와 사회조직이 공안기구화했던 군사독재 시절에는 정치 민주화가 희망이었지만, 모든 국가기구와 사회조직이 기업조직화하고 재벌기업의 반사회성과 불법성을 비판하기 위해서는 상당한 위험 부담을 감수해

---

13 "노동 없는 민주주의"에 대한 최장집의 비판은 적절하다(최장집, 『민주화 이후의 민주주의』, 후마니타스, 2005). 그러나 그는 '운동에 의한 민주화'의 한계를 너무 강조하는 경향이 있다. 민주주의는 제도와 절차와 합의의 문제는 아니다. 단지 운동에 의한 민주화는 운동의 관성을 제도의 힘으로 변화시키는 과정, 그리고 운동 참여자를 '적극적 시민'(앞의 책, 299쪽)으로 변화시키는 과정에서 여러 시행착오를 겪을 수밖에 없는 한계가 있다고 볼 수 있을 것이다.

야 하는 새로운 형태의 조지 오웰 식 '1984년'인 오늘에는 과거와는 다른 구호와 담론과 대응이 필요하다.

독점 대기업이 본연의 과제에만 충실하고 시장논리가 우리의 생활세계를 식민지화하는 것을 막아내기 위해서는 형평, 공생, 정의, 지속 가능성, 연대 등의 가치와 그에 따른 실천 전략, 새로운 주체 형성이 필요하다. 그것을 위해 우선은 1987년 민주화의 환상에서 확실히 벗어나야 한다. 이제 민주화라는 말은 그만 하고 새로운 세력화와 담론 형성을 위한 배전의 노력을 해야 한다.

강요된 지구화와 한국의 국가, 자본, 노동[*]

IMF체제하의 한국

> 불쌍한 백성들아
> 불쌍한 것은 이래저래 그대들뿐이다
> 그놈들이 배불리 먹고 있을 때도
> 고생한 것은 그대들이고
> 그놈들이 망하고 난 후에도 진짜 곯고 있는 것은
> 그대들인데
> 불쌍한 그대들은 천국이 온다고 바라고 있다
>
> ─김수영, 「육법전서와 혁명」

1. 머리말

김영삼 정부가 들어선 이후 그렇게 국제화, '세계화'를 요란스럽게 외쳐댔는데, 그 성과는 어디로 가고 급기야는 국가 부도 위기에 몰려서 결국

---

[*] 이 글은 1997년 말 외환위기가 닥치면서 김대중이 대통령으로 당선되고, 김대중 당선자가 IMF가 요구하는 것을 거의 100퍼센트 수용하여 구조조정이 막 시작되려던 1998년 1월에 집필한 것이다. 아직 기업 도산과 대량의 실업 사태가 발생하기 이전의 시점이었다. 시의적으로 보면 현재의 맥락과는 다소 맞지 않지만 당시의 절박한 심정에서 향후 한국 경제사회의 미래를 고민하면서 생각을 정리한 글이므로 원문의 내용을 거의 그대로 살려서 다시 실었다.

한국은 '세계화'(지구화)를 당하고 말았다. 국가의 재정 운영과 경제정책 결정에서 IMF 관리 감독을 받게 되어 한국은 과거 장지연이 일제 식민지로의 전락 과정에서 탄식했던 것처럼 "백성들에게 재해가 있어도 도와줄 수 없고, 백성에게 원통한 일이 있어도 바로잡아줄 수 없으며, 굶주린 사람이 길에 널려 있어도 구제할 수 없는" 상황으로 치달았다. 말레이시아의 마하티르(Datuk Seri Mahathir bin Mohamad) 총리가 사기꾼, 투기꾼이라고까지 비난한 국제 금융계의 대부 소로스(George Soros)를 김대중이 접견하여 외국 자본의 투자를 애걸하였다. 그러나 한국의 경제위기가 단순히 김영삼 대통령과 정부 관리의 실정뿐만 아니라 재벌과 금융의 과도한 해외 차입, 그것을 묵인하거나 감독하지 않았던 관리들의 무책임, 국가 재정 자체를 전복할 수 있을 정도의 엄청난 속도와 파괴력을 갖는 오늘의 세계 금융자본의 움직임에서 비롯되었음을 살피지 못하는 한국의 국민들은 김영삼 대통령만을 속죄양으로 만들며, "허리띠 졸라매자"는 과거 이래로 익숙한 국민주의 담론에 쏠렸다.

언론이나 정부는 어떻게 한국이 IMF체제에서 빨리 벗어나서 경제 회복을 이루고 다시 옛날과 같은 경제성장을 이룰 것인가 하는 점에만 모든 관심을 기울였다. 발등에 불이 떨어졌으므로 당연한 반응이라고는 하겠지만, 정작 더 중요한 쟁점은 한국이 IMF 관리체제를 빨리 졸업하는 일뿐만 아니라, 거스를 수 없을 정도로 지구화한 경제질서 속에서 버텨나가면서 안정적인 발전을 추구할 수 있는 새로운 경제 사회 시스템을 어떻게 구축할 것인가에 있다. 그 이전까지 한국사회가 그러하였듯이 당시에도 IMF 관리체제와 무차별적인 경제 개방이 어떤 경제·사회적 결과를 가져올 것인가에 대한 논의는 생략되고, 오직 바람몰이식으로 노동자 정리해고 필요성과 '고통 분담론'만이 득세를 했지만 그것은 문제해결에 별로 도움이 되지 않았다.

우리는 1997년 외환위기의 궁극적인 원인, 책임 소재, 결과, 각 세력의 대응, 발전의 방향 등을 지구화한 경제질서와 신자유주의의 물결과의 관련 속에서 다시금 점검해볼 필요가 있다. 한국의 경제위기는 지구화한 경제질서에서 한국처럼 아직 나름대로의 경제 사회 시스템을 갖추지 못한 나라는 어떻게 버틸 수 있는 것인가, 과연 지구화 시대에 국가 혹은 민족이란 무엇이고 자본주의란 무엇이며, 노동자와 민중의 생활은 향후 어떻게 될 것인가를 근본적으로 성찰할 것을 요청하였다.

2. 경제위기의 국내외적 기원: 지구화와 냉전 사회체제

1995년 멕시코 페소화 평가절하로 인한 외환위기가 발생했을 때 당시 IMF 총재 캉드쉬(Michel Camdessus)는 "우리는 21세기의 거대한 위기 속에 들어오게 되었다"고 말한 바 있다. 1997년 한국의 외환위기는 거시적으로 보면 1990년대 이후 자주 일어난 세계 각국에서의 금융위기의 한 양상이며, 국내의 축적구조와 금융구조를 안정시키지 못한 상황에서 외형적 성장을 구가해온 동아시아 발전 모델의 위기이다. IMF의 지원액인 210억 달러는 지난 1995년 멕시코의 외환위기에 IMF가 지출한 당시로서는 사상 최대의 규모였던 178억 달러의 기록을 깬 최대 규모이다. IMF의 한국 경제 개입은 1980년대 칠레, 페루, 아르헨티나 등지에 대한 IMF의 개입, 아시아의 타이, 인도네시아에 이은 금융의 지구화 속에서 발생한 범세계적 외환위기의 일종이라고 볼 수 있다. 이러한 금융위기가 남미나 동아시아에서 빈발한 것은 두말할 것도 없이 국가 경제를 수입과 수출 등에 크게 의존해온 후발 자본주의 국가들이 국가의 재정 운영은 물론 민간 기업과 금융의 구조가 취약하기 때문에 경제 전쟁이 격화된 상황에서 기업의 이윤율이 하락하거나 국내의 정치적 불안이 겹칠 경우 과거와 달리 자금의 급속한 이동에 의해 큰 충격을 받지 않을 수 없었기 때문이다.

오늘의 지구화된 경제질서, 규제를 받지 않는 초국적 기업과 금융자본의 활동이 과거의 제국주의, 신식민주의적 침략과 다른 점은 국제적인 유동성을 가진 자본이 부실한 개별 국가를 파산시킬 수 있을 뿐 아니라, 최악의 경우에는 그 본거지인 유럽, 일본, 미국 등 선진국가 자신도 위기에 몰아넣을 수 있다는 점이다. 즉 1997년 이후 동남아시아 여러 나라의 국가 부도 위기는 일본 금융과 산업의 위기를 야기하고, 일본과 여타 아시아 국가 경제의 위축은 곧 미국 경제의 위축으로 나아가게 될 위험도 안고 있었다. 한국에 대한 IMF 개입이 결국 "일본을 살리기 위한 것"이라는 『르몽드』(Le Monde)의 지적도 이러한 점을 어느 정도 암시해준다. 1997년 당시 홍콩의 증시 붕괴에서 시작된 동아시아 여러 나라의 경제위기 역시 중국의 추격으로 인한 여타 동남아시아 기업의 이윤율 저하와 투자자본의 이탈이라는 배경에서 "수출이냐 죽느냐"(export or die) 하는 경쟁 과정에서 발생하였으며, 그것은 한국과 일본의 위기를 증폭시키는 결과를 가져왔다. 그럼에도 불구하고 1997년 한국의 외환위기가 1970년대 말 박정권 하의 외환위기 및 1980년대 이후 멕시코 등 남미 국가의 외환위기와 다른 점은 후자는 주로 국가의 부채에서 비롯되었지만 1997년은 그 65퍼센트가 민간 기업의 부채라는 점이다. 즉 한국 자본주의를 이끌어가고 있는 금융과 기업의 단기 외화 차입 상황에서 외국 금융자본이 급격히 이탈함으로써 '국가' 경제위기로 연결된 것이다.

한국의 위기는 싱가포르, 대만을 제외한 동아시아 국가 전반의 위기의 일환이라는 점을 주목할 필요가 있다. 동아시아의 위기는 거시적으로는 미국 월가의 금융자본, 혹은 영미식의 자유주의 자본주의의 세계 제패를 위한 포석이라고도 볼 수 있는데, 과거 그 첫째의 적은 소련, 동유럽 사회주의였고, 이번의 걸림돌은 그동안 자신의 패권을 위협하면서 성장해온 동아시아의 냉전 자본주의, 혹은 가족 자본주의인 셈이다. 동아시아에서 국가가 보호해온 기업들과 거기에 고용된 수많은 노동자들을 '시장의 채

찍'에 노출시킴으로써 경쟁력 없는 부분을 도태시키고, 자신이 비교우위가 있는 금융·문화·제조업 상품을 이 지역에 심어서 이윤을 챙기고자 하는 의도가 이렇게 표현된 것이라고 봐도 좋을 것이다.

그동안 동아시아 여러 나라는 국가와 기업에 대한 노동자들의 높은 헌신성, 근면한 노동 윤리, 그것에 기반을 둔 상대적으로 안정된 일자리, 그리고 일부 노동자층의 고임금과 대중적인 소비시장의 창출, 정치적 안정에 힘입어 고도성장이라는 신화를 창출하였다. 그것은 다분히 미국의 냉전 전략의 결과이기도 했다. 그러나 냉전하의 군사적 보호막 아래에서 국내의 정치적 반대세력을 제압, 포섭하는 비용을 절약하면서 동아시아 국가들이 축적한 부는 미국 기업들을 위협했으며 점차 미국 등 선진 자본주의 국가를 본거지로 하는 국제 금융자본의 매력적인 투자 대상이 되기 시작하였다. 1986년에서 1996년까지 같은 아시아 국가인 일본의 자본을 필두로 한 국제 금융자본은 엄청난 돈을 이 지역에 투자하기 시작하였다. 동아시아는 자유주의 정치경제 질서 속의 섬이 아니라 세계 경제에 깊이 통합되기에 이르렀고, 그래서 국제 금융자본의 출입으로부터 큰 영향을 받을 수 있는 조건에 놓이게 되었다.

한국을 비롯한 인도네시아 태국 말레이시아 등 동아시아의 경제위기는 냉전 국제질서, 국가 주도 경제성장의 조건에 크게 기인하고 있다는 점에서 남미, 아프리카 여러 나라와는 다소 성격이 다르다. 사실 국가 주도의 성장 전략과 자원 배분 정책은 정치적 안정을 최우선으로 요구하였던 미국의 동아시아 냉전 전략이 표현된 것이었다. 이는 공산주의의 위협이 존재하던 시절에는 필요한 방책이었을지 모르나 1990년대에 들어서는 낡은 것이 되었다. 그런데도 냉전하에서 구축된 이러한 정치경제, 사회 시스템은 냉전이 붕괴한 이후에도 건재하였다. 그것은 그러한 정치경제 질서에서 형성된 사회세력 간의 역학관계가 착근하여 이제는 정치권력의 의지대로 경제와 사회가 움직여질 수 없게 되었기 때문이다. 전후의 부흥을 가

능케 해주었던 일본의 관료주의는 일본 경제의 질곡이 되었고, 한국 고도
성장의 견인차로서 군사정권 붕괴 이후 그 어느 세력도 감히 도전하지 못
하는 권력을 갖게 된 재벌은 바로 한국 경제 붕괴의 주역이 되었다. 이것
은 그러한 정치적 안정과 고도성장을 가져왔던 체제가 역설적으로 탈냉
전 후 지구화한 자본주의 질서에서는 오히려 질곡이 되었다는 것을 의미
한다. 동아시아의 '민간' 부채가 순수 '민간' 경제의 위기가 아닌 '정치경
제' 체제의 산물인 것도 이러한 이유 때문이다.

미테랑 정권의 경제고문이었던 아탈리(Jacques Attali)는 동아시아의 위
기는 바로 나쁜 정부 탓이며, 부패의 먹이였으며, 관료의 희생물이자 공모
의 대가였다고 주장하며 족벌 자본주의가 그 배경이었다고 말한다. 태국
의 재벌들과 중상층은 빌린 돈으로 8만 달러나 하는 메르세데스-벤츠 승
용차를 굴리고, 수입한 사치품으로 치장하고 수십 층의 건물을 마구 지었
으며, 자식들을 미국 등지로 유학을 보냈다. 한국의 경우도 이와 다르지
않다. 일본의 금융위기가 상대적으로 튼튼한 제조업 기반과 외환 보유 상
황에서 관료 주도 경제체제와 금융의 부실에 기인한 것이라면 한국과 동
남아시아 여러 국가의 위기는 취약한 제조업 기반과, 대기업의 과다 차입,
그리고 투명하지 못한 기업 관행과 부패에 바탕을 둔 위기라는 점에서 일
본의 그것과는 질을 달리한다.

냉전 사회체제는 사회에 대한 군사적 통제와 소유권 절대주의로 특징
지워진다.[1] 그것은 자본주의 질서에 대항하는 세력을 제거하고, 기업의 자
본축적 활동이라면 어떤 것이든지 정당화하였다. 그것은 국가의 경제 개

---

1 냉전이 자본주의 진영의 정치사회에 내재화되었을 때, 정치적으로는 극우세력이 주도하는 반
공주의를 그리고 경제적으로는 극단적 친자본주의를 가져온다. 그래서 냉전 대립구조는 사회
내부에는 법과 경제사회 관행에서 소유권 절대주의를 불러온다. 소유권이 배타적으로 인정되
는 상황에서 노동자의 권리는 설 자리가 없다. 이런 현상은 냉전체제하 미국과 한국에서 가장
두드러진다. 이에 대해서는 졸고, 「한국 자본주의의 성격과 지배질서: 안보국가, 시장, 가족」,
한국산업사회연구회 엮음, 『한국사회의 변동』, 한울, 1994 참조.

입, 전통적인 가족적 사회질서의 원리와 자본주의적인 이윤 추구 활동을 결합한 가족 자본주의를 등장시켰다. 중국의 가족기업, 한국의 재벌, 말레이시아의 비즈니스 피플과 같은 정치권력과 결탁한 독특한 기업이 바로 그것이다. 이들 기업이 무한대로 공급되는 저임 노동력을 마음대로 착취할 수 있도록 국가는 훌륭한 장치들을 마련해주었다. 금융 대출 과정에서 정치권력과 기업의 유착, 국가의 기업에 대한 각종 세제 지원, 노조 조직화 억제와 억압적인 노동 통제 등을 통해 국가는 엄청난 경제사회적 자원을 독점 대기업으로 이전시켰다. 이러한 이전 과정에는 정치권력과 대기업의 유착, 공무원의 부패가 개입되어 있다. 따라서 자본주의의 발전과 더불어 국가의 자본에 대한 통제력은 상대적으로 약화하기 시작하였으며, 대기업의 모든 활동은 누구에게도 통제받지 않게 되었다. 1990년대 들어서 한국의 기업가 집단이 탈규제를 외친 것은 그동안 국가의 후원 아래 성장한 대기업이 이제 자신에게 불필요한 국가의 규제만을 제거하고자 하는 이율배반적인 태도라 할 수 있다.

자본주의 사회에서 기업이란 이윤을 추구하는 조직이며, 기업의 도덕적 책임은 이윤 동기에 종속된다. 따라서 최대 이윤을 확보하기 위해서는 대기업이 독재권력과 결탁하고 정치가들에게 돈을 가져다주는 일은 자연스러운 일이었다. 한국에서는 시장이라는 신호체계가 불완전하게 작동하였기 때문에 기업은 상호 지급 보증, 정치권과의 유착을 통한 대출, 정부의 구제금융, 신규 산업 진출, 노동자 탄압 등 비시장적 방법을 동원하여 자본을 축적했다. 이러한 조건에서 대기업으로서는 기술 향상과 국제 경쟁력 강화보다는 국내적 사업 다각화나 차입을 통한 시장 장악이 나름대로의 합리성을 갖고 있었는지 모른다. 문제는 정치권력과 제도가 어떠하건 개별 대기업의 돈벌이 —당장의 합리성— 는 장기적이고 거시적인 측면에서 기업 자체의 비합리성은 물론 사회 전반의 비합리성을 초래할 위험이 있다는 점이다. 한국의 경우 1980년대 후반 이후 시장논리가 강화되는 분위기에서 국가와 시민사회 특히 노동세력이 기업을 견제할 수 없게 되었을 때, 국가가 모든 뒤처리를 해주는 관행과 대마불사(大馬不死)의 신화에 익숙한 대기업의 과다 차입과 스스로의 신용평가 능력을 키우지 못한 은행의 행태는 '브레이크 없는 벤츠'가 되었다. 그동안의 수많은 구조조정론, 경영 합리화의 요구가 이들 기업가 집단에게는 쇠귀에 경 읽기가 된 것도 바로 이러한 정치경제 체제의 결과인 것이다.

1997년 말 한국 외환위기의 가까운 원인은 바로 1987년 6월 항쟁 이후 민주화가 경제사회적 영역으로 확대되지 못한 점, 즉 군사-재벌 유착 체제를 민주적 체제로 전환하지 못한 데에 상당 부분 기인한 것이다. 1989년 공안정국 조성과 1990년 3당 합당, 국가보안법 위반 구속자의 중대, 전교조의 불법화와 민주 노동운동 탄압 조치 등 민주화에 역행하는 제반 정치적 과정 뒤편에서는 단군 이래 최대의 토지 투기, 가장 노골적이고 파렴치한 정경유착, 상호 지급 보증에 의한 무차별 차입 경영, 기업의 문어발식 확장과 경제력 집중이 누적되었다. 1989년 이후 한국에서는 일본의 경기가 최고 호황이었던 시기보다도 더 많은 빌딩이 올라갔다. 1993년 이후 이른바 신 3저 호황 시기의 잉여 축적은 탈냉전과 지구화한 새로운 자본주의에 적응하는 방향으로 추진된 것이 아니라 엄청난 외화 차입을 통한 무리한 사업 확장, 경쟁력 강화와 무관한 투기와 사회적 자원 낭비에 소모되었다. 차입금과 국내 잉여가 이렇게 낭비되고 있는 동안 그것을 견제할수 있는 시민사회의 역량은 오히려 위축되었다. 재벌 소유자의 막강한 권력을 통제할 수 있는 노조의 결성과 기업 내의 노동자 경영 참가 시도는 반체제적이라고 비판받았고, 이러한 기업의 후원을 받은 언론기관과 지식인들은 '민간 주도'론을 내세우며 대기업의 모든 행태를 정당화해주었다. 정치경제 사회체제 전반의 '전환의 시점'에 민주적 전환이 지체된 대기업의 낡은 행태는 이렇듯 참담한 상황을 불러온 것이다.

결국 1997년 외환위기는 한국사회 내부에서 보면 순수 경제적 위기가 아니라 정치·사회 위기이자 냉전 경제사회 체제의 총체적 위기였다. 여기서 우리는 이미 1993년 무렵부터 정부, 기업, 경제학자들 사이에서 국제화, 지구화, 시장경제에 대한 탈규제 논의가 시작되었으면서도 왜 OECD 가입을 곧 지구화로 착각하거나 지구화 논의가 구호와 담론으로만 그쳤는가 하는 점에 대해 새삼 되돌아보지 않을 수 없다. 그 첫째 이유는 반공주의, 개발독재식 정치경제 질서에 안주해왔고, 그 질서 속에서 권력을 누려온 한국의 지배세력 특히 대통령과 집권 당의 정치적 리더십과 미래 지향적 비전이 결여되었기 때문이었다고 볼 수 있다. 냉전질서 속에서 편협한 시각을 가질 수밖에 없었던 한국의 지배 엘리트들에게는 북한의 위협과 미국의 후원만이 중요 변수였지 변화된 세계질서 아래서 이제 한국 시장을 사냥터로 노리고 있던 국제 금융자본의 새로운 위협은 잘 보이지 않았다. 이들은 이미 미국의 동아시아, 세계 전략이 바뀌고 미국의 외교 노선이 자국 기업의 이윤 확보에 일차적인 초점을 두는 마당에서도 미국이 우리의 영원한 우방이라고 신뢰하고 있었으며, 이는 그들의 모든 정책적 판단을 가로막았다. 이들은 한국이 OECD에 가입함으로써 선진국이 된 것으로 착각한 나머지 1996년 이후 금융과 기업의 급속한 단기 차입의 위험을 인지하지 못하였으며, '시장에 맡긴다'는 명분 아래 종합금융사를 감독하지 않음으로써 외환위기를 자초한 것이다.

김영삼과 한국의 정치·관료집단, 그리고 주류 언론과 학자들은 '세계화'를 가장 앞장서서 주장했으면서도 그들의 정치적 한계 때문에 '세계화'를 주로 노동운동 세력과 민주화 세력을 제압하고 친재벌적 정책의 입지를 확대하기 위한 레토릭으로 사용해왔다. 경쟁력 담론은 주로 기업 현장에서 노동조합의 항복을 받아내는 데만 활용되었을 따름이며, '국가 경쟁력 강화를 위해서는 대표 선수가 있어야 한다'는 논리를 앞세우면서 대기업을 견제하는 장치를 모두 제거하였다. 유연화한 생산체계, 기업의 경쟁력 강화, 금융의 건실화, 노동력의 질적 향상 등 개방된 세계 경제 속에서 한국 경제가 나아가야 할 방향에 대해 원론적으로는 수없이 논의하였으면서도 그 모든 담론은 재벌개혁을 강제할 힘은 없었던 셈이다. 재벌의 경제사회적 지배를 통제할 수 있는 권위주의 시대 이래의 정치사회적 역학관계, 그리고 뿌리 깊은 관료 부패가 김영삼 정권으로 하여금 기업의 누적된 대외 채무를 방관하게 만들고, 한보 부도, 삼성의 자동차산업 과잉투자, 기아 부도 사태를 처리하지 못하도록 만들었으며, 기아 사태의 처리 지연이 결국은 외환위기로 연결된 것이다.

　탈냉전하 지구화한 자본주의 질서가 정착한 지 10년이 지났으면서도 한국은 냉전 개발독재 시대의 사회경제 질서를 밑으로부터 개혁해내지 못함으로써, 준비된 개방과 사회개혁의 길을 걷지 못하고 결국 강요된 개방의 길을 걷게 되었다. 기업의 구조조정 프로그램과 금융개혁 등이 OECD 가입 직후 많이 논의되었으면서도 스스로의 힘으로 추진되지 못하다가 한국의 실정을 제대로 알지도 못하는 IMF 측의 일방적 요구에 의해 강제된 것은 구한말 부패한 조선 지배층이 갑신정변과 같은 내부 엘리트의 급진개혁 노선을 힘으로 누른 다음, 동학 농민 저항과 같은 아래로부터의 개혁 작업을 일본군을 불러서 진압하고, 결국은 갑오개혁처럼 외세 일본이 강요한 개방과 식민지 노예화의 길을 걸었던 지난 한 세기 전의 역사와 거의 일맥상통한다. 군사정권 붕괴 이후 1997년까지의 지배체제는 민주화의 명분에도 불구하고 민중에 대한 지속적인 억압 체제였으며, 구 지배세력의 계속된 기득권 유지 체제였다. 조선 왕조가 무너지면 왕조의 귀족, 양반들도 함께 망했지만 그들보다 더 고통을 당한 측은 바로 백성들이었다. 주체적인 개방과 근대화의 길을 걷지 못하고 외세와 외국 자본에 의해 개방과 개혁을 강요당해온 지난 20세기의 역사를 돌아보면 지배세력보다 더 항구적이고 심각한 고통을 받아온 사람들은 바로 민중들이었다.[2]

---

[2] 여기서 필자는 당시 외환위기와 IMF 관리체제의 원인을 주로 한국 정치경제 내부에 돌리고 있고 부차적으로 탈냉전 이후 미국과 국제 금융자본, IMF 등의 한국 경제 죽이기가 그 배경이었

3. 신자유주의적 구조조정의 현실, 이데올로기

거대 다국적 기업의 세계 지배와 금융의 지구화로 특징지워지는 오늘날의 자본주의는 알베르(Michel Albert)가 말한 것처럼 '국가 속의 자본주의'가 아니라 '국가를 대신하는 자본주의'이다. 그것은 시장이라는 규제 체제가 국가 개입 등 모든 인위적인 개입보다도 더 훌륭한 규제 수단이며, 단기적으로는 고통이 따르더라도 장기적으로는 시장의 원칙이 적용되면

다고 보았다. 주지하다시피 이 문제를 둘러싸고 1998년 이후 한국 사회과학계에서 일련의 논쟁이 전개되었다. 크게 보면 내인론과 외인론이 있다. 내인론은 박정희식 관치경제에 무게를 두는 시각과 이미 1980년대부터 도입된 한국식 신자유주의가 원인이라고 보는 시각으로 구별되고, 외인론은 세계 자본주의의 과잉 축적의 위기라는 극히 거시적인 시각과 앞에서 언급한 월가-IMF의 음모론, 그리고 냉전 붕괴 이후 동아시아 경제를 미국식으로 변형하려는 미국의 의도로 보는 시각 들로 구분된다(이에 대해서는 손호철, 「IMF 위기의 원인을 다시 생각한다」, 『신자유주의 시대의 한국정치』, 푸른숲, 1999 참조. 한편 외환위기 당시 책임자 중의 하나인 강경식은 회고록, 『강경식의 환란일기』를 출간하였는데 이것도 하나의 시각이 될 것이고, 이병천 등 경제학자들 중심으로 외환위기 이후 구조조정에 대한 평가서도 출간된 바 있다). 앞의 내용을 보면 알 수 있듯이 필자는 내인론 중에서 박정희식 개발독재 모델에 비중을 두고 있으며 외인의 부분에 대해서도 언급하고 있다. 그러나 처방에 있어서는 신자유주의 방식을 상정하지 않기 때문에 한국의 자유주의 주류의 시각과는 분명히 거리를 두고 있었다. 결국 여기서 필자는 다양한 시각의 원인들을 절충적으로 제시하였는데, 주로 냉전 정치경제 체제의 새로운 시스템으로의 변혁에 전반적인 무게중심을 두고 있었다. 그러나 당시 외환위기는 아시아 여러 나라에서만 발생한 것이 아니라 세계 경제에 깊숙이 편입된 남미 국가에서 거의 예외 없이 발생했기 때문에 위기의 내적인 원인이 신자유주의 모델이라는 지적이 상당히 설득력이 있다. 필자는 당시 그러한 점을 미처 주목하지 못했지만 아래의 분석에서 언급했듯이 관치경제에서 시장경제로 가자는 입장을 비판하면서 한국 경제는 이미 과도하게 시장화되어 있다는 지적 정도는 하고 있다. 그리고 필자는 이 글에서 알베르(Albert)가 설정한 자본주의의 두 모델을 원용하여 외환위기 원인 및 향후 개혁 방향을 언급하였다. 이 글에서는 우리가 선택해야 할 길로서 앵글로색슨형이 아닌 라인형 모델을 조심스럽게 제시하였다. 어쨌든 이 글은 국제적 요인을 상대적으로 등한시했기 때문에 처방에 있어서도 역시 국내적인 관점에 머물러 있었다는 결정적인 한계가 있다. 이후 외환위기의 원인 및 개혁 방안을 둘러싸고 큰 논란이 있었다. 남덕우 등이 집필한 책(남덕우 외, 『IMF 사태의 원인과 교훈』, 삼성경제연구소, 1998)에서는 여러 전공 분야의 학자들이 여러 각도에서 환란의 원인을 분석한 바 있다. 이후에도 주로 금융, 기업 관련 경제학자들이 여러 분석서를 출간하였다.

자본가뿐만 아니라 노동자들에게도 더 많은 일자리를 만들어주고 결국 모두에게 복리를 가져다줄 것이라는 신조에 바탕을 두고 있다. 이러한 자유주의의 신조는 근대 자본주의의 사상적 기반이 되었지만, 사회주의, 파시즘, 복지국가의 경험을 거치는 동안 잠복해 있다가 1989년 현존 사회주의의 붕괴 이후 '자본의 자유'가 확대되고 국가 규제가 축소되자 자본의 세계적 축적을 정당화하는 이념으로서 기세를 떨치고 있다. 오늘날의 자유주의는 재산권 보호의 필요성을 크게 강조하면서 재산권을 존중하지 않거나 투명한 거래를 방해하는 세력들을 제거하기 위해서는 강제력의 사용도 필요하다고 인정하는 점에서 과거의 자유방임주의와는 다른 '새로운' 자유주의의 모습을 지니고 있으며, 영국의 대처리즘이나 미국의 레이거니즘은 그것의 전형적 표현이었다.

1980년대 이후 유행어가 된 구조조정(structural adjustment)이라는 것은 사실상 급진적인 신자유주의 정책을 달리 표현한 것이다. 예산 적자를 줄이기 위한 공공지출 축소, 복지 감축, 통화 긴축, 임금 동결, 민영화, 노동시장 유연성 확보 등이 구조조정의 세부 정책들이었다. 신자유주의 구조조정의 적은 바로 과도한 국가 지출, 경쟁력 없는 기업과 노동자, 국가의 농업 보조금 지출이었다. 이러한 구조조정은 뭐니 뭐니 해도 1960, 70년대 동안 상대적 수세기에 놓였던 자본의 노동에 대한 전면적인 반격이었다고 볼 수 있다. 이러한 정책과 이념은 주로 유럽의 복지체제를 비판하고 있지만, 1980년대 이후 남미 등 외채 위기에 처하여 IMF 구제금융을 받게 된 후발 자본주의 국가에도 그대로 강요되었다. IMF는 칠레, 멕시코 등에 대해 구제금융을 해주는 대가로 무역 장벽 철폐, 금융제도 개혁, 외국인 투자 장려, 국가 개입 축소 등을 요구하였는데 그것의 핵심은 그동안 국가의 보호막 속에서 성장을 해온 이들 국가 내부의 시장을 범세계적인 자본 운동의 흐름 속에 편입시키는 것이었다.

그러나 포디즘적 축적의 체계, 제도화된 노사교섭과 사회복지, 내부의 안정된 중간층 형성과 소비시장 구축 등으로 표상되는 조직 자본주의(organized capitalism)의 단계를 거치지 않은 상태에서 자유주의적 개방에 직면한 후발 자본주의 국가는 여러 가지 어려움에 부닥치게 되었다. 우선 금융체제가 외국 자본의 유입과 이탈에도 견딜 수 있는 견실한 구조를 갖추고 있지 않으며, 기술 수준이 낮고 각종 하부구조가 구비되어 있지 않으며, 숙련 노동력이 부족하기 때문에 기업이 이러한 무차별적인 개방에 견딜 만한 힘을 갖추고 있지 못하기 때문이다. 특히 외국 자본의 유입으로 인한 여파는 친자본적인 국가가 과감한 사유화, 노동운동 약화 등의 조치를 병행하고 있기 때문에 더욱 증폭되는 경향이 있다. 결국 남미 국가에서 IMF가 강요한 구조조정은 심각한 외채 위기를 극복하도록 해주기는 했으나 이들 나라를 선진국의 대열로 끌어올리지는 못했다. 오히려 사회 내부의 저항과 반발을 불러일으키고, 만성적인 사회적 불평등을 체질화하기도 했다.

신자유주의적 구조조정, 즉 초국적 자본과 시장논리의 국가 길들이기가 이러한 부정적 결과를 낳은 것은 일차적으로 자유주의 이론의 논리적인 한계에서 기인하는 것이지만, 부차적으로는 그것이 국제 금융자본이나 그것이 자리 잡은 미국의 이해관계에 바탕을 둔 하나의 이데올로기이기 때문이다. 후자의 측면을 먼저 살펴보면 오늘날 달러를 기축 통화로 하는 지구화한 경제 조건에서 경제의 개방과 자본의 자유로운 진입은 주로 미국 등을 근거로 하는 경쟁력 있는 금융자본과 생산자본에게 언제나 유리하게 작용할 수밖에 없다는 점을 주목해야 한다. 우선 미국은 영어의 종주국이며 가장 정치적으로 안정되어 있고, 공항·고속도로·대학 등 인프라가 잘 갖추어져 있으므로 투자의 안정성에 있어서 다른 어떤 나라보다도 비교우위에 있다. 더구나 정보통신, 지식 생산물, 오락물, 농산물 등 미국이 경쟁력을 지닌 상품들이 전세계 시장을 석권할 수 있는 무기가 된다. 따라서 각국에서 국가의 시장 규제가 축소되면 될수록 이득을 보는 것은 국제 금융자본과 미국이다.

이들이 표방하는 시장 만능론 혹은 신자유주의의 교의는 호혜 평등의 이념에 바탕을 둔 것이 아니라 완전 경쟁의 논리이다. 미국이 동남아시아 나이키 신발공장의 아동 노동을 비난하는 것은 아동 노동 보호의 필요성 때문이 아니라 자국 노동자들의 일자리를 앗아가는 '사회적 덤핑'을 공격하기 위해서이다. 자본의 자유로운 이동은 그렇게 철저하게 추구하면서도 노동의 국제적 이동, 그리고 노동자의 권리에 대해서는 거의 무시하는 북미자유무역협정(NAFTA)이 그것을 웅변으로 보여준다.

신자유주의 논리가 하나의 이데올로기일 수밖에 없는 이유는 국제 금융자본이나 그러한 논리의 대변자들은 금융자본이 위기에 처하면 곧바로 수단과 방법을 가리지 않고 해당 국가나 IMF의 개입 등을 통한 규제에 호소하면서 자신의 이익을 지키려 하기 때문이다. 이는 멕시코 외환위기 당시 투자자들이 보인 행동에서 가장 극명하게 드러났다. 그들은 멕시코에 투자한 자신의 자본을 지키기 위해 멕시코에 IMF가 구제금융을 해줄 것을 강력하게 요구하였다. 투자자의 책임은 묻지 않고 오직 채무자의 책임만을 요구하면서 투자 자금을 회수하겠다는 것이다. 한국과 동아시아의 외환위기 사태에서도 국가 보증을 요구하는 등 같은 요구를 반복하였다. 자유 시장, 규제 철폐를 주장하다가 위기에 몰리자 화폐를 찍으라고 요구하고, 마구잡이 차입을 했다가 부도 위기에 몰리자 '시장논리'에 기초한 외국 자본의 공격과 인수합병에 의한 경영권 상실을 두려워하며 IMF의 요구 조건이 한국의 실정을 모르는 것이라고 강변한 한국의 재벌기업들과 그 이데올로그 역시 마찬가지였다.

이러한 신자유주의 정책과 논리는 이론적으로도 큰 결함이 있다. 완전한 탈규제와 시장에 의한 최적의 자원 배분이 현실적으로 불가능할뿐더러, 자본의 운동은 우선 불안정하고 예측 불가능하기 때문에 오늘날과 같이 하루에 유통되는 국제 금융자본의 규모가 1조 달러나 되는 경제질서에서 약간의 불균형은 급작스러운 파국을 불러올 수 있다. 노벨상을 받은 경제학자 스티글리츠(Joseph E. Stiglitz)가 주장했듯이 생산, 소비 등의 시장 정보 역시 불확실하고 부정확하지만, 경제활동에 결정적인 변수가 되는 정치사회적 변수는 더더욱 불확실하다. 만약 이윤을 찾아 전세계를 돌아다니는 투자자들이 진실로 합리적인 투자자였다면, 그리고 국제적인 신용평가 기관이 진정으로 정확한 정보를 제공하였다면 경제위기에 처한 멕시코나 동아시아에 투자하지 않았을 것이다. 그러나 그들은 국제적 신용평가 기관의 '잘못된 평가'에 의거하여 돈을 투자하였고, 결과적으로 큰 손해를 보기도 했다.

그것이 자기모순적인 또 하나의 이유는 자유주의 이론은 독점체가 경쟁의 압력에 직면하면 자연스럽게 시장의 보이지 않는 힘에 의해서 독점이윤을 확보할 수 없게 된다고 강변하지만, 실제로 M&A에 의해 형성된 거대한 다국적 독점기업을 상대할 수 있는 어떠한 시장의 압력도 존재하지 않으며, 그들이 시장에 관한 모든 정보를 독점함으로써 경쟁적인 시장질서가 유지될 수 없다는 점에 있다. 그리고 이들은 자연을 무한대로 착취하면서 그에 대한 비용을 지불하지 않고 있으며, 그 성장의 궁극적인 걸림돌이 될지도 모르는 자연 자원의 소유와 이용에 스스로 자제력을 발휘할 수 없기 때문이다.

미제스(Ludwig von Mises)와 같은 자유주의자들은 완전한 시장경제를 실시할 수만 있다면 과도기적인 문제를 궁극적으로 치유할 수 있다고 주장하고 있다. 그러나 그것은 완벽한 사회주의의 건설을 내세운 혁명이념보다 더 황당한 생각이다. 오늘날 국내외 시장의 주역은 독립된 개인이나 소규모 자영업자가 아니라 세계적 생산, 판매, 정보망을 갖는 거대 독점기업이다. 이윤 추구를 일차적인 목표로 하는 이들 기업이 시장에서는 당연히 우위에 설 수밖에 없다. 자유주의의 이상과 기업의 실천 사이에는 사회주의 이상과 실천에서 나타나는 괴리보다 더욱 심각한 괴리가 존재한다.

따라서 지구화한 자본과 금융은 자신에 대해서는 물론이거니와 인류의 미래의 생존은 물론 당장의 삶에 대해서도 아무런 책임을 질 수 없고, 책임지지도 않는다. 자유주의자들이 언제나 주장하는 것처럼 자본의 움직임에는 도덕적인 포장이 불가능하고 또 자본을 도덕적으로 단죄하는 것도 무의미할지 모른다. 그러나 그것은 욕망의 자극과 물질적 보상을 통해 인류를 경제적으로 윤택하게 해주기보다는 오히려 만물을 상품화하여 문명을 야만 상태로 돌려놓을 위험성을 다분히 안고 있다.

1980년대 초 이후 신자유주의 개혁을 추진한 남미의 칠레, 멕시코, 페루 등은 개혁의 결과 자본의 유입으로 외환위기 극복이 가능해졌고, 경제 회복도 어느 정도 성취했다. 그러나 국제 금융기구가 칠레나 멕시코가 성공적인 구조조정을 이루었다고 평가하는 순간 각 나라는 심각한 병을 앓고 있다는 점이 확인되었다. 불평등은 심화되었고 사회적 결속력은 더욱더 붕괴되었기 때문이다. 멕시코의 경우 저소득층 40퍼센트가 전체 소득의 11퍼센트밖에 차지하지 못하며,[3] 미국을 향한 노동 이민은 줄어들지 않았고 절망에 빠진 남부 산악 지역의 농민들은 게릴라 투쟁에 동조하고 있다. 멕시코는 1994년 IMF 구제금융을 포함한 500억 달러의 지원을 받아 국가 부도를 면했지만, 세금 인상, 공공지출 억제, 이자율 상승으로 기업의 도산이 속출하여 1995년 말에는 120만 개의 일자리를 잃었다. IMF는 이들 국가를 수입 대체에서 수출 지향의 체질로 변화시켰지만, 그들이 수출할 수 있는 것이라고는 저임 노동력에 기초한 저부가가치 상품과 지하자원뿐이었다. 결국 나라별로 약간의 편차는 있지만 남미의 신자유주의 개혁은 실패했다는 평가를 받게 되었다.

따라서 한국이 IMF의 처방을 수락하면서 이러한 신자유주의적인 구조조정 작업을 추진할 수밖에 없었던 정황은 이해할 수 있지만 바로 그 시점

---

3 참고로 한국은 1995년 당시 하위 40퍼센트가 소득의 21.9퍼센트를 차지한다. 통계청, 『한국의 사회지표』, 1996, 144쪽 참조.

에 엘리트나 민중들의 현명한 판단과 넓은 시야가 더욱 요청된다. 자본은 본래 이윤을 위해서 움직이고 강요된 지구화 역시 일차적으로는 국제 금융자본의 요구라는 점을 분명히 인지할 필요가 있다. 여기서 외국의 자본이 한국에 최대의 이윤을 추구하러 들어온다면 그것은 궁극적으로 한국인에게 약간의 일자리를 제공하는 대신 그 몇 배의 이윤을 챙겨 가려는 시도에 불과하다. 은행 등 금융산업의 구조조정을 요구하는 것 역시 더 적은 임금, 더 적은 세금을 물고 한국의 금융시장을 장악하기 위한 시도인 것이다. 우선 외국 투자를 위해 유인책을 쓴다고 하더라도 이러한 투기자본이 여차하면 빠져나가 우리의 산업을 공황으로 몰아넣을 가능성을 함께 고려하여야 할 것이다. 따라서 당장 외국 자본이 들어오는 것이 중요한 것이 아니라 어떤 자본이 어떻게 들어오는가가 중요하며, 그것이 한국 경제와 사회의 체질을 어떠한 방향으로 변화시킬 것인가를 철저하게 따져보는 것이 중요하다.

이러한 신자유주의적인 구조조정의 압력은 궁극적으로 한국과 동아시아의 경제체제, 나아가 사회체제를 시장 지향적인 체질로 변화시키려는 압력이라는 점을 인지할 필요가 있다. 그리고 그 최후의 적은 최대의 인구 규모를 갖고 있으며, 동아시아 체제의 사상적 모국인 중국이다. 대체로 개혁과 개방, 시장경제의 길을 걷고 있기 때문에 결국 동아시아 자본주의라는 것도 시장 자본주의 질서에 편입되고 있다고 볼 수 있으나, 아직 중국이 미국이나 선진 자본주의 국가의 본격적인 경쟁 상대가 되지는 못하고 있으므로 결전은 시작되지 않았다고도 볼 수 있을 것이다.

4. 한국 자본주의와 IMF 하 구조조정의 문제

한국이나 동아시아 경제는 자유주의 논리로부터 국가와 관료조직, 온 정주의가 시장을 압도하여 비효율성과 노동시장의 경직성을 강화해온 대표적인 모델로 비판받고 있다. IMF나 국제 금융자본이 요구하는 노동시장 유연화의 요구도 한국을 마치 유럽식의 개입주의 국가로 규정하는 듯한 인상을 준다. 한국 자본주의가 고도로 중앙 집중적인 국가가 경제를 지휘하는 중상주의적인 형태를 지녀왔다는 사실을 부인할 수는 없다. 그러나 1980년대 말 이후 한국에서는 지휘자, 보호자로서 국가의 역할이 크게 줄어들었을뿐더러 오히려 과잉 비대해진 재벌에 의해 국가가 '사적 이익을 위한 정부'로 변화되었다는 점에서 알베르가 분류한바 시장 주도형의 앵글로색슨형과 국가 주도형의 라인형 자본주의의 무분별한 잡탕의 양상을 띠게 되었다고 보는 것이 정확할 것이다.

우선 한국은 비효율, 과도한 국가 지원 때문에 자유주의의 표적이 되는 유럽식 개입주의 복지국가와는 거리가 멀다. 한국의 국가는 만(Mann)이 국가의 기능을 분류할 때 동원한 개념인 억압적 힘에 있어서는 국방비 지출에서 나타나듯이 과잉 성장해 있으나 하부구조적인 힘(infrastructural power)에 있어서는 낮은 사회복지비, 낮은 교육비 지출이 보여주는 것처럼 유럽은 물론 가장 자유주의적인 사회체제를 견지하는 영국이나 미국보다도 시장 중심적이다. 1990년대 외환위기 이전까지 한국의 국가는 재분배적 기능을 거의 하지 않는 안보국가 성격을 띠고 있었으며, 5공 시절부터 과감한 수입 자유화와 노동 억압을 본격화하면서 시장 기제는 더욱 강화되었다. 한국에서는 박정희 정부 이후 공적 의료보험이 실시되고, 1990년대 들어 고용보험 등이 제한적으로 실시된 것을 제외하고는 사회정책다운 사회정책이 존재한 적이 별로 없다. 국가의 보호 기능은 오직 부실하고 비효율적인 금융, 부실한 재벌에 대한 계급 편향적인 보호였을 따름이었다. 이 점에서 한국의 국가는 경제발전을 위해 그 견인차인 대기업 집단을 일방적으로 지원하는 발전국가(developmental state)의 형태를 벗어나지 못하고 있었다.

한국의 정치경제의 운영 과정을 보면 오히려 알베르가 분류한 앵글로 색슨형에 훨씬 근접해 있다. 우선 한국에서는 복지 부문이 국가보다는 거의 민간에 맡겨져 있다. 보험·의료·교육·미디어가 그 대표적인 예이다. 이처럼 국가 보험이 덜 발전되어 있는 한국에서 피고용자들은 실직과 노후를 대비하여 개인 보험에 의존할 수밖에 없다. 의료와 보건의 경우 의료 공급의 90퍼센트가 '상품화'되어 있어서 자본주의 국가 중에서도 가장 의료 공급의 공공적 성격이 약한 미국보다도 더욱더 시장 지향적이다. 교육 역시 초보적인 의무 교육을 제외하고는 거의가 사교육이 지배하고 있으며, 대학 교육에 대한 공적 지원은 거의 존재하지 않는다. 방송과 신문 역시 제대로 된 공영 방송이나 언론에 대한 공공적 통제가 매우 미약해서 시장논리가 압도적으로 지배한다고 볼 수 있다.

그보다 더 중요한 것은 노동시장의 영역이다. 한국을 피상적으로 이해하는 사람들은 한국의 노동시장과 고용관계가 일본형의 기업복지, 종신고용, 기업숙련 형성체계와 유사하다고 생각하는 경향이 있다. 외형적으로 기업별 노조체제를 갖추고 있으나 한국의 노동시장은 일부 대기업 생산직과 사무직을 제외하고는 오히려 시장 기제적 통제 형태에 더 근접해 있다. 기업별 노조체제와 기업별 단체교섭 체제는 일본식 노사관계와는 거리가 멀고 노동자들의 요구를 기업으로 묶되, 그것이 사회적 영역으로 확산되는 것을 차단하였기 때문에 임금·복지·교육 등에서 사회정책적 쟁점으로 노·사·정이 각축을 벌인 예는 거의 존재하지 않는다. 그리고 국가는 물론 기업에 기댈 수 없는 한국 노동자들은 대단히 전투적이고 국가 및 사용자와 대립적인 관계를 유지하고 있다. 따라서 담합주의 (corporatism)가 정착된 서유럽의 노동자들이나 기업복지가 발달한 일본의 노동자들에게는 노동시장의 유연화와 같은 신자유주의의 공세가 매우 낯선 것이지만, 한국의 대다수 노동자들에게는 오히려 익숙한 점도 있다. 그것은 사용자의 일방적인 해고권을 인정하는 것과 같기 때문이다. 그것은 과거 군사독재 이래 지속되었고, 한 번도 달리 나타나본 역사가 없는 일관된 노동 억압, 노동 배제의 체제인 것이다. 단지 해고와 실업이라는 시장의 고통이 과거의 정치적 억압을 대신했다는 특징이 있다.

어떤 점에서 한국 자본주의에서는 유럽의 개입주의 국가에서처럼 공동체성과 연대를 자극하는 신호체계보다는 권력자원과 부를 둘러싼 경쟁과 시장에서의 생존을 자극하는 신호체계가 더 우세하다. 일각에서 주장하듯이 한국의 국가는 국민생활의 재생산과 관련된 부분에 과도하게 개입한 것이 아니라, 반대로 필요한 부분에는 오히려 덜 개입해왔다. 한국에서는 민중의 생활과 직결되는 복지, 농업 등의 영역이 국가에 의해 과보호된 적이 없다. 1997년 한국의 경제위기가 유럽이나 멕시코 등 남미 국가와는 달리 국가의 방만한 재정 지출 때문이 아니라는 것을 강조한 OECD 세미나의 지적을 새삼 주목할 필요가 있다. 안보국가, 발전국가, 친시장국가 아래서 국가의 자본 편향적 개입은 민중들의 일자리 창출을 제외한다면 민중들에게는 한결같이 불리하게 작용해왔고, 한국식 시장주의 신호체계란 바로 일방적인 민중 배제를 의미한다고 해도 과언이 아니었다. 따라서 IMF가 요구했던 시장의 채찍은 비시장적인 힘으로부터 기득권을 누려온 재벌과 관료집단에게는 고통 혹은 약간의 약이 될 수도 있지만, 대다수 민중들에게는 경쟁의 자극이 아니라 일방적인 고통의 심화를 의미할 따름이었다.

경제는 정치, 사회와 한몸을 이루고 있다. 오늘날 미국 경제가 경쟁력을 갖고 있다면 그것은 1980년대에 과감한 신자유주의 개혁을 추진했기 때문이라기보다는 축적된 인프라, 즉 대학과 교육제도, 각종 공공시설, 문화적인 자산, 농업의 기반, 합리적인 관행 등이 군건하게 형성되어 있기 때문일 것이다. 그런데 문제는 한국과 같은 후발 자본주의 국가는 제대로 공적 인프라를 갖추지 못한 상태에서 모든 경제사회적 자원을 대기업 집단에게 과도하게 집중해왔고, 그러한 토대가 갖추는 장기적 플랜 없이 하루살이처럼 집약적인 성장을 추진해왔기 때문에, 앞으로도 지속적인 성장을 뒷받침할 수 있는 기반이 그렇게 튼튼하지 않다는 점이다. 이러한 조건에서 무차별적인 시장주의가 횡행하면 그나마 한국이 갖는 자원마저도 고갈될 위험이 있다. 특히 일본과 한국 등 유교적 문화가 강하게 잔존하는 국가에서는 좋든 나쁘든 시장의 자극보다는 공동체에 대한 소속감이 사람들의 열정적인 행동을 이끌어내는 상당한 동력이 되었으며, 경쟁의 압박이 생산성을 더욱 강화한다는 논리가 모든 경우 일률적으로 적용될 수 있을 것인지는 논란의 여지가 있다. 실제로 정리해고와 실직의 공포는 기업에 대한 헌신성과 충성심을 크게 약화시켰고, 나아가 그것은 기업의 생산성 저하로 나타날 것이다. 특히 시장 능력을 어느 정도 갖고 있는 고학력 화이트칼라에게는 시장주의의 신호체계가 자신의 노동력의 질을 높일 수 있는 긍정적인 기회로 작용하겠지만, 대다수의 저학력 사무직·생산직 노동자들에게는 더 부정적인 영향을 미칠 가능성이 높다.

강요된 지구화에 의해 신자유주의적인 구조조정 작업이 본격화하면 한국사회에는 그 이전까지 겪지 못했던 엄청난 불평등이 발생할 소지가 있다. 높은 실업률, 소득 격차의 심화는 한국이 본격적인 계급사회에 진입하는 신호탄이다. 우선 돈을 가진 사람들은 상속 증여가 용이해졌으며, 무기명 장기채 발행, 높은 은행 이자소득, 금융소득 종합과세 유보 조치 등으로 큰 이득을 볼 수 있게 되어 있으나 봉급생활자들은 고물가, 간접세 인상, 국민연금 부담 증가, 대출 이자율 상승 등으로 훨씬 더 어려움을 겪을 수밖에 없다. 빈곤과 불평등은 언제나 범죄, 사회 불안, 가족 파괴를 수반한다. 대학 진학률이 높아지면서 발생한 고학력 실업, 정년 연령 하향 조정으로 인한 고연령 실업과 노인 복지의 결여 상황은 심각한 사회문제를 낳을 것이다. 몽둥이와 흉기를 휘두르는 폭도들 때문에 기사들이 운전을 하지 못하고, 젊은이들이 닥치는 대로 불을 지르는 프랑스 파리의 상황을 생각해보면 한국은 아직 그 정도는 아니라고 자위할 수 있을지도 모른다. 그러나 빈곤과 실업이 사회가 감내할 수준을 넘어설 경우 그러한 행복은 더 이상 유지되지 않을 것이다.

따라서 한국사회는 기로에 놓여 있다. 한국의 기업과 노동자를 외국 자본의 채찍에 무조건 내맡기기 전에 근본적으로 생각해봐야 할 문제들이 있기 때문이다. 우선 한국에 필요한 것은 신자유주의적 개혁이 아니라 실질적으로는 국가 통제와 시장주의의 잡탕 속에서 운영되어온 각종의 법, 제도에서의 원칙을 세우고, 정신을 불어넣어 경제와 '사회'의 기초를 세우는 일이다. 외환위기 사태에서 또다시 확인할 수 있었듯이 한국에는 문제가 발생해도 끝까지 책임지는 집단이나 세력이 없고, 그 책임의 근거가 되는 원칙도 없다. 이것은 국가의 미완성(분단국가), 오랜 식민지와 군사독재를 겪으면서 구조화된 엘리트의 무책임성에서 상당 부분 기인한다고 볼 수 있다. 따라서 금융제도는 물론이거니와 교육제도와 행정조직 개편, 정치질서의 재편 등 국가의 기초를 세우는 작업이 필요하다.

물론 전면적인 개방과 외국 자본의 유입을 과도한 민족주의 시각에 기초해서 부정적으로만 볼 필요는 없는 것이지만 그것이 미칠 결과에 대해서는 보다 냉철한 판단을 해야 한다. 무엇보다도 우리 민중의 생존과 삶의 질의 확보라는 관점에서 그것의 효과를 다시 가늠해야 한다. 그것의 진입이 한국 기업 및 민중의 이익과 극히 부분적으로만 일치하고, 대체로는 불안을 일으킬 소지가 크기 때문에 더욱 신중해야 한다. 한국 기업이 독일이나 영국에 가서 공장을 세우고 생산 활동을 시작할 때, 그 나라의 노동법을 준수하여 노조와 단체교섭을 인정하고 복지세금을 납부하면서도 우리나라에 들어오는 투기자본의 이윤에 대해서는 세금도 물리지 않고 외국 기업이 한국 노동자들을 마음대로 해고하도록 하는 것은 앞뒤가 맞지 않는다. 외국 자본이 그러한 부담을 지고서도 한국에 들어올 수 있도록 하는 유인체제, 즉 경제사회적 인프라의 구축이 더욱 중요한 일일 것이다.

한편 외환위기와 IMF 관리체제를 맞으면서 식량과 에너지의 자급 문제가 더욱 중요한 과제로 떠올랐다. 석유 에너지에 지나치게 의존하는 구조를 극복하지 않으면 국가 경제의 기초 자체가 흔들리게 된다는 사실을 절실히 체험하였다. 다가오는 환경 라운드에 대처하기 위해서는 환경 친화적인 에너지 개발이 장차 우리의 운명을 좌우할지도 모른다. 한편 우리는 식량의 자급체제가 갖추어지지 않을 경우 지구화한 경제질서 아래서 상상할 수 없는 고통에 직면할 수도 있다는 사실을 확인할 수 있었다. 따라서 대체 에너지 개발과 농업의 육성, 수자원의 개발 등 경쟁력 강화를 통해 삶의 근거를 확보하는 노력은 한국의 힘으로 어쩔 수 없는 지구화, 세계무역기구(WTO) 체제하에서 파국을 막을 수 있는 국가적인 사업으로 책정되어야 할 필요가 있을 것이다. 식량과 에너지는 민중의 생존 문제이므로, 여기서 우리는 지구화 시대에 민족, 국가란 무엇인가 하는 문제를 다시금 제기하지 않을 수 없다.

한국은 신자유주의 구조조정의 압력 속에서 어떠한 지속 가능한 경제 사회 시스템을 구축할 것인가를 고민해야 한다. 외국 자본과의 교섭력이 극도로 저하된 시점에서 그들의 요구를 상당 부분 받아들일 수밖에 없다고 하더라도, 그들이 한국의 미래를 걱정하지 않을 것은 너무나 분명하다. 한국의 방향은 IMF 요구의 일방적 수락과 구조조정 작업에 있다기보다는 신자유주의적 구조조정의 부정적이고 파괴적인 측면을 주목하고 모든 자원을 동원하여 주체적으로 사회개혁을 추진하는 데 있을 것이다. 그것은 동아시아의 특수한 역학관계 속에서 민족의 통일을 이루고 통일된 국가가 미·중·일의 역학 속에서 자신의 위상을 설정하는 진정한 의미의 '지구화' 전략과 병행해야 할 것이다.

5. 한국의 국가, 자본, 노동

원래 근대국가라는 제도 혹은 조직은 "작은 피해를 주는 것으로서 큰 피해를 막는" 역할을 한다는 부정적인 시각도 있지만, 금융자본이 국경을 넘어서는 지구화 시대에 국가는 점점 그 정도의 역할도 할 수 없게 되었다. 국가는 강압적인 힘을 기초로 해서 기업과 국민들한테 세금을 걷고 강제력을 동원하여 시장질서를 유지한다. 문제는 IMF에 의한 강요된 지구화, 일방적 개방체제에서 개별 국민국가가 어느 정도 경제적 재생산, 나아가 국민의 삶에 대해 책임질 수 있는가 하는 점이다. WTO체제의 출범과 지역 간 무역 블록의 수립으로 이미 개별 국가의 독자적 정책 선택의 폭은 크게 축소되고 있다. 국제기후변화협약은 국가의 경제정책 전반을 통제할 수 있는 태풍의 눈으로 등장하고 있다. 따라서 IMF에 의한 강요된 개방 조치가 없었더라도 한국의 국가는 점차 개방의 압력으로 자율성을 상실할 수밖에 없는 처지에 놓여 있다. 국가의 경제 규모(인구와 국토), OECD 가입 국가인가 그렇지 않으면 저개발 국가인가에 따라, 그리고 경제구조의 성격이 어떠한가에 따라 개별 국가의 정책 선택의 자율성은 달라질 수밖에 없다.

한국의 국가는 과거 종속이론가들이 주장했듯이 대외적으로는 종속적이었으나 대내적으로는 자본에 대해 높은 자율성을 갖고 있었다. 1980년대 한국 경제의 비약적인 성장에 힘입어 이러한 종속성을 상당 부분 벗어난 것도 부인할 수 없는 사실이다. 한국은 군사적으로는 미국에 대해 여전히 종속적이었으나 경제적으로는 일정한 자율성을 획득하게 되었다. 그런데 국가의 대외적 자율성 여부는 국내의 역학관계, 경제위기의 수준에 크게 좌우될 것이다. 이 점에서 한국이 IMF 구제금융을 어떠한 상황에서 받아들였는가 하는 점이 일차적으로는 국가의 대외적 자율성을 좌우할 것이고, 향후 사회세력들 간의 정치적인 역학관계에 따라 그것이 구조화될 것이다. 우선 한국 경제가 걷잡을 수 없는 외환위기 상황에서 IMF 구제금융을 신청하였다는 점, 즉 국내 세력들의 자기 치유 능력이 완전히 상실된 상태에서 강요된 개방을 맞게 되었다는 점에서 국가의 자율성은 크게 제약될 수밖에 없게 됐다. IMF의 요구 조건들이 경제활동 그 자체를 위축시킬 정도로 엄하고, 차관 조건은 더욱 혹독하다. 가령 외국 은행이 단기 외채를 장기 외채로 전환할 때 국가의 보증을 요구한 것, 향후 이자율이 내리더라도 현재의 이자율을 고정시킬 것 등의 요구가 그것이다.

자본주의 국가로서 한국의 국가는 분명히 친자본·친시장적 정책을 펼수밖에 없고, 미국식 시장 자본주의 노선을 걷도록 요구받고 있다. 그러나 한국이 50년 만의 여야 정권 교체의 시기에 IMF 구제금융을 받게 되었다는 사실은 한국의 집권세력이 다른 동남아시아 국가와는 달리 국민적 지지 속에서 이 문제에 대처할 수 있는 정치적 기반을 조성해주었다. 우선은 지도자의 도덕성을 무기로 하여 재벌집단에 대해 상당히 엄한 자세를 취할 수 있게 될 것이다. 한편 민족적·국민적 일체감이 상당히 강한 한국사회의 특성상 상대적으로 민중의 지지 기반이 넓은 야당 지도자의 당선은 노동운동의 타협과 자제 전략을 유도하는 정치적 자원이 있음을 말해준다. 물론 이것은 북유럽의 조합주의에는 훨씬 미치지 못할 것이다. 그러나 이러한 제한된 계급타협이라도 관철해낼 수 있다면 정부의 대외 교섭력을 높이는 데 크게 기여할 수 있을 것이다.[4]

---

4 이 점은 당시 필자의 무지 혹은 판단 착오였다. 사실 김대중의 당선은 IMF 위기의 한 결과일 수도 있다. 이른바 워싱턴 컨센서스라는 것은 구제금융을 받을 시점을 정권 교체기와 일치시켜서 상대적으로 노동자와 국민의 동의를 얻을 수 있는 후보가 선거에서 당선될 수 있도록 유도하고 그에게 구조조정을 지움으로써 자신의 요구를 관철시킬 수 있는 국제 금융자본의 정책을 말하는데, 한국의 경우 민주화 운동 경력이 있는 김대중이 역설적으로 IMF의 요구를 가장 잘 관철할 수 있는 후보로 선호되었다고도 볼 수 있기 때문이다. 이후 1998년 2월의 노사정위원회의 설립을 둘러싼 논쟁에서 그것이 확인된 바 있다.

물론 새로운 집권세력의 힘은 거시적으로는 국내의 계급관계에 좌우될 것이다. 김대중 정부는 내부에서는 과거 군사정권의 주역이었던 3공화국 세력과 동거하고, 자본의 편에 서 있는 다수당인 야당세력에 포위되어 있다. 이 점에서 김대중 정부가 국내외의 자본과 보수세력에 맞서서 개혁정책을 선택할 수 있는 폭은 여전히 제한적이다. 냉전세력의 심기를 건드리면서 군축을 강행하거나 그 재원을 복지 비용으로 전용하기는 힘들 것이다. 김대중 당선자가 남북 경협 문제나 통일 문제 등은 거론하지 못하고 외국인 투자 유치만이 살길이라고 보면서 투자자를 유치하기 위해 가용한 모든 방법을 동원한 것은 바로 이 세력의 힘의 한계를 보여준다. 김대중 당선자가 IMF 요구보다 오히려 앞서서 국제 금융자본을 의식하여 국내에서의 정리해고 입법화를 추진한 것도 제한된 지형 속에서 그의 정책 선택의 길을 예시해준다. 특히 지배집단에서 최고 권력자를 제외하고는 정치와 경제를 담당하는 정부 엘리트, 민간 엘리트가 전혀 교체되지 않았다는 데 문제의 심각성이 있다. 위로부터의 개혁이 갖는 근본적인 한계를 이들 역시 갖고 있다.

　한국의 재벌은 IMF에 구제금융을 신청한 이후에도 인력 감축과 경비 절감이라는 자신에게 손해가 되지 않는 편리한 방법 외에는 어떠한 자발적인 개혁 조치도 취하지 않았다. 삼성중공업은 소사장제를 실시하여 자연스레 정리해고를 단행하려 하기도 하였다. 그리고 1997년 대선 시에는 자신에게 비우호적인 야당 후보가 당선되지 않도록 총력을 다한 바 있다. 경제위기가 심화되고 재벌체제 개혁의 목소리가 높아진 이후에, 특히 당시 김대중 당선자와 자기 개혁을 위한 약속을 하고서도 전문인 경영체제 구축 등 재벌구조의 혁신 문제는 전혀 거론하지 않았다. 이들은 '책임경영제'를 강화하겠다고만 하면서 향후의 경영 부실 시 책임지고 퇴진하겠다는 말은 하지 않았으며, 개인 재산이라도 내놓으라는 여론에 대해서는 "재산이 주식 형태로 있기 때문에 더 내놓을 것이 없다"고 말했다. 재벌에 대한 비판이 일어나자 대우 김우중 회장은 "대기업이 무엇을 잘못했는 가"고 강한 반론을 펴기도 했다. 보수 언론, 경제학자 등 재벌의 입장을 대변해온 집단들은 외환위기, 경제위기가 국민 모두의 책임이라고 강변하면서 허리띠를 졸라매자고 촉구하고 있으며, 마치 노동운동의 전투성 혹은 노동시장의 경직성이 국가 경쟁력 약화의 주범인 것처럼 몰아붙이고 있다. 따라서 재벌기업은 생존을 위한 자구적인 부실 계열사 정리, 경영 합리화를 추구하겠지만, 소유와 경영의 완전 분리와 총수체제의 해체 등 재벌 해체에 대해서는 강력하게 저항할 것으로 예상된다.

노동 측은 어떠한가? 한국의 노동 측으로서는 사실상 별로 물러설 곳이 없다. 자본주의 사회에서 기업의 붕괴는 자연인 자본가에게는 치명적이지 않을 수 있지만, 자연인 노동자와 그의 가족에게는 치명적이다. 기업의 구조조정을 통한 규모 축소는 자본가 개인과 가족에게는 약간의 희생을 요구하는 일이지만, 실직한 노동자에게는 모든 것을 잃는 것이 되기 때문이다. 따라서 "30퍼센트를 잃을 것인가 100퍼센트를 잃을 것인가" 중에서 선택을 하라는 것은 애덤 스미스(Adam Smith)가 지적한 "노동자가 일자리 없이 버틸 수 있는 기간과 기업이 노동자를 고용하지 않고서도 버틸 수 있는 기간이 다르다는 점", 즉 자본주의 사회에서 노동자와 사용자의 존재적 위치의 차이를 무시한 것이다. 만약 정부, 혹은 중립적인 입장에서 그러한 시각으로 정리해고를 바라볼 수는 있다고 하더라도, 노동자들을 설득하려면 바로 정리해고되는 30퍼센트에게 장차 일자리를 찾을 수 있다는 보증을 해주지 않고서는 불가능하다. 물론 자본주의 경제하에서 어느 것도 실직한 노동자에게 확실한 보증은 될 수 없지만, 그래도 차후의 우선 취업 보장이나 실업보험 등 복지의 확충, 기업의 구조조정을 통한 일자리 확충의 확실한 전망을 제시하는 것이 가장 근접한 형태의 보증이 될 수 있을 것이다. 그러나 한국의 현 조건에서 정부가 실업보험 기금 확충 등 미봉적인 조치를 취할 수는 있겠지만 이들을 달래기는 어렵기 때문에 노동자의 전면적인 저항은 사실상 피할 수 없을 것이다.

현재 자본/노동 간의 힘의 역학관계를 보면 역시 자본이 모든 면에서 유리한 고지를 점하고 있다. 한국의 노조 조직률은 10퍼센트를 겨우 넘어섰으며 그나마 실업과 고용 불안으로 교섭력이 저하되고 있기 때문에 노동자들이 전국적이고 조직적으로 대응하기는 사실상 어려울 가능성이 높다. 따라서 자본이 주도하는 개혁, 즉 구조조정은 정리해고의 입법화를 통해 기업 내 노동조합의 권한을 극도로 제약한 다음, IMF가 요구하는 개방과 기업구조 개편을 추진하면서 우량 기업을 외국 자본으로부터 방어하는 전략을 취할 것이다. 기업의 경쟁력 강화는 단기적으로는 일자리 확보와 세수원 유지 차원에서 노동 측 및 국가의 이해와 맞닿아 있다. 그러나 IMF 관리체제 아래서 기업의 경쟁력 강화는 일자리의 확보와 무관할 수도 있으며 소수 기업의 경쟁력은 다수 민중의 고통과 병행할 수도 있고, 정부 지출 축소와 불공정한 세정은 노동자들의 고통으로 직접 연결되므로 여기서 자본과 노동이 계급 이해의 차이로 충돌하지 않을 수 없게 되어 있다. 따라서 노동자들은 한편으로는 한국 정부의 대외 협상 능력을 제고해주기 위한 조직적 지렛대 역할을 해야 하지만, 동시에 한국의 국가와 자본이 더 이상 어찌할 수 없는 세계 자본주의의 물결로부터 스스로를 보호해야 하는 새로운 과제를 안고 있다.

결국 지금의 상황은 국가 내 모든 경제, 사회 자원을 독점하고 있는 재벌기업이 쓰러진 상태에서 그들에게 자신의 생명줄을 기대고 있는 정부와 노조가 재벌의 심기를 건드리지 않으면서 그것이 다시 일어서도록 분위기를 몰아가는 형국이라고 할 수 있다. 지금은 정권 교체기로서 정부와 대통령에게 상당한 주도권이 주어져 있으므로 현상적으로 보면 김대중 대통령 당선자가 사태의 주요 책임자인 대기업, 재벌에게 호령하는 듯이 보이지만, 실제는 그 반대이다. 따라서 김대중 정부는 대외 협상력을 높이고 국가능력을 키워서 개혁을 밀고 나가기 위해서는 물론 정권의 생존을 위해서도 자본의 비위를 맞추면서 노동세력과 시민세력을 달래는 줄다리기를 하지 않을 수 없다. 현재의 시점처럼 노동조직 측의 세력화가 절실히 요청되는 때도 없을 것이다.

6. 맺음말

지구화한 경제질서 아래 국가가 부도 위기에 몰리면 사실상의 국가인 대자본보다 더 고통을 받을 수밖에 없는 민중으로서는 우선 국가 경제, 국민 경제의 회복에 기댈 수밖에 없다. 그러나 지금은 국가가 이들에게 어떤 것도 해줄 수 없을뿐더러 한국 경제의 IMF 관리체제 극복이 자신의 생존과 행복의 보장과 반드시 일치하지 않는다는 것을 노동자들을 포함한 모든 피고용자들이 분명히 인식할 필요가 있다. 따라서 이 시점이야말로 탈냉전 지구화 질서 아래 새로운 경제·사회 체제의 수립을 본격적으로 고민할 때이며, 지구적 신자유주의의 물결에 맞서는 새로운 사회체제의 건설을 위해 고민해야 할 상황이다. 한국으로서는 군비 축소를 통한 남북한 공생의 길을 추구하는 조치가 선행되어야겠지만, 그보다도 냉전질서 아래서 고착된 국가-기업의 관계, 시장 주도의 사회체제, 대미 일변도의 외교 노선과 그 반대편인 폐쇄적 민족주의 등을 근본적으로 재검토해야 한다. 그것을 통해 한국은 강요된 지구화 국면을 통제된 지구화 전략으로 전환해낼 수 있을 것이다.

1998년 초 한국 상황은 천민적 자본주의 질서와 부패, 그리고 정치적 리더십의 결여가 민중들을 얼마나 비참한 상태에 몰아넣을 수 있는지를 웅변으로 보여준 시점이다. 그러나 더 중요한 것은 엘리트의 비전과 그것을 뒷받침할 수 있는 사회적 힘이다. 오늘의 한국사회를 보면 비록 문민정권의 등장으로 민주화 운동 경력을 가진 새 대통령 당선자의 리더십에 대한 지지도가 높고 여러모로 희망적인 움직임이 보이는 것도 사실이나 보다 근본적인 개혁을 지속적으로 추진할 주체가 없는 것은 심각한 문제이다. 김영삼 정권 당시 대통령의 긴급 명령으로 실시된 금융실명제가 자본 측의 집중적인 반격에 부딪혀 결국 좌초되는 것을 우리는 지켜보았다. 재벌 총수들의 개인 자산 헌납을 유도하던 분위기 역시 이와 다르지 않다. 제도적인 장치나 경제사회적 신호체계에 의해 사회가 작동하지 않을 때, 위로부터의 개혁은 그러한 한계를 지니게 된다. 그러나 그것은 대통령 일인의 통솔력이 한계에 부닥치는 정권 중반에 들어서면 원점으로 되돌아갈 가능성이 높다. 그 시기부터는 정치사회 역학관계가 모든 것을 좌우하게 될 것으로 예상된다.

결국 중간층과 노동자가 어느 정도 국가능력을 뒷받침해주는가가 장기적인 경제발전과 사회개혁의 시금석이 될 수 있다. 거품에 의한 소득의 증가를 자신의 노력의 결과인 양 착각한 중간층이 노태우·김영삼 정권의 민주주의의 배반과 부패를 묵인하고 방조하였을 때, 대규모 사업장 노동자들이 오직 임금 교섭을 통한 기업 중심적 노조 활동에 안주하였을 때, 외환위기를 막거나 최소화할 수 있는 내적인 동력은 형성될 수 없었다. 건강한 사회, 사회의 민주화는 사회의 이익을 정확하고 일관되게 대표하는 정당과 공익을 위해 개인의 이익을 희생하는 각성된 시민이 없이는 불가능하다. 지난 한국의 냉전 자본주의, 가족 자본주의는 중간층과 노동자계급에게 자신과 가족의 이익, 기업의 이익만을 추구하도록 유도해왔다. 결국 힘 있는 노동운동, 시민의 각성, 시민사회에 뿌리박은 정당 등 힘 있는 시민사회만이 위기를 극복하고 장기적으로는 '야만적 시장논리'로부터 한국을 구제할 수 있는 안전판이다.

임진왜란 이후 한국전쟁에 이르기까지 나라가 위기에 처해서 왕을 비롯한 책임져야 할 지배세력이 모두 도망가고 없을 때, 그 자리에 남아서 나라를 지킨 사람들은 언제나 이름 없는 민중들이었으며, 관군이 아닌 의

병들이었다. 지구상의 어느 나라에서도 발견하기 힘든 전국적인 '금 모으기 운동'이 번져나간 것은 우리에게 많은 것을 생각하게 해준다.[5]

| 참고문헌 |

강경식, 『강경식의 환란일기』, 문예당, 1999.

김동춘, 「한국 자본주의의 성격과 지배질서: 안보국가, 시장, 가족」, 한국산업사회연구회, 『한국사회의 변동』, 한울, 1994.

마르틴, H. P., 하랄드 슈만, 강수돌 옮김, 『세계화의 덫』, 영림카디널, 1997.

미제스, L. v., 이지순 옮김, 『자유주의』, 한국경제연구원, 1995.

손호철, 「IMF 위기의 원인을 다시 생각한다」, 『신자유주의 시대의 한국정치』, 푸른숲, 1999.

「IMF 재벌개혁 요구내용」, 『조선일보』, 1998. 1. 1.

알베르, M., 김이랑 옮김, 『자본주의 대 자본주의』, 소학사, 1994.

유엔 사회개발연구소 엮음, 『벌거벗은 나라들: 세계화가 남긴 것』, 조용환 옮김, 1996.

이병천·조원희 편, 『한국 경제, 재생의 길은 있는가: 구조조정 실험의 평가와 전망』, 당대, 2001.

張之淵, 「國文關係論」, 金玉均·朴殷植 외, 『韓國의 近代思想』, 삼성출판사, 1977, 196쪽.

참여사회연구소 엮음, 『우리가 바로잡아야 할 39개 개혁과제』, 푸른숲, 1997.

통계청, 『1996 한국의 사회지표』, 1996.

黑澤淸一, 「東アジア通貨·金融危機發生の原因と影響」, 『世界經濟評論』, 1997年 12

---

5 여기서 필자는 '금 모으기 운동'에 대해 어떤 가치 판단도 하지 않고 있다. 즉 경제위기를 국민 모두의 책임으로 돌린 다음 '금 모으기'로 돌파하려 했던 정권과 자본 측의 분위기 조성은 비판받아 마땅하지만, 다수의 국민들이 그 운동에 자발적으로 동참하였다는 사실 역시 부인할 수 없는 현실이다.

月號.

Attali, Jacques, "Il y a une convergence d'interests entre le FMI et les Etats-Unis," *Le Monde*, Mardi 6 Janvier, 1998.

Evans, Peter, "The Eclipse of the State: Reflections on Stateness in an Era of Globalization," *World Politics* 50(October 1997).

Gill, Stephen and David Law, *The Global Political Economy: Perspectives, Problems and Policies*, New York: Harvester Wheatsheaf, 1988.

Green, Duncan, "Latin America: Neoliberal Failure and the Search for Alternatives," *Third World Quarterly*, Vol. 17, No. 1, 1996.

Haggard, Stephan and Robert R. Kaufman eds., *The Politics of Economic Adjustment*, Princeton: Princeton University Press, 1992.

Hurrell, Andrew and Ngaire Woods, "Globalization and Inequality," *Millennium: Journal of International Studies*, Vol. 24, No. 3, 1995.

IMF SURVEY, *International Monetary Fund*, Vol. 26. No. 23, December 15, 1997.

Lee, Eddy, "Globalization and Unemployment: Is Anxiety Justified?" *International Labor Review*, Vol. 135, No. 5, 1996.

Nussbaum, Bruce, "Asia's Crisis: The Cold War's Final Legacy," *Business Week*, December 1, 1997.

Samson, Colin, "The Three Faces of Privatization," *Sociology*, Vol. 28 No. 1, February 1994.

Sheahan, John, "Effects of Liberalization Programs on Poverty and Inequality: Chile, Mexico, and Peru," *Latin American Research Review*, Vol. 32, No. 3, 1997.

"Stocks Head South," *Newsweek*, November 3, 1997.

"Stumbling Giants," *Time*, November 24, 1997.

노동·복지체제를 통해 본 한국 자본주의의 성격*

냉전 자본주의에서 신자유주의로?

1. 머리말

소련 동유럽 사회주의 붕괴 이후 북한, 쿠바 등 예외적인 몇 나라를 제외하면 이제 자본주의는 전세계의 거의 유일한 경제, 사회체제로 남아 있다. 특히 1990년대 들어 자본과 금융의 지구화 물결 속에서 진행된 경제 개방, 탈규제, 사유화, 유연한(flexible) 노동시장 재편의 압력은 유럽의 복지 자본주의, 일본형의 가족 자본주의를 위협하면서 전세계 모든 나라를 영·미의 앵글로색슨형 자유주의적 자본주의 모델로 변형시키고 있다. 시장에서 소비자의 선택이 경제질서 유지의 가장 중요한 심판관이라는 가정에 기초한 이러한 자본주의는 시장의 신호체계를 완벽하게 구축한 조건에서 행위자들이 시장에서 자신의 이익을 극대화하기 위한 행동을 하기만 한다면 경제발전과 복지가 자연스럽게 달성될 수 있다는 일종의 시

---

* 『역사비평』 1998년 여름호에 실린 것을 애초의 취지를 살리면서 약간 손을 보았다. 이 글은 졸고, 「한국 자본주의의 성격과 지배질서: 안보국가, 시장, 가족」(한국산업사회연구회 엮음, 『한국 사회의 변동』, 1994)의 문제의식을 연장한 그 후속 편이라고 할 수 있다. 1997년 말의 외환위기, IMF 관리체제라는 극도의 위기 상황 속에서 보다 분명하게 드러난 한국 자본주의의 재생산 구조와 사회문화적 성격을 유형론적 시각에서 접근하려 하였다. 그러나 체계적인 비교 분석이 부족하기 때문에 하나의 시론이라고 볼 수 있다.

장 유토피아론이라고 볼 수 있다. 오늘날 IMF 관리체제로 표상되는 미국과 국제 금융자본의 한국 자본주의 개편의 압력은 바로 한국의 발전주의 국가, 재벌 주도의 자본축적 구조, 한국식의 독특한 금융제도와 노사관계를 모두 이러한 영·미형 자본주의의 형태로 뜯어 맞추려는 압력이라고 볼 수 있다.

미국 랜드 연구소(Rand Corporation)의 울프(Charles Wolf)는 '시장의 실패'(market failure)라는 개념에서 출발한 동아시아 발전 모델은 결국 '시장 외적 실패'에 의해 위기에 처하게 되었다고 진단했다.[1] 그는 정부의 비효율적인 투자, 정실과 배타성, 부패구조와 의사결정의 불투명성이 1997년경 아시아 여러 나라의 경제에 해악을 끼쳤다고 주장했다.[2] IMF 경제위기 와중에서 등장한 김대중 정권의 정책 기조 역시 이와 맥락을 같이했다. 1980년대 영국식 개혁의 성공을 모방하려 한 김대중 정권은 정부 기능의 축소, 과감한 사유화, 노동시장 유연성 확보를 통해 외환위기와 IMF 관리체제를 극복하려 했다. 그러나 이러한 개혁을 주도하는 사람들의 목소리를 자세히 들어보면, "한국의 노동시장이 너무 경직되었다", 복지가 확대되면 "복지병이 나타난다" 운운하면서 시장 기제에 의한 개혁만이 대안인 것처럼 말하고 있다. 그러한 접근법은 은연중 동아시아나 한국을 이미 어느 정도의 사회적 시민권(social citizenship)과 복지 수준에 도달한 뒤에 새롭게 신자유주의의 길로 나아갔던 서유럽 국가들과 동일한 유형으로 간주하여 사실 파악은 물론이거니와 정책 대안 수립과 전망 모색에서도 상당한 착오를 범할 위험성이 있다. 이들은 한국이 OECD 가맹국은 물론 유사한 자본주의 발전 단계에 도달한 국가 중에서도 지난 30년 동안 노동자의 권리가 가장 심각하게 억제되었던 나라였고, 사회복지 관련 지출이

---

1 울프는 랜드 연구소의 선임 경제자문관이다. 그는 아시아에서의 장기 경제·군사 동향을 전문적으로 연구하고 있다(http://www.rand.org/news/experts/bios/expert_wolf_jr_dr_charles.html).
2 *The New York Times*, May 1998.

매우 낮은 나라에 속했다는 점을 망각하고 있다.

자본주의는 경제체제이기 이전에 역사 사회 구성체이고 자본주의적 생산 방식은 언제나 해당 국가의 독특한 역사·정치·문화 논리와 결합되어 존재한다. 오코너(James O'Conner)가 말한 것처럼 시장은 결코 스스로 작동하는 기제가 아니며, 자본주의는 생산력과 생산의 관계, 그리고 그것을 뒷받침하는 사회관계의 수준에서 심층적으로 움직이는 체제이다. 우리가 시장/국가의 이분법을 이론적인 도구로 하여 한국 자본주의의 성격을 규명하며 앞으로의 개혁 방안을 모색하면 한국 자본주의 발전의 역사성을 놓치게 되고, 자본축적의 사회적 기반, 즉 '사회구성체'로서 한국 자본주의를 보지 못하게 될 위험성이 있다. 따라서 시장 기제의 활성화를 통해 한국 경제의 위기를 극복하자는 대안들은 단기적 성공을 거둘 수 있을지는 모르나 한국 경제 나아가 한국사회를 교정 불가능한 특이체질로 변화시킬 위험성을 안고 있었다.

여기서 우리는 한국 자본주의의 성격을 노동·복지체제의 차원에서 규명해 볼 필요가 있다. 노동·복지체제는 생산의 체제와 더불어 한국 자본주의의 일부를 구성하고 있는데, 그 역사성과 작동 방식을 통해 한국 자본주의의 성격을 분명하게 파악하고 개혁 방안을 수립할 수 있는 단서를 얻을 수 있을 것이다.

2. 국가, 시장, 가족의 재생산과 한국 자본주의

인간의 삶의 재생산은 경제, 정치, 사회 영역에서 동시에 진행된다. 사람은 우선 경제활동을 통해서 자신의 생존을 유지하며 가족을 통해서 정서적·혈연적 공동체성을 유지하면서 사회질서를 재생산하고, 국가 혹은 정치조직을 통해서 공동체의 방어와 질서 유지를 도모한다. 자유주의 경제학은 자본주의 시장경제 질서가 마치 국가라는 제도나 가족이라는 단위가 없이도, 혹은 그 역할을 극소화하고도 존재할 수 있는 것으로 가정한다. 그러나 역사사회 구성체로서 자본주의는 그 출발부터 국가 혹은 강제력을 필요로 하였으며, 가족 등 사회조직과 네트워크, 그리고 사고와 의식의 차원에서 그러한 질서를 받아들이는 행위자로서 인간을 매개로 하여 스스로 작동할 수 있다. 상품의 생산과 판매, 즉 가치의 실현 과정에는 화폐의 발행권을 가진 국가권력이 필요하였다. 국가가 생산과 거래를 보장하지 않았다면 자본주의적인 상품 생산은 애초부터 불가능하였을 것이다. 가족과 사회조직 역시 마찬가지이다. 예를 들어 기업의 조직과 성장, 그리고 피고용자의 정서적 물질적 재생산은 가족, 친족, 사회집단 등 기업 외의 사회조직이 없이는 작동되지 않았거나 훨씬 많은 비용을 부담하여 결국은 존속할 수 없었을 것이다. 따라서 경제질서로서 자본주의는 그보다 더 역사가 오래된 가족, 혈연조직과 사회적 네트워크, 혹은 정치질서의 결합물로서 존재하였으며, 분명히 인간의 의식적인 활동의 산물이다.

박정희 정권 이후 한국 자본주의의 발전 역시 그 이전의 일제 식민지 권력과 미군정, 이승만 정권 등 정치 과정의 토대 위에서 성립했다. 일제 식민지 체제와 한국전쟁이 의도한 것은 아니었지만 지주 봉건세력을 몰락시켰고, 농민을 토지에서 이탈시켜 대량의 임노동자를 만들어냈으며, 비록 분단된 국가였지만 이승만 정부 아래서 단일한 화폐와 금융질서, 학교 교육제도를 만들어냈으며 이러한 조건 위에서 박정희 정권의 성장 드라이브가 가능했다. 1960년대 이후 체제 경쟁에서 남한이 북한을 압도하고 경제를 반석 위에 올려놓기 위한 가장 전략적인 작업이었던 수출산업은 기업의 과제이자 국가의 과제였으므로 국가는 기업에 필요한 모든 것—금융 지원, 수출 활로 개척, 노동력 공급, 노동 통제—을 제공했다. 한편 한국전쟁 전후의 반공주의가 좌익 및 노동운동 세력을 거세했기 때문에 국가는 자본축적의 유리한 조건을 만들어낼 수 있었다. 한국전쟁을 겪은 후 북한과 휴전 상태에 놓인 한국에서는 자본축적에 관한 한 무엇이든 용납되었으며, 기업에서 노동자들이 사용자를 비판하는 행위는 좌익의 혐의를 받았다. 뷰러워이가 말했듯이 공장 지배질서는 곧 '국가 내의 국가'[3]였기 때문에 회사 내에서 노동자들이 권리를 제기하는 것은 반국가, 친사회주의 저항으로 간주되고 위험시되었다. 자본주의 경제사가 보여주듯이 합리적 계산, 이윤 동기와 자본축적의 욕구를 갖는 근대적인 기업가, 그리고 공장에서의 규율은 과거 농경시대의 농사일과는 다르다는 것을 체득한 훈련된 공장 노동자가 없이는 한국 자본주의는 성립할 수 없었다.

한편 회사를 설립한 사람들은 우선 가족을 종업원으로 활용하였고, 회사의 인허가, 제품의 생산과 판매를 위해서 관청에 의존하였다. 그들 상당수는 옛날의 종이나 마름을 대하듯이 종업원을 상대하였다. 한국 자본주의 질서는 전통사회에서의 강한 가족적 네트워크, 정실주의 사회관계, 가치관과 문화에 의해 깊이 각인되었고, 공업화를 가능케 해준 국가의 성격 등과 깊이 연관되어 있다. 오늘날 한국의 대기업이 가족기업, 재벌의 형태를 띤 것은 물론 정부가 기업 활동에 개입하는 것, 노사관계가 순수한 경영자와 피고용자의 '거래' 관계의 성격을 띠지 않는 것, 금융 관행이 엄격한 신용평가에 기초하기보다는 정경유착과 물적 담보를 기초로 하는 것 등 모든 경제 관행이 사회 관행, 정치 관행과 결합되어 있기 때문에 나타난 현상이라고 볼 수 있다. 즉 냉전 분단체제에서 발전되어온 한국 자본주의는 국가 주도, 정치 주도의 산업화 이전의 문화와 가족주의 사회관계에 의해 '과잉 결정'(over determined)되어 있었다. 그것은 한국이 유교적인 전통을 가진 나라라는 역사적 조건 외에도, 극히 억압적이고 중앙 집권적인 식민지 국가의 체험과 전쟁과 분단국가 수립과 극단적인 반공주의 체제의 경험을 함께 갖고 있었기 때문이었을 것이다. 이 과정에서 자본주의

---

3 Michael Burawoy, *The Politics of Production: Factory Regimes Under Capitalism and Socialism*, London: Verso, 1985.

발전 이전의 정치·사회관계는 근대적 시장질서에 의해 추방된 것이 아니라 그것과 맞물려 현대적 형태로 변형, 부활되었다.[4]

이러한 공업화 이전의 조건은 공업화의 독특한 시기 혹은 조건과 맞물려서 작동한다. 한국 공업화는 우선 수출 지향적 단순 조립 가공형 공업화로 특징지워진다. 한국은 세계시장에서 비교우위를 갖고 있는 양질의 풍부한 노동력을 활용하여 선진 자본주의 국가의 소비시장을 겨냥한 공업화를 추진하였다. 따라서 한국의 노동자들은 애초부터 규모가 큰 중·대 기업의 노동자가 되었고, 이들 기업은 노동자들에게 기업 차원의 복지 혜택을 어느 정도 부여하였다. 한국의 노동자들은 초기 유럽의 여러 나라에서 노동자층이 과거의 장인, 직인 등 기술자가 지위의 하강 이동을 통해 형성된 것과는 달리 농촌 잉여 인력의 이농 인구로 주로 구성되었고, 이들은 단순 반복적인 작업에 비교적 쉽게 적응하였다. 농민의 아들딸이었던 노동자들은 자신과 가족의 생존을 위해, 그리고 미래의 행복한 삶을 위해 '현재'의 작업장의 고통을 감내하였다. 그들에게 처음 만난 공장의 생활은 더 나은 삶을 보장해줄 수 있는 약속의 땅이었다. 따라서 기업은 높은 복지 혜택을 통해 노동자들을 유인하지 않고서도 이들의 헌신성을 동원할 수 있었다. 자식 교육은 곧 오늘의 노동의 고통을 상쇄해주는 개인, 가족 차원의 일종의 보험이었다. 부족한 생계비는 고향에 남아 있는 부모님들이 채워주었으며, 부모님이 가르쳐준 "윗사람 섬기라"는 윤리는 그대로 근대적 회사 생활에 적용되었다.

---

4 일제 식민지 경험, 중앙 집권적인 국가, 노동 억압이 경제성장의 뒷받침이 되었다는 논리가 대단히 강력하게 제기되고 있으나, 이러한 이유 때문에 식민지, 전쟁, 분단, 군사정권이 경제성장의 배경으로서 칭찬받아야 한다는 결론에 성급하게 도달할 필요는 없다. 이것은 사회주의 독재체제를 유지하는 중국이 자유주의 전통을 지니는 인도보다 더욱더 외국 자본 유치에 유리한 고지를 점하고 있다는 최근의 논리와도 연관된다. 즉 자본주의 초기 발전 단계에서 정치적 억압은 오히려 유리한 환경을 만들어준다는 논리로 억압, 착취 등을 정당화하는 경향이 있지만, 그러한 억압은 내부의 심각한 불균형과 갈등을 낳을뿐더러 이후에도 그 대가를 다른 방식으로 지불해야 한다는 점을 놓쳐서는 안 될 것이다.

결국 자본주의를 경제체제로서가 아니라 '사회경제 체제', 혹은 '정치경제 체제'로 본다면 한국 자본주의는 출발부터 한국의 가족주의 전통, 그리고 전쟁과 극우반공주의라는 두 조건에 의해 구조화되었다고 볼 수 있으며, 재벌체제, 금융 시스템의 후진성, 기업복지, 기업별 노사관계 등등을 그 대표적 현상으로 지목할 수 있다. 과도한 군비 지출과 사회복지 재정의 취약성, 재산권에 대한 거의 물신주의적인 신봉, 억압적 노동 통제 정책 등의 특징은 1950년대 매카시즘 아래서 형성된 미국의 새로운 자본주의 유형과도 일맥상통한다는 점에서 이를 냉전 자본주의라고 부를 수도 있을 것이다. 냉전 자본주의는 1970년대 이전까지 한국 자본주의가 '후진적' '근대화 이전'의 양상을 띤 것이 아니라 사실은 한국적 형태로, 어떤 점에서는 이미 '과도하게' 자본주의화한 것을 의미한다.

3. 한국 자본주의와 노동체제의 성격

자본주의적 공업화가 본격 추진되기 이전에 형성된 한국의 노동체제는 냉전, 분단 상황에 의해 이중적으로 규정되었다. 그것은 반공의 교두보를 확보하려는 미군정의 노동정책에서 구체적으로 드러났으며 대한민국 정부 수립 후에도 그대로 연결되었다. 미국 자유주의 영향과 북한·소련과의 군사적 대치 상황은 한편으로는 다원주의, 자유민주주의의 모양새를 갖추는 법과 제도를 정착시켰으며, 다른 편으로는 체제 통합을 위하여 노조를 어용화하고, 자율적 노사교섭 공간을 축소시켰다. 따라서 정부 수립 직후에 급진적인 노동운동을 배제하고 자주적인 단결권과 행동권을 제약하되, 노동자 개인의 권리는 일정하게 보장하는 노동체제가 자리 잡았다. 한국 노동관계법의 원형이 된 1953년의 노동법 역시 비록 제한적이기는 하나 미국식의 자율적인 노사관계를 일정하게 보장하는 내용을 갖추고 있었다. 이것은 아예 노동문제가 곧 '치안문제'나 전쟁 수행을 위한 '노동력 징발'의 문제로 다루어지고, 노사관계의 개념조차 인정하지 않았던 일제 말의 파시즘적 노동체제에 비해서는 진일보한 것이었으나 근대적이고 민주적인 노사관계와는 거리가 멀었다.

본격적인 자본주의 공업화에 앞서서 만들어진 이러한 노동체제는 그 이후 지속적으로 침식, 변형되기에 이른다. 즉 '한국의 현실에 비추어 보면' 당시의 노동법이 선진국인 미국 노동자의 투쟁의 결과로 얻어진 노동법을 기초로 하고 있었던 관계로 다소 진보적인 내용을 포함하고 있었으나 실제 노사관계나 노동규율 체제는 그보다 더욱 억압적이었으며, 1961년 군사정권 이후는 그러한 진보적인 내용을 갖고 있는 법 자체를 끊임없이 개악하는 방향으로 나아갔다. 이처럼 법이 경제 현실보다 선행하여 외국의 것을 수입한 경우 정부나 사용자는 끊임없이 법을 위반하지 않을 수 없게 되고 상공회의소 등 사용자 단체는 그러한 '실정에 맞지 않는' 부담스러운 법을 개악하려고 집요한 로비를 펴게 된다. 이러한 조건에서 1970년 당시 전태일이 외쳤던 것처럼 의식 있는 노동자들은 법의 제정을 요구한 것이 아니라 하위법인 노동관계법이 상위법인 헌법의 정신과 부합하지 않는다는 점을 규탄하거나 사용자들에게 '근로기준법의 준수'를 호소하는 현상이 발생한다. 되돌아보면 한국의 노동관계법이나 노동규율은 본격적인 공업화가 진척되기 이전인 1950년대에서 1960년대 중반 시기에 오히려 덜 억압적이었고(자유주의적 성격을 갖고 있었고), 1970년대 초부터 1987년까지는 더 억압적이고 권위주의적인 성격을 드러냈다.

이러한 조건에서 노동자의 일차적인 요구와 권리는 사용자와 이해 대립을 전제로 하는 노조라는 조직을 통해 대변되기보다는 국가기구 및 국가 경제발전을 통해, 혹은 기업의 성장을 통해 성취될 수 있는 것으로 선전, 교육되었다. 즉 1970년대 이후 한국에서 노동자들이 집단 이익을 주장할 수 있는 공간은 국가주의와 성장주의에 의해 위축되었다. 이것이 본격화한 것은 1970년대 '외국인 투자 기업의 노동조합 및 쟁의 조정에 관한 임시특례법' '국가보위에 관한 특별조치법' 등에서 수출산업 육성을 위해 노사분규를 강압적으로 억제한 조치들이었다고 볼 수 있다. 당시 한국노총 산하 각 산업별 노조가 존재하였으나 실제 활동은 상층부의 정책 건의로만 일부 존재하였고, 노조가 조직된 소수 사업장에서 실제의 노사교섭은 기업 차원에서 이루어졌다. 당시 한국의 국가는 개별 노조 활동에는 적극적으로 간섭하거나 탄압하지 않고, 노동자의 생존권적 요구에 대해서는 어느 정도 수용하는 태도를 취하되 정치적 성격을 지닐 수밖에 없는 산업별, 혹은 전국 단위 노조의 설립과 활동은 철저하게 통제했다.

국가는 국가안보와 경제성장이라는 명분하에 노동자와 그 가족의 땀과 노력을 강제적으로 기업에 이전시켜주었다. 기업에 대한 각종 세제 감면, 대출 특혜, 국가의 노조 활동 통제, 공식 노조의 체제 내화, 수출산업에서의 노조 활동 제약, 사용자의 부당노동행위 묵인 등은 아직 자생력을 갖추지 못한 개별 기업들을 대신해서 국가가 자본축적의 조건을 조성해준 조치들이었다. 물론 그러한 조치는 기업의 자본축적의 성과가 자본 측뿐만 아니라 고통을 받고 있는 노동자와 그 가족에게도 돌아간다는 이데올로기와 함께 진행되었다. 그러나 그러한 노동 억압, 노동 배제의 체제는 상당수 노동자들과 그 가족에게 큰 고통과 희생을 가져다주었다. 서울에 와서 잘살아보려던 수많은 농촌 출신 청년, 연약한 여성들이 불구자나 폐인이 되기도 했으며, 목숨을 잃어버리기도 하였다. 1987년 이전까지 한국의 노동자는 같은 수준의 경제발전 단계에 있었던 어떤 나라보다도 낮은 임금, 높은 산업재해, 억압적인 노동 통제 등 열악한 노동조건 속에서 신음하였으며, 세계에서 가장 긴 시간을 일터에서 보냈다. 한국 노동자의 상상을 초월한 고통 감내가 '상상을 초월한 경제성장'을 이룬 동력이었다.

1987년 이후 국가의 노동 억압은 완화되기는 했으나 완전히 사라지지는 않았다. 열린 정치적 공간 위에서 노동자의 조직화 작업이 진척되면서

1988년에서 그해 말에 이르는 '예외적인 기간'에 전국 각 사업장에서 가장 치열한 노사 전쟁이 발생했으나 1989년 이후 '공안정국'의 조성과 함께 노동 억압은 부활하였다. 이 시기 이후는 파업 사업장 공권력 즉각 투입, 노조 간부의 구속·수배 조치, 노조 연대활동 탄압, 제2 전국 단위 노조인 전노협 설립 탄압, 전교조의 불법화 등 억압적 통제가 전면에 부상한 가운데, 임금 가이드라인제, 총액임금제 등 분산적인 교섭의 결과로 초래된 개별 사업장 단위의 임금 인상을 억제하기 위한 조치들도 실시되었다. 특히 이 시기 이후 정부는 물리적 탄압 일변도 방침을 수정하여 점차 법적 행정적 통제 방식에 호소하였다. 1992년을 전후하여 국가가 사용자들에게 노조가 파업할 경우 민사상의 손해배상 청구 소송을 제기하도록 권장한 조치가 그 대표적인 예였다. 정부의 임금 억제 정책은 노·경총 간의 '사회적 합의'의 외양을 띠고 있었지만 언제나 '민주' 노조의 전국 대표체였던 전노협을 불법화한 상태에서 추진되었으므로 한국의 노동체제가 다원주의나 담합주의(corporatism)에 기반을 둔 적은 없었다고 볼 수 있다.

결국 1960년대 이후 회사 혹은 고용주는 '종업원'으로서 노동자들이 임금과 복지를 통해 자신의 계층 상승 열망을 실현하고 불리한 노동조건을 호소할 수 있는 거의 유일한 창구였다. 따라서 1987년 대투쟁 직후 노동자들이 자연스럽게 기업 단위의 노조를 결성하고, 기업 단위에서 노사교섭을 시도한 것은 이미 그 이전에 임금, 노동조건 등 비정치적 요구만을 들고서 사용자에게 '호소'해온 오랜 관행이 있었기 때문이다. '대투쟁' 이후에도 노동자들은 업종·산업 단위로 교섭이 이루어질 수 있고, 노동자들이 정치적 요구를 제기할 수 있다고는 생각하지 못했다.[5] 1989년 전교조 대량 해직 사태에서 극명하게 드러난 것처럼 정부는 국가기관에서까

---

[5] 1987년 이전의 오랜 관행과 역사가 1987년 대투쟁의 성격을 규정하였으며, 이것이 경로의존적으로(path-dependent) 이후의 기업별 노사관계를 정착시켰다는 점을 강조하고 있다. 이에 대해서는 졸저, 『한국사회 노동자연구』(역사비평사, 1995) 참조.

지 노조가 결성되는 것은 엄격히 통제하였지만 민간 기업에서 자율적 노사교섭 질서가 정착되는 것을 막지는 않았다. 오히려 정부는 노사의 교섭이 정치적, 국가 차원의 이슈로 발전되는 것을 차단하면서 노사관계에서 발생하는 모든 경제·정치적 부담을 개별 기업에 전가하였다. 그것은 체제 안정을 위한 노사 평화 비용을 복지 등 국가 재정 확충으로 해결하기보다는 개별 노동자와 사용자의 부담으로 전가하는 조치였다고 볼 수 있다. 1987년 민주화 이후에도 노동자들은 노동조건 개선과 노조 결성 그리고 작업장에서의 권력 강화를 위해 사용자와 투쟁을 벌였지만, 그중 상당 부분은 회사를 진정한 공동체로 만들기 위한 작업이었지, 회사를 넘어서는 노동자의 계급적 연대를 지향한 것은 아니었다. 한국 노동자들의 유별난 전투성(militancy)은 정치성, 계급성과 반드시 일치하는 것은 아니며 기업주가 '가족의 의리'를 배신한 데서 초래된 경우가 많았다.

이전 시기에 일관되게 흐르는 노동 통제의 정신은 이념적·정치적 노동운동의 배제이며, 체제 순응적 노동조합 운동의 육성이었다. 자주적인 노조나 조직된 노동자의 독자적인 행동 반경이 제한된 조건에서 국가와 노동조합 간에는 미국이나 유럽 국가와 같은 적극적 이익 대표 활동의 양상보다는 기업이나 정치권에서 철저하게 배제된 '근로자' 대중 위에 어용화된 전국 단위 노조가 민주주의의 쇼윈도 역할을 하는 모습뿐이었다. 이미 건국 초기부터 좌익계 노조를 제압하기 위해 조직된 전국 단위의 노조(대한노총)는 노동자 대중의 이익을 대변하는 기관이라기보다는 국가기구의 일부로 존재하였으며, 1960년대 중후반의 짧은 시기를 제외하고는 정부나 기업으로부터 자주성을 가진 조직으로 기능하지 못했다. 대만과 같이 아예 노조가 당의 하부기관이 되지는 않은 점에서 상대적으로 전국 단위 노조의 활동 공간이 없었다고는 볼 수 없지만, 그 대표들이 이후 반노동 입법에 앞장서는 여당 정치인으로 계속 흡수되는 것을 보면 지난 시절 노조의 이익 대표 기능은 거의 없었다고 봐도 과언이 아니다.

이러한 이익 대표체제는 최장집 교수가 한국의 노동체제를 설명할 때 쓴 개념인 국가담합주의(state-corporatism)에 완전히 부합하는 것은 아니며,[6] 대만형 노동체제와도 성격을 달리한다. 노조의 어용화가 충분한 반대급부 없이 이루어진 점에서 한국의 노동대표 체제는 남미 여러 나라와도 다르며, 집권당인 국민당이 직접 노조에 들어가서 운영 과정을 장악했던 대만과도 성격이 달랐다. 한국에서는 작업장 단위 노조(분회)가 비록 국가의 테두리를 벗어나지는 못했으나 나름대로의 활동 공간을 갖고 있었기 때문에 현장 노동자들의 저항이 줄기차게 발생하였다. 1960년대 말에는 한국노총 산하 산별 노조의 활동을 통해서, 그리고 1970년대 들어서는 개별 기업, 분회 단위 노조 결성을 통해 임금인상 투쟁이 계속된 것이 그 예이다.

결국 1953년 노동 입법 이후 일관되게 유지되어온 한국 노동법, 노동체제의 정신은 노사관계를 개별 사용자와 피고용자 간의 관계, 국가와 개별 노동자 간의 개인적인 관계로 제한하는 것이었다. 즉 집단적 노사관계는 제약하되 개별 노동자의 최저한도의 삶과 지위는 일정하게 보장하는 것으로 일관되어 있다. 이것은 노동문제가 사회문제, 정치문제로 발전되거나, 노동자가 하나의 사회세력, 계급, 정당으로 발전하는 것을 억제하면서 그들의 불만이 폭발하여 국가 경제를 위협하고, 사회·정치적 파급력을 갖는 것을 예방하려는 노동 통제라고 할 수 있을 것이다. 한국의 기업가들이 1960년대 이후 근로기준법 등 개인적 노사관계 관련법이 사용자에게 지나치게 불리하게 되어 있다고 줄기차게 항변한 것도 이 때문이다. '노동운동 순수주의'(탈정치성)의 이데올로기를 강조해온 한국의 노동 환경과 노동 통제는 기본적으로는 개별 노동자를 사용자와 일대일 관계로 만든 것이었으며, 노사관계는 정치적 필요, 성장과 안보의 논리에 좌우되어왔

---

6 최장집, 『한국의 노동운동과 국가』, 열음사, 1998에서 제기된 모델을 지칭함.

다고 봐도 과언이 아닐 것이다. 어떤 경우든지 노동은 정치나 경제의 부차적 영역으로만 존재해왔으며 그것은 한국에서 가족을 넘어서는 시민사회가 존립하기 어려웠던 현실을 말해준다.

노조가 국가와 시장 사이에서 자율적으로 활동할 수 있는 영역이 이렇게 협애하고, 노동자 간의 수평적 연대가 거의 차단되어온 결과 일시적으로 산업 평화가 유지되고 고도성장을 달성할 수 있었지만, 국가와 사회는 그만큼의 대가를 치르지 않으면 안 되었다. 노동자들을 오직 자신의 경제적 이해에 관심을 갖는, 기업의 불법 부당 행위를 묵인하는, 탈정치적이고 '생각 없는' 존재로 남아 있도록 하기 위해서, 1987년 이후 기업주들은 노조의 임금 인상 요구는 수용하되 노사관계의 틀을 변화시키려는 요구는 차단하였는데, 그것은 결국 개별 기업의 노조 관리 부담을 가중시켰다. 반면 임금 인상 위주의 운동에 익숙해진 노조는 다람쥐 쳇바퀴 돌듯이 그러한 노동운동의 관성에 빠져들었다. 노동체제가 노동자들의 회사 지배구조 개입과 참여, 직업 훈련 등을 통한 노동자 숙련 향상과 자기계발, 사회적 형평성과 통합성의 관념에 의해 유지되지 않음으로써 국가주의와 가족주의 논리에 기초한 자본축적 방식은 이제 개방과 신자유주의에 의해 심각한 위기를 맞게 되었다. 노동자들은 1997년 기업과 국가 부도 사태에 일부 책임을 졌다고 볼 수 있지만 그 피해의 대부분을 부담했다. 한국 노동자들에게 신자유주의란 새로운 것이 아니며 과거 냉전 자유주의(cold war liberalism)[7]의 연속선상에 있다. 한국에서 신자유주의란 미국 혹은 서유럽과는 달리 케인스주의를 거치지 않은, 개발독재가 변형된 양상을 지니고 있다.

---

7 냉전 자유주의에 대해서는 졸고, 「사상의 측면에서 본 한국의 근대 모습」, 『근대의 그늘』, 당대, 2000 참조. 즉 냉전체제에서의 자유주의는 반공주의에 압도당하고 국가가 탈상품화의 주체로서 시장에 개입하는 것이 아니라 전쟁 수행자, 시장 형성자, 시장 대리자로서 경제에 개입한다. 냉전 자유주의의 진원지는 매카시즘하의 미국이다. 미국의 냉전 자유주의는 한국전쟁을 빌미로 한 정치적 억압, 노동 배제, 전시경제 체제 운영, 친기업적인 입법화 등의 특징을 갖고 있었다.

4. 복지의 부재, 혹은 자유주의 복지

자본주의 경제에서는 전통사회에서 가족이나 공동체가 대신 맡았던 사회적 위험으로부터의 개인 보호 기능을 점차 국가가 떠맡게 된다. 그것은 농촌 공동체의 해체와 전업 임금 노동자의 등장, 여성의 경제활동 참여로 특징지워지는 산업사회에서는 전통사회에서 가족이 수행하였던 경제활동, 노후 복지, 교육, 아동 보호와 육성 등의 기능을 더는 가족이 수행할 수 없게 되었기 때문이다. 그러나 자본주의라고 해도 자본의 축적 혹은 사회의 유지를 위해서 반드시 공급되어야 할 복지의 총량을 어느 정도 국가, 공공기관 혹은 지방자치 단체가 담당하는가, 그리고 어느 정도 시장 혹은 가족이 책임지는가는 나라별로 상당한 편차가 있다.[8] 각 사회가 담당해야 할 총량의 복지를 민간 혹은 시장논리에 맡길 것인가, 가족 등 공동체 조직에 맡길 것인가, 그렇지 않으면 국가나 공공기관이 담당할 것인가 하는 것이 현대 모든 사회의 가장 큰 쟁점인데, 이것은 국가의 성격, 계급 간 힘의 관계, 사회문화적 배경 등에 따라 달라진다.

한국의 복지체제 역시 해방 직후 미군정의 통치, 남북한 단독정부 수립과 분단체제, 그리고 전통사회의 가족주의 문화로부터 큰 영향을 받았다. 미국식 자유주의 이념에 기초한 미군정의 통치는 보건 의료나 구호 행정을 국가가 조직하고 관리하기보다는 민간이 담당할 것을 강조하였다. 그래서 미군정을 거치면서 일제시기 경제 수탈을 위한 최소한의 국가 개입주의의 전통을 이어 최소 개입주의 복지철학이 정착되었다. 따라서 5·16

---

8 통상 공공복지에는 사회보험·공공부조·공공서비스가 있으며, 사회보험에는 산업재해보상보험·의료보험·연금보험·고용보험 등이 있다. 공공부조는 생활보호와 의료보호가 주축을 이루고 있으며 공공서비스는 복지회관, 구판장 등 각종 복지시설의 운영, 주택 건설 등을 통한 노동자 주거 안정 지원 등을 들 수 있다.

쿠데타 이후 군사정권이 1963년 사회보장에 관한 법률을 제정하기까지 한국에서 사회복지의 개념은 이념적으로나 정책적으로 거의 존재하지 않았다고 해도 과언이 아니다. 이후 1980년대 이전까지는 공공복지의 발전은 미진한 채 부분적으로 기업에서 복지의 부담을 일부 떠안는 형태가 지배적이었다. 1987년 노동자 대투쟁 이후 노동자들의 거센 요구를 수렴하여 기업 내 복지를 포함하여 국가 복지제도가 크게 확충되었으나 1987년 이전과 마찬가지로 복지의 요구는 국가나 공공기관이 담당하기보다는 주로 개별 기업이나 가족이 떠맡는 양상에서 벗어나지 못했다.

물론 공공복지가 전무한 것은 아니었다. 1961년 사회보장에 관한 법률, 산업재해보상보험법의 제정으로 공공복지의 기반이 마련되었다. 그리고 1970년대 말 근로자 재산형성 촉진법이나 근로청소년 교육을 위한 특별학급과 사업장 내 부설학교가 설치되었다. 1977년부터 시행된 의료보험법은 초기에는 500인 이상 사업장 노동자를 대상으로 하였으나 1987년에는 5인 이상 사업장에까지 확대되었다. 1986년에 국민연금법이 제정되고 1993년에는 고용보험법이 제정됨으로써 외형상으로 4대 사회보험 체제를 갖추게 되었다. 그러나 한국의 4대 사회보험은 그것을 절실하게 필요로 하는 사회적 약자들을 보호하는 사회적 안전판의 기능을 거의 하지 못하고 있다. 의료보험은 본인 부담금이 지나치게 과중하고, 상병수당이 급여로 지급되지 않아서 빈곤층이나 생산직 노동자는 비록 보험을 갖고 있어도 장기 입원이나 질 높은 의료 서비스를 받기 힘들게 되어 있다. 산재보험도 외환위기를 거치면서 그 적용 대상이 확대되기는 했으나 여전히 위험에 대한 안전판 역할을 하기에는 미흡하다. 실업보험 역시 외환위기 이후 그 수혜 대상을 확대하고 있으나 보장성에서는 큰 결함이 있으며, 국민연금은 운용 과정의 부실과 국민 참여의 배제로 연금 고갈 위기를 맞고 있는 실정이다. 앞에서 말한바 일터에서의 위험은 물론이고 주거, 교육에 있어서도 공공의 역할은 여전히 제한되어 있다. 한국의 봉급생활자들과 노동자들은 내 집 마련을 위해 생활비를 제외한 모든 여윳돈을 주택 구입에 쏟아 부어야 하며, 자식 교육을 위해 수입의 10퍼센트 이상을 사교육 시장에 지출해야 한다.

가족주의 전통 탓이라고 볼 수도 있지만, 한국에서는 이승만 시기의 냉전 자유주의와 박정희 시대에 고도성장을 추진하는 과정에서 복지란 기본적으로 당사자의 책임이라는 관념이 확고하게 정착되어 공공복지의 확대는 극히 제한되지 않을 수 없었다. 복지는 언제나 경제성장의 결과로 자연스럽게 주어질 것으로 가정되었으며, 보건사회부나 복지 행정은 경제 부처의 사실상의 시녀로 존재하였다. 국가가 시장의 방패막이 역할을 못하는 한국의 조건에서 개개인은 살아가면서 생길지도 모르는 위험을 오로지 가족과 회사에만 의존해야 했다. 한국의 복지는 기본적으로 시장(즉 피고용자에게는 기업)과 가족에 크게 의존하고 있으며 공공 영역의 역할은 극히 제한적이었다.[9]

한국형 가족복지와 기업복지는 "안보를 위한 군사비 지출과 기업의 경제활동을 지원하는 것이 우선이며 개인의 안전을 위한 지원은 배부른 소리"이고, 복지는 성장의 부산물이며, "기본적으로 가족과 개인이 해결해야 할 문제"라는 보수주의 논리를 바탕에 깔고 있다. 그런데 가족복지는 여성을 포함한 인구의 대다수가 피고용자인 자본주의 현실 속에서 실제로는 성립 불가능한 개념이다. 설사 과도적으로 존립할 수 있다고 하더라도 그것은 여성과 노인의 희생을 요구하는 이데올로기에 불과하다. 즉 노

---

9 홍경준은 복지국가를 개입주의, 자유주의, 그리고 유교주의 복지국가로 분류한 다음 한국은 국가나 시장이 모두 약한 유교주의 복지국가로 볼 수 있다고 주장한 바 있다(홍경준, 「복지국가의 유형에 관한 질적 분석: 개입주의, 자유주의, 그리고 유교주의 복지국가」, 김연명 엮음, 『한국 복지국가 성격논쟁 1』, 인간과 복지, 2002). 그는 노인 소득 중 시장에서 획득되는 비율을 갖고서 시장 의존도를 평가하고 있다. 한국은 국가, 시장 모두의 의존도가 낮은 유형인데, 만약 경제활동 인구에 속하는 사람들 중 복지 비용의 시장 의존도를 본다면 다른 결과가 나올 수도 있다. 즉 노인들은 가족복지에 의존하고 있으나 젊은이들의 경우는 기업에 의존하는 경우가 많기 때문에 한국을 유교주의 복지라고 규정하기는 어렵다.

인 부양과 자녀 교육, 건강 등 전통사회에서 가족 공동체가 해결해왔던 문제를 상황이 판이하게 달라진 환경에서 여전히 가족의 책임으로 돌림으로써 일시적으로는 기업의 재생산 비용과 국가가 담당해야 할 복지 비용을 가족 구성원에게 전가할 수는 있을지 모르나, 여성의 경제활동 참가가 불가피해지면서 그 이데올로기적 성격이 드러날 수밖에 없게 된다. 노인 공경의 아름다운 전통을 가진 우리나라가 복지의 차원에서 보면 매우 심각한 노인 천시 국가가 된 것이나 최근 여성들의 '출산파업' 현상이 그것을 극명하게 보여준다.

기업복지란 주거, 교육, 의료 보건, 경조, 휴양 등 인간이 생활하는 데 필요한 모든 비용이나 장치들을 기업이 부분적으로 해결해주는 체제를 말한다. 1987년 이전에도 일부 대기업에는 학비 보조, 주택 자금 보조 등 기업 차원의 복지가 존재하였다. 제5공화국 들어서는 '복지사회의 건설'이라는 구호를 내건 다음 '사업장 내 복지후생 시설 권장기준'을 마련하고 정치적 안정과 기업 내 복지의 확충을 맞바꾸려 하였다. 그러나 기업복지가 보다 전면화한 계기는 1987년 노동자 대투쟁이었다. 1987년 노동자 대투쟁은 그 규모와 폭발성에 있어서는 매우 주목할 만했지만, 주로 임금 인상과 노동조건 개선의 요구를 내세운 기업 단위 노동쟁의였기 때문에 경제주의 노동운동의 틀을 벗어난 것은 아니었다. 당시 노동자들은 1980년 전두환 정권이 만든 기업 단위 교섭의 틀 내에서 요구를 제기하였다. 사용자들은 방어적인 목적에서 이들의 요구를 수용하지 않을 수 없었다. 노동자들의 요구는 주로 그들을 고용하고 있는 사용자의 책임이 되었으며, 사실상 그러한 요구를 들어줄 수 없는 중소기업 사업장에는 매우 치열한 노사분쟁이 계속되었다.

기업복지의 형성은 한국의 가족주의 문화와도 관계가 깊지만, 무엇보다도 국가나 공공기관이 국민 복지의 책무를 떠맡지 않고, 이들을 시장의 논리에 내던져온 반공주의 한국의 정치경제 체제의 산물이라고 볼 수 있다. 복지 향상에 있어 1987년이 하나의 중요한 전기가 되기는 하나 한국에서 복지의 철학은 여전히 변함이 없다. 탈정치화, 체제 순응, 계급적 노동운동의 억제라는 목표에 부합하는 방향에서 노동자들을 통합하기 위한 전략으로서 사용되어왔다는 점이다. 따라서 탈상품화의 성격을 갖는 공공복지나 국가복지는 극도로 제한하되 시장논리나 국가안보를 해치지 않는 기업 차원의 복지만이 장려된 것이다. 이러한 조건에서 정치적 위기나 경제위기가 닥치면 노동자들은 차가운 시장 바닥에 내동댕이쳐지게 된다. 외환위기를 맞은 이후 그동안 기업복지에 안주해왔던 대규모 사업장 노동자들이 정부와 사용자의 정리해고 조치에 내맡겨질 수밖에 없는 현실이 그것을 웅변으로 보여준다.

외형적으로 한국의 기업복지 체제는 같은 동아시아 국가인 일본, 대만의 기업복지와 유사하다. 통계를 보면 기업의 지출액 중에서 복지비로 지출되는 비용은 한국이 이들 나라보다 오히려 더 높다. 이것은 노동자들의 임금 혹은 회사에의 의존을 높여주며, 이러한 복지비를 지출할 수 없는 중소기업이나 영세 사업장과 대규모 사업장 간의 임금이나 노동조건의 차별성을 확대하는 효과가 있다. 결국 한국 노동자는 현물로 받는 임금 외에는 기댈 수 있는 것이 거의 없다고 해도 과언이 아니다. 회사 내의 퇴직금 제도 역시 노동자들 스스로가 계속 주장해서 정착된 제도이기는 하나 결과적으로 노동자를 회사에 더욱 의존하도록 만들었다. 국민연금 제도가 시행되고 있음에도 불구하고 퇴직금 제도가 연금을 대신하여 노후 생활의 안전판으로 작용하고 있기 때문에 안정된 회사에서 오랜 기간 근무한 화이트칼라들은 특혜를 받지만, 그렇지 않은 대부분의 사람들에게 노후는 대단히 불안할 수밖에 없다. 지난 시절 기업이라는 소'공동체'는 불투명하고 불안정한 시장질서 속에서 노동자들이 기댈 수 있는 유일한 언덕이었는데, 외환위기와 기업 구조조정으로 사용자가 더는 노동자들의 기대를 들어주지 않거나 또 들어주고 싶어도 그렇게 하지 못하게 되었을 때,

노동자들은 격렬하게 저항하거나 절망에 빠지게 되었다.

결국 외환위기와 김대중 정부의 등장 이후 한국의 기업복지 / 시장 의존적 복지체제의 변화는 불가피해졌는데 여기서 기존의 유형이 변형 확대되는가, 그렇지 않으면 서유럽적 개입주의 형태가 좀더 가미되는가가 큰 쟁점이 되었다.[10]

5. 맺음말

모든 자본주의 국가가 어느 정도는 그러한 측면이 있지만, 지난 시절 한국에서 안보 이데올로기와 경제성장의 이데올로기는 한몸을 이루어 위로부터 강요된 '공공'의 영역을 형성하여 사회적 약자나 노조의 요구를 '이기적'이라고 매도하면서 억압하였다. 한국에서 하버마스가 말한 것처럼 정치·경제 체제(system)의 논리는 사회, 즉 시민사회의 목소리를 극도로 위축시켜왔다. 그리하여 노동, 복지의 영역은 주로 정치와 경제의 영역으로 흡수되어, 과거 군사정권에서는 정치 우위의 정치경제 질서에 예속되었다면, 오늘은 경제 우위의 정치경제 질서에 예속되어 있다. 정부의 예산 편성 과정에서 노동부와 복지부의 예산은 언제나 기업 활성화를 제일의 과제로 삼는 경제부처의 목소리에 위축되었고, 또한 노동부나 복지부

---

10 김연명은 김대중 정부 이후 3년간 추진한 사회복지 정책은 "그 변화의 강도와 내용 면에서 우리나라에서 근대적 사회복지가 시작된 1960년대 이후 가장 혁신적인 것"이라고 평가한 바 있다(김연명, 「김대중 정부의 사회복지 정책, 어떻게 볼 것인가」 이병천·조원희 엮음, 『한국 경제, 재생의 길은 있는가: 구조조정 실험의 평가와 전망』, 당대, 2001). 그는 4대 보험을 완성하고 국민기초생활보장법 등 사회 안전망을 확충한 김대중 정부의 복지정책은 국가복지의 급격한 확대로 평가할 수 있다고 본다. 그러나 조영훈은 김대중 정부에서 증가한 것처럼 보이는 사회복지비의 확대와 사회보험의 확대는 진정한 국가의 책임을 담보하지 못했고 사보험 등 민간 보험 역할이 강화되었으며 근로 연계 복지 등은 김대중 정부의 정책이 신자유주의 성격을 갖고 있는 증거라고 주장한다(조영훈, 「혼합모형? 김연명의 복지국가 유형론 평가」, 이병천·조원희 엮음, 앞의 책).

의 행정은 노동자, 서민의 삶의 질 확보라는 차원에서 진행되기보다는 경제성장 촉진과 체제 유지라는 목표 아래 조정되어왔다.

신자유주의 담론으로 포장되어 있기는 하나 이것은 한국이 기본적으로 냉전 자본주의 체제의 논리 혹은 가족 자본주의에서 벗어나지 못하고 있음을 보여준다. 경제위기를 맞이하자 한국의 노동·복지체제의 성격이 보다 분명하게 드러나게 되었는데, 1997년 경제위기는 바로 냉전 자본주의, 가족 자본주의를 위기에 빠트렸다. 자본의 축적체제와 한몸을 이루고 있는 노동·복지체제는 기술 변화와 산업구조 변화에 의해 일차적으로 조건 지워지고, 정부와 엘리트의 정책 노선, 그리고 밑으로부터 조직된 노동세력의 대응 등에 따라 변해갈 것이지만, 냉전 자본주의와 가족 자본주의에 대한 가장 위협적인 칼날은 신자유주의가 내세우는 시장, 합리성, 투명성, 공정거래의 담론 등이다. 그 자유주의의 칼은 병을 앓고 있는 냉전 자본주의와 가족 자본주의에게 외과적 수술을 시도하려 하지만, 그것은 내과적 처방이나 자연 치유 처방을 병행하지 않는 한 병을 더욱 도지게 할 수도 있으며 기형의 자본주의를 재탄생시킬 수도 있다. 그래서 아시아 전역을 위기로 몰아넣은 외환위기를 보면서 동아시아의 정실 자본주의(crony capitalism)가 실패했다는 영·미 측의 주장이나 반대로 IMF 개혁 요구와 같은 주장들이 세계를 제패하려는 미국 자본주의의 음모에 불과하다는 아시아 여러 나라의 민족주의 담론 모두 문제를 피상적으로만 접근하고 있다.

IMF나 국제 금융자본이 비판하는 한국 노동시장의 비탄력성, 기업에 대한 국가 지원체제는 국가가 징세와 노동자 보호 조치를 통해 사회적 형평성을 달성해온 서유럽의 개입주의 복지체제와는 전혀 질적으로 다른 것으로서, 고도성장과 국가안보를 위해 국가가 기업에 과도하게 지원한 것과 한국형 가족주의와 시장경제가 결합한 데서 기인한 것이다. 즉 지난 시절 경제의 투명성이 보장되지 않았던 것은 시장 합리성, 계약 관행의 미비 때문이라기보다는 '체제 유지'를 위한 '과도한 자본주의'(재산권의 배타적 인정과 노동자·시민 참여의 원천적 배제, 재벌의 시장 지배와 사회 지배)에 원인이 있다. 이 과도한 자본주의를 '민주적 자본주의'로 변형하지 않고서는 경제난을 극복하기 어려울 것이다. 한국의 노동·복지체제는 한국식의 가족, 정실, 연고주의 전통이나 문화의 산물이기 이전에 냉전 분단 체제의 산물이기 때문에, 분단 냉전 구조가 온존시킨 복지에 대한 국가의 최소개입주의, 부정과 부패를 방어하기 위하여 시행된 사회운동과 노동 억압 일변도의 정책이 청산되지 않고서는 바뀌기가 어렵다.

위기에 빠진 국가 경제를 살리기 위해서 기업의 구조조정과 정리해고를 감수하고 외국 자본의 진입에 장애가 될지도 모르는 과격한 노사분규는 억제되어야 한다는 신자유주의의 논리는 과거 1960년대 말 수출 '자유' 지역의 외국인 투자 업체에 종사하는 노동자들이 노동쟁의를 벌일 수 없도록 특별법을 제정한 것과 일맥상통한다. 급기야 김대중 정부는 남들이 주 5일 38시간 근무하면서, 노조활동을 보장해주고 기업에게 엄격한 환경 부담과 복지 부담을 물리면서 만들어낸 외국의 생산품과 대결하기 위해 금융실명제도 폐지하고, 토지소유 상한제도 철폐하고, 기업의 환경 부담도 완화해주고, 노조 활동도 억제하면서 기업을 격려하여 경제를 살리자고 외쳤다. 한국 기업의 취약한 기술력과 생산성을 오직 저임금으로 커버해온 관행을 극복하자는 메시지라고도 볼 수 있는 1987년 노동자 대투쟁과 그 이후의 노동운동의 작은 성과나 사회복지 장치를 제도화하기보다는 후퇴시키려는 것이 아닌가? 재벌과 무노조주의가 21세기에도 통할 수 있을 것인가? 그렇게 노동자와 국민을 쥐어짰음에도 불구하고, 아니 그렇게 쥐어짜는 경제성장을 추진했기 때문에 외환위기 사태가 온 것이 아닌지 다시 반성해볼 필요가 있다.

결국 과거의 안보/성장 논리를 대신하여 등장한 경제위기 극복의 논리, 단기적 처방의 논리, 빈사 상태에 놓인 '사회'를 완전히 없애버리는 신자유주의 위기 극복 전략으로는 사회정의의 실현과 사회 통합성의 확보는 물론 경제 회복조차도 달성할 수 없을 것이 분명하다.

한국 노동자 내부 구성과 상태의 변화*

'계급' 없는 계급사회?

1. 머리말

1990년대 들어서 '계급 분석' 특히 노동자층 내부 구성의 변화, 이들의 재생산 조건과 의식, 조직화 작업에 관한 연구는 마르크스주의에 관한 관심의 후퇴와 더불어 한국은 물론 전세계 사회과학 연구자들의 관심권에서 거의 사라졌다. 그러나 오늘날 자본주의의 전지구화와 경제 양극화 국면에 진입하여 '계급'(class)은 사회 분석에 있어서 오히려 중요해졌다고 말할 수 있다(Dirlik, 1998: 92). 이처럼 지구적 차원에서 생산수단을 박탈당한 인구가 급격히 증가하고, 자본주의 상품의 논리가 인류의 삶을 더욱 옥죄고 있으며 소득과 삶의 질에서 양극화가 노골화되는 상황에서 시장의 움직임에 가장 전면적으로 노출되어 있는 노동자 혹은 노동자'계급'에 대한 사회과학적인 관심이 줄어들었다는 것은 역설적이다. 1990년대 초반 한국에서 사회운동과 노동운동의 이념과 노선을 둘러싸고 전개되었던 격

---

* 이 글은 1998년 10월 한신대학교 사회과학연구소 주최의 토론회에서 제출했던 글이다. 이후 단행본으로 출간되기도 했으나 사용했던 통계 자료가 너무 낡아서 최신의 통계를 약간 추가하였다. 그러나 기본 골격은 거의 건드리지 않았기 때문에, 지금 현실과는 약간 부합하지 않는 부분이 있을 것이다. 이 글을 발표할 당시에 비해 지금은 사회 양극화, 노동자의 비정규직화가 훨씬 심각하게 진척되었으며 노조 조직률은 더욱 낮아졌다.

렬한 논쟁들, 노사관계의 성격 변화, 노동자의 정치 참여와 노동정치, 신사회운동과 시민사회에 관한 모든 논의들도 1990년대 이후 실제 한국 노동자의 양적인 비중 및 내부의 구성과 성격이 어떻게 변하고 있는지 분석을 생략한 채 진행되었으며, 1990년대 중반 이후에는 아예 이러한 논의조차 거의 실종되었다.

그러나 지난 1990년대 중반 이후 지구화의 물결 속에 편입된 이후 한국 노동자층의 존재 조건의 변화는 가장 주목할 만했다. 왜냐하면 1980년대 말 이후 한국 자본주의적 축적구조나 산업구조의 변화, 경제 개방과 신자유주의적인 정책 기조, 노동자의 가파른 임금 상승과 노조 활동과 단체교섭의 제도화가 과연 한국 노동자를 중간층화하였는지, 아니면 그 반대로 중간층의 프롤레타리아화(proletarianization) 혹은 계급 양극화를 심화했는지 관심을 갖지 않을 수 없었기 때문이다. 즉 1990년대 한국에서 유행하였던 후기산업사회론, 신사회운동(new social movements)론, 혹은 포스트모더니즘(post-modernism)론 등에서 제기하였던 것처럼 한국에서도 노동자의 '계급' 주체성이 사라졌는지, '노동' 중심적인 사회에서 '여가' · 문화 중심적인 사회로의 변화가 실제로 일어나고 있는지, 혹은 조직 노동자의 체제 내화, 파편화된 서비스 노동자의 증대로 노동자의 연대성이 해체되고, 계급정치(class politics) 혹은 노동정치의 비중이 축소되어갔는지를 구체적으로 확인할 수 있는 시점이었다. 그러나 실제 1990년대 한국사회에서 제기되었던 사회과학 논의 지평에서 이 문제는 거의 생략되어 있었기 때문에, 논의는 서구에서 나타났던 노동자계급 이론 간의 대리전, 즉 추상적인 '계급 중심주의'와 그것에 대한 이론적인 반정립으로서 '탈근대'의 주장만이 나타났다.

노동운동, 노사관계, 노동정치의 모든 과정을 해명할 때 가장 기초적으로 확인해야 할 사항은 과연 전통적인 '프롤레타리아화' 명제가 제시하는 것처럼 노동자들이 생산수단에서 배제되고 동질화된 '계급'으로 형성되어가고 있는가,[1] 아니면 노동자 상층부가 '서비스 계급'(service class)으로 분화되어나가고, 노동자들 내부에서도 '파편화'(fragmentation)와 분열이 더욱 심화하고 있는가 하는 점일 것이다.[2] 이와 관련하여 서구에서는 이미 상당한 이론적 논의가 진전된 바 있다. 가장 극단적인 주장으로는 이미 오래전에 제기되었던 "노동계급이여 안녕"(Gorz),[3] "노동의 종말"(Rifkin, 1996)론으로서 오늘날 발전된 자본주의 국가에서 전통적이고 계급의식적인 노동자는 더 이상 존재하지 않는다는 입장과 서비스 계급의 등장, 교육 자격증 획득의 중요성 때문에 자본과 대립관계에 서는 '노동'의 범주가 해체된다고 보는 래시와 어리(Lash & Urry, 1987) 등이 말하는 조직 자본주의(organized capitalism) 종언론도 들 수 있다. 이들은 모두 산업구조 혹은 자본주의 생산체제의 변화와 자본의 지구화, 경기 침체 특히 그중에서도 생산의 서비스화 과정에서 전통적인 육체노동자가 급격히 줄어들며, 점점 조직화하기 어려운 서비스 노동자, 불완전 취업자, 실업자 등 주변화한 노동자들이 대다수를 차지하게 된다는 것이다. 이러한 주장들은 마르크스의 계급 양극화, 프롤레타리아화, 노동자계급의 동질화 명제를 비판하거나 선진 자본주의 국가에서의 계급정치의 약화, 혹은 소멸을 강조하기 위한 논거로서 주로 활용된 감이 있지만, 그러한 이데올로기적 전제를 배제하고서라도 노동자 내부 구성의 변화 자체를 정확히 이해하는 것은 필요

---

1 프롤레타리아화에 대한 개념적 정리로는 Charles Tilly, "Proletarianization: Theory and Research," *As Sociology Meets History*, New York: Academic Press, INC., 1981 참조.

2 민지온은 경제의 지구화와 유연화된 생산의 방식은 비공식 부문(informal sector)의 비중을 증대시키고, 나아가 노동자 간의 이질성을 확대하여 노동자를 파편화한다고 말한다. '핵심' / '주변' 노동자의 분화는 더욱 심각해지고 통일적인 계급 행동의 가능성은 축소된다는 것이다. Enzo Mingione, *Fragmented Societies: A Sociology of Economic Life Beyond the Market Paradigm*, Oxford: Basic Blackwell, 1991 참조.

3 고르는 마르크스의 프롤레타리아화 명제는 경험 분석에 기초한 것이 아니었다고 비판하면서 노동자의 해방적 잠재력 역시 인정할 수 없다고 비판한다. Andre Gorz, *Farewell to the Working Class: An Essay on Post-Industrial Socialism*, London: Pluto Press, 1980, pp. 16~53.

할 것이다.

사실상 한국의 산업구조가 과거의 중공업 중심에서 1980년대 말 이후 고부가가치형으로 점차 바뀌고 3차 산업의 비중이 늘어났다면 대량생산 체제하의 '전통적인 노동자'(traditional workers)[4]층의 비중이 감소하고 노동자로서의 정체성은 물론 집합주의와 연대의식이 약한 영세 사업장의 서비스 노동자의 비중이 늘어났을 것으로 예상된다. 1980년대 후반 이후의 광범위한 노동 투쟁과 노조결성 운동으로 인한 임금상승의 압박, 1990년대 초의 한국 경제의 침체, 자본의 지구화와 기업 간 경쟁의 격화에 따른 기업의 구조조정 압력과 한계 산업의 해외 이전, 노동력 부족 현상과 외국인 노동자의 유입, 생산 방식의 변화와 공장 자동화, 경영 합리화 조치 등 일련의 산업 재구조화 과정들이 노동자의 구성과 존재 조건에 매우 심대한 영향을 미쳤을 것이다. 특히 1987년 이후 활성화한 노동조합 운동은 교섭력이 강한 대기업 부문과 조직화가 어려운 영세 사업장 간의 노동 시장을 분절화하는 효과가 있고, 생산 자동화나 경영 합리화 조치 들이 정규직과 비정규직의 차별을 심화한 미국 등 외국의 사례들을 종합해 볼 때, 1990년대 들어서 한국의 노동자는 오히려 내적으로 분열화의 길을 걸었을 것으로 추정해 볼 수 있다. 실제 이러한 변화들은 1990년대 이후 한국 노동자 조직화나 노동조합 운동을 특징짓는 가장 중요한 객관적 배경이 되었을 것으로 추정된다. 따라서 이 글에서는 1990년대 이후 한국 공업 노동자의 비중 및 노동자층의 내부 구성을 확인함으로써 한국 노동자계급의 성격, 노동계급 형성의 양상을 살펴보고자 한다.

이 글에서는 핵심/주변(core/periphery) 노동자의 개념을 차용하여 한국 노동자 내부 구성의 변화를 추적해보려고 한다.[5] 즉 자본과 노동의 대

---

4 일찍이 골드소프 등은 '연대적 집합주의'를 견지한 '전통적인 노동자'의 비중이 줄고 도구주의적이고 가정 중심적인 여유 있는 노동자(affluent worker)들이 등장하고 있다는 가설을 바탕으로 조사연구를 실시한 바 있다(Goldthorpe, Lockwood at al. , 1968: 157~195).

립을 가장 강하고 투명하게 인지할 수 있는 조건에 있는 비소유·피착취·피통제 상황의 노동자를 핵심 노동자로 보고, 비소유·피착취·피통제의 조건에서는 전자와 동일하거나 더 심각하지만, 노동 과정, 임금이나 고용 조건에서 대단히 불안정한 위치에 놓여 있거나 노자 간의 갈등과 대립이 불분명하거나 항구적이고 집단적이지 않은 개별화된 노동조건에 있는 노동자를 주변 노동자로 범주화하였다. 전자가 중·대규모 사업장에 종사하는 제조업 혹은 생산직 노동자와 일부 서비스 노동자, 화이트칼라 하층 부분을 포괄한다면, 후자는 임시·일용직 노동자, 시간제 노동자, 가내 노동자, 농업 노동자, 실업자, 외국인 노동자 등을 포괄한다고 볼 수 있다. 노동자층을 이렇게 구분하는 이유는 이러한 구분이 노동자의 조직화와 행동에서 유의미한 편차를 보일 수 있으며, 나아가 양자의 비중 변화가 실제 노동운동과 노동정치의 양상 및 사회 전반의 변화와도 맞물려 있다고 볼 수 있기 때문이다.

2. 취업구조를 통해 본 노동자 구성의 변화: 서비스화의 경향

우선 '전통적 노동자'인 육체노동자 중에서도 노동 과정의 특성상 가장 연대감이 높을 것으로 예상되고 따라서 조직화의 가능성이 높은 제조업 노동자가 전체 임노동자 중에서 차지하는 비중이 어떻게 변하는가를 살펴볼 필요가 있다. 제조업 노동자의 비중은 무엇보다도 2차 산업의 비중 변화에 기인하고 있을 것인데, 우선 물적 재화의 생산 부문과 서비스 재화

---

5 한국에서는 일찍이 김형기가 상층/핵심/주변 노동자의 개념을 사용한 바 있다. 김형기, 「한국 사회 노동자계급론의 모색」, 『한국 노사관계의 정치경제학』, 한울, 1997 참조. 그러나 크리스 하먼은 핵심/주변의 개념은 주변 노동자의 조직적 투쟁적 잠재력을 과소평가하는 구분이라고 비판하고 있다. 알렉스 캘리니코스, 크리스 하먼, 『오늘날의 노동자계급』, 갈무리, 1994, 122~125쪽 참조.

생산 부문의 취업자 비중의 전반적인 변화를 통해 대략적으로 추적할 수 있다. 다른 선진 공업국을 보면 일본은 제조업 노동자가 1975년 이후 25퍼센트대로 안정되어 있고, 독일은 1985년 이후 30퍼센트로 안정되어 있으며, 미국은 1990년대 들어 18퍼센트 정도로 안정·하향 추세를 보이고 있어서 각 나라의 경제구조 혹은 산업구조에 따라 편차가 있으나 1980년대 이후 자본주의를 선도하는 산업이 첨단·고부가가치, 지식산업으로 이전함으로써 제조업 노동자의 비중은 축소되고 있다.

한국은행의 조사에 따르면 제조·건설, 농림 수산업 등 물적 재화 부문의 취업 비중은 1990년의 53.9퍼센트에서 1995년에는 47퍼센트로 떨어졌지만 서비스재 관련 부문의 취업 비중은 같은 기간 46.1퍼센트에서 53퍼센트로 상승한 것으로 나타나고 있어서 1990년대는 전체 업종에서 서비스 관련 종사자의 비중이 크게 늘어난 시기라는 점을 우선 확인할 수 있다.[6] 2000년 들어 서비스 관련 종사자는 61.2퍼센트로 늘어났고, 2003년 들어서는 63.6퍼센트까지 늘어났다. 반면 제조업 종사자는 같은 기간 20.3퍼센트에서 19퍼센트로 더욱 낮아졌다.[7]

10인 이상 업체를 대상으로 한 통계청의 조사에 의하면 광공업 부문 중에서 제조업 종사자의 비중은 1989년 전체 취업자의 27.8퍼센트로 정점에 도달한 이후 1990년 이후 감소 추세로 변하기 시작하였다. 그 후 1997년에 들어서는 21.2퍼센트에 불과하게 되었다. 제조업 종사자의 절대 수에 있어서도 1990년 491만 명으로 정점에 도달하고 1991년 이후 감소 추세로 변하였는데, 전체 수를 보면 1997년에는 451만 명으로 줄어들었다가, 외환위기 사태를 맞은 1998년 이후 기업의 대량 부도로 인한 실직과 정리해고 등 감원 조치 때문에 제조업 종사자의 양적인 비중은 더욱 급격히 감소하였다. 1997년 7월 제조업 노동자는 444만 명에 달했으나 1998년 7월에

6 『한겨레』, 1998. 7. 14.
7 『한겨레』, 2004. 3. 29.

는 376만 명으로 무려 15.4퍼센트나 감소하였다.[8] 이후 약간 회복되어 2000년에는 429만 정도에 달했으나 2003년에는 420만으로 감소 추세에 있다. 이웃 일본에서는 1970년에 공업 부문의 취업자가 34.6퍼센트의 비중으로 정점에 이른 후 지속적으로 감소하고 있으나 한국에서는 일본보다 약 20년 늦게 그러한 경향이 나타나고 있다(김기환, 1994: 142).

서비스업 종사자는 1987년 920만에서 지속적으로 상승하여 1997년에는 1,422만으로 비약적으로 상승하였다. 그중에서도 도·소매 숙박업 취업자의 증가는 매우 뚜렷하다. 이들의 수적인 비중을 보면 1990년에는 393만으로 제조업 종사자에 못 미쳤으나 1994년을 계기로 하여 제조업 취업자를 앞지르기 시작하였다.[9] 애초부터 한국에서는 서비스 부문 중에서도 사회 서비스 부분이 미약하고 도·소매 숙박업의 비중이 높았는데(김기환, 1994: 159) 1990년대 들어서 그러한 경향은 더욱 확대되었다. 외환위기 이후 전반적인 경기침체로 서비스업 종사자 역시 줄어들었다. 그러나 1997년 7월과 1998년 7월의 감소 폭을 비교해 보면 '사회 간접자본 및 서비스업 종사자'의 감소 폭은 4.9퍼센트에 그치고 있어서 제조업 종사자에 비해서는 덜 감소한 것으로 나타나, 결과적으로 1997년 말 외환위기 이후 취업자 구성에서 서비스 노동자의 비중은 더욱 늘어났다고 볼 수 있다.

산업별 분류에 따른 이러한 제조업 종사자 모두를 피고용자 즉 노동자로 볼 수는 없겠지만, 이것은 제조업 노동자의 축소와 서비스 관련 노동자의 비약적인 고용 증가를 보여주는 하나의 중요한 지표가 될 수 있을 것이다. 예를 들어 산업별 제조업 상용 근로자의 비중(10인 이상 사업체 종사자)을 보면 제조업 노동자는 가장 비중이 높았던 1989년에는 전체 비농업 부문 상용 노동자의 62퍼센트(290만)를 차지하기도 했으나, 1990년 이후 감소 추세로 변하여 1997년 당시 47퍼센트(245만)로 축소되었다. 이에 비해

8 통계청, 「1998년 7월 고용동향」, 1998. 8. 24.
9 노동부, 「매월노동통계조사보고서」, 1994년 각호.

같은 기간 서비스업(건설, 도·소매 숙박업, 사회 및 개인 서비스업 포함)에 종사하는 노동자는 35퍼센트(176만)에서 51퍼센트(269만)로 증가하였다. 그렇다면 10인 이상의 사업장에서 서비스업에 종사하는 노동자의 비중이 그만큼 증가하였다는 말이 된다. 통계에 의하면 1991년에서 1996년 사이에 전국의 음식점이 54퍼센트 늘어난 것으로 되어 있고, 자동차 판매업소, 카센터, 주유소 등 자동차 관련 도소매 업소가 같은 기간 55.8퍼센트 증가한 것으로 나타났다. 따라서 1990년대 이후 한국에서도 제조업 생산직 노동자의 절대적·상대적 비중이 줄고 있으며, 그것은 외환위기 이후 더욱 극심해졌다.

그러면 직종별로 1990년대 후반 생산직 노동자의 비중이 어떻게 변하는지 추적해보자. 생산직 노동자의 비중은 1991년의 38퍼센트를 정점으로 하여 1992년 이후 감소 추세를 보이고 있다. 수적으로는 1991년의 652만을 정점으로 하여 1993년 614만으로 감소하고 있다. 반면 농림·어업직은 크게 감소하고 있으며, 사무직은 미미한 증가를 보이고 있으나, 전문·기술 행정직, 서비스 판매직은 비교적 크게 증가하고 있다. 아래의 〈표 1〉에서 볼 수 있듯이 1993년 이후 약 10년 동안의 변화를 보면 경제활동 인구가 증가하지만 생산직의 비중은 700만을 약간 상회하면서 비슷한 규모를 유지하고 있지만 비중은 축소되고 있고, 같은 기간 전문행정직의 증가는 거의 2배에 육박할 정도로 가장 뚜렷하고 서비스 판매직, 사무직 종사자의 비중도 점차 증가하는 것을 확인할 수 있다.

전반적으로 1990년대 이후 한국에서는 제조업 생산직 노동자나 조직부문 노동자의 감소가 뚜렷하고 반대로 서비스 판매직 노동자의 비중이 증가하고 있다고 볼 수 있다. 이는 한국 역시 여타 선진 자본주의 국가와 마찬가지로 경제의 소프트화 현상, 공장의 자동화와 기업의 경영 합리화, 임금 상승으로 인한 공장의 해외 이전[10] 등으로 인한 고용 감축 효과 등에 따라 '전통적 프롤레타리아'(traditional proletaria)층의 양적인 감소가 분명

〈표 1〉			직종별 취업자			(단위: 천 명)
연도	전체 취업자	전문 기술 행정 관리직	사무직	서비스 판매직	농림 어업직	기능 기계 조작 단순 노무직
1993	19,253	2,899	2,414	4,029	2,546	7,364
1994	19,837	3,074	2,433	4,288	2,547	7,494
1995	20,377	3,336	2,510	4,464	2,389	7,678
1996	20,764	3,539	2,564	4,672	2,295	7,694
1997	21,048	3,712	2,574	4,857	2,213	7,691
2001	21,572	4,102	2,671	5,656	2,035	7,109
2002	22,169	4,262	2,822	5,796	1,964	7,325
2003	22,139	4,440	3,172	5,570	1,834	7,123
2004	22,557	4,631	3,188	5,643	1,700	7,395
2005	22,856	4,775	3,269	5,625	1,708	7,479

자료: 통계청, 1998
   통계청 홈페이지, http://www.nso.go.kr/nso2005/pds/j-potal/potal_02/potal_0201/index.jsp

한 경향으로 자리 잡고 있다는 것을 확인할 수 있다. 그래서 한국에서 집합적 노동 과정에 종사하는 '전통적 노동자' 혹은 핵심 노동자의 비중이 가장 컸던 시기는 1980년대 말에서 1990년대 초에 이르는 기간으로 판단된다. 전반적으로 취학률의 증가로 15세에서 19세까지의 청소년 노동자의 비중이 감소하고 있으며, 반대로 노동력이 고령화하고 있는 것도 특징이다.[11] 특히 서비스직 종사자(도소매 음식업) 중 여성 노동자들의 비중이 뚜렷이 증가하고 있어서, 전반적으로 노동력은 여성화, 고령화하고 있다.

물론 제조업 노동자의 비중을 보면 1990년대까지 한국은 아시아에서는 대만과 싱가포르, 유럽에서는 독일과 영국을 제외하고는 가장 높은 수준을 기록하고 있다(한국노동연구원, 1994: 26~27). 그러나 압축성장의 과정

---

10 구로공단의 경우 1982년에는 한 개도 없었던 해외 진출 업체가 1992년에는 20개로 늘어났고, 1994년에는 무려 15개 업체가 해외로 이전하였다(박경태, 1998 : 49).
11 통계청, 「통계로 본 과거 10년간의 노동문화의 변화」, 1997. 1. 17.

294 제3부

을 겪어온 한국은 이미 1990년 전후 취업 구성에서 볼 때 고도로 산업화한 국가군에 진입하였으며, 대단히 짧은 기간 내에 제한적이기는 하지만 탈산업화의 추세로 나아가고 있음을 보여주고 있다. 이것은 지구적인 공간적 분업구조, 공업 재배치 과정에서 1990년대의 한국 역시 예외 지대로 남을 수 없게 된 사정에 기인하고 있을 것이다. 따라서 앞에서 예를 든 선진 자본주의 국가와 마찬가지로 한국에서도 제조업 노동자의 비중이 다시 증가할 가능성은 거의 없다. 물론 이러한 추세는 일부 탈계급론자들이 주장하듯이 한국에서 굴뚝이 사라지고 모든 노동자가 '서비스 계급'이 되는 것을 의미하는 것은 아니다. 물론 서비스 노동자의 '노동'도 실질적으로는 육체노동이라는 지적(알렉스 캘리니코스, 크리스 하먼, 1994: 116)도 충분히 고려해보아야 하지만, 적어도 하나의 작업장, 대규모 생산 라인에서 결집되어 집합적인 노동을 수행하는 '전통적인 노동사회'의 모습이 크게 바뀌고 있다는 것은 분명하다.

이러한 노동자 구성상의 변화가 노동자 조직화 가능성, 계급 형성에 미치는 효과는 자명하다. 특히 사회 서비스 부문에 종사하는 노동자의 비중보다는 사적 서비스, 혹은 도소매업 노동자의 비중이 높은 한국에서 노동자의 집합성과 계급 정체성(class identity)은 더욱 약할 것이고 이것이 낮은 노조 조직률로 그대로 표현되리라 추정된다. 이제 한국의 계급 구조화와 노동자계급 형성을 자본주의 산업화의 미성숙, 전통적인 비공식 부문(informal sector)의 잔존에서 구하는 설명 방식은 더는 적합하지 않다고 결론을 내려도 무방할 것이다. 아직 한국의 농촌에는 약간의 과잉 인구가 존재하고는 있으나 한국은 유럽 여러 나라와 더불어 자본주의 산업화의 진전에서 가장 선두에 있는 나라 중의 하나이기 때문에 이제는 서비스 프롤레타리아트, 고학력 프롤레타리아트, 실업자가 노동문제 및 노동자계급 형성과 관련하여 본격적인 의제로 떠오르게 될 것이다.

3. 노동자의 양극화와 주변화

(1) 고용 형태

제조업 생산직 노동자의 축소가 곧 생산수단의 소유, 착취 구조, 노동과정에서 임금에 의존해서 생활하는 임노동자, 즉 넓은 의미의 노동자계급에 속하는 인구의 축소·소멸을 의미하는 것은 아니다. 오히려 우리는 과거보다 더 많은 인구가 임노동자화하는 사실을 동시에 확인할 수 있다. 한국에서 취업자 중 자영업자의 비중은 공업화가 본격화한 1963년 이후 지속적으로 감소해 1987년 당시 30.5퍼센트에서 1997년에는 28.2퍼센트로 감소하였으나 반대로 피고용자의 양적 비중은 지속적으로 증가하였다. 1987년 당시 57퍼센트를 차지하던 피고용자의 비중은 1997년에 들어서는 63퍼센트로 증가하였다.[12] 오늘날 한국의 2천만 명의 경제활동 인구 중에서 1,200만 명 이상이 자신의 재산에 의존하기보다는 노동력(labor power)에 의존하여 살아가는 임금 노동자, 넓은 의미의 노동자계급으로 분류될 수 있다. 따라서 실업자를 포함하여 넓은 의미에서 노동자계급에 속하는 사람들이 전체 인구 중에서 차지하는 비중은 계속 증가하고 있으며 대부분의 선진 자본주의 국가에서 75퍼센트 이상의 인구가 임금 노동자에 속한다는 점을 생각해본다면 향후 한국에서 임노동자의 비중은 더욱 확대될 것이다.[13]

그러나 임노동자의 수적, 비율적 증가가 곧 노동자로서의 계급적 정체성과 동질성을 견지한 노동자계급의 형성을 수반하지는 않는다. 오히려

---

12 졸저, 『한국사회 노동자연구』, 역사비평사, 1995, 152쪽; 한국노동연구원, 「분기별 노동동향 분석」, 1998년 1/4분기 참조.

13 1992년 당시 일본은 전 산업 종사자 중 피고용자가 79.8퍼센트, 프랑스는 85.1퍼센트, 독일은 90.1퍼센트, 영국은 88.3퍼센트를 기록하고 있다(한국노동연구원, 1994 : 28).

선진 자본주의 국가에서, 1980년대 이후 공공 부문의 축소와 생산 방식 유연화의 조건 속에서 그러하였듯이, 임노동자의 증가 이면에는 노동자의 양극화와 파편화가 동시에 진행되고 있다고 보아야 할 것이다. 한국 기업들은 1987년 이후 시장 개방, 국제 경쟁의 격화, 노동조합의 활동과 임금 인상 요구 등에 대응하기 위해 시설 자동화, 사내 하청, 정규직의 임시직으로의 전환, 파견 노동력의 활용 등의 방식을 통해 임금 비용을 절감하려 시도해왔다. 따라서 거의 모든 대규모 사업장에서 정규직 노동자의 비중이 축소되었으며, 그 대신 직영 노동자들이 기피하는 공정이나 주변적인 공정을 중심으로 비정규 노동자가 크게 증가하였다.

이것을 종사상의 지위에 따른 노동자 비중의 변화를 통해 확인해 볼 수 있다. 여기서는 주로 정규직 노동자와 비정규직 노동자의 비중의 변화를 중심으로 살펴볼 수 있을 것이다. 〈표 2〉에서 종사상의 지위별 취업자 구성의 변화를 보면 임금 노동자의 수는 1997년까지 지속적으로 상승하면서 1997년에 1,330여만 명을 기록하였으나 1998년 외환위기 이후 1,222만으로 축소되기도 했다. 1999년 이후 다소 회복되어 2001년 다시 1,300만을 상회하였으며 2005년에는 1,500만을 넘어섰다.

자영업자의 수는 1993년 이후 꾸준히 증가하고 있다. 한편 임시·일용직 근로자의 비중을 보면 1993년의 경우 임금 노동자의 41퍼센트 정도에 불과하였으나 1997년에는 45퍼센트 정도로 늘어났고, 1998년 중반 들어서는 47퍼센트 정도의 비중을 차지하게 되었다.[14] 2000년대 들어서 임

---

14 이병희의 조사(이병희, 1998)에서는 임시직, 시간제 노동자의 비중이 이보다 더 높게 나타난다. 우선 상용직 노동자의 비중은 1993년의 58.7퍼센트에서 1997(3/4분기)에는 52.8퍼센트로 크게 감소하였으며 반대로 임시직·일용직 노동자는 같은 기간 41.3퍼센트에서 47.2퍼센트로 크게 증가하였다고 나타난다. 시간제 노동자는 같은 기간 6.6퍼센트에서 7.6퍼센트로 증가하였다. 한편 1998년 10월 들어 상용 노동자의 비중은 더욱 축소되어 이제 계약 기간 1년 이상인 상용 노동자는 621만 명으로 전체 노동자의 51퍼센트에 불과하게 되었다(『중앙일보』, 1998. 12. 1). 즉 학계나 민간 측의 조사는 정부 통계보다 비정규 노동자(임시·일용직)의 비중을 더욱 높게 잡고 있다.

시·일용 근로자의 비중은 전체 근로자의 거의 과반수를 차지하게 되었다. 생산직에서도 근로자 파견제 실시 이후 정규직의 하청화, 하청 용역 노동자의 임시직·일용직화가 광범위하게 진척되고 있으며,[15] 사무직에서도 이러한 경향은 두드러진다.[16]

〈표 2〉   종사상 지위별 취업자   (단위: 천 명)

연도	전체 취업자	비임금 근로자	자영업주	무급가족 종사자	임금 근로자	상용	임시	일용
1993	19,253	7,502	5,432	2,070	11,751	6,900	3,133	1,718
1994	19,837	7,540	5,520	2,020	12,297	7,110	3,420	1,767
1995	20,377	7,642	5,692	1,950	12,736	7,387	3,548	1,801
1996	20,764	7,720	5,797	1,923	13,043	7,377	3,869	1,797
1997	21,048	7,820	5,951	1,869	13,228	7,133	4,204	1,890
2001	21,572	7,913	6,051	1,863	13,659	6,714	4,726	
2002	22,169	7,988	6,190	1,797	14,181	6,862	4,886	
2003	22,139	7,736	6,043	1,694	14,402	7,269	5,004	
2004	22,557	7,663	6,110	1,553	14,894	7,625	5,082	
2005	22,856	7,671	6,172	1,499	15,185	7,917	5,056	

자료: 통계청, 1998
      통계청 홈페이지, http://www.nso.go.kr/nso2005/pds/j-potal/potal_02/potal_0201/index.jsp

OECD에서도 지적한 바 있지만 오늘 한국에서 전체 임금 노동자 중에서 임시직이나 일용직 노동자가 차지하는 비중은 상당히 높은 편이며, 그

---

15 현대자동차는 1998년 하청 노동자 2,000명을 해고하고, 정규직 900여 명을 하청 이관하였으며, 울산이나 마산·창원·여천 지역에서도 용역 노동자들을 임시·일용직으로 전환하고 있다. 『노동자신문』, 1998. 7. 14.

16 조흥은행은 비정규직이 전체 노동자의 28퍼센트, 제일은행은 30퍼센트 정도 된다. 파트타이머는 대부분이 여성이며, 업무는 정규직 행원이 하는 것과 사실상 동일하다. 1995년 이후 비정규직의 증가를 보면 상업은행은 183퍼센트(581명), 한일은행은 246.1퍼센트(398명)에 도달한다. 정규직 퇴직자들이 비정규직으로 재취업을 하는 경향이 있다. 전국금융노동조합연맹, 노동조합 기업경영연구소, 「금융산업의 구조조정과 노동조합의 대응전략」, 1998. 6. 1 참조.

것은 1990년대 이후 1997년까지 계속되어왔다는 점을 발견할 수 있다. 특히 2000년대 들어서서 이들 불완전 취업자들은 정규 취업자를 훨씬 앞지르게 되었다. 김유선의 추계에 의하면 비정규직 노동자는 2001년 737만에서 2005년에는 840만을 상회하는 것으로 나타났다. 즉 비정규 노동자는 전체 노동자의 55퍼센트를 넘어서게 되었다는 것이다.[17] 그중에서도 〈표 3〉에서 볼 수 있듯이 여성 노동자 내에서는 비정규직의 비중이 훨씬 높다.

〈표 3〉　　　　　　　　　**남녀별 비정규직 규모**　　　　(2005년, 단위: 천 명, %)

		수		비중		분포	
		남자	여자	남자	여자	남자	여자
임금노동자		8,682	6,286	100.0	100.0	58.0	42.0
정규직		4,648	1,916	53.5	30.5	70.8	29.2
비정규직		4,034	4,370	46.5	69.5	48.0	52.0
고용계약	임시근로	3,922	4,312	45.2	68.6	47.6	52.4
	(장기임시근로)	2,025	2,407	23.3	38.3	45.7	54.3
	(기간제근로)	1,897	1,905	21.8	30.3	49.9	50.1
근로시간	시간제근로	309	736	3.6	11.7	29.6	70.5
근로제공	호출근로	466	252	5.4	4.0	65.0	35.1
방식	특수고용	239	394	2.8	6.3	37.8	62.2
	파견근로	43	75	0.5	1.2	36.8	64.1
	용역근로	247	183	2.8	2.9	57.4	42.6
	가내근로	14	127	0.2	2.0	10.0	90.7

자료: 경제활동인구조사 부가조사에서 계산
출처: 김유선(2005), 「비정규직 규모와 실태(2005년 8월 경활부가조사 결과)」, http://www.klsi.org/

1990년대 이후 정규직 상시 고용자의 비중이 감소하는 대신 비정규직 노동자의 비중이 크게 증가한 것은 기업이 정규직의 규모를 축소하고 부

---

17 『프레시안』(www.pressian.com), 2005. 11. 2.

족한 인력을 외주, 하청을 통해서 해결하고 있거나, 여성들이 대체로 임시·일용직으로 취업하고 있기 때문이다. 이제 한국도 서구의 학자들이 말하는 것처럼 안정된 직장의 개념은 사라지고, 대다수의 노동 인구가 해고의 공포와 낮은 임금, 복지 혜택의 부재에 신음하는 '주변 노동자'의 사회로 이행하게 되었다.

임시직과 시간제 노동자 간에는 약간의 차이가 있다. 전자는 1993년 당시 비교적 고령자이고(50세 이상 26.9퍼센트), 저학력자이며(중졸 이하가 65.5퍼센트), 주로 건설업과 제조업에 종사하고 있으며(남성의 82.9퍼센트가 건설업, 여성의 41.5퍼센트가 제조업), 남성의 비율이 높지만(53.8퍼센트) 시간제는 반드시 그렇지는 않다(한국여성개발원, 1994: 108~113). 한편 1985년에는 시간제 노동자 중 66.1퍼센트가 임시 시간제였으나 1993년에는 48.8퍼센트만이 1년 이하의 임시 시간제로 시간제 노동자의 계약 기간이 길어지고 있다. 1985년에는 전체 시간제 노동자의 54퍼센트만이 여성이었으나, 1993년에는 65퍼센트가 여성이고 〈표 3〉 김유선의 조사에서도 이를 확인할 수 있듯이 여성이 시간제 노동자 증가를 주도하고 있음을 보여준다(한국여성개발원, 1994: 81). 이들의 학력 역시 중졸 이하가 1985년의 66.1퍼센트에서 1993년에는 36.3퍼센트로 크게 줄어들고 대졸 이상이 같은 기간의 11.3퍼센트에서 1993년에는 27.2퍼센트로 증가하고 있어서 고학력자 중에서 시간제 고용 선택의 비중이 증가하고 있음을 보여준다. 결국 과거에는 임시직이나 시간제가 일부 저학력의 하층 노동자에게 빈번한 현상이었으나 이제는 이것이 고학력의 남성 노동자들에게도 매우 뚜렷하게 나타나고 있으며, 전체 노동력에서 상당한 비중을 차지하고 있다.

특정 산업의 예를 통해 이러한 변화를 보다 구체적으로 확인할 수 있다. 조선산업의 경우 삼성·대우·현대 등 10대 조선산업에 종사하는 하청 노동자는 1990년 당시 직영 노동자 수(34,700명)의 21.2퍼센트인 7,360명에 불과하였으나 1996년 6월 들어서는 20,495명으로 직영 노동자의 50.8

기업 규모별 사업체 수 및 노동자 추이

연도	업체 수	노동자 수 (천 명)	사업체 규모별 노동자 구성(%)						
			5~9	10~19	30~99	100~299	300~499	500~999	1000 이상
1990	128,688	5,366	6.0	15.2	24.5	19.7	7.3	9.1	18.2
1991	137,001	5,461	6.3	16.5	25.0	19.3	7.0	9.1	16.8
1992	147,915	5,883	6.0	17.4	25.0	19.4	6.8	9.0	16.5
1993	153,554	5,734	6.2	19.0	26.1	19.5	6.7	8.4	14.2
1994	167,403	6,085	6.4	19.7	25.8	18.8	6.3	8.0	15.0
1995	178,051	6,168	6.9	20.7	25.7	18.9	6.7	8.0	13.2
1996	186,903	6,236	7.3	21.8	25.1	18.6	6.4	7.9	12.9
1997	202,095	6,342	8.1	22.8	25.0	18.7	6.3	7.2	11.9

자료 : 한국노동연구원, 1998

퍼센트로 절반을 넘어섰다. 이들 협력업체에 종사하는 노동자들은 대부분 일용직으로 도장·의장·선각·배관 등 공정을 도급받거나 직영 노동자들이 기피하는 공정을 도맡아 작업한다. 자동차 업종의 경우도 이와 유사하다. 현대자동차에서 울산의 하청 노동자는 직영 노동자의 10퍼센트를 차지하고 있으나 아산공장 등 신설 공장에는 30퍼센트 이상을 차지하고 있다. 대우자동차에서도 부평공장에는 하청 노동자가 10퍼센트 정도에 불과하나 신설 공장인 군산공장에는 절반 이상이 하청 노동자로 구성되어 있다. 이들 하청 노동자는 실습생, 군 입대 직전의 청년, 기혼 여성, 50대를 넘긴 장년 노동자 등 다양하게 구성되어 있다. 이들은 대부분 미숙련 노동자들이다.

정규직의 임시직·일용직으로의 전환, 직영 노동자의 하청 노동자로의 전환 및 앞 절에서 살펴본바 제조업 노동자의 서비스 노동자로의 전환은 기업 규모에 따른 노동자의 분포에서도 그대로 드러난다. 〈표 4〉에서 볼 수 있듯이 1990년 이후 종업원 20인 미만 영세업체 종사자는 지속적으로 증가하고 있으나 500인 이상 대규모 사업장 종사자는 크게 축소되고 있다. 특히 이 통계에서는 파악되지 않고 있으나 근로기준법은 물론 각종의 기업 단위, 국가 단위 복지망에서 배제된 4인 이하 영세 사업체 종사자 역시 계속 증가하는 것으로 추정된다.[18]

비정규직 노동자 가운데 과거에 정규직으로 취업한 적이 있는 노동자의 비중을 보면 계약직에서 46.3퍼센트에 달하고, 파견 근로자는 37.5퍼센트, 임시·일용직의 22.5퍼센트에 달하고 계약직은 절반이 과거에 정규직이었다가 계약직으로 불리한 위치에 놓이게 되었다. 외환위기 직후 전직자 300만 중에서 자영업자였던 사람 중 27.7퍼센트가 임시직 노동자가 되었고, 13.2퍼센트가 일용직 노동자가 되었다. 그리고 상용직 노동자였던 사람 중 37.7퍼센트가 일용직, 28.1퍼센트가 임시직, 20.4퍼센트가 자영업자가 되었다(『중앙일보』, 1998. 11. 27). 결국 1987년 이후 한국 전체 인구 중에서 임노동자의 절대 비중은 늘어나고 있으나, 안정된 고용조건을 누리는 핵심 노동자와 심각한 고용 불안과 저임금, 열악한 노동조건에 시달리는 주변 노동자 사이에는 커다란 균열이 발생하고 있음을 알 수 있다. 앞 절의 건설, 도소매업 등에 종사하는 서비스 노동자 중 반 이상은 5인 이하의 영세 사업장에 종사하기 때문에 서비스화의 경향은 곧 서두에서 언급한 '주변 노동자'의 증가 경향과 같은 맥락에 있다고 봐도 좋을 것이다.

(2) 임금, 노동조건의 양극화

1990년대 들어서 생산직이건 사무직이건 전반적으로 노동 강도가 강화되고,[19] 노동자들의 하강 이동이 심화되는 가운데 정규직 노동자와 비

---

18 1989년 근로기준법 개정에 따라 적용 범위가 4인 이하 사업장으로 확대되었으나 시행령이 개정되지 않아 법의 효력이 이들 사업장에 미치지 못하고 있다. 민주노총과 한국노총은 4인 이하 사업장 종사자를 600만 정도로 추산하고 있으나 1994년 당시 공식적으로는 약 380만으로 보고되고 있다(이철수·유경준, 1997: 6~7).

19 앞의 금융노련의 조사에서 피조사자의 95퍼센트가 정신적 스트레스 증가를 인정하였으며, 82.6퍼센트가 육체적 피로가 늘어났다고 답하였다. 업무량 증대를 호소한 경우가 75퍼센트, 임금의 감소를 인정한 경우가 83퍼센트, 후생복지의 감소를 호소한 경우가 86.4퍼센트에 달했다.

정규직 노동자 간에 임금, 근로시간, 노동조건 등에서 양극화의 현상이 뚜렷하게 나타나고 있다. 즉 대규모 사업장 조직 부분과 이들 사업장의 1, 2차 하청기업·일반 중소기업의 비조직·주변 노동자층 간의, 또 정규직 노동자와 임시직 혹은 시간제 노동자 간의 임금·노동조건에서 차이가 분명하게 드러나고 있다.

우리나라에서 임금이 가장 높은 직종은 고위 임원직 및 관리자 계층인데, 이들과 단순 노무직과의 격차는 거의 10배에 달한다. 기업 규모별 임금의 격차는 1989년 무렵 가장 심화되었다가 1992년 무렵 축소되기는 했으나 그 이후 다시 확대되고 있다.[20] 한편 1988년 이후 꾸준히 축소되어오던 생산직과 사무직 간의 임금 격차도 1997년 이후 확대되고 있다. 두 직종 간의 임금 격차는 1996년에는 17.6퍼센트에 불과하였으나 1997년에는 19.3퍼센트로 확대되었다. 1인당 연간 급여의 차이 역시 1995년에는 159만 원에 불과하였으나 1997년에는 289만 원으로 확대되었다.[21] 사무직의 월 평균 근로 소득은 1995년에는 생산직의 1.5배였으나 1999년에는 1.7배로 확대되었다.[22] 2000년대 들어서 양자의 격차는 더욱 커졌다. 2005년 들어서 사무직 근로자의 평균 연봉은 3,573만 원이었으나 생산직은 1,951만 원으로서 거의 2배에 육박하였다.[23] 생산직과 사무직 간의 임금 격차 확대는 1995년 이후 생산직에서의 임시·일용직 노동자의 증대, 사무직 특히 전문직·고위 관리직에서의 고소득자의 비약적인 확대와도 맞물려 있을 것으로 추정된다. 비정규 노동자는 노동시간에서는 정규직과 거의 차이가 없으나 실제 보수에 있어서는 50~70퍼센트에 불과하기 때문이다.

노동 강도, 작업장에서의 위험도에서도 양자 간의 격차는 대단히 크다.

---

20 이주호·김대일, 「노사관계 개혁과 노동시장 변화」, 『KDI 정책연구』, 제19권 3호.
21 『한겨레』, 1998. 10. 13.
22 『한겨레』, 2000. 3. 7.
23 『연합뉴스』, 2006. 2. 9.

	국민연금	건강보험	고용보험	퇴직금	상여금	시간외수당	유급휴가
임금노동자	61.4	61.9	53.1	54.0	52.1	43.6	45.0
정규직	98.0	98.3	81.6	98.2	96.3	80.6	82.3
비정규직	32.8	33.4	30.7	19.6	17.5	14.6	15.9
임시근로	31.6	32.1	29.6	18.0	16.2	13.5	14.9
(장기임시근로)	22.5	22.4	20.6	5.8	5.4	5.0	5.5
(기간제근로)	42.1	43.4	40.0	32.3	28.7	23.5	25.9
시간제근로	2.1	2.3	2.2	1.7	1.8	2.5	1.4
호출근로	1.1	0.8	0.8	0.1		1.8	
특수고용	21.3	20.9	16.9	10.7	10.6	7.1	8.7
파견근로	60.2	61.0	59.3	50.8	48.3	37.3	40.2
용역근로	54.9	65.8	55.0	44.3	30.4	27.9	25.1
가내근로	1.4	0.7	1.4	0.7	1.4	0.7	0.7

고용 형태별 사회보험 및 노동조건 적용률 (2005년, 단위: %)

자료: 경제활동인구조사 부가조사에서 필자 계산
출처: 김유선(2005), 「비정규직 규모와 실태(2005년 8월 경활부가조사 결과)」. http://www.klsi.org/

노동시간에서 500인 이상 사업장은 노동시간이 지속적으로 감소하고 있으나 30~499인 사업장은 오히려 증가하였다. 노동시간도 50퍼센트 이상의 시간제 노동자들은 노동부 지침상 '시간제'로 분류되는 30.8시간을 초과하고 있으며, 13.6퍼센트는 정규 근로자와 마찬가지로 44시간 이상 일하는 것으로 나타나고 있다.[24] 1990년대 후반 노동부의 '파트타임 근로자 고용 및 근로조건 실태조사'에 의하면 이들은 월차휴가는 37.7퍼센트, 연차휴가는 26.7퍼센트, 주휴수당은 35.2퍼센트, 생리휴가는 34.1퍼센트만이 받고 있다고 보고되고 있어서 실제 정규 노동자와 시간제 노동자의 노동조건 차이가 대단히 현격하다는 것을 발견할 수 있다. 다른 나라에서 그러하듯이 이들 비정규 노동자들은 주로 도·소매업 등 서비스 산업에 종

---

24 『주간 노동자신문』, 1996. 10. 4.

사하고 있는데, 앞에서 말한바 서비스 노동자의 비중 증대는 노동자 전반의 노동조건 악화로 곧바로 직결되고 있음을 말해준다.

〈표 5〉에서 비정규직 노동자들은 국민연금, 건강보험, 고용보험 등의 혜택을 받는 경우가 거의 없다는 것을 확인할 수 있다. 파견이나 용역 근로자의 경우는 상대적으로 양호한 편이지만 특수 고용자나 시간제 근로자는 이러한 혜택의 사각지대에 있다는 것을 알 수 있다.

외환위기 전후 조선산업의 예를 보면 노동자 간 임금의 격차는 매우 뚜렷하다. 하청업체 노동자의 일급은 4만 원 정도이나 원청업체는 5만 원에서 8만 원에 이르렀다. 그리고 하청업체 노동자들 중 40~50퍼센트는 20대로서 실습생, 군 입대를 앞둔 사람들로서 이직의 가능성이 대단히 높은 사람들이다. 자동차산업의 경우 하청 노동자들의 임금은 직영 노동자의 60~65퍼센트 수준이다. 노동시간 역시 직영 노동자는 월 40시간 정도의 초과 근무를 하고 있으나 하청 노동자들은 70시간 정도의 초과 근무를 한다.[25] 노조 측이 비정규직을 끌어들이려는 시도를 하고 있으나 양자가 공동 보조를 취한 경우는 거의 없고, 오히려 심각한 갈등만이 빈번하게 발생하고 있다. 하청 노동자들은 "우리 하청에서 일하는 사람들이 못 배우고 무식해서 하청에 있고, 작업에서 일하는 사람들이 잘나고 많이 배워서 직영에서 일하는 것이 아니다. 줄을 잘못 서서 부당하게 대우받는 것이 너무나 안타깝다"고 항변하고 있다.[26]

결론적으로 1990년대 들어 한국에서 노동자의 양극화와 파편화가 매우 심각하게 진행되다가 외환위기 이후 돌이킬 수 없을 정도로 확대되었음을 발견할 수 있다. 특히 임시직, 파트타임 노동자 등 불완전 취업자의 비중이 크게 증가하고 있으며 IMF 관리체제 이후에는 실업자가 200만을 육박하고 있어서 평생 직장 개념은 이제 사라지게 되었고, 라이시(Reich)

25 「금속산업의 사내하청」, 『노동자신문』, 1997. 3. 16, 3. 26.
26 『노동자신문』, 1997. 3. 26.

가 강조한 것처럼 저임금과 고용 불안에 시달리는 단순 노동자와 소수의 전문직 노동자로 극단적으로 이분화하는 양상을 보이고 있다. 한국은 미국처럼 이민 노동자와의 균열이 거의 존재하지 않으며, 남미의 여러 나라처럼 농업 부문과 공업 부문의 균열이 거의 존재하지 않지만 노동자 내부의 문화적·사회적 동질성은 대단히 높다고 할 수 있다. 그러나 이처럼 한국 경제가 지구화한 자본주의 질서에 본격적으로 편입되기 시작하면서 노동자 내부의 경제적 차별화와 양극화, 그리고 핵심 노동자의 감소와 주변 노동자의 비중 증대는 점점 심화하고 있다. 노동시장에서의 분단, 노동자들 간의 양극화는 다른 나라에서 그러하였듯이 노동자의 계급 정체성을 약화시키고 비정규직, 영세 사업체 등 주변 노동자층의 조직화를 어렵게 하여 부문별로 노동자 조직률의 심각한 편차를 가져올 것이다. 그런데 역으로 노동자 내부에서의 조직률의 편차는 노조를 조직할 수 없는 노동자의 교섭력과 고용조건을 떨어뜨리는 효과가 있기 때문에 그 자체가 독립변수가 되어 노동자들 내부에서 노동조건의 양극화를 심화하게 될 것이다.

(3) 조직화

노동조합 조직률은 노동자의 내적인 동질성과 연대를 표현해주고 있다. 한국 노동자 중 노조 조직률은 1989년 19.8퍼센트(상시고, 일용고 포함, 공무원 사립학교 교원 제외)를 정점으로 하여 1995년에는 13.8퍼센트로 하락하였다가 2000년대 들어서는 더욱 낮아져서 2003년 노조 조직률은 11.4퍼센트 수준으로 낮아졌다. 같은 기간 화이트칼라 조직률은 높아지고 있으나 블루칼라 조직률은 낮아지고 있다. 즉 조직률 하락은 블루칼라 노동자들의 비중의 축소와 연관되어 있는 셈이다. 이 중에서도 여성 노동자의 조직률 하락은 더욱 두드러졌다. 1989년 당시 13.4퍼센트에 이르던 여성 노동자 조직률은 1995년에는 7.4퍼센트로 하락하였다. 조직률 하락은 주로 그 대다수가 비정규직에 종사하고 있는 여성 노동자들의 양적인 비중 증대와 연관되어 있음을 확인할 수 있다. 앞에서 살펴본바 조직화가 어려운 영세 서비스 업종 종사자의 증가도 이와 관련되어 있겠지만 그러한 서비스 업종의 입직자들이 주로 여성으로 구성되어 있다는 사실은 여성 노동자의 조직률 감축, 중소기업의 조직률 감축 등과 연관되어 있다고 볼 수 있다.

노조 조직률은 산업별로도 유의미한 편차가 있는 것은 사실이나 가장 뚜렷한 것은 역시 기업 규모별 편차이다. 대기업에서의 노조 조직률은 거의 정체 상태에 있으나 중소기업의 조직률은 1990년대 들어서 더욱 낮아지고 있다. 노자 간의 갈등이 성립할 수 있는 대기업에서 노조 조직이 용이하기 때문에 기업 규모에 따른 노조 조직률 편차는 대부분의 자본주의 국가에서 나타나는 현상이다. 그러나 한국에서 그것이 더욱 두드러진 이유는 지금까지 산업별 노조 조직화가 사실상 불가능한 조건에서 전 노동자의 과반수를 차지하는 5인 미만 사업장 노동자들은 노동조합의 외곽에 있었기 때문이었다. 노동부의 '파트타임 근로자 고용 및 근로조건 실태조사'(1996)에서 시간제 노동자의 노조 가입률은 1.8퍼센트에 불과한 것으로 나타나고 있다. 위의 김유선의 조사에서도 시간제 근로자의 조직률은 0.2퍼센트에 불과하다. 조사에 의하면 노조 규약으로 시간제 근로자의 노조 가입을 막고 있는 노조가 전체의 70.2퍼센트를 차지하고 있다(『노동자신문』, 1996. 10. 4). 민주노총과 인하대 산업연구소의 공동 조사에 의하면 민주노총 산하 1,000개 사업장 중 정규 노동자의 98.1퍼센트가 노조에 가입하고 있는 데 비해, 비정규 노동자는 오직 13.4퍼센트만이 노조에 가입하고 있다. 그리고 이들 비정규 노동자의 노조 미가입 사유 중 78.6퍼센트는 가입 자격이 없는 것으로 나타난다. 그중에서도 파트타임 노동자나 파견 노동자에게도 가입 자격을 주는 경우는 극소수에 불과하며, 외국인 노동자들에게도 가입 자격을 주는 곳은 한 곳도 없었다.[27]

그러나 한국의 사정이 여타 선진 자본주의 국가와 다른 점은 1987년 '대투쟁' 이후 노조 조직화 과정에서 사용자, 정부로부터 자주성을 유지하려는 계급 지향적인 민주노총 소속 조합원이 크게 증가하였다는 점이다. 1997년 당시 민주노총 산하 조합원은 52만 명으로 한국노총의 102만 명에는 미치지 못했는데, 2005년까지 양자의 차이가 지속적으로 축소되다가 급기야 2006년 1월 14만 명의 공무원 노조가 민주노총에 가입함으로써 78만 명의 조합원을 거느린 한국노총을 누르고 제1노총으로 등장하였다.[28] 특히 민주노총은 1987년 이후 새롭게 조직된 자동차, 조선 등 금속·사무직 노조의 상당 부분을 포괄하고 있어서 노동자들 중 가장 활동적인 인자들을 포괄하고 있다. 비록 대다수의 민주노총 조합원은 기업별 조직원이지만, 보건·금속 부문의 노동자들은 산별 노조에 가입되어 있고, 아직 산별 노조를 건설하지 못한 노동자들도 산별 노조를 강하게 지향하고 있으며 일부는 산별, 기업별 이중 조직체계를 취하고 있다.

기업별 노조 조직화는 과거에는 법적으로 강제되었으나 현재는 그러한 제약이 없어져 외형적으로만 보면 노조 가입 여부는 상당 부분 노동자들의 선택 여부에 달렸다. 즉 산별 조직화를 가로막아온 법적인 걸림돌은 대부분 제거되었고, 이제 문제는 산업구조와 노동자들 내부에 있는 셈이다. 그럼에도 불구하고 산별, 업종별 노조로의 급속한 이행이 지연되는 이유는 지난 10년간 기업별 노조 활동의 관행이 정착되었고, 그에 따라 노동자 간 노동조건이 상당히 차이가 있어 산업별 교섭체계의 수립이 쉽지 않기 때문이다. 그러나 이 경우에도 상대적으로 노동조건이 양호한 기업의 노동자들이 열악한 조건의 노동자들과 함께 임금 등 사안을 교섭 의제로 설

---

27 예를 들어 자동차 부품 관련 기업의 사례를 보면 50인 이하 사업장은 1990년 2.7퍼센트의 조직률을 보였으나 1995년에는 0.9퍼센트로 감소하였다. 반면 500인에서 1000인 사이의 사업장은 같은 기간 49퍼센트에서 94.3퍼센트로 증가하였고, 1000인 이상 사업장은 47.7퍼센트에서 97.7퍼센트로 증가하였다(김영두, 1997).

28 『한국일보』, 2006. 1. 15.

정하여 교섭에 동참할 수 있는가의 문제는 남아 있다. 민주노총 사업장 주도로 산별 조직화가 진행되었고, 보건산업 등에서 산별 교섭이 실천되는 것은 대단히 중요한 변화이지만 노동자들 내부의 노동조건의 현격한 차이는 힘 있는 산별 노조 건설을 가로막고 있다.

한편 1990년대 초반 이후 영세 사업장 종사자들을 축으로 하는 지역노조 운동도 활발히 전개되고 있다. 서울 지역의 경우 상당수의 지역노조 조직들이 활동하고 있다. 청계피복, 동부금속, 인쇄 치기공, 제화, 남부금속, 지역출판, 서울지역 건설일용공노조, 남부금속, 인쇄공노조 등 다수의 지역 단위 노조들이 조직되어 있는데 이들은 모두 1987년 이후 조직되었다. 그러나 이들 영세 사업장의 조직률은 대단히 낮은 편이다. 2004년 현재 전국 지역노조는 76곳이고 조합원 수는 9,867명으로 전체 조합원의 1.6퍼센트를 차지하고 있다.

지금까지 한국 노동자의 낮은 노조 가입 성향은 공무원 단결 금지 조항, 실업자 노조 가입 금지, 영세 사업장 노동자의 산업별 노조 결성 장벽 등 다분히 정치적 조건에 의해 좌우되어왔다. 즉 한국의 낮은 노조 조직률은 과거에는 기업별 교섭 강제, 공무원의 단결 금지, 삼성 등 일부 재벌기업과 중소 규모 사업장에서 노조 활동 억제 등 국가와 자본의 반노조 성향, 억압성에 주로 기인하였다고 볼 수 있으나, 1990년대 들어서는 제조업 노동자의 감소와 서비스 노동자의 증대, 작업장에서 경영자 권력의 강화와 노조 현장 장악력 위축, 중소기업의 경영 사정 악화로 인한 노동자들의 무력화, 그리고 〈표 3〉에서 살펴본 것처럼 영세 사업장 노동자의 비중 증대 등에도 크게 기인한다. 1997년 외환위기 이후에는 오히려 노동자 내부 구성에서 고용조건의 차별화, 특히 조직화가 용이하지 않은 사업장 노동자들의 증가가 점점 더 중요한 요인으로 등장하고 있다. 따라서 비정규직 노동자들이나 영세 사업장 노동자 등 주변 노동자층이 확대되어 조직률 상승은 답보 상태에 있게 되었다. 그리고 비정규 고용자, 특수 고용직 노동자, 실업자가 노조를 조직할 수 있다고 하더라도 노조 가입 자체가 상당한 불이익을 감수해야 하는 한국의 기업 문화나 사회적 제약 조건이 사라지지 않는 한 조직률의 향상은 어려울 것이다. 더욱이 서비스 노동자가 증가하고, 공기업 민영화 등 신자유주의 정책 기조가 유지되는 상황에서 전임자 임금 지급이 어려워진다면 노조 조직률은 앞으로도 더욱 감소할 가능성이 있다.

4. 주변 노동자의 확대와 핵심 노동자의 계급 정체성 형성

한국에서 '계급'의 언사(language of class)가 노동 진영이나 사회 일반에서 본격적으로 사용되기 시작하였던 1987년 이후 1990년 전후의 전투적 노동운동은 노동자의 계급적 연대성의 강화를 알리는 신호탄이었던가? 만약 노동운동 진영의 전투적 계급 언사에도 불구하고 '계급' 담론이 정치사회적으로 주변적으로만 존재한다면 그것은 무엇 때문인가? 1990년대 등장한 탈계급화, 계급 해체, 시민·여성·환경·소비자 등을 새롭게 주체로 설정하면서 등장한 '정체성 정치'(politics of identity)는 한국 자본주의의 변화된 현실을 반영하고 있는가, 그렇지 않으면 하나의 '거품'에 불과한가? 1987년 이후 '민주화'는 노동자의 계급 형성에 유리하게 작용하였는가, 그렇지 않은가? 1987년 '대투쟁'은 한국 노동자계급의 성장과 균열의 역사에서 어떠한 위치를 점하고 있나? 외환위기는 본격적인 계급 전쟁을 불러왔는가, 아니면 조직노동의 완전한 약화와 사회적 파편화를 가져왔는가? 이러한 쟁점은 많은 이론 논쟁과 실증 자료 분석을 통해 대답해야 할 문제이다. 그러나 가장 일차적으로 노동자의 내부 구성의 변화 및 노동자의 상태를 일차적으로 검토한 이후에 본격적으로 논의되어야 할 것이다. 앞의 작업은 이러한 본격 논의를 위한 하나의 시론적 탐색에 불과하다.

지금까지의 조사에서 볼 때 1990년대 초반 이후 외환위기를 전후로 하여 많은 한국인이 임노동자화하고 있으며 존재 조건에서 볼 때 프롤레타리아화하고 있다는 것은 분명하다. 그러나 노동자의 내부 구성에서 본다면 한국은 1990년을 전후로 하여 골드소프나 록우드(Lockwood) 등이 말하는바 19세기, 20세기 초반 유럽에서 나타난 '전통적 노동자'가 노동자의 주력군인 단계는 이미 경과한 것으로 보인다.[29] 전체 노동력 중에서 임금으로 생활하는 피고용자의 비중은 1987년 이후에도 지속적으로 증대되어 왔으나, 그것은 주로 생산직 노동자가 아니라 사무·전문직 노동자, 남성 노동자보다는 여성 노동자가 주도해왔다. 임노동자의 수 자체는 증대하였으나 전체 노동자의 계급 동질성과 연대성은 훼손되었다. 지구화, 신자유주의 등에 의한 경제 환경, 기업 환경, 고용구조의 변화가 가장 일차적인 요인이었다고 볼 수 있으나 노동자들의 의식 변화, 노조의 주체적인 대응도 무시할 수는 없을 것이다.

한국에서 1987년 이후 노조 조직화와 노조 활동 활성화는 노동자의 연대성과 계급 정체성의 형성이라는 관점에서 볼 때 양면적인 효과가 있다. 첫째는 조직된 노동자의 계급 정체성 확대의 효과이다. 둘째는 조직된 노동자를 중심으로 하는 핵심 노동자와 하청기업 노동자, 임시직 파트타임 노동자, 실업자를 포괄하는 주변 노동자의 분화, 양극화, 분절화로 인한 전국적인 단위에서 노동자의 파편화 혹은 노동자계급 역량의 약화이다. 기업의 경영 합리화, 고용 조정, 외주 하청 전략과 그에 따른 노동 통제의 강화는 핵심 노동자들의 단결력과 계급의식을 고양시키기도 했지만, 동시에 임금·고용 안정·복지 등에서 양호한 조건을 누릴 수 있는 핵심 노

---

29 물론 어떤 나라가 이러한 전형적인 계급사회를 겪었는지 논란이 있다. 혹자는 이러한 전통적 노동자가 가장 많은 비중을 차지하던 20세기 초의 영국, 프랑스, 독일 등에서도 이들이 인구의 50퍼센트를 넘어선 적은 없다고 말한다. 즉 다른 지표를 볼 필요도 없이 노동자의 전체 인구에서 차지하는 비중만 보더라도 '압도적 다수'의 가설은 의문시될 수밖에 없다는 것이다.

동자들을 기업의 복지, 통제체제 내에 포섭해내고 주변 노동자를 배제 (exclusion)하여 이들의 연대 기반을 침식하는 효과도 있었다. 즉 "기업을 살리기 위해서는 외주·하청이 필요하다"(현대그룹 노사관계진단연구단, 1994: 286)는 경영자 측의 설득과 실천은 노동조합의 강력한 반대에 부딪히기도 하였으나 결과적으로는 자신의 고용은 보장될 것이라고 생각한 '혜택받은' 노동자들에게 먹혀들어갔고, 이들 노조 간부와 핵심 노동자들은 말로는 '투쟁'을 앞세웠지만 실제로는 기업 생존과 발전에 자신의 미래를 의탁하였으며 그 결과 상당한 혜택을 누렸다.

1987년 이후 기업 단위의 임금 인상과 노동조건 향상, 고용 안정을 주된 목표로 진행되어온 한국의 노동운동은, 반드시 의도한 것은 아니었지만, 기업별 노조라는 한국의 노동체제하에서는 노동자 전체의 동질성과 결속력을 강화하기보다는 노동자를 양극화하고 파편화하는 데 일조하였다. 노조가 임금·노동조건에서 차별성의 축소와 노동자의 연대 행동을 강화한다고 천명하더라도, 노동운동이 사회보험이나 공적 부조의 확대를 통한 탈상품화(de-commodification) 전략에 호소하기보다 기업 단위의 임금·노동조건의 향상에 주력할 경우 핵심 노동자와 주변 노동자 간의 격차는 더욱 커지고, 이들이 연대 활동을 할 수 있는 기반은 점점 축소될 것이며 동일한 운동 목표하에 행동하는 것은 더욱 힘들어질 것이기 때문이다. 비정규직 노동자 보호법에 대한 일반 노동운동의 관심이 저조한 것도 그 때문일 것이다.

물론 외환위기 이후에도 여전히 한국의 노동운동을 이끌고 있는 일부 핵심 노동자층은 노조 활동과 파업투쟁의 경험을 축적하면서 점차 기업 단위 교섭체계의 한계를 자각하고, 연대 활동의 필요성을 인지하게 되었다. 화학·금속·병원·공공 부문에서 산별 조직화의 시도, 1997년의 총파업은 그것을 입증해주고 있다. 그것은 노조 활동을 경험한 대규모 사업장에서 노동자 계급의식이 1987년 이후 일정하게 상승해왔음을 의미한다.

그러나 일부 노동자층에서의 이러한 계급의식 상승은 기업 협조의식을 완전히 극복하고 산별 조직화나 정치세력화에 헌신하는 것을 의미했다기보다는 여전히 기업 노조의식을 견지한 채 나름대로의 노동자 연대의식을 갖게 되었다고 보는 것이 정확할 것이다. 물론 전세계적으로 노동자의 동질성은 약화되고 있고, 중앙 집중적인 노조는 점차 파편화하고 분산적인 노조로 변화하고 있지만, 한국은 중앙 집중적인 노조를 건설하기도 전에 파편화의 길을 걷게 되었다고 볼 수 있을 것이다. 그래서 지구화 경제질서, 산업구조의 서비스화가 진척되는 오늘 한국 노동자들이 기업별 교섭을 일거에 산업별 교섭으로 대체하는 결단을 내리고, 노동자계급 일반의 연대에 헌신하는 길로 나아갈 가능성은 희박하다. 한국의 일부 조직 노동자층에서 계급 정체성은 유지, 형성되고 있지만 그것은 19, 20세기 초반의 반체제적·전복적인 계급의식의 획득이라기보다는 체제 내 반대(loyal opposition)의 양상에 가깝다.[30]

조직 노동자가 전체 노동자의 11퍼센트에 불과한 사회에서 '계급'의 언사가 사회의 중심 의제로 등장하기는 어려울 것이다. 한국은 미국, 일본과 마찬가지로 '외형적으로는' 그리고 '정치적인 차원'에서는 계급 없는 (classless) 사회라 볼 수 있을 것이다. 미국 노동자의 정치적 무계급성이 인종적 균열, 개인주의 문화에 의해서 그리고 일본 노동자의 정치적 무계급성이 '기업사회' 혹은 기업 공동체주의에 의해 지탱된다면, 지금까지 한국 노동자의 정치적 무계급성은 노동배제주의 정치 풍토에 일차적으로 조건 지워졌으며, 부차적으로는 가족주의와도 관련되어 있다고 본다(김동춘, 1997a). 한국에서 가족주의적인 네트워크는 시민적 네트워크와 수평적 계

---

30 물론 이것은 상당한 현장 조사 이후에 내려야 할 결론이다. 여기서 말하는 계급 정체성이라는 것이 과연 계급 적대의식까지 의미하는 것인지, 아니면 단순하게 단결의 필요성을 공감하는 수준에 불과한 것인지는 좀더 검토되어야 할 것이다. 공무원 노조의 조직화의 예는 계급 정체성 형성의 중요한 징표라 할 수 있다. '체제 내 반대'라는 것은 주로 합법적인 노동자 정당 지지를 통한 계급 이익의 실현이라고 정의할 수 있을 것이다.

급적 네트워크 형성을 억제하는 가장 강력한 장벽이다. 기업별 노조 조직화의 관행은 처음에는 정치적으로 강제된 것이지만, 1990년대 들어서는 하나의 제도로서 정착되어버린 감이 있는데 이 역시 한국의 가족주의 문화와 연관되어 있다. 국가복지가 미미한 한국의 낮은 탈상품화의 정도, 노동자의 제한된 정치적 영향력과 노동자 정당의 취약한 활동력이 기업 단위 노조 활동의 관성을 강화하고 있다. 한국의 노동자들은 이러한 역사적 조건이 충분히 청산되기도 전에 세계사적으로 진행되는 1990년대의 신자유주의 경제, 기업 환경이라는 거센 파도를 타고 있다.

5. 맺음말

오늘날 지구화한 경제질서, 유연화한 생산·고용체제는 전세계적으로 거대 독점자본으로 경제력을 집중시키고 소수의 고숙련 노동자나 전문직 종사자를 제외한 대다수의 노동 인구를 끊임없는 고용 불안과 낮은 임금, 열악한 조건에 시달리는 프롤레타리아로 전락시키고 있다. 오늘날 전세계 노동 인구의 거의 절반이 근로 빈곤층으로 전락하였다.[31] 그래서 이제 선진국 일부에서 전통적인 '노동자계급'은 사라지는 것처럼 보이나 전세계적으로는 더욱더 소유/비소유, 가진 자/못 가진 자의 구조적인 양극화가 심화되고 있다. 따라서 일국 단위에서 노동자의 파편화, 독점자본주의 아래서 노동자의 동질화와 계급 형성을 낙관했던 과거의 이론들은 현실 적합성을 상실하고 있다. 그리고 지구화 시대에 일국 단위의 계급 분석은 점점 더 설명력을 잃어가고 있다.

한국 역시 예외가 아니다. 외환위기와 IMF 관리체제를 겪고 난 이후

---

[31] Guest Column, "Dealing with the Global Job Crisis," *The Korean Herald*, Feb. 16. 2006.

2000년대 들어서 한국사회의 양극화는 돌이킬 수 없을 정도로 심화되었다. 실업자, 불완전 취업자 등 주변 노동자의 비중이 점증하면서 노동자 내부의 분단, 양극화가 진척됨과 동시에, 비정규직 노동자가 전체 노동자의 과반수를 넘어섰다. 여기서 화이트칼라 노동자나 일부 상층부 생산직 노동자의 중간층 귀속의식은 상당 부분 무너지고 있다. 물론 중간층 귀속의식의 붕괴와 사회적 배제(social exclusion)의 진척이 곧 노동자로서의 계급 정체성, 계급의식의 획득을 의미하는 것은 아니다. 역설적으로 빈부격차, 일부 노동자의 노동조건의 악화, 그리고 계층 이동 가능성의 축소 등이 더 분명해진 오늘날처럼 계급 모델이 설득력을 가진 시기는 일찍이 없었다고도 볼 수 있으나, 문제는 객관적인 양극화, 계급구조화가 노동자 일반의 계급 연대의식의 확산을 수반하지 않는다는 데 있다. 한국에서도 비정규 노동자는 거의 조직화되지 않고 있으며, 사무직 노동자는 개별화되고 있다. 결국 주체로서 '노동계급'을 확인하기 어렵지만 사회 양극화 혹은 계급 양극화는 분명히 지속되고 있다.

지구적 차원에서의 빈부격차와 계급 간의 차별화가 더욱 분명해진 오늘날 약자인 노동자계급의 주체적 결집력이 가장 약화된 것은 역설적이다. 더구나 최근 한국에서는 노조가 도덕적인 비판까지 받고 있는 실정이다. 이러한 사회를 '계급' 없는 계급사회, 혹은 '계급 형성의 비대칭성' 혹은 '계급 없는 자본주의' 등으로 부를 수 있을까? 결국 객관적인 상황 변화와 주체 형성의 거리는 대단히 극심하다는 이야기다. 이러한 주체의 실종 상황은 한편으로는 '모순'과 '주체'의 소멸을 부르짖는 탈근대 담론을 등장시킨 바 있으며, 역으로는 지구 자본가계급에 대한 지구 차원의 노동자계급의 단결을 부르짖는 트로츠키주의 경향을 공존케 한다. 그러나 우리는 추상적이고 목적론적인 계급 개념의 이론적 결점과 실천적 무능력을 이미 목격하였으며, 동시에 '탈주체' 담론의 투항적이고 현실 도피적 사고의 한계 역시 충분히 주목한 바 있다.

오늘 한국 사회학자들의 임무는 이러한 지구 자본주의와 치열한 경쟁과 적자생존이라는 논리 아래 사실상 가장 노골적인 자본 지배를 상징하는 유연화한 생산체계가 확산되는데도 왜 조직 노동자의 항거는 물론 개별화한 노동자의 결집과 저항이 일어나지 않는가를 해명하는 데 있을 것이다. 그래서 우리는 임노동자의 확대, 노동자의 하강 이동과 프롤레타리아화가 노동자의 주변화와 파편화, 단결의 해체와 개인화를 수반하는 이 노동사회의 현실을 읽어냄으로써 향후 노동사회의 새로운 전망을 찾아나가고 노동자의 인간다운 삶을 모색해야 할 것이다.

| 참고문헌 |

김기환, 「한국과 일본의 서비스 산업화에 대한 비교」, 한국산업사회연구회 엮음, 『산업사회의 재조명: 지역, 복지, 민주정치』, 한울, 1994.

김동춘, 『한국사회 노동자연구』, 역사비평사, 1995.

_____, 「한국자본주의의 성격과 지배질서: 안보국가, 시장, 가족」, 『분단과 한국사회』, 역사비평사, 1997a.

_____, 「노동자 정치세력화의 이론과 실제」, 한국산업노동학회 6차 학술발표회, 1997b. 11. 16.

김영두, 「자동차 산업의 하청관계와 자동차 부품업체의 노사관계」, 『노동사회연구』, 1997년 11월.

김영용, 「연구노트: 노동자 간 연대정책에 관한 연구」, 1996년 8월.

김유선, 「87~97년 노동운동의 성장발전」, 전국민주노동조합총연맹, 『87에서 97! 그리고 21세기, 노동의 전망을 연다』, 1997. 9. 4.

_____, 「비정규직 규모와 실태」(http://www.klsi.org/), 2005년 8월 경활부가조사 결과.

김태홍, 『시간제 및 임시직 고용현황과 정책과제』, 한국여성개발원, 1994.

김형기, 『한국 노사관계의 정치경제학』, 한울, 1997.

노동부, 「매월 노동통계 조사보고서」, 1993, 1994년 각호.

딜릭, 아리프, 설준규·정남영 옮김, 『지구적 자본주의에 눈뜨기』, 창비, 1998, 92쪽.

리프킨, 제레미, 이영호 옮김, 『노동의 종말』, 민음사, 1996.

민주노총, 「지역노조 활성화와 영세 사업장 조직화를 위한 토론회(안)」, 1996. 3.

민주노총, 「민주노총 산별소위 1차 토론회 결과보고서: 산별노조 경험의 교훈」, 1997.
    12. 9.

박경태, 「노동시장 구조」, 김진업 외, 『산업구조 전환과 구로공단의 재구조화』, 성공회
    대학교 한국사회문화연구소, 1998.

박준식, 「노동조합의 조직 상황과 미조직 노동자의 조직화 문제」, 고대 노동대학원 노
    동절 기념 학술세미나, 1996. 5. 16.

신광영, 『계급과 노동운동의 사회학』, 나남, 1994.

이병희, 「유연화와 한국 노동시장」, 한국노동사회연구소, 『노동사회』, 1998. 3.

이정우 외, 『한국의 노사관계와 노동자 생활』, 서울사회경제연구소, 1996.

이주호·김대일, 「노사관계 개혁과 노동시장 변화」, 『KDI 정책연구』, 제19권 3호.

이철수·유경준, 『4인 이하 사업장에 대한 근로기준법 확대적용 방안』, 한국노동연구
    원, 1997.

전국금융노동조합연맹, 노동조합 기업경영연구소, 「금융산업의 구조조정과 노동조합
    의 대응전략」, 1998. 6. 1.

캘리니코스, 알렉스, 크리스 하먼, 이원영 옮김, 『오늘날의 노동자계급』, 갈무리, 1994.

코카, 위르겐, 『임노동과 계급형성』, 한마당, 1987.

통계청, 「통계로 본 세계와 한국」, 1995.

———, 「통계로 본 과거 10년간의 노동문화의 변화」, 1997. 1. 17.

———, 「1998년 7월 고용동향」, 1998. 8. 24.

한국노동연구원, 「KLI 해외 노동통계」, 1994.

———, 「KLI 노동통계」, 1998.

현대그룹 노사관계진단연구단, 「현대그룹 노사관계 진단 연구보고서」, 1994.

Aronowitz, Stanley, *The Politics of Identity: Class, Culture, Social Movements*, New York: Routledge, 1992.

Goldthorpe, John, David Lockwood et al., *The Affluent Worker: Industrial Attitudes and Behavior*, London: Cambridge University Press, 1968.

Gorz, Andre, *Farewell to the Working Class: An Essay on Post-Industrial Socialism*, London: Pluto Press, 1980, pp.16~53.

Joyce, Patrick, *Class*, Oxford University Press, 1995.

Katznelson, Ira, "Working Class Formation: Constructing Cases and Comparisons," Ira Katznelson and Aristide Zolberg, eds., *Working Class Formation: Nineteenth-Century Patterns in Western Europe and the United States*, Princeton: Princeton University Press, 1986.

Lockwood, David, "Sources of Variation in Working Class Images of Society," Martin Balmer, *Working-Class Images of Society*, London: Routledge and Kegan Paul, 1975.

Mingione, Enzo, *Fragmented Societies: A Sociology of Economic Life Beyond the Market* Paradigm, Oxford: Basic Blackwell, 1991.

Lash, Scott, and John Urry, *The End of Organized Capitalism*, Oxford: University of Wisconsin Press, 1987.

Sitton, John F., *Recent Marxian Theory: Class Formation and Social Conflict in Contemporary Capitalism*, State University of New York Press, 1996.

Tilly, Charles, "Proletarianization: Theory and Research," *As Sociology Meets History*, New York: Academic Press, INC., 1981.

신자유주의와 한국 노동자의 인권

외환위기 직후를 중심으로

1. 머리말

1970~80년대에서 오늘에 이르는 한국 노동운동사는 노동인권 획득을 위한 투쟁사였다고도 볼 수 있다. 지배집단은 '질서'의 담론으로 노동자의 개인적, 집합적 권리를 제약해왔다면 노동자들은 '정의'의 담론으로 자신의 권리를 주장해왔다. 지금까지 한국의 지배집단은 주로 국가 주도의 경제성장을 뒷받침하기 위한 억압적 노동 통제, 사용자 측의 경영 전권 행사, 가부장주의 기업문화를 정당화해왔다면, 노동자들은 당장의 생존과 인격의 존엄성을 지키기 위해 투쟁해왔다.[1]

---

[1] "인간 최소한의 요구입니다"라는 전태일의 선언은 한국 노동자의 권리장전이라 할 만하다. '권리'의식은 자연발생적으로 생겨나는 것이 아니라 극한적인 생존의 조건에 처했을 때, 그리고 공장에서의 처우와 생활이 '인간 이하'의 것이라는 자각이 있을 때 가능하다. 이 경우 노동자의 인권은 최저생활의 보장이라는 순수하게 개인주의적인 것이라기보다는 단결과 행동의 필요라는 집단적인 것으로 발전된다. 따라서 이 글에서 사용하는 노동 인권의 개념 역시 개인주의적이자 동시에 집합적인 권리로서 전제한다. 노동자의 인권은 어떠한 원칙이나 이론에서 출발하는가, 그것은 보편적인가 아니면 사회적 구속력을 받는가 하는 이론적인 쟁점이 남아 있다. 여기서는 '시민권'(citizenship)이라는 국민국가적 구획 내에서 적용되는 개념과 구별하여 인권은 초국가적 단위에서 적용될 수 있는 보편적인 것으로 개념화하고자 한다. 이 경우 인권이란 인간의 가장 원초적인 요구인 생존과 자기보호의 권리, 그리고 인격적인 대우를 받을 수 있는 권리로 집약해 볼 수 있을 것이다.

그동안 한국의 안보국가(national security state) 혹은 발전국가(developmental state)는 국가안보 및 경제성장을 지상의 목표로 설정하고 체제 유지와 기업의 자본축적 활동을 장려한다는 명분을 내세워 노동자의 생존 조건, 노조 조직화의 기회와 제반 요구들을 유보 혹은 억제해왔는데, 그것은 저임금, 장시간 노동, 높은 산업재해, 노동자에 대한 인격 모독과 사회적 차별 등으로 나타났다. 특히 노조 활동을 원천적으로 제약한 1971년의 '국가보위에 관한 특별조치법' 제정 이후 1987년 '노동자 대투쟁' 이전까지 노동자의 권리는 주로 법, 정부의 노동정책 등 국가권력의 직접 통제에 의해 제약을 받았다고 볼 수 있다. 노동자들이 권리를 주장하는 것 자체가 '산업 평화'를 해치는 행위로 간주되었으며, 노조 활동은 '감옥행'과 '해고'를 의미하였다. 그러나 기업 단위에서 노조의 결성이 용인되고 국가의 억압성이 완화된 1990년대 중반 이후 여타 자본주의 국가에서 그러하듯이 '재산권'과 '경영권'의 논리가 노동자의 개인적, 집합적 권리를 제약하기 시작하였다.[2] 1992년 이후 노조의 존재와 파업 활동은 민사상의 '손해배상' 청구, '업무방해' 고소 고발 등의 예상하지 못했던 사용자 측의 공격에 직면하게 되었으며 많은 노동자와 그 가족의 삶이 그것으로 심각하게 파괴되었다.

지구화(globalization)와 신자유주의(neo-liberalism)의 물결을 타고 자본의 공세는 더욱 본격화하기 시작하였다.[3] 지구 자본주의(global capitalism)

---

2 새뮤얼 볼스·허버트 진티스(Samuel Bowles and Herbert Gintis), 『민주주의와 자본주의: 재산, 공동체 그리고 현대 사회사상의 모순』, 백산서당, 1994, 116쪽.

3 지구화를 하나의 '현상'으로 본다면 신자유주의는 그것에 부응하는 일국 단위에서의 '정책'으로 볼 수 있을 것이다. 그러나 어느 것도 불가항력적인 경제법칙은 아니며, 자본주의 질서 내에서의 자본과 노동의 힘의 각축과 역학을 표현하고 있다. 신자유주의, 재구조화가 노동자에게 미친 영향에 대해서는 졸고, 「글로벌화와 노사관계의 구조 변화」, 현대사회연구소, 『현대사회』, 1995년 가을/겨울; Ray Marshall, "Labor in a Global Economy," Steven Hecker, Margaret Hallock, eds., *Labor in a Global Economy: Perspectives from the U.S. and Canada*, University of Oregon Press, 1991 참조.

의 도래와 더불어 무한 경쟁의 논리, 시장의 논리가 확산된 1990년대 이후 기업의 재구조화(restructuring)가 기업 생존을 위해 피할 수 없는 전략으로 확산되면서 사용자는 자신도 생존의 기로에 놓였지만 노동자들에 대해서는 생사여탈권을 가진 '전제군주'와 같은 존재가 되었다. 시장의 논리는 '공개 권력'이 아닌 '감추어진 권력'이라고 볼 수 있다. 즉 '만물이 상품화된' 사회에서 노동시장에서의 그의 존재와 행동은 점점 더 '선택'과 '자유'의 영역에서 멀어지기 시작하였으며, 그 이전에는 국가의 억압기구가 수행해왔던 기능이 이제는 법원, 언론, 그리고 사용자가 작업장에서 일상적으로 행사하는 경영 전권으로 대체되었다.

그중에서도 1997년 말에 터진 외환위기와 IMF 관리체제는 신자유주의 정책을 가장 공격적이고 급진적으로 추진하는 계기가 되었다. IMF는 성장 둔화와 긴축정책, 금융산업 구조조정, 상품 및 자본시장의 완전 개방, 기업 인수합병(M&A)의 허용, 재벌기업의 경영 투명성 제고, 노동시장의 유연화 등을 한국에 요구하였다. 이러한 조치들은 겉으로는 무분별한 차입 경영으로 국가 부도 위기를 초래한 재벌기업과 재벌 '총수'들에게 고통을 주는 것처럼 보였지만, 실제로는 이들 재벌기업과 하청기업에 고용되어 있는 노동자에게 가장 극심한 고통을 주었다. '생존'을 위한 기업의 '몸집 줄이기'는 노동자에게는 해고를 가져다줄 것이기 때문이다.

국제 금융자본과 다국적 투기자본의 지배에 직접 노출된 IMF 체제는 국내 대기업의 입지, 나아가 대기업 노사관계의 성격을 변화시켰다. 즉 그것은 재벌기업과의 하청관계 속에서 금융과 시장의 안정성을 보장받기 위해서 노사협조주의, 노조 활동 포기가 관례화되었던 지난 1980년대 중소기업 사업장에서 나타난 노사관계의 양상이 이제는 전 사업장, 특히 재벌 대기업을 포함한 국내 모든 기업으로 확산되는 것을 의미했다. 과거 중소기업이나 영세 사업장은 모기업과의 하청관계 속에서 생산물 시장의 불안정성을 극복하고, 자금의 안정적 공급을 확보하기 위해 노동 탄압과 경영 전권을 휘둘렀다면 오늘날 한국의 재벌기업을 포함한 모든 기업은 지구화한 경제질서 속에서 기업의 '생존'을 도모하기 위해, 이러한 지구적인 '무한 경쟁' 분위기를 이데올로기적으로 활용하여 1987년 이후 노동자의 교섭력 상승으로 인해 상대적으로 위축되어온 경영 측의 통제력을 회복하려는 공세적 경향이 있다는 점이 특징이다.

피고용자가 경제활동 인구의 압도적 다수를 차지하게 된 오늘날 자본주의 질서하에서 해고의 위협, 실직의 고통, 임금 삭감과 노동조건의 저하의 위협 속에서 노동자의 생존을 보장받자는 요구는 노동자의 요구이기 이전에 이제 민중 일반, 그리고 인간 일반의 요구로 등장하고 있다. 이 글은 이러한 관점에서 한국 노동자의 권리, 아니 다수의 한국 서민대중의 권리가 이러한 신자유주의 경제질서하에서 어떻게 위협받고 있는지를 살펴보고자 한다.

2. 지구화, 신자유주의 질서와 노동자의 권리

지구화와 그에 부응하는 신자유주의 정치경제 질서는 국가능력(state capacities)의 전반적인 축소, 즉 자본 자유화, 탈규제, 무역 장벽 철폐, 유연화 정책으로 구체화되어 세계적 기술력과 자본 규모를 가진 기업의 활동에 더 많은 '자유'를 부여한다. 이러한 조건에서 한 나라에서의 인권과 민주주의는 국내적으로는 국가 개입주의의 한계, 혹은 정당의 대표 능력의 한계에 제약을 받기도 하지만, 동시에 IMF와 같은 국제 통치기관의 등장으로도 직접 제약을 받는다. 세계은행(World Bank), IMF와 같은 국제 금융기관의 결정 및 집행 과정은 강대국과 다국적 대자본의 목소리를 주로 반영하고 있으며 노동조직의 대표성을 고려하지 않는다는 점에서 민주주의의 조직 원리인 책임성, 투명성 모두를 결여하고 있다. 초국적 기업의 경영자들은 조직, 기술, 자금, 이념을 모두 소유한 초국가적인 권력체가 되어 '책임이 없는' 자유를 누린다는 비판을 받는다.[4]

신자유주의 질서는 노동자의 생존권을 위협하고, 그동안 노동자들이 투쟁을 통해 획득해온 작업장 혹은 국가 차원에서의 조직 결성의 자유, 교섭권, 파업권, 복지권 등 사회적 시민권(social citizenship)을 원점으로 돌리는 경향이 있다.[5] 노동자의 권리는 자본가에게 노동자들의 절박한 요구를 법적으로 강제할 수 있는 '국가 능력'의 문제라고 본다면 지구화한 경제질서는 이러한 국가의 능력을 축소시키기 때문이다.[6] 그것은 자본가들이 국가 규제를 탈피함으로써 국가 내의 노동자의 집합적 요구를 제압할 수 있게 되는 것을 의미한다.

시장주의 혹은 최근 조지 소로스(George Soros)가 말한 시장 근본주의[7]에 기초한 신자유주의는 시장의 원리 또는 경제적 '효율'을 억제해왔던 국가, 작업장 차원의 민주주의에 공격을 가한다. 사용자의 해고권 강화를 의미하는 노동의 유연화(flexibility) 요구는 신자유주의의 핵심이다. 흔히 유연화 전략은 수량적 유연성, 기능적 유연성, 새로운 보상체계 등으로 나타나는데, 수량적 유연성은 노동 비용 절감을 위해 일부 높은 기술을 소유하고 있는 노동자를 다기능화하거나, 나머지 노동자를 제2차 노동시장으로 편성하여 파트타임, 임시 노동자로 만들어 기업의 인건비를 절감하고 노

---

4 유엔사회개발연구소 지음, 조용환 옮김, 『벌거벗은 나라들: 세계화가 남긴 것』, 한송, 1996, 289쪽.
5 지구화가 노동자의 권리를 향상시키는 측면도 있다는 지적도 있다. 예를 들면 WTO 체제의 출범과 관련하여 선진국이 저발전 국가의 노동표준 확립을 요구하는 것이 그 예라는 것이다. Lourdes Beneria, "Response: The Dynamics of Globalization," *International Labor and Working Class History*, Spring(1995), pp. 45~52.
6 틸리는 권리라는 것은 어디까지나 '공적으로 강제할 수 있는 요구'라고 말한다. 도덕적인 요구와 같은 사적인 강제력은 공적인 강제력을 갖지 못한다는 것이다. 따라서 하늘이 내려준 권리, 혹은 일반적인 권리라고 주장하는 권리의 묶음들도 기실은 특정 영토 내에서 강제력을 갖고 있는 국가에 의해 허용된 것이라고 보아야 한다는 것이다.
7 조지 소로스, 형선호 옮김, 『세계 자본주의의 위기』, 김영사, 1998 참조.

동력 활용을 더욱더 기업의 의사에 맞도록 재조직하는 것을 의미한다. 기능적 유연성은 연공서열에 기초한 직무 사다리를 철회하고, 조직된 노동자에게 보장된 노동자의 권리를 약화시키고, 노동자를 좀더 경영의 요구에 맞게 재조직하는 것을 지칭한다. 그리고 새로운 보상체계는 노동자의 고용 보장과 단체교섭에 의한 일률적인 임금 인상 조치를 철회하고 노동자의 고용 조건과 보상을 차별화하는 것을 의미한다. 따라서 연공에 따른 보상보다는 개인의 능력에 따른 보상이 시행된다. 이것은 상당수의 저숙련, 저학력 노동자를 실직 상태에 빠트리고 다수의 취업 노동자의 노동조건을 악화시키는 결과를 가져온다.

신자유주의 정책은 노조가 노동시장의 유연화에 걸림돌이 된다고 보고, 노조의 약화(또는 해체)를 겨냥하는 노동법 개정(악)을 추진한다. 그것은 시장원리의 활성화, 일자리 창출 등의 명분으로 포장되어 있으나 실제로는 그동안 케인스주의적 타협질서에서 위축되어온 부자들의 재산 소유권 행사를 노동자의 집합적 권리 상위로 배치한다는 것을 뜻한다. 그동안 스웨덴과 독일에서 나타난 것처럼 중앙 집중 교섭과 노사정 담합체제(corporatism)의 약화도 이와 관련되어 있다.[8] 신자유주의 질서는 전국 단위든 사업장 단위든 간에 노사 간의 계약, 특히 단체협약을 휴짓조각으로 만드는 경향이 있다. 단체협상이라는 것은 사용자가 '노동력 상품'의 판매자인 피고용자들에게 '상품' 사용권의 양도와 관련하여 전권을 휘두르지 않도록 묶어두는 버팀목이다. 그것은 자본가의 경제적 특권에 대한 일정한 제약이며, 노동자가 작업장의 시민(citizen)으로서 그리고 '인간'으로서 자본 측과 대면할 수 있도록 해주는 제도적 장치였다. 그러나 지난 IMF 관리체제를 겪으면서 우리가 보았듯이 그러한 '계약'은 사용자 측의 일방적인 공장 매각, 정리해고 단행, 임금 삭감, 외주 하청, 성과급제 도입 조치

---

8 Ramana Ramaswamy, "The Swedish Labor Model in Crisis," *Finance and Development*, June 1994; "The Perils of Cosy Corporatism," *The Economist*, May 21st(1994).

등을 통해 쉽게 폐기될 수 있다. 그것은 "회사가 살아야 노동자가 산다"는 원시적 자본주의의 원칙으로 되돌아가는 것이었다. 이러한 경영 전권을 행사하기 위해 사용자 측은 여러 가지 '부당노동행위'를 저지르는데, 이러한 부당노동행위는 기업을 살려야 정치 안정이 달성될 수 있다고 보는 사법 당국과 정치가들에 의해 묵인된다.

한편 신자유주의에서는 케인스주의적 노자 타협질서 및 국가 차원에서 노동자의 사회적 권리에 대한 공격이 당연히 진행되는데 '작은 정부'를 명분으로 복지 축소(복지국가 또는 사회민주국가의 위기)가 진행되고, 공기업 또는 공적 기능의 대대적인 사유화(privatization)가 수반된다. 이는 공공 영역에 대항하는 상품화한 영역이 확대된다는 점에서 재상품화(recommodification)라고도 지칭되지만 모든 사회 구성원을 기업의 자본축적 활동의 영향권 내에 직접 편입시키는 것을 의미한다. 따라서 탈규제, 민영화로 대표되는 신자유주의 질서에서 공공성(publicity)의 실종은 바로 실질적 민주주의의 후퇴, 노동자의 종속성 강화로 나타난다. 립셋은 미국에서 노조 조직률이 바로 여론의 지지와 밀접한 관계가 있다는 것을 지적한 바 있는데,[9] 그것은 노조 활동에 관용적인 여론의 존재가 노동자의 조직 공간을 열어주기 때문일 것이다. 그런데 신자유주의의 시장 근본주의 논리는 바로 이러한 공공적 담론을 제거하고, 경쟁력 물신주의(物神主義)를 강화하는 경향이 있다. 따라서 노조 조직률은 한계 기업의 도산과 자동 해고 조치 등의 불가항력적인 이유에 의해서 낮아지기도 하지만, 그보다는 오히려 이러한 경쟁력과 효율성의 분위기를 틈탄 사용자의 공세와 경제 이데올로기 영향 속에서 노동자, 소비자의 정신적 무장해제에 의해 확산되기도 한다. 신자유주의 경제정책을 가장 앞장서서 실시한 미국에서 노조 조직률 하락이 가장 두드러진 것 역시 이와 관련되어 있다고 볼 수

---

9 Seymour M. Lipset, ed., *Unions in Transition*, San Francisco: Institute for Contemporary Studies Press, 1986 참조.

있을 것이다.[10]

한편 신자유주의는 여성, 외국인 노동자 등 주변 노동자의 삶의 조건과 인권을 더욱 제약하는 경향이 있다. 많은 사람들이 지적한 바 있지만, 경쟁적 자본주의는 사회적 차별을 없애는 것이 아니라 그러한 차별적 질서를 적극적으로 활용한다. 사용자가 노동력에서 얻어내는 이윤은 '계약' 후 작업장에서 양도하는 과정에서 사용자와 노동자의 힘의 역학에 따라 좌우될 수 있는 '특수 상품'이기 때문에 사용자는 언제나 노동자들을 차별화하고 분열시킬 필요를 느끼기 때문이다. 이 과정에서 신자유주의 질서는 가부장주의를 비롯한 각종 전근대적 문화의 요소들을 활용한다. 1980년대 대처 집권 시기의 영국의 신자유주의가 국가주의와 결합하였고, 오늘의 신자유주의가 가족 이데올로기와 결합하고 있는 것이 그 좋은 예이다. 따라서 신자유주의 질서 아래서 여성 노동자, 외국인 노동자의 고용 조건은 더욱 나빠지고 복지 혜택은 더욱 축소되며, 그들에 대한 성적·인종적 편견은 더욱 깊어진다.

오늘날 노동자의 제반 권리는 기업의 세계 지배, 자본의 지구적 활동으로부터 보다 직접적인 영향을 받게 되었다. 시장 만능주의 혹은 소로스가 말하는 시장 근본주의는 기업 경쟁력=국가 경쟁력=일자리 보장이라는 논리 아래 노동자들의 일방적인 희생을 강요하고 있다. 경쟁하는 자본을 죽이거나 이겨야 더 많은 이윤을 남겨 살아남는다는 것이다. 이러한 자본의 논리가 노동자들을 설득할 경우 "회사가 살아야 노동자가 산다"로 정식화된다. 이 논리는 신경영전략 등의 도입으로 오래전부터 노동자 내부를 분할시켜왔는데, 현재 이 논리가 엄청난 흡인력으로 노동자들의 정신

---

10 물론 미국의 노조 조직률 하락은 이미 1970년대부터 계속되어왔다. 따라서 그에 대한 설명 역시 단순하지는 않다. 이에 대해서는 Michael Goldfield, *The Decline of Organized Labor in the United States*, Chicago: The University of Chicago Press, 1989; Jane Jenson and Rianne Mahon, *The Challenge of Restructuring: North American Labor Movements Respond*, Philadelphia: Temple University Press, 1993, pp. 19~47 참조.

세계를 잠식하고 있다. 이 논리의 제도화가 바로 유연화한 생산체제, 노사 관계 체제이며, 한국에서는 정리해고제와 근로자 파견제의 도입으로 구체화했다.

결국 이러한 조건에서 지구적인 고용 불안, 빈곤, 억압에 맞서 자신의 생존과 인간적인 권리를 지키고자 하는 전세계 노동자들의 항의가 계속 확산될 수밖에 없다. 1995년 이탈리아의 피사에서 노동조합, 인권단체, 개발단체가 모여 국제회의를 개최하고 '무역 자유화에 따른 노동권 침해'에 항의한 바 있다. 캐나다와 유럽의 노동조합이 주도한 '지구화와 기업의 지배' 국제 심포지엄(1997)에서는 기업의 지배를 초래하는 네 가지 주요 제도, 다자간 투자협정(MAI), WTO, 투기자본, IMF / 세계은행을 사회운동의 주요 대상으로 삼았다. 그들은 매년 기업의 지배에 저항하는 날을 설정하여 시민 불복종 운동을 전개한다고 결의하기도 하였다. 노동시간 단축을 요구하는 프랑스 실업자들의 항의와 노동자들의 파업 행동, 날치기 통과에 맞선 한국 노동자들의 1997년 총파업도 고용 위기에 대항하는 노동자들의 항거였다고 볼 수 있다.

그러면 한국에서는 신자유주의 질서 특히 IMF 체제가 한국 노동자들의 생존권과 사회적 시민권에 어떠한 영향을 주었는지 구체적으로 확인해 볼 필요가 있을 것이다.

3. 개정 노동법, 노동정책과 노동자의 인권

1997년 말 외환위기에 처한 한국은 IMF와 국제 금융자본의 요구를 거의 전적으로 수용하였다. 애초에 IMF와 협약한 내용 중에는 노동시장의 유연성을 확보하고 노동력의 재배치를 쉽게 하기 위하여 고용보험 제도의 역량을 강화한다는 정도의 내용이 있었다. 그러나 협상 과정에 미국과 국제 금융자본이 개입하여 부실 금융기관의 정리해고 나아가 금융산업을 비롯한 전 산업에서의 정리해고를 용이하게 하는 조치를 마련할 것이 거론되었으며, 막후 협상이 시작되자 한국을 은밀히 방문한 미국 측 대표들은 끈질기게 우리 금융과 자본시장 개방을 요구하였다.[11]

IMF 지원의 대가로 맺은 협약을 이행해야 하는 상황은 김대중 정권의 정책 선택의 폭을 크게 제한하였으며, '정리해고의 요건을 엄격하게 한다'는 그의 애초의 공약을 지킬 수 없도록 만들었다. 김대중은 1997년 12월 26, 27일 이틀간 한국노총과 민주노총의 위원장 및 간부들을 만나 정리해고 도입의 필요성을 역설하면서 노사정 협의체 구성을 제의하였다. 김대중은 외환위기의 극복을 위해서는 정리해고가 불가피하다고 역설하였다. 노사정 3자 협의체를 만들어 정리해고에 대한 사회적 합의를 이루자고 주문하였다. 간담회 석상에서 김대중은 "외국 자본과 우리 자본의 차별을 둘 필요 없다. 노동자들이 외국 자본에 친밀감을 표시해야 한다. 외국 자본이 들어오면 경쟁력, 국제시장의 노하우를 함께 갖고 들어오거나 최소한 배울 수 있는 것을 갖고 들어온다. 외국은 우리처럼 평생 고용의 분위기가 아니다. 그러나 외국은 사회보험이 잘되어 있다. 우리도 사회보험을 빨리 확충해야 한다. 고용보험에 대한 정부의 기여금을 확충하겠다. 고용보험 등으로 실업수당을 지급하고 기금을 만들어 직업 훈련, 취업 알선하는 데 최대한 조치를 취하겠다"고 말하면서 IMF 측의 요구를 전폭적으로 받아들여 경제 개방, 노동시장 유연화, 긴축재정, 고금리 등으로 특

---

11 물론 미국 내에서도 경제위기에 처한 국가에 대한 IMF 지원정책을 지지하는 그룹과 반대하는 그룹이 있었으나 그러한 차이는 어떻게 하는 것이 미국 국내 경제에 도움을 줄 것인가를 둘러싼 입장 차이였다. 한편 미국 노동총동맹-산업별 회의(AFL-CIO)는 구제금융 지원과 노동권 연계를 주장하기도 했다. IMF 협상이 시작되자 미국의 데이비드 립튼 재무부 국장 등이 은밀히 입국하여 자신의 요구를 관철하기 위해 상당한 압력을 행사하였다. 1998년 1월 김원길 국민회의 정책위 의장은 "미국의 민간 투자가들이 금융기관의 인수, 합병에 관심이 매우 많다"고 말하면서 한국 측이 왜 금융기관의 조기 정리해고를 서두르고 있는지 우회적으로 답변하였다 (『한겨레』, 1998. 1. 9).

징지어지는 신자유주의적인 정책 기조를 유지할 뜻을 밝힌 바 있다. 그러나 이러한 신자유주의 정책 기조는 단순히 IMF의 강요에 의한 것이었다기보다는 자본과 노동 간의 기존의 국내 역학관계 및 한국의 경제 부처 정책 입안자나 정책에 심대한 영향을 미치는 주류 경제학자들의 평소 시각이 반영된 것이라고 볼 수 있을 것이다.[12]

노사정위원회의 설치 자체는 노동자의 권리 향상에 기여할 수 있는 측면을 갖고 있었다. 문제는 노사정위원회의 주요 활동 목표가 '정리해고 법제화'를 위하여 노동자 측의 반발을 무마하는 쪽으로 치우쳤다는 점에 있다. 결국 노사정위원회가 발족하고 1998년 2월 노·사·정 합의를 거쳐 정리해고 관련법이 국회를 통과하였다. 1996년 말 '날치기 통과' 당시 만들어진 정리해고법[13]에서 1999년 3월까지 시행을 유보한다고 되어 있는 정리해고 관계 조항을 즉시 실시하고, 경영 악화를 방지하기 위한 사업의 양도·인수·합병은 긴급한 경영상의 필요가 있는 것으로 본다고 규정하여 인수·합병 때 정리해고를 가능케 하였다. 이 정리해고 관계 조항에서는 정리해고 때 근로자 대표에게 60일 전 사전 통보하도록 의무화하였으며, 일정 규모 이상을 정리해고 하는 사업장에서는 노동부장관에게 사전 신고할 것을 강제 조항으로 하였다. 그리고 정부는 정리해고 노동자에게 생계 안정, 재취업, 직업 훈련의 우선권을 준다는 조항을 신설하였다. 현재 경영 악화 상태에 있지 않고, 그것을 예방하기 위한 양도·합병 때에도 정리해고를 가능케 하여, 말로는 시행 절차상 정리해고를 다소 엄격하게 하

---

12 한국노동연구원장을 역임한 김대모는 한국은 기업이 고용 조정을 할 수 있는 길을 봉쇄하고 있어서 세계적으로 유례없는 노동시장 과보호 국가라고 보았다. 결국 그는 단체교섭이라는 쇠고랑으로부터 기업을 풀어주어야 하며, 근로자 파견제, 시장 자율화 등을 추진하여야 한다고 주장하였다(김대모, 「경쟁력 발목 잡는 고용 족쇄」, 『중앙일보』, 1998. 1. 15).

13 당시 날치기 통과된 노동법에서는 정리해고 일반 요건을 "계속되는 경영의 악화, 생산성 향상을 위한 구조조정, 기술혁신 또는 업종의 전환 등 긴급한 경영상의 필요"로 설정하였다가 노동자들의 반대에 부딪혀 1997년 3월 13일 여야 합의로 재개정된 노동법에서는 "긴박한 경영상의 필요"로 다시 완화하였다.

였다고는 하나 내용적으로는 정리해고를 쉽게 할 수 있도록 하였다. 그런데 여기서 말하는 '긴급한 경영상의 필요'는 법원 당국의 판단 즉 판례에 의해 결정될 수밖에 없는데, 기존 판례에서는 "반드시 기업의 도산을 회피하기 위한 것에 한정될 필요가 없고, 인원 삭감이 객관적으로 보아 합리성이 있다고 판단될 때는 긴급한 경영상의 필요성이 있다"고 규정하여[14] 실제로는 매우 자의적인 정리해고의 길을 열어놓았다. 당시 노동 측이 강력하게 반발한 것도 이 때문이다.

'해고'는 시장의 법칙에 따라 이루어지지만 사용자가 노동자에게 가하는 가장 가혹한 처벌이므로, 사용자의 해고권 확대는 곧 노동자의 생존권 위협으로 연결될 수밖에 없다. 따라서 해고보다는 경징계를 하거나 다른 방법을 모색할 수 있는데도 불구하고 사용자가 경영 악화를 빌미로 하여 해고 조치를 취하는 것은 법적으로 본다면 징계권 남용으로 간주될 수 있다. 그런데 그것이 남용인가 아닌가를 판단하는 기준 즉 해고의 정당성은 바로 경영 상황에 대한 분석에 입각한 노동법과 판례에 근거하게 된다. 최근 대법원에서는 해고를 무효라고 판시한 원심의 판결을 "'건전한 사회 통념이나 사회 상규에서 용인되는 기준'으로 볼 때 징계권 남용이 아니다"라는 이유를 들어 파기하는 사례가 빈번해지고 있는데 이것은 바로 신자유주의적인 논리를 수용한 대법원이 노동자의 생존권보다는 사용자의 징계권을 보다 넓게 인정하고 있는 것으로 볼 수 있다.[15]

한편 노사정위원회에서는 임금채권보장법의 제정, 근로기준법 시행령의 개정,[16] 노동자 보호법의 재개정, 고용보험법, 고용정책기본법, 중소기

---

14 박석운, 「개정된 노동관계법의 내용 및 영향」, 여성민우회, 『평등고용』, 1998. 4.

15 김선수, 「노사갈등의 현황과 쟁점」, 한국노동법학회 창립 제40주년 기념 학술발표회. 그런데 사회 통념이나 사회 상규는 어떻게 만들어지는가를 생각해본다면 대법원의 판결이 결국 '경제 위기'와 '기업 경영 환경 악화'라는 경영자 측의 입장에 설 수밖에 없음을 예상케 한다.

16 노사정 합의에 따라 근로기준법 시행령을 개정하여 5인 미만 사업장의 근로기준법 적용 범위를 확정하였는데, 근기법상 근로계약·임금·휴게·휴일·산전후 휴가·일부 재해보상 규정 등

업 근로자의 복지진흥법 등 고용 관련법의 일부 개정과 노동조합 및 노동관계 조정법의 개정과 공무원직장협의회의 설립, 운영에 관한 특별법의 제정 등 단결권 관련 법 개정도 합의하였다. 이 중에서 노동자의 인권 향상에 기여할 수 있는 것으로는 실업자가 초기업 단위 노조에 가입할 수 있도록 한 것, 영세·중소 사업장의 도산 시 임금, 퇴직금을 받을 수 있도록 한 임금채권보장법, 교원 및 공무원의 노동 3권을 일부 허용한 것, 6급 이하의 일반직 공무원이 기관별로 직장협의회를 구성할 수 있도록 한 것, 고용보험의 지급 대상, 지급 금액[17] 등을 새롭게 설정한 고용보험법 등을 들 수 있을 것이다. 그러나 노동자 권리의 측면에서 볼 때 이러한 발전적 성격을 갖는 조항들은 무차별적인 정리해고가 시행되는 조건에서는 '호미로 둑을 막는' 것과 같은 효과밖에 갖지 못하고 있다.

정부는 2기 노사정위원회에서는 금융산업의 구조조정, 공공부문 구조조정, 부당노동행위 대책 등을 본격적으로 다루겠다고 하였으나 실질적으로는 노동자들의 생존에 심각한 영향을 미칠 수 있는 이러한 사안을 노사정위원회의 테이블에 올리지 않은 채 일방적으로 결정하여 발표함으로써 노동단체들의 불신을 샀다. 이렇게 되자 "노사정위원회는 노동 측으로부터 구조조정의 후유증을 완화하기 위한 청소부"[18]라는 비판까지 받게 되었다.

은 1999년 1월 1일부터, 휴업보상·장해보상·유족보상 등은 2001년 1월 1일부터 적용토록 규정하였다.

17 최저 구직급여액을 종전 최저임금법상 최저임금의 50퍼센트에서 70퍼센트로 상향 조정하였고, 구직급여의 지급 일수를 종전 30~120일에서 특별 실업 대책이 필요할 때는 60일 범위 내에서 연장이 가능하도록 하였으며, 구직급여 최저 지급 기간을 종전 30일에서 60일로 상향 조정하여 그 결과 구직급여의 최저 지급 기간이 60~180일이 되었다. 또한 5인 이상 사업장에도 1998년 3월 1일부터 고용보험이 적용되고, 1999년 7월 1일부터는 임시·시간제 노동자에게도 적용하도록 하였다.

18 고영주, 「하반기 정세 전망과 민주노총의 투쟁 방향」, 민주노총 정책토론회, 『IMF 체제하의 정세 전망과 민주노총의 대응 방향』, 전국민주노동조합총연맹, 1998. 7. 6.

예를 들면 노사정위원회의 부당노동행위특별위원회는 노사정 전원 합의로 부당노동행위를 저지른 것으로 판명된 사업장에 대해 권고안을 채택하는 것 이상의 조치를 할 수 없게 되어 있다. 1998년에는 제일해상화재보험, 미국계 투자회사인 한국 오티스, 신안교통 등의 부당노동행위에 대해 성실하게 교섭하여 원만히 타결할 것을 권고하는 선에서 그칠 수밖에 없었다.[19] 그런데 권고안을 냈는데도 불구하고 사태가 전혀 해결되지 않는 사업장에 대해서는 결국 대표이사를 출석시키는 정도의 조치밖에 취하지 못했다. (주)이랜드의 경우 권고안을 낸 이후에도 문제가 해결되지 않자 대표이사와 노조위원장을 출석시키자는 방향으로만 합의되었으며, 대우자판이나 삼미특수강의 경우 부당노동행위가 문제가 되자 사업장에 대한 점검이 필요하다는 정도의 합의만 이끌어냈다. '자문' 기구인 노사정위원회의 한계가 그대로 노출된 셈이다.

노동부는 "경제위기 상황에서 노동계는 약자가 되기 쉽다"[20]는 점을 인정하고 있으며, 노동자들이 자신의 권익을 보호하기 위해서라도 노사정위원회에 적극 참여하여야 한다고 강조해왔다. 그러나 김대중 정부가 1998년 대통령 신년사에서 밝힌 '무쟁의 선언'을 유도하고 노사정위원회가 정리해고의 법제화를 추진하면서, 노동 측은 김대중 정부의 노동정책이 노동시장 유연화를 통해 노동 통제 강화, 노동 강도 강화를 초래하여 결과적으로 노조 무력화를 통한 노동운동 기반 붕괴를 노리고 있다고 판단하게 되었다. 결국 한국노총과 민주노총이 노사정위원회를 탈퇴하면서 노사정위원회의 기능은 거의 정지되었다.[21] 그 이후 노사정위원회는 반쪽만의 위원회로 남아 있거나 거의 작동하지 않게 되었다.

---

19 부당노동행위특별위원회 제18차 회의 결과, 1998. 11. 3.
20 노동부, 「노사정위원회, 왜 참가해야 하나」, 1998. 5.
21 노사정위를 탈퇴한 민주노총은 정부와의 직접 대화를 제안하였다. 이는 노동정책의 중심이 기획예산위, 국가정보원 등 핵심 국가기구에 있다는 판단에 따른 것이었다.

IMF 이후 초기 노동정책의 중심이 노사정위원회라는 특별기구 주도로 진행된 반면 노동부 등 여타 정부 내 노동 관련 기구는 초기에는 실업 대책에 우선순위를 두면서 '신노사문화' 정착 등 포섭적인 정책 기조를 갖고 있었다. 그러나 1999년 들어서면서 정부는 전통적인 억압적·배제적 노동 전략으로 선회하였다. 구조조정과 정리해고를 신속하게 수행한다는 명분 아래 검찰 등 공안기구가 노동 통제의 주역으로 다시 부상하기 시작하였다.

1999년 1월 8일 노동부는 전국 46개 노동관서 노사협력과장, 근로감독관 과장 회의를 열고 노사안정 10대 대책을 마련하면서 과제로 쟁의행위 근절, 구조조정기 노사질서 확립과 무분규 협력 선언 확산 등을 설정하고 신노사문화 기반 구축을 강력히 추진할 것을 밝혔다. 노동부 산하 대전지방 노동청은 대전지역 36개 사업장에서 노사화합 선언 결의대회를 추진하겠다고 밝혔다. 실제 조폐공사는 노조 측에게 3년 동안 무쟁의 선언을 요구하면서 노조가 이를 받아들이지 않을 경우 고소 고발, 징계를 철회할수 없다고 고집하였으며, 현대자동차, 한국통신, 만도기계 역시 노사화합선언 없이는 노조와 합의한 단체교섭상의 세부사항을 이행할 수 없다고 버텼다.[22] 그러나 신노사문화 달성을 주창하는 정부의 노동정책과 그에 편승한 사용자 측의 노사화합 선언 요구는 노동법상 보장된 쟁의의 권한을 크게 제약하는 것으로서 군사정권 시절 경제성장을 명분으로 노동쟁의와 파업권을 일방적으로 억제하고, 노조 측의 무조건적인 협력을 요구하던 정책을 경제위기를 명분 삼아 새롭게 연장한 것이다.[23]

1999년 2월 들어서 대검 공안부에서는 '공안합동수사본부 실무협의

---

22 민주노총의 성명서, 1999. 2. 10.

23 라스키(Laski)는 "파업할 권리를 제약하는 것은 산업적 노예 상황을 부과하는 것이다"라고 말한 바 있다(라스키, 김학준 옮김, 『현대 국가에서의 자유』, 서울대학교 출판부, 1987, 146쪽). 즉 파업권의 억제는 사용자와 정부에게 노동자들이 불편을 끼치지 않는 것을 의미하는데, 그것은 어떠한 경우에도 노동자들의 무조건적인 희생, 자유의 부인, 노예적인 노동 상황 감수를 의미하는 것이기 때문이다.

회'를 개최하여 노조 지도부 10명에게 체포영장을 발부하여 검거에 나설 것을 결의하였으며, 노조의 불법행위가 산업 구조조정을 지연·왜곡하고 '국가 신인도'에 영향을 준다는 판단하에 대통령 훈령으로 공식기구인 '공안대책협의회'를 발족하기로 하였다. 결국 1999년 3월 15일 대통령 훈령으로 대검에 '공안대책협의회'를 두기로 하였으며, 4월 1일 첫 회의를 열어 '노동계 요구 들어주기' 식 대응을 지양하고 의연하게 대처하자는 합의하에 구조조정을 방해하는 노조는 집행부 사전 구속, 손해배상 청구, 재산 가압류 등의 강경 대응을 결정하였다.[24] 이러한 공안기구 주도의 강경한 노동정책은 4월 19일 지하철 파업에 적용되었다. 1998년 당시 검찰 측의 조폐공사 노조 파업 유도 사건에서 밝혀진 것처럼 이미 검찰 등 공안기구에서는 '구조조정'을 빌미로 한 억압적 노동 통제 노선을 유지해왔는데, 그 이듬해는 더욱 노골적으로 그러한 정책을 추진했다고 볼 수 있다.[25]

소외세력에게는 큰 기대를 안겨주었던 김대중이 대통령이 된 이후 구속 노동자는 오히려 늘어나서 500명에 육박한 적도 있다. 민주노총은 1998년 12월 24일 당시 구속 196명, 수배 22명, 불구속 216명 등 사법 처리된 노동자가 479명에 달한다고 집계하였다. 이것은 김영삼 정권 첫해의 구속 노동자 46명, 1997년의 35명에 비해 엄청나게 늘어난 것이다. 특히 민주노총은 사무총장이 실형을 살았고, 최대 연맹인 금속연맹 위원장이

---

24 『조선일보』, 1999. 4. 1.

25 당국의 공식 조사에 의하면 당시 진형구 대검 공안부장이 공기업 구조조정의 시범 케이스로 삼기 위해 '개인적으로' 조폐공사 노조의 파업을 유도한 것으로 나타났다. 그러나 파업 유도는 사실상 여타 공안기구의 암묵적, 혹은 명시적 합의에 의해 추진되었다고 보는 것이 지배적인 의견이다. 국가가 단위 사업장 노사관계를 묵살하고서라도 구조조정과 정리해고의 가시적 성과를 보여주어야 한다는 정책 기조가 서 있었기 때문에 이러한 파업 유도가 가능했을 것이며 만도기계의 공권력 투입 건 역시 이러한 의혹을 살 만하다. 만도기계의 경우 인위적인 고용 감축은 하지 않는다는 노사 간의 합의서 체결 후 노동 측이 복지 학자금 부분을 양보하였으나 갑자기 회사 측에서 일방적으로 정리해고를 통보하여 결국 전면 투쟁으로 유도되었다. 만도기계가 위치한 각 지검의 공안검사와 지방 경찰청장 등이 참여한 공안대책회의 후 1만 6천 명의 병력이 만도에 투입되어 1개월 동안 공장에 상주하였다.

구속되기도 했다. 그러나 사업주 중에서 구속된 사람은 16명에 불과하였는데, 사용자의 불법행위로 인한 신고사건이 1998년 3/4분기에서 1999년 당시까지 85,325건이고, 사법 처리가 12,420건이라는 것을 감안해 볼 때[26] 노동자의 요구와 불만 표출은 곧바로 구속 등 사법 처리로 연결되는 경우가 많으나 사용자의 불법행위는 과거와 같이 사실상 용인되고 있음을 보여준다. 정부의 거듭되는 노동 측 달래기 수사(修辭)에도 불구하고 IMF와 김대중 정부의 노동정책은 노동자의 집합적 권리인 노조 활동에 상당한 제약을 가했다는 것이 입증되었다.

결국 '신자유주의' 기조하에 '정리해고'라는 시장주의 방식의 노동 억압이 '공권력'을 통해 추진되는 양상으로 나타나고 있다. 한국에서 전통적인 노동 억압은 사라진 것이 아니라 새로운 형태로 부활되었다.

4. IMF 이후 한국 노동인권 상황

(1) 구조조정과 노동자의 생존권 제약

1990년대 들어서 각국은 예산 축소, 통화 긴축, 물가 억제와 임금 억제 등의 조치를 통해 지구화한 경제질서에 적응하려 하였는데, 세상은 이것을 구조조정(structural adjustment)이라고 불렀다. IMF가 한국에 요구한 것도 바로 그것이었다. 한국이 IMF 관리체제에 들어간 이후 정리해고의 법제화, 중소기업의 도산과 휴폐업, 대기업의 인수·합병, 은행 등 일부 금융 관련 기업의 퇴출, 공기업 사유화, 정부의 축소와 공무원 감축 등으로 실업자가 크게 증대하였다.

한국의 대표적인 사업장으로서 1998년에 정리해고로 큰 분규를 겪은

---

26 『노동자신문』, 1998. 12. 26.

현대자동차의 경우 1998년 1월 1일부터 7월 10일까지 직영 노동자 5,336 명, 하청회사의 직원 1,772명이 회사를 떠났다. 구조조정 과정에서 고용 승계 문제는 가장 큰 쟁점이다. 재벌개혁의 일환으로 추진되는 정부의 대 기업 간 빅딜(Big Deal) 역시 관련 업체 노동자들의 고용 승계 문제로 큰 진통을 겪었다. 1998년 6월 18일로 퇴출 결정이 내려진 현대리바트, 현대 알미늄은 고려산업개발로 합병이 추진되었으나 고용 승계가 보장되지 않 아 1천 명의 노동자들이 일자리를 잃었다. 현대그룹은 이미 1만여 명의 노 동자들이 희망 퇴직으로 회사를 떠났다. 한편 1998년 1년 동안 금융권에 서는 4만 명이 직장을 떠났다. 1999년 들어서도 현대, 삼성, 대우, LG, SK 등 7개 업종, 공공부문, 은행 및 금융권의 구조조정과 사유화 조치로 대규 모의 정리해고가 단행되었다.

노사간에 '고용 안정 협정'이 맺어진 경우는 오히려 하청 노동자들의 실직, 용역 노동자들의 용역 해지로 나타나는 경우도 있다.[27] 한편 1998년 7월 1일부터 파견제가 시행되었으나 현장에 대한 감독의 손길이 미치지 않는 상황에서 불법적인 대량 해고가 이루어지고 있으며, 불법 파견 노동 자가 크게 증가하여 노동자들의 노동조건을 악화시켰다.

실업은 생계의 곤란을 가져온다는 점뿐만 아니라 인간으로서의 위신과 자존심을 빼앗는 일로서 노동자들에게는 가장 심각한 권리 부재 상황이 라고 할 수 있다. 1999년 1월 당시 공식 실업자는 200만 명을 넘어선 것으 로 추산된 바 있다. 이 중 1년 미만 실업자가 150만 명을 넘어서서 대다수 가 IMF 이후 실직한 것으로 나타났다. 이들이 실업자가 된 가장 큰 이유는 명예퇴직, 정리해고(41.6퍼센트)와 직장의 휴폐업(19.1퍼센트)이었다. 이들 중 산업별로는 제조업보다는 도소매업이나 건설업 종사자가 가장 많았 고, 직업별로는 기능공이나 단순 노무직이 다수를 차지하였으며, 종사상

---

27 『노동자신문』, 1998. 7. 14.

의 지위별로 보면 임시직이나 일용직이 61퍼센트를 차지한다.[28] 학력별로 보면 1997년 이전까지만 하더라도 대졸 이상 실업자에 비해 중졸 이하의 실업자의 비중이 언제나 낮았으나 1999년 1/4분기나 2/4분기에는 중졸 이하의 실업자가 대졸 이상 실업자를 앞질렀다. 1999년 들어서 실업자가 된 사람들은 거의가 이미 과거부터 건설 현장이나 도소매업 등에서 임시·일용직으로 일하던 비교적 열악한 조건의 노동자였음을 알 수 있다. 특히 실업자 중 105만 정도는 '4대 보험'이나 공공 근로의 혜택도 받을 수 없는 '한계 실직자'로 분류되었다.[29]

한편 그나마 일자리를 지키고 있는 노동자들의 고용 상황도 대단히 불안했다. 외환위기 이후 임금 노동자 중에서도 상용직은 크게 감소하고 임시·일용직과 같이 고용이 불안정한 비정규직 노동자가 늘어났다. 1995년 58.0퍼센트, 1996년 56.6퍼센트에 이르던 상용직은 1998년 8월 들어 51.6퍼센트로 크게 감소했고, 임시직·일용직은 각각 32.5퍼센트, 15.9퍼센트로 증가하였다. 1992년 2만 7천여 명에 불과했던 용역 노동자는 1997년 말 들어 22만 명으로 증가하여 5년 사이 무려 8배나 증가하였다. 언제나 그렇듯이 자본은 최소의 인원으로 최대의 생산성을 확보하려 한다. 이를 위해 정규직 노동자를 최소화하고 대신 노동 비용이 덜 드는 용역·계약직으로 교체하며 악화하는 노동조건에 맞서는 노동자들의 항의를 제압하기 위해서 다수의 실업자의 저수지가 존재하도록 한다. 인원 부족으로 과다 업무에 시달리고 있는 지하철·철도 부문에서 감원이 되고 용역이 도입되는 상황, 한국통신에서 명예퇴직과 용역 도입이 이루어져 용역이 다시 정규직 노동자를 위협하는 경우도 그 예였다. 당시 용역직의 57퍼센트

---

28 어떤 조사에 의하면 전직 실업자 중 54만 명이 과거에 일용직으로 일하던 사람이라는 것이다. 즉 전체 실업자 중 25%가 건설업이나 운수창고업의 일용직 노동자인 셈이다. 『한겨레』, 1998. 7. 22.
29 『한겨레』, 1998. 9. 9.

는 이전에 정규 사원으로 근무했다는 사실[30]을 통해 볼 때 용역직의 증가
는 전체 노동자의 노동조건 악화를 의미한다고 볼 수 있다.

한편 주당 36시간 미만 취업자는 1995년 128만 명에서 1998년 8월까지
234만 명으로 거의 2배로 증가했다. 또한 1998년 4월 154만 명에서 4개월
이 지난 1998년 8월 현재 36시간 미만 취업자는234만 명으로 80만 명이
증가하였다. 반면 36시간 이상 취업자의 경우 1998년 8월 1,682만 명으로
동년 4월 대비 162만 명이나 감소하였다. 이처럼 IMF 관리체제로 들어간
이후 36시간 미만 노동자는 급속히 증가하고 있는 반면, 36시간 이상 노동
자는 감소하고 있어서 실질적인 실업자 숫자는 공식 실업자보다 훨씬 많
으며 고용 불안정이 심화되고 있음을 알 수 있다.

〈표〉 **종사상 지위별 임금 노동자** (단위: 천 명, %)

	1997	1998. 9
임금 노동자	13,228(100.0)	12,101(100.0)
상용직	7,133(53.9)	6,247(51.6)
임시직	4,204(31.8)	3,931(32.5)
일용직	1,890(14.3)	1,923(15.9)

위에서 본 것처럼 한국에서 300만 명의 실질적인 실업자와 500만 명 이
상의 임시·일용직, 시간제 노동자를 포함한 영세 사업장의 주변적인 노
동자들을 합하면 외환위기와 신자유주의 구조조정을 거친 이후 전체 노
동자 1,200만여 명 중 800만 명 이상의 노동자가 낮은 임금과 불안정한 취
업 조건에 신음하고 있었다고 볼 수 있는데, 이는 당시 경제활동 인구의
40퍼센트에 육박하는 높은 수치였다. 1999년 들어서 근로소득세의 면세
점 이하 인구가 전체의 반을 차지한다는 보고는 그것을 실증해주고 있다.

---

30 『중앙일보』, 1997. 11. 15.
31 『중앙일보』, 10466호.

정부 발표에 의하면 전체 노동자의 45~50퍼센트 선인 470~520만이 근로소득세를 전혀 내지 않아도 되는 면세점에 포함된다고 한다.[31] 4인 가족의 면세점이 1,157만 원인데 소득의 감소로 면세점 이하 인구가 크게 늘어난 것이다. 1996년의 38.7퍼센트, 97년의 40퍼센트(440만 명)에 비해 크게 늘어난 수치다.

한편 경제위기는 임금 삭감 혹은 동결, 임금 체불 사태를 만연시켰다. 경총에 따르면 임금을 삭감·반납한 업체가 전체의 54퍼센트, 동결한 업체는 34.6퍼센트였고, 삭감·반납된 상여금은 127퍼센트에 달했다고 한다. 민주노총 1998년 임금 교섭 현황에 따르면 9월 18일까지 타결 내용이 확인된 사업장 248곳 중에서 임금 동결이 103곳(41.5퍼센트)이고, 임금 삭감이 74곳(29.8퍼센트)으로 임금 동결이나 삭감이 전체의 71.3퍼센트를 차지하고 있다. 임금을 삭감한 경우 상여금의 반납과 삭감 등 특별 급여의 삭감이 대부분이다.[32] 민주노총의 조사에 의하면 1998년 6월 당시 임금이 체불되고 있는 곳은 145개였으며 체불 임금은 총 6,661억이었다. 노조 1개당 체불 임금은 평균 45억 정도였으며, 조합원 1인당 체불 임금은 405만 원 정도였다. 체불이 이루어지고 있는 사업장의 노조의 평균 체불 일수는 76일로 2개월 보름가량 체불되는 것으로 나타났다.[33]

한편 실업과 임금 삭감으로 인한 노동자의 생존권 위협은 고용을 유지하고 있는 노동자의 노동조건 악화를 수반하였다. 통계를 보면 1998년에 전반적으로 산업재해가 감소하는 추세를 보이고 있으나 중대재해는 별로 감소되지 않고 있다. 1998년 상반기의 경우 산업재해가 3만 166건으로 1997년 같은 기간에 비해 25.6퍼센트 줄어들었으나 중대재해 사망자는 1,356명으로 9.1퍼센트 줄어드는 데 그쳤다.[34] 이것은 건설업 등에서 노동

32 『노동과 세계』 37호, 1998. 9. 26.
33 「민주노총 체불임금 현황」, 1998. 7. 10.
34 『한국경제』, 1998. 9. 29.

강도가 강화되고 있으며, 노동자들 스스로도 경제적 어려움으로 무리하게 이러한 유해 환경에 노출되는 것을 감수하기 때문인 것으로 추정되었다. 노동 강도의 강화 역시 임시직, 시간제 노동자의 증가와 결부되어 있다. 조사에 의하면 시간제 노동자의 상당수는 정규직 노동자와 다름없이 44시간 이상 일하는 것으로 나타났으며 생산직이나 사무직이나 월차, 연차 휴가를 받지 못하고 있는 것으로 나타났다. 따라서 일용직이나 시간제 노동자의 증가는 곧 노동자 일반의 노동 강도의 강화를 수반하게 된다. 금융노련의 조사에 의하면 조합원인 피조사자의 95퍼센트가 정신적 스트레스 증가를 인정하였으며, 82.6퍼센트가 육체적 피로의 증가를 느낀다고 답하였다. 업무량 증대를 호소한 경우가 75퍼센트, 임금의 감소를 인정한 경우가 83퍼센트, 후생복지의 축소를 호소한 경우가 86.4퍼센트에 달했다. 1999년 1월 19일에는 퇴출 기업(현대중기) 노동자가 205일 장기농성 후유증으로 사망하는 사건도 있었는데, 실업과 노동 강도의 강화는 노동자의 건강에 치명적인 영향을 주는 것을 확인할 수 있다.

실직과 빈곤은 인간을 '노예적 상황'에 몰아넣는다. 실직과 빈곤의 고통이 인간다운 자존심을 지킬 수 없게 하기 때문이기도 하지만, 노동자 스스로 실직보다는 '노동 착취'를 감수하려 한다는 점에서 이중적으로 '노예 상황'을 불러온다. 한국인들이 너나없이 느꼈던 정리해고의 불안은 공기업이 민영화하여 경쟁에 살아남아야만 안정된다는 논리에 사로잡히도록 했다. 국제사회의 치열한 경쟁에서 살아남아야 한다는 이데올로기는 단지 이데올로기로서가 아니라 고용 불안이라는 현실과 결합해 노동자의 머리에 각인되어 자기들이 스스로를 비효율과 비생산성의 화신으로 간주하게 만든다.[35] 경제위기, IMF 관리체제를 겪으면서 기업의 경쟁력 이데올로기가 노동자의 머리 속을 잠식하면서 이제 억압이나 강요가 없이도

---

35 박지숙, 「공공부문 구조조정 추진 양상과 문제점」, 전국노동단체연합, 『노동전선』, 1998년 7월호.

노동자들의 충성을 확보할 수 있게 되었고 그 결과 노조의 현장 통제력, 즉 집합적 대항력은 급격히 무력해졌다.[36]

(2) '부당노동행위'와 노조 무력화

과거에도 그러하였지만 IMF 관리체제 이후 개별 사업장의 노사분규는 주로 공세적 입지를 갖게 된 사용자의 단체협약 개악 요구, 특히 정리해고 조치에 노동자들이 반발하면서 파업을 강행할 경우, 파업의 불법성을 빌미로 조합 지도부를 구속·해고 조치하고, 노조를 무력화하고 정리해고를 강행하는 양상을 보여준다.[37] 이때 사용자 측의 '부당노동행위'는 '구조조정'의 명분으로 정당화되고, 노조의 교섭력과 조직력은 크게 약화되는 양상을 보인다.

IMF 관리체제 이후 발생한 사용자 측의 부당노동행위 역시 1980년대에 그러하였듯이 법의 사각지대이자 노사관계의 사각지대인 중소기업 혹은 영세 사업장에서 가장 심각하게 나타나고 있다. 영세 사업장의 경우 노동법상의 정리해고 절차와 요건을 지키는 사용자들은 거의 찾아볼 수 없게 되었다. 그러나 1997년 말 이후 부당노동행위는 사실상 전 사업장에서 발생했다고 해도 과언이 아니다. 노동부에 따르면 1998년도 사업 현장의 불법행위는 모두 1만여 건에 달했는데, 그것은 IMF가 발생하기 이전의 2배에 해당하는 것이었다.[38] 그중에서도 부당해고 관련 소송이 가장 많은 부분을 차지하였다. 1997년 2,306건이던 부당해고 구제신청은 1998년에

---

36 통신사업에서 시외전화, 국제전화, 이동통신 사업이 민간 자본에 허용된 후 한국통신과 데이콤이 적대적 경쟁관계 속에서 노동자들을 어떻게 동원했는지를 보면 잘 알 수 있다. 노동자들은 상대 회사를 감시·고발하고, 자사의 홍보자로 동원되었으며 노조는 회사의 기관이 하는 역할을 상당 부분 대행하게 되었다. 명예퇴직 도입, 용역 도입, 신인사제도 도입 등 고용 불안과 노동조건 악화는 무엇보다 노동자가 자본의 이데올로기를 담지함으로써 노조의 현장 통제력이 무너진 결과이다. 박지숙, 같은 글.
37 서울의 원자력병원, 조폐공사, 지하철 등의 노사분규가 그 대표적인 사례이다.
38 『한겨레』, 1999. 2. 5.

는 3,490건으로 확대되었고, 정리해고에 관한 소송은 1997년의 경우 65건에 불과하였으나 1998년에는 522건이 되어 무려 8배나 증가하였다. 그러나 그중 정당해고로 판정된 것이 61.8퍼센트에 달해 부당해고로 판정된 것에 비해 2 : 1 정도로 더 높은 판정을 받았다.[39]

제1기 노사정위원회에서는 '부당노동행위 근절'을 합의하였다. 김대중 정부는 "경제위기를 틈탄 부당노동행위 증가 움직임을 우려"한다고 하면서 노사정 공동 대처 체제를 구축한다는 방침을 세웠다. 그러나 1998년 5월 16일 이전까지 노동계가 제기한 부당노동행위 사업장 686건 중에서 무혐의 처리가 227건에 달하였고, 사용자를 구속한 경우는 6건밖에 없었다.[40] 신자유주의 질서 아래서 사용자의 해고권 강화와 노동자에 대한 '부당노동행위'의 근절 요구는 실제로는 상호 충돌하는 것일 수밖에 없다. 즉 기업 경영의 어려움을 극복하기 위한 해고 조치는 어떤 경우든 정당화될 수 있다는 것이 정리해고의 법제화와 동시에 부당노동행위에 대한 법원의 묵인 조치로 연결되기 때문이다. 민주노총 산하 부당노동행위 고발센터에는 1998년 3월 당시 395개 사업장 554건의 고발 내용이 접수되었다. 그 내용을 보면 임금 체불이 189건이고, 부당 정리해고가 146건, 임금 삭감이 82건, 부당 전직이 23건, 단체협약 위반이 114건이다. 단체협약 위반의 내용을 보면 단협 일방 해지, 전임자 임금 미지급, 노조 가입 방해, 노조 탈퇴 강요, 간부 징계 및 활동 방해, 블랙리스트 작성, 폭력적 탄압, 손해배상 청구, 단체교섭 거부 등 1970~80년대에 행해지던 사용자 측의 노동 탄압이 거의 부활하는 양상까지도 보여준다.[41]

이미 1998년 들어서 중앙노동위원회에서 내린 구제명령이 실제로는

39 『국민일보』, 1999. 2. 9. 배무기, 「노사관계 환경 조건의 변화와 그 함의」, 한국노동법학회 창립 30주년 기념 심포지엄 발표문.
40 노동부, 앞의 글.
41 민주노총, 「불법행위 및 부당노동행위 현황」, 1998. 3. 19.

무용지물이 되는 현상이 나타났다.[42] 서울 성동구의 대웅전기의 경우 회사 측이 3명의 노동자를 해고한 것을 중노위가 부당노동행위로 판정, 복직 명령을 내렸지만, 사측은 행정소송을 제기하였고, 추가로 7명의 노동자를 해고하였다. 그 밖에도 삼미특수강, 대전성모병원, 송원산업, 코콤한세, 대우자판, 이랜드, 엑스피아 월드 등에서도 노동위의 부당노동행위 구제명령이 시행되지 않았다. 이것은 부당노동행위 구제명령 이행 여부에 강제성이 없기 때문에 나온 결과였다.[43]

편법 고용도 늘어났다. 사실상 근로관계를 맺고도 이를 사업 계약 등으로 위장하여 퇴직금 지불과 같은 근로기준법상의 의무를 피해 가는 사례가 발생했다. 노동부는 이들 사업주의 법 위반 혐의가 명백하지 않다는 이유로 노동자 보호를 외면하고 있다. 예를 들면 부산 Y병원 주차관리 업무를 맡고 있는 정씨는 월 60만 원의 급료가 너무 적어 퇴사하면서 '퇴직금'을 요구했으나 병원 측은 정식 직원이 아니라고 퇴직금 지급을 거부하였고, 노동부 측도 관리 계약서의 여러 항목들을 근거로 정씨와 병원 간에 전속적인 고용관계가 있다고 볼 수 없다고 판단하였다. 그러나 정씨는 매일 업무 지시를 받았으며, 출퇴근 시간이 정해져 있었고, 급료를 받았기 때문에 사업자가 아니었다고 주장하고 있다.[44] 노동부도 사업자들이 노동관계법상 의무를 회피하기 위해 이러한 방법을 사용하는 것을 알고 있으면서도 별다른 대책을 세우지 않았다.

사용자들은 정리해고의 법제화로 힘을 얻어 노조 간부들을 전직, 전보하거나 표적 정리해고를 하는 경우가 많다. 서울의 광진밸브에서는 회사 측에서 기구 축소 등을 이유로 조합원이 근무하는 부서만을 부분 휴업 대

---

42 『노동자신문』, 1998. 9. 28.

43 1995년 3월 헌법재판소에서 '미확정 구제명령에 대한 처벌조항'을 위헌 결정한 결과이다. 지노위 판정에 불복한 재심 신청률이 60퍼센트에 달하고, 중노위 판정에 불복한 행정소송 제기율이 30퍼센트에 달한다고 한다.

44 『노동자신문』, 1999. 1. 13.

상으로 선정하여 조합원 6명을 전원 정리해고 하였다. 중노위에서는 복직 판결이 내려졌지만 회사는 행정소송을 내면서 복직을 거부하였다. 현대 자동차의 경우 현직 노조 간부에 대한 정리해고 통보, 상무집행위원 15명, 대의원 89명, 지부 현직 간부 11명 총 115명을 고소했으며, 고발 건수는 울산 84명(162건), 전주 17명(21건), 아산 10명(13건) 등 총 111명이 196건의 손배 재산 가압류를 당하였다. 김광식 위원장 등 48명을 징계위원회에 회부하였으며, 노동조합비 50억 원을 가압류 조치했고, 신원 보증인 재산 가압류를 신청해놓기도 했다.

사용자 측은 여러 가지 방식으로 현장 조직을 파괴하기 위한 조치를 취하였다. 예를 들면 현대자동차 사용자 측은 내부 노동자 조직인 민주노동자 투쟁위원회, 현자 실천노동자회, 현자 노동자신문 등에 소속된 290명에게 정리해고 혹은 무급휴가를 통보하였다. SK주식회사에서는 노조 선거를 앞두고 위원장 후보를 조합원 신분이 인정되지 않는 인력 팀으로 전보 발령을 냈다. 그런데 전보 발령에 불응하자 징계면직 처분을 내렸고, 노동부는 징계면직을 정당해고로 판정하였다.[45] 동부생명의 경우 1998년 노조가 결성되자 회사에서는 노무팀을 편성한 다음 직원 연수원에 사원을 동원하여 노조 파괴 공작을 시도하였으며, 노조 간부를 부당하게 인사 조치하고, 노조 임시 사무실을 강제 폐쇄하였으며, 근무지 이탈 상사 지시 불이행 등의 명목으로 위원장을 해고하였다.

군사정권에서나 볼 수 있었던 원시적인 방법의 노조 설립 방해도 재연되었다. 유령 노조 설립, 관청과 사용자의 유착에 의한 설립 신고자 반려 조치 등이 대표적이다. 구미의 대하합섬의 경우 자민련 대구 북구갑 위원장인 회장이 유령 노조를 설립하여 노조 설립을 방해하였으며, 구미시는 복수 노조 금지라는 실정법 조항을 들어 신규 노조 설립을 봉쇄하였다.[46]

---

45 『노동자신문』, 1999. 1. 19.
46 「정세 동향」, 전국노동운동단체협의회, 1999. 6. 7.

대전의 벤처기업인 미래산업주식회사는 노조 설립 신고서를 제출하려고 시청에 출두한 조합원들을 납치하고 접수를 방해하였다. 그 다음 날 조합원들은 가까스로 서류를 접수하기는 했으나 회사 측이 위원장을 회유하여 설립 신고서를 취하시켰다. 조합원들은 새로운 위원장을 선출하여 설립 신고서를 접수하였으나 똑같은 일이 반복되었다. 결국 노조는 신고필증을 받기는 했으나 노조 사무실에는 전화나 사무 집기도 없고, 회사 측은 현판을 거는 것도 방해하였다.

한국에 진출한 외국인 기업의 노조 탄압, 부당노동행위도 심각한 수위에 도달했다. 프랑스계 유통업체인 까르푸의 경우 노조에서 홍보물을 제작하여 배포하면 곧 관련자들을 징계하였으며, 노조 관련 우편물을 사전 개봉하는 등 노조 활동을 제약하였다. 그리고 회사가 노조 탈퇴서를 수거하여 조합에게 보내고, 조합에 가입했다는 이유로 임금 인상이나 승진에서 불이익을 준다고 위협하기도 했다. 심지어는 노조가 요구하는 교섭을 지연하거나 회피하며, 사무실 장소도 사용하지 못하도록 했다. 그 결과 까르푸 일산점의 경우 결성 당시 조합원이 115명이었으나 회사 측의 부당 해고로 20명까지 줄었고, 회사 측에 조합원 명단도 공개하지 못했다. 대전 둔산점은 아예 조합원이 남아 있지 않게 되기도 했다. 이들 외국계 기업은 인력 관리 방식도 철저하게 시장 전제주의 방식이다. 새로 배치되어 일에 서투르거나 매출이 떨어지면 바로 인원을 줄여버리고 사용자 측은 종업원을 매출과 바로 연계시켜 나가라고 강요하여 사직서를 쓰게 하거나 사직서를 쓰지 않으면 부서를 이동시키고 근무 시간 변동으로 직장을 다니기 어렵게 만들고 있다.[47]

마산 수출자유지역의 노동 상황은 원래 열악하기로 소문나 있지만, 외환위기 이후에도 여러 사업장에서 심각한 문제가 발생하였다. 일부 사업

---

47 참여연대 국제인권센터, 「인권·노동·환경보호와 기업의 사회적 책임」, 1998. 11 참조.

장에서는 일명 '새마을 잔업'이라는 것을 실시하였는데, 생산 물량을 채우지 못할 경우 잔업수당도 지급하지 않고 물량을 채울 때까지 일을 시켰다고 한다. 연차수당을 사용하지 않더라도, 그것을 금전으로 지급하지도 않고 살벌한 분위기를 만들어 일을 계속 시키는 경우도 있었고, 말을 잘 듣지 않는 노동자들은 잦은 부서 이동을 통해 퇴사를 유도하기도 했다. 이 결과 1987년 이후 노조 활동이 활발했던 수출자유지역에서는 3개 노조를 제외하고는 거의가 '어용노조'가 되어버렸다.[48]

이러한 분위기 속에서 1970~80년대식의 사용자 주도의 테러사태도 종종 발생하고 있다. 1999년 1월 19일 오전 현대석유화학 노조 사무실에서 회사 측 인사부 직원과 용역 경비직원들이 들어와서 회사 측의 징계에 맞서 농성을 준비하던 노조 대의원들을 강제로 끌어내고 쇠파이프로 사무실의 기물을 파손했다.[49] 회사 측은 단체협약에도 명시되어 있지 않은 '사조직 결성' '기초질서 문란' 등의 사유를 들어서 정직 2개월의 징계를 하는 등 인사권과 징계권을 마구 휘둘렀다. 조폐공사 노동조합에서 파업이 일어나자 당국은 곧바로 경찰력을 투입하기도 했다. 1999년 1월 7일 조폐공사에 중대 1천 명의 경찰 병력이 투입되어 노조원 150명을 강제 해산하고 조직국장 등 3명을 연행하였다. 태광산업, 대한화섬의 경우에도 구사대 1천 명이 전경 2개 중대와 합작하여 각목과 쇠파이프 등을 휘두르며 조합원 15명을 연행해 갔다. 이 폭력사태로 조합원 10여 명이 갈비뼈, 코뼈가 부러지는 중상을 입고 병원에 입원하였으며 여성 조합원의 옷을 찢고 유린하는 등의 성폭행도 발생하였다. 이 경우 역시 노조 측의 교섭 요구가 사용자 측에 묵살당하고 반대로 사용자들이 잔업 통제, 부서 이동, 휴일 통제 등으로 조합원을 탄압하고 노조 간부를 징계위원회에 회부하고 고소·고발하는 조치를 취하는 등의 결과로 사태가 진행된 것이다.[50] 심지

---

48 같은 자료집.
49 민주노총 충남서부지구 협의회, 1999. 1. 19.

어는 노사정위원회의 부당노동행위 특위의 조사를 받은 8월 6일에도 구사대의 집단 폭행이 일어날 정도로 작업 현장은 무법천지의 상태가 되었다.[51]

대전 제일신협에서는 노조원 20여 명이 회사 측이 고용한 임시직원에게 폭행당하는 사례도 발생하였다.[52] 현대중기에서도 용역 깡패를 동원한 회사 측의 테러가 있었고,[53] 통일중공업에서는 회사 측이 깡패를 동원하려 했으나 노조 측의 사전 탐지로 무산되기도 했다.

노조의 무력화는 그 자체가 노동자의 집합적인 권리의 상실을 의미하며, 강자인 경영자의 전권에 맞서는 작업장 차원의 노동자 시민권의 무력화를 의미하기도 하지만, 동시에 개별 노동자의 생존권과 인권을 제약하는 원인 변수가 되기도 한다. 시장의 힘, 자본의 '자유'를 확대하기 위한 모든 과정은 한국처럼 노동의 사회적 방어력이 대단히 취약한 나라에서는 노조의 약화로 곧바로 연결되기가 쉽다. 구조조정으로 조합원 수가 줄어들고 정리해고에 대한 노조의 방어력이 상실되고, 단체교섭 요구가 공공연하게 무시되면서 노조의 활동력은 크게 위축되지 않을 수 없다. 1997년 3월 법 개정에서 단체협상 일방해지 조항이 삽입됨으로써 노사 간의 협상이 길어지거나 단협 만료 기간 및 그 연장 유효 기간이 종료된 경우 사용자들이 단협 일방해지권을 이용해 노조 전임자의 처우, 노조 사무실 제공

---

50 「태광산업 / 대한화섬의 구사대와 공권력이 저지른 만행을 규탄한다」, 1998. 8. 2.

51 노사정위원회 부당노동행위특별위원회(위원장 노무현)가 1998년 7월 3일 문을 연 이래 8월 31일까지 심의한 총 25개 문제 사업장 중에서 10개 사업장이 노사합의로 해결됐다. 민주노총 소속 사업장의 경우 1998년 4월 21일 집단 고발된 38개 사업장을 포함한 집중 관리 대상 59개 중에서 21개 사업장이 특위 심의에 올라 10개 사업장이 노사합의로 해결됐고 2개 사업장은 자체 종결 처리됐으며 나머지 사업장은 심의 중이거나 곧 심의에 오를 전망이다. 「노사정위원회 부당노동행위 특위 활동 약평」, 『노동과 세계』, 36호(1998. 9. 19).

52 『한겨레』, 1999. 3. 20.

53 현대중기 노동자들은 부당 퇴출에 맞서서 1년이 넘게 장기 투쟁을 전개하였는데, 1999년 6월 24일 현대가 용역 깡패를 동원하여 농성자를 구타하였고, 이 사고로 조합원 8명이 중상을 입고 119 구급차에 실려갔다.

등을 거부하면서 노조를 무력화하기도 했다.[54]

경제위기를 명분으로 한 노조 탄압이 심해지자 오리엔트화학, 부광산업 등에서는 노조 탈퇴자가 늘어 정상적인 노조 활동이 이어질 수 없게 되어 노조가 해산되었다. 전북일보, 광주방송, 대전방송 등도 노조가 자진 해산했다. 대부분의 사업장에서 사용자들은 '할 테면 해봐라'는 자세를 취하게 되어 정상적인 교섭조차 이루어지지 않게 된다.[55] 노조의 무력화는 사용자의 탄압만이 아니라 노조 측의 교섭력과 대항력 상실로 촉진되기도 한다. 노조가 사용자 측의 공세와 그것을 정당화하는 분위기 속에서 대등한 교섭의 주체로 서지 못한다고 판단한 조합원들이 노조에 무관심하게 되어 결과적으로는 노조가 무력화되는 것이다. 노조가 노동시장의 통제기구로 기능하지 못하고, 노사관계가 무너지면서 작업장은 사용자와 노동자의 일대일 계약관계로 변하게 된다.

1997년 말 당시 전체 임금 노동자의 12.2퍼센트인 148만 명만이 노조에 가입한 것으로 집계되었는데 그 내용을 보면 사업체의 8.1퍼센트만을 차지하고 있는 500인 이상 사업장이 전체 조합원의 66.1퍼센트를 차지하고 있으나, 50인 미만 사업장의 약 3.0퍼센트만이 그리고 파트타임 노동자의 1.8퍼센트만이 조직되어 있는 것으로 나타났다. 민주노총의 조직 현황을 보면 5,000명 이상의 사업장은 불과 13개에 불과하지만 조합원 수에서는 36.4퍼센트를 차지하며, 100인 이하 사업장의 총 조합 수는 699개이나 조합원 수에서는 오직 7.5퍼센트만을 차지한다. 1998년 이후에도 노조 조직률은 지속적으로 감소하였다. 민주노총의 경우 1998년 8월 현재 노조 수는 1,305개로 4월에 비해 22개 늘기는 했으나 조합원은 53만 5천 명에

---

54 『노동과 세계』, 1998. 7. 7. 대우조선, 한라중공업, 통일중공업, 한국산연 등에서 이러한 일이 발생하였는데, 만약 3개월 이내에 새로운 단체협약이 체결되지 않으면 무단협 상태가 된다.

55 한국조폐공사의 경우 회사 측이 '3년간 무쟁의 선언, 고소고발자에 대한 선별처치' 등 단체협상을 파기하는 내용을 노동자들에게 강요하여 노조는 노사정위원회를 점거, 농성하기도 하였다. 『노동자신문』, 1999. 1. 29.

서 52만 8천 명으로 2만 명 정도 줄어들었고, 한국노총 역시 사정은 비슷하다.[56] 사용자 단체나 외국인 투자자들은 한국의 노조가 지나치게 강성이라고 항변하고 있지만 이것은 극히 일부 대기업 노조에 해당할 뿐, 실제 한국의 노조 조직력은 대단히 취약한 상태에 있으며 외환위기 이후 그 힘은 더욱 위축되었다.

노조 조직률 축소와 노조 활동의 위축은 노동자가 작업장에서 대항권력을 상실하고 있다는 것을 보여주는 가장 중요한 지표이다. 노조가 노동자의 권리와 이익을 방어해줄 수 있는 조직이라고 본다면, 노조의 위축은 바로 그러한 방어력의 무장해제를 의미하기 때문이다. 중소기업이나 영세기업의 경우 노조 조직화가 어려워 사용자의 경영 전권은 애초부터 도전받지 않았다고 본다면, IMF 관리체제 이후의 상황은 대기업, 중규모의 기업에도 바로 과거의 영세 사업장에서 나타났던 노조 무력화를 겨냥한 경영 측의 공세가 본격화되었다는 것을 의미한다.

한편 외환위기 이후 한국노총이나 민주노총 산하 각 지역본부나 연맹의 활동도 크게 둔화되었다. 기업별 노조체제에 바탕을 둔 한국의 노조 상황에서 이들 지역본부나 연맹들은 개별 단위 노조의 방어적 투쟁을 지원하는 수준에서 별로 나아가지 못하였다. 지역본부나 연맹의 경우 투쟁을 관장할 수 있는 인적·재정적 조건이 극히 열악하여 정치·사회적 영향력을 발휘할 수 있는 사업을 거의 전개하지 못하고 있다. 특히 노사정위원회 참여를 둘러싼 노동계 내부의 갈등은 노조의 조직력을 더욱 위축시키는 결과를 가져왔다.

(3) 여성 노동자의 인권 제약

노동인권의 사각지대는 여성 노동자들이다. 임시·일용직 노동자의 60

---

56 『한겨레』, 1998. 10. 11.

퍼센트가 여성이라는 점을 생각해본다면 생존권의 위협 역시 여성 노동자들에게 집약되고 있다. 서두에서 강조한 것처럼 자본의 공세는 기존의 사회관계인 가부장주의와 맞물려서 작동하기 때문에 노동자 일반의 권리 제약은 여성 노동자에게 구체화되어 드러나게 된다.

IMF 관리체제 이후 고용 조정을 통한 여성 노동자의 퇴출이 남성 노동자에 비해 두드러졌으며 인원 감축이 활발한 대규모 사업장의 경우 여성 노동자의 감축 비율이 더 높게 나타났다. 퇴직은 겉으로는 자발적으로 이루어지는 것처럼 보이지만 명예퇴직이나 희망퇴직은 실질적으로는 비자발적인 퇴출이나 다름없다고 할 수 있다. 기준 역시 형식적으로는 근속 연수와 인사 고과가 주로 제시되어 겉으로는 성 중립적(gender-neutral)으로 보이지만 기혼 여성을 중심으로 회사의 퇴직 압력이 상당히 많이 작용하는 등 실제에 있어서는 여성 노동자들에게 불리하게 작용하는 경향이 있다. 특히 장기 근속 여성 노동자에게는 직·간접적인 압력이 가해지고 있다.

퇴직 과정을 보면 대상이 기혼 여성 노동자이며 근속 연수가 길수록, 그리고 비정규직일수록 더욱 용이하게 이루어졌기 때문에 외환위기 이후 퇴직 조치는 그동안 누적된 성차별이 함께 작용했던 것으로 보인다. 여성 노동자의 해고 방법도 다양한데, 아예 노골적으로 여성을 지목해서 퇴직을 강요하거나, 여성이 집중되어 있는 부서를 없애면서 경영을 이유로 해고하거나, 임시직을 우선 해고하기도 하고, 연고가 없는 지역으로 발령을 내기도 한다.

경제위기 이후 여성 노동자의 전반적인 노동 환경이 열악해지고 있으며 여성 관련 사항 역시 조건이 악화되고 있어 여성 노동자의 평등한 노동권이 침해받고 있는 것으로 드러났다. 직장 내 성차별은 주로 은행과 제2금융권에서 가장 심각해진 것으로 드러났으며, 여성 노동자의 수가 적은 사업장일수록 더 취약했다. 특히 결혼·임신 퇴직은 전반적으로 가장 심각해지고 있으며 판매·영업을 담당하는 저연령층 하위직의 경우는 부당한 잡무와 폭언 폭행 등 전반적인 근무 환경이 열악해졌다. 예를 들어 마산 수출자유지역의 많은 여성 노동자들은 근골격계의 누적 외상성 장애가 있는 것으로 나타났다. 설문조사에 의하면, 누적 외상성 장애는 팔이 85.7퍼센트, 손·손목이 80.6퍼센트, 하체가 70퍼센트, 허리가 69퍼센트 순으로 나타났다.[57]

여성 실업은 여성의 생존권을 위협하고, 나아가 일부 여성을 매춘업으로 내몰기도 한다. 여성개발원의 '산업형 매매춘에 관한 연구'에 따르면 외환위기 이후 실직한 여성 가장들이 '생계형 매매춘'으로 내몰리고 있는 것으로 나타났다. 이들 여성들은 여성의 몸팔기를 주로 하는 윤락업소보다는 주류 서비스를 하면서 곁들여 매매춘을 하는 '제2차' 매매춘업, 즉 일반음식점, 유흥주점, 다방, 증기탕, 이발소, 안마시술소 등으로 진출하는 것으로 보고되었다. 결국 생존의 위협은 이들 여성 노동자들로 하여금 더욱 비인간적인 상황을 감수하도록 압박을 가하는 셈이다.

5. 결론

1998년 2월 3일 다보스의 세계경제포럼에 모인 국제 노동단체들은 IMF 측의 아시아에 대한 긴급 금융 지원은 은행들의 이익만 보호했을 따름이며 수많은 노동자들에게 고통을 안겨주었다고 비판하였다. 이들은 자금 지원의 대가로 요구하고 있는 경제개혁의 사회적 결과에 대해 주의를 기울이지 않았다고 지적하였다.[58] IMF의 엄격한 지원 조건에 따라 긴축정책을 실시한 타이에서는 200만 이상의 실업자가 발생하였으며, 인도네시

---

57 "한국 소니전자 사례", 참여연대 국제인권센터, 「인권·노동·환경보호와 기업의 사회적 책임」, 1998. 11.
58 『문화일보』, 1998. 2. 3.

아에서는 1,000만 명 이상의 실업자가 발생하였고, 곳곳에서 폭동과 약탈이 일어났다. 한국의 금융노련은 IMF의 신자유주의적 구조조정 요구가 한국의 노동자들에게 지나친 고통을 가져다주었다는 점을 강조하면서 IMF를 상대로 한국 금융 노동자들의 피해를 보상하라고 제소하기도 하였다.

그동안 자본주의의 발전 과정에서 노동자들이 획득한 권리의 묶음은 국가 내에서 자본과 노동 간의 '계약의 규율'을 의미하였다. 여기서 자본가의 재산권 행사는 일정한 범위 내에서만 허용되었고, 동시에 노동자들의 노조 조직과 파업의 권리, 공공부문 노동자의 단결권 역시 일정한 범위 내에서만 허용되었다. 결국 노동자가 획득한 시민권, 혹은 권리의 담론은 의무와 하나의 묶음으로 존재하며 국민국가의 틀 내에서 적용되었다. 이러한 권리의 묶음들이 지구적 자본주의, 신자유주의 정책하에서 도전받게 되었다. 초기 자본주의 단계에서 자유무역, 자유계약, 재산권의 존엄성 등을 내용으로 하였던 구 '자유' 이념은 봉건적인 '신분 특권'에 저항하는 '인권'의 담론이었다. 그러나 오늘날의 시점에서 재산권과 '자유'의 이념은 노동자와 소비자를 지휘하는 거역할 수 없는 자본 권력의 담론이다. 그래서 재산권과 자유를 동일시하는 신자유주의의 이념은 경제법칙, 자본 축적과 기업 생존이라는 명분 아래 실업자의 대량 산출, 탄력적 노동시장의 창출, 기업 지배구조의 강화, 노동조합의 약화와 해체 등의 방법으로 노동자의 자유와 인권을 심각하게 제약한다. 신자유주의의 이념과 정책, 그러한 질서 속에서 작업장 권력관계의 변화는 노동자들을 더욱 시장의 법칙에 종속시킴으로써 인간의 삶의 논리가 설 수 있는 입지를 제약할 가능성이 높다.

한국의 경우 남북한 군사적 대립체제가 사라지지 않았으며, 국가 주도의 성장 과정에서 형성된 반노동자주의, 억압적 노동 통제의 관성이 매우 강하게 남아 있고, 기업 차원에서도 가부장주의적 노동 통제의 유산이 깊이 뿌리박혀 있기 때문에 신자유주의의 물결은 더욱 심각한 양상으로 나타났다. 사회 민주화, 경제 민주화의 획기적인 진척만이 노동자의 인권, 아니 오늘날 우리 사회의 가장 핵심적인 인권 침해 상황을 개선시킬 수 있을 것이다.

새로운 세계 경제질서, 신자유주의 경제질서 아래 노동자들이 집합적인 권리, 생존권, 인간다운 자존심을 누리기 위해서는 이제 국가에만 의존할 수는 없게 되었으며, 국제 금융자본, 다국적 자본의 움직임에 대처할 수 있는 새로운 국제적 전략이 필요하게 되었다. 개별 국가의 노동자의 인권은 이제 지구적인 의제가 되었다. 이러한 경제 환경 변화는 노동 측의 국제 연대를 점점 더 강화하게 될 것이다.

| 참고문헌 |

고영주, 「하반기 정세 전망과 민주노총의 투쟁 방향」, 민주노총 정책토론회, 『IMF 체제하의 정세 전망과 민주노총의 대응 방향』, 전국민주노동조합총연맹, 1998. 7. 6.

김남두, 『재산권 사상의 흐름』, 천지, 1993.

김동춘, 「글로벌화와 노사관계의 구조 변화」, 현대사회연구소, 『현대사회』, 1995년 가을/겨울.

_____, 「신자유주의의 세계화와 참여민주주의」, 『참여민주주의와 한국사회』, 창비, 1997.

_____, 「신정부의 노동정책」, 『노동사회』, 1998년 3/4.

김선수, 「노사갈등의 현황과 쟁점」, 한국노동법학회 창립 제40주년 기념 학술발표회.

노동부, 「노사정위원회, 왜 참가해야 하나」, 1998. 5.

노사정위원회, 부당노동행위특별위원회 제18차 회의 결과, 1998. 11. 3.

라스키, 김학준 옮김, 『현대 국가에서의 자유』, 서울대학교 출판부, 1987.

민주노총, 「불법행위 및 부당노동행위 현황」, 1998. 3. 19.

박석운, 「개정된 노동관계법의 내용 및 영향」, 여성민우회, 『평등고용』, 1998. 4.

박지숙, 「공공부문 구조조정 추진 양상과 문제점」, 전국노동단체연합, 『노동전선』, 1998. 7.

배무기, 「노사관계 환경 조건의 변화와 그 함의」, 한국노동법학회 창립 30주년 기념 심포지엄 발표문.

볼스·진티스, 『민주주의와 자본주의: 재산, 공동체 그리고 현대 사회사상의 모순』, 백산서당, 1994.

소로스, 형선호 옮김, 『세계 자본주의의 위기』, 김영사, 1998.

유엔사회개발연구소 지음, 조용환 옮김, 『벌거벗은 나라들: 세계화가 남긴 것』, 한송, 1996.

이대훈, 「신자유주의의 공세와 인권운동의 과제」, 민변, 『민변 10주년 자료집』, 1998.

이주환, 「자본가의 뿌리 깊은 분열정책, 여성 우선 해고」, 『현장에서 미래를』, 1998. 4.

_____, 「IMF의 신자유주의적 공격과 고용문제」, 노기연 고용문제연구팀, 1998. 12. 21.

참여연대 국제인권센터, 「인권·노동·환경보호와 기업의 사회적 책임」, 1998. 11.

Caporaso, James A., "Labor in the Global Economy," *A Changing International Division of Labor*, London: Frances Printer, 1987.

Carnoy, Martin et al., *The New Global Economy in the Information Age: Reflections on Our Changing World*, Pennsylvania: The Pennsylvania University Press, 1993.

Clements, Laurie, "The Politics of Privatization: Public It's Ours, Private It's Theirs," Steven Hecker, Margaret Hallock, eds., *Labor in a Global Economy: Perspectives from the U.S. and Canada*, 1991.

Compa, Lance, "American Trade Unions and NAFTA," paper for The International Conference, "International Trade Unionism at the Current Stage of Globalization and Regionalization of Economy," Saitama University, Japan April 6~9, 1994.

Cornfield, Daniel B., "Contested Terrain: Changes in the Relation of Capital and Labor," *Contemporary Sociology*, Vol. 23, No. 2, Mar 1994.

Davis, Mike, *Prisoners of American Dream*, Verso/NLB, 1986(김영희·한기욱 옮김, 『미국의 꿈에 갇힌 사람들』, 창비, 1994).

Edwards, Richard, *Rights at Work: Employment Relations in the Post-Union Era*, Washington, D.C.: The Brookings Institution, 1993.

Estreicher, Samuel, "The Dunlop Report and the Future of Labor Law Reform," *Regulation*, No. 1, 1995. The Cato Review of Business & Government.

Golden, Miriam and Pontusson, Jonas, eds., *Bargaining for Change: Union Politics in North America and Europe*, Cornell University Press, 1992.

Goldfield, Michael, *The Decline of Organized Labor in the United States*, Chicago: The University of Chicago Press, 1989.

Hecker, Steven and Hallock, Margaret, eds., *Labor in a Global Economy: Perspectives from the U.S. and Canada*, University of Oregon Press, 1991.

Jenson, Jane and Mahon, Rianne, *The Challenge of Restructuring: North American Labor Movements Respond*, Philadelphia: Temple University Press, 1993.

Kochan, Thomas and Weinstein, Marc, "Recent Developments in US Industrial Relations," *British Journal of Industrial Relations*, 32: 4 Dec 1994.

Lipset, Seymour M., ed., *Unions in Transition*, San Francisco: Institute for Contemporary Studies Press, 1986.

Mann, Michael, "Ruling Class Strategies and Citizenship," *States, War & Capitalism*, Basil Blackwell Ltd., 1988.

Marshall, Ray, "Labor in a Global Economy," Steven Hecker, Margaret Hallock, eds., *Labor in a Global Economy: Perspectives from the U.S. and Canada*, University of Oregon Press, 1991.

Moody, Kim, "International Labor Solidarity & Economic Integration: The Case for

North Korea," paper for The International Conference, "International Trade Unionism at the Current Stage of Globalization and Regionalization of Economy," Saitama University, Japan April 6~9, 1994.

Munck, Ronaldo, "Workers, Structural Adjustment, and Conciliation Social in Latin America," *Latin American Perspectives*, Issue 82, Vol. 21, No. 3, Summer 1994.

Polanyi, Karl, *The Great Transformation*, Boston: Beacon Press, 1964.

Ramaswamy, Ramana, "The Swedish Labor Model in Crisis," *Finance and Development*, June 1994.

Regini, Marino, ed., *The Future of Labor Movements*, London: Sage Publications Ltd., 1994.

Robertson, David, "Canadian Trade Union Strategies Toward NAFTA," paper for 'The International Conference' at 1994 in Japan.

Sadowski, Dieter, Schneider, Martin and Wagner, Karin, "The Impact of European Integration and German Unification on Industrial Relations in Germany," *British Journal of Industrial Relations*, 32 : 4 Dec. 1994.

Streek, Wolfgang, "The Rise and Decline of Neocorporatism," Ulman et al. eds., *Labor and an Integrated Europe*, 1993.

Taylor, Robert, *The Future of the Trade Unions*, London: Andre Deutch, 1994.

Tilly, Charles, "Scholarly Controversy: Global Flows of Labor and Capital, Globalization Threatens Labor's Rights," *International Labor and Working Class History*, Spring 1995: pp. 1~23.

Turner, Lowell, *Democracy at Work*, New York: Cornell University Press, 1991.

_____, "Prospect for Worker Participation in Management in the Single Market," Ulman et al., eds., 1993.

Ulman, Lloyd, Eichengreen, Barry, Dickens, William T., eds., *Labor and Integrated Europe*, Washington, D.C.: The Brookings Institution, 1993.

전환기의 한국사회, 새로운 출발점에 선 사회운동

1. 탄핵, 촛불시위와 4·15 총선

2004년 3월 12일 탄핵 가결 이후 한국사회에서 전개된 일련의 사건은 운동정치, '바람의 정치'가 권력의 교체와 제도정치의 변화를 강제했던 지난 50년 동안의 한국 정치사의 패턴이 반복된 것이다. 1960년 4·19 정국과 7·29 총선, 1987년 6월 항쟁에서 13대 대선 그리고 2000년 16대 총선의 낙천·낙선운동까지는 선거라는 절차가 한편으로는 무정형적인 시민사회의 요구와 대중의 정치 변화 열망의 결절점으로 작용해서, 한편으로는 그것을 반영하면서도 또 그것을 봉합하면서, 권력관계의 지평을 새롭게 열어온 역사라고 할 수 있다. 그러나 이번 탄핵 국면은 과거와 달리 대중적 저항운동이 출발점이 아니라, 국회의 다수를 차지하는 보수 야당이 상대적으로 개혁적인 대통령을 탄핵한 일종의 쿠데타적인 사태가 촛불시위라는 운동을 불러왔고, 대통령 탄핵에 의해 조성된 대중적 불만이 일부 지역주의로 회귀하기도 했지만 보수독점 제도정치의 아성을 무너뜨렸다는 특징이 있다. 즉 촛불시위라는 운동이 오히려 탄핵사태의 결과로서 등장했고, 선거가 운동의 열기보다는 탄핵정국에 의해 주도되었다는 것이다.

그러나 선거가 정당 간의 정책 경쟁이나 조직된 정치·사회 세력의 참여, 대중적인 정책 토론과 과거 국회에 대한 냉정한 평가에 기초해서 진행되지 않았다는 점에서 여전히 지난날 한국 정치사의 패턴을 답습했다고 볼 수 있다. 그래서 선거 이후의 정치는 또다시 정치권 밖의 우연하고 돌발적인 상황이나 세력 간의 힘의 역학에 의해 좌우되게 되었다. 그런데 선거제도라는 것은 대중의 즉자적인 요구와 불만을 언제나 제한적으로만 반영할 수밖에 없으며, 일단 선거가 끝나기가 무섭게 정치권 밖의 행위자는 뒤로 물러나고 모든 정치적 행위와 실천은 선거제도가 만들어준 제도정치의 절차와 대의기구가 또다시 독점하게 되는 현실을 보게 되면 한국 역시 현대 대의제 국가가 가지고 있는 민주주의의 한계를 그대로 보여주고 있다.

우선 한국에서 '운동정치'의 동력은 조직된 소수의 민주화 열망과 개혁적 의지 그리고 익명의 다수가 견지한 정의(justice)와 도덕의 감각이었다. 분단과 한국전쟁이 구축한 보수독점의 제도정치는 대중의 경제적 소외, 정치권력의 부정부패 등과 같은 자기모순을 드러내어왔고, 그 모순은 제도정치에서 소외되어 있던 대중의 반란을 불러일으켰다. 운동을 주도한 소수는 비록 일관된 정치 이데올로기가 있었을지 모르나, 대중의 불만은 조직적이고 반체제적이었다기보다는 다소 표출적(expressive)이었으며 반정권적이었다. 다시 말해 대중의 이반은 자본주의적 민주주의의 기반, 즉 선거정치와 선거게임의 정당성 틀 내에서 이루어졌으며 그에 따라 기성의 권력 자원을 독점하고 있는 정당이나 그 주변 인사들의 승리로 귀결되었다. 그래서 운동정치의 주역들은 제도 정치권 진입에 성공하는 경우가 많았지만 선거정치 물신주의, 기존 정당의 정치 독점구조를 변화시키지는 못했다. 그렇지만 이처럼 시민사회의 요구를 제한적·봉합적·타협적으로 받아들인 새로운 정치질서는 새로운 모순을 낳았고, 그 결과 새로운 형태의 운동정치를 발생시켰으며, 새로운 타협의 기회를 만들어냈다.

정치개혁의 동력이 제도권 내 정당 간의 갈등이나 정책 경쟁이 아닌 도덕과 정의의 관념에 기초한 운동 혹은 바람〔風〕에 있었으므로 선거정치 때 인물의 교체는 놀라울 정도로 높았으나(1988년 총선 당시 50퍼센트, 2004년 총선 62퍼센트), 새로운 정치세력은 모두 제도정치의 용광로 속으로 녹아들었다. 선거정치 물신주의, 즉 선거 참여=민주주의는 해방정국 당시 상당한 대중적 지지를 얻었던 인민민주주의에 대한 전면 부정(즉 반공자유민주주의)에 기원을 둔 것으로서, '다른 민주주의'의 가능성을 차단한 미국 영향권 아래 있는 정치 모델의 기제 속에서 학습해온 한국인들의 즉자적인 정치의식의 발로라 할 수 있다. 정권 교체, 정치권 '물갈이'의 요구는 바로 이러한 정당화 기제 속에서 대중들의 '현실적 선택'이라는 의미가 있다. 그러나 그러한 선택은 언제나 투표용지의 인주가 마르기도 전에 배반당하였던 것을 볼 때, 한국의 유권자들은 지난 50년 동안 이 시시포스의 돌을 굴려온 셈이다. 이것은 한국의 오랜 중앙 집권적인 정치문화와도 깊은 관계가 있겠지만 국가의 시민사회 압도, 권력 창출을 위한 하향식 조직으로서의 정당, 정책 노선 선택과 이념 논쟁이 가능하지 않았던 반공정치 지형 그리고 미국 민주주의(형식 민주주의)만이 민주주의라고 믿어온 냉전 정치의 귀결이었다고 볼 수 있다.

물론 군사독재하에서도 선거 물신주의는 운동정치를 제도 내화하는 정신적 기반이기도 했지만 동시에 민주화 즉 대통령 직선제를 향한 동원의 기반이기도 했다. 그리고 미국 민주주의 모델의 무비판적인 이식, 오랜 정당정치의 경험 축적과 정책적 일관성에 기초하지 않은 제도정치 그리고 도덕주의 공격에 대한 자기방어로 일관한 기성 정치집단은 때로는 사회발전 수준에 맞지 않는(혹은 예측 불가능할 정도로 진보적인) 입법 활동을 추진하기도 했다(1953년 노동법, 1977년 국민의료보험 도입, 1997년 이후 4대 보험 완성, 국민의 정부 국민기초생활보장법 제정, 의약분업, 2004년 정당명부식 비례대표제 등). 이것은 정당의 오랜 검토와 논의, 대중의 조직적인 동원 및 요구와 무관하게 정치적 타협이나 최고 권력자의 결단에 의해 일종의 수동 혁명의 일환으로 이루어진 일들이었다. 운동정치는 역동성을 갖고 있었으며 각종 제도개혁에서도 다소의 비약과 역설을 가져오기도 했던 것이다. 경제 영역에서 재벌체제는 의연히 존속했어도 개별 기업과 재벌은 시장에서의 치열한 경쟁 속에서 끊임없이 부침과 명멸을 거듭한 것과 마찬가지로, 정치 영역에서도 보수정치는 계속 지배력을 행사했으나 개인 정치가들은 무자비하게 퇴출당했다.

2004년 17대 총선에서는, 단기적으로는 지난 50여 년 동안 한국 정치를 이끌어오던 냉전적인 수구보수 정당이자 경상도 지역주의에 기반을 둔 한나라당이 소수 정당으로 전락한 것이 가장 획기적인 사건이고 장기적으로 보면 민주노동당(이하 민노당)의 10석 획득이 가장 중요한 변화라고 할 수 있다. 그러나 17대 총선에서 나타난 각 당의 지지율을 보면 한나라당이 몰락한 것은 아니다. 냉정하게 보면 충청도와 전라도의 자민련·민주당 지지표가 열린우리당(이하 우리당), 민노당으로 옮겨간 것이라 할 수 있다. 충청도와 전라도에서의 지역주의 약화로 요약할 수 있는 4·15 총선의 결과는 곧 1987년 이후 그 수명을 연장해오던 보수독점 제도정치의 기세를 꺾은 것으로 해석할 수 있는데, 이제 개혁적인 다수당인 우리당이 지역 정당의 성격을 탈피할 수 있게 되었다는 점에서 한편으로는 새 정치의 출발점에 서 있으나 그 정당의 조직 자체가 위로부터 이루어졌다는 점에서 여전히 과거 정치의 연장선에 있다. 한편 민노당은 조직된 당원과 나름대로의 정책을 갖고 있다는 점에서 단순한 하나의 진보정당이 아니라 분단 이후 최초의 정당다운 정당이며, 또 민노당이 우리당을 비롯한 기성 정당을 진정한 새로운 정당으로 변화시켜 정책 경쟁을 유도할 수 있는가가 향후 한국 정치의 방향을 좌우하게 되었다. 다수당인 우리당이 정당으로서 뿌리를 내릴 수 있는가, 그리고 한나라당이 지역주의에 기대지 않고 '부르주아 정당'으로 모습을 드러낼 것인가가 관심의 초점이다.

결국 4·15 총선은 한국 정당정치 지형 — 냉전하에서 지속되어온 보수의 여야 독점, 권력 창출 기구로서의 정당, 위로부터의 정당 조직화, 공천권 행사를 축으로 한 대통령 혹은 총재의 정당 장악, 정당과 음성 정치자금 동원 ― 을 변화시킬 수 있는 하나의 중요한 계기는 되었지만 그것을 완수할 수 있을지는 아직 미지수이다.

2. 새로운 (정당)정치의 '탄생'과 '절름발이 정치'의 역설

(1) 새로운 정치의 등장 가능성

그동안 한국의 만성적 정치 불안은 어디서 왔는가? 그것은 제도정치가 대중의 삶과 유리되었으며, 정당정치가 제도화·활성화되어 있지 않았고, 노동자와 여성 등 소수자의 정치 참여를 배제하는 등 정당이 시민사회가 아닌 국가의 일부로 존재해왔기 때문이다.

17대 총선을 계기로 한국에서는 정부 수립 이후 처음으로 정당정치, 즉 제도정치가 선을 보일 수 있는 조건이 마련되었다. 지금까지 한국 정치의 견인차는 앞서 말한 운동정치와 최고 권력자(대통령) 자리를 차지하기 위해 죽기 살기식 투쟁을 벌여온 일종의 하루살이 붕당 간의 권력투쟁이었다. 헨더슨(Henderson)이 말한 것처럼 권력의 정점을 향한 '소용돌이의 정치'에서 정당이 시민사회의 일부로서 서기는 어려웠다. 권력 창출의 도구였던 정당은 자신이 정치적 위기에 처하면 언제나 명칭과 대표만 바꾸면서 명멸해왔고, 개혁적인 법안은 언제나 정당 밖의 시민사회나 대통령과 행정부의 의지, 그리고 권력 장악을 고려하는 다수당의 정략에 의해 만들어졌고, 깊은 논의 없이 통과되어왔다. 정당은 있었으나 정당정치는 없었다. 그리고 정당은 정책과 비전을 생산하는 곳이 아니었으며, 정책적 논의는 부차적인 지위만 갖고 있었다. 그래서 한국은 지금 정책 생산자로서 정당 그리고 시민사회의 요구를 정치투쟁의 장에 투입하는 전단 벨트로서의 역할을 할 수 있는 시점에 오게 되었다. 정당은 사회적 균열을 제대로 반영하지 않았기 때문에 노동·여성·소수자의 목소리는 정당정치에 반영되지 않았고, 이것은 전투적 노동운동, 극한적인 지역주민 운동, 정치에 대한 대중들의 총체적 불신 등으로 나타났다.

의회의 기능은 입법 활동 및 행정부 감시로 집약된다. 그런데 냉전보수 세력이 다수 의석을 독점해온 지금까지 의회는 각종 개혁적인 입법을 좌절시키고 이른바 상임위 운영·국감 등에서 시민의 감시와 통제의 기회를 봉쇄하였다. 그것보다도 의회 자체가 아예 일상적 활동 기구로서 존재하지 않았으며 의원들은 대부분의 시간을 지역구 관리와 모금, 차기 당선을 위한 정치에 바쳤다. 의원들의 정치 생명은 각 당의 보스가 쥐고 있었기 때문에 개인 정치가는 자신의 소신과 정견을 앞세울 수 없었으며, 공천권과 정치자금을 쥐고 있는 보스에게 일방적으로 충성할 수밖에 없었다. 우리당의 다수 의석 차지는 그러한 정치를 넘어서려는 새로운 정치세력의 승리로 해석할 수 있다. 4·15 총선은 역대 어떤 선거보다도 돈이 개입하지 않은 선거였으며, 다수의 부작용은 있었지만 우리당의 경우 지역구 후보는 밀실에서 결정되지 않았다.

한국에서 정치라는 것은 가진 자와 배운 자의 관심사라는 역사적 전제 위에서 진행되었다. 현대판 노복(奴僕)인 노동자·여성은 이 정치의 주인이 아니었다. 범사노복 선념기한(凡使奴僕 先念飢寒, 노복을 부릴 때는 우선 그들이 춥고 배고픈지를 먼저 살필 일이다)이라는 말처럼 정치의 근본은 민중의 배고픔 해결이지만 민중은 다스림의 대상이지 정치의 주체는 아니었다. 현대 한국사회에서도 이러한 관념은 사회적으로 그대로 연장되었다. 1970년대 이후 한국사회에서 나타난바 민중운동과 민주화 운동의 괴리 혹은 학생운동의 정치 지향성과 민중운동의 경제주의적 성격 간의 괴리는 바로 전근대 시절에 고착된 선비=정치가, 민중='다스림을 받는 자'의 도식을 흔들지 않는 범위 내에서 진행되어왔다. 정의와 도덕의 관념은 모든 사회 구성원이 가질 수 있는 것이지만 그것은 적어도 배부른 사람들의 정신적 사치 혹은 새 신분 지위를 획득한 엘리트 부르주아들의 정치적 관심의 표현이기도 했다. 냉전체제는 구조적인 반(反)노동자 지배체제이며 이 지배체제하에서는 배고픔과 노동인권 제약의 문제는 오직 간접적으로만 정치적 의제로 설정되었다. 바로 탄핵정국에서 보인 노동운동 세력의 혼란스러운 태도(탄핵 지지론의 등장)는 이러한 현실을 잘 드러내준다. 민노당의 10석 장악, 여성의 13퍼센트 의석 차지는 바로 지난 1천 년 이래 지속되어온 정치의 개념을 바꾼 획기적인 사건이다. 그러나 다수당인 우리당 그리고 민노당의 일부 인사는 여전히 우리 사회의 신분 자격증(서울대 혹은 명문대 출신)을 얻는 사람들로 채워졌다. 어떤 점에서 분명히 판갈이가 된 것처럼 보이지만 그 기저에서는 기존의 판이 그대로 남았다.

대통령 탄핵사건은 1997년 이후 권력의 중요 기반을 계속 상실해온 정·언 유착의 보수세력이 권력 무력화 혹은 찬탈을 시도한 자충수였는데, 결과적으로 선거 물신주의, 정당과 정치독점, 제도정치의 반대중성을 폭로한 계기가 되었다. 대통령 탄핵은 전통적인 운동정치를 촉발·재연시켰는데, 이러한 운동정치는 과거의 그것처럼 다분히 표출적·비조직적이었으나, 그러면서도 대단히 중요한 정치변혁적 의미를 담고 있었다. 즉 탄핵 주도 세력의 교체라는 정치적 지향은 과거의 운동정치가 그러하였듯이 단순히 제도정치권의 교체 정도에 머문 것이 아니라 선거를 통해 구성된 의회의 정치적 대표성 자체에 대한 회의를 깔고 있었다. 대중들은 선거정치가 다수의 전제, 다수의 횡포로 전화할 수 있다는 사실을 목격하고, 위임된 의회권력이 대중의 의사에 반할 수 있다는 사실을 깨달으면서 국회의 다수파인 한나라당을 불신하게 되었다. 이 점에서 민노당에 대한 지지는 우리당에 대한 지지와 마찬가지로 단순한 정책투표·계급투표의 결과가 아니라 운동정치의 한 귀결이며, 구정치세력에 대한 거부감이 역으로 나타난 것이다. '탄핵 심판'이라는 선거 국면 당시의 용어는 국민들에 의해 위임된 의회권력의 횡포에 대한 거부감의 표현이며, 이것은 한국에서 정치의 위상을 새롭게 정초한 계기가 되었다. 즉 냉전하의 시민사회와 분리된 정치사회 그리고 뿌리 없는 선거 정당, 선거 물신주의, 보수독점의 정치질서가 이완되거나 해체될 수 있는 계기가 열렸음을 의미한다. 선거는 민주주의의 요체이지만 반드시 그렇지 않을 수도 있다는 점, 의회는 대의기구이지만 반드시 그렇지는 않다는 사실이 일반 국민들 사이에 어렴풋하게 학습되기 시작했다.

(2) '절름발이'일 수밖에 없는 정치

한국 정치가 운동정치에서 정당정치로 이전해 갈 가능성이 열렸다는 것은 한국 정치가 서구 민주주의의 틀에 보다 근접해 가고 있음을 말해준다. 그러나 여전히 한국 정치는 한국 시민사회의 다양한 갈등과 요구를 제한적으로만 반영하고 있다. 미국과 같은 정도의 금권정치가 고착된 것은 아니지만 노동자와 여성의 대표성은 아직 극히 미미하고, 경상도에서 한나라당이 의석을 싹쓸이하였으며, 국회의원의 소득은 주민의 평균치를 훨씬 상회하고 1970년대 이후 민주화 운동을 주도해온 세력의 다수가 아직(혹은 앞으로도) 제도정치권 밖에 존재하고 있다. 제도권 정당은 어떤 비전과 희망을 등에 업고 의석을 얻지는 못했다.

이제 한국식 탈냉전의 정치구도 아래 진정한 의미에서 정당의 등장이나 정당정치가 본격화할 가능성이 열렸다는 것은 사실 정당의 기반이 오히려 약화되고 있는 미국이나 유럽의 정치 현실과 크게 대비된다. 1968년 이후 유럽에서 신사회운동의 등장, 미국과 일본에서의 투표율 저하·탈정치화 현상은 정치사회와 시민사회의 재분리를 표현하는데, 한국에서는 분리되었던 정치사회와 시민사회가 결합으로 나아가는 역설적 현상이 나타난 셈이다. 이것은 국가 혹은 행정부가 사실상 정당의 역할을 대신해오던 권위주의 체제 혹은 냉전 정치체제에서 이탈해 가는 한국적 특이성의 반영이라 할 수 있다. 정치사회와 시민사회의 결합은 이중적으로 진행되고 있다. 우선 구보수세력은 자신의 존립을 위해서 이제 국가기구(공안기구, 군대, 행정부)가 보호막 역할을 못 하게 됨을 인지하고 정당을 강화하거나 정당이라는 통로를 활용해야 할 필요성을 느끼고 있으며(예를 들면 17대 총선에서 의사협회의 한나라당 무조건 지지 전략) 더러는 새로운 정당(예를 들면 기독당) 창립 작업에 나서기도 했다. 반대로 젊은 층은 다른 나라의 젊은이들과 마찬가지로 정치에 무관심한 태도를 보이다가 4·15 총선에서는 오히려 투표에 적극적으로 참여하기도 했으며 우리당과 민노당에 상당한 관심을 쏟은 바 있다. 그러나 이들 젊은이들 혹은 기성인들 중에서 정당정치의 필요성을 느낀 사람들이 정당의 자발적 후원자가 되고 당원으로 변신할 수 있을지는 미지수이다. 정치가 개인의 인기가 정당에 대한 지지로 변할 수 있을까? 이 점에서 한국의 정치 실험은 세계적인 실험이기도 하다.

그러나 한국에서 뒤늦은 탈냉전 분위기 속에 정당정치가 활성화될 계기가 열렸다고 하더라도, 국가 단위의 정치가 문제해결의 중심축이 되기에는 실질적인 제약이 많다는 점을 새삼 확인하게 된다. 미국의 패권주의와 세계체제 속에서 입지가 제한되어 있는 국민국가로서 한국의 국가가 처한 위상이 첫째 이유이고, 자본주의 경제체제하의 정치가 갖고 있는 근본적인 한계가 둘째 이유고, 관료들의 반격이 셋째 이유다.

선거가 끝나자마자 주변을 돌아보면 세계체제 내에서 수출 의존도가 대단히 높은 해외경제 의존형 국가이자 미국 주도의 동아시아 질서에서 종속적인 위치에 있는 한국의 국가, 대통령과 정치집단이 선택할 수 있는 정책적 입지가 대단히 좁고, 따라서 제도정치는 한국인 유권자들이 기대했던 바를 거의 성취하기 어렵다는 사실을 알 수 있다. 우선 현재의 제도정치권은 국민의 반대 여론이 비등해도 이라크 파병문제를 원점으로 돌릴 수 없었으며, 미국의 요구를 거절하지 못하고, 용산기지 이전문제를 둘러싸고 한국과 미국의 '특수 관계'를 조정하는 데서 무능력을 드러냈다. 이것은 개혁적인 정부에 기대를 걸었던 많은 지지자들을 급속히 이탈시키는 계기로 작용했다. 결국 현재 세계질서에서 유일 패권국가인 미국과의 관계에서 종속적인 위치에 있는 국가, 동아시아 정치질서 내에서도 강대국에 끼여 있으며 남북분단 상태에 있는 국가인 한국의 선택지는 국내 정치세력이 도달할 수 없는 영역 위에 있다는 점, 즉 국가의 가장 중요한 결정 과정과 정치는 여전히 괴리되어 있다는 점을 인정하지 않을 수 없게 된다. 특히 국가의 존립과 관련된 최고의 활동 즉 안보·전쟁·국방 영역에서 한국이라는 작은 국가 내의 정치세력이 그 문제를 본격적인 의제로 삼고 국민의 여론을 수렴하는 데는 한계가 있을 것이다. 이 점은 우리당의 젊은 개혁적 의원들이 애초의 의견을 바꾸어 이라크 파병론에 찬성한 행동에서 가장 분명하게 드러났다.

둘째, 자본주의하의 '시장에 반하는 정치'(politics against market)가 가능한가의 문제가 있다. 자본주의하의 국가 나아가 사회질서는 자본축적에 구조적으로 의존하고 있다. 즉 정치와 사회는 기업의 생존과 번영에 구조적으로 의존하고 있다. 경제위기가 닥치면 모든 정치 일정이나 사회개혁의 과제가 원점으로 돌아간다. 따라서 정치세력은 기업의 자본축적 활동을 건드리지 않는 개혁은 추진할 수 있지만, 그것을 제한하는 정책까지는 거의 나아가기 어렵다. 지금 브라질에서 나타나고 있는 것처럼 설사 노동자 대통령이 나온다고 하더라도, 자본주의 세계 경제질서와 국내 경제의 구조적 제약으로부터 벗어나기 어렵다. 과연 현재 한국의 정치권이 기업의 부담을 가중시키는 조세개혁, 환경규제 강화, 공정거래 원칙의 강화, 지배구조의 투명성 강화, 친노동 입법 활동을 추진할 수 있겠는가? 한국경제를 대표하는 삼성의 심기를 건드리는 입법 활동을 할 수 있겠는가? 이미 부정적 징후들이 본격적으로 드러나고 있다.

셋째, 자본주의 아래서 선출된 권력(의회 혹은 정치)과 선출되지 않는 권력(자본)의 긴장의 문제가 이제 본격화할 것이다. 이 두 권력의 긴장은 새로운 것은 아니지만 정치권이 새로운 세력으로 충원됨으로써 이제 양자의 충돌은 본격화할 것이다. 우선 단기적으로 보면 선출된 권력으로서 국회는 선출되지 않는 권력체인 관료집단과의 관계에서 무능력을 드러낼 가능성이 높다. 전자가 시민사회의 일부로서의 모습을 분명하게 보일수록 후자는 자신이 국가라는 점을 더욱 강하게 드러낼 것이다. 국방부가 '정부 내의 정부'로서 여전히 역할을 한다든지 재경부가 '정부 위의 정부'로서 역할을 하는 경우가 발생할 것이다. 사회운동의 강력한 뒷받침이 없고 전문성으로 무장되지 않은 선출권력(국회)은 이들 선출되지 않는 국가 관료집단과 대단히 힘겨운 대결을 펼칠 수밖에 없다. 후자의 가장 강력한 무기는 전문성과 예산 집행권이다. 현재의 국회는 초선 의원들이 다수이며 정당은 정책 역량이 거의 없다. 그러므로 국회의원들은 매일매일, 수십 년 동안 그 일을 다루어온 관료들과 맞수가 되기가 어려울 것이다. 한편 예산을 어떻게 어디에 지출할 것인가의 문제는 단순히 정치세력 간의 힘의 역학에 좌우되는 것이 아니라 국가와 그 역사적·현실적 근거, 즉 냉전과 냉전 자유주의, 시장 근본주의의 역사에 의해 좌우된다. 그것은 관료들에게는 건드릴 수 없는 관행으로 존재한다. 관행을 바꾸려면 국가의 이념과 철학이 바뀌어야 한다. 역사가 하루아침에 바뀌지 않는다는 것, 바뀌는 것처럼 보여도 관료들이 그것을 좌절시킨다는 것을 지난 세기의 혁명 과정이 잘 보여준 바 있다.

바로 이런 이유 때문에 4·15 총선 이후의 정치권 물갈이는 아주 제한적인 변화만 가져올 수 있다. 그것은 정치세력이 국가권력 그 자체가 아니라는 점을 확인하는 과정이다. 따라서 뜻이 있는 정치가라면 당연히 현재 자본주의 세계체제의 작동 그리고 세계 경제하의 한국 경제의 현실에 대해 연구해야 하며, 동시에 한국 국가의 탄생의 기원, 관료제도, 사법제도, 대학 수립의 역사, 냉전체제 수립의 기원과 그 피해자 문제 그리고 헌법

제정의 경과와 그 고민의 내용을 추적하는 작업을 해야 한다. 국회 내 개혁세력이 다수를 점했다는 것은 변화를 위한 극히 초보적인 발걸음을 내디딘 것에 불과하다. 의식 있는 시민이라면 마땅히 정치세력의 무능력에 일희일비(一喜一悲)해서는 안 될 것이다.

3. 현 정치 국면의 성격: 국가·자본과 '시민사회'의 이중적 분리

(1) 국가와 시민사회의 분리

현재 한국의 정치사회 국면에서 국가와 시민사회의 분리, 즉 시민사회가 국가로부터 점차 독자성을 띠는 영역은 크게 세 차원이다. 첫째는 봉건주의·군사주의 체제에서 벗어나는 과정, 즉 자유화·근대화 과정에서 일반적으로 나타나는 국가와 시민사회의 분리, 중앙권력의 지배하에 있던 지역사회의 자율성 강화 그리고 지구화한 경제질서 혹은 세계 시민사회의 틀 내에서 한국 '시민사회'의 새로운 등장이다.

우선 그동안 한국에서 '사회'라고 말한 것은 사실상 정치였고, 국가는 모든 것을 포함하였다는 점을 기억할 필요가 있다. 오랜 유교적 왕조국가의 전통을 가진 한국에서 모든 것은 국가로 통했으며, 모든 사회적 사안은 곧바로 정치화되었다. 과거에는 모든 문제가 왕의 책임으로 돌려졌고, 오늘날에는 대통령에 대한 일방적 책임 추궁으로 나타난다. 정치사회와 시민사회의 미분화 혹은 정치사회가 국가의 일부로 존재한 상태에서 시민사회는 국가에 흡인되어 있었다. 국가와 시민사회의 분리는 이미 1990년대 초, 재벌이 정치권의 비호 상태에서 벗어나 독자적인 세력화를 하려는 데서 출발했다. 정주영 현대그룹 회장의 정당 조직과 대통령 출마는 하나의 중요한 사건이었다. 그리고 1990년대 중반 무렵부터 과거의 군과 공안기구를 대신하여 보수 언론이 정치적 역할을 하였으며, 2000년대 이후에는 보수적 시민단체가 등장하고 보수 기독교인들이 대규모 우익 집회를 여는 등 그동안 국가의 보호막에서 안주해온 보수적 시민사회가 스스로 서기 위한 몸부림을 하였다. 특히 1990년대 이후 보수 언론은 시민사회의 가장 강력한 세력이었다. 국가와 시민사회의 분리 과정의 선두주자는 시민운동이나 노동운동이 아니라 재벌과 언론이었다.

4·15 총선의 의의는 바로 국가의 일부이던 정치사회가 국가와 분리되어 시민사회와 근접하는 계기가 되었다는 점이다. 이것은 정치권에서 자유주의 세력의 헤게모니 강화로 나타나고 있으며, 노동자 정당의 제도권 진입으로 드러나고 있다. 그러나 현재의 국면은 바로 이런 이유 때문에, 이제 모든 사회적 이슈가 정치라는 소용돌이로 휩쓸려 들어가지 않고 자율적인 영역으로 남을 수 있는 중요한 계기다. 대통령 혹은 중앙권력의 장악이 모든 문제해결의 지름길이던 시절이 지나가고 시민사회의 (상대적으로) 자율적 권력이 착근하는 계기가 된다. 물론 그 자율적 권력이라는 것은 근본적으로는 냉전 지배질서가 육성해놓은 보수적 시민사회라는 강한 맞수와 대결을 벌여야 한다. 새로운 행위자인 시민운동은 태생과 더불어 이미 50년 동안 국가의 후광 아래 터를 닦아놓은 구세력 — 언론, 학교, 교회 등 — 의 권력 기반과 물적인 기반을 허물어야 하는 힘겨운 과제를 안게 된다. 보수적 시민사회는 과거에는 국가권력의 비호를 받았지만 이제는 '물질적' '제도적' 힘으로 존재한다. 그 정치적 대변자는 한나라당이다. 여기서 이 구세력이 터를 잡은 과정의 부당성을 문제 삼은 '과거 청산'을 거론할 수도 있겠지만(친일 관계법, 사립학교법, 민간인학살 진상규명법), 현실적으로는 시장질서의 공정성 확보가 후발주자인 진보적 시민사회가 존립하는 데 더 필요한 일이 될 것이다.

둘째로, 중앙과 지역의 관계에서 지역사회라는 새로운 공간이 열리기 시작한 것이다. 2003년의 부안 핵폐기장 건설 문제에서 이미 중앙권력의 일방적 지역 지배가 가능하지 않다는 점이 드러난 바 있다. 4·15 총선이 한국의 정치사에서 갖는 가장 큰 특징은 중앙권력이 통제하는 지역 행정 권력(각 관공서와 경찰), 지자체 및 단체장, 지방의회 등 지역 권력기관의 개입이 극소화되었다는 점이다. 그런데 중앙 행정권력의 통제력이 이완된 지역사회는 앞서 언급한 것과 같은 이유로 이제까지 중앙권력이 심어 놓은 보수적 시민사회의 헤게모니가 확고하다. 지방의 각 단체의 장과 주요 인사는 모두가 과거의 연고로 얽혀 있다. 지자체의 각종 건설사업이나 사업 불하 과정에서 기업의 로비와 유착은 확고하다. 경찰·변호사들과 지역 이해집단 간의 먹이사슬도 음성적으로 존재하고 있으며, 지역 기업가와 자영업자들과 이들 간의 유착이 존재한다. 향우회, 산악회, 해병전우회, 동문회, 지역 언론 등으로 거미줄처럼 엮인 지역 시민사회는 최근에 등장한 사회운동 조직을 압도한다. 지방의회는 개혁적 자치단체장을 보수적으로 견제하는 토착권력의 거점이 되어 있다. 풀뿌리 민주주의는 풀뿌리 부패의 온상이 되어 있다. 그래서 지역에서 국가와 시민사회의 분리는 지역 기업가·자영업자·언론의 위기의식을 가중시키고 이들을 단결시키고 있다. 경상도의 구 한나라당, 전라도의 구 민주당의 지역조직들이 어떻게 움직일 것인가? 그 틈을 타고 후발주자인 지역 시민운동이 지역사회에 끼어 들어갈 수 있을까?

셋째로, 한국에서 국가와 시민사회의 관계 변화는 곧바로 한국의 시민사회가 지구 자본주의·지구 시민사회의 일부로 편입되는 것을 뜻한다. 국가의 개입력 약화는 정치적 탈냉전, 즉 국가가 모든 것이었던 시대에서 벗어나는 것을 의미한다. 그것은 곧 국가=사회라는 도식이 깨어지는 것을 의미하는데, 한국의 시민사회가 이미 지구 자본주의·지구사회의 일부임을 드러내는 과정이다. 물론 자본주의 정치경제 질서는 이미 출발부터 일국 단위에서만 재생산되지는 않았지만 그동안의 개입주의 국가/발전국가/냉전국가/복지국가는 일국주의가 가능하다고 전제하고 있었으며, 그것은 나름대로 물적인 근거를 갖고 있었다. 그러나 탈근대/탈개입주의 국가/탈냉전/테러와의 전쟁/WTO 체제/신자유주의 질서는 다국적 미디어 환경/초국적 시민운동 등과 더불어 이미 국가=사회라는 전통적 틀을 무너뜨려왔다. 물론 각 나라 안의 권력관계나 계급질서는 나름대로 국가적 특수성을 간직하고는 있으나 점점 더 지구 차원에서 공통점을 강하게 갖게 되었다. 결국 한국에서 '시민사회'의 독자성 확보는 곧 시민사회의 탈국가화, 시민사회의 동아시아, 세계적 성격을 확인하는 계기로 작용해나갈 것이다. 이렇게 되면 일국 내 집권 정치세력의 선택지는 점점 좁아질 것이다. 노동당이 집권한 브라질이 국제 자본의 요구를 수용한 것도 이러한 이유 때문이다. 사회운동이 단순한 국가개혁 운동의 차원에서 벗어나야 하는 근거도 여기에 있다.

(2) 자본의 식민지로서의 시민사회, 그 험난한 진로

한국의 정치적 맥락에서 시민사회가 국가와 분리되는 현시점은 사실상 시민사회가 자본의 영토로 편입되어가는 상황이라는 특징이 있다. 한국의 냉전 지배체제는 곧 성장 지상주의 지배체제이기도 했으며, 그것은 1990년대 중반 이후에는 무차별적인 신자유주의 지배체제이기도 했다. IMF 경제위기는 한국 내 신자유주의 질서가 뿌리내리는 계기가 되었다. 그래서 1960~70년대의 성장 지상주의는 이제 경쟁력 지상주의, 외국 자본 투자유치 지상주의, 효율성 지상주의로 모습만 바꾸어 엄존하고 있으며, 급기야 한국인의 생활세계 전반을 완전히 식민화하는 데 성공하였다. 외국 자본 도입, 국내 기업의 경쟁력 강화, 규제 철폐, 노동 유연화로 연결되는 일련의 '신화'는 그나마 국가에 눌려 빈사 상태에 있던 시민사회의 입지를 더욱 좁혀놓았다. 노무현 정권은 이 점에서 '국민의 정부' 이상으로 경제 이데올로기를 수용하였으며, 지난번 김대중의 당선과 노무현 당선, 17대 총선의 우리당 승리는 바로 경제가 외국 자본의 식민지로 변해 있는 이러한 상태를 용인한 조건에서 가능했다. 월스트리트가 김대중과 노무현의 집권을 선호했다는 소문들이 그것을 말해주고 있다.

여기서 기업 지배구조 변화, 주식투자 수익의 과세, 노동자 경영 참여 등의 시도는 자본 측의 강력한 반발에 직면하였으며 정치권력은 일방적으로 자본 측의 편을 들었다. 통신·전력·철도 등의 사유화가 강력하게 추진되었으며 기업 측의 고용 유연성 지원을 위한 변형근로시간제·비정규직화 작업이 법적·제도적으로 지원되었다. IMF 위기체제 아래서 경제 살리기의 방편으로 추구된 주택경기 활성화는 집값 상승을 부추겨 중간층의 부를 상층의 부자들에게 이전해주는 효과를 가져왔으며, 신용카드 남발은 중간층을 은행채무노예로 전락시켰다.

기업이 투자하기에 유리한 환경을 조성하기 위해 시민사회의 저항은 극도로 약화되어야 할 것인가, 투자의 자유는 시민의 생존의 자유에 앞서는 것인가가 의제화하기 시작했다. 거시적으로 보면 "향후 시장경제에서 탈락한 사람들에 대한 복지 대책을 어떻게 구체화할 것인가, 의료 및 교육 개방정책을 어디까지 밀고 갈 것인가, 비정규직 문제는 어떻게 해결되어야 하는가" 등등 모든 문제에서 공적인 영역은 자본의 이윤 추구와 효율성 강화를 최소한도로 보조하는 것으로 자리매김할 것인가, 아니면 정치공동체의 유지를 위해 최소한도의 안전판으로서 의미를 부여할 것인가를 둘러싸고 세력 간의 갈등이 본격적으로 시작되었다. 즉 한국에서 정치변혁은 지구 경제, 신자유주의 경제질서의 극성기에 이루어졌기 때문에 국가와 시민사회의 분리는 곧 자본으로부터 시민사회의 탈식민화 문제를 제기하고 있다. 이것은 기업과 사용자의 양보 능력에 의존하지 않는 노동운동이 독자적으로 설 수 있는가, 시민운동이 공공성 확보 운동으로서 힘을 받을 수 있는가의 문제가 될 것이다.

둘째, 지역사회에서도 자본의 식민화와 그에 대한 저항은 동일하게 발생하고 있다. 지역사회에서 가장 중요한 과제는 경제문제, 특히 일자리 창출이다. 여기서 개발론과 환경론 혹은 투자 활성화를 위한 개발과 지속 가능한 개발의 대립이 존재한다. 여기서 후자가 승리할 수 있는가, 아니면 전자의 승리가 불가피하지만 후자는 어느 정도의 입지를 갖고서 패배할 것인가가 문제가 된다. 지자체는 세수 확보를 위해 투자 활성화와 개발을 요구한다. 지역 자영업자와 노동자는 경기 활성화와 일자리 확보를 위해서 카지노라도 들어와야 한다고 생각한다. 정부가 기업가가 되고 지자체가 기업가가 되었으며, 대학이 기업이 되었고, 공공기관이 기업이 되었다. 그래서 정부, 지자체, 대학, 공공기관은 팔 수 있는 모든 것은 판매하고 모든 직원을 세일즈맨으로 변화시켰다. 여기서 단기적 효율, 이윤 확보, 일자리 창출과 장기적 삶의 조건과 삶의 질의 대립 축이 형성된다. 기업의 개발 이익, 지자체의 세수 확대, 소수의 지가 상승 이득분을 위해 주민 다수의 삶이 희생되는 것에 대해 중앙과 지방의 시민'사회'는 어떤 반박 논리와 대항조직을 대비하고 있는가? 냉전하에서 마비된 상상력은 효율성의 담론을 대체할 수 있는 무기를 찾지 못하고 있다. 그리고 신자유주의는 대안 없음(There is no alternative)의 신화를 이미 널리 유포한 지 오래이다.

4. 맺음말: 사회운동의 입지

그동안 한국에서 사회운동이라고 불렀던 것의 대부분은 사실상 정치운동이었다. 학생운동으로 분류되었던 것의 내용은 실질적으로는 학생 정치운동이었지 학생 문화운동은 아니었다. 우리가 시민운동이라고 불렀던 것은 사실상 시민 정치운동이었지, 시민 문화운동 혹은 유럽에서 말하는 새로운 가치를 지향하는 신사회운동 혹은 정체성의 정치(identity politics)는 아니었다. 한국에서 이러한 정치적 사회운동은 분명히 존립 근거가 있었으며, 나름대로의 역할을 수행했다. 국가가 경제·사회의 모든 영역을 관장하고 모든 사회적 의제가 곧바로 정치화되었던 한국에서 사회운동 진영이 정치 변화를 가장 일차적인 과제로 했던 것은 어느 정도 불가피했다. 그러나 정치사회가 시민사회와 조응하지 않는 조건에서 정치 변화를 지향하던 세력은 '가장 빠르고 확실한 문제해결'을 위해 나선 나머지 대중을 참여의 주체로 변화시키지 못했다.

4·15 총선에서 정치권으로 들어간 사람들도 대체로는 과거 학생 정치운동·시민 정치운동에 몸담았던 사람들인데, 어떤 점에서 그것은 그들에게 존재의 이전이 아니라 존재의 연속이고, 계급질서의 변동을 보여주는 것이 아니라 계급질서 내의 위치 이동이라고 볼 수 있다. 그들은 옛날에도 다른 방식으로 정치를 해왔고, 지금은 직업 정치가로서 정치를 하겠다고 하는 셈이다. 문제는 그들의 대부분은 사회를 변혁하려는 운동에 종사한 경력이 별로 없다는 것이다. 그들 중 일부가 과거 견지했던 가치와 이념을 포기하고 정치가로서의 입지에 집착하는 이유는 그들이 원래부터 가치와 이념을 갖고 있지 않았거나 아니면 '사회'라는 매개를 충분히 거치지 않은 채 곧바로 정치로 진입했기 때문이다. 물론 그들은 하기에 따라 나름대로 중요한 역할을 하겠지만, 시민사회의 변혁 없이 정치변혁이 없다는 사실을 거꾸로 자각하게 될 것이다. 그래서 한국 현대사에서 지금이야말로 사회운동이 독자적으로 설 수 있는 첫 시기가 되었으며 사회운동과 정치가 자신의 입지를 갖고서 상호 협조 혹은 갈등할 수 있는 위치에 서게 되었다. 정치가 자신의 자리를 찾아가는 지금이야말로 사회가 제자리를 찾아가는 시점이며 사회운동이 반대운동으로서가 아니라 창조적 운동으로서, 그리고 특정한 이념과 가치를 가진 조직적 실체로서 설 수 있는 시점에 놓이게 되었다.

지금이야말로 정치나 사회가 각각 이념적 토대를 구축할 시점이다. 국가 혹은 정치경제와 시민사회의 이중적 분리 국면은 곧 냉전하에서 억압된 정치적 상상력의 해방 그리고 신자유주의 아래서 경제에 식민화된 사회적 상상력의 해방의 시점이기도 하다. 지난 60여 년간의 냉전과 분단은 한국 정치가나 사회운동가·지식인의 상상력을 결정적으로 제한하였다. 극우반공주의의 단세포성은 어떤 이견(異見)이나 이론(異論)도 용납하지 않았기 때문에 정신적 야만 상태를 조장하였다. 반드시 한국만 그러했던 것은 아니지만 지난 냉전질서 아래서 '국제적인 것'은 미국의 표준에 따르는 것을 의미했다. 그리고 민주주의는 곧 미국의 민주주의였다. 시장경제는 합리적인 것과 동일시되었다. 반공이라는 가치 아닌 가치는 한국인들의 정신세계를 형편없이 왜소하게 만들었다. 국가주의의 무지 맹목은 일본의 교과서 왜곡은 성토하면서도 일본 우익의 정치적 기반이 어디에 있는지 모르는 무지와 천박성을 깔고 있었다. 가까이는 미국의 이라크 공격에 분노하면서도 그것이 과거 한국의 운명과 깊이 관련되었던 역사적 사건, 즉 미국이 개입했던 한국전쟁의 연장이며 베트남전의 재판임을 알아채지 못하는 집단적 지적 무능력과 판단력 부재를 드러내 보여주었다.

냉전하에서 기개와 상상력이 갇혔던 한국에서 역대 대통령이나 정치가들의 역사의식의 빈곤이 가장 두드러졌다. 그들은 일제 식민지하의 역사에 대한 기초 지식이 없고, 분단과 전쟁의 과정과 경과에 대한 견해가 없으며, 민주주의에 대한 나름대로의 독특한 소신이 없다. 한국에는 처칠, 브란트, 미테랑, 케네디와 같은 꿈을 가진 정치가가 없었으며 말레이시아의 마하티르처럼 감히 '아시아적 가치'를 제창할 정도의 지적인 밑천이나 용기도 없다. 냉전과 분단은 여운형과 같은 배포와 식견, 김구와 같은 열정, 김규식과 같은 지조를 가진 정치가를 완전히 퇴장시켰으며, 그들 정도의 잠재적 능력을 가진 정치가의 등장을 막았다. 그래서 무대에 나타난 정치가들은 미국을 대상화해서 바라볼 수 있는 식견과 능력을 갖지 못한 좀팽이들이었다. 지난 60년이 얼마나 우스꽝스러운 단세포의 시대였는지, 훌륭한 사고와 맑은 영혼을 가진 많은 사람이 얼마나 이 야만의 채찍에 희생되었으며, 지식인들이 얼마나 왜소하고 굴종적이었는지 시간이 지나면 알 수 있을 것이다.

냉전의 유산으로서 국가보안법의 청산이 여전히 정치적 사회운동의 마지막 남은 과제가 되어야 하는 이유는 그것을 없애야 현대 한국인들을 짓누르는 무지와 단세포성으로부터 해방될 수 있는 계기가 열리기 때문이다. 국가보안법 체제는 자본주의=민주주의의 도식체계를 기초로 하고 있다. 앵글로색슨형 자본주의의 유일 모델 가설, 미국 표준 가설, 다른 형태의 자본주의는 없다는 가설을 수반하고 있다. 냉전의 상상력 제한은 곧 냉전 자본주의의 상상력 제한이다.

한국의 근대(식민지와 분단)는 내면성의 부재, 헤겔이 말한바 사람들이 '자연적 직접성'에서 벗어나지 못하는 의식의 수준에 머물게 하였다. 그래서 노동과 의사소통에는 성찰의 과정이 없었고, 노동은 본능적 욕망(권력에의 복종, 물질의 추구, 가족 집착)의 수준에서 벗어나지 못하고 있다. 한국사회는 학교에서부터 등수가 지배하고 모든 경제발전과 사회관계는 숫자로 치환 가능해졌으며, 자신의 등수와 서열을 모르는 한국인들은 불안해한다. 한국인들의 내면성의 공백은 외면의 치장, 강자 추종으로 나타났다. 다른 나라에서 예를 찾기 어려운 성형수술의 열풍, 원정 출산이라는 희대의 코미디는 바로 한국 근대의 위기, 내면성의 위기, 냉전과 분단이 조장한 단세포성, 1990년대에 불어닥친 신자유주의의 시장 근본주의가 총체적으로 결합한 것이라고 볼 수 있다. 한국에서는 국가가 지정하는 교과 내용을 제외하고는 사회적으로 통용되고 강조되는 교양의 표준이 없다. 그리고 그러한 교양을 담지하고 있는 사회적 주체가 존재하지 않는다.

그래서 시민운동과 노동운동 그리고 인권·환경·여성의 가치를 제창하는 새로운 사회운동은 모두 이러한 지점에서 새로운 출발점에 서 있다. 지금 필요한 것은 운동의 공학이 아니라 운동의 기반이며, 철학적인 기초다. 미국이 신자유주의에서 신보수주의로 이행하는 이 시점은 세계의 지형도가 바뀌는 국면이다. 신자유주의 반대만으로는 충분하지 않다. 그래서 지금의 한국 정치와 시민사회는 큰 이야기와 긴 호흡을 필요로 한다.

제4부

:
:

한국 민주화의 주도세력
21세기에는 학벌주의가 사라져야 한다
유교와 한국의 가족주의

한국 민주화의 주도세력

1. 들어가는 말

현대 한국사회에서 민주주의의 발전 혹은 지체의 문제는 여전히 정당, 정치집단, 정치제도, 정치가, 국민의식 등과 연관되어 설명된다. 한때 근대화 혹은 자본주의적인 산업화가 진척되면 도시의 교육받은 중간층이 성장하여 인구의 다수를 점하게 되고 이들이 자유민주주의를 지탱하는 주요한 세력이 된다는 가설이 우리 사회에 풍미한 적이 있다. 절차적 민주주의, 법의 지배, 의회 민주주의 활성화 등으로 집약되는 민주화는 권위주의적 자본주의 발전 과정에서 형성된 도시 중간층의 적극적인 선거 참여에 의해 추진되었다는 것이다.[1] 이것은 제3세계, 동아시아의 산업화, 혹은 시민사회(civil society)의 형성이 발전된 자본주의 국가의 그것과 같은 양상을 띤다는 이른바 '근대화론'(modernization theory)의 이론적 전제 위에 성립해 있다. 한편 1980년대 남미의 민주화 경험을 바탕으로 한 '민주주의 이행' 혹은 '민주주의 공고화'(democratic consolidation) 논의는 '민주주의'를 정의하는 데 있어서 전자와 별다른 차이를 보여주지 못하고 있으며,

---

[1] 박광주, 「국가와 시민사회: 중간층 헤게모니를 중심으로」, 준봉 구범모 교수 화갑기념 논문집 편집위원회, 『전환기 한국 정치학의 새 지평』, 나남, 1994.

따라서 민주화 과정에 미치는 구조/행위자의 상호작용을 다차원적으로 고려하는 경향이 있다. 민주주의 공고화 논의 역시 국가의 전략적 프로젝트, 혹은 지배 블록 내의 행위자의 선택과 타협을 중시하고 있어서 민주주의의 구조적 기반인 계급관계, 계급 역량의 문제를 등한시하고 있다.[2]

따라서 이러한 이론적 한계를 넘어서기 위해 민주화 혹은 민주주의 공고화 문제를 노동계급의 정치적 역할과 연관하여 설명할 필요성이 제기되었다. 민주주의는 권력관계라고 보는 이들 시각은 자본주의는 민주주의와 연계되는데, 그 방식은 노동계급과 중간계급을 강화시키고 상층 지주계급을 약화시키기 때문이라는 것이다.[3] 민주주의를 진전시키는 것은 단순히 자본주의 산업화 혹은 시장경제가 아니라 오히려 자본주의의 모순이라고 본 셈이다. 이때 자본가는 오히려 민주주의의 확대에 장애가 된다고 보는 점에서 기존의 시각과 입장을 달리하지만 반대로 자본가계급의 이익이 직접적으로 위협받지 않아야 민주주의가 공고해질 수 있다는 점에서 반자본=민주주의로 보는 마르크스주의 민주주의 이론과도 거리를 두고 있다. 중간계급과 노동자계급의 역할에 대해서도 이러한 문제의식은 그대로 적용될 수 있는데, 이들은 중간계급은 민주화에 대해 이중적이지만, 노동자계급과 연대를 모색할 가능성이 있을 때 민주주의에 호의적이었다고 본다. 결국 사회 불평등과 계급관계가 민주주의에 매우 중요한 요소가 된다고 보는 점에서 이러한 시각은 구조/행위자 이분법의 틀로 보면 행위자를 중시하고 있으며 행위자를 단순한 국가 내 정치적 분파로 국한시키지 않는다는 점에서 기존의 국가 중심적인 접근과 차이가

---

2 1970년대 말 이후 Linz, O'Donnell & Schmitter, Przeworski 등이 이러한 이론적 논의를 주도하였다. 전략선택이론은 민주화를 기본적으로 권력 블록과 반대세력 간의 내부 동학으로 설명한다. 결국 민주화는 권력 블록과 민주화 세력의 타협문제로 집약되는데, 이렇게 되면 제도적 절차적 민주화를 넘어서는 민주화 혹은 민주주의의 가능성은 고려하지 않게 된다. 민주주의 공고화의 개념이 대단히 큰 한계를 갖는 것도 이 점과 관련되어 있다.

3 뤼시마이어 외, 박명림·조찬수·권혁용 옮김, 『자본주의 발전과 민주주의』, 나남출판, 1997, 32쪽.

있다.[4]

　그러나 1987년 전두환 정권 붕괴 이후 지난 18년의 역사를 되돌아보면, 과연 한국은 '민주주의 이행기를 지나 공고화 시기에 진입하였는가'에 대해 회의하지 않을 수 없다. 특히 거의 선진 자본주의 국가 수준으로 교육 수준이 높고 도시화·산업화된 한국사회에서 정당, 선거, 정치제도, 조직 운영 과정에서 나타나는 민주주의의 굴절과 지체 현상은 더욱 설명하기 어려워진다. 흔히 산업화와 정치문화의 괴리로서 이러한 격차를 설명하는 경향도 있고, 심지어는 권위주의 문화적 전통의 탓으로 돌리기도 하고, 지구화와 신자유주의가 민주주의를 제한한 측면을 강조하는 경향도 있지만 1987년 이후 민주화를 진척시키려는 많은 노력들이 어떻게 좌절되었는가를 살펴보면, 그러한 설명들은 일면적인 설득력만 갖고 있다고 볼 수 있다. 민주화가 저지, 지체되는 데는 첨예한 정치적 갈등과 사회적 긴장이 함께하며, 그 과정에는 명백한 힘의 충돌이 존재한다. 우리는 1987년 6월 항쟁 당시의 직선제 개헌에서 최근의 '의문사위원회'의 활동 종료 건에 이르기까지 민주화는 제도의 도입, 의식의 변화로 정의될 수 있는 것이 아니라 '권력에서 소외되어 있던 사람들이 국가적·사회적 의사결정 과정에 진입·참여하는 방식 혹은 참여 수준의 문제'라는 점을 매우 분명히 확인하게 된다.

　결국 우리는 민주주의와 시민사회의 상관성, 특히 계급 혹은 시민사회 내 주요 사회세력의 정치사회적 역량의 문제에 다시 관심을 기울이지 않을 수 없다. 기존의 연구에서 가장 많이 논의된 쟁점은 정치사회적 민주화에 적극성을 보일 것으로 기대되는 중간층(계급) 혹은 노동자계급의 역량, 그리고 민주주의에 가장 심각한 반대세력일 것으로 예상되는 지주, 자본가 등 지배계급의 저항력 문제로 집약해 볼 수 있다.[5] 한국 민주화 과정에

---

4 민주화 이행에 대한 기존 연구는 구조론적 접근/행위론적 접근, 국가 중심적 접근/사회 중심적 접근의 4차원으로 구분해 볼 수 있다. 이에 대해서는 윤상철, 1997: 14를 참고.

서 중간층(계급), 혹은 노동자계급이 어떤 역할을 했는가의 문제는 1980년대 이래 중요한 운동론적, 학술적 화두였다. 그러나 언제부터인가 한국에서도 민주주의 혹은 민주화 문제는 이제 단순한 정치적 문제 혹은 '제도와 의식'의 변화 문제로 왜소화되었다. 사실 의식의 측면에 초점을 맞추면 너무나 막연하고, 제도로써 문제가 해결될 수 있다고 생각한다면 너무나 안이한 접근이라 하지 않을 수 없다. 한국이 민주주의가 공고해진 사례에 속하는지는 잘 알 수 없지만, 오늘날 투표권과 정치권력의 교체 가능성이 이렇게 확대된 조건에서도 선거 참여 혹은 정치 참여의 기초가 되는 정보의 공개, 절차적 투명성, 의사결정의 민주성, 권력의 책임성, 약자와 소수자의 참여권, 표현과 결사의 자유 등이 심각하게 굴절을 겪고 있는 현상들을 살펴보면 의식과 제도 배후에서 작동하는 사회 세력관계의 동학에 더 관심을 기울여야 할 필요성을 절감한다. 1987년 전후의 한국 민주화 운동이 어떤 세력의 힘에 의해서, 어떤 세력의 반대 속에서, 그리고 어떠한 역학 속에서 이루어졌으며, 바로 그러한 역학이 오늘 민주주의의 진척에 어느 정도로 제약 조건이 되고 있는지 살펴볼 필요가 있다.

이 글에서는 지난 1980년대 한국 민주화 운동에서 중간층과 노동계급의 역할은 어떠했는가, 이들의 역할 정도가 이후의 민주화에 미친 결과는 무엇인가, 이것을 통해 볼 때 한국 민주화에서 계급세력적 변수를 어떻게 자리매김할 수 있는가의 문제를 정리해보기로 한다.

---

5 일찍이 립셋(Lipset)은 중간계급이 상층과 하층 간의 정치적 갈등을 완충하고 중재하는 역할을 하게 되어 이들이 안정된 정치적 민주화에 기여한다고 지적한 바 있으며, 뤼시마이어 등(1997)은 자본주의 발전과 민주주의 간에는 단선적인 인과관계가 없다는 점, 계급의 태도는 역사적·사회적으로 구성된다는 점을 강조하면서 내부의 이질성을 안고 있는 중간계급의 역할을 한마디로 정의하기는 어렵지만 노동계급의 힘이 강하지 않은 제3세계 국가의 민주화에서 실제로는 매우 중요한 변수로서 역할을 하게 된다고 본다.

2. 한국의 국가/시민사회 및 중간층과 노동계급

뤼시마이어 등이 주장하듯이 민주주의는 분명히 통치권에서 배제되었던 사람들, 정치 과정에 참여할 수 있는 사회적 권력을 획득한 사람들에 의해 성취되었다.[6] 그리고 그것은 대체로 투쟁과 집단적 동원을 통해 이루어진 것이다. 그렇다면 권력 엘리트에 독점되어 있던 의회, 정당, 각 정치제도 내에 새로운 세력이 진입해온 한국사회에서 그동안은 민주화 '운동'이 민주주의의 확대, 심화 과정에서 가장 큰 추진 동력이었다고 볼 수 있다.[7] 민주화는 집합적 동원, 사회운동, 선거, 혹은 여론의 형성 등의 힘을 통해서 진행되는데 이 경우 사회운동, 직접적인 정치 참여, 정당 활동 참여, 혹은 선거 시 집합적 행동 등에 참여하는 집단을 하나의 계급·계층 세력으로 볼 수 있는가, 그렇지 않으면 단순한 이익집단 혹은 무정형의 대중, 이들을 대표하는 세력이었는가 질문을 던져볼 수 있다.

계급·계층론의 각도에서 한국 민주화를 접근한 가장 대표적인 예는 1970, 80년대의 민중론 관련 논쟁들, 그리고 1980년대의 사회구성체론을 들 수가 있다. 기존의 논의는 대체로 중간층(중산층 혹은 중간계급)의 적극적, 긍정적 역할을 강조하는 시각과 중간층의 기회주의와 보수성을 강조하는 시각으로 크게 구분된다. 전자는 한국의 중간층이 친민중적이라고 보면서 정치 변동기에 이들이 민주적 세력으로 활동했다고 보고 있다. 후자는 여러 가지 편차가 있기는 하지만, 한국의 민주화 과정에서 중간층은 근대화 초기 서구의 부르주아와 같은 역할을 하지 못했으며 중간층의 정

---

6 뤼시마이어 외, 앞의 책, 95쪽.
7 최장집(2000)은 한국에서 '운동'이 민주화의 중요한 추진 동력이 된 점을 지적하고 있다. 사실 권위주의 정치문화가 오래 지배하고, 정치적 진입의 관문이 차단된 한국과 같은 후발국가에서 운동 외적인 방법으로 민주주의를 신장시킬 수 있었는지는 회의적이다.

치는 안정성과 일관성을 결여하고 있다고 보았다.[8] 그러나 후자는 중간층에 대한 실증적인 분석에 입각한 경우는 드물고 주로 이론적인 입장이 판단을 압도할 때가 많았다. 어떤 면에서 이론, 혹은 이론 이전의 철학적 시각이 판단을 압도하는 점은 전자도 별로 다르지 않다.

그러나 중간계급의 정치적 역할은 노동계급의 등장과 별개로 진행되지 않는다. 중간계급과 노동계급의 역량 혹은 역할은 빈 공간 속에서 발생하는 것이 아니라 거시적으로는 국가와 시민사회의 관계, 그리고 시민사회 내부의 집단, 계급 간의 관계 속에서 발생한다. 한국에서 1987년 이후 노동조합의 조직화는 노동자의 잠재적 계급 이익이 사회적·정치적으로 구성될 수 있는 가능성을 열어주었다. 그러나 그것은 노동자가 정치적 민주주의 혹은 더 나아가 사회적 민주주의에 집합적으로 개입할 수 있는 역량을 획득했다는 것을 의미하지는 않는다. 노동조합의 조직화 그 자체는 여전히 과거부터 지속되어온 정치와 사회의 분리, 즉 사회세력의 이익과 요구가 정치적 대표성으로 연결되지 않는 상태를 지속시킬 수 있다. 한국과 같이 노동조합이 기업 단위로 파편화된 상황에서는 더욱 그러할 것이다. 물론 민주주의로부터 이익을 얻는 세력은 민주주의의 가장 확실한 추진 세력이 될 수 있다. 그러나 민주주의라는 것은 생산 혹은 경제 영역에서 바라본다면 다소 추상적 가치라 볼 수 있다. 만약 중간층과 노동계급이 단기적 경제적 이익을 얻는 대가로 민주주의의 성취를 양보하거나 포기할 수 있는 상황이라면 후자를 포기하고 전자를 택할 수도 있다.

과연 자본주의 사회에서 민주주의가 이루어질 수 있는가, 혹은 어떤 민주주의가 건설될 수 있는가의 문제는 일차적으로는 앞에서 강조한 '불만

---

8 한상진(1988)의 중민론, 한완상·권태환·홍두승의 중간층 형성론(1987) 등이 전자에 속한다면, 최장집(1985), 서관모(1988), 박현채·조희연(1991) 등의 입장은 후자에 가깝다. 구해근(1995)은 주변부 사회의 중간계급의 특성을 지적하면서 이들이 민주주의 이행 과정에서 핵심적인 역할을 수행했다고 평가한 바 있다.

과 요구, 혹은 이익의 사회적·정치적 구성'의 문제이며, 그것은 국가와 시민사회의 거시적 구조 및 관계에서 비롯된다. 자본주의 세계체제에서 외생적 자본주의 발전을 거친 나라에서는 개인주의, 혹은 시장경제가 외부에서 주어지고, 겔너(Gellner)가 말한 것처럼 비서구사회 일반이 그러하듯이 '시민사회'라는 것은 서구와 매우 다른 양상을 띠게 된다. 특히 한국처럼 자본주의 세계체제와 열국체제 내의 패권국가인 미국에 정치적 종속상태에 놓인 국가에서는 식민지 국가권력 혹은 독립 후의 국가권력이 '위로부터의 부르주아 혁명'을 추진하게 되고 지배계급의 대내적 자율성이 제한될 수밖에 없었다. 그래서 한국의 시민사회는 '부르주아' 사회의 경로를 거치지 않은 채 곧바로 대중사회로 진입하였으며, 지배집단은 시민사회에 기반을 두지 않은 채 지위를 획득해왔다는 점, 이익 갈등이 계급 갈등보다는 지위 갈등의 성격을 띠고 있다는 점,[9] 한국의 시민사회는 민주화의 추진세력이 아니었으며 오히려 민주화의 '결과'로서 발생했다는 점(한홍구, 2001)을 생각해본다면 한국의 민주화에서 중간층(계급), 노동계급의 역할은 한국에서 국가 / 시민사회의 관계를 먼저 이해한 뒤에 검토되어야 한다.

한국의 미성숙한 부르주아는 유럽, 혹은 남미의 후발국가의 경우처럼 토지 귀족들과 결합하지는 않았지만 국가 관료 즉 국가계급과 직접 결합하였다. 따라서 오랫동안 국가는 자본가의 역할을 대행하였으며, 시민사회 내부의 차이를 압도하였다. 노동계급이 일방적으로 배제된 상태에서 모든 형태의 저항운동은 재야세력, 학생들과 일부 도시 중간계급이 주도하였다. 이러한 주도성은 노동계급이 경제활동 인구 구성에서 중심적 집단으로 성장한 1980년대 중반 이후 상황에서도 그대로 지속되었다. 그러

---

9 박광주, 앞의 책, 621쪽. 그러나 이러한 단언은 상당한 실증적인 조사를 필요로 한다. 구해근은 최근 그의 저서에서 한국 노동자들의 투쟁을 신분 획득을 위한 열망으로 해석한 바 있다. 그러나 그에게서 계급과 신분의 문제는 다소 애매하게 처리되었다(구해근, 2002).

나 1980년대 중반 이후 이제 자본가계급은 국가의 후원을 받는 존재에서 벗어나 독자적 사회·정치집단으로 성장하기 시작하였다. 한국에서 지주 세력이 '사회적 존재'로 더 이상 존재하지 않는다고 본다면 이제 민주화는 단순히 군부 권위주의 정권의 퇴진 문제에 국한되는 것이 아니라 대외적으로는 국가의 자율성 문제, 대내적으로는 자본주의 발전 과정에서 자본의 힘을 어떻게 견제하는가의 문제, 즉 국가와 대기업 혹은 재벌 간의 관계를 어떻게 정립하느냐의 문제로 집약된다. 재벌개혁은 재벌의 힘이 어느 정도 국가에 의해 뒷받침될 수 있는 기회를 제한하는가의 문제, 혹은 재벌체제의 개혁 문제로 이전되어가기 시작했다. 최장집이 한국사회에서 민주주의를 공고화하는 문제는 재벌을 중심으로 하는 생산체제를 어떻게 개혁하는가와 불가분의 관계가 있다(최장집, 1996: 303)고 말한 것도 민주주의의 경제·사회적 기반의 중요성을 강조한 것이다.

3. 한국의 중간층과 민주화 운동

한국의 민주화와 관련하여 가장 빈번하게 제기되는 주장은 급속한 자본주의 산업화의 결과 광범위한 도시 중간층이 성장했고, 이들이 군부 권위주의 체제에 비판적인 태도를 취하게 되면서 민주화는 불가피한 대세가 되었다는 것이다. 이 점에서 1987년 6월 항쟁은 바로 중간층의 항의라고 보는 경향이 있다. 실제 6월 항쟁 당시 국민운동본부 발기인의 구성을 보면 이러한 점을 확인할 수 있다. 당시 발기인 2,191명 가운데 중간층에 속하는 종교인, 재야단체 지역대표, 여성계, 문화예술계 등이 대부분을 차지했고 농민운동과 노동운동을 대표하는 발기인은 210명에 불과하였다.[10]

---

10 윤상철, 1997, 131쪽.

공동대표나 집행위원장의 경우에도 그러한 경향은 두드러졌고, 심지어는 중상층으로 분류될 수 있는 대한변협의 변호사들도 대표단에 참가하였다. 그리고 6월 항쟁 당시의 가두시위에 상당수의 화이트칼라들이 참여했고, 이들의 '비폭력 평화 노선', 절차적 민주주의의 정상화 요구가 광범위한 중간층의 공감을 일으켜 이들이 가담한 것이 군사정권으로 하여금 무력 사용을 포기하게 만들었다는 것이다.

그러나 1987년 이전과는 분명히 다르지만 1989년 이후 권위주의 체제로의 회귀 과정에 과연 1987년 당시 민주화를 지지했던 중간층이 일정한 견제력을 행사했는가를 생각해보면 흔히 지적되는 중간계급의 이중성만으로 설명하기에는 뭔가 석연치 않은 점이 있다. 특히 1989년 전교조 교사 해직사태, 1990년 문익환 목사 방북사건을 전후한 노태우 정권의 공안정국 조성 과정에서 노골적으로 사용된 억압적 지배체제는 민주적 원칙을 심각하게 침해하는 조치였는데도 도시 중간층은 이에 대해 침묵하였으며, 구시대적 억압이 그대로 관철될 수 있었다. 1985년 2·12 총선에서 드러난 중간층의 야당 지지 성향과 1987년 6월 항쟁 당시 도시 중간층의 민주화 운동 지지와 1989년 이후 중간층의 침묵은 한국의 중간층이 권위주의 정치체제에는 다소 비판적인 태도를 취하고 있으나, 노동 탄압과 안보를 빌미로 한 억압에는 침묵한다는 점을 보여주고 있다. 과연 중간층이 자신이 '희생'하지 않아도 되는 선거 시의 투표 행동을 제외하고 '희생'이 따를지도 모르는 민주화 '운동'을 지지·참여했는가의 관점에서 생각해보면 그 성격을 보다 분명하게 알 수 있고, 이들이 과연 정치사회에서나 시민사회에서 하나의 '집단' 혹은 '세력'으로 존재하는가에 대해서도 궁극적인 답을 얻을 수 있다.

1987년 6월 항쟁 당시 국민운동본부의 구성원이 주로 중간층 출신이라는 지적도 제한적으로만 타당하다. 왜냐하면 이들은 출신 계층·계급의 대표라기보다는 1987년 이전부터 민주화 운동에 직접 간접으로 관련된 민통련 관계자들이라고 보는 것이 더 적절하기 때문이다. 이것은 한국에서 학생들의 정치 참여를 중간층의 정치 참여의 일종으로 볼 수 없는 것과 마찬가지이다. 당시 이들을 하나로 묶어준 것은 한국 중간층 특유의 가치관이나 정서라기보다는 군사정권 아래 민주화 운동을 함께한 데서 오는 연대의식이라고 보는 것이 더 정확하지 않을까 생각한다. 즉 국민운동본부는 분명히 노동계급과는 거리가 먼 구성인자들로 조직되었으며, 말 그대로 무정형의 국민을 대표한다고 보는 것이 적절할 것이다. 그리고 이들 구성원 중에서 실제 생산 현장이나 특정 직업 집단의 이해관계에 연관된 보통의 중간층 출신이 어느 정도 포함되어 있었는가 생각해보면 이 점은 더욱 분명하다.

6월 항쟁 당시 중간층의 무언의 지지는 분명히 6·29 선언을 이끌어낸 매우 중요한 힘의 원천이었지만, 자본주의 발전이 일정한 시점에 이른 당시의 도시 중간층의 지지가 1979년 부마사태나 1980년 광주 민주화 운동, 그리고 훨씬 더 거슬러 올라가 아직 본격적인 산업화가 시작되지 않아서 도시의 화이트칼라층이 본격적으로 형성되지 않았던 1960년 4·19 당시의 도시 중간층의 지지와 얼마나 다른 특징을 갖고 있었는가 생각해볼 필요가 있다. 즉 4·19 당시부터 도시 중간층은 여론 형성을 통해서 도전세력에게 힘을 실어주고, 독재정권을 양보하게 만드는 중요한 주체로 역할을 해왔다. 그래서 민주화는 분명히 중간층이 독재정권에 대한 지지를 철회했을 때 성공할 수 있었다. 그러나 이러한 '태도'의 '이반'은 이념적 조직적 리더십에 기초한 것과는 거리가 멀고, 적극적 혹은 소극적인 행동을 수반하지는 않았다. 6월 항쟁이 과거와 다른 점이 있다면 '넥타이 부대'가 직접 행동에 참가했다는 점인데, 이 넥타이 부대를 '계층·계급적 성격'을 띤 사회적 존재로 볼 것인지, 아니면 1970년대 이후 학생운동과 민주화 운동의 세례를 받은 '세대' 범주로 볼 것인지는 논란거리가 된다. 즉 넥타이 부대의 참여는 분명히 자유민주주의를 지향하는 중간층의 집단적 정서와 의식에 바탕을 둔 것이기는 하나, 그 리더들은 주로 학생운동 출신이었다는 점을 기억할 필요가 있다.

1990년 6월의 조사를 참고하면 중간층은 대체로 3공화국에 대해 긍정적인 시각을 견지한 것으로 나타난다. 이들은 3공화국이 "정치경제적으로 공로가 크다"(23퍼센트), 혹은 "정치적 과오가 있었지만 경제성장의 공로가 크다"(69퍼센트)고 보고 있는데,[11] 그것을 보면 이들이 왜 1990년 당시 공안정국 조성에 침묵했는지 이해할 수 있다. 이들은 박정희·전두환 정권의 독재·반민주·반인권에 대해 비판적이기는 하나, 안보 혹은 성장의 가치에 더 방점을 찍고 있기 때문에 민주주의의 가치와 안보 가치가 충돌한다면 후자를 선택할 준비가 되어 있었다. 민주화의 대의를 긍정하더라도 정부가 이들 저항세력이 국가안보와 경제성장을 저해할 수 있다고 강조하면서 강하게 탄압하면 운동세력의 편을 들기보다는 정권의 편을 들 가능성이 더 많았다. 이것은 한국의 중간층이 하나의 세력을 형성해서 민주화를 주도하기보다는 배후의 여론집단으로만 존재하였으며, 무정형의 집단으로서 이중적인 태도를 취해왔다는 점을 잘 보여준다.

존스(Jones)는 한국을 비롯한 동아시아의 중간층이 획일적인 국가 교육, 유교문화의 영향을 받았기 때문에 서구의 중간층과는 달리 자유주의적이지 않다고 강조한 바 있다(Jones, 1988). 그는 왜 한국, 대만, 말레이시아, 인도네시아의 중간층이 민주주의를 철저히 옹호하기보다는 '질서'를 강조하고, 권위주의 정권에 복종하는지를 물으면서 서구의 시민사회 개념이 동아시아에 적용될 수 없다는 점을 지적한다. 한국의 부르주아 계급 혹은 중간계급이 국가가 위로부터 민주적 제도를 도입하고 자본주의적 발전을 주도하는 조건에서 출생 당시부터 독자적 정치세력이나 이해집단으로 등장하지 못했으며, 유사 봉건제적 지배구조인 억압적인 지배체제

---

11 홍두승, 1992, 271쪽.

의 피해자라기보다는 수혜자였기 때문에 태생적으로 시민의식과 권리의식, 민주화의 신념으로 무장되지 않았던 존재라는 점은 분명하다. 다이아몬드(Diamond)가 지적했듯이 사회 이동이 활발한 사회에서 중간층은 노동자와 연대하기보다는 상승의 기대, 즉 부르주아를 계속 따라갈 수 있다고 생각하는데, 이러한 조건은 중간층을 정치적으로는 다소 비판적이지만 경제적으로는 매우 보수적인 존재로 만든다. 한편 정치문화의 차원에서 보더라도 중간층은 자신의 독자적인 이해관계만큼이나 도덕주의의 잣대로 정치 현실을 판단하는 경향이 있다. 이것은 흔히 알려진 것과는 달리 한국의 중간층과 자유주의의 상관성, 나아가 중간층과 시민의식의 상관성이 그다지 높지 않다는 것을 의미한다.

오히려 우리는 중간층이 정치적으로 의미있는 하나의 집단 혹은 계급을 구성하는가를 다시 물어볼 필요가 있다. 정영태의 조사를 보면 14대 대선에서 중간층은 그 자체로는 어떤 뚜렷한 투표 성향을 보여주지 않았다. 이들은 13대 대선에 비해 보수화한 경향을 보여주기는 했지만 자본가, 혹은 노동계급과 다른 투표 성향을 보여주지 않는 것으로 나타났다.[12] 다른 조사에서처럼 신중간층은 현 정치권에 대단히 비판적인 태도를 취하는 것으로 드러난다. 그러나 그러한 비판의식이 막상 투표장 앞에 가서는 결국 특정 인물에 대한 지지로 돌변해버린다. 오히려 당시 대선에서 중간층 중에서 전문직 종사자들이 진보적인 백기완 후보를 가장 많이 지지하고 있다는 사실도 주목할 만하다. 그런데 이것 역시 중간층의 진보성을 보여주는 것이라기보다는, 사회운동 경력이 있거나 비판적 시각을 지닌 전문직 일부의 진보성을 보여준다고 판단된다. 이것은 지금까지의 한국 선거 정치가 기본적으로 계급투표가 가능한 조건을 조성하지 못했기 때문일 수도 있다.

---

12 정영태, 1993.

만약 1990년대 이후 한국사회에서 도시 신중간층의 비중이 더 늘어났다는 가설을 인정한다면 우리는 한국의 중간층이 왜 민주주의의 확대, 심화를 지지하기보다는 개인주의, 자유주의 가치를 옹호하면서 점차 자본주의 사회문화 현실에 안주하게 되었는지를 설명할 수 있을 것이다. 그런데 그들은 권위주의 정권이 지배하던 1987년 이전에도 일관된 지향이나 기조를 갖는 '정치세력' 혹은 의미있는 사회집단으로 존재하지는 않았다. 이 점에서 1990년대 이후 NGO 운동의 등장은 광범위한 중간층의 지지 속에서 가능했다고 볼 수 있으나 그것을 '계층·계급 범주로서' 중간층이 주도한 운동으로 이해하기는 어렵다는 결론에 도달할 수 있다. 과거의 민주화 운동이 그러했듯이 이들 시민운동 역시 정치적으로는 상당한 영향력이 있으나 사회적 기반은 매우 취약하며 민주화 운동의 전면에 섰던 학생운동 출신, 지식인, 일부 전문직 종사자들의 강력한 리더십이 없이는 존재할 수 없었을 것이다. 문제는 민주화 운동과 관련하여 유의미한 주체는 계층·계급으로서의 중간층이 아니라 대체로 중간층 출신인 '조직된 운동집단'인 것이다.

4. 한국의 노동계급

1987년 이전까지 한국의 노동자들은 대체로 정치권력에는 복종했으며 사업장 단위로 임금 인상 요구나 노조 설립 투쟁을 전개하였다. 노동자의 탈정치화를 조장한 군사독재는 공식 노조를 어용화하되, 이들을 통해 하부의 일반 노동자들을 통제하였다. 정치적으로 노총에 대한 국가의 통제 강화는 노총의 보수적 상층 지도부의 폐쇄적 지배 블록 강화와 맞물려 있었다. 국가의 노조활동 통제가 강하면 어용 지도부는 조합원들과 분리될 수밖에 없었다. 1979년 YH사건, 1980년 사북 지역에서의 파업 시위 등 군사독재의 위기 혹은 이완기에 노동자들이 거센 저항운동을 벌인 사례가 있지만 이들이 정치적 사안을 매개로 하여 집단적 동원을 감행한 것은 아니었다. 학생 주도의 정치투쟁과 노동자들의 경제적 요구는 평행선을 그리며 진행되었다. 이것은 1987년 당시 6월 항쟁과 7·8월 대투쟁의 분리, 혹은 괴리로 나타났다.

기존의 조사연구는 6월 항쟁 당시 노동자들의 조직적인 참가는 미미했다는 점에 대해 별로 이견이 없다. 국민운동본부의 구성인자에서도 그러하거니와 운동 전개 과정에서도 노동자의 요구나 구호가 조직적으로 포함되지 않았다는 점을 통해서도 확인될 수 있다. 6월 항쟁 기간에 노동자들은 집단 혹은 조직으로서 참가한 것이 아니라 개인으로서 혹은 시민의 일원으로서 참가했다고 볼 수 있다. 브라질을 비롯한 제3세계 군부정권 퇴진 과정에서 노동자들이 매우 중요한 역할을 수행했다는 점을 감안하면 1987년 당시 한국 노동자들이 정치적 민주화 과정에서 했던 역할은 대단히 미약한 것이었다. 그것은 바로, 어용화한 공식 노조가 노동자들의 동원을 통제하고, 노동자가 정치적 관심을 갖지 못하도록 완벽하게 탈정치화해놓은 6·29 이전 권위주의 통치 상황에서 성장한 노동자들이 정치적 민주화 과정에서 사실상 어떠한 자발적, 집합적 주체로 역할을 하기 어려웠다는 점을 통해 설명할 수 있다.

그러나 문제는 한국 근대 역사상 가장 대규모의 집합적 노동동원 사례인 7·8·9월 대투쟁 당시에도 노동자들의 요구는 작업장 단위의 극히 온건한 차원에 머물러 있었다는 점이다. 대투쟁이 주로 작업장 단위로 전개되었다는 것은 노동자 요구의 경제적 성격과 동전의 양면을 이룬다. '대투쟁'은 지역사회는 물론 전국적인 정치 변동과도 완전히 절연된 상태에서 진행되었는데, 이것은 '대투쟁'이 정치적 파급력이 없었다는 것을 의미하는 것은 아니다. 3천여 건 이상의 파업이 전국적으로 전개되었다는 것은 국가 경제, 정치사회적으로 엄청난 사건이었으며, 참가자의 주관적인 요구 혹은 의지와 무관하게 이것은 한국의 기업주들과 지배계급에게 상당한 충격을 주었다. 특히 사업장 단위에서 노조 설립 붐, 회사 내에서 사용자의 전제적 권력이 이제 노동자들에게 일방적으로 강요될 수 없게 되었다는 사실은 바로 참가 노동자의 주관적 의미 부여와 무관하게 객관적으로 한국의 계급질서, 그리고 시민사회의 밀도(density), 나아가 정치적 역학관계에 영향을 미칠 수 있는 변화가 시작되었음을 뜻했다. 1987년 당시 8월 중순 이후 노동운동에 대한 공안기관, 검찰과 언론의 강경한 자세와 탄압은 이러한 위기의식의 반영이었다. 노동자 대투쟁은 그 집합성과 파괴력만으로도 한국사회에서 민주주의의 경제적 기반이라 할 수 있는 자본/노동의 거시적 관계에 심각한 충격을 준 것이다.

대투쟁으로 시민사회 내에 중요한 교두보가 마련된 것은 분명하고 그것은 민주주의 반대세력의 입지를 약화시킬 수 있는 기반이 되었다. 그러나 노동자의 '경제적' 지위가 약간 개선된 것과 작업장 내 사회적 지위가 향상된 것은 거시정치적 차원까지 연결되지는 않았다. 이것은 1988년의 노동법 개정투쟁의 좌절로 집약된다. 특히 대투쟁 직후의 13대 대통령 선거정치 정국, 1988년의 총선은 사업장 단위의 경제투쟁과 정치적 동원을 분리시키는 장치로 작동하였으며, 이들은 정치사회에서는 여전히 회사의 '종업원'으로 남아 있었다.

노동자들은 작업장에서 전제적인 체제가 강화되어가는 것에 대해 방어적인 저항을 하기는 했으나 작업장 정치를 조건짓는 거시정치와 권력관계에 눈을 돌리지는 못했다. 노동법 개악이나 탄압 일변도의 노동정책에 대해서도 수동적인 저항으로 일관하였다. 비록 생존을 위한 것이라고 하더라도 노동자들의 집합적인 저항투쟁은 자본의 힘을 약화시킬 수 있기 때문에 거시적으로 본다면 사회적 역학관계를 변화시킬 수 있는 잠재적 힘을 갖고 있다. 노동계급은 민주주의의 후퇴를 막는 교두보의 역할을 하였으나 실제로 이들의 투쟁은 대체로 탈정치적, 경제투쟁의 양상으로 전개되었기 때문에 이들의 대항력이 계급적 역학관계를 변화시키는 정도까지는 이르지 못했다. 노동자의 저항은 1987년 이전에 그러하였듯이 민주화 운동에서 극히 제한적인 역할만 담당했다. 정치적 민주화 운동과 경제적 민중운동의 괴리, 다시 말하면 민주화 운동은 대중적 기반이 취약하고 민중세력은 정치적 영향력을 갖지 못하는 이 괴리 현상은 1987년 이후 최근까지도 여전히 극복되지 않았다.

한국과 유사한 노동운동의 발전 경로를 겪은 브라질과 남아공화국에서는 노동운동이 권위주의 정권의 붕괴 과정에서 실질적인 역할을 담당했다는 점에서 출발부터 단순한 이익집단 운동이 아닌 사회운동의 성격을 띠고 있었다. 특히 브라질은 노동운동이 활성화하기 이전부터 존재했던 지역운동과 결합하여 지역, 전국적인 차원에서 성공적인 계급정치를 실천할 수 있었다.[13] 남아공화국은 계급적인 균열을 실제 정치사회를 압도해온 인종주의적인 균열과 효과적으로 결합하여 독재정권 붕괴 과정에서 노동운동이 매우 중요한 역할을 담당할 수 있었다. 한국은 1987년 6월 항쟁 당시 민주화 운동에 노동자들이 조직적으로 개입하지 못했으며, 그 후 전투적 노동운동이 작업장의 불평등 극복과 노동자의 지위 향상에는 크게 기여하였으나 노동운동의 사회운동적·정치적 성격은 비교적 취약했다. 이것이 바로 이들 나라에 비해 노동자계급의 정치조직화가 지지부진한 이유라 볼 수 있다.[14]

한국은 자본주의 공업화가 본격화하기 이전에 이미 보통선거, 의회와 법원 등 제도화한 민주주의 정치가 도입되어 실천되었기 때문에 동시대의 동아시아, 남미의 노동자들과 마찬가지로 노동자의 그 출생 시 정치적 환경 — 보통선거권의 완전한 확보 — 이 19, 20세기 초 유럽 노동자와는 근본적으로 판이하다. 이러한 조건에서는 노동자가 자기 계급적 이해만

---

13 Seidman, 1994.
14 김동춘, 2002.

을 내세우기보다는 중간계급 및 사회 일반의 요구를 수용하여 자신의 것과 결합함과 동시에, 처음부터 기성 정치 대표체제나 지역, 전국 단위 정치의 장에 적극적으로 개입함으로써 작업장 단위의 경제적 이익은 물론 사회세력화의 지평을 개척할 수 있다. 따라서 한국에서는 과거 유럽에서 계급 형성의 연속적인 과정으로 이해되었던 경제·사회 영역에서의 '계급'과 정치적 영역에서의 '계급'이 매우 단절적으로 나타나게 된다. 그리고 각각의 과정에 미치는 조건이나 변수들도 상이하다. 따라서 한국의 노동운동은 남북 분단, 지역주의를 비롯한 한국의 사회·정치적 균열 축을 정확하게 이해할 필요가 있다. 민주노동당이 등장하기는 했지만 한국사회에서 지역주의와 그것에 기반을 두고 있는 보수 정당의 독점구조는 계급정치의 실천과 노동자의 정치세력화를 가로막는 중요한 장벽이었다.

5. 비계급 사회 범주들의 역할과 한국 민주화 운동

1990년의 3당 합당, 노동조합법안의 폐기, 군조직법 날치기 처리, 금융실명제 유보 등 1990년대 초반 민주화의 성과를 원점으로 돌리는 제반 사건들은 1987년의 항쟁과 대투쟁이 시민사회 내에서 어떤 조직적·계급적 기반을 갖지 못한 채 추진되었다는 사실의 불가피한 귀결이었다. 특히 3당 합당은 지지 기반이나 정책이 겹치는 정당들의 연합이나 동맹이 아니라 정당 최상층부 정치인들의 비밀 담합이라 부를 수 있는데,[15] 이러한 상층 정치가들이 담합한 3당 합당이야말로 한국 정치가 사회적·계급적 기반을 갖지 못하고 있음을 적나라하게 보여주었으며, 중간층과 노동계급이 적어도 '정치적으로는' 여전히 '무정형'의 집단을 이루고 있음을 말해

---

15 최장집, 1996: 233.

주었다. 이렇게 본다면 군사독재 아래서 민주화 운동의 주체적 동력이 어떠했는가 하는 점이 바로 군부독재 퇴진 이후에도 여전히 결정적인 영향을 미치고 있음을 확인할 수 있다. 그것은 바로 민주화를 역전시키려는 힘에 대한 일상적 사회적 견제력의 결여, 그리고 민주주의의 확대·심화를 추진할 수 있는 정당 혹은 사회적 기초의 취약성으로 나타난다. 이러한 사회적 기반의 취약성은 민주화 운동이 재야 지식인의 주도와 학생 동원에 기초했다는 사실과 같은 차원에서 이해할 수 있다.

한국의 민주화 운동은 국가가 사회에 대해 압도적 우위에 서고, 극우 독재세력이 지배하고, 저항 정치세력이 완전히 소멸된 조건에서 출발했다. 한국에서 '재야'세력은 정치사회가 국가의 일부분으로 존재하고, 야당이 국가로부터 배제될 때가 많고, 시민사회의 자율성이 확보되지 않은 조건에서 제도 밖에서 정당 역할을 대신하는 엘리트 세력으로 등장했다. 그러나 '재야'의 존재는 한국의 도덕정치(moral politics)적 조건과 연관시켜야 제대로 파악될 수 있다. 계급정치가 사실상 차단된 분단의 조건에서 전근대적인 도덕정치는 새로운 방식으로 재편되어 군부독재에 반대하는 '비제도적인 지식인 정치'의 공간을 열어주었다.[16] 이 지식인 주도의 재야 정치는 유교문화의 지식인, 명사 집단의 영향력을 보여주는 것이기도 하고 '이익정치'가 아직 정착되지 않은 전환기적 정치사회 상황, 즉 위로부터 '이식된 근대화'로 지주세력이 소멸된 이후 산업사회의 새로운 '계급' 혹은 사회세력이 형성되지 않은 과도기 상황을 반영하기도 했다.

지식인 혹은 정치사회에서 배제된 일부 세력의 결집으로서 '재야' 세력은 '시민사회 내의 비시민'인 학생들의 동원과 투쟁 위에서 성립했다.

---

16 도덕정치는 정치적 갈등의 기반이 집단 간의 이해관계보다는 도덕적 명분과 정당성에 있는 정치질서를 말한다. 물론 이해관계, 권력투쟁을 도덕적 혹은 종교적 담론으로 포장하는 경우도 있을 것이다. 그러한 도덕적 포장이 가능한 것도 대중들이 이러한 도덕주의에 기초해서 세상을 바라보려고 하기 때문일 것이다. 조선시대의 도덕정치에 대해서는 김상준, 2001 참조.

1960년에서 1987년 사이에 가장 중요한 민주화 운동세력은 학생들이었다. 1970년대에서 1980년대 중반까지의 민주화 운동 관련 수형자들의 직업별 분포를 보면 우선 1970년에서 1979년 사이 전체 2,704명 중에서 학생과 청년이 1,197명으로 가장 많고, 노동·농업 관련자가 242명이며, 성직자가 82명이고 종교단체 종사자 50명, 언론인·문인이 82명, 회사원·연구원 70명, 교직자가 52명, 빈민이 43명이다. 학생·청년, 성직자, 언론인·문인, 교직자를 모두 지식인으로 본다면 1970년대 민주화 운동은 지식인과 준지식인인 학생들에 의해 추동되었다고 볼 수 있다. 노동자·농민·빈민 등 민중세력의 비중은 적어도 구속자 수에 관한 한 10퍼센트를 넘지 못하고 있다. 그러나 1980년에서 1985년 사이에는 전체 구속자 3,291명 중에서 학생·청년이 1,981명, 성직자가 6명, 종교단체 종사자 23명, 언론인·문인이 35명, 교직이 53명 등을 차지하지만 노동·농업이 490명을 차지하고 있어서 학생·청년의 비중이 여전히 높기는 하지만 1970년대에 비해서는 줄어들고 그 대신 민중세력의 비중이 높아지는 것을 확인할 수 있다.[17] 결국 1970년에서 1985년 사이 민주화 운동은 학생·청년·지식인 등 생산현장과 시민사회 내의 경제적 이해관계와 거리를 둔 집단이 주도했다는 점을 분명히 확인할 수 있다. 물론 1987년 6월 항쟁 당시 최대의 동원세력도 학생이었다. 서울의 일부 화이트칼라를 제외하고, 서울을 비롯한 전국의 대도시에서 발생한 시위는 학생들이 조직하고 추진한 것이었다.

그렇다면 도시 중간층, 학생, 혹은 재야세력은 어떤 조건에서 어떻게 결합되어 민주화의 성과를 얻어냈는가? 우선 이들은 교육이 매우 중요한 사회적 힘(social power)의 원천인 한국사회에서 교육받은 층이라는 공통점을 갖고 있다. 둘째로 이들을 특정 정치적 국면에서 하나로 묶어주는 것은 이들의 '이해관계'보다는 '도덕적 명분' 및 매우 느슨한 형태로 존재하

---

17 NCC인권위원회, 『1970년대 한국의 민주화 운동 3』, 2067~2068.

는 독재에 대한 거부와 민주주의에 대한 기대와 열망이었다. 지식인 지배자 / 저항 지식인(성균관 유생, 재야 학자)의 동원의 정치 패턴은 이미 조선시대부터 존재했는데, 이것은 '백성'의 완전한 배제와 탈정치화라는 조건 속에서 가능했다. 백성은 '예외적인 경우'를 제외하고는 자신의 불만과 정치적인 의견을 이들 '저항 지식인'에게 위임하였고, 저항 지식인은 자신이 참여하지 않으면 안 된다는 분명한 사명감과 도덕적 의무감을 갖고 있었다. 그것은 바로 '배운 사람의 책무'를 느낀 전통적 정치의식에서 비롯된 것이라고 볼 수 있다.

전통사회에서 이들 저항 엘리트의 개인적 집합적 항의는 근대사회에 들어서서 지식인, 학생의 저항으로 변형되었다. 이들의 저항은 무정형의 대중의 '민심 이반'의 힘을 입어 정치 변동의 동인으로 작용했는데, 1960년 4·19를 계기로 하여 '민심'은 분명한 행동의 주체로 부각되었다. 즉 도시 중간계급과 저항 엘리트의 결합은 1960년 4·19 이후 1987년 6월 항쟁까지 민주화의 주요 동력이었는데, 여기서 운동의 기반은 경제적인 것보다는 정치적인 것, 즉 정치적 억압에 대한 비판과 도덕적 분노가 결합된 것이었다. 이 상황에서도 도시 중간층은 비판적 여론 형성의 주역이기는 했으나 행동의 주체는 아니었다. 이들은 권위주의 정권의 붕괴 혹은 이완 국면에서 새로운 불만세력과 이익집단이 등장하는 길을 열어주기는 했으나 이들 스스로가 민주화의 직접 참여자로 변신하지는 않았다. 즉 중간층은 권위주의 정권이 양보 조치를 취하자마자 선거 이외의 방법으로는 정치에 참여하지 않는, 혹은 참여할 방도를 알지 못하는, 무정형의 대중으로 되돌아갔다. 중간층의 이러한 행동은 4·19 이후 학생들이 학원 민주화 운동, 신생활운동과 통일운동, 1987년 6·29 직후에 새로운 정치참여 활동과 통일운동을 전개한 것과 대조적이다. 즉 일부 이익집단을 제외하고 민주화 운동의 대의를 계승할 수 있는 '공공 영역 참여'는 별로 진행되지 않았다. 이것이 바로 한국의 중간층을 민주화 운동의 주도세력이라고 자리매김할 수 없는 중요한 이유다.

결국 외형적으로 볼 때 한국 민주화 운동의 선두에 서서 가장 큰 역할을 한 집단 혹은 세력은 계급적 기초를 갖지 않은 학생, 지식인, 학생운동 경력이 있는 일부 중간층이라는 점을 확인할 수 있다. 학생과 지식인은 바로 이러한 무정형의 시민사회를 대표하여 시민사회의 정치적 요구를 전달하는 역할을 해왔다. 이들의 정치적 역할은 4·19에서 1987년 6월 항쟁까지는 시위, 조직적인 저항운동 등으로 표현되었으며, 1990년대 이후에는 일부 진보정치 운동으로, 대안적인 운동 노선 모색, 그리고 나머지는 시민운동 참여 등의 방식으로 드러나고 있다. 과거 한국의 지배질서가 반민주적이고 권위적이라면 그것의 기초는 계급권력에 있다기보다는 계급관계에서 상대적으로 자율적인 국가권력에 기인한다고 볼 수 있다. 따라서 이러한 정치권력에 대한 견제 역시 계급적 기반을 갖고서 진행되었다기보다는 '국민적 기초'와 '도덕적 기초'를 갖고 있으며, 그 주도세력은 계급 외적인 정치세력 즉 하나의 사회적 범주라 할 수 있는 학생과 지식인의 도전이 주를 이루었다.

6. 맺음말: '사회적 힘'의 원천과 민주화의 한계

우리는 1987년 이전까지 한국의 민주화 운동을 이끌어나갔던 사회적 힘이 이해관계의 결집력보다는 무정형의 불만을 동원하고 조직화할 수 있는 힘, 그리고 주도세력의 '도덕적 힘'에 상당 부분 기초해 있었다는 것을 확인할 수 있었다. 그런데 불만에 기초한 반사적 동원을 단순히 전근대적인 저항방식이라고 치부하기는 어렵다. 학생과 지식인이 중요한 역할을 한 것은 그들이 정치적 비전을 제시할 수 있었기 때문에서라기보다는 그들이 시민사회 내의 이해관계와 거리를 두고 있다는 사실, 즉 도덕적 순수성을 견지한 점에 있었다고 볼 수 있다. 이것은 '도덕정치'의 논리가 이익의 충돌이 매우 노골화된 현재의 한국사회에서도 여전히 작동하고 있음을 말해준다. 물론 이것은 사회에 대한 국가의 우위, 정치사회와 시민사회의 분리, 중간층과 노동자계급이 자신의 이해관계를 정치적으로 결집하지 못하는 정치적 공간 속에서 대단히 큰 힘을 발휘할 수 있다. 따라서 이해관계를 중심으로 계급 간의 이익의 분화가 본격적으로 진행되고, 무엇보다도 지배계급이 보다 충실하게 자신의 이익을 정치적·사회적으로 표현하기 시작한 1987년 이후 이들 사회세력의 역할은 축소될 수밖에 없었다. 그것은 1987년 이후 무정형의 도시 신중간층, 여촌야도(與村野都)의 정치적 성향을 전형적으로 내보였던 도시 거주민 중에서 이제 확실하게 자본 혹은 지배계급의 이익을 일관되게 옹호하는 집단이 형성되었다는 것을 말해준다.

그러나 1987년 이후 정치적 힘의 원천이 되는 '사회적 힘'의 조성 과정에서 사회적 균열선 가운데 지역 간의 균열, 즉 지역주의는 계급적 균열/유대를 압도해왔다. 중간층과 노동계급은 모두가 이러한 지역주의라는 사회적 힘의 포로가 되었다. 이것은 1987년 6월 항쟁이 중간층의 사회적 힘에 기초하지 않은 데서 기인한 것이고, 1987년 노동자 대투쟁이 사업장 단위의 노동자의 힘을 보여주는 데는 성공했지만 작업장 밖의 시민사회로 그 힘을 확대시키지 못한 데서 기인한다. 정당과 정치 지도자가 권력 창출을 위해 위로부터 조성하는 '지역'이라는 사회적 힘이 아래로부터 맹아적으로 조성되는 '사회적 힘'을 압도한 것이다. 이러한 조건에서 '계급적 결집'을 전제로 하는 진보정치 운동은 지식인·활동가의 운동으로 제한될 수밖에 없었다. 노동자와 일부 중간층의 정치사회적 동원을 전제로 하는 진보정치 운동은 선거정치에서 영향력을 획득할 수 없었으며, 시민운동은 대중적 동원을 이끌어내는 데 별로 성공하지 못했다. 2000년의 4·13 총선은 한국 특유의 유교적 도덕정치의 전통과 1980년대적 민주화 운동의 전통이 결합되어 대중의 지지를 이끌어낸 제2의 6월 항쟁이었다.

　그러나 '재야' '학생' '지식인' 등 엘리트의 도덕적 자원을 무기로 한 제한적인 정치적 민주화는 이들을 뒷받침할 수 있는 사회적 힘이 결여되어 있기 때문에 정당과 시민사회의 분리를 지속시켰으며, 이들 엘리트가 자기들에게 부여된 사회적 자원을 곧바로 정치적 자원으로 변화시키는 것을 막을 수 없었다. 이러한 엘리트의 변신은 사회적 힘의 정치적 힘으로의 전화라는 점에서 긍정적이기는 하나, 그것이 전적으로 개인적 차원에서 발생한 것이며, 정치사회의 변화를 수반하지 않았고, 시민사회의 정치적 불신을 오히려 가중시켰다는 점에서 결국 민주화의 확대에 긍정적인 영향을 미치지 않았다고 볼 수 있다.

　최장집은 "신중산층 중심의 시민운동의 때 이른 확산과 노동운동의 일시적 약화는 서로 연결되어 있는 현상이다"[18]라고 지적한 바 있다. 1990년대 초반 이후 시민운동의 확산은 중간계급의 정치적 각성과 새로운 방식의 사회 참여나 정치 참여의 확산, 혹은 정치 역량의 증대를 반영하기보다는 노동계급의 취약성, 노동조합의 이익집단적 성격의 강화에 대한 예전의 저항 엘리트의 새로운 방식의 조직화라 볼 수 있다. 1987년 이전까지의 국가 중심주의가 후퇴하면서 생겨난 공간이 중간층, 혹은 탈계급적 민주화 담론에 유리하게 작용하기 때문이다. 이것은 과거의 민주화 운동이 그러했듯이 1990년대의 시민운동 역시 중간층의 확고한 기반 위에 서 있지 않다는 말이 된다. 1990년대 중반 이후 급속히 성장한 시민운동의 발언권과 영향력은 시민운동 자체의 동원력에서 나오는 것이라기보다는 그간의 국가/시민사회의 관계, 혹은 지배/피지배 관계 아래에서 자유주의적 이념과 가치를 갖는 중간계급의 목소리, 시민운동의 목소리가 확대될 수 있는 조건이 마련되었기 때문이다. 중간층의 시각과 세계관을 표현하

---

18 최장집, 앞의 책, 356쪽.

는 시민단체에 실제 중간층의 참여가 저조한 사실로도 알 수 있듯이, 전쟁, 경제위기 등 국가적 위기가 재발할 경우 시민사회나 민주주의가 급격히 위축될 가능성이 있으며, 의약분업에 반대한 의사파업에서 볼 수 있었듯이 강력하게 조직된 이해집단의 등장에 따라 크게 약화될 수도 있다.

더구나 1990년대 이후 지구화와 신자유주의가 더욱 확산되면서, 이제 민주화라는 상징은 경제 영역, 사회 영역에서의 힘겨루기 문제로 변하기 시작했다. 노동조합의 성장에 따라 작업장에서의 민주화는 부분적으로 진척되었고, 지방자치제의 실시로 중앙권력의 독점도 어느 정도 견제되고 있다. 그러나 민주화 이후 시민사회의 확대는 '시민운동'을 성장시키는 데 기여했다기보다 재벌과 보수 언론의 시대를 열어주었다. 즉 사회세력 기반을 갖지 못한 민주화 운동의 성과는 무정형의 국민들에게는 상징적인 보상만 가져다주었지만 시장경제에서 우위를 점하는 세력에게는 본격적인 기회를 제공해주었다. 1988년 이후 계속 반복되는 선거에서 다수의 국민들은 여전히 권력 교체, 물가, 경제안정 등 피상적인 정치경제 쟁점과 지역주의 대립구도에 사로잡혀 있었으나, 재벌과 자본은 보다 분명하게 자기 '이해'를 조직화하였으며 그 결과 민주화의 확대 심화 노력은 자유화 담론에 패배를 거듭하게 되었다. 노동자들은 사업장의 문제에서는 대단히 강한 투쟁력을 보여주었으나 정치적으로는 극히 파편화된 존재로 남아 있었으며 지배집단이 유포한 의견을 언론시장의 70퍼센트 이상을 차지하는 보수 언론을 통해 여과 없이 받아들였다.

결국 1987년 이전까지 민주화 운동의 주도세력을 정확하게 이해하는 것만이 1990년대 이후 민주화의 굴절을 읽을 수 있는 길이며, 장차 민주주의 심화·확대를 위해서 어떠한 사회적 기반이 마련되어야 하는가를 판단할 수 있는 근거가 된다.

| 참고문헌 |

구해근, 신광영 옮김, 『한국 노동계급의 형성』, 창비, 2002.

김동춘, 「한국 자본주의의 성격과 지배질서: 안보국가, 시장, 가족」, 한국산업사회연구
회 엮음, 『한국사회의 변동』, 한울, 1994.

_____, 『한국사회 노동자연구』, 역사비평사, 1995.

_____, 「1980년대 민주변혁운동의 성장과 그 성격」, 학술단체협의회 엮음, 『6월 민주
항쟁과 한국사회 10년 1』 당대, 1997.

_____, 「민주주의와 시민단체, 시민운동」, 고대 아세아문제연구소 제1회 민주주의
포럼, 2001.

김상준, 「조선시대의 예송과 모럴 폴리틱」, 『한국사회학』, 제35집 2호, 2001.

김준, 「1980년의 정세발전과 대립구조」, 정해구 외, 『광주민중항쟁연구』, 사계절,
1990.

랜즈버그, 마티 하트, 「5·18의 교훈, 민주적인 발전 촉진하기」, 학술단체협의회 엮음,
『5·18은 끝났는가: 5·18 민중항쟁과 한국사회의 진로』, 푸른숲, 1999.

박철규, 「5·18 민중항쟁과 부마항쟁」, 학술단체협의회 엮음, 『5·18은 끝났는가: 5·18
민중항쟁과 한국사회의 진로』, 푸른숲, 1999, 179쪽.

서울노동운동연합, 『선봉에 서서: 6월 노동자 연대투쟁의 기록』, 돌베개, 1986.

손호철, 『신자유주의 시대의 한국정치』, 푸른숲, 1999.

신동아 편집부, 『선언으로 본 80년대 민족·민주운동』, 동아일보사, 1990.

윤상철, 『1980년대 한국의 민주화 이행의 과정』, 서울대학교 출판부, 1987.

이남영 편, 『한국의 선거』, 나남, 1993.

이신행, 『한국의 사회운동과 정치변동』, 민음사, 1997.

이태호, 『80년대의 상황과 논리』, 아침, 1984.

_____, 『노동현장의 진실』, 금문당, 1986.

이효선, 「사회개혁과 중간집단의 역할」, 일랑 고영복 교수 화갑기념 논문집 간행위원

회, 『사회운동과 사회계급: 일랑 고영복 교수 화갑기념 논총 1』, 전예원, 1988.

임영일, 「한국의 산업화와 계급정치」, 한국사회학회·한국정치학회, 『한국의 국가와 시민사회』, 한울, 1992.

정영태, 「계급별 투표 행태를 통해 본 14대 대선」, 이남영 엮음, 『한국의 선거』, 나남, 1993.

정해구, 「한국 민주변혁운동과 5·18 민중항쟁」, 학술단체협의회 엮음, 『5·18은 끝났는가: 5·18 민중항쟁과 한국사회의 진로』, 푸른숲, 1999.

조현연, 「6월 민주항쟁의 이념, 주체, 전략」, 학술단체협의회 엮음, 『6월 민주항쟁과 한국사회 10년』 1, 당대, 1997.

조희연, 「80년대 민주화 운동과 체제논쟁」, 『현대 한국 체제논쟁사 연구』, 한국정신문화연구원, 1992.

최장집, 『한국 민주주의의 조건과 전망』, 나남, 1996.

_____, 「한국 민주화 운동의 민족사적 세계사적 의의」, 한국정치학회, 『한국 민주화 운동의 민족사적 세계사적 의의』, 2000. 5. 20.

한국기독교교회협의회 인권위원회, 『우리들의 딸 권양』, 민중사, 1997.

한상진, 「민중과 중산층의 귀속의식에 관한 연구」, 일랑 고영복 교수 화갑기념 논문집 간행위원회, 앞의 책, 1988.

_____, 『중민이론의 탐색』, 문학과지성사, 1991.

한완상·권태환·홍두승, 『한국의 중간계급: 이행기의 한국사회 조사자료집』 2, 한국일보사, 1988.

한홍구, 「한국 시민사회의 역사성」, 참여사회연구소, 『시민과 세계』, 창간호, 2001.

홍두승, 「중산층의 성장과 사회변동」, 한국사회학회·한국정치학회, 『한국의 국가와 시민사회』, 한울, 1992.

Davis, Mike, *Prisoners of American Dream*, Verso/NLB, 1986(김영희·한기욱 옮김, 『미국의 꿈에 갇힌 사람들』, 창비, 1994).

Deyo, Frederic, *Dependent Development and Industrial Order: An Asian Case*, New
  York: Praeger, 1984.

Gellner, Ernest, *Conditions of Liberty: Civil Society and Its Rivals*, New York: Allen
  Lane: Penguin Press, 1994.

Jones, David Martin, "Democratization, Civil Society and Illiberal Middle Class Culture
  in Pacific Asia," *Comparative Politics*, January 1998.

Lipset, Seymour Martin and Gary Marks, *It Didn't Happen Here: Why Socialism Failed
  in the United States*, New York: W.W. Norton & Company, 2000.

Lyman, Stanford M, ed., *Social Movements, Critiques, Concepts, Case-Studies*, New
  York: New York University Press, 1995.

McCarthy, John and Mayer N. Zald, "Resource Mobilization and Social Movements: A
  Partial Theory," *American Journal of Sociology*, Vol. 82, No. 6, 1977.

Przeworski, Adam, *Capitalism and Social Democracy*, Cambridge University Press,
  1985.

Przeworski, Adam & John Sprague, *Paper Stones: A History of Electoral Socialism*,
  Chicago: University of Chicago Press, 1986.

Seidman, Gay W., *Manufacturing Militance: Worker's Movements in Brazil and South
  Africa, 1970~1985*, Los Angeles: University of California Press, 1994.

Slater, David, "New Social Movements and Old Political Questions," *International
  Journal of Political Economy*, Spring 1991.

Valenzuela, J. Samuel, "Labor Movements in Transitions to Democracy: A Framework
  for Analysis," *Comparative Politics*, Vol. 21, No. 4, 1989.

_____, "Labor Movement and Political Systems: A Conceptual and Typological
  Analysis," *Working Paper #167*, December 1991.

Webster, Eddie, "The Rise of Social Movement Unionism: The Two Faces of the
  Black Trade Union Movement in South Africa," P. Frankel et al., eds., *State*,

Resistance and Change in South Africa, London: Croom Helm, 1988.

Zeitlin, Maurice, "On Classes, Class Conflict, and the State: An Introductory Note," *Classes, Class Conflict, and the State*, Winthrop Publishers Inc., 1980.

21세기에는 학벌주의가 사라져야 한다[*]

대학 서열화 극복을 위한 대학개혁

우리 사회에서 학벌주의의 폐해나 문제점에 대한 공감대는 확산되어가고 있으나 그것에 대한 대안 마련과 실천은 아직 초보적인 단계에 있다. 학벌주의보다는 대학 경쟁력 강화가 우선이라는 주장이 사회적으로는 더욱 강한 힘을 갖고 있는 것도 사실이다. 대학 경쟁력이 무엇인가에 대해서는 별도로 논의가 필요하지만, '경쟁력 강화'를 위해서도 학벌주의 극복은 전제조건이라는 것이 이 글의 핵심이다. 고교 시절 내신과 수능 점수가 우

---

[*] 이 글은 애초에 한국교육개발원의 내부 세미나(2002년 7월 30일)에서 발표될 예정이었으나 한국교육개발원 측의 사정으로 발표회가 연기된 이후 같은 기관에서 2002년 9월 13일 '학력, 학벌주의 극복을 위한 정책협의회'의 형식으로 발표한 것이다. 여기서는 그 발표문을 약간 손을 보고 싶었다. 당일 발표 자리에서 이화여자대학교의 오욱환 교수가 좋은 반론과 지적을 한 바 있다. 그는 필자의 글과 정영섭 교수의 글에 대해 전문가로서의 자문보다는 논객으로서의 비판과 단죄에 더 치중하였다고 비판하였다. 필자가 대학교육 관련 전문가가 아니고 이 글이 논증보다는 주장에 치중하고 있으므로 부분적으로 그의 지적에 동의한다. 그러나 한국 교육학자들이 이러한 문제의 심각성을 지적하거나 본격적으로 연구한 예가 드문데, 그 세미나에서도 정치학자, 경제학자, 사회학자가 발표자로 나서서 문제제기를 한 것에 대해서는 교육학자들도 한번 새겨볼 필요가 있다고 생각한다. 이 글을 발표한 이후 '학벌없는사회' 등의 시민사회단체 모임에서도 유사한 주제로 발표를 한 바 있다. 2003년 경상대 정진상 교수가 '국립대 통합네트워크'라는 훨씬 더 진전되고 구체적인 구상을 발표하고 김상봉 교수는 '학벌사회'라는 개념을 제기하면서 이 문제를 더욱 천착했는데(김상봉, 『학벌사회: 사회적 주체성에 대한 철학적 탐구』, 한길사, 2004), 필자는 그들과 많은 문제의식을 공유하고 있다(정진상, 『국립대 통합네트워크: 입시 지옥과 학벌사회를 넘어서』, 책세상, 2004).

수한 학생을 독점하는 것이 대학의 사활을 좌우하는 현재 한국의 대학교육 상황을 극복하지 않는다면 대학 '경쟁력' 향상은 공염불에 그칠 것이다. 이 경우 경쟁력 있는 대학은 살아남아도 대학교육은 살아나지 못할 것이고, 한국 교육의 미래는 더욱 어두워질 것이다.

학벌주의를 어떻게 정의하고, 그것이 왜 발생했는가에 대한 진단이 상이하기 때문에 대안에 대한 시각 역시 차이가 있다. 여기서는 필자가 보는 학벌주의의 발생 배경을 우선 언급하고 주로 대학개혁을 중심으로 그것의 극복 방안을 몇 가지 제시하기로 한다. 그러나 이 글은 엄밀한 사회과학적 조사연구에 기초한 것이 아니며, 외국의 대학 혹은 학제와 한국의 것을 충분히 비교 분석한 토대 위에서 작성된 것이 아니므로 다분히 시론적이며 아이디어 제시 수준에 그치고 있다는 것을 먼저 밝혀두고자 한다.

1. '학벌주의'의 개념과 발생 배경

학벌주의에 대해 문제의식이 남다른 한완상 전 교육인적자원부 장관은 학벌주의 타파를 최대의 역점 사업으로 두면서 학벌주의란 "어느 특정 대학을 나와야 출세를 보장받을 수 있는 신념"이라고 정의한 바 있다. 이러한 정의에 기초하여 2001년 교육부는 학벌주의를 "학벌 문화, 즉 사람들의 사고방식과 태도"로 보았다. 그러나 학벌주의는 가치관, 태도, 사고방식이기 이전에 그것을 뒷받침해주는 제도와 관행, 즉 각종 선발, 입직과 승진에서 졸업 자격증, 특정 대학 졸업장을 선택하는 제도적 장치들과 반드시 결부되어 있다. 제도와 의식은 분리되기 어려우며 어느 것이 더 우선하는가를 판별하는 것도 쉬운 일은 아니지만, 교육부에서 말하듯이 학벌주의를 단순히 의식 혹은 문화라고 보기는 어렵다는 이야기다. 필자는 학벌주의는 우선 정치적 지배질서의 한 부분이며, 강하게 고착된 제도와 관행이며, 동시에 가치관·태도라고 보고 있다.

학벌주의는 특정 대학 졸업장이 지위와 보상 획득의 가장 결정적인 수단으로 통용되고, 특정 대학·고교 출신자들이 지배집단 내에 카르텔과 네트워크를 형성하여 그들이 누리고 있는 권력과 자원, 그리고 그들에게 유리하게 작용하는 질서를 영속시키고, 모든 사회 구성원들을 그들의 카르텔에 진입하기 위한 경쟁으로 내모는 정치사회 질서라 정의할 수 있다.

여기서 학벌주의가 우선 지배질서라고 보는 이유는, 한국사회에서 지배층의 구성원이 특정 대학의 출신자들로 독점되어 있어서 특정 대학의 입학이 곧 지배층으로 진입하는 중요한 자격증이 되고, 또 그것이 사회적으로 정당화되기 때문이다. 이 점에서 학벌주의는 학력주의(credentialism)와 더불어 한국사회에서 권력 재생산의 가장 중요한 기제이다. 특정 학교의 졸업장 취득이 지배층이 될 수 있는 중요한 관문이고, 학벌의 취득 과정이 당사자는 물론 경쟁에서 패배하는 사람을 포함한 대다수의 구성원들에게 자발적으로 승인되고, 그러한 자격을 취득하지 못한 사람들이 그러한 지배체제에 복종하게 된다는 점에서 학벌의 취득이 정치사회 지배질서의 재생산 기제라 볼 수 있다는 것이다.

이것은 한국의 학벌주의가 학력사회론, 인적자본론, 학력주의 등으로 개념화되는 현대 자본주의 사회에서의 학력주의 질서에 일차적으로 기초해 있음을 말해준다. 자본주의 사회에서 학력은 일종의 문화자본으로서 높은 지위와 보상 등 지배집단이 누릴 수 있는 희소재를 얻는 결정적인 수단이다. 학력주의가 공개 경쟁과 능력주의라는 자유주의의 논리에 기초해 있는 것처럼, 학벌주의 역시 기저에는 이러한 학력주의적 정당화 논리가 있다. 학력주의가 교육의 기회 균등이라는 신화, 선발 시험의 공정성과 합리성이라는 신화를 통해서 자본주의 사회의 불평등과 권력독점을 정당화하는 것처럼 학벌주의도 일차적으로는 그러한 신화에 근거해서 정당화되고 있다.

자본주의 시장경제와 학력차별은 그 자체로 모순인 것처럼 보이지만, 실제 국가·사회 차원에서 자본주의 경제질서와 계층구조는 학력주의에 기초해 있다. 학력사회라는 개념이 존재하는 것도 바로 이 때문이다. 학력, 혹은 전문가로서 대접을 받을 수 있는 자격증은 그 자체로 높은 보상을 이끌어낼 수 있는 하나의 재산, 부르디외(Bourdieu)가 말하는 문화적 자본이 되고 특정 학교 출신들이 카르텔을 형성하면 그 학교 출신자들은 사회적 자본(social capital)을 갖는 것이 되기 때문이다. 만약 특정 학교의 졸업장이 이러한 문화·사회적 자본의 역할을 한다면 그러한 자본 획득을 둘러싼 치열한 경쟁은 불가피할 것이다. 모든 사람에게 그 자격증을 부여해줄 수 없는 것은 당연한 일이므로, 자격을 획득하기 위한 치열한 경쟁, 그리고 자격 획득 과정에서 상당한 희생을 요구하게 될 것이다. 자격 획득을 위한 시험과 수련 과정은 바로 차별을 합법화하고 제도화하는 과정이다. 자격증이 있는 사람들에게 각종 기득권을 부여해주면서, 그러한 자격증이 없는 사람들을 배제하는 체제이다.

그런데 한국에서 학력차별이 학벌주의로 변하게 되는 이유는 학력을 취득할 수 있는 평가의 기회가 대부분은 대학 입학시험 한 번으로 거의 제한되어 있고, 입학이 곧 졸업을 보장하는 한국에서 일단 특정 대학의 졸업장을 갖게 된 사람들이 동문들 모임의 내부자(insiders)로서 행세하면서 동문이 아닌 외부자(outsiders)에 대해 벽을 쌓은 다음, 자유로운 진입이나 공개적인 경쟁의 기회를 사실상 제한하거나 박탈하여 자신이 누리고 있는 기득권을 계속 유지하려 하기 때문이다.

학벌주의는 공개적인 경쟁과 평가의 기회를 제한하고, 능력과 공개적인 경쟁에 기초한 인재 등용의 기회를 차단하고, 특정 학력과 특정 학교 졸업자의 자격을 평생 지울 수 없는 신분으로 만든다는 점에서 학력주의와는 차이가 있다고 볼 수 있다. 만약 학력차별, 학력 '간판' 소유 여부를 기준으로 한 차별이 넘어설 수 없을 만큼 높은 장벽을 쌓아두고 있다면 그것은 새로운 형태의 유사 신분제도로 기능하게 될 것이다. 우선 젊은 시절 노력과 행운으로 그러한 신분을 획득한 사람은 프리미엄을 갖고 있기 때문에 극단적으로는 일단 그 간판만 획득한다면 별로 노력하지 않아도 쉽게 지위를 획득할 수 있고, 회사나 조직에서도 승진의 사다리를 탈 수 있다. 반면 한때의 실수나 불행으로 그러한 신분을 획득하지 못한 사람은 그 뒤 아무리 노력해도 그와 동등한 지위에 올라가기가 어렵다.

앞에서 언급한 것처럼 학벌주의는 학력주의와 마찬가지로 자본주의 정치경제 질서의 산물이다. 전통적인 신분제가 몰락한 이후 사회적 희소재의 배분과 사회적 재생산을 위해 특정한 학력의 취득이 가장 중요한 '자격' 획득 수단으로 등장한 현대사회에서 나타난 현상이다. 이 점에서 모든 현대사회, 자본주의 사회는 정도의 차이는 있지만 기본적으로 학력주의 사회라 볼 수 있을 것이다. 그리고 현대사회는 높은 경쟁을 통해서 획득한 학력과 특정 대학의 졸업장이 객관적인 능력 인정 혹은 내부자의 네트워크 형성을 통해서 일정한 학벌 카르텔을 구축하고 있다는 점에서 어느 정도는 학벌주의 사회이다. 자본주의 시장경제는 자본의 힘과 더불어 교육을 통해 획득된 학력 자격 논리에 기초해 있다고 볼 수 있다.

그러나 학력 혹은 학벌이 '사회적 화폐'로 통용되는 것은 근대적 국가 교육체제, 국가의 보증에 의한 것이다. 학력 혹은 자격증 소유를 통한 차별과 배제는 사회적으로 공인받기 이전에 일차적으로는 최고의 보증자인 국가권력에 의해 보증된다. 현대사회의 공교육은 바로 이러한 기능을 담당하고 있다. 국가는 자격증 제도를 실시하여 특정한 직업을 얻을 수 있는 사람과 얻을 수 없는 사람을 구분해낸다. 그중에서도 가장 중요한 것은 국가 관리의 자격증 부여이다. 국가기관을 운영하는 공무원을 어떻게 선발하는가 하는 문제는 국가의 질서 유지, 물적 자원의 배분과 관련하여 가장 중요한 문제이다. 국가의 관리 선발 문제는 바로 국가 계급, 즉 전통사회의 신분과는 상이하지만 자본주의 사회에서 사실상 특권 신분으로 활동하는 새로운 지위 집단을 만들어내게 된다.

　모든 정치사회에서 가장 중요한 문제는 그 사회에서 누가 지배자, 기득 권 세력의 지위를 차지하게 되는가의 문제인데, 그 과정에서 국가가 교육 과정에 개입하여 지배자가 될 수 있는 자격을 미리 제한한다. 특히 후발 자본주의 국가에서 산업자본가보다는 관리, 정치가가 지배자로서 더 중 요한 지위를 차지하는 경우, 관리 양성과 정치가 양성 과정에서 특정한 자 격이 요청될 경우, 학벌주의가 더 쉽게 정착할 수 있다. 기업은 생존경쟁 의 현장인 시장에서 이윤을 남겨야 하는 조직이기 때문에 정치·행정 부문 에 비해서는 능력주의 원칙에 더 충실할 수밖에 없다. 따라서 기업에서는 학벌 카르텔에 의존해서 특정인이 고위 간부직을 차지했다고 하더라도 계속 그 자리를 유지하기는 어렵다.

2. 한국사회의 학벌주의 성립

　한국의 학벌주의와 그것의 신호체계에 의해 형성된 과잉 교육열은 분 명 중간층, 심지어는 노동자를 비롯한 하층민의 사교육 투자까지 강요하 는 전국민적인 현상이다. 그러나 되돌아보면 전통사회에서도 관직을 얻 기 위해 이러한 치열한 경쟁이 존재하였다. 그것은 바로 과거시험의 합격 을 통한 관직 진출 경쟁이었다. 조선시대의 정치는 강력한 중앙집권주의 로 특징지워지고, 이러한 중앙집권주의는 억압적 통제와 사회적 원자화, 수평적인 사회관계의 수립을 차단하는 대신 상승을 향한 강한 기류를 만 들어내는데, 상승의 가장 중요한 관문이 과거시험을 통한 중앙 정치에의 진출이었다.[1] 그리고 조선조 후기 유교적 지배질서가 흔들리고, 관리 등용

---

1 이 점에 대해서는 그레고리 헨더슨, 『소용돌이의 한국정치』, 한울, 2000 참조.

과정에서 실력과 도덕성보다는 가문과 학벌 연고가 더욱 중요해지면서 일종의 문벌주의·문중주의·가족주의적 지배질서가 수립되는데, 이러한 문벌주의가 오늘날 학벌주의의 전사(前史)라 할 수 있다.

그러나 오늘날의 학벌주의는 일제 식민지 체제하에서 기초가 마련되었고, 해방 이후 본격적으로 착근했다고 볼 수 있다. 일제 식민지 지배체제는 일종의 파시즘적 근대화 과정이었고, 국가주의적 자본주의화 과정이라 볼 수 있는데, 이 시기에 들어서 관리로 등용되기 위해서 전통적 신분 대신에 학력 자격 취득이 요청되었다.

일제 식민지 지배와 한국전쟁을 거치면서 모든 한국 사람이 빈곤층 혹은 하층으로 전락하여 비교적 동질적인 조건에서 재출발할 수 있는 조건을 갖추게 되었다. 이러한 사회적 동질성이 교육을 통한 지위 상승의 열망을 부추긴 것도 사실이다. 그러나 한국의 과잉 교육열은 한국 근현대사의 독특한 정치적 지배질서와 맞물려 있다. 그것은 정치권력의 획득이 곧 경제·사회·문화적 지위 획득을 보장해주는 한국의 전통적인 중앙 집중주의, 정치권력의 획득이 곧 경제적 자원 획득의 통로가 되는 '정치계급'(political class) 지배의 역사, 대항적 사회운동과 계급정치(class politics)의 공간이 폐쇄되고 오직 가족 단위의 수직적인 상승 전략만이 가능해진 분단체제의 역사를 통해서 어느 정도 설명이 가능하다.[2]

이러한 한국사회의 정초 과정에서 과잉 교육열, 입시 위주의 교육은 학력 자격의 획득, 특정 학교의 진학과 졸업이 정치적 물적 자원을 통제할 수 있는 매우 확실하고 중요한 통로가 되었다. 과잉 교육열은 분명히 한국사회의 유동성의 산물이며, 계층 이동의 가능성을 보여주는 측면이 있다. 그러나 '학력'을 보완하거나 대체할 수 있는 다른 자격 기준이 거의 존재하지 않는 신뢰 부재의 사회에서 학력은 물신화되어 과도한 경쟁을 유발

---

2 졸고, 「한국의 근대성과 과잉 교육열」, 『근대의 그늘』, 당대, 2000 참조.

하고, 경쟁에서 탈락한 사람들에게 심각한 좌절을 안겨다준다. 그리고 한 번 획득된 학력, 혹은 특정 학교의 졸업장이 일단 획득된 이익을 지속시키는 진지 구축의 방편으로 작용할 때 학벌주의가 발생하게 되었다. 게다가 공교육의 투자가 대단히 미미한 상태에서 '학력'의 취득이 점점 경제적 자본을 소유한 계층에 유리하게 이루어짐으로써 교육은 계급·계층구조를 확대 재생산하는 기제로서 작용하게 된다. 특히 1990년대 이후 사교육비의 증대로 경제적 부가 학력 자격증의 취득에 더 중요한 변수로 등장함으로써 학벌차별·학력차별이 사실상 준신분적 차별로 굳어질 가능성이 높아졌다고 볼 수 있다. 따라서 한국에서는 자본주의 국가 일반에서 나타나는 학력차별과 더불어 서울대와 비서울대, 서울 소재 대학과 지방대, 국내 학위 취득자와 미국 학위 취득자 간의 차별이 심각해졌다. 특히 우리 사회에서 서울대를 정점으로 하는 학벌 카스트는 학력 카스트 못지않게 중대한 상태에 있으며, 급기야 서울대 폐지론까지 제기되었다.

결국 문화자본으로서 학력이 '학벌사회'의 기반이 된 배경은 정부 수립 초기 단계에서 분단국가의 체제 유지, 지배자층 인력 양성을 위해 특정 국립대학 육성 전략을 택하고, 그 대학에 집중적인 지원을 했다는 사실에서 기인한다. 시민사회의 저발전과 국가가 공공성을 독점하는 사회체제에서 국립대학 졸업장, 특히 서울대학교의 졸업장은 보편적으로 통용될 수 있는 유일한 문화 화폐 역할을 했다. 그리고 국립 서울대학교, 전통 있는 대학의 졸업생이 사회의 지배층 자리를 차지하게 되면서 졸업생의 연줄이 조직 내의 각종 인사와 이권 취득 과정에서 매우 중요한 기제로 작동하면서 하나의 기득권 구조로 정착되었다. 이렇게 인재 양성, 지배층 육성의 초기 과정이 완성된 이후 자본주의 산업화가 본격화하고, 기업 및 모든 사회조직에서 '특정 학교 졸업장'이 평가의 절대적 기준으로 활용되었다. 이것을 대체·보완할 수 있는 다른 평가체제가 부재한 가운데, 국가 공인의 전국적 입학 시험이 유일한 기준으로 작용하여 대학입학 여부를 좌우하고, 사회적 신뢰가 취약한 조건 위에서 국가가 입시 및 대학교육에 계속 개입함으로써 이러한 시험/학력/학벌의 물신화를 강화한 것이다.

이러한 지배질서, 사회적 재생산 메커니즘에 익숙해진 학부모와 학생들이 어떠한 희생을 치르고서라도 그러한 학력/학벌을 취득하려고 경쟁하게 되면서 오늘날 학벌주의는 모든 사회 구성원들의 의식과 실천이 되었다. 그래서 한국의 학벌주의는 정부 수립 후 대학을 졸업한 사람이 사회에서 본격적으로 활동하게 된 1970년대부터 등장하기 시작하여 이들이 중요 영역의 간부로 등장하는 1980년대 들어서 뿌리를 내렸다고 볼 수 있다. 사실 1990년대 이후 대학에 진학하려는 젊은이들 사이에서는 이러한 학벌주의 의식이 오히려 약해지는 경향도 있다. 그러나 그들의 부모들은 그간의 경험에 기초해서 학벌주의를 신앙처럼 견지하고 있고, 그것을 자식들에게 그대로 주입한다. 그렇게 학벌주의는 계속 재생산되고 있다.

3. 학벌주의 극복의 방안

앞에서 언급한 학벌주의의 발생 배경을 고려하면 그것의 극복은 사실상 지배층 충원의 기제 즉 지배질서나 재생산 구조의 개혁, 혹은 기회 균등 보장 등을 통해서만 극복될 수 있다. 그러나 그것은 이 글의 범위를 벗어난다. 한국의 학벌주의는 현상적으로는 '학벌 간판'에 대한 과도한 추구, '학벌 간판'이 입직과 승진 과정에서 다른 조건을 압도하는 관행으로 나타나고 있기 때문에 그 문제만 주목하면서 극복 방안을 생각해보기로 한다.

따라서 여기서는 학벌주의 극복의 목표와 그것을 위한 단기 과제를 다음과 같이 개념적으로 정의해보기로 한다.

학벌주의 극복의 당위성과 목표

1. 학벌이 아닌 능력에 기초한 지위 획득의 사회적 기제 마련(인재의 합리적 등용)

2. 교육의 정상화, 과도한 사교육비 지출 차단, 대학을 학문하는 곳으로 변화시켜야 할 필요성

3. 대학의 공공 기능 확보, 대학교육의 정상화, 대학의 국제 경쟁력 강화

4. 수도권과 지방의 양극화 및 지방 대학의 낙후 상태 개선

5. 궁극적으로 사회적 형평성, 사회 민주화가 확보된 사회 건설

학벌주의 극복의 단기 과제

1. 단극적인 대학 서열화 구조 개선. 즉 학생이 대학의 '간판'을 보고 대학에 가는 것이 아니라, 대학의 특성, 교수진과 학교의 교육 서비스 질, 그리고 장래의 직업 선택의 기회 등을 골고루 보고 대학을 선택하는 사회를 만드는 것[3]

2. 학벌·학연 회로에 의해 지위와 권력이 독점되는 것을 막는 것

3. 특정 대학 입학이 일생의 보상과 지위에 미치는 영향을 축소하고, 계속되는 능력 발휘와 평가의 기제를 확보하는 것

학벌주의의 극복은 계층구조, 사회 지배질서의 변화, 기업과 정부조직에서의 승진과 평가체계의 변화 등 지난한 노력과 방법이 요구된다. 그러나 여기서는 주로 대학개혁의 측면만 살펴보기로 한다. 그동안 학벌주의 극복(대학개혁의 측면에서 보면 사실상 대학 서열화 극복으로 집약되었다)을 위해 제시된 안은 국립 서울대의 특혜 지원을 없애고 서울대 독점구조를 해체하자는 안이 지배적이었다. 한편에서는 학부모의 과도한 교육열, 자기

---

3 대학 서열 깨기에 대해서는 이미 여러 사람들이 강조한 바 있다. 김경근, 『대학 서열 깨기』, 개마고원, 1999가 대표적이다.

자식 출세에 매달리는 이기주의가 문제의 근원이라는 시각도 있다. 그렇다면 그동안의 국가의 특정 대학 특혜 지원이 원인인가, 학부모의 과도한 학벌 집착이 원인인가?

그런데 여기서 문제의 진정한 원인과 부차적 원인이 어디에 있는가를 생각해볼 필요가 있다. 그동안 정부가 특별법을 제정하여 국립대학 특히 서울대를 특혜 지원하여 대학 간의 공정한 경쟁이 부재했다는 점은 사실이나, 일각에서 주장하듯이 특별법을 개정하거나 폐지하여 지원을 철회하거나 서울대를 민영화할 경우 문제가 해결될 수 있는가 하는 점이다. 서울대에 대한 국가의 과도한 지원은 학벌주의를 부추긴 하나의 배경이기는 하나 가장 결정적인 배경은 아니라고 생각된다. 설사 서울대 지원이 축소되거나 없어지더라도 사회적으로 서울대라는 학벌 화폐, 서울대 출신들의 네트워크는 그대로 살아 있을 것이고, 학생이나 학부모가 서울대를 진학하려는 강력한 유인이 사라지지도 않을 것이기 때문이다. 학부모의 과도한 서울대 진학 열의, 일류대 선호 경향 역시 문제의 원인이 아니라 문제의 결과, 즉 독립변수가 아닌 종속변수에 불과하다는 점도 인식되어야 할 것이다. 한국과 같은 학벌사회의 신호체계에서 학벌을 얻기 위한 행동은 자연스러운 것이며, 의식개혁으로 그러한 문제를 극복하는 것은 거의 불가능하다.

사유화(privatization) 혹은 지원 축소를 통해 대학의 공정 경쟁을 유도하자는 것은 재벌에 대한 정부의 특혜 지원 축소를 통해 시장경제를 활성화하자는 주장과 같은 맥락에 있다. 외환위기 이후 재벌개혁 조치들을 통해 우리가 확인할 수 있었듯이 정부의 간섭 축소나 탈규제(deregulation)는 오히려 재벌의 독과점을 강화하는 효과를 가져왔다. 즉 이미 대학 서열이 상당히 굳어져 있고, 재정적 여건의 극심한 격차가 존재하는 상황에서 정부의 개입 축소(주로 기여입학제 허용 등의 방법을 통한 대학 운영 자율화)는 반드시 대학의 극심한 양극화를 가져올 것이고, 그 결과 몇몇 큰 대학만 살아남게 될 것이다. 살아남는 대학은 학문적 성과나 학생들에게 양질의 교육 서비스를 제공하는 등 나름대로의 경쟁력을 갖게 되어 살아남는 것이 아니라, 이미 오래된 학교로서 지명도도 있고, 동문들도 사회에 많이 포진해 있어서 재정도 튼튼하고, 여러 가지의 기득권을 갖고 있기 때문에 별다른 노력을 기울이지 않고도 자신의 지위를 굳힐 수 있기 때문이다. 따라서 이렇게 살아남게 된 대학이 장차 높은 수준의 국제 경쟁력을 갖춘 대학으로 계속 발전해 간다는 보장이 없다. 국내외 대학과의 경쟁을 통한 대학의 질적인 향상을 수반하지 않은 채 독점·과점 체제가 굳어질 가능성이 있다. 그렇게 되면 학벌주의는 더욱 강화될 것이다.

학벌주의를 완화하기 위해서는 문제의 정점에 있는 획일적이고 수직적인 서열구조의 극복, 특히 서울대 독점구조의 변화가 무엇보다도 필요하다. 그래서 필자는 서울대(국립대) 지원 철회를 통해 대학 간 경쟁을 활성화하는 방법이 아닌 국립·공립대학 체제를 오히려 강화하는 방안을 모색할 필요가 있다고 본다. 주지하다시피 한국의 대학제도는 외형적으로는 일본식의 국립대학 체제의 모습을 간직하고 있으나 기본적으로는 미국식 사립대학 체제를 근간으로 하며, 국립대학의 공적 기능은 거의 없다고 해도 과언이 아니다. 즉 서울대를 포함한 국립대학의 시설은 국민 일반에 문호를 개방하지 않고 있다. 또 국립대학들은 시장에서는 경쟁력이 약하나 국가의 장래를 위해 반드시 육성되어야 할 학문 분야를 체계적으로 지원하지도 않았다. 최근 서울대의 지역 할당제 학생 모집으로 공공적 기능은 약간 확대되고 있다고 평가할 수 있으나 그 성과를 점치기에는 이르다. 오히려 서울대에 부유층 전문직 자녀들의 입학 가능성이 높아지면서 공적 기능은 더 약해지는 측면도 있다. 한편 사립대학은 거의 등록금에 의존하는 실정이고, 중앙 정부나 시민사회의 지원이 거의 없기 때문에 대학교육에 소요되는 비용은 전형적인 시장체제인 미국보다도 더욱 심각할 정도로 수요자에게 전가되고 있는 형편이다.

그러므로 한국에서 대학은 시장의 채찍에 순응하는 방향으로 개편되어야 하는 것이 아니라 오히려 공공성을 더욱 강화하되, 그 속에서 나름대로의 경쟁을 통해서 질 향상을 모색해야 한다. 최근 대학들이 입학 전형을 다양화하고는 있지만 지역·계층별 할당제를 실시하고 있는 미국의 주립대학보다도 한국의 국립대학들이 더욱더 획일화된 '시험을 통한 경쟁'[4]을 통해 학생들을 선발하는 현실은 국립대학의 존립 의의를 의심케 한다.

한국 중등교육의 파행, 대학의 연구와 교육 질 저하는 모두 잘못된 대학 서열구조에서 비롯하며, 이 서열구조는 중·고등학교까지는 어느 정도 평준화되어 있으나, 대학은 서열화되어 있다는 모순된 현실에 기인한다. 특히 단극적인 대학 서열구조를 없애고, 대학 간의 경쟁을 통한 대학의 질적인 발전을 이루기 위해서는 서울대 학부 폐지, 전국 국립대학의 평준화/특성화가 필요하다고 본다. 즉 전국의 국립대학을 하나의 대학으로 통합하고, 교수와 학생의 이동의 문호를 넓혀놓음과 동시에 학생들이 자기 출신 지역의 국립대학에 진학할 경우 가산점을 부여하거나 등록금 감면 혜택을 부여하도록 하는 것이 바람직하다. 한편 모든 국립대학은 일단 입학 과정에서 평준화를 한 상태에서 특성화의 길을 추구하도록 유도하고, 교수들의 학교 간 이동을 활성화해서 대학이 보수화 폐쇄화되는 것을 막을 수 있다. 그리고 모든 국립대학은 학부 혹은 학과별 평가를 매년 실시하여 지원에 차등을 둘 수 있고, 이러한 지원의 차등화를 통해 특성화와 질 경쟁을 유도할 수 있을 것이다.

각 지역의 국립대학교는 당장 시장의 수요에는 부응하지 못하지만 국가의 장기적 발전을 위해 꼭 필요한 분야, 대량의 국가 예산 투입이 필요한 기초과학 분야, 그리고 인문학 및 자연과학의 기초 분야 등을 중점적으

---

4 시험만이 합리적이라는 신화가 한국사회에 깔려 있다. 시험은 겉으로는 매우 합리적인 듯 보이지만 실질적으로는 합리적이지 않다. 그것은 성취 동기가 학생의 가정 환경 특히 경제적인 배경과 부모의 학력과 깊은 관련이 있다는 사실을 무시하고 있다.

로 담당할 수 있도록 하고, 현재 사립대학에서 위기를 맞은 이들 분야의 교수와 학생들을 점진적으로 국립대로 흡수하는 것이 바람직하다. 한편 국립대 입시 전형에서는 지역 출신별, 계층별(농민, 노동자 출신), 경력자 (사회 경험이 있는 사람) 할당제를 더욱 확대 실시하여 국립대 본연의 공공성과 복지 기능을 충족시킬 수 있도록 해야 한다. 대학의 보수화와 정체를 막기 위해서는 대학 평가와 교수들의 이동 등을 통해 유연성을 갖도록 해야 할 것이다. 특히 자연과학 계통은 국제 경쟁력을 갖출 수 있도록 해야 하는데, 국립대학 몇 군데로 이공계 학과를 집중시키고, 외국 대학과 경쟁할 수 있는 최소한의 조건을 마련한 다음 이후에는 스스로의 노력으로 발전할 수 있도록 해야 할 것이다. 이것은 지방 대학의 위기를 막고, 국립대 본연의 기능을 살리며, 나름대로의 경쟁을 통한 특성화로 나아갈 수 있는 방안이라고 생각된다.

장차 고교 졸업자 수가 대학 정원을 훨씬 밑돌게 되면 신입생을 모집하지 못하는 대학은 도태될 것이다. 그런데 여기서 도태되는 대학은 경쟁력이 부족하기 때문이 아니라 주로 서울과 거리가 멀다는 것이 도태의 주요한 원인이라는 점에서 문제가 있다. 거꾸로 말하면 경쟁력은 없어도 서울에 있기 때문에 살아남는 대학이 있다는 이야기다. 그렇다면 지방대학 중에서 잠재력이 있는 대학은 적극적으로 육성해야 하고, 서울에 있는 대학도 학내 비리가 많거나 교수의 연구 성과가 떨어지는 대학은 도태될 수 있도록 해야 한다. 지방 대학 육성을 위해서는 각 지방 대학의 졸업자에게 지방자치 단체에서 인원 선발 때 어느 정도의 할당제를 두는 것이 필요하다. 이 할당제가 공정 경쟁의 원칙을 저해한다는 비판이 있을 수 있지만 현재와 같이 지방 대학이 존폐의 위기에 놓인 상황에서는 이러한 방법을 통해서라도 지방 대학을 지원할 필요가 있을 것이다.

서울대의 학부는 장기적으로 폐지하는 것이 바람직하다. 서울대는 학벌주의/대학 서열구조의 정점에 있는데, 물론 이것이 서울대 자체의 책임은 아니다. 그러나 현실적으로 대학 단극 서열체제와 과도한 학벌 경쟁을 극복하기 위해서 서울대의 학부는 폐지할 필요가 있다고 본다. 서울대의 학부 졸업장이 졸업생의 입신출세를 위한 간판으로 주로 활용되는 현재 상태에서 서울대 학부가 없어짐으로써 엘리트 교육이 어렵다는 것은 기우이다. 서울대는 국제적으로 인정받을 수 있는 연구 중심 대학으로 육성하되, 단지 현재의 법학대학원, 경영대학원, 예술계 등의 응용 분야는 전문대학원 형태로 분리하고 기초학문 분야만 남기는 것이 바람직할 것이다. 서울대가 이처럼 대학원 대학으로 될 경우 대학의 서열화가 대학원의 서열화로 이전될 것을 우려하는 경향도 있지만 그것은 큰 문제가 안 될 것이다. 우선 전문대학원을 분리한다면, 서울대 대학원은 이제 학력 간판이 필요해서가 아니라 학문 활동에 뜻을 둔 학생들만이 진학하게 될 것이다. 그리고 대학원 석박사 과정 입시 역시 필답고사 방식보다는 학부와 석사 과정에서의 연구활동 경력, 논문과 이론적 관심 등을 살펴서 선발하면 되므로 학부 서열화의 폐해가 대학원으로 이전되는 일은 없을 것이다.

물론 국립대가 평준화되고, 서울대의 학부가 폐지되어도 현재 사립대학 중심의 수직 서열구조는 그대로 존속할 가능성이 높다. 사립대학 중의 하나가 현재 서울대학교의 자리를 차지할 수도 있다. 그러나 서울대의 학부 폐지가 갖는 상징적인 효과는 엄청날 것이다. 그것은 지금까지 단극적 서열구조에서는 불리한 위치에 있었던 사립대학들이 본격적으로 대학에 투자를 하여 신흥 명문으로 상승하려는 강력한 동기를 갖도록 해줄 수 있을 것이다. 물론 사립대학의 질적인 향상을 위해 기여입학제를 허용하거나, 등록금을 자율화하자는 요구가 제기될 수 있으나 그것을 당장 받아들이기는 어렵다. 왜냐하면 현재 한국사회처럼 공정 경쟁의 인프라가 취약한 상태에서 그러한 제도를 허용할 경우 결국 이른바 명문 사립대학이 기여금을 독식하게 될 것이고, 그것은 그 대학의 경쟁력을 향상시키기보다는 대학의 양극화·서열화, 수도권 대학의 독점체제를 더욱 강화할 가능성이 크기 때문이다. 그리고 현재 시장 지배력이 더욱 높은 대학들이 스스로 혁신을 통해서 자기발전을 도모할 가능성은 크지 않다. 재정 규모가 튼튼한 수도권의 대학과 나머지 사립대학의 공정 경쟁은 사실상 불가능하기 때문에 그러한 제도는 대학 서열화를 완화하거나 질을 향상시킬 수도 없을 것이다.

그렇다고 현재와 같이 자생력 없는 사립대학의 난립을 그대로 방치하는 것도 대안은 아니다. 일차적으로 사립대학에 대한 국가의 지원을 더욱 늘릴 필요가 있고, 국가의 지원은 현재와 같은 대학 평가에 기초하기보다는 대학 간 통폐합과 컨소시엄 구성을 유도하는 방향에서 이루어지는 것이 바람직하다. 즉 오래되고 규모가 큰 사립대학이 인재를 독식한 다음 입학한 학생에 대한 교육에는 상대적으로 등한시해온 현재 상황을 극복하기 위해서는 신생 사립대학들이 진입할 수 있는 문턱을 낮추어주어야 한다. 그것을 위해서는 대학 간의 연구 교육 연계망 구성, 교수와 학생의 이동 가능성 확대, 교수 업적 평가, 도서관과 학교 시설 공유, 학부 및 대학원 공동 학위제 등을 통해서 대학 통폐합 혹은 연계체제 구축을 유도하는 것이 바람직하다. 현재의 대학 간 학점 교류제도는 대학별 행정 편의주의나 유인 동기가 부족해서 전면적으로 확산되기 어렵다. 따라서 인근 대학 간에 이러한 컨소시엄을 구성하여 대학의 질을 높이는 경쟁에 나설 수 있도록 하는 것이 바람직하다. 현재와 같이 자생력 없고 학생의 등록금에만 의존하는 사립대학의 난립은 대학교육의 미래를 암담하게 할 따름이다. 그리고 시장논리를 내세워 이들 대학이 붕괴하는 것을 그냥 내버려둘 수도 없다.

물론 장기적으로 사립대학의 특성화와 등록금 자율화를 통해서 일부 사립대학이 스스로 세계적인 대학으로 발전해가려는 전략을 취하도록 할 수도 있을 것이다. 그러나 대학교육의 질보다는 간판, 입학 때의 수능 성적이 이후의 모든 이력을 지배하는 현재의 한국 사정에서는 교육부가 추진하는 자립형 사립고가 입시 명문고로 전락한 것처럼, 조건 없는 대학의 자율화는 위험하다. 그렇게 되면 일부 상위권 사립대학은 국제 경쟁력은 없지만 한국에서는 막강한 독점적 지위를 갖고 있었던 과거의 재벌기업처럼 될 것이다.

오늘의 대학 서열화는 중앙집권 국가의 관료제적 교육 통제인 획일화된 수능시험과 깊은 관련이 있다. 예비고사보다는 본고사가 입시의 당락을 좌우하던 1970년대까지만 하더라도 여러 대학이 나름대로 특성 있는 학과를 자랑하고 있었다는 점,[5] 그리고 서울대, 연세대, 고려대의 학과들이 모두 전국적인 서열에서 수위를 차지하지는 않았다는 사실을 염두에 둘 필요가 있다. 따라서 일단 입학에만 성공하면 졸업이 보장되고, 이후의 삶이 거의 결정되는 현재의 구조를 타파하기 위해서는 현행 대학입시 제도를 다양화하는 방식(수시 모집, 특별 전형 등)만으로는 불충분하다. 우선 전국의 학생들을 획일화된 잣대로 평가하여 그들을 서열화하는 수능시험 제도는 대학입학 자격시험으로 변화시켜야 할 것이다. 그리고 대학의 입학전형은 대학에서 자율적으로 이루어질 수 있도록 해야 할 것이다. 대학 자율 혹은 본고사의 도입이 학생들의 입시 부담을 늘릴 것을 우려하고 있으나 앞에서 말한바 국립대 평준화/서울대 학부 폐지 등의 제도적 변화를 수반하는 조건에서라면 입학 전형을 대학으로 넘기는 것은 당연하다. 현재와 같은 국가 주도의 평가체계는 대학 및 고등학교 자체 평가체제에 대한 불신에 기초하고 있는데, 전국적인 수능을 실시하기 위해 소요되는 비용은 대학과 고등학교로 이전하여 대학과 고등학교가 자체의 평가 시스템을 개발할 수 있도록 해야 한다.

한국에서 한 번의 대학 수능시험이 개인의 장래를 결정하다시피 하는 이러한 잘못된 평가체제는 국가 주도의 획일적 평가 외에 기업에서 졸업

---

5 연세대의 의과대학, 한양대의 공과대학, 건국대의 축산계열 학과, 서울시립대의 도시행정학과, 항공대학교의 여러 학과 들이 그 예였다.

생 즉 신입사원들의 실력을 평가할 수 있는 시스템이 개발되어 있지 않은 데도 원인이 있다. 기업은 자신이 투자해야 할 평가 시스템 개발을 국가에 의탁하고 있어서 수능시험의 성적(대학의 간판)을 가장 신뢰할 만한 기준으로 삼고 있는 셈이다. 고등학교가 상급학교 준비기관의 성격을 벗어던지고 독자적인 교육기관으로 거듭나기 위해서는 학생들을 일상적으로 지도하고 있는 고등학교 교사들이 신뢰받는 평가자가 될 수 있어야 한다. 현재의 학급당 학생 수를 더욱 줄여서 교사들이 모든 학생들을 면밀하게 관찰하여 평가할 수 있도록 해야 하고, 학생 평가를 위해 수업 부담을 줄일 수 있도록 지원이 이루어져야 한다. 고등학교 교사들이 학생에 대한 평가권을 갖게 되면 처음에는 다소 혼란이 있겠지만, 대학에서 그들의 평가를 가장 중요한 기초 자료로 활용하여 신입생을 선발할 수 있고, 중·고등학교 교육이 대학입시에 종속되지 않을 수 있다.

그리고 입학 시점의 성적이 장래의 운명을 결정하지 않도록 하고, 대학을 학문하는 곳, 교육이 이루어지는 곳으로 변화시키기 위해서는 우선 입학의 문호를 넓히되 졸업의 문호를 좁힐 필요가 있다. 1980년대 실시되었던 졸업정원제는 실패하였다. 그 이유는 여러 각도로 분석할 수 있겠지만 우선 도입 과정에서 학생운동의 영향력을 축소하려는 정치적 의도가 개입되어 있었기 때문이며, 대학의 서열구조가 엄연히 존재하고, 일단 입학한 명문 대학을 반드시 졸업해야 한다는 학부모와 학생들의 사활적인 요구를 단지 졸업정원제라는 명분만으로 누를 수 없었기 때문이다. 즉 명문 대학에 입학하는 것을 계층 상승을 위한 일생일대의 사업으로 간주하는 학부모가 존재하고, 입학한 대학에서 탈락한 학생이 다른 대학으로 옮길 수 있는 가능성이 제한되어 있는 상황에서 일단 정원 외로 입학한 학생들을 성적을 이유로 탈락시키는 것은 사실상 불가능했다. 그런데 앞에서 제시한 것처럼 국립대 평준화와 학생과 교수의 이동이 활발해지는 조건이 마련된다면, 졸업정원제를 적극적으로 다시 고려해볼 수 있다. 대학의 유급제도도 활성화하여 대학에 들어와서 전공 공부를 하지 않고, 오직 취업 준비 혹은 대학의 간판만이 필요한 학생이 설 자리를 얻지 못하도록 해야 한다.

한편 현재 실시하는 대학 평가는 대학 단위의 전체 평가보다는 의도적으로 학부 혹은 학과 단위의 평가를 보다 강화하는 것이 바람직하다. 그래서 학부모와 학생들, 그리고 기업이 이제는 대학의 간판만으로 졸업생의 자질을 평가하지 않고, 특정 대학의 '어떤 학과' 졸업생인가를 고려하도록 분위기를 만들어야 할 것이다. 그리고 대학의 평가는 현재와 같이 대교협 등의 기관보다는 민간에 의존하는 것이 좋은데, 예를 들면 『중앙일보』에서 시도하는 대학평가와 같은 것을 보다 다양화하여 언론사와 학회가 공동으로 대학평가를 진행하는 것도 한 방법이다. 물론 이러한 평가는 현재와 같이 서열구조가 고착된 경우는 별로 의미가 없다. 공정 경쟁을 할 수 있는 앞의 조건들과 수반하여 학과별, 학부별 평가를 시도하면 대학들도 우수한 학과를 많이 보유할 수 있도록 노력할 것이고, 진정한 의미에서 대학의 특성화가 진척될 수 있을 것이다.

4. 기타 논의

국립대 평준화 / 서울대 학부제 폐지 / 사립대 컨소시엄 유도 / 졸업정원제로 집약되는 이러한 방안이 한국사회에서 통용되는 이른바 '대학의 경쟁력 강화', 국제적 수준의 '엘리트 교육'을 어렵게 한다는 반론이 있을 수 있다. 이러한 논의는 현재의 서열구조가 오히려 학생들의 경쟁을 촉진하고 나름대로 우수한 학생을 소수의 우수한 대학에 모아서 엘리트 교육을 가능케 해 줄 것이라는 잘못된 전제 위에 서 있다. 그러나 현재의 대학 서열화 구조에서 일부 명문대의 대학교육은 단지 수능시험 우수자를 한곳에 모아둔다는 의미 외에, 이들에게 질 높은 교육을 실시하고 있다는 어떠한 증거도 제시하지 못하고 있다. 우리는 아직 서울대의 명성이 서울대의 우수한 입학생 성적에서 온 것인지, 서울대의 우수한 대학 교육의 결과인지 잘 모른다.

현재의 한국 대학제도에서는 공급자, 즉 대학 측의 학생 교육 능력을 평가하고 그것을 시민사회 혹은 학부모나 학생들의 대학 평가에 반영할 수 있는 장치가 없다고 해도 과언이 아니다. 오직 과거 졸업생의 사회적 영향력, 그리고 입학생의 성적이 대학의 서열을 좌우하기 때문이다. 진정으로 경쟁력 있는 대학이 육성되기 위해서는 대학이 연구하는 곳, 교육하는 곳이 되어야 한다. 그러나 불행히도 현재의 한국 대학은 연구하는 곳도 아니고 교육하는 곳과도 거리가 멀다. 한국의 대학에서는 사실상 제대로 된 연구와 교육이 실종되어 있다. 엄청난 투자가 필요한 자연과학계는 외국의 대학과 경쟁할 수 있는 조건을 갖추지 못하고 있기 때문에 학생들은 유학의 길을 선택하지 않을 수 없다. 인문사회과학의 경우 대학에서 가르치는 학문은 주로 수입되고 있으며, 외국 대학생의 유치는 거의 제로에 가깝다. 대학의 학점 부여는 형식적이며 입학은 졸업을 보장해준다. 현재의 대학 서열화는 국가발전을 위해서도, 대학의 정상화를 위해서도, 교수들의 연구능력 향상을 위해서도 순기능을 갖지 못하고 있다.

오히려 대학 간에 공정한 경쟁을 할 수 있도록 분위기를 만들어주는 것이 중·고등학교 교육도 정상화할 수 있고, 망국적인 학벌주의를 없애는 조건을 만들어나갈 수 있다. 만약 국립대가 평준화/특성화되고 사립대학이 공정 경쟁을 할 수 있는 분위기가 마련된다면 그중에서 세계적인 대학이 만들어질 수도 있다. 그래서 앞으로 일부 대학은 이제 외국 대학과 본격적인 경쟁을 해서 질을 높여야 한다. 그 경쟁의 성패는 한국 대학이 외국 유학생을 어느 정도 받아들일 수 있는가, 교수들이 어느 정도 국제적인 지명도를 갖춘 학자들로 구성되는가, 새로운 학문적 성과가 생산되는가 등의 지표를 통해 가늠될 수 있다. 물론 초기 단계에서 약간의 혼란과 진통이 있을 수 있다. 기업 처지에서는 인재 선발에서 혼란을 겪을 수 있다. 그러나 이러한 혼란은 대학 자체의 평가 기준, 기업 자체의 평가 기준 확보를 통해서 극복되어야 한다. 언제까지 기업이 인재 선발 때 국가가 획일적으로 실시하는 수능시험에 기초한 평가 즉 대학 졸업장에 의존할 수는 없는 것이다. 수능 성적 혹은 대학의 간판 이상으로 효과적인 자격증이 없는 한국의 실정을 고쳐나가기 위해서는 기업 스스로 선발과 평가를 위한 비용을 지불해야 할 것이다. 이러한 과도기적 혼란을 이유로 서열화 극복 자체를 반대하는 것은 맞지 않다.

학벌주의 극복, 대학 서열화 극복은 국가의 미래를 위한 매우 중요한 개혁 과제이고 결코 하루아침에 완수될 수도 없을 것이다. 그리고 이것은 단순히 교육제도를 바꾸는 문제가 아니라 인재등용 체제의 변화, 정치사회적 지배체제의 변화를 수반하는 매우 힘든 과제이기도 하다. 그것은 철학적·정책적으로는 교육에서 '시장원리'의 적용이 어느 정도 인정되어야 하는가의 논란으로 집약될 수도 있다. 그러나 대학제도에서 국가 / 시장의 배합 문제를 논의하기 이전에 해결해야 할 과제가 지난 50여 년 동안 국가 관리 교육체제에서 형성된 대학 서열구조이다. 조선시대 말기의 문벌주의·씨족주의가 결국 조선을 붕괴시키고 일제 식민지로 전락시켰듯이 한국의 학벌주의도 한국사회를 정체시키고, 능력 있는 인재를 발탁하는 기회를 차단하는 망국병이다. 조선시대 문벌주의의 수혜자가 개혁을 반대했듯이 오늘날에도 경쟁과 시장의 이름하에 이러한 학벌주의를 옹호하는 세력이 존재한다. 이들의 반대를 물리치는 것이 쉬운 일은 아니지만, 이를 물리치지 못하면 80퍼센트 이상의 국민들은 계속 끝없는 사교육 투자에 신음해야 하고, 대다수의 학생들과 졸업생들은 열등감과 좌절감을 안고서 살아가야 한다. 21세기 한국사회의 혁신의 고리가 여기에 있다.

유교와 한국의 가족주의

가족주의는 유교적 가치의 산물인가

1. 머리말

"한국 동포는 공공심이 거의 없는 동포"이며, "가족이 있는 줄만 알고 국가가 있는 줄 모르며, 개인이 있는 줄만 알며 사회가 있는지 모른다"는 신채호의 비판(안병직 엮음, 1979)이나, "공익에 무관심한 한국인들이 패망할 수밖에 없었다"는 한용운의 지적(한용운, 1990: 291) 이래 근대 이후 한국사회에서 가족주의의 폐해와 공공심의 부재는 지속적으로 거론된 바 있다. 오늘의 한국인들 스스로도 "시민의식이 매우 낮다"고 평가하고 있으며, 그 근거로서 주로 공중도덕을 준수하지 않는 점, 자기만을 알고 남을 배려하는 마음이 없음을 주로 들고 있다.[1] 한국 시민사회의 부정적 측면은 주로 가족주의(familism)와 연관되어 있다는 것이 대다수 학자들의 의견이다(조혜정, 1986; 김태길, 1988; 최봉영, 1990; 최준식, 2000). 가족을 모든 사고와 실천의 가장 우선순위에 놓는 것은 분명히 유교(儒敎) 유가(儒

---

1 제2건국범국민추진위원회가 2001년 6월 인터넷과 엽서를 통해 시민 투표를 실시한 결과 8만 6천여 명의 참가자 중 3만 1천여 명이 "남을 배려하는 의식"의 부재를 지적하였으며, 같은 기관이 갤럽에 의뢰해서 1,248명의 의견을 조사한 결과 61퍼센트가 공중도덕이 거의 지켜지지 않는다고 응답하였다(『연합뉴스』, 2001. 9. 6).

家) 전통과 깊은 상관관계가 있을 것으로 추정되는데(Hsu, 1998), 그렇다면 우리가 이 가족주의 극복을 고민할 때, 반드시 짚어야 할 장벽이 유교 전통일 것이다. 수년 전부터 "공자가 죽어야 나라가 산다"는 식으로 오늘날 한국 시민사회의 활성화에 저해되는 요소들이 가족 중심, 상하관계 중심의 가치와 태도를 기본으로 하는 유교 전통에 기원을 두고 있다는 비판론이 계속 제기되는 것도 여기에 연유하고 있다.[2] 현상윤(玄相允)은 유교 전통은 인륜도덕 숭상, 청렴절의 존중 등의 긍정적 요소도 갖고 있으나 가족주의 폐해, 계급사상, 문약(文弱) 등은 잘못이라고 설명한 바 있으며(현상윤, 1960: 4~9), 효를 중추로 하는 가족 도덕이야말로 건전한 시민의식을 마비시키는 가장 중요한 장애물(최재석, 1994: 112)이라는 비판도 있다.

그렇다면 오늘날 한국 민주주의, 시민의식, 인권 등 정치·사회적 민주화에 걸림돌로 지목되는 가족주의·연고주의 등이 유교 가치나 규범에서 비롯된 것인지를 살펴볼 필요가 있다.[3] 우선 인간의 실천(practices)들이 반복 일상화하는 것은 반드시 특정 사상이나 가치관이 일방적인 영향을 미치기 때문만은 아니며 지배체제와 제도, 조직 들이 그러한 방향으로 행동을 유도하기 때문이다. 그렇다면 우리는 유교 가치 중에서 가족주의를 조장하는 요소들을 우선 살펴보아야 하지만, 동시에 인간이 물질적 존재 조건과 사회적 지위를 확보하는 데 가장 결정적인 영향을 미치는 지배체제

---

2 한국에서는 1999년 IMF 경제위기를 계기로 유교 찬반논쟁이 더욱 가열되었다. 1999년 7월 12일부터 『문화일보』는 5회에 걸쳐 유교에 대한 긍정적 시각과 부정적 시각을 대비시켜 연재하기도 했다. 1999년 말에는 한국유교학회가 '유교와 페미니즘의 만남'의 학술회의를 개최하여 비판과 반비판이 계속되었다.

3 물론 전근대적 신분사회의 지배층의 정치이념이자 가치관이었던 유교를 시장경제, 개인주의, 자유주의 전통 위에 성립한 시민사회(civil society)의 개념과 대비하거나 자본주의 경제제도와 민주주의 정치제도가 정착된 현대사회의 일반화한 행동들과 견주어 보는 것 자체가 무의미한 일일 수도 있다. 유교는 조선시대에는 통치질서, 신분제 사회질서, 가부장 종법제 가족질서로 존재했으므로 그 내용은 민주주의 사회인 오늘날 대중들의 일상적 실천과는 배치될 수밖에 없으며, 특히 시민사회라는 개념 자체는 자유로운 개인, 그리고 각종 결사와 노동조합 등 조직 결성의 자유, 공론의 형성 등을 전제로 해서 성립할 수 있기 때문이다(Shils, 1996: 38~44).

와 조직, 제도 들을 함께 살펴볼 필요가 있을 것이다. 만약 가치체계상으로는 공(公)을 사(私)에 앞세울 것을 강조하지만, 실제로는 사익의 추구를 장려하는 지배질서나 제도적 여건 아래서 그러한 가치는 오직 이상으로만 남게 될 것이다.

특히 "조선이 망한 것은 진유(眞儒)를 쓰지 않았기 때문이다"라는 주장처럼(장지연, 1998: 31) 근대화의 실패는 유교 때문이 아니라 정치적 지배질서와 유교적 가치의 괴리에서 기인한다는 주장도 있고, 앞의 현상윤이 유교의 죄악으로 인정하고 있는 것들 중의 상당수는 본질이 아니라 응용에 의한 것이라는 이상은의 주장(이상은, 1975)도 음미해볼 필요가 있다. 한편 오늘 유교적 전통으로 간주되어 비판받는 요소들 중의 상당수는 기실은 전근대사회 일반에서 나타나는 것도 있고(유용태, 2001; 이승환, 1999), 일본의 국가 집단주의가 메이지유신 이후의 국가형성 과정에서 형성되었듯이, 전통적 가족·친족제도를 혁파하고 가족적 개인을 근대적 공민으로 탄생시키는 데 부정적인 영향을 미친 일제 식민지 지배체제의 산물일 수도 있다. 근대화의 실패가 전통적 가치나 사고방식의 잔존에 기인한다는 사고는 대체로 규범적인 차원에서 특정 가치나 사고체계를 극복하면 사회가 변화한다고 보는 편이다. 이러한 지적들은 모두 부르디외가 말한바 일상화한 실천으로서 사회의 독사(doxa)[4]는 자원 배분을 둘러싼 투쟁과 갈등의 산물이며, 독사가 정착되는 과정에서 지배체제나 제도(institution)의 영향을 무시하는 경향이 있다.

이 글에서는 현대 한국 시민사회와 시민들의 지배적 실천으로 지적되는 가족주의, 집단 이기주의, 연고주의의 실제 내용을 검토하면서 그것들이 조선사회의 지배적인 가치였던 유교적 세계관·가치·관습과 어느 정

---

4 자연스러운 생활세계에서의 관행화된 사고와 인식의 틀로서 독사(doxa)는 단순한 착각(Allodoxia)도 아니고 지배적인 신념(Orthodoxie), 의식적인 대항세계(heterodoxa)와도 다르다(Bourdieu, 1984).

도 연관되어 있는지 살펴보고, 그러한 독사가 정착되는 과정을 추적함으로써 유교와 가족주의의 연관성을 밝혀내고자 한다. 그리고 수년 전에 유행한 '공자 죽이기'가 장차 사회 민주화 혹은 시민사회 활성화의 걸림돌을 확실히 제거할 수 있는지 검토해보고, 유교적 가치 중에서 서구 시민사회의 개념에서 결여된 부분을 보완해줄 수 있는 내용은 없는지 모색하고자 한다.

2. 현대 한국사회의 가족주의

가족이 다른 어떤 집단과도 비교할 수 없을 정도로 중시되며,[5] 개인은 가족에서 독립하지 못하고, 가족 내의 관계가 여타의 사회관계를 지배할 때, 우리는 그 사회가 가족주의의 논리에 기초해 있다고 말할 수 있다(최재석, 1994: 27). 가족주의는 분명히 가족 단위의 정서적 교류를 중시한다는 점에서 긍정적 측면을 갖고 있지만, 여기서는 현재의 가족과 후일의 자손들을 위해서 사회 일반의 요구 혹은 공익을 무시하거나 희생할 수 있다는 가족 이기주의 사고방식(최봉영, 1990: 168), 수직적인 관계에서의 의무에는 민감하나 수평적 사회관계에서 개인의 권리 의무에 대해서는 무관심하고(丸山孝一, 1990: 230), 확대된 가족인 친족이나 연고집단에 집착하여 가족 밖의 사회를 무시하는 모든 사고와 실천 등을 주로 지칭한다. 가족주의의 장점도 많지만, 가족주의가 비판을 받는 이유는 가족 내 인간관계를 사회적으로 확대하는 경우 가족주의가 가족 이기주의(박영신, 1983, 1987),

---

5 오늘날에도 한국인들에게 가족은 여전히 가장 중요한 집단으로 간주되고 있다. 공보처가 전국민 2,000명을 추출해서 설문조사한 바에 의하면 조사자의 93.5퍼센트는 소속감을 느끼는 집단으로서 가족을 들고 있다. 그러나 국가에 대해서는 10.3퍼센트만이, 그리고 이웃이나 지역사회에 대해서는 36.9퍼센트만이 소속감을 느끼는 것으로 나타났다(공보처, 1996).

집단 이기주의, 연고주의와 정실주의와 같은 양상으로 나타나고 있으며, 이 모든 현상의 저류에는 사(私), 즉 가족·집단·파당을 공(公)에 앞세우는 태도가 공통적으로 흐르고 있기 때문이다.

대인관계에서 가족적 친소관계를 가장 중요시하는 한국인들은 사람을 대할 때도 가족, 혈연 유대관계에 있는 사람과 외부에 존재하는 사람을 대하는 모습이 다르다. 이것이 오늘 한국에 존재하는 연고주의와 지역주의의 기초라 볼 수 있다. 서울대 국민의식 조사에 의하면(『한국일보』, 1997. 2. 3), 한국인들에게 사회 구성원을 연결하는 가장 중요한 요소는 동창관계, 배우자, 형제 순서로 나온다. 유교문화권인 중국, 일본과 비교해 보아도 한국인의 연고주의는 지나친 데가 있다. KBS와 연세대학교의 조사에 의하면 이 세 나라에서 학연·혈연·지연은 모두 능력보다 더 삶에 중요한 영향을 미친다는 결과가 나왔다. 그러나 학연·혈연·지연의 중요성을 묻는 설문에 대해 한국인들은 일본인과 중국인 이상으로 그것들이 중요하다고 대답하고 있다. 중국은 혈연을 중시하나 지연과 학연을 낮게 평가하였으며, 일본은 학연은 비교적 중요하다고 대답하였으나 지연과 혈연에 대해서는 한국만큼 중요한 비중을 두지 않았다.[6] 한국은 동아시아 유교문화권 국가 중에서도 가족적 유대, 혈연, 지연 등 연고에 가장 크게 집착하는 경향이 있다.

한편 한국의 시민의식의 부정적 특징 중의 하나는 집단 속에서, 그리고 조직과 상하관계를 의식하여 개인의 주장을 강하게 제기하지 못한다는 점이다. 가족주의가 사회 내에서 나타날 때 이러한 양상을 보인다. 공보처의 조사에 의하면 한국인들은 자신이 속한 집단과 조화를 유지하는 것이 중요하다고 생각하며, 의견이 다르더라도 자기 생각을 포기하지 않는다는 의견은 비교적 적다(민문홍, 1996; 공보처, 1996: 47; 이규태, 1983: 111).

---

6 이 조사는 한국, 중국, 일본의 성인 남녀 각 1,000명을 무작위로 추출해서 의식을 조사한 것이다(KBS·연세대학교, 1996: 66).

한국인들은 설사 틀린 생각이 지배적이라고 하더라도 자신만이 모난 입장에 서는 것을 기피하고 전체의 분위기에 맞추려 하기 때문에 특별히 불이익을 당하지 않으면 집단 내에서 '입바른 소리'를 하거나 갈등을 일으키려 하지 않는 경향이 있다.[7] 조직 내부의 부패를 고발한 공무원을 따돌리고, 그가 제기한 문제를 고치려 하기보다는 고발한 공무원을 조직에서 추방하는 관행이 반복되는 것도 이 때문이다.

그런데 앞에서도 살펴보았듯이 한국에서 집단주의는 국가, 정치 공동체 혹은 집단 일반에 충성하는 측면보다는 소집단주의 혹은 가족 혈연집단의 수직적 위계 속에 개인을 함몰시키고 그것과의 조화, 일체화를 추구한다는 점이 특징적이다(최준식, 2000).[8] 그리고 권위주의 역시 국가 혹은 정치권력에 대한 복종 이전에 가족 내에서의 가부장주의, 그리고 각 집단에서의 위계서열주의적 요소가 매우 강력하다고 볼 수 있다(게일, 1986: 49). 이러한 '정치적' 행동으로서가 아니라 '사회적 행동'으로서 집단주의나 권위주의는 지역 공동체의 해체와 자본주의적인 경제질서의 확립에도 불구하고 가족 혹은 친족집단이 여전히 강력한 준거집단으로 존재하는 현실과 무관하지 않을 것이다. 즉 한국 전통사회에서 집단주의는 단순히 집단 일반에 충성심을 발휘하는 것이라기보다는 주변과의 화합에 훨씬 더 많은 비중을 둔다는 점에서 근대국가 형성 과정에서 형성된 제3세계, 파시즘 국가에서의 전체주의, 권위에 대한 일방적 충성이 강요되는 집단주의와는 성격을 달리한다.

---

7 군자는 의와 덕을 추구하는 인간이며, 소인은 이(利)와 능(能)을 추구하는 인간이다. 그런데 서구의 근대 철학에서 설정한 인간은 바로 이와 능에 기초한 인간이다. 이항로는 화폐와 색을 추구하는 사고가 들어옴으로써 인륜과 국가의 질서가 어지러워지게 되었다고 비판하였다(최종고, 1993: 190).

8 일본은 메이지유신 이래로 가족주의를 국가에 대한 충성으로 확장시켰다(요네야마 도시나오, 1997). 일본의 집단주의는 회사, 국가에까지 확대 적용될 수 있지만, 한국은 집단주의가 이러한 정치 공동체, 이익 공동체에까지 확대되지는 않는 경향이 있다.

한국인들은 근대화·도시화가 진척되고 공교육을 받은 이후에도 '개인'의 '권리'의 몫을 분명히 설정하지 않는 경향이 있기 때문에 개인적으로 어떤 문제가 생기더라도 그것을 스스로 해결하려 하기보다는 과거처럼 주로 관청에 호소하거나 유력자에게 부탁하는 방법을 택하며, 스스로 조직이나 정당을 만들어서 의견을 제출하려 하거나 법 혹은 언론에 적극적으로 호소하는 방법은 택하지 않고 있다.[9] 이것은 시민들이 자발적으로 공공단체를 결성하거나 그 단체에 적극적으로 참여하여, 자신이 문제해결의 주체가 되려고 하지 않기 때문일 것이다. 실제 1990년대 이후 시민운동이 활성화했다고는 하나 한국인들은 가족·친족 단위 모임 외의 사회조직에는 거의 참가하지 않는다. 특히 환경·인권·복지 등 시민단체나 NGO에 참가하는 사람은 3.4퍼센트에 불과하여(공보처, 1995: 245), 한국인들은 직접적인 이익을 가져다주지 않는 자발적인 결사체(associations)와는 거의 담을 쌓고 살고 있다. 현재 한국에서 규모가 큰 시민단체는 환경운동연합, 여성단체연합, 경실련, 참여연대 등인데 이들 단체의 회원을 모두 합해도 경제활동 인구의 1%에 미치지 못하고 회비를 내는 사람은 더욱 적다.[10] 자원봉사자 혹은 자발적 시민단체에 가담하는 사람의 수는 이웃 일본에 비해서도 훨씬 적은 편이다.[11]

---

9 인천시 각종 사회단체들의 활동 방식을 보면 이러한 점이 잘 드러난다. 단체들이 가장 선호하는 방법은 해당 관청에 호소하는 것(30퍼센트 내외)이다(정영태, 1998: 210).

10 가장 규모가 큰 환경련의 회원은 약 8만 명이며, 참여연대는 1만을 약간 상회한다. (필자의 비공식적인 확인 조사 혹은 『한국일보』, 2001. 6. 12). 매월 1만 원 이상 회비를 내는 회원은 전체의 50퍼센트에 미치지 못한다. 인천시의 조사에서도 시민들 중 새마을운동 단체·자유총연맹·재향군인회·방범자치회 등 관변 사회단체에 가입해 있는 사람은 4.1퍼센트이나 환경운동연합·경실련·참여연대 등 순수한 시민단체에 가입해서 활동하는 사람은 2.3퍼센트에 불과한 실정이다. 이에 비하여 향우회·동창회·계모임 등 친목단체에는 36.8퍼센트가, YMCA·YWCA·천주교연합회·기독교연합회 등 종교단체에는 13.9퍼센트가, 의사회·변호사회·약사회·상공회의소·노동조합·상가상조회 등 동업자 혹은 직능단체에 가입한 사람은 7~10퍼센트에 이른다(정영태, 1998: 217).

11 일본은 1993년 3월 당시 자원봉사자 수는 469만 명이었으며 활동이 파악되지 않는 사람까지 포함하면 700만 명에 달한다고 한다(『중앙일보』, 1994. 8. 11). 그러나 한국은 학생들의 자원봉

결국 현대 한국인들이 견지하는바, 가족 단위의 질서를 중시하고, 가족·연고집단에 의존하며, 그러한 유대를 통해 문제를 해결하려는 가족주의적인 실천은 다양한 방식으로 재벌기업을 비롯한 우리 사회의 모든 영역에서 강하게 나타나고 있다. 그리고 이러한 가족주의가 각종 부정부패, 시민 참여의 결여, 공익적 사안에 대한 무관심과 이기주의를 낳는 원천이 되고 있는 것도 사실이다.

3. 유교적 가치, 지배체제, 제도와 가족주의

(1) 유교에서의 가족주의적 요소

그렇다면 현대 자본주의 사회에서 나타나고 있는 이러한 가족주의적 의식과 실천들은 과연 얼마나 유가(儒家) 혹은 주자성리학의 결과물인가?

우선 종교, 사상, 의식, 정치사상, 윤리도덕 체계로서 유교는 개인과 가족 내에서의 효의 윤리, 사회와 국가 내에서의 충의 윤리를 기본으로 한다. 유교는 본래 '자신을 수양하여 사람을 다스리는 도리'(修己治人之道), 즉 가부장적 가족제도 윤리에 기초하여 질서를 유지하려는 지배층의 이론적 무기였다고 볼 수 있다. 유교는 인간관계의 가장 기초가 되는 가족 내에서의 윤리를 기본으로 하여 이웃, 사회와 국가에 적용될 수 있는 윤리를 포괄한다.[12] 유교문화를 예(禮)문화라고 한다면, 효는 그것의 기초로서 여타의 행동을 규제하는 기본 원리이고 가례(家禮)는 예의의 기본이 되었다. 그런데 이 효의 윤리는 나, 혹은 개인을 독립된 자아로 의식하기보다

사가 학점, 성적과 연계되어 거의 형식에 그치고 있으며, 일반 사회인의 자원봉사는 매우 드문 형편이다.

12 중국, 일본, 한국에서 모두 가족과 국가는 대립되는 것이 아니라 연속선상에 있다(조경란, 2000; 요네야마 도시나오, 1997).

는 '가족으로서 우리'의 구성인자로서 전제한다. 한편 유교는 성인 남성이 모델인 가족 개인(family individual)을 전제로 할 뿐, 근대 서구에서 나타나는 자유롭고 독립적이며, 권리의식을 갖는 개인을 전제로 하지 않는다. 서구 민주주의 사상과 유교가 가장 날카롭게 대립하는 점은 바로 유교의 반개인주의적 성격에 있다. 여기서 가족이라는 것도 현재의 실질적인 가족 구성원뿐만 아니라 이미 죽은 조상, 그리고 현재의 가구 구성원은 아니지만, 부모와 가까운 친척, 미래에 태어날 후손까지 포함된다.

한편 가족·친족집단 속에서 윗사람의 의견을 따르고 복종하는 태도, 조화를 중시하고 사회관계를 위계서열로 보는 것은 유교적 가치의 핵심이다. 사회관계에 대한 유교의 가르침은 상하(上下)관과 차별(差別)관으로 구별되는데(이상은, 1976: 241), 상하관은 질서관, 차별관은 조화관이라 볼 수 있다. 즉 사회질서가 유지되기 위해서는 가장과 가족 구성원, 군장이 있고, 신민중서(臣民衆庶)가 존재하며 집단에는 단장 대장 사장이 있고 이들이 각각 제자리에서 그 일을 해야 질서가 유지된다고 보는 것이다. 한편 구별관에서는 남녀(男女)의 별(別), 노소(老小)와 장유(長幼)의 별(別)이 있다고 보고 있다. 그런데 여기서 모든 집단들은 각각 욕구와 능력을 달리하면서도 상호 의존관계를 형성하고 있다고 보는 것이다. 유교사회의 전제군주 제도는 가장 중심의 가족제도와 가족윤리의 토대 위에 세워졌으며 봉건적인 신분제에 기초해 있었다.

결국 유교의 가족, 지역사회, 국가 내에서의 규범, 가치는 대체로 인의예지용충신으로 구성되어 있으며, 인륜관계로서 삼강오륜이 있으나 삼강오륜 중에서 신(信)을 제외하고는 모두가 수직적인 관계 속에서의 규범이다. 그리고 가족, 혈연집단, 친족이 가장 중요한 사회 단위였던 전통사회에서 만들어진 유교의 가르침에는 자유, 인권, 사생활, 법적 절차, 사회계약, 시민사회, 공동영역 등의 개념이 크게 결여되어 있으며(Tu, Wei-Ming, 1988), 민주적 사회관계, 양성평등, 타인에 대한 관용, 공익 우선 가치관과 배치되는 요소가 있음은 부인할 수 없다. 가족에 대한 헌신을 사회·국가에서의 헌신보다 우위에 두는 한국의 가족주의라는 실천 혹은 독사는 분명 앞에서 언급한 것처럼 '나'〔己〕를 억제하고 가족 공동체의 한 구성원으로서의 정체성을 강조하고, 가족·문중집단 등 친족 중심의 혈연관계를 모든 사회관계의 중심에 놓는 유교적 전통에 기원이 있다.

(2) 조선 유교, 조선 지배질서와 가족, 가족주의

"조선에서 유교는 중국 본토에서보다는 한국에서 더욱 종교적이었고 벗어나기 어려운 정치적 경험이었다"(헨더슨, 양기백, 1960), "조선은 주자학의 실험장"(다카하시 도루, 2001)이라는 지적도 있지만,[13] 한국에서 유교는 지배체제를 정당화하는 통치 이데올로기, 그리고 양반 지배층의 일상생활을 규율하는 생활 도덕으로서 작동하였다. 신유교의 하나인 한국의 성리학은 중국보다 더욱 관념적이고 형이상학적 성격을 띠고 있었으며, 실천적인 차원에서 '예'를 더욱 강조하였는데(윤사순, 1997), 조선 왕조는 국가적 차원에서『주자가례』를 조직적으로 보급하였다. 한국의 유교는 일본과 달리 단순히 학문체계로 도입된 것이 아니라 기본적으로 최고의 지배질서였다. 가족제도라는 원형을 통해 모든 구성원이 자신의 지위와 역할을 수행하도록 하는 완벽한 사회질서의 상을 구축하였으며, 모든 구성원의 실천을 그러한 체계에 속박시켰다(Deuchler, 1992: 금장태, 1987: 75).

우선 조선의 전통적 가족제도는 유교적 세계관·가치가 구체적 사회관계로 표현된 것이기는 하나 우리 나름대로의 역사성을 지닌다는 점을 주목해 볼 필요가 있다. 조선의 가족제도는 유교권 가족제도 일반의 특징, 즉 부계 단일 계승구조를 갖추고 있으며 여성을 가족에서 배제하고 친족

---

13 물론 다카하시 도루는 조선 유교의 부정적 측면을 부각시킴으로써 식민지화의 필연성을 도출하기 위해 조선 유교를 연구하였다. 그러나 그는 실학파의 의의를 과소평가하였으며, 당쟁을 지나치게 분열주의적으로 해석하였다는 비판을 받는다.

내의 유대를 개인 대 개인의 연계로 설정하지 않는다는 점에서 이슬람형, 서구/기독교형과 다르며(Borgatta, 1992), 가족인 가구(household)가 아니라 씨족(clan) 혹은 부족(lineage)으로 존재하였다. 그러나 이 중에서도 한국은 엄격하고 폐쇄적인 종법(宗法) 질서와 장자 우선의 엄격한 부계 혈통주의를 고집하고 있어서(Deuchler, 1992: 292~303; 정승모, 1995: 147), 중국·일본과 차이가 있었다. 일본은 혈연적 동질성을 한국만큼 강조하지 않으며, 제사·상속·결혼 등에서 한국식 부계 혈통주의와 상당한 차이가 있고, 지역 공동체가 매우 중시된다는 점(Deuchler, 1992: 284; 이광규, 1992; 이만갑, 1967)에서, 중국은 철저한 균분 상속이 이루어지고 제사도 장자가 전담하지 않는다는 점에서 각각 한국과 달랐다.

이러한 유교적 가족제도가 확고하게 정착되고, 씨족과 가문 중심의 연대가 확고해진 것은 중앙 정치에서 나름대로 유교적 명분과 원칙을 철저히 고수하려 했던 조선 초·중기가 아니라 오히려 유교국가의 위기 속에서 사대부 세력이 지배체제를 강화하는 과정에서 정착된 것(Deuchler, 1992: 298)이며, 조선 후기 신분제의 동요와 오히려 역비례 관계에 있다(김주희, 1988)는 점을 주목할 필요가 있다. 그것은 우선 가부장적 종법질서를 확고하게 준수하는 것이 곧 관리로 특채되는 길이 되고,[14] 지역사회에서 지위를 유지하기 위해서는 이름난 조상을 모시는 재실, 종가를 중심으로 씨족이 단결할 필요성이 있었기 때문이다. 한동네에서 점차 타성을 배제한 것은 바로 관직에 등용된 가문의 조상을 구심점으로 관권과 결탁하여 특권을 누리려 했기 때문이다. 조상의 지위는 후손의 지위를 보장해주었다. 그러한 지위와 특권을 보장받기 위해, 그리고 중앙 정치와의 연결을 도모하기 위해 타 씨족, 문중과 엄격한 차별성을 유지할 필요가 있었다. 조선 후기 이후 씨족집단으로서 가족, 혹은 가(家)는 같은 마을이나 지역

---

14 예를 들면 첩의 아들은 6품 이상의 승진이 불가능했고, 재가녀의 자손도 일정한 관직 이상으로 승진이 불가능했다.

에 거주하는 같은 성씨의 집단을 말하였는데, 그 구성원은 과거의 조상에서 미래의 후손으로 연결된 초시간적 연속성을 띤 집단에 속한다고 보았기 때문에 가족은 일종의 종교적 성격을 지니고 있었다. 이들은 제례를 통해서 상징적인 단결을 추구하였으며, 조상의 지위와 공적을 확인할 수 있는 지역사회에서 주변 씨족에 대해 자신의 지위를 과시하였고, 가부장적 질서 내의 종법 질서를 통해 집단적인 위계서열 구조와 질서 유지를 도모하였다.

조선 후기에 와서 신유학(성리학)이 중국의 그것에 비해 훨씬 교조적인 방식으로 관철되었으며, 조상 숭배가 거의 종교적 성격을 띠고 있는 점은 재산 상속과 혼인 등에서 부계 혈통주의, 종법 질서가 매우 강력하고 폐쇄적인 방식으로 구축되었다는 점과 직접 연관되어 있다. 결국 조선 후기 이후의 폐쇄적 가문 중심주의는 반드시 '유교 가치 그 자체'의 산물이라기보다는, 유교 통치질서의 위기를 반영한다(최재석, 1986: 552). 양반층의 경제적 몰락의 가능성이 높아졌고, 상공업의 발달로 경제적 분화가 심화되고, 하층민과 서얼의 도전으로 유교 이념이 흔들리는 상황에서 양반층이 지위와 권력을 유지하기 위해 가족·씨족·문벌 내 유대를 강화시킨 것이다(이만갑, 1981: 128). 지역에서 이들 혈연으로 뭉친 원자화된 동성 부락들 간에는 세의 강약에 따라 위계서열이 이루어졌으며, 이기적·타자 부정적 의식이 충만했던 반면, 이들의 갈등을 매개할 수 있는 어떤 공적 권위도 존재하지 않았기 때문에 가문 중심주의가 강화되었다(박병호, 1983: 119).[15]

이렇게 본다면 유교 가치, 특히 가족 내 효의 윤리와 가부장주의 그 자체로부터 오늘날의 가족주의가 생겨났다고 결론 내기 이전에 우리는 유교가 조선 후기에 정착된 가부장적 가족제도, 씨족 부락 단위의 인간관계

---

15 인근 씨족들의 조상이 서로 다른 학파, 문벌이면 통혼을 하지 않고, 싸움이 격화되었을 때에는 살육을 한다든가, 심지어는 분묘를 파괴하는 일도 있었다(이만갑, 1981: 182). 그것은 세를 다투어서 지역사회에서 지위를 확보하는 것이 이들에게는 사활이 걸린 문제였기 때문일 것이다.

를 '매개'로 하여 가문주의, 씨족 중심주의가 어떻게 현대의 가족주의와 연관되고 있는가를 먼저 살펴볼 필요가 있다. 가족·친족이 사회의 기본 단위이며, 동아시아에서 특히 가족 내의 사회화가 성인의 행동에 결정적인 영향력을 행사한다고 본다면 우리는 유교 가치가 흔들리기 시작한 조선 후기 한국의 폐쇄적 가족 관념과 가부장적 가족관계의 확고한 정착, 씨족·친족 단위의 마을 공동체 형성과 반복적 의례(제례), 그것에 의해 조성된 가족 관념이 오늘날까지 의연히 지속되고 있는 점을 먼저 주목할 필요가 있다. 1960년대까지 농촌사회에서 친족 내부의 유대는 다른 사회적 유대를 압도하였으며(이만갑, 1981: 186), 1970년대 들어 씨족 공동체가 해체된 이후에는 가족주의의 확대된 형태인 학연·지연과 같은 사적 연고주의와 병존하게 된 셈이다.

한편 조선의 중앙집권주의는 중국에서 배워온 것이지만, 중국보다 훨씬 강력한 방식으로 정착했다(헨더슨, 2000: 64). 주자학적 이상에 따라서 건설된 조선은 고려 이전의 중앙집권주의를 훨씬 강화했다. 군주와 지배 세력에게는 엄격한 유교적 실천윤리를 강요하였고, 가족관계와 사회, 국가 내의 지배/피지배 관계를 동일한 것으로 보았다. 이러한 중앙집권주의와 수직적인 통제질서는 헨더슨이 강조한 것처럼 촌락, 씨족 간의 수평적인 연대나 응집의 가능성을 차단하고 중앙권력에 진출하기 위한 치열한 경쟁을 불러일으킨다(헨더슨, 2000: 44~45). 즉 관리가 되면 토지를 받아서 부를 세습할 수 있는 조선에서 중앙의 관리가 되기 위해서는 신분과 실력도 중요했지만 가족, 씨족 단위로 뭉쳐서 권력권에 접근하기 위한 전략이 필요했다. 조선 중기 이후 관리의 자리는 제한되어 있는 데 반해 인구는 증가하게 되니 당연히 수단 방법을 가리지 않고 현직을 차지하고 있는 자를 몰아내고 그 자리에 앉으려는 경쟁이 치열해졌다. 그 과정에서 앞에서 언급한 것처럼 사람들은 문벌, 학파 중심으로 강하게 결속할 필요성이 높아졌다.

조선조 지배체제나 가족제도가 유교적 가치에 기초해 있다고 하더라도 정치 혹은 공공질서가 가족 차원의 효의 가치와 반드시 일치하지는 않았으며 양자 간에는 상당한 긴장이 존재하였다. 이것은 정치철학으로서 유교와 권력, 지위 획득의 방편으로서 유가 지식 사이에 상당한 괴리가 있을 수 있다는 것을 의미한다. 조선 초기와 중기까지만 하더라도 신유학의 이념을 '성인 군주론'[16]에 입각한 왕조체제의 유지와 곧바로 연결시키려 했던 이상주의적인 유교정치를 지향했으나(윤사순, 1997: 103~363), 유교 지식인들이 직접 권력에 접근하여 붕당정치가 활성화한 조선 후기 이후 이러한 유교적 담론은 지배질서 유지를 위해 활용되기 시작하고 실제로는 국가권력이 특정 붕당·문벌·씨족의 사적 이익을 보장해주는 도구로 전화하게 되었다. 겉보기에 조선 후기는 가족관계의 윤리를 정치, 즉 공적인 가치 추구에 그대로 관철하려 한 보다 철저한 유교국가가 완성된 시기처럼 보이지만, 실제로는 신분 기득권 강화와 가문정치라는 사적인 이해의 수단으로 전락하고(김상준, 2001), 예의 규범이 절대화되어 매우 경직된 형태로 생활세계에 관철된 시기였다.

조선 중·후기 이후에는 군왕과 양반 관료의 독특한 결합체로서 조선의 지배체제에서 붕당, 문벌로 뭉친 관료들이 유교적 공적 담론으로 포장한 자신의 이권을 무기로 하여 실제로는 군왕의 권력을 압도하게 되었다. 이들 권력에 접근한 유교적 지식인들은 초기에는 왕정 자체의 유교화, 향촌사회의 유교화에 박차를 가하였으나 정조 대 이후에는 일당이 전횡하는 척족정치가 등장하여 유교적 왕정체제의 이상 자체를 무너뜨리는 지경에까지 이르게 되었다(강광식, 1994: 312). 그것은 유교 관리 등용 체제가 무너진 것을 의미한다. 과거제도는 분명히 지위 세습을 방지하고 인재를 합리적으로 등용할 수 있는 제도로서 고안되었으며, 관료가 되기 위해서

---

16 도덕적으로 완전무결한 성인 군주의 이상을 창조함으로써 유학자들이 군주를 유교도덕으로 통제하여 이상적인 정치를 구현한다는 이념을 지칭한다.

는 이러한 절차를 통하지 않고서는 불가능했지만 조선 후기, 말기에 와서는 점차 군왕과의 사적인 연고, 혼인관계 등을 통해 권력에 접근하는 척신(戚臣)의 영향력이 확대되고, 조선 말기에는 이들 특정 척족집단이 관문을 통제하게 되었다. 과거시험에 합격하는 것도 가문의 위세에 점점 더 좌우되고, 설사 합격했다고 하더라도 현직 관리의 추천이 있어야 가능했는데, 이 추천 과정에서 붕당·씨족적 이해관계가 개입하였기 때문에 사실상 특정 씨족·문벌이 권력을 세습하고 독점하게 되었다.[17]

조선 초의 유교정치는 합리적인 관리 등용과 권력 견제장치들에 의해 작동되었으나 후기, 말기에 가서는 실제로 혈통, 문벌에 의해 특권이 세습되는 양상을 띠었고 이념에 기초했던 붕당이 이익집단으로 변질되었다. 이 시기 들어서 실천 규범으로서 예가 유난히 강조되어 권력투쟁의 담론으로 활용되고, 규율체제로 작용하는 것도 이러한 정치 상황과 상통하고 있다. 이 세습적인 문벌을 타파하기 위해 영·정조는 많은 노력을 하였으나 결국 실패하고 조선조는 일제의 식민지로 전락하였다. 결국 조선 말기 공권력의 사유화는 국가의 붕괴를 가져오고 말았다. 김창숙이 강조한 것처럼 "유교가 먼저 망하자 나라도 따라 망한 것이다"(심산사상연구회, 1993: 188). 그러나 그것은 유교라는 가치가 붕괴한 것이라기보다는 마루야마 마사오가 말한바 '정치적 이해'가 유교 '도리'를 압도했기 때문에 초래된 것이라고 볼 수 있다(마루야마 마사오, 1995: 197).

(3) 식민지 억압, 자본주의와 가족주의

일제의 식민지화는 식민지적 근대화, 즉 신분적 차별의 해방과 민족적 억압, 자본주의 경제질서의 도입을 특징으로 한다. 근대사회로서 일제 이

---

17 과거에 합격해도 3품 이상의 현직 관리의 추천이 있어야 등용이 가능했는데, 이 추천에서 종친, 공신, 3품 이상의 관리들의 자손이 특채되었으며(음관), 매관매직이 성행했다(조좌호, 1959).

후의 자본주의 정치경제 질서에서는 가족관계의 규범과 사회적 규범, 사적인 윤리와 공적인 가치를 일치시키기 어려웠다. 여기서 일제 식민지 지배, 이후의 군사정권은 한편으로는 전통적인 조상 숭배, 효의 규범, 혹은 가족윤리를 장려함으로써 구양반층을 포섭하고 다른 편으로 자본주의적 이익 추구의 동기화를 통해 구성원들을 통합시켜내는 전략을 취하게 된다. 특히 일제의 지배는 기본적으로 조선 민중의 동의에 기초하지 않은 폭력 지배체제였으므로 공적인 대의를 추구하는 지식인의 입장에서 본다면, 자신의 이상을 펴는 것은 일제에 저항하는 것이 되고 그렇지 않은 경우 가족 내의 윤리인 유교 전통에 집착하는 방법밖에 없었다. 다수의 유교 지식인이 1930년대 이후 일제에 투항한 것도 이러한 조상 숭배와 효도라는 가족윤리만을 지키려 한 데서 기인한다. 일제시대 이후 유교·유교적 가치관을 견지한 지식인들의 압도적 다수는 독립운동·민주화 운동·인권운동에 대단히 소극적이었으며, 제사와 가문을 중시하되 유교적 가르침의 중요한 부분과는 심각하게 배치되는 부도덕하고 정의롭지 않은 질서에 순응해왔다.[18]

일제는 '교원 심득사항'에서 충효를 가장 강조하였는데, 유교적 충효논리를 활용하여 지배질서에 철저하게 순응하는 인간을 양성하려 하였으며 (이만규, 1988: 139), 호주제 도입 등 가족법의 제정을 통해 기존의 가부장적 가족주의를 강화하였다. 그리하여 정치적으로는 식민지적 근대화를 받아들이되, 자유주의적이고 개인주의적인 권리의식이나 저항의식을 갖지 않고 가족의 복리에 충성하는 인간형을 양성하게 된다. 지배적 독사는 바로 국가에 충성하고, 가족에 충실한 것이었으며, 이러한 독사는 해방 이후 군사정권 아래서도 그대로 유지되었다. 사적 이익이 국가안보·국가이익으로 포장되는 사회에서 진정한 의미에서 공적 가치를 추구하는 인간은 생

---

18 김창숙은 서원 창건, 족보 제작 등에 몰두하는 친척, 동료 구양반층을 격렬하게 비판했으며, 가족을 위해 일제에 협력하라는 요구를 거절했다(심산사상연구회, 1986: 109~120).

존하기 어려웠다.

억압적 지배체제가 자본주의 경제질서, 전통적 확대가족의 해체와 맞물려 있을 때, 현대판 가족주의가 활성화될 수 있는 조건이 마련된다. 즉 정치적 억압은 가족의 복리에 집착하는 경향을 강화하고, 자본주의 시장경제 역시 과거의 씨족으로서의 가족이 아닌 핵가족화한 가족의 이기적 자기중심적 생존 전략을 강요한다. 정치적 억압과 시장경제는 모두 합리적 절차와 문제해결, 그리고 수평적인 연대의 기회를 차단하는데 이때 사회 구성원은 가족의 보존과 가족 구성원인 자녀의 성공에 사활을 걸게 되는 것이다. 이러한 공리적인 가족주의는 가족이 일종의 사회적 자본(social capital)의 역할을 하는 조건에서 단순히 전근대적 행동이라고 볼 수는 없으며 생존, 지위 상승, 복지의 필요성에서 조장된 합리적 행동이라고 볼 수 있다(조혜정, 1986: 172; 김동춘, 1998).[19] 가족주의는 주로 과잉 교육열로 나타난다(Lee Kwang Kyu, 1998; 김동춘, 2000). 이러한 이유 때문에 현대 한국사회에서 노사협조주의와 과잉 교육열은 동전의 양면과 같다. 정치적으로 본다면 국가의 억압성, 수평적 연대의 차단, 조직 내의 상사나 동료를 공격했을 때 감수해야 하는 엄청난 불이익이 최준식이 강조하는 것처럼 오늘날의 신세대들에게조차도 집단 속에서 강력하게 자신의 목소리(voice)를 내지 못하고, 권위에 정면 도전하지 못하도록 하는 원천이 되고 있으며(최준식, 2000), 그들도 곧 학연과 지연 등 가족주의적인 유대관계에 집착하는 배경이 된다.

국가에 대한 복종은 가족에 대한 집착, 즉 앞서 언급한 무도덕적 가족주의(amoral familism)와 동전의 양면을 이룬다(Banfield, 1958). 사적 영역에서 존재하는 백성이 정치, 즉 공적 영역에 책임을 질 수 없었던 것처럼 오늘의 한국인들도 정치에는 유난히 관심이 많지만 그것은 가족적 개인적

---

19 후쿠야마는 한국과 같은 저신뢰 사회(low-trust societies)에서 가족, 가족 가치가 사회적 자본의 역할을 한다고 주장한다(Fukuyama, 1995: 127~145).

이해 관심에 기초한 것이기 때문에 실질적으로는 공적인 사안에 참여의식이 약하다. 그것은 지금까지 국가가 이들에게 '시민'으로서의 권리와 책임을 부여해준 적이 없기 때문일 것이다. 한국인들은 전통사회 이래로 억압적 국가만을 겪었을 뿐 사회나 국가를 계약적인 실체로 접할 수 있는 기회와 경험을 갖지 못했기 때문에, 극단적인 이기주의와 무책임성, 그리고 수동성과 소극성을 견지하게 되었다. 즉 정치적 위험 부담이 있는 경우에는 행동을 움츠리지만 그렇지 않을 때는 무책임하게 자신의 이기적 요구를 제출하는 이중적인 모습을 보이고 있다. 이기적 집단행동은 '시민'의 이름으로 나타나지만 욕구가 충족되면 곧바로 사라지기 때문에 시민행동이라고 보기는 어렵다.

유교적 가족윤리의 요소가 현대의 배타적·이기적 가족주의로 변용되어 온 것은 혈연집단, 지연집단을 대체할 수 있는 시민 공동체의 형성이 병행되지 않은 점(임희섭, 1997: 154)이 주된 원인이라고 볼 수 있겠지만, 일제의 억압적인 지배체제의 체험, 한국전쟁 당시의 사회 혼란과 불안 등 정치적 경험을 겪으면서 공권력의 권위가 붕괴하고, 사회적 신뢰가 무너진 상태에서 피해의식을 가진 인간들이 유일한 근거지인 가족의 사사로운 이익에만 매달리게 된 결과라 볼 수 있다(최봉영, 1990; 김동춘, 2000a).[20]

4. 유교적 지배체제, 제도와 유교적 가치

부르디외가 말했듯이 특정한 독사는 사회적 장(field)에서의 위치, 특히

---

20 시민 25퍼센트가 법을 안 지켜도 된다고 생각하며 응답자의 95퍼센트가 돈과 권력 있는 사람은 법을 어겨도 처벌받지 않는다고 대답하였다. 즉 법의식의 취약성이 반드시 유교문화의 산물이라고 보기는 어려우며, 근대화 과정에서의 지배층에 대한 불신과 맞물려 있음을 알 수 있다(『중앙일보』, 2001. 3. 12. 형사정책연구원과 준법의식 실태조사. 6대 광역시의 20세 이상 남녀 1,118명 대상).

그 내부 자원을 둘러싸고 전개되는 투쟁과 갈등 과정에서 만들어진다. 따라서 일상화한 실천으로서 가족주의와 권위주의는 단순히 과거의 지배적 가치를 그대로 받아들인 것도 아니며, 그보다는 권력관계 혹은 장에서의 투쟁의 지형인 사회적 기회구조나 지위 획득의 제도들에 적응하는 과정에서 만들어졌다고 보는 것이 타당하다. 오늘날의 사회의식이나 행동을 접근할 때 가장 큰 결함은 바로 특정한 가치 혹은 지배적 사상이 이러한 정치적 장이나 정치사회적 장에서 제도들의 매개를 거치지 않고 형성되었다고 보는 것이다.

가족, 친족(Kinship), 연고집단을 중시하는 사고는 부분적으로 서구사회에서도 나타나고, 가족주의 외에 별다른 도덕률을 갖지 못한 무도덕적 가족주의는 부르주아적 공공 영역(public sphere)의 형성을 경험하지 못하고 공동체적 유제를 그대로 간직하고 있는 후발 자본주의 사회에 주로 나타나는 현상이다(Banfield, 1958). 개인보다 집단을 우선시하고 상명하복을 요구하는 것은 공동체적 생산방식에 기초한 전근대사회, 농경사회, 혹은 후발 자본주의 국가 일반에서 나타나는 양상이다. 따라서 집단주의와 유교적 가치가 동의어는 아니다. 정도의 차이는 있지만 서구에서도 근대 자유주의 이전의 봉건사회에서는 이러한 문화가 강하게 존재했기 때문이다. 그리고 근대화 과정에서도 공동체를 우선시하거나 개인과 공동체를 조화시키려는 사고나 실천들은 끈질기게 존재하였다. 헤르더(Herder)나 헤겔(Hegel)을 비롯하여, 루소(Rousseau)와 마르크스(Marx) 등과 같이 자유주의 초기 단계부터 개인주의의 문제점을 지적하면서 공동체적 요소를 강조한 흐름이 서구에서 존재하였다(최협 외, 2001: 22).

따라서 우리는 오늘날 한국인들의 지배적 독사인 가족주의를 유교적 가치의 산물이라고 단정하기 이전에 유교가 정치 이데올로기나 실천 윤리로서 작용했던 조선시대 이래의 정치적 지배구조와 신분제의 동요, 그리고 조선 말기에 고착된 가부장적 종법적 가족제도와 연관시켜 보아야 한다. 명확하게 구분하는 것이 쉽지는 않지만 생존·지위의 보존과 획득을 위해 가족·씨족에 집착하는 것이 유교의 도학(道學)적 가치를 준수하는 것보다 더 실용적인 방법임을 확인할 필요가 있다. 이러한 정치적 지배질서 혹은 가족제도의 변화 탓에 유교의 가르침 중에서 가족주의적이고 권위주의적인 요소가 두드러지고, 공보다는 사를 앞세운 권력투쟁의 무기로서만 활용되어 장지연, 박은식 등이 개탄한 것처럼 조선에서 진유가 사라지는 일이 발생하게 된다. 조선 후기에 예가 지나칠 정도로 엄격하게 적용된 것도 이러한 맥락과 맞물려 있다. 조선 말기에 외형적으로 가족관계에서 유교적 독사는 확고하게 자리 잡는 것처럼 보이는데, 실제로 정치사회 질서는 유교 이념과는 배치되는 방향으로 전개되었다.

식민지적 근대화는 분명히 철저하게 반유교적인 근대화였으나 유교의 수직적인 상하관, 조상 숭배와 효는 지배질서의 요구에 맞게 계속 강조되었으며, 가족가치 역시 마찬가지였다. 공동체를 희생하고서라도 효와 제례를 더 소중히 해온 한국인들은 언제나 가족·친족·연고집단을 택하였고, 그것이 오늘날 만연한 가족 이기주의와 부정부패의 중요한 배경인 것이다. 국가에 대한 불신, 국가의 억압성이 한편에서는 가족주의를 다른 편에서는 권위주의를 강화하였다고 볼 수 있다. 기본적으로 공권력의 붕괴는 가족적 유대와 집착을 강화하는 경향이 있기 때문이다. 유럽에서 가족제도와 현대의 이데올로기·정치체제의 상관성을 분석한 토드(Todd) 식의 분류에 따르면 한국은 가장 전형적인 직계가족 형태가 발달한 경우이다.[21] 이것은 현대 한국의 권위주의 정치체제, 강력한 민족주의의 발생을 설명해준다.

이렇게 사상과 지배체제·제도를 분리하여 본다면 유교 가치의 청산이 시민의식의 고양에 기여할 수 있다는 보장은 없는 셈이다. 문제는 오히려

---

21 토드는 유럽의 가족을 절대적 핵가족, 평등적 핵가족, 직계가족, 공동체가족 4 유형으로 분류하였고, 부모자식 관계, 형제간의 관계가 구분의 기준이다(토드, 1997: 31).

가부장적 가족제도의 잔재들, 그리고 가족에게 집착하게 만드는 지위 획득의 구조, 지배체제에 초점을 둘 필요가 있다. 그렇다면 급진적인 서구화·근대화 노선을 추구하는 과정에서 일방적으로 파기한 유가의 가르침, 그리고 유교 가치 중에서도 21세기적 시민의식의 발전에 기여할 수 있는 요소를 찾을 수 있다는 말도 된다. 유교는 김경동이 지적한 것처럼 "천의 얼굴을 가진 문화 현상"이라고 볼 수 있기 때문이다.[22]

전통사회 이래로 유가, 혹은 성리학을 원칙대로 지키려다 수난을 당한 조광조 등 지식인들과 황현·장지연·김창숙 등 유교적 학습을 거친 항일 지사들은 모두 유교의 타락, 씨족 간의 다툼을 개탄하면서 오히려 공(公)의 원칙을 크게 강조하였다는 점을 주목할 필요가 있다(황현, 1994: 73, 121). 물론 조선조 선비들이 금과옥조로 여겼던 예의가 신분질서, 위계서열과 가족 중심주의만이 아닌 지역사회 참여·화합·의사소통을 중시한 점도 무시되어서는 안 된다(한도현, 2002). 조선 중기 동성 촌락이 정착하기 이전에 만들어진 이황의 예안향약(禮安鄕約)이나 이이의 서원향약을 보면 "이웃을 돌보지 않는 자" "힘을 뽐내고 약자를 누르는 자" "공적인 모임에 지각한 자" 등 지역 공동체 혹은 사회에 해를 끼친 사람에게도 중벌을 주는 조항이 있다. 전반적으로 조선시대에는 효의 기본 가치에는 미치지 못하나, 도학의 이상으로서 공공윤리도 함께 강조되었다(금장태, 1987; 윤사순, 1997). 일제 강점기 이후에도 유교적 이상주의를 견지했던 사람들 중 상당수는 독립운동가나 사회주의자로 변신하는 예가 많은데, 유교의 자기부정 정신과 대동사상이 이러한 행동으로 나아갈 수 있는 원천이 되었다는 지적도 있다(조동걸, 2001: 60; 서중석, 2001: 299). 유교적 전통을 가진 독립운동가들에게도 민족과 같은 공적인 대의를 추구하는 것과 가족을 소중하게 여기는 것이 배치되지 않았다(서중석, 2001: 305). 이것은

---

22 『문화일보』, 1999. 7. 17.

가족 가치를 중시하는 것이 곧 가족 이기주의를 의미하지는 않을 수 있다는 것을 시사해준다.

한형조는 유교는 기본적으로 치인(治人)의 사회과학이 아니라 수기(修己)의 인문학에 속해 있다고 강조하는데(한형조, 2000: 229), 이 인문학적 요소 중에서 오늘의 정치경제 현실 즉 치인에서의 문제점을 치유할 수 있는 요소를 찾아볼 수 있을 것이다. 유교의 가르침의 핵심은 공자의 핵심적인 가르침인 인(仁)에서 출발할 수 있다. 『논어』에는 인이 60여 군데나 언급되어 있는데, 공자는 인이 무엇이라고 명확하게 정의하지는 않았다. 그러나 용례를 살펴보면 "자기를 이기고 예로 돌아가는 것"(克己復禮),[23] 남을 사랑하는 것,[24] 집에 있을 때 공손하나 남을 사귈 때 성실한 것, 충서(忠恕)[25] 등으로 설명한다. 뚜웨이밍은 인은 benevolence, charity, huamanity, love, goodness, human-heartness 등의 의미를 지닌 것이라고 말한다. 즉 인은 인간관계에 대한 개념이 아니라 내적인 원리를 말하는 것이다(Tu, Wei-Ming, 1999: 127). 『맹자』에서는 인을 측은지심이라고 하는데, 이것은 인이 인간을 사랑하는 마음이라고 보는 것이다. 이렇게 본다면 인은 유럽의 근대 휴머니즘과 상통하는 것으로서 시민의식의 기저를 형성한다고 볼 수 있다. 그런데 이 사랑은 남과 나의 명확한 차이에 기초하지 않는다는 점, 그리고 계산과 고려를 전제로 하지 않는다는 점에서 서구의 박애와는 의미가 다르다. 이상은은 이 점에서 "인이란 나와 남을 구별함이 없이 즉각적으로 생기는 것이니 그것은 생명의식의 직접적인 활동이다"라고 강조한다(이상은, 1975: 90). 결국 인은 자신의 이익을 앞세우지 않고, 남의 고통과 아픔에 공감하는 태도 일반을 지칭한다고 볼 수 있는데, 그것은 개인의 독립성과 이익 추구성을 전제로 하는 근대 인간의 행동 방식과는 분명히

---

23 『논어』, 안연(顏淵) 편.
24 『논어』, 안연(顏淵) 편.
25 『논어』, 이인(里仁) 편.

거리가 있다. 이 점에서 유교적 가치 내에는 개인주의, 이기주의를 전제로 한 공공성과는 다른 도덕정치, 학문정치의 실현을 지향하는 철학적 자세로서의 공공성이 강조되는 것을 확인할 수 있다.

한편 뚜웨이밍은 인이 외부로 표현되는 것이 예라고 본다. 즉 예는 사회적 맥락에서 인을 외부로 구체화하는 것, 공경과 존경의 감정, 겸손하고 양보하는 마음, 타인과 함께 공동체를 이루는 구체적인 방법(수신, 제가 치국 평천하)이다. 유교는 고립된 자아가 아니라 공적 대의에 몸을 던지는 공동체적 도덕적 자아, 자기 절제와 엄격성을 중시한다. 도덕적 자아는 타인에 대해 도덕적 의무를 자각하고 실행하는 자아이며 현대적으로는 자기에 대한 도덕적 고려를 남에게 요구할 수 있는 권리를 지닌 자아이다. 즉 공동체적 선행은 인간의 의무이자 권리가 된다(최석만, 1999: 17). 유가의 가르침은 욕망을 억제하고(義), 타인을 배려하는(仁) 마음으로 집약해 볼 수 있는데, 그것은 오늘날 사익 추구의 문명 파괴에 맞서서 더불어 살아갈 수 있는 덕목을 가르치고 있다.[26] 이렇게 본다면 유교는 기능과 이익만으로 형성된 오늘의 자본주의 물질문명에 대해 진정한 공동체의 존재 의미를 부각시켜주고 인간 존재의 품위를 높여주는 역할을 할 수 있으며, 자기 절제의 윤리를 통해 무한정한 욕망을 장려하는 물질문명에 대한 해독제가 될 수 있다(이승환, 1999: 288).

유교의 가르침은 이해 관념과 결부되는 권리 주장·법적인 쟁송보다는 도덕 의무의 충실을 인생 본래의 의무로 삼는 사회윤리관에 기초해 있다.[27] 우선 가족이 법적인 계약으로 형성되지 않은 것처럼 유교의 사회윤

---

26 공자는 "부귀는 사람들이 모두 바라는 것이지만, 정당한 수단으로 얻은 것이 아니면 그곳에 거처할 수 없다"(富與貴 是人之所欲也, 不以其道 得之 不處也) (『논어』의 里仁 편), "군자는 의에 밝고 소인은 이익에 밝다"(君子 喩於義 小人 喩於利)고 말했고(『논어』의 里仁 편), "이익을 눈앞에 두고 정의를 생각하라"(見利思義) (憲文 편)고 말한 바 있다.

27 유교의 사회관계 개념은 가족을 원형으로 하는 상하 수직적인 관계라고 하더라도 그것은 일방적인 지배/피지배의 관계라기보다는 역할(role)로서 정의된다. 유교에서 남녀의 구별, 노소

리에서 사회도 법에 의해 규율되지 않는다. 법적 통제는 사후적이고 외적이고 표피적인 감시를 통해서 질서를 유지한다는 점에서 한계가 있다. 형벌로 사람을 다스리는 것은 두려움을 갖도록 만들어서 행동을 규제하지만, 예로 다스리는 것은 수치를 알고 바른길로 나아간다는 엄격한 자기 통제의 규제를 강조하는 것이다(마루야마 마사오, 1995: 140).

그러나 이러한 규제, 질서 유지 방식은 분명히 개인의 도덕적 자각과 자기 절제에 의존한다는 점에서 개인이 그러한 자각을 하지 않을 경우 발생할 문제에 적절한 답을 제공해주지 못하며, 권력에 대한 밑으로부터의 지속적인 감시에 대한 문제의식이 결여되어 있다(유용태, 2001: 297). 또한 자본주의 경제체제에서 개인이 아닌 법인 기업의 이윤 추구 동기의 절제는 더욱 어렵다. 따라서 기업과 가진 자의 욕망을 통제할 수 있는 법적 강제력이 없으면 도덕은 이상으로만 남게 될 가능성이 있다. 이러한 한계를 함께 고려하면서 유교도덕의 요소들을 법치, 혹은 권리의식 등 서구적 가치들과 결합하여 미래의 시민도덕 형성에 기여할 수 있는 길을 찾아보아야 할 것이다. 결국 유교의 사회윤리는 처벌의 두려움보다는 자율적 의지에 호소하거나 수치심을 자극하여 개인의 행동을 사회의 이익과 조화시키려는 것이므로 법적 통제가 제대로 작동한다는 것을 전제로 한다면 그것의 한계를 극복할 수 있는 대안으로 생각할 만하다.

중국의 근대사상가 궈모뤄(郭沫若)는 현세의 삶에 대한 실천적인 관심, 사회의 정의, 대동사회의 이상 등을 들면서 유교문화의 긍정적 측면을 강조한 바 있다(송영배, 1986: 391). 구한말의 독립운동가, 해방정국의 사회운

와 장유(長幼)의 구별 이 모두는 욕구와 능력을 달리하면서도 유기체적인 상호의존 관계로 설정되며, 사농공상의 직업적인 차별도 마찬가지이다. 유교가 공식 통치 이데올로기가 된 사회에서 인간 간의 권리와 의무는 법으로 정해져 있는 것이 아니라 규범적으로 전제되어 있다. 인간은 기본적으로 관계 속의 존재로서 상정된다. 앞에서 언급한 것처럼 인의예지(仁義禮智) 역시 관계 맺음의 욕구를 단서로 설명된다. 측은·수오·사양·시비는 모두 측은을 회피하고자 하는 마음, 수치스러운 사태를 회피하고자 하는 마음 등이 전제되어 있다(최봉영, 1999: 35).

동가, 그리고 1970년대 민주화 운동 과정에서의 지식인, 1980년대의 노동 현장에 투신한 학생운동가들은 이러한 기준에서 본다면 겉으로는 서구적인 가치를 견지한 듯이 보이나 동시에 유가 혹은 유교적인 가치와 태도를 자신도 모르는 사이에 내면화하여 행동으로 표현한 존재였다. 그들은 유교의 이상주의적 측면 즉 인(仁), 극기(克己)의 정신에 매우 충실한 인간이었다고도 볼 수 있다.

5. 맺음말

한국의 가족주의는 분명히 유교적 가치관과 그것의 제도적 표현인 가부장적 가족구조에 뿌리를 두고 있다. 그러나 부자관계를 중심으로 하는 유교적 가치 그 자체로부터 현대의 가족주의·연고주의가 발생했다기보다는 유교정치의 붕괴 과정에서 가족·씨족 단위의 결속을 강력하게 요구한 조선 말기의 정치적 지배질서, 즉 신분 지위 유지를 위해 요청된 종법적 가족제도와 주자학 특히 예(禮)의 절대화, 근대화 과정에서의 억압과 자본주의적 경쟁체제에서의 생존과 지위 획득의 실용적 필요성 등의 정치사회적·제도적 조건이 작용하고 있다. 즉 가족·혈연적 결속은 전근대사회에서는 조상 혹은 스승의 지위와 명성을 활용하여 후손들이 지위를 확보할 필요 때문에, 그리고 근대 이후에는 억압체제 아래 생존을 도모하고 자녀의 성공과 학연·지연적 결속을 통해 경제적 이익과 사회적 지위를 보장받기 위해 필요했다고 볼 수 있다. 물론 전근대사회에서 평민들에게 어느 정도 유교 가치나 가족관계의 윤리가 깊이 스며들었는지 확인하기는 어렵지만, 조선 말 양반들의 '독사'였던 가족주의·씨족주의가 근대 이후 대중적 차원으로 확산되었으며, 현대사회에서 가족주의는 핵가족이기주의 혹은 연고주의 지역주의 등으로 나타났다.

결국 유교 가치는 현대 가족주의의 가장 결정적인 정신적 자원을 제공하기는 하였으나 오늘날 한국의 가족주의가 유교적 가치 그 자체의 직접적인 산물이라고 보기는 어렵다. 가족주의의 강화에 더 결정적으로 작용한 변수는 이러한 사적인 결속을 통한 지위 추구와 복지 전략을 요구한 근대 이후 지배체제와 사회 환경이었다. 이렇게 본다면 오늘날 '공자'나 '유교'를 버린다고 해서 가족주의가 극복된다는 보장은 존재하지 않는다. 개인을 가족 공동체와 가부장 질서에 종속시키는 장자 중심의 상속제도, 엄격한 부계 혈통주의와 호주제 등 가족제도의 변화가 우선적으로 필요하고, 가족의 복리와 자녀의 성공, 학연과 지연에 덜 집착할 수 있는 제도와 환경의 조성, 사회적 투명성과 공정성 확보, 사회복지를 포함한 사회적 안전망 구축, 노동자나 사회적 약자의 단결권과 집단 이익 추구의 제도화 등의 장치 마련도 가족에 대한 집착을 완화할 수 있는 중요한 방편일 것이다. 물론 사회의 급격한 개인주의화와 부계 가족제도가 이완되는 최근의 추세도 이러한 가족주의를 약화시킬 것이다.

한편 유교 가치 중에서 공공도덕의 중시, 물질적 탐욕의 경계, 인격의 수양, 도덕심, 인간 중시 사고(humanism) 등은 서구적 개인주의 시민의식이 아닌 보다 적극적인 형태의 공동체 의식으로 발전해 갈 수 있는 요소들로 볼 수 있다. 21세기에 우리는 유교 가치 중 가족주의의 부정적 요소와 결별하고, 서구의 원자론적 개인주의도 극복하면서 루쉰(魯迅)이 강조하였듯이 자기가 확신하는 진리를 끝까지 고수하고 인도주의를 위하여 과감히 투쟁할 수 있는 자립적인 인간상을 찾아야 할 것이다.

| 참고문헌 |

『논어』, 『맹자』, 이원섭 옮김, 1981, 『세계사상대전집』 31권, 대왕사.

『소학』, 주희·유청지 옮김, 윤호창 옮김, 홍익출판사, 1999.

강광식, 「조선조 유교정치 체제의 지배연합에 관한 연구」, 한국정신문화연구원, 『한국
　　의 정치와 경제』 제5집, 1994.

강신표, 「한국 전통문화의 구조적 원리」, 한국사회과학연구소 엮음, 『한국사회론』, 민
　　음사, 1984.

게일, J. S., 신복룡 외 옮김, 『전환기의 조선』, 평민사, 1986.

공보처, 『한국인의 의식·가치관 조사: 요약 해설편』, 1996.

_____, 『1995 정부여론조사 자료집』, 1995.

금장태, 『유교사상과 한국사회』, 성균관대학교 대동문화연구원, 1987.

김동일, 「한국사회와 인간, 무엇이 문제인가」, 『한국사회와 시민의식』, 문음사, 1988.

김동춘, 「노동·복지체제를 통해 본 한국 자본주의의 성격」, 『역사비평』, 1998년 8월.

_____, 『전쟁과 사회』, 돌베개, 2000a.

_____, 『근대의 그늘』, 당대, 2000b.

김병국, 「반(反)유교적 유교정치」, 『전통과 현대』, 창간호, 1997.

김상준, 「조선시대의 예송과 모럴 폴리틱」, 『한국사회학』, 제35집 2호(2001).

김주희, 「친족과 신분제: 심리인류학적 접근」, 한국문화인류학회, 『한국문화인류학』
　　제20집, 1988.

김태길, 『한국인의 가치관 연구』, 문음사, 1982.

_____, 「한국과 한국인, 그 어제와 오늘」, 김태길 외, 『한국사회와 시민의식』, 문음사,
　　1988.

김형효, 「현대 문명 속에서의 유교의 존재론적 의미와 윤리적 가치」, 아산사회복지사
　　업재단, 『21세기의 도전, 동양윤리의 응답』, 1998.

다카하시 도루, 이형성 편역, 『다카하시 도루의 조선 유학사』, 예문서원, 2001.

동양사회사상학회, 『동양사회사상』 제2집, 1999.

마루야마 마사오, 김석근 옮김, 『일본정치사상사연구』, 통나무, 1995.

민문홍, 「한국인의 사고방식」, 일상문화연구회 엮음, 『한국인의 일상문화』, 한울, 1996.

샤를 바라, 샤이에 롱, 성귀수 옮김, 『조선기행』, 눈빛, 2001.

박병호, 『전통적 법체계와 법의식』, 서울대학교 출판부, 1983.

박영신, 「한국사회발전론 서설」, 『한국사회 어디로 가고 있나』, 현대사회연구소, 1983.

_____, 「한국의 전통 종교윤리와 자본주의」, 한국사회사연구회, 『한국의 종교와 사회변동』, 문학과지성사, 1987.

박홍규, 「반중앙권력의 논리는 가능한가」, 『당대비평』, 1999년 여름.

변용환, 「한국인의 조세관과 가치체계」, 한림과학원, 『전환기에 선 한국인의 가치관』, 소화, 1995.

서정기, 『공자: 실록을 통해 본 공자의 생애』, 글, 1993.

서중석, 『신흥무관학교와 망명자들』, 역사비평사, 2001.

송영배, 『중국 사회사상』, 한길사, 1987.

심산사상연구회, 『김창숙 문존』, 성균관대학교 대동문화연구원, 1986.

안병직 엮음, 『한국 근대사상가 전집: 신채호』, 한길사, 1979.

알렌, H. N., 신복룡 옮김, 『조선견문기』, 평민사, 1986.

요네야마 도시나오, 김필동 옮김, 『일본인의 집단의식』, 소화, 1997.

유석춘, 「유교 자본주의의 가능성과 한계」, 『전통과 현대』, 1997년 여름.

유용태, 「집단주의는 아시아 문화인가」, 『경제와 사회』, 2001년 봄.

윤사순, 『한국유학사상론』, 예문서원, 1997.

이광규, 『한국의 가족과 종족』, 민음사, 1990.

_____, 『한국 가족의 구조분석』, 일지사, 1992.

이규태, 『한국인의 의식구조 : 한국인은 누구인가』, 신원문화사, 1983.

이동인, 「한국의 근대화 과정에서의 유교적 가치」, 한국사회사연구회, 『한국의 종교와 사회변동』, 문학과지성사, 1987.

이만갑, 「한국의 농촌과 도시」, 『사상계』, 1967년 12월.

_____, 『한국농촌사회연구』, 다락원, 1981.

이만규, 『조선교육사』 2, 거름, 1988.

이상은, 『유교와 동양문화』, 범학도서, 1976.

이승환, 「아시아적 가치 논쟁과 한국의 유교문화」, 아태평화재단, 『새천년을 향한 한국사회의 비전』, 1999.

이영찬, 『유교사회학』, 예문서원, 2001.

이완재, 「긍정적 측면에서 본 유교윤리」, 한국정신문화연구원, 『한국인의 윤리관』, 1983.

이우성, 「한국의 유학전통과 그 전망」, 대동문화연구원, 『대동문화연구』 제24집, 1996.

장지연, 『조선유교연원』, 솔출판사, 1998.

정승모, 「가족과 친족」, 신용하 외, 『한국 사회사의 이해』, 문학과지성사, 1995.

정영태, 『시민이 본 인천: 일상과 정치』, 인하대학교 출판부, 1998.

조경란, 「중국의 전통과 근대에서 개체와 집단의 문제」, 철학연구회, 『철학연구』 제49집, 2000년 여름.

조혜정, 「가족윤리: 공리적 가족 집단주의와 도덕적 개인주의」, 아산사회복지사업재단, 『현대사회와 가족』, 1986.

채상식, 「성리학과 유불교의 사상적 맥락」, 『역사비평』, 1994년 봄.

최봉영, 「성리학적 인간관과 인본주의」, 동양사회사상학회, 『동양사회사상』 제2집, 1999.

최석만, 「유교사상과 민주주의의 접합을 위한 이론 구성 및 방법론」, 동양사회사상학회, 『동양사회사상』 제2집, 1999.

최재석, 『한국가족제도사연구』, 일조각, 1986.

_____, 『한국인의 사회적 성격』, 현음사, 1994.

최종고, 『한국법사상사』, 서울대학교 출판부, 1993.

최준식, 『한국인에게 문화가 없다고?』, 사계절, 2000.

최협 외, 『공동체론의 전개와 지향』, 선인, 2001.

KBS·연세대학교, 『한국·중국·일본: 국민의식조사 백서』, 1996.

토드, 에마뉘엘, 김경근 옮김, 『유럽의 발견: 인류학적 유럽사』, 까치, 1997.

피터슨, 마크, 김혜정 옮김, 『유교사회의 창출』, 일조각, 2000.

한국갤럽조사연구소, 『한국인의 인간가치관』, 1990.

한국정신문화연구원, 『한국인의 윤리의식 연구』, 1992.

한도현, 「예교의 사회원리와 시민윤리」, 한형조 외, 『전통예교와 시민윤리』, 청계, 2002.

한용운, 정해렴 편역, 『한용운 산문전집』, 현대실학사, 1990.

한형조, 『왜 동양철학인가』, 문학동네, 2000.

함석헌, 『뜻으로 본 한국 역사』, 숭의사, 1963.

함재봉, 「유교와 세계화: 보편성과 특수성의 문제」, 『전통과 현대』, 1997년 여름.

현대사회연구소, 『국민여론조사보고서』, 1996.

현상윤, 『조선유학사』, 민중서관, 1960.

丸山孝一, 「한국 유교의 보수와 혁신」, 최길성 엮음, 『한국의 사회와 종교: 일본인에 의한 사회인류학적 연구』, 아세아문화사, 1990.

Banfield, E. C., *The Moral Basis of a Backward Society*, New York: The Free Press, 1958.

Borgatta, Edgar F. & Borgatta, Marie L., eds., *Encyclopedia of Sociology*, Vol. 2, Macmillan Publishing Company, 1992.

Bourdieu, Pierre, *Distinction: A Social Critique of the Judgement of Taste*, Cambridge: Harvard University Press, 1984.

Deuchler, Martina, *The Confucian Transformation of Korea: A Study of Society and Ideology*, Cambridge: Harvard University Press, 1992.

Fukuyama, Francis, *Trust: The Social Values and the Creation of Prosperity*, New

York: Simon & Schuster, 1995.

Henderson, Gregory, *Korea: The Politics of the Vortex*, Cambridge: Harvard University Press, 1968(그레고리 헨더슨, 박행웅・이종삼 옮김, 『소용돌이의 한국정치』, 한울 2000).

Hsu, Francis L. K., "Confucianism in Comparative Context," Slote, Walter H. and George A. De Vos(eds.), *Confucianism and the Family*, 1998.

Koh, Byong Ik, "Confucianism in Contemporary Korea," Tu Wei-Ming(ed.), *Confucian Traditions in East Asian Modernity: Moral Educations and Economic Culture in Japan and the Four Mini-Dragons*, Cambridge: Harvard University Press, 1996.

Krieger, Silke, Rolf Trauzettel(eds.), *Confucianism and the Modernization of China*, Mainz: Hase & Koehler Verlag, 1991.

Lee, Kwang Kyu, "Confucian Tradition in the Contemporary Korean Family," Slote, Walter H. and George A. De Vos(eds.), 1998.

Shils, Edward, "Reflections on Civil Society and Civility in the Chinese Intellectual Tradition," Tu Wei-Ming(ed.), 1996.

Slote, Walter H. and George A. De Vos(eds.), *Confucianism and the Family*, New York: State University of New York Press, 1998.

Tu Wei-Ming, "A Confucian Perspective on the Rise of Industrial Asia," Krieger, Silke, Rolf Trauzettel(eds.), 1991.

_____, "Family, Nation and the World: The Global Ethic as a Modern Confucian Quest," 아산사회복지재단, 1998a.

_____, "Confucius and Confucianism," Slote, Walter H. and George A. De Vos(eds.), 1998b.

제5부
∙
∙
∙

한국인들의 자민족 중심주의
시민운동과 민족, 민족주의
21세기와 한국의 민족주의
일상적 파시즘론에 대한 생각
해방 60년, 한국의 민족주의와 민족문제의 위상

한국인들의 자민족 중심주의

1. 머리말

　한국 자본주의가 외형적으로 팽창하고 타민족 타인종과 교류와 접촉이 보다 활발해지기 시작한 1990년대 들어서 그동안 독일, 일본 등 파시즘을 경험한 나라의 일로만 간주했던 폐쇄적 배타적 민족주의 현상들이 한국에서도 나타나고 있다. 그리고 한국이 외세 지배의 일방적인 '피해자', 경제 후진국, 혹은 자본의 수입국 처지에 있을 때는 나타나지 않았던 심각한 이방인 차별주의 현상들이 이러한 상황의 변화 속에서 점차 드러나기 시작하였다. 외국인 노동자, 중국동포나 탈북자들에 대한 냉혹한 처우와 멸시, 동남아 진출 한국 기업들의 현지 노동자들에 대한 비인간적인 처우 등이 전자에 속한다면 한국 내 화교 및 혼혈인들에 대한 냉대와 차별은 후자에 속할 것이다. 한국이 국제사회에서 어느 정도 지위를 차지하게 되면서 한국인들이 그동안 얼마나 '단일민족'의 신화에 집착하면서 혈통 중심주의 사고와 행동을 견지하고 있는지 새삼 확인하게 되었다.

　따지고 보면 한국의 정치가, 언론인, 학자와 문인 등 엘리트층 역시 지독할 정도로 우리 자신의 문제에만 집착하는 경향이 있다.[1] 국가 차원의 대외 원조액은 세계 11위의 경제대국으로서는 부끄러울 정도로 낮은 수준이고,[2] 정치권이나 외교관 중에서도 국제문제, 특정 지역문제 전문가는 거의 없으며, 과거나 현재나 "한국 언론은 지나치게 자기 나라 정부와 국민만 옹호하는 경향이 있다"[3]는 비판을 면치 못한다. 그러므로 오늘날과 같이 일본의 우경화와 우익들의 교과서 왜곡을 공격하면서도 일본을 잘 아는 전문가가 거의 없을뿐더러 일본에 대한 한국인들의 인식은 거의 무지에 가까운 수준이고, 미국을 그렇게 선망하면서도 미국 전문가가 별로 없는 것은 물론, 미국 사회에 대한 기초적인 인식도 거의 없는 상태이다. 그러다 보니 우리보다 못사는 지역인 동남아시아, 라틴아메리카 여러 나라에는 아예 관심조차 없다. 조선시대에 그러하였듯이 오늘날 한국의 지배층과 일반인들은 말로는 지구화다 정보화다 떠들고 있지만 기실은 자신들만의 소우주에 갇혀서 중국과 일본이 어떻게 변하고 있는지, 미국이 탈냉전 이후 어떻게 변하고 있는지 정확하게 인식하지 못한 채 미국에 마냥 기대고 북을 적대시하면 모든 문제가 해결될 것으로 착각하고 있다.

우리는 흔히 일본 정부의 재일동포 차별을 비판하지만, 이방인 차별에 관한 한 한국은 일본보다 훨씬 심하다. 한국 거주 외국인 지문 등록도 그러하지만 한국은 지난 백 년 동안 이 땅에서 동고동락하며 살아왔던 화교가 생존하지 못하고 떠나간 거의 유일한 나라다. 이들은 거주, 재산 소유, 경제활동과 직업 선택에서 극심한 차별을 받고 있기 때문에 해방 전 최고 8만 명에 달하던 것이 현재 2만여 명밖에 남지 않았다. 이것은 중국 만주지방의 조선족이 중국 당국에 의해 하나의 소수민족으로서 나름대로 대접받으면서 살아온 것과는 대조적이다. 한편 한국에서 혼혈인으로 살아간다

---

1 컬럼비아 대학의 휴 패트릭 교수는 "한국 사람들의 마음가짐이 너무 국내적이다. 나라 밖보다는 나라 안의 문제에 너무 집착한다"고 지적한다(『조선일보』, 2006. 1. 4).
2 한국의 국민 1인당 해외 원조액은 8달러로서, OECD 국가는 국민총소득의 평균 0.25퍼센트를 지원하고 있으나 한국은 0.06퍼센트에 불과하다. 일본은 아시아에 53억 불의 유상원조를 했는데, 이는 한국의 56배에 달한다. 『노컷뉴스』, 2006. 1. 3.
3 이케하라 마모루, 『맞아죽을 각오를 하고 쓴 한국, 한국인 비판』, 중앙M&B, 1999, 179쪽.

는 것은 어떤 형벌보다도 가혹한 일이다. 화교가 그러하였듯이 한국전쟁의 유산인 혼혈인들도 혹독한 차별을 견디지 못하고 거의 다 떠났다. 공무원으로 취직한 혼혈인은 한 명도 없으며 25세 이상 혼혈인 중 결혼한 사람은 30퍼센트에 불과할 정도로 정상적인 가정생활도 불가능하기 때문이다.[4]

1990년대 이후 나타나고 있는 가장 심각한 외국인 차별은 국내에 이주해 온 동남아 출신 외국인 노동자에 대한 차별과 학대이다. 이들은 한국인들이 기피하는 이른바 3D업종에 종사하고 있는데, 노동시장 피라미드의 최하층에 자리 잡고서 저임금, 산업재해, 인권 탄압 등 인간 이하의 조건을 감내하고 있다. 모든 한국인 사용자들이 비인간적인 학대를 자행하는 것은 아니지만, 1995년 이 문제가 크게 공론화되어 사회적 지탄을 받은 이후에도 이러한 관행은 여전히 계속되고 있다. 이 모든 외국인 차별의 관행은 내 핏줄만 소중히 여기고 나와 다른 사람을 용납하지 못하는 편협한 자기중심주의 사고의 산물이라고 볼 수 있다.

그러나 우리와 언어와 혈통을 같이하지만 우리보다 더 못살고 관습이나 사고에서 큰 차이를 보이는 중국동포, 탈북자 들을 심각하게 차별하고 있는 점도 주목할 만하다. 몇 년 전에는 중국 조선족을 동포로서 따뜻하게 대해줄 것과, 왕래를 자유롭게 할 수 있도록 해줄 것, 그리고 불법 입국자 추방 조치를 신중하게 해줄 것을 요구하는 시위도 발생한 바 있다. 한국에서 쓰라린 경험을 한 중국동포는 "200만 중국 조선족도 용납 못 하면서 2천만 이북 동포들은 어떻게 용납할 것인가"[5] 반문하고 있으며, 심지어 어떤 사람은 "또다시 전쟁이 난다면 이북 편에 서서 남측을 쳐부수겠다"며 원자탄이라도 있으면 남에 터트리고 싶다고 극도의 원망과 분노를 표출하고 있다.[6]

4 박경태, 「한국사회의 인종차별: 외국인 노동자, 화교, 혼혈인」, 『역사비평』, 1999년 가을, 201쪽.
5 김성호 외, 『서울에서 못다 한 이야기: 중국 조선족 한국 체류기』, 말과창조사, 1997, 191쪽.
6 같은 책 참조.

어째서 오늘의 한국 정부 그리고 다수의 한국인들은 이렇게 극도로 자기중심적이며, 속 좁은 존재가 되었는가? 과연 모든 한국인들이 그러한 태도를 갖고 있는가, 아니면 정부나 엘리트층이 문제인가?

2. 20세기 자민족 중심주의

그동안 잠복되어 있었으나 1990년대 들어서 두드러진 한국사회의 이방인 차별주의는 일종의 자민족 중심주의(ethnocentrism)라 볼 수 있다. 그렇다면 자민족 중심주의란 무엇인가? 자기 민족의 생존권에 배타적으로 집착하거나 민족적 우월감에 도취되어 근거 없이 타민족이나 인종을 무시 억압하고, 지구상에서 문화적 전통이나 인종적 특색이 서로 다른 여러 민족이나 인종이 동등한 권리가 있는 존재로서 더불어 살아가야 한다는 보편 공리를 인정하지 않으려는 태도를 의미한다. 파시즘과 극우 민족주의, 다양한 형태의 인종주의(racism)는 자민족 중심주의의 전형이다. 20세기 들어서 그것은 제국주의 침략, 공산주의 붕괴 이후 유고 지역에서 나타난 타인종 강제 이주 혹은 인종청소(ethnic cleansing), 독일·오스트리아에서의 극우 민족주의 발흥, 일본의 전쟁범죄 부인과 역사 왜곡 작업 등으로 나타난 바 있으며, 20세기 인류 문명을 야만 상태로 몰아간 주범이다. 민족이 국민국가의 형태로 존재하는 오늘날 자민족 중심주의란 실제로는 자국가 중심주의로 나타나는 경우가 많다.

정도의 차이는 있지만 근대사회의 모든 국가나 민족은 자민족 중심주의 혹은 자국가 중심주의적이다. 지구 온난화와 환경 파괴가 눈에 보이는데도 교토 기후협약을 탈퇴하려 하고, 미사일방어계획(MD)을 수립하여 무기 판매를 노리며, 자유무역을 내세우면서도 자국 내 자본가들의 압력을 받아서 한국의 철강에 덤핑 관세를 부과한 미 부시 행정부의 이율배반적 이기주의도 자국가 중심주의의 전형적인 모습이다. 마르크스가 생각했던 것처럼 자본이 국가의 경계를 허물고, 산업주의(industrialism)가 보다 철저하게 인간관계를 지배하게 된다면 이러한 국가 이기주의 혹은 민족, 인종 차이에 의한 편견과 차별은 주로 자본의 노동 억압 및 노동자에 대한 사회적 차별로 대치될지도 모른다. 그러나 지금까지 역사는 자본의 노동에 대한 대립과 차별이 민족·인종 차별과 공존하거나 결합되는 방향으로 전개되었다. 대체로 그것은 국가 간의 침략과 억압, 갈등 혹은 전쟁 상황에서 가장 전형적으로 드러나게 된다.

자민족 중심주의는 자본주의 세계체제의 산물이라 볼 수 있다. 특히 배타적인 자민족 중심주의는 월러스틴(Wallerstein) 등이 강조하듯이 자본주의의 불균등 발전의 피해를 입는 국가, 민족, 종족에서 나타나는 경우가 많다. 외적으로는 그 피해가 상당한 민족적 종족적 자존심의 훼손과 열등감 형성을 수반하였으며, 내적으로 특정 정치세력이 그들이 공유하는 강한 종족적 동질성과 배타성 등의 사회심리적 자원들을 적절히 이용할 경우 정치적으로 자민족 중심주의가 발휘될 가능성이 있다. 특히 자본주의 세계체제에서 제국주의 침략이나 다른 국가의 억압을 받은 종족, 민족 (ethnic group, nation)이 하나의 국가(nation-state)로 성장하는 과정은 한 개인의 성장과 마찬가지로 욕구의 억압을 동반한다. 제국주의 침략을 받은 민족과 그 구성원은 심각한 좌절을 겪게 되고 이것을 해소하기 위해 만만한 표적을 찾는 경향이 있다. 좌절과 굴욕을 겪은 민족과 그 주도세력이 단순한 저항의 주체였다가 독립 후 국가권력을 소유하게 되었을 때, 만약 그 권력의 자의적 행사를 견제할 수 있는 내부의 민주주의와 시민사회라는 안전장치가 없다면, 그 사회 내부의 약자나 소수자, 그리고 그 나라 주변의 힘없는 민족은 이들의 희생양이 될 위험성이 있다.[7]

---

7 박경태, 앞의 글.

따라서 민족주의 일반이 그러하듯이 이러한 자민족 중심주의를 발흥케 하는 원료는 특정 민족이나 종족이 간직한 고유의 역사와 전통, 공유된 기억, 피해의식 등 역사문화적 요소이지만, 그것을 작동하게 하는 기관차는 근대국가와 그 내부의 지배세력이며 그것이 전형적으로 드러나는 것은 타민족·국가의 대립 특히 전쟁이라는 위기 상황, 혹은 국가나 정치 공동체의 존립이 위협을 받는 상황이다. 전쟁 상황에서 '적과 나'는 이분법적으로 분리되고, 나를 규정하는 요소로서 민족의 전통 혹은 혈연적 동질성이라는 신화 혹은 상징이 주로 동원된다. 이때 피해와 열등감으로 상처받은 민족은 자신의 피해 사실을 과도하게 부각시키면서 자기 주변의 소수자와 약자들에 대한 학대와 차별을 정당화하는 경향이 있다. 이것은 주인에게 뺨 맞은 마름이 자기보다 더 약한 종을 향해 더욱 심하게 발길질하는 것과 같다.

근대 민족국가는 정도 차이는 있지만 자본주의 세계체제의 상부구조로서 대체로 발전국가의 이념을 지향한다. 후발국 독일이 전형적으로 그러하였듯이 근대 민족국가는 부의 무한정한 확대를 꾀하면서 생존과 번영을 도모한다. 이 국가는 민족 구성원에게 실제 생활에서 요구되는 물질적 혜택을 부여하면서 존립의 근거를 강화해왔다. 어떤 민족에 소속되어 있다는 의식, 그리고 그 민족 공동체를 위해 자신의 모든 것을 바치겠다는 결심, 자기 민족의 존립을 위협하는 타민족을 누르거나 없앨 수도 있다는 마음이 국가 혹은 지배계급에 의해 조장·선전되며, 또 건드릴 수 없는 공식으로 정형화하기도 한다. 여기서 개인이 설 자리는 거의 없고, 개인의 자유는 오직 민족 혹은 국가의 자유가 실현된 결과로서만 예상될 수 있다. 근대 초기 인간해방의 이념으로 출발했던 민족주의는 곧 국가 내 '개인'의 해방을 억제하는 이데올로기, 혹은 타민족과 인종을 말살하자는 폭력 담론, 심지어는 병균(virus)과 같은 것으로 변질될 수 있다. 개인이 국가 혹은 민족이라는 집단주의에 대해 자신의 존재를 내세울 수 없는 조건에서 자민족 중심주의는 가장 위험한 양상을 띤다.

결국 자민족 중심주의는 분명히 근대 국민국가 체제의 수립·운영 과정, 그리고 내외부 적의 위협을 받아 자신의 생존과 이익을 지키려는 근대 국가의 지배계급이 나름대로의 정치적 의도를 갖고서 만들어낸 새로운 신화·국가 신앙·이데올로기라고 볼 수 있지만, 그것은 전쟁과 같은 국가 위기 상황, 근대국가의 체계적인 국민 교육과 선전, 위기 상황에서의 국가주의 민족주의 선동들, 대중들의 피해의식 자극 등을 통해 사회 전 구성원의 집단주의 정서·심리·성향이 된다. 그래서 현상적으로 드러나는 자민족 중심주의는 바로 엘리트들만의 성향이 아니라 민족 구성원 전체가 견지하는 태도로 나타난다.

오늘날 탈냉전 후기 공산주의(post-communism) 세계에서 나타나는 민족주의는 구소련 연방에 속했던 체첸처럼 독립을 향한 저항운동의 성격을 띠기도 하지만, 대체로는 우익 민족주의 정치세력이 주도하는 자민족 중심주의의 성격을 띤다. 급속한 경제발전을 구가하는 중국 역시 공식적으로는 공산주의 정권이 유지되고 있지만 중화 애국주의의 열기가 점점 고조되고 있다. 공산주의라는 보편 이념이 무너진 공간 위에 새로운 정치적 동원 자원으로 대중들의 역사적 기억과 마음속에 자리 잡고 있는 민족 감정이 적절히 활용된 것이다. 헤이그 전범재판소에 소환된 세르비아의 지도자 밀로셰비치(Milošević)는 그 대표적인 인물이다. 그는 자신의 정치적 입지를 위해 구 유고를 내전 상태로 몰아넣었고, 세르비아인들의 오래된 피해의식을 활용하여 보스니아계에 대한 잔인한 인종청소와 세르비아 내부에서의 독재와 부패, 언론 탄압을 자행하였다.[8] 이렇듯 오늘날 자민족 중심주의는 지구화 혹은 탈냉전 세계 정세 속에서 구 공산권 국가 등에서 주로 나타나는 후기 민족주의(post-nationalism)의 한 양상이라 볼 수 있다.

---

8 "One step forward, one step back," *Economist*, April 7th 2001.

3. 자'민족' 중심이 아닌 자'국민' 중심

그런데 문제는 1990년대 이후 한국사회에서 나타나고 있는 이러한 자민족 중심주의가 과연 독일·일본·미국 등지의 선진 자본주의 국가에서 나타나는 타민족, 타인종 차별 혹은 동유럽 사회주의 붕괴 이후 구 유고연방에서 나타나는 종족 간의 갈등과 전쟁의 동력이 되고 있는 극우 혈연적 민족주의 등과 동일한 성질의 것인가 하는 점이다.

앞서 언급한 것처럼 한국인들은 같은 핏줄이지만 남한 사람보다 못사는 중국동포나 탈북자들을 무시하거나 심각하게 차별하고 있다. 이에 비해서 이방인이지만 우리보다 잘사는 미국·일본 등 선진 자본주의 국가의 국민들에 대해서는 비교적 우호적이며 2005년 이중국적자의 대량 국적포기 사태에서 나타났듯이 우리 사회의 부유층이나 엘리트층은 필요하다면 언제나 한국 국적을 포기하고 미국으로 건너가서 미국 시민이 될 수 있다는 점을 주목할 필요가 있다. 그리고 미국에 건너간 한국인들도 미국 주류사회의 당당한 주체로서 등장하기보다는 한인 교회를 중심으로 뭉치면서 주로 한국인들만의 게토를 형성하고 있다는 점이 특징적이다.

우선 한국인들은 과거에는 북의 공산주의를 피해서 넘어온 귀순자들을 크게 칭찬하고 후하게 대접했지만, 최근 들어서 단순한 이념문제 때문이 아니라 빈곤 탈피를 위해 탈북자들이 늘어나자 이제 그러한 대우를 철회하고 있다. 최근에는 북측에서 넘어온 가난한 동포들을 사상적으로 의심하는 경우는 별로 없지만, 멸시하는 경향이 있다. 그 때문에 그들은 남측에 적응하는 데 심각한 어려움을 겪고 있으며 이것을 견디지 못한 어떤 탈북자는 다시 북으로 올라가려고 시도하기도 했다. 실제로 한국 내 탈북자들은 북 출신으로서 차별 대우 받는 것, 무시당하는 것을 매우 힘겨워하고 있다.[9] 이러한 태도는 중국동포에게도 동일하게 적용된다. 현재 한국에 거주하는 중국동포는 불법 체류자를 포함하여 6만 명을 상회하는데 이들은 폭행, 사기, 성적 학대 등 갖가지 유형의 고통에 시달리고 있다. 중국동포를 지원하는 서울의 한 교회의 상담 창구에는 1년간 300여 건의 피해 사례가 접수될 정도로 이들에 대한 차별과 학대는 동남아 출신의 외국인 노동자와 별로 다를 바 없다.

오늘날 한국인들 상당수는 단순히 한민족이라는 핏줄만을 중시하는 것이 아니라 잘사는 국민과 못사는 국민을 구분하여 잘사는 나라의 국민들에게는 우호적이거나 심지어는 굴종적인가 하면 같은 동포라고 하더라도 그들이 못사는 국민에 속하면 사실상 못사는 외국인과 같이 취급한다는 것을 알 수 있다. 이러한 차별은 법제화되어 있기도 하다. 1998년 제정된 재외동포법에서는 1948년 이전에 출국한 중국, 연해주 등지의 동포들에게 재외동포로서의 법적인 지위를 인정하지 않고 있다. 그래서 중국동포의 입국과 국내 재산권 행사, 기업 활동에는 큰 제약을 가하면서도 재미교포들에게는 IMF 경제위기를 극복하기 위한 외자 도입을 촉진한다는 명분 하에 대단히 우호적인 태도를 취하고 있다.[10] 같은 재외동포라고 하더라도 경제력 여하에 따라 법적 대우가 달라지는 것이다.

흑인이나 못사는 인종에 대한 무시는 미국의 한인들 사이에서도 나타난다. 미국에서도 한인들은 흑인 거주 지역에 들어갈 때 백인의식을 갖고 들어간다고 한다.[11] 그리하여 일부 재미 한국인들은 백인들에게 차별당하면서도 흑인에게는 우월의식을 갖는 이중성을 보이고 있다. 한인 자영업자들은 주로 히스패닉계(라틴계) 사람들을 고용하여 더러는 그들을 하인 취급하는 경향이 있는데, 한인이 경영하는 업체에서 이들과 잦은 충돌과

9 전우택, 『사람의 통일을 위하여: 남북한 사람들의 통합을 위한 사회정신의학적 고찰』, 오름, 2000, 293쪽.

10 "Hapless Korean-Chinese Workers," *The Korea Herald*, July 14, 2001.

11 이준남, 「흑인문제 이대로 좋은가: 미국 내 한·흑 분쟁의 배경 및 그 원인에 대한 고찰」, 국제문화재단, 『해외 한인사회와 민족의식』, 1991.

노사분규가 발생하는 원인이 되고 있다. 미국에서 한국인들은 흑인사회에 들어갈 때 돈 벌어 갈 생각만 하기 때문에 그들을 더불어 사는 동료로 인정하지 않으며, 흑인 경제에 거의 이바지하는 바가 없다고 한다. 이것이 1992년 LA 흑인폭동의 주요 배경이었다. 중국에 가서 기업을 운영하고 있는 한국인들 역시 마찬가지다. 이들은 중국의 현황을 거리낌 없이 비방하거나 비웃기만 하는 경향이 있으며,[12] 가난한 중국동포에 대해 지배자 의식을 과시하고 있다. 이렇듯 잘사는 사람들에게 굽실거리고 못사는 사람들에게 함부로 대하는 것은 전형적인 마름의식이라고 볼 수 있다. 그것은 억압받던 마름이 복수하겠다고 돈을 좀 벌어 옛날 주인 이상으로 자기보다 약한 사람들에게 거들먹거리는 것과 유사하다. 한국을 방문했던 어느 중국동포 학자는 이 점을 날카롭게 지적하고 있다.

세계가 한국 중심으로 돌아가는 듯 바람 먹은 콘돔처럼 잔뜩 부푼 자랑은 실제로 그런 곳에 사는 자기가 얼마나 대단한가를 나타내기 위한 연기에 불과하다. 한국 사람들은 달변이지만 연장자나 상급자 앞에서는 꿀 먹은 벙어리이다. 한국 땅에서 언권을 잃은 사람들이 중국 땅에서 어른으로 부각되는 경우가 많다. 대국에 와서는 설설 기던 사신들이 일본에 가서는 뒷짐을 지고 허세를 부리던 그런 꼴이라 하겠다.[13]

이것은 우리가 말하는 한국인들의 자민족 중심주의, 이방인에 대한 배타주의, 한국인끼리의 게토화가 단순한 핏줄 중심주의와는 다르다는 것을 말해준다. 한국인들의 친소관계 설정에서 같은 핏줄보다 더 중요한 단위는 현실로 존재하는 국가 혹은 국민이며 사회 내에서 우월한 지위를 차지하는 것에 대한 관심이라 볼 수 있다.

---

12 김성호 외, 앞의 책, 133쪽.
13 같은 책, 148쪽.

앞서 언급하기는 했지만, 지금까지 한국 정부는 재외동포에게 관심과 배려를 거의 기울이지 않았다. 이웃 중국에서는 중국을 다녀가는 화교가 350만 명을 넘고 곳곳에 화교를 접대하는 기관과 단체가 있고 그들을 뜨겁게 포용해준다. 그리고 이러한 네트워크를 기초로 화교 경제권을 구축하고 있다. 그러나 한국에는 지금까지 재외동포를 맞이하고 교육하고, 적극적인 교류를 맺는 작업을 하는 기관이 없었다.[14] 최근에 조금 나아지기는 했지만, 한국은 재외동포들을 거의 버린 자식 취급해왔다고 해도 과언이 아니다. 정부만 그러한 것이 아니라 국민들도 마찬가지이다. 우리 국민들은 재러시아·재중·재미·재일교포들이 왜 그곳에서 살게 되었는지, 그들이 겪은 고통이 어떠한 것이었는지 아예 관심조차 없다. 이 지역에 가장 빨리 진출한 교회나 종교기관의 경우는 이들 동포들을 오직 선교 혹은 지원의 대상으로만 파악하는 경향이 있다. 오히려 지난 냉전시절 동안 외국의 한국 현지 주재원들은 그들이 남한 편을 드는가, 북한 편을 드는가에만 가장 민감하게 반응하였으며, 그들의 고통에는 별로 주목하지 않았다. 또한 보통 한국인들은 중국동포들이 '우리나라'라고 말할 때 그것이 중국을 지칭한다는 것을 이해하지 못한다. 이들이 혈연적으로는 우리 민족에 속해 있기는 하나 현실적으로 중국, 러시아 국민으로 살고 있으며 또 장차 그 나라에서 살아가야 한다는 사실을 알지 못한다.

종합해 볼 때 분단 이후 남한의 국가가 보여준 일반적인 정책이나 태도, 혹은 민간인들의 집단적인 지향은 자'민족'(ethnic group) 중심주의라기보다는 자'국민'(nation) 중심주의라 부르는 것이 타당하다. 왜냐하면 한국인들의 배타주의의 실제 내용은 단순한 이방인, 재외동포에 대한 차별로 현상화하는 것이 아니라 한국보다 경제적으로 열등한 국가의 '국민'에 대한 차별과 잘사는 나라 국민에 대한 선망과 존경, 즉 대한민국 국민이

---

14 림연, 「서울바람이 떠올리는 속담」, 김성호 외, 앞의 책.

아닌 자들에 대한 일반적인 의심, 사회 내에서 서로의 차이를 인정하지 않으려는 태도, 그리고 선진국이든 후진국이든 외국 및 세계 정세 일반에 대한 무지와 무관심이기 때문이다. 여기서 우리는 전자의 다른 표현이 후자라 볼 수도 있다. 잘사는 외세에 대한 일방적인 추종과 열등감, 못사는 외국에 대한 무시와 차별은 이들 모든 나라의 실체에 대한 정확한 인식과 객관적 고찰을 불가능하게 만들고, 그들과 우리의 차이, 더 나아가 우리 자신에 대한 객관화 작업에 눈을 돌리지 못하게 만든다.[15] 이 점에서 한국의 자국민 중심주의는 헤겔이 말한 것처럼 자유와 보편주의의 인도를 받지 못한 '정신적인 유아기' 상태라 부를 수도 있다.

그런데 이러한 한국식 자국민 중심주의는 첫째는 지난 시절 식민지와 반공주의 체제하에서 형성된 국가 지상주의의 연장선에 있으며 둘째는 성장주의 · 물질주의 가치관을 바탕으로 하고 있다. 한국인들이 부자 나라 국민과 가난한 나라 국민을 대하는 데 이중적인 태도를 보이는 것은 국가 간의 경제력의 위계를 나름대로 의식한 데서 출발한 것이고, 단순히 민족적 · 인종적 편견에 기초해 있는 것이 아니라 한국사회 내에서 통용되는 자본주의 가치관, 물질주의 혹은 계급 차별주의를 다른 방식으로 표현한 것이라고 볼 수 있다.

물론 한국인들이 세계 정세 혹은 외국문제에 관심이 없는 것은 한국인 특유의 단일민족 신화, 혈통주의, 가족주의 가치관과 연관되어 있을 것이다. 그러나 결국 오늘날 한국의 자국민 중심주의는 분단체제에서 지속되어온 극우반공주의와 국가주의, 노동자와 약자의 차별과 배제 및 천민적 자본주의를 정당화하기 위한 물질주의, 그리고 가족 이기주의 등 역사 · 사회적 의식의 심층이 착종되어 있다고 생각된다.

---

15 송두율, 『민족은 사라지지 않는다』, 한겨레신문사, 2000, 158쪽.

4. 한국 자국민 중심주의의 토양

현대 세계에서 정도의 차이는 있지만 모든 나라의 국민들은 자국민 중심주의 경향을 갖고 있다. 대중적 차원에서 자민족·자국민 중심주의는 자본주의와 마찬가지로 근대사회의 시민 종교(civic religion)라 볼 수 있다. 특히 9·11 테러 이후 미국인들의 자국민 중심주의 혹은 애국주의 열풍은 가히 세계를 전율케 할 정도였다. 그러나 이들 선진 자본주의 국가에서는 좌든 우든 엘리트는 물론 대중적 차원에서도 보편주의와 세계주의를 지지하는 세력이 상당히 존재한다는 점에서 한국과는 분명한 차이가 있다.

일본의 민족주의는 국가주의로서 보수적·침략적이고 아시아 인종 우월주의의 내용을 지니고 있었지만, 한국의 민족주의는 출발 당시에는 제국주의에 대한 저항으로서의 성격을 띠었기 때문에 내용상 타민족 일반을 적대시·배타시하는 태도와는 거리를 두고 있었으며, 오히려 아시아 피억압 여러 민족과의 연대 혹은 제국주의 침략의 최대 희생자인 민중의 해방을 지향하고 있었다. 그러나 분단·한국전쟁 이후 이제 저항 민족주의가 남한에서 거의 자취를 감추게 되었다. 그리고 한국전쟁을 거치면서 과거의 저항 민족주의를 통일국가 건설의 이념으로서 적극적으로 발전시키거나 국제주의적 민족주의로 발전시키려는 중도파 정치세력이나 지식인의 입지도 사라졌다.[16] 이후 한국에서 정치적 민족주의는 사실상 사라졌거나 국가주의의 내용을 갖게 되었다. 이승만의 레토릭상의 호전적 반일주의, 박정희 정권 중·후반기 미국과의 긴장과 마찰도 이러한 맥락에서 이해할 수 있다. 역대 정권은 정치적으로 통일 지향의 민족주의를 탄압하고 국가 지상주의를 내세우면서 오직 문화적으로만 민족의 정체성과 동

---

16 안재홍의 신민족주의가 대표적이다. 안재홍은 신민족주의를 국제적 민족주의, 민족적 국제주의로 표현하기도 했다.

질성을 강조하였을 뿐 정치적으로는 그 반대의 입장을 취해왔다. 그 때문에 분단 이후 오늘까지 반외세·반미·민족자주 등 저항 민족주의는 오직 반체제 세력 혹은 급진적인 통일운동 세력의 투쟁 담론으로만 주로 기능해왔다.

그런데 1989년 소련·동유럽 사회주의 붕괴, 1980년대 이후 한국 자본주의의 발전, 한국사회 내부의 계급 분화와 독자적인 부르주아층의 형성과 더불어 이제 반공국가=민족의 실질적 대표자라는 인식이 약간씩 일반화하기 시작하였다. 그동안의 경제성장 드라이브가 어떤 점에서 저항적 민족주의에서 나온 콤플렉스에서 진행되었던 만큼, 이제 '국가'의 성공을 자랑하면서 성공하지 못한 북측과 동아시아 민족을 향해 '물질적 성공'을 과시하게 된 것이다. 『무궁화꽃이 피었습니다』, 『남벌』 신드롬이 발생한 것도 이러한 맥락에서였다. 그것은 중국, 북측에 대한 경제적 우월감과 동시에 못사는 동남아 여러 국가에 대한 우월감을 통해 우리의 자존심을 상하게 한 미국 콤플렉스, 일본에 대한 식민지 콤플렉스를 해소해주고 있다.[17] 신자유주의화와 자국민 중심주의는 이처럼 공존한다. 국가주의, 민족주의는 기본적으로 남이 어떻게 되든 나부터 잘 먹고 잘살고자 하는 욕망의 체계다. 오늘의 신자유주의 아래서 그것을 넘어서는 것은 쉽지 않다.

우선 오늘날 한국인들의 집단심리 속에서 드러나는 배타주의, 편협한 자기애, 못사는 동포에 대한 멸시 현상 등은 단순히 한반도의 역사적, 혹은 정치지리학적 조건의 산물만은 아니며 일제 식민지 지배의 피해의식, 미국에 대한 일방적 종속에서 온 열등감, 분단하에서의 극우반공 획일주의 등 근대 이후의 정치적 경험이 혼합·착종되어 형성된 것이라고 볼 수 있다. 세르비아계의 보스니아 이슬람교도 인종청소에서 나타났듯이 피해

---

17 권혁범, 「1990년대의 충돌」, 『민족주의와 발전의 환상』, 솔, 2000, 32쪽.

자 의식과 전체주의하에서 획일주의 문화는 타민족, 타인종에 대한 멸시로 나타나는 경향이 있다.[18] 홍세화가 지적한 것처럼 우리 사회에서 지금까지 극우가 아닌 자는 모두 좌익이 될 수 있고, 좌익으로 지목되지 않을까 하는 공포감에 사로잡혀 살아왔다. 정치적 반대세력이나 말을 잘 안 듣는 사람들에 대해서는 "사상이 의심스럽다"고 공격하거나 심지어는 간첩으로 몰기도 했기 때문이다. 국가 지상주의는 사회 내부의 이해관계의 충돌과 모순을 은폐하는 지배집단의 도구로 사용되었다. 내부의 다양한 의견의 제시나 비판이 국론 분열, 좌경 용공이라는 공격을 받은 일이 바로 어제인데, 이런 나라에서 이렇게 길들여진 국민들이 어떻게 콤플렉스로부터 자유롭고, 타민족, 타인종, 차이와 다양성을 인정하는 정신적 포용력을 가질 수 있을 것인가?

한편 자국민 중심주의는 앞에서 언급한 것처럼 바로 극우 지배질서가 조장한 문화적 상황을 외적으로 표현한 것이다. 자국민 중심주의는 한국 사회 내의 정의와 형평성 및 사회적 민주주의의 결여, 즉 특정 지역 출신자·노동자·여성·장애인 등 사회적 약자에 대한 편견·차별과 동전의 양면을 이룬다. 그것은 '적자생존' '약육강식' 등 자본주의적인 생존논리, 사회적 약자에 대한 멸시와 천대 등 지배질서의 계급 편향성에 기초를 두고 있다. 지금까지 한국에서는 물질주의적인 가치관과 성공관이 압도해왔고, 그 와중에서 공동체에 대한 배려는 거의 찾기 어렵지만, 개인의 성공을 위해 강자에게 굽실거리고, 약자에게 군림하는 이기적 인간 군상들이 사회의 지배층으로 진입했던 역사가 있다.[19] 지금까지 권위주의 시대를 거치면서 민중이나 사회적 약자들이 정치·사회적으로 참여할 수 있는 기

---

18 파스칼 브뤼크네르, 『순진함의 유혹』, 김웅권 옮김, 동문선, 1999, 220~231쪽.
19 김명세, 「우열과 다름의 남북 문화」, 『통일을 위해 남한도 변해야 한다: 북한 출신 학자들의 주장과 남한 학자들의 논평』, 오름, 1998. 다른 중국교포 지식인은 "한국에서는 돈이 있으면 귀신이라도 멍에를 메어서 연자방아를 돌리게 할 수 있는 것 같다"고 혹독하게 비판하고 있다(김관웅, 「새로 산 승용차에 고사 지내는 사회」, 같은 책).

회가 제약을 받으면서 그러한 상황에 길들여져온 국민들이 신민(臣民)의
식을 갖게 된 측면이 있었다. 이렇듯 자유로운 시민의식이 결여된 상태에
서 신민의식이 사회관계 속에서 표현될 때, 과거 전통사회의 마름과 같이
약자에게 군림하고 강자에게 고개를 숙이는 노예적인 퍼스널리티를 낳은
것이라고 판단된다.

마지막으로 자국민 중심주의는 한국 특유의 혈연주의·가족주의의 발
현이라고 볼 수 있다. 자국민 중심주의는 가까운 사람 챙겨주기, 비슷한
사람 끼고돌기 식의 패거리 민족주의의 양상을 띠는데 패거리 민족주의
는 시민사회의 취약성, 즉 가족주의와 그것의 사회적 발현 형태인 연고주
의·지역주의의 외적 표현이다. 고향 사람 봐주기, 출신학교 같은 사람 봐
주기 식의 패거리주의와 배타주의가 다소 이질적인 중국동포·탈북자 등
에 대한 배타심·무관심과 직결되어 있는 셈이다. 단일민족·단일혈통의
신화는 이러한 패거리 민족주의를 뒷받침해주는 정서적 기반이다.

한국인들의 자국민·자민족 중심주의는 단순히 한국 내의 외국인·이
방인을 대할 때 나타나는 태도만은 아니며, 극우반공주의를 비판하는 집
단이나 개인을 위험시하고, 경제적 약자나 소수자들을 업신여기는 태도
와 사실상 동일한 것이다. 지난 한 세기 가까이 한국인들의 정서를 사로잡
았던 저항적 민족주의가 입지를 상실하게 된 이후, 그것의 집단주의·보
수주의 등의 문화적 요소만이 살아남아 1990년대에 들어서서 다른 방식
으로 표현된 것으로 해석할 수 있을 것이다. 원래 민족주의라는 것은 자신
을 피해자로 자리매김하면서 진정한 세계 인식을 방해하는 이데올로기로
서의 측면이 있는데, 저항 민족주의에도 그러한 자기중심주의의 요소가
강하게 자리 잡고 있었던 셈이다.

지구화, 글로벌 스탠더드 등의 구호와 함께 나타난 한국인들의 자민
족·자국민 중심주의는 분명히 제국주의와 냉전의 희생자로서 살아온 한
국인들의 정치사회 의식이 드러난 것이라고 볼 수 있다. 그러나 근대 이후

거의 모든 나라에서 그러했지만, 민족주의·애국주의의 구호와 담론에는 우익 보수주의의 기본적인 가치 즉 약육강식의 생존경쟁에서의 승리, 물질적 부를 추구하는 내용이 착종되어 있다. 이렇게 본다면 한국인들의 과도한 물질주의, 자기 과시욕, 부유층의 무절제한 과시적 소비 행태 등은 어쩌면 500년 유교 신분사회를 거치면서 형성된 신분 상승의 욕망, 40여 년의 일제 식민지 지배, 50년 동안 미국 영향권 아래서 '상처받은 자존심'에 대한 나름대로의 심리적 보상 행동이라고도 볼 수 있다. 중국에 진출한 상당수의 한국 졸부들, 일부 중소기업가들에게서 이러한 태도가 가장 전형적으로 드러난다. 그들은 출세와 성공의 신화, 물질주의 가치관, 사고에서의 보수성과 편협함, 종업원을 하인처럼 여기고 동향 사람을 끼고도는 '성공한 현대 한국인'의 전형이다.

결국 오늘날 한국의 자민족·자국민 중심주의는 다른 나라의 민족주의 일반이 그러하듯이 근현대 한국 지배 엘리트의 정서와 태도를 바탕으로 한 것이지만 그들이 이끄는 국가의 정치권력을 통해 국민 일반의 태도·의식으로 일반화되었다고 볼 수 있다.

5. 맺음말

일찍이 다산 정약용(丁若用) 선생은 「반도성격」이라는 글에서 "안타깝다. 우리나라 사람들이여. 좁은 우리 속에 갇혀 있구나. 삼면이 바다로 둘러싸였고 산이 주름 잡아 사지를 꼬부리고 있으니 큰 뜻인들 어찌 채울 수 있으랴" 하고 반도의 틀에 갇히어 넓은 세상을 보지 못하는 조선인들을 개탄한 적이 있다. 그는 중화주의(中華主義) 사고에 갇혀 일본을 '왜놈'이라고 낮추보던 조선의 지배적인 일본 인식에 반기를 들고 "일본은 중국의 여러 지역과 빈번히 교류하여 물자를 수입하는 데 그치지 않고 제반 기술을 도입하여 멀리 떨어진 바다 한가운데 땅인데도 지금은 기술 수준이 중국과 대항할 수 있게 되었고 민유병강(民裕兵强)의 실효를 거두고 있다"고 경탄한 바 있다.[20] 그는 청조(淸朝) 학자들의 견해와 더불어 일본 학자들의 견해를 두루 포괄하여 논의를 전개하고 또 비판을 가했다. 청조를 오랑캐의 나라로 보고, 중화의 입장에 서서 변방 일본의 기술문명의 발전을 무시·폄하했던 조선 지배 엘리트의 통상적 인식과 달리 변화하는 동아시아 질서를 나름대로 객관적으로 읽었던 실학자들의 선구적인 시대 인식은 '주체'의 여명을 알리는 신호탄이었다.

조선 지배층의 세계 인식이 우물 안 개구리와 같았던 것은 바로 명나라에 대한 재조지은(再造之恩)의 인식, 즉 임진왜란 당시 망해가던 나라를 다시 일으켜준 은인이라는 일방적 숭앙의 분위기가 공식화했고, 그러한 공식을 자신의 정치적 입지 강화를 위해 활용하고 있었기 때문이다. 즉 명에 대한 일방적 충성심은 명이 사라지고 청이 등장한 이후에도 청을 멸시하는 허황된 반청(反淸)·북벌(北伐)을 거의 국시(國是)로 내세워 오랫동안 여론을 조작한 결과였다고 볼 수 있다. 북벌론은 대내적으로는 지배층의 사상 탄압의 유리한 수단이었으며, 대외적으로 세계 인식을 방해하고 국제 활동이나 교역을 차단하는 역기능을 한 셈이다.[21] 청의 선진 기술을 배우려는 자세를 "오랑캐의 습속을 좇는 일"이라고 배격하였던 조선의 지배층에 대해 실학파들이 반기를 든 것은 당연한 일이었다. 연암 박지원과 다산이 이처럼 주체적이고 객관적인 시대 인식과 국제관계 인식에 도달할 수 있었던 것은 썩은 조선 왕조 아래 세속적 출셋길을 포기하거나, 탄압을 받았던 자신의 정치적 처지에서 세상을 바라보았기 때문이었다.

천하가 중화를 중심으로 움직인다는 사고는 임진왜란 이후 거세게 등

---

20 다산의 『일본사』 중에서(임형택, 「실학자들의 일본관과 실학」, 『실사구시의 한국학』, 창비, 2000에서 재인용).
21 같은 책, 150쪽.

장한 국내의 정치적 반대세력을 제압하기 위한 지배층의 정치 기획의 산물이었다. 그러한 인식이 도전할 수 없는 도그마로 변했을 때, 모든 조선의 지식인들은 그러한 도그마를 암송하면서 세계사적 격변의 외딴 섬으로 남았으며 백성들은 그저 지배층이 가르쳐준 대로 살아가다가 격변의 풍파를 한 몸에 끌어안을 수밖에 없었다.

근대 국민국가 수립 후, 세계체제와 열국체제(inter-state system)가 수립된 이후, 그리고 백성들이 국민 혹은 개인으로 등장한 이후 성립된 세계인식, 국제관계 인식이 전근대 시절의 그것과 같을 수는 없겠지만, 오늘 한국사회에서 나타나고 있는 자민족 중심주의를 이해하는 데는 과거의 사실들이 중요한 참고 자료가 된다. 이런 식의 외교적 태도 혹은 국제정치 인식에서 동일한 양상의 출현이 정치지리학 이론에서 일반화되어 있는지 잘 알 수는 없지만, 오늘날 한국사회에서 나타나는 자민족·자국민 중심주의의 제반 양상들은 반도에서 단일민족으로 살아오면서 형성된 사회심리, 집단적 멘털리티, 혹은 민족성의 귀결이라기보다는 중요한 정치적 사실이며, 지난 20세기의 식민지 침략과 대미 종속의 정치사와 무관하지 않다는 점에서 조선 왕조 말기의 시대착오적인 배타주의·자기중심주의와도 통한다고 하겠다.

결국 오늘날 한국에서 나타나는 자국민 중심주의는 사대(事大)의 세계관에 안주했던 전통사회 지배층의 편협한 소국주의적 자기중심주의에다 식민지 체험으로 인한 피해의식, 분단과 주권 제약의 경험에서 나온 지배층의 열등감과 외세 추종주의, 그리고 탈냉전 이후 보수화·우경화의 물결과 한국 자본주의의 성장과 자신감 등을 반영한 민족주의 정서 등이 착종되어 형성되었다고 볼 수 있다. 따라서 이러한 자민족·자국민 중심주의를 극복하기 위해서는 국가 지상주의와 획일주의를 극복하기 위한 남북한의 평화체제 구축 혹은 새로운 동아시아 정치 공동체의 건설과 친미 일변도의 외교관계의 청산이 선결되어야 하며, 내적으로는 천민 자본주의의 극복과 정치사회의 민주화를 통한 성숙한 시민의식의 형성이 선행되어야 할 것이다. 그리하여 21세기에는 20세기 국가주의 성장주의라는 욕망의 관성을 넘어서는 명실상부한 세계시민 의식을 갖는 한국인들이 많이 생겨나야 한다.

시민운동과 민족, 민족주의

1. 머리말

1990년대 초 정도까지 한국사회에서 '민족주의'는 개혁·진보 담론에 속했다. 그러나 언제부터인가 '민족'은 역사의 퇴물, 시대와 맞지 않는 낡은 구호처럼 받아들여지게 되었다. 1990년대 들어서 '민족' 담론은 '계급' 담론과 동반 퇴조하였는데, 그것은 대체로 한국에서의 시민운동 혹은 비정부기구(NGO)의 활성화와 궤도를 같이한다. 새롭게 주목을 받기 시작한 시민운동 혹은 시민단체는 계급 혹은 민족과 같은 매우 추상적인 공동체나 이론적·운동론적 패러다임을 지향하기보다는 개인의 권리와 인권, 법의 지배, 자율성, 시민 참여 등에 방점을 찍게 되었다. 물론 이러한 물결은 현실 사회주의와 제3세계 민족주의의 동시적 후퇴 그리고 지구적 신자유주의라는 정치경제적 분위기의 산물이며 유독 한국에서만 일어난 현상은 아니다. 일부 논자들이 주장하고 있듯이 NGO의 등장도 이러한 국가, 민족, 공동체, 제3세계 등의 범주를 낡은 것으로 만든 신자유주의적 자본주의[1]의 한 흐름 속에 있기 때문일 것이다. 넓은 의미에서 이것은 개인주의

---

1 데이비드 리프, 「시민사회의 가짜 새벽」, 조효제 편, 『NGO의 시대』, 창비, 2000, 103쪽.

부활과 맞물려 있다.

한국에서 '민족'이라는 이분법, 통일이라는 당위적 목표보다 시민의식·시민운동·인권담론이 유행하면서, 이제 민족을 강조하는 것은 파시즘, 집단주의 혹은 퇴영적 자민족 중심주의(ethnocentrism)와 동일시하는 분위기가 조성되기도 했다.[2] 한국에서도 반외세, 통일 등 '민족'의 자주성을 기초로 하는 운동들은 이제 '시민운동'과 분리되었으며, 또 시민운동이 그러한 추상적이고 '낡은 민족주의'에 집착하지 않고 '개인'으로서 시민의 구체적인 권리, 제도 내적 개혁 혹은 생활상의 문제를 접근하는 한도 내에서 보수 언론의 주목을 받게 된 것도 부인할 수 없는 사실이다.

그러나 IMF 경제위기를 겪으면서 이 문제는 그리 간단한 것이 아니라는 점이 새삼 확인되고 있다. 무엇보다 국제 금융자본과 다국적 기업이 지배하는 '신경제'하에서 경쟁력을 상실하고 퇴출의 위기에 몰린 대다수의 '시민', 특히 농민이나 노동자는 생존을 위협받고 있으며, 미국의 대외정책 특히 부시 정권의 새로운 자국 중심주의 패권주의 전략과 자국 산업 보호의 무역정책은 국가 혹은 민족 단위의 자기방어 필요성을 높이는 측면도 있기 때문이다. 요컨대 지구화한 정치경제 질서는 중국처럼 산업화를 추진하는 후발국가는 물론 한국 같은 중위의 자본주의 국가에도 여전히 국가 혹은 민족 공동체의 의미에 관해 중요한 물음을 제기하고 있다.

이와 관련하여 이 글에서는 두 가지 질문을 던지고자 한다.

첫째는 세계무역기구(WTO) 체제, 지구 자본주의 경제질서(globalization), 미국의 아프가니스탄에 대한 보복 공격, 이라크 공격과 같은 일련의 급박한 정치·군사적 도전 속에서 한국의 시민·시민운동은 현실적 공동체로서 국가 혹은 정서문화 혈연 공동체로서 민족이라는 정치 단위를

---

2 비판자나 언론에 의해 다소 과장되기는 했으나 임지현의 '일상적 파시즘론'은 민족주의를 국가주의 혹은 파시즘적 요소를 가진 것으로 보고 있다(임지현, 『민족주의는 반역이다』, 소나무, 1999; 임지현 외, 『우리 안의 파시즘』, 삼인, 2000 참조).

대신할 수 있는 물리적·정신적 방어력을 갖고 있는가 하는 점이다. 민족
문제에 대한 관심을 포기하고 '시민'적 이슈에 집중하는 것이 결국 국가
혹은 민족 단위의 자기방어력과 생존 전망을 포기하고 미시정치(micro-
politics)에 몰두함으로써 스스로를 무장해제하는 것은 아닌가 하는 점이
다.[3]

　둘째는 한국의 시민운동은 한반도의 긴장과 남북관계, 북미관계 등 민
족문제 일반에 어떻게 접근해야 할 것인가 하는 문제이다. 분단 상황 속에
서 이제 민족/반민족의 전통적인 민족주의 혹은 민족 자주 노선은 '시민
적 이슈' 밖에 존재하는가, 그렇지 않다면 시민운동 차원에서 이 문제에
대해 어떤 입장을 취해야 하는가 하는 물음이다.

2. 지구적 신자유주의와 '민족주의' 담론

　민족주의(nationalism)가 민족(nation)을 만들어냈다는 주장도 있지만,[4]
원래 유럽 근대국가의 태동 과정에서 형성된 민족주의는 개인주의에 바
탕을 둔 정치 공동체를 지향한다. 민족 혹은 민족국가(nation-state)의 구성
원이 된다는 것은 개인이 신분적 질곡에서 벗어나 독립성과 자기결정권
을 견지한다는 것을 의미한다. 민족국가의 구성원으로서 개인은 논리적
으로 가족·지역·계급의 매개를 거치지 않고서 존재한다. 물론 개별 국가

---

3 중국과 미국의 논쟁에서 볼 수 있듯이 '인권' 담론은 중국의 입장에서는 제국주의 자본의 침투
　를 돕는 무기가 될 수 있고, 미국 입장에서 보면 중국의 인권침해 세력을 보호하고 중국을 국제
　사회의 파트너로 포함시키는 문제가 될 수 있다. 최근에는 아프가니스탄 탈레반 정권의 성격
　을 둘러싸고도 논쟁이 제기되고 있다. 내부의 억압과 성적 차별을 자행하는 탈레반을 지지하
　는 것이 바람직한가 그렇지 않은가의 문제이다.
4 겔너는 "민족주의가 '민족'이 존재하지 않는 곳에서 민족을 발명해냈다"고 주장한 바 있다(E.
　Gellner, *Thought and Change*, London: Weidenfeld and Nicholson, 1971, p.169).

의 주권(sovereignty)으로서 대내외적 자기결정권과 독립의 관념은 바로 이러한 개인주의적인 관념에서 출발한 것이다. 이 경우 개인의 자유와 권리는 민족국가라는 정치 단위 내에서 보장받는 것이므로 국가와 대립하는 것이 아니다. 국가는 흩어져 있는 부족·종족·지역을 하나의 정치적 공동체로 통합해내고, 그들에게 하나의 국민 혹은 시민의 자격을 부여한다. 근대화의 길로서 시민권의 획득이 일정한 배타성을 내포하기는 하지만, 그것은 세계 전체적으로 본다면 단선적인 발전 경로를 거치지는 않았다. 그러나 개별 자본주의 시장경제를 기초로 하는 이러한 개인·민족·국가의 일체성은 현실정치, 특히 후발국가의 현실정치 속에서는 상호 대립하는 것으로 나타났다.

우선 자본주의는 출발부터 세계체제로 존재하였으며, 국가 간의 대립과 전쟁, 한 국가의 타민족에 대한 억압과 지배를 수반했다. 시장경제는 독점·국가개입·파시즘에 의해 굴절되었으며, 따라서 개인의 자유와 권리도 침해되었다. 폴라니(Polanyi)가 말한 '사회의 자기방어'로서 노조운동의 등장은 국가의 시장 개입을 불러왔다.

제국주의 시대 이후 침략과 전쟁이 만성화하면서 이제 민족이 '개인'과 분리되고, 국가와 개인이 충돌하고, 민족이 국가와 대립하게 되었다. 특히 정치 동원의 이데올로기로서 민족주의는 자유주의와 민주주의가 풀 수 없었던 소속과 연대의 과제에 해답을 주었다. 정체성과 연대의 수사(rhetoric)는 근대 시민들이 국가권력의 문제적 성격(problematic nature of state power)을 쉽게 취급할 수 있는 방법 혹은 포섭과 배제의 문제였던 것이다.[5] 따라서 민족주의는 제국주의 침략을 받았던 후발국가에서 더욱 설득력을 얻었으며, 전근대적 공동체 문화와 결합되어 개인주의 혹은 자유주의와 대립하는 이념으로 정착했고 제3세계에서는 사회주의와 결합하기

---

5 Craig Calhoun, "Nationalism and Civil Society: Democracy, Diversity and Self-Determination," *International Sociology*, 1992~1993, pp. 387~411.

도 했다.

민족과 국가의 불일치, 시민과 민족의 불일치는 모두 자본주의 경제가 일국 단위가 아니라 세계체제로 존재한 데서 비롯되었다고 볼 수 있으나, 근원적으로는 시장경제, 개인주의, 자유주의 그 자체의 한계 즉 상품의 생산자이자 판매자인 인간이 공개된 시장에서 경쟁하는 합리적 개인으로 순수하게 존재하기 어려운 서구적 인간관 그 자체의 한계에서 기인한다.

사회주의 붕괴와 탈냉전 이후 지구화한 경제질서는 과거 제국주의 초기 단계에 그러하였듯이 이제 자본주의 세계체제에서 정치적·경제적 시민권을 갖지 못한 종족·민족에게는 차별과 배제를 넘어설 수 있는 새로운 대안으로서 민족주의 혹은 인종주의 열풍을 불러일으켰고, 그중 일부는 근본주의(fundamentalism) 경향을 보이기도 했다.[6] 원래 과거의 민족주의도 자본주의 세계체제의 불균등 발전의 결과 주로 피해를 입은 국가·민족·종족에서 나타나는 경우가 대부분이었다. 정치적 민족주의는, 외적으로는 제국주의의 억압이 상당한 자존심 훼손과 열등감 형성을 수반하고 내적으로는 특정 정치세력이 그에 대항하는 과정에서 구성원들이 공유하는 강한 종족적 동질성과 배타성, 역사적 기억 등의 사회심리적 자원을 적절히 이용할 경우 발흥하였다.

특히 자본주의 세계체제에서 제국주의 침략이나 다른 거대 패권국가의 강제적 병합 상태에 들어간 적이 있는 종족·민족(ethnic group, nation)이 세계질서에서의 시민권인 주권국가로 성장하는 과정은 개인의 성장 과정과 마찬가지로 억압된 욕구를 해소하려는 경향을 갖게 된다. 이것이 구소

---

6 근본주의의 뿌리는 기독교였다. 그런데 최근에는 이슬람 등 비기독교 종교를 부정적으로 묘사하는 데 주로 쓰이고 있다. 주어진 교리의 순수성을 강조하고 대화를 차단하는 자기중심주의적 태도로서 이러한 근본주의는 기든스가 말한 것처럼 전통을 정당화하는 새로운 방식인데(기든스, 『좌파와 우파를 넘어서』, 김현옥 옮김, 한울, 1997), 이것은 분명히 전통의 위기 혹은 지구화된 자본주의 질서에서 탈락자들의 정치적·문화적 위기를 반영한다.

련과 동유럽 해체 이후 구공산권이나 제3세계 지역에서 발생한 이른바 후기 민족주의(post-nationalism)의 배경이다.

물론 탈냉전과 권위주의 국가의 붕괴는 시장경제와 시민사회(civil society)를 활성화하는 계기가 되었다. 그러나 시민사회의 확대가 곧 민주주의 확대를 의미하는 것은 아니었다. 오히려 냉전체제 붕괴 이후 지구화 시대의 신자유주의에 대항하는 자기방어와 자기보존의 논리로서 민족주의·인종주의는 독일 등 일부 선진 자본주의와 동유럽권 구 사회주의 지역, 구 유고 지역, 아프리카 여러 나라에서 크게 활발해졌다. 이것은 국가 권력의 약화, 자본의 직접 지배 등으로 인해 그동안 국가 내에서 보장되었던 시민권이 상실된 데 대한 하나의 반작용이라고 볼 수 있을 것이다. 19세기 자유주의가 제국주의로 귀결되었듯이, '자유주의'로 포장된 시장논리의 무제한적인 확장은 그러한 자유주의 질서에서 탈락한 자들의 내적인 결속력, 즉 민족주의를 강화하는 힘으로 작용한 것이다. 민족주의는 '탈락' '배제' '좌절'의 경험을 공유한 민족 구성원을 응고시키는 강력한 시멘트로 작용하게 되어, 민족적·인종적 일체성은 시민권의 신장, 개인의 권리와 민주주의의 확대를 압도하게 된다. 또 세르비아의 밀로셰비치처럼 이러한 민족주의 혹은 민족감정은 다민족국가 내부에서 본다면 권력을 획득하고자 하는 정치세력에 의해 동원된다.

'시민사회의 확대'라는 서방세계의 레토릭에도 불구하고 실제로는 후기 공산주의(post-communism)에 잠복되어 있던 민족주의가 부활하는 양상이 나타난 것은, 지식인들의 저항이 개인적 권리의 담론에 기초했음에도 불구하고 과거의 중앙 집권적인 통치에 대한 반대, 국가 통제에 대한 일종의 반작용으로서 새로운 정체성의 추구가 시장경제 및 그에 따른 시민사회의 활성화를 압도하였고 민족주의는 집합적 정체성을 조직할 수 있는 핵심적인 통로였기 때문이다.[7] 내적으로 본다면 공산정권 붕괴 이후의 '시민사회'의 담론은 결과적으로는 구 공산당 관료들이 신흥 부르주아[8]로 변신하는 것을 정당화해주는 이데올로기였다고도 볼 수 있으며, 국제 투기 금융자본의 무차별적인 도입을 찬양하는 이데올로기의 역할을 했다는 비판을 받을 수도 있다. 지구화는 모든 나라에서 시민사회에 대한 국가의 장악력과 문제해결 능력을 약화시키기 때문에 한편에서 시장경제라는 자유주의 이데올로기를, 또 한편에서는 민족주의적인 반발을 동시에 불러일으킨 것이다. 결국 오늘날 신자유주의의 시장 만능주의 혹은 대안 부재론은 근본주의적 민족주의와 공존하는 셈이다.

한편 선진 자본주의 국가 내부에서 본다면 신자유주의적인 시장논리의 확대는 국가 내에서 확보되어왔던 자유권과 사회권을 침식하거나 폐지하는 계기가 된다. 그동안의 민주화 과정에서 시민사회의 자기방어력은 대체로 국가 내에서 법의 지배 형태로 보장되어왔던 셈인데, 이제 자본에 대한 국가의 규제력이 약해지고 초국적 기업에 대한 국가의 자율성이 약해짐으로써 자본의 사찰(policing)은 개인의 의사표현의 자유, 정치적 대표성과 참여, 조직화와 파업의 권리 등과 같은 자유권적인 시민권은 물론 교육·복지의 권리와 같은 사회적 시민권(social citizenship)도 크게 약화시켰다. 이로써 불평등과 차별화가 심화되고 국가 내의 동등한 시민이라는 '신화'는 무너지기 시작했으며, 선진 자본주의 국가에서 인종주의, 소수자 민족주의, 극우 이데올로기가 등장하는 배경이 되었다.

물론 시민사회 혹은 민주주의는 시장경제의 활성화를 바탕으로 한다. 따라서 시장경제가 개인의 자각과 권리의식을 높인 것은 부인할 수 없다. 그러나 시장경제는 '시장'으로서 시민사회, 자본의 지배력으로서의 시민사회는 확대시켰지만 토크빌(Tocqueville)적 의미의 '자율적 관계' '결사

---

7 "동유럽에서 민족주의 담론이 없었다면 저항세력의 권리와 시민권의 요구는 정치적 구체성을 상실했을 것이다"(C. Joppke, "Intellectuals, Nationalism, and the Exit from Communism: The Case of East Germany," *Comparative Studies in Society and History*, 1995, pp. 213~41).

8 보리스 카갈리츠키, 『근대화의 신기루』, 창비, 2000, 251쪽.

체'(association)로서 시민사회를 약화시킨 측면도 있다. 이 점은 바로 상당 수의 선진 자본주의 국가 내부에서도 시민권에 대항하여 시장과 경쟁의 논리가, 그리고 구 공산권 국가에서는 민족·인종적 정체성의 담론이 오히려 확대되는 결과가 초래된 데서 확인할 수 있다. 특히 구 공산권 국가에서 자유주의·'시민사회'의 등장은 곧 조직 자원·연줄로 무장된 구 관료, 구 정치세력, 노멘클라투라 세력의 천민적 자본축적의 '자유'를 의미하였고, 이러한 상황에서 이제 안정감과 소속감을 상실한 민중들의 불안감에 편승한 새로운 형태의 민족주의가 부활한 것이다. 바로 여기서 애초에는 같은 뿌리를 갖고 있는 개인과 민족 혹은 시민사회와 민족이 서로 첨예하게 충돌하는 양상이 나타나게 된다.

3. 한국에서 '시민'의 등장과 '민족'의 후퇴

한국에서 1987년 군부정권의 퇴진은 다른 제3세계 국가들이나 동유럽과 마찬가지로 정치적 민주화를 진척시키고 시민사회를 활성화했다. 그러나 한국의 경우 1990년대는 동유럽과 달리 탈냉전/국가권력의 약화가 곧 시민사회와 잠복된 민족주의의 동시적 부활로 나타난 것이 아니라, 시민사회가 기존의 민족주의를 약화시키는 방향으로 전개되었다. 물론 분단된 두 국가 간 대립체제, 즉 한반도의 냉전체제가 그대로 유지됨으로써 반제·반미 민족주의가 여전히 강하게 존속하기는 했지만 사회주의 붕괴 이후 자본주의 체제 우위 담론의 위세 속에서 자유주의 담론에 점차 압도당하기 시작하였다.

원래 문화민족으로서 자부심을 갖고 있던 우리 조상들이 일제 식민지 지배를 당하고, 해방 이후 주변 강대국에 의해 강압적으로 분단되는 수모를 겪으면서 자존심에 깊은 상처를 입게 되었는데, 이는 남북한에서 모두 유례없이 강력한 민족주의를 발흥시킨 토양이 되었다. 더구나 남측의 입장에서 볼 때 북측과 사실상 전쟁관계에 놓여 있고 이러한 조건 때문에 미국과의 관계에서 아직도 군사·정치적으로 완전한 주권을 확보하지 못하고 있는 사실은 외면하고 싶어도 외면할 수 없는 정치 현실이다.

1980년대까지 저항세력의 민족 담론은 국가 '안보'를 위협하는 반(反)체제 논리로서 작동하였다. 그것은 반미·반체제의 논리적 기초가 되었는데, 미군이 철수하고 남한이 민족적 자주성을 견지할 수 있다면 그에 의해 파생된 모든 문제가 해결될 수 있다는 가설 위에 서 있다. 물론 점차 주변화하기는 했지만 1980년대식의 반미/반제국주의 민족 담론이 여전히 강력하게 존재하고 있으며, 자본주의의 승리와 북한의 경제적 실패라는 실증적인 근거를 아무리 들이대도 이들이 쉽게 굴복하지 않는 이유는 이러한 종속적 정치 현실어 엄존하기 때문이다.[9]

이러한 비타협적인 반미/반제 민족 담론은 우리의 전통적 공동체가 밑으로부터 민주주의 혁명 혹은 시민사회의 활성화를 통해 해체되지 않았다는 역사적 경험 축적에 의해 강화되었다. 즉 근대사를 통해서 한국은 국가와 가족 사이에 시민사회가 매개되지 않은 채 가족과 국가가 곧바로 대면하는 과정을 겪었다. 여기서 공동체인 가족 관념이 확대된 형태로서 혈연적 민족 개념이 압도하게 된다. 따라서 한국에서 민족주의는 개인주의와 다른 출발점에 서 있으며, 바로 이것이 한국 민족주의의 한계이자 힘이기도 하다.

1990년대 중반 이후 정확하게 가늠하기는 어렵지만 일정 정도의 자본주의적 발전을 이룬 한국은 지구화, 자본의 국제적 이동 그리고 대외 경제

---

9 구체적으로는 미군 주둔비 분담, 주한미군이 저지른 범죄, 주둔지의 환경 파괴, 주한미군의 주둔으로 인한 피해 등이 미군 주둔의 정치경제적 현실로 존재한다. 이에 대해서는 노근리에서 매향리까지 발간위원회 엮음, 『주한미군문제해결운동사: 노근리에서 매향리까지』, 깊은 자유, 2000 참조.

개방의 일정한 수혜자가 되었다는 것을 부인할 수 없다. 한국 기업들의 동아시아 진출, 대단히 빠르게 진척된 정보화와 지식·정보 관련 피고용자 증가, 대(對)중국 무역 비중 증대, 외국인 노동자의 대량 유입 등이 그 중요한 징후들이다. 특히 북한과의 체제 경쟁에서 남한이 승리하였다는 일반적인 관념은 한국의 국가를 '분단'국가가 아니라 자기완결적인 독립국가, 독립된 사회구성체라는 것을 당연시할 수 있는 분위기를 조성하였다.

남북의 경제력 경쟁에서 남한의 압도적 우위, 그리고 한국 자본주의의 세계체제 내 위상 변화는 한국에서 민족 담론의 내용과 성격을 변화시켰다. 이는 지난 100년 동안 한국인들의 사고를 지배해왔던 저항 민족주의에 대한 관심이 후퇴하고 민족주의가 이제 국가주의, 사회의 지배체제, 지배적 사회심리로 내재화하기 시작했다는 것을 의미한다. '우리 안의 파시즘'론은 이러한 민족주의의 보수화를 주목하고서 저항 민족주의 속에도 그 같은 요소가 잠복해 있었다는 점을 비판한 것이다.

이러한 민족주의의 성격 변화는 한국 자본주의의 발전과 맞물려 있다. 한국 자본주의가 외형적으로 팽창하고 타민족·타인종과의 교류와 접촉이 보다 활발해지기 시작한 1990년대 들어서, 그동안 독일과 일본 등 파시즘을 경험한 나라의 일로 간주했던 폐쇄적·배타적 자민족(국가)주의 현상들이 한국에서도 나타나기 시작했다. 특히 한국이 일방적인 '피해자', 자본수입의 국가 위치에 있을 때는 보이지 않았던 심각한 이방인 차별주의 현상들이 이러한 상황 변화 속에서 점차 드러났다. 외국인 노동자, 중국동포나 탈북자들에 대한 냉대와 멸시, 동남아 진출 한국 기업들의 현지 노동자들에 대한 비인간적인 처우 등이 전자에 속한다면, 한국 내 화교나 혼혈인들에 대한 냉대와 차별은 후자에 속한다.[10] 한국이 국제사회에서 어느 정도 지위를 차지하게 되면서 한국인들이 얼마나 '단일민족'의 신화에 집

---

10 박경태, 「한국사회의 인종차별: 외국인 노동자, 화교, 혼혈인」, 『역사비평』, 1999년 가을호, 201쪽.

착하고 혈통 중심주의 사고와 행동을 견지해왔는지 새삼 확인하게 된 것이다. 이러한 퇴영적 자국민 중심주의는 사회 내의 연고주의·가족주의와 더불어 시민적 도덕성을 억제하는 '보수적 힘'으로 작용하였다.

한편 미국과의 수직적인 관계 속에서 국가의 상대적인 자율성 제고, 자본주의 발전에 따른 저항 민족주의의 약화는 곧 비정치적인 시민운동의 등장과 궤도를 같이하였다. 1990년대 한국의 시민운동은 1980년대식 본질주의(essentialism), 혁명적인 노선과 거리두기를 통해서 그리고 국가 내 혹은 제도적 개혁의 추구에 초점을 둠으로써 새로운 영역을 개척하였으며 사회의 지지를 획득하고 언론의 주목을 받을 수 있었다.[11]

1990년대 시민운동은 '국가'를 부인하기보다는 시민사회에 응답하는 국가를 만드는 운동을 전개하게 되었는데, 그것은 '추상적 정체성'의 추구에 몰두했던 과거 근본주의적 정치적 사회운동이 접근하기 어려운 구체적인 생활상의 문제를 해결하는 데 유용성을 발휘하였다. 또한 주로 대중 동원 방식이 아니라 소송 등의 방식으로 문제를 해결하였으며, 여론 형성에 비중을 두었다. 과거에는 민중/민족의 주체 설정 문제가 (혁명)운동 진영의 주요한 대립축이었다면 이제 시민운동은 혁명 후 시대의 새로운 '진보'의 축으로 등장하게 된 것이다. 한마디로 시민운동은 자본주의 경제질서와 국가체제를 용인하는 바탕 위에서 운동을 전개하였다. 이렇게 본다면 비판자들의 지적처럼 동유럽과 선진 자본주의 국가와 마찬가지로 한국의 NGO 혹은 시민사회 담론 역시 자유주의 부활의 한 징후로 해석할 수도 있고, 일각의 주장처럼 외국 자본의 대리자라는 비판을 받을 수도 있다.[12]

---

11 졸고, 「한국 사회운동의 현주소」, 『황해문화』, 1999년 여름호.
12 참여연대의 재벌개혁론, 소액주주 운동이 결국 외국 자본의 국내 기업 장악을 위한 교두보 확보 운동, 앵글로색슨형 자본주의의 정착 운동에 불과하다는 비판이 대표적이다(정태인, 「위기와 개혁을 둘러싼 사회세력의 대립」, 『동향과 전망』, 1998년 가을호).

그러나 반미／반제 저항 민족주의가 개인주의적인 시민 담론에 압도당하면서 점차 밀려난 것은 단순히 한국 자본주의와 지배체제의 성격 변화에 그 원인이 있는 것만은 아니며 저항 민족주의 자체의 논리적·실천적 한계 때문이기도 하다. 반미／반외세 통일론의 논리적 기초가 되는 저항 민족주의는 민족의 자주적 결정권을 가장 중요시한다. 물론 정치적 결정권으로서 자주성은 국가 혹은 사회가 존립하기 위한 기본 조건이므로 이러한 전제가 틀린 것은 아니다. 그러나 이러한 반제 민족 담론은, '민족'은 하나의 정치적 상징이며 네언(T. Nairn)이 말한 것처럼 '보상적 충동'일 수 있다.[13] 다시 말해 민족／반민족의 대립 구도는 정치·군사적 주권을 완전히 확보하지 못하고 있는 한국의 국가가 실제로 구성원인 한국 국민 혹은 시민을 책임질 수 있는 국가가 아니라는 점,[14] 국가 내의 중요한 정책 결정과 정치세력이 어떻게 이루어져 있는지를 설명해주는 데는 유용하지만 오늘의 지구 자본주의는 국가 대 국가의 억압과 지배를 구시대적인 것으로 만든다는 점을 무시하고 있다. 그리고 설사 정치·군사적 종속이 실재한다고 하더라도 그 구조가 어떻게 제도적으로 현실화해 있고 또 국가의 자원 배분을 통해 일상적인 생활 속에서 어떻게 관철되고 있는지를 설명하는 데는 별로 성공하지 못했다. 한마디로 저항 민족주의의 접근법은 '자주성의 상실'을 고발하고 비판하는 동원 이데올로기로서 역할을 할 수 있으나, 미군 주둔지 근처에 거주하지 않는 여타 대다수의 사회 구성원이 분단과 미군 주둔으로 인해 당하는 구체적인 고통을 모두 '자주성'의 제약에서 기인하는 것으로 환원하는 오류를 범할 수 있다.[15]

---

13 톰 네언, 「자본주의 세계체제와 민족문제」, 임지현 엮음, 『민족문제와 마르크스주의자들』, 도서출판 한겨레, 1986.

14 국가의 책임성 결여 문제는 한국전쟁 당시 가장 극명하게 드러났다(졸저, 『전쟁과 사회』, 돌베개, 2000 참조). 오늘날에는 한국 내 미군 주둔지에 대한 한국 정부의 주권 이양, 미군 범죄에 대한 재판권 문제 등으로 나타나고 있다.

15 정유진, 「민족의 이름으로 순결해진 딸들?: 주한미군 범죄와 여성」, 『당대비평』, 2000년 여름호.

물론 저항 담론으로서 '민족'은 설사 그것이 지배 담론으로 변하지 않은 조건이라고 하더라도 '민족'의 공동 운명체성을 강조하고 민족/반민족의 대립을 부당하게 전제함으로써 민족 내의 계급·계층적 차별화는 물론, 민족 내의 소수자 문제를 경시하거나 심지어는 억압할 수 있다. 또한 정치 공동체로서 '국가의 물질적 실체'를 부인하고 '정치적 시민됨'(citizenship)을 '문화적·정서적 공동체'인 민족의 하위 범주로 둘 위험이 존재한다. 즉 민족주의는 제국주의 국가의 침략 이데올로기나 특정 정치세력의 자민족 우월주의, 인종주의 지배 이데올로기로 동원되지 않는다고 하더라도, 오리엔탈리즘(orientalism)에 대한 반사적 정립으로서 '오리엔탈리즘', 즉 외세적 억압에 대한 효과적인 대항 담론이 아니라 그러한 지배와 논리적으로 같은 덫에 걸려서 억압을 돌파하는 실질적 무기로 작용하지 못할 수 있다는 것이다. 특히 민족 혹은 민족주의가 시민적 기반을 갖지 못하고 혈통적·종족적 동일성, 성장주의의 신화에 사로잡혀 있을 경우 이와 같은 경향은 더욱 심해질 위험성이 있다.

이러한 반제 민족주의는 한국 자본의 해외 진출로 일어난 동아시아 노동자들에 대한 억압과 한국 내 비정규직 노동자에 대한 차별로 동시적으로 나타나고 있다는 점을 제대로 파악하지 못할뿐더러, 앞서 언급한 것처럼 '민족' 내에서 정치적·사회적 시민권을 인정받지 못하는 주변 노동자, 여성, 재외국민, 사회적 약자들에 대한 차별과 배제를 극복하는 데는 한계가 있다. 1990년대 시민담론과 시민운동은 단순히 국가와 제도를 용인한 타협적이고 온건한 노선을 견지했기 때문만이 아니라 민족 담론이 갖는 이와 같은 추상성을 극복하면서 그 공백을 메웠기 때문에 주목을 받고 지지를 얻은 것 또한 사실이다. 이제 반미 혹은 통일 문제는 자주성 상실을 만회한다는 추상적 차원에서 제기할 것이 아니라, 한국인의 삶의 기반, 더 나아가 인류의 행복과 평화를 위해 구체적으로 접근할 필요가 있다. 노근리 문제를 비롯하여 미군 기지 반환건, 매향리 문제, 미군 범죄의 재판권 문제, 미군 기지 주변 오염물질 방출문제 등 미군 주둔에 따른 문제들을 주민운동·인권운동·여성운동과 같이 시민운동의 문제의식을 갖고 있는 평화운동의 틀에서 재정의하면서 대중적 지평을 넓혀나갈 필요가 있는 것이다.[16]

4. '시민권'의 한계와 '민족'

그렇다면 '시민권'의 담론은 민족적 차별과 억압을 모두 해결할 수 있는 새로운 대안인가? 앞의 반제 민족주의와 마찬가지로 시민 권리의 담론과 실천 역시 동일한 한계를 안고 있다. 그 한계는 바로 '시민' 혹은 '권리'는 모두 국가 내에서 보장받을 수밖에 없다는 엄연한 사실에서 비롯된다. 기업 지배력이 정치권력을 압도하는 오늘의 지구 정치경제 질서에서는 민족 정체성은 물론 시민 정체성도 위협받고 있다.

앞서 말한 것처럼 국가 혹은 민족 구성원인 '시민'이 당하는 고통의 차원에서 민족문제를 접근할 경우 민족문제의 정치적 성격을 놓칠 위험성이 있다. 시민사회를 단순히 국가와 대립하는 것으로 봄으로써 시민사회와 국가의 동시적 존립 기반인 시민사회의 정치·경제적 규정성을 주목하지 않는다면, 이러한 권리와 시민권 들이 적용되고 구체화될 수 있는 근거지를 찾지 못하게 되는 것이다. 적어도 세계 국가, 세계 시민사회가 실재하지 않는 현재의 조건에서 시민권은 주로 국가에 의해 보증될 수밖에 없다는 한계가 있다.

---

16 평화라는 개념으로 주한미군 문제가 거론될 경우, 그것은 단순히 한국 민족과 미국의 관계로만 설정되지 않는다. 그것은 미군이 주둔하는 근본적인 배경, 즉 자본주의 정치경제, 미국의 패권주의, 갈등과 분쟁의 차원으로 문제를 승격시키는 것이다. 그렇지만 일본의 우익적 평화운동처럼 자신의 전쟁 피해만을 부각시키면서 보편성을 상실할 위험성도 있다.

따라서 우리는 민족과 그것의 제도적·물리적 형태로서 국가의 중요성을 다시 주목하지 않을 수 없다. 예를 들어 미군 범죄로 인한 당사자와 주민들의 피해, 주한미군의 독극물 방출로 인한 피해 혹은 남북한의 군사 대치 상황에서 초래된 이산가족 문제 등은 결국 미국과 한국의 '특수관계', 남한과 북한의 '특수관계'의 구조적 변화,[17] 구체적으로는 냉전적 휴전체제의 변화, "군사적 억제력에 의존한 안보 개념의 변화"[18] 등을 통해서만 가시적인 해결의 고리를 찾을 수 있다. 안보 지상주의 혹은 국가보안법 체제하에서 자유권은 물론 사회권도 상실한 주민들의 이의 신청은 문제제기로는 대단히 중요하지만 그것만으로는 아무것도 보장해줄 수 없다. 즉 시민권의 확대는 법과 제도의 형태로 구체화되는데 그러한 법과 제도가 자리 잡는 곳은 여전히 민족국가일 수밖에 없다. 논리적으로 보더라도 개인의 권리가 곧 국가의 주권 혹은 자결권과 동시에 성립 가능한 것이라고 한다면, 주권의 부재는 곧 개인적 권리의 부재를 의미하게 된다. 결국 권리문제는 지배질서, 다시 말해 정치적인 성격을 갖는 것이고, 이는 국가 대 국가 간의 지배·종속관계와 뗄 수 없을 정도로 연관되어 있다.

이미 말했듯이 민족국가의 주권 확보, 자결권 확보는 기본적으로 자유주의적인 권리 개념의 범주에 속한다. 그래서 주한미군 문제 등 미군 주둔으로 주권 침해 문제가 발생한다면 그것은 분명히 민족주의 요구사항이지만, 이념적으로 본다면 자유주의의 범위 내에 있는 것이다. 다만 한국에서는 반미 구호가 북측의 통상적 주장이나 좌파의 주장과 일치한다는 점 때문에 반체제적인 것으로 낙인찍힐 위험이 있다. 만약 한국의 시민운동이 국가 혹은 정치 영역을 괄호로 쳐놓고는, 그 내부에서 제기될 수 있는

---

17 여기서 한미 간의 특수관계란 한국의 국가안보를 미국에 의존함으로써 오는 군사·정치적 종속관계를 지칭하며, 남북한의 특수관계는 기본적으로 전쟁을 잠시 중단한 적대관계인 동시에 유엔에 동시 가입한 대등한 국가 간의 관계라는 의미이다. 이 두 개의 특수관계는 분단체제의 특수성에서 기인한다.

18 이철기, 「남북관계, 협력·군축으로 풀어야」, 『시민의 신문』, 2001. 11. 19.

권리 개념에는 충실하면서도 정치권력의 문제나 다른 국가와의 관계에서 대등한 계약 및 국가권리 개념에 무관심하다면 이는 민주주의, 법의 지배를 강조하는 통상적인 입장과 모순되는 것이다. 정치적 자유주의에 투철하지 않은 채 현실 영합적 자유주의의 길을 택하는 것이기도 하다. 바로 이 점이 국가 간 자주성과 주권의 문제, 민족문제의 정치적 성격을 무시한 시민운동이 빠질 수 있는 위험성이다.[19]

예를 들어 일본의 거미줄 같은 주민조직들과 시민운동이 정치적 우경화, 군사대국화 경향에 대해 거의 견제력을 행사하지 못하는 것도 탈정치화·미시정치화한 시민운동이 가질 수 있는 한계를 잘 보여주는 예이다. 그리고 미국의 대(對)아프가니스탄 반테러 전쟁 국면에서 국민의 인권과 표현의 자유를 심하게 제약하는 반테러 법안이 통과되는데도 미국의 시민사회가 견제력을 전혀 행사하지 못하는 것도 유사한 맥락이다. 미국에서는 지난 9·11 테러 이후 반전 주장을 한 대학교수가 해직의 위기에 놓이고 언론인이 해고당하며, 테러범을 비공개 군사 법정에 세우겠다고 하는 등 언론 자유, 민주주의, 개인의 선택권이 실종되는 현상이 발생하고 있다. 전쟁 상태에서 미국의 시민사회는 대단히 무기력한 모습을 보이고 있다.[20] 오늘의 미국에서 전쟁을 빌미로 하여 나타나는 비정상적인 애국주의 열풍이 냉전체제 아래 한국에서는 50년 동안 지속되었음을 생각해 볼 필요가 있다.[21]

---

19 미국의 아프가니스탄 보복 공격이 아프가니스탄 여성들의 해방에 기여하지 않았는가 하는 여성운동 측의 문제제기도 이와 맞닿아 있다. 미국의 보복 공격의 부당성을 지적한다고 해서 탈레반 정권의 억압성을 인정하는 것이 아님은 물론이다. 그러나 필자는 미국의 보복 공격 개시가 가지는 문제점과 관련해 반전평화연대운동 토론회에서 다음을 우선적으로 고려할 것을 제안한 바 있다. "아프가니스탄 여성과 인권, 민주주의 문제가 같이 제기되어야 한다는 지적은 원칙적으로는 맞지만 그 이전에 국가주권의 문제가 먼저 제기되어야 하며 아프가니스탄 내전에 대한 미국의 개입이 사태를 해결하는 방향으로 가는 것이 아니라 오히려 비극을 두 배로 증폭시키고 있다"(『시민의 신문』, 2001. 11. 17).

20 J. Shattuk, "Required: Human Rights Everywhere," *International Herald Tribune*, 2001. 12. 28.

과거의 독일사회와 마찬가지로 한국사회도 스펜서(Spencer)가 분류한 바, 산업형이면서 군사형인 사회라는 점을 인지해야 한다.[22] 파시즘과 군사독재를 경험한 권위주의 체제는 기본적으로 국민을 미성년으로 본다. 이러한 사회에서는 다렌도르프(Dahrendorf)가 말하는 것처럼 자유주의가 생성될 수 있는 조건이 결여되어 있다. 이런 조건에서는 법치가 완전하게 보장되지 않을뿐더러 법치가 어느 정도 이루어지더라도 경제위기, 전쟁과 같은 국가·민족 이슈가 압도하게 되면 그것이 하루아침에 휴짓조각이 되기 쉽다. 그리고 모든 사람에게 동등한 정치적·법적 권리를 부여한다는 의미에서 시민적 과제는 결코 충분하게 성취될 수 없다.

이는 형식상의 보통선거권은 존재했지만 정상적 시민(양민)과 비시민 (빨갱이 혹은 연좌제에 묶인 사람들) 간에 엄격한 차별이 존재했던 지난 시절 한국의 정치사회 현실 그리고 2002년 수지 김 사건 등에서 볼 수 있듯이 좌경 시비, 색깔 시비로 걸고넘어지면 가족이 파탄되고 사회적 시민권 자체가 차단되는 현실에서 극명하게 드러난다. 또 오늘날에는 시민(중간층 이상의 존재)과 제2등 시민 즉 비정규직 노동자와 여성으로 신분 서열화한 현실에서 드러나고 있다.[23] 물론 못사는 나라 출신의 외국인이 한국사회에서 '시민권'을 박탈당하고 인간 이하의 대접을 받는 것도 한국에서 '법의 지배'의 한계를 보여주는 것이다. 이러한 법의 지배의 한계는 바로 국

---

21 필자는 전쟁의 정치 혹은 전쟁의 내재화라는 측면에서 한국 시민사회의 성격을 조명할 것을 제안한 바 있다. 낮은 시민의식, 그것의 구체적인 내용은 억압적 권력에 대한 공포와 그러한 한계 내에서의 현실 영합적, 편의적 삶의 방식의 선택이다. 지금까지 한국의 시민사회론은 이 점을 고려하지 않은 채 서구 시민사회 이론을 반복하는 데 온 정력을 바쳤다(졸고, 「국가폭력과 사회계약」, 『경제와 사회』 1997년 겨울호; 졸저, 『전쟁과 사회』, 돌베개, 2000 참조).

22 랄프 다렌도르프, 이종수 옮김, 『분단독일의 정치사회학』, 한길사, 1986, 73쪽.

23 노동자를 제2등 시민으로 보는 데 동의하지 않는 사람도 있을 것이다. 그러나 여전히 노동자들이 제기하는 문제는 시민사회의 공론으로 받아들여지지 않는다는 점에서 필자는 한국에서 노동자는 아직 제2등 시민이라고 생각하고 있으며, 그것은 과거의 국민과 비국민 혹은 시민과 비시민으로 이분화되었던 냉전적 차별화의 유산이 그대로 남아 있기 때문이라고 본다(졸고, 「20세기 한국에서의 '국민'」, 『창작과비평』, 1999년 겨울호 참조).

가와 국민의 기본 관계의 틀, 더 나아가 국가가 다른 국가(미국과 북한)와 맺고 있는 '특수관계' ― 주권국가 간의 관계가 아닌 20세기적 민족문제의 유산 ― 에 기인하는 바가 크다 할 것이다.

과거 제2차 세계대전 당시 독일과 일본의 국가주의 열풍에서 볼 수 있듯이 '국가의 신화화'는 예외적인 현상이 아니라 전쟁체제로서의 세계 자본주의 체제의 일부이다. 국가가 신화화되면 개인은 국가에 일방적으로 충성을 맹세해야 하며, 권력의 행사는 시민사회·시민운동에 쉽게 제어되지 않는다. 이때 국가는 중립적 존재라기보다는 거의 인격화된 신으로 부각된다. 국가는 시민사회 영역 전체에 통제권을 갖는 절대권력체가 된다. 즉 과거 냉전 시절처럼 국가안보가 인간안보를 압도하는 사회에서 국가에 의해 인간성이 파괴되고, 사회적 신뢰 혹은 사회적 관계가 실종될 수 있으며, 바로 이것은 시민운동이 가장 소중하게 여기는 시민적 자각, 시민 참여를 막는 실질적인 배경이 된다.

분단된 한국에서 냉전체제의 피해 주민이 감당해온 고통의 지수는 여타 자유주의적 자본주의 국가와 비할 바가 아니다. 한국에서는 형식적인 시민권은 보장되어 있으나 수많은 공식적·비공식적 제약들 때문에 그것이 사실상 형해화하고 있다. 그 대표적인 예가 국가보안법이다. 국가보안법이 존속하는 사회에서 시민권, 자유로운 토론과 공론이 존재할 여지는 거의 없다. 이것은 한편으로 정치세력의 극도의 불균형, 즉 사실상 단일 정당의 50년 독재를 가능케 했다고 볼 수 있다.

한미 특수관계와 남북한 특수관계(민족문제)는 이러한 자유권, 민주적 대표성과 같은 차원만 제약하는 것이 아니라 사회복지 분야에 대한 정부 재정 지출의 규모를 제한함으로써 결국 사회적 권리, 특히 노동자와 빈민에 대한 복지, 여성복지, 교육복지를 크게 제한하는 효과가 있다. 미국 군수물자 도입에서 세계 3위를 차지하는 한국의 현실에서 민족 내부의 적대와 한미 간의 정치·군사적 종속의 문제는 한국의 국가와 시민사회의 관계, 특히 복지·교육·의료 등 사회 서비스 영역이 공공재가 아닌 시장에서 제공되는 상품으로서 판매/구매할 수밖에 없도록 규정하는 일차적인 정치적 조건이다. 한국에서 공공 영역의 확대는 국가의 재정 능력에 제한될 수밖에 없으며, 국가의 재정 능력은 국가의 존립 목표, 즉 국가가 타국가와 맺은 특수관계에 의해 간접적으로 규정된다. 이렇게 하여 한반도에서 민족문제는 북한 주민의 생존권과 인권은 물론이고 남한 노동자와 약자의 '사회적 권리' 차원과도 직접 연관되어 있는 셈이다. 따라서 지역 차원의 주민복지는 물론 중앙정부 차원의 복지 확충을 지향하는 시민운동은 분단의 딜레마에 봉착하지 않을 수 없다.

결국 시민사회의 문제는 정치 문제, 한국 상황에서는 인근 국가들 간의 특수관계(민족문제) 차원에서 보아야 하며 이는 곧 국가의 단층, 사실상 내전 상태에 있는 적대국가의 공존으로 인한 정치적 관계의 사회적 관계로의 내재화 문제로 보아야 한다는 것을 의미한다. 바로 여기서 시민사회를 민족문제와 분리하는 것이 실제로 어떤 한계를 안고 있는지 확인할 수 있다. 전통적인 반미/반제국주의론은 민족문제를 오직 정치문제로만 파악했다면, 그에 대한 반정립으로 나타난 1990년대의 시민운동은 민족문제를 시민적 영역 밖으로 추방했다는 점에서 그 시야를 좁혔다.

현대 자본주의 세계체제에서 민족문제의 뿌리는 자유주의이며, 이는 국가의 주권, 즉 민족 공동체를 정치 공동체로 완결시키려는 운동과 관련된 문제이다. 오늘날 우리가 말하는 사회(society)가 사실상 국가와 동일한 영역을 포괄하는 단위를 의미하는 것이라면, 사회가 국가를 무시하고 존속할 수 없다는 것은 너무도 당연하며, 시민운동이 국가·정치권력·국제정치·국제경제를 괄호 속에 넣을 때 그것이 도달할 지점이 명백한 한계를 안고 있는 이유도 여기에 있는 셈이다.

한국의 시민운동은 한반도에서 분단의 장벽을 허물고 독립된 주권국가를 수립하는 '급진적 자유주의' 단계를 거치지 않고서는 시민적 권리, 법의 지배, 약자의 보호와 적절한 대변(advocacy) 기능을 발휘할 수 없을뿐더러, 권력의 남용을 막을 수 있는 명분을 확보할 수 없다는 것을 보다 분명하게 인식할 필요가 있다.

5. 시민의식과 민족주의

인간은 권리를 추구하는 존재이다. 인간은 또 집단 혹은 계급 이익을 추구하는 존재인 동시에, 어떤 집단에 소속하고 싶어 하는 존재이다. 시민운동은 첫째 측면에, 노동운동은 둘째 측면에 초점을 두고 있으며, 이는 자본주의 사회에서 일정한 근거를 갖고 있다. 그러나 이 두 가지 측면은 학습과 경험이 요구되고 위험 부담이 있다면 회피될 수도 있지만, '소속에의 열망'은 본능적인 것이다. 따라서 인간사회에서 더욱 보편적인 것은 정체성의 추구 혹은 소속에의 열망이며, 민족주의는 바로 이 점에 기반을 두고 있다.[24] 자유주의를 지향하는 시민운동이나, 교과서적 계급론에 집착하는 노동운동은 다소 주지주의적 사고방식을 견지하는 경향이 있어서, 인간 행동의 이러한 요소를 곧 제거되어야 할 성질의 것 혹은 비이성적인 것으로 보지만, 문제는 그리 간단치 않다. '고향'으로부터의 강제적 이탈, 굴욕적 억압, 국가의 정치적 위기, 자본주의 시장경제의 불투명성, 낯선 도시문화와 산업사회는 사람들에게 존재의 근원적 불안을 불러일으키고 그 불안을 해소하기 위해 특정 가치나 이데올로기, 신앙 대상을 설정한 다음 그것에 상당한 정열을 바치게 한다.

---

24 "민족의 구성원이 된다는 것은 개인을 개별적인 망각 상태로부터 구제해주는 것이다"(Yael Tamir, "The Enigma of Nationalism," *World Politics*, no. 47, 1995/April, pp. 418~40). 북한이 자신의 정치 공동체를 '사회정치적 생명체'라고 명명하는 것도 민족의 이러한 성격을 연상케 해준다.

이러한 욕구는 단순히 개인의 합리적 선택(rational choice)의 외곽에 부수 현상으로 존재하는 것이 아니라 실제 극우 정치권력을 창출하고 지배구조를 지탱하는 힘이 될뿐더러 현대 한국사회에서 최대의 성장 산업인 교회를 지탱하는 힘이 되기도 한다. 그리고 민족적 굴욕의 체험, 그로부터 비롯된 열등의식은 건강한 시민의식과 계급의식의 성장을 가로막는 암적인 요소가 된다. 요컨대 민족적 자존심의 훼손에서 나온 과도한 열등의식, 보상심리, 그것을 넘어서기 위해 억압자들을 모방하여 그들과 같은 시민권을 누리고자 하는 열망, 그리고 그것을 다른 방식으로 보상받기 위한 지나친 물량주의[25]는 모두 제국주의 침략, 정치적 억압, 국가 간의 불평등한 관계에서 발생한 정신적 상처의 외적인 표현이다. 그렇기 때문에 우리가 시민사회의 주요 현상 혹은 시민의식이라고 부르는 현상들 역시 진공 속에서 출발하는 것이 아니라 이와 같은 '기억의 정치', 특히 정치적 억압과 배제라는 경험이 작동하고 있다. 민족주의는 사실상 정치사회에서의 시민의식 기저에 자리 잡고 있는 무의식이라고 볼 수 있다. 따라서 시민의식은 표피적인 정치의식의 차원으로만 접근될 수 없다.

한편 민족주의는 단순한 피해의식의 발로가 아니라 적극적인 대동(大同)의식, 집합 자아의식의 표현으로서 언제나 사회운동의 강력한 주체적 동력이 된다. 영국의 지배에 대한 간디의 항거 역시 단순한 시민권리 쟁취 운동이었다기보다 그 바탕에는 집합적 실체로서 인도 사람들의 존엄성 회복이라는 열망이 있었으며, 조선 말기 유교적 전통의 지사나 학자들이 소아(小我)를 버리고 대아(大我)의 길을 택한 것도 집합적 주체로서의 자기 인식이 있었기 때문이다. 예를 들어 안중근은 서양 종교인 천주교로 개종하고서도 "국가를 위해 가족을 잊겠다"는 유교의 가르침을 이토 히로부미 저격 행동의 바탕으로 삼았으며,[26] 일제의 회유를 물리치고 만주로 이주

---

25 교회의 물량주의, 팽창주의 역시 이와 다르지 않다(최형묵, 「욕망과 배제의 구조로서의 기독교적 가치」, 『당대비평』, 2001년 봄호).

하여 독립투쟁을 한 이회영·이상룡·김동삼 등 유가(儒家) 지식인이 일제에 그토록 강력하게 항거할 수 있었던 정신적인 힘도 역시 유교의 공공 윤리적 요소, 즉 개인주의 권리의식이 아닌 집합 자아의식이 민족주의로 구체화했기 때문이었다.[27] 이후 친일의 길을 간 근대화론자들과 이들의 차이점은 민족의 역사와 문화에 대한 긍지였다. 이렇듯 민족주의는 매우 구체적인 정치적 힘을 갖고 있으며, 저항운동에서 가장 분명하게 표현된다.

물론 이러한 집합 자아의식이 오늘날에도 그대로 발휘되기는 어렵겠지만, 시민 담론이 '민족'의 중요성을 무시하고 '개인'에 집착하면 큰 오류를 범할 수 있다. 더구나 문화 혹은 정치적 현실로서 민족의 위상을 고려하지 않으면 '구체적 사회', 즉 사회관계와 대중들의 사회의식을 분석할 수 없다. 보통 사람들에게 민족이라는 상징은 곧 소속에의 열망이자 문화적 자존심이며 이 점에서 민족주의는 사회적 현상이기 때문이다.

따라서 민족주의를 병리적인 것 혹은 특수주의에 매몰되어 있는 것으로 보는 자유주의적인 시각은 교정되어야 한다. 문화적 현상으로서 민족주의는 곧 인종주의, 종교적 열정, 지역주의 등과도 통하는 것이다. 민족주의를 진지하게 고려한다는 것은 대중들의 생활세계에 바탕을 둔 정치적 실천에 주목한다는 의미이다. 1990년대 한국의 지식인들이 유별나게도 요란스럽게 거대 담론을 포기하고 미시 정치에 비중을 두는 경향이 있었는데, 그것은 한국의 지성이 한국사회의 역사성에 주목하지 못하고 있기 때문이다. 시민운동 역시 그러한 측면이 있다면 시민운동의 실천성이 문제의 근본에 도달하지 못했기 때문이라고 볼 수 있다.

정체성의 추구 혹은 소속에의 열정을 위기에 처한 시민사회의 보편적인 현상으로 위치짓는다면 우리는 그것을 무시할 것이 아니라 적극적으로 고려하여야 한다. 이는 곧 시민운동의 대중적 기반을 확고하게 만들고,

---

26 안중근, 이기웅 편역, 『안중근, 전쟁은 끝나지 않았다』, 열화당, 2000, 25쪽.
27 서중석, 『신흥무관학교와 망명자들』, 역사비평사, 2001, 296~320쪽.

시민운동이 역전되거나 변질되지 않도록 안전장치를 마련하는 일이 될 것이다. 더불어 시민은 파편화된 개인으로 존재하는 것이 아니라 '접근 가능한 공동체'에 대한 열정을 품은 존재라는 것을 이해함으로써, '낮은 시민의식'의 실질적 내용이 무엇인지 이해해야 한다. 1990년대 한국의 시민운동은 미성숙한 시민사회 혹은 진공의 시민사회가 아니라 레드 콤플렉스와 피해의식, 정치적 수동성, 지역주의와 연고주의로 충만한 '역사적 시민사회'와 '정치 현실' ― 교회와 향우회, 각종 관변조직이 이미 확고히 뿌리내리고 있는 시민사회 ― 에 제일 늦게 진입한 신참자라는 것을 알아야 한다. 따라서 시민운동이 이러한 역사적 정치 현실에 무감각하다면 과거 1980년대의 계급 담론이 그러하였듯이, 과도한 서구적 표준에 한국의 시민사회를 뜯어맞추는 우를 범할 수 있다. 이 점에서 민족주의는 특수하고 예외적인 현상이 아니라 우리가 시민의식이라고 부르는 현상의 핵심에 자리 잡고 있는 셈이다.

6. 맺음말

우리 사회에서 시민과 민족 혹은 시민의식과 민족주의는 무관한 것으로 받아들여지는 경향이 있다. 한국의 분단체제와 군사정치 현실을 강조하는 사람들은 시민 담론의 등장을 진보세력이 자유주의 지배질서에 투항한 것으로 파악하고 있으며, 반대로 시민사회·시민운동의 역할을 강조하는 사람들은 "아직도 민족이냐"면서 역사의 창고에 가야 할 개념이 여전히 살아 있다고 불편하게 생각하는 경향이 있다.

지구화한 자본주의 질서와 '신경제'의 신화가 '민족 공동체'의 존립을 크게 허물어뜨리고 있는 것은 부인할 수 없는 현실이지만, 한반도가 처한 국제정치적 현실은 아직 한반도에 구시대적 민족문제가 엄존하고 있음을 웅변한다. 오늘의 시민운동이 종족적 민족주의(ethnic nationalism)의 부정적·퇴영적 측면을 극복해야 함은 두말할 나위도 없다. 그러나 민족 혹은 민족의 정치적 성격 일반을 무시하는 것은 운동의 정치적 목표를 포기하는 결과를 가져올 수 있으며, 정치적 현실을 문화적 차원으로 환원하는 우를 범할 수 있다.

이 글에서 필자는 그동안 '민족'을 무시하거나 폄하하면서 성장해온 시민운동이 일정한 자기반성의 계기에 도달했다는 문제의식 아래서 '사회적 현상'으로서 '민족'을 중요하게 고려하는 것이 시민운동의 발전에 매우 절실한 과제로 등장하고 있다고 보았다. 한국에서 민족문제란 무엇보다도 정치문제이며, 동시에 경제문제이기도 하다. 한국사회에서 시민운동은 도덕적 호소력에 크게 의존하고 있는 것이 사실이나 이러한 탈정치적 도덕주의, 정치와 시민운동의 과도한 분리는 시민운동을 맥빠진 개인주의적 권리 추구 운동으로 제한할 위험성이 있다. 시민운동의 탈정치성이야말로 바로 한반도의 압도적 정치 현실인 분단 및 군사·정치적 대립을 자신의 의제로 포함시키지 못하는 시민운동의 한계와 맞물려 있다.

이제 한국의 시민운동은 평화운동의 새로운 지평을 열어감으로써 1980년대식의 반미/반제 자주화 운동의 한계를 극복하면서, 민족문제를 대중적 의제로 올려야 할 단계에 직면하였다. 군비 축소 운동, 양심적 병역거부 운동, 군 민주화 운동, 민간인 학살 진상규명 운동 등은 민족문제이기도 하지만, 동시에 시민적 의제, 즉 인권운동과 평화운동의 과제로 변화시킬 수 있는 중요한 고리들이다. 이것들은 '개인'의 권리와 인권, 권력의 감시 활동이 궁극적인 성과를 얻기 위해 반드시 넘어야 할 장벽으로 존재한다. 한국만큼 민족문제가 사회적 의제, 시민적 의제로 중요하게 부각될 수 있는 예를 찾기는 어려울 것이다.

21세기와 한국의 민족주의

사회: 두 분께서는 한국 민족주의의 바람직한 대안으로 각각 '개방적 민족주의'와 '시민적 민족주의'를 제시한 바 있습니다. 상대방의 민족주의론에 대한 생각이 궁금합니다.

김동춘(이하 김): 임선생이 주창하는 '시민적 민족주의'는 개인주의와 민주주의적 가치가 존중되는 국가 공동체를 전제합니다. 대체로 영국이나 프랑스처럼 시민혁명을 경험한 나라들에서 발견되는 민족주의의 한 형태지요. 그런데 저는 시민성과 민족주의는 상호모순적이라고 봅니다. 오히려 민족주의가 가장 전형적으로 나타나는 곳은 제3세계가 아닐까요? 민족주의는 실패한 근대화의 산물입니다. 그것의 핵심 역시 개인주의가 전제되지 않는 정서적 공동체성이지요. 시민적 민족주의에서의 민족주의란 엄밀히 말해 국민주의나 국가주의, 혹은 시민사회의 동의어입니다.

임지현(이하 임): 저는 '시민적 민족주의'나 '개방적 민족주의' 모두 일종의 형용모순이라고 봅니다. 김선생이나 제가 굳이 그러한 개념을 사용할 수밖에 없는 한국사회의 특수한 상황이 존재합니다. 알다시피 민족주의란 폐쇄성과 배타성을 불가피하게 가질 수밖에 없습니다. 하지만 민족주의가 우리 사회에서 발휘하는 실질적인 힘, 그것이 상상의 힘이건 실재의 힘이건 그것을 인정하지 않을 수 없지요. 어떤 사람들은 제게 왜 민족주의를 폐기하라는 이야기를 하지 않느냐고 비판합니다. 하지만 저로선 민족주의 담론을 특정 집단이 독점하게 될 경우에 초래될 수 있는 파괴적 결과까지 생각하지 않을 수 없습니다.

모든 민족주의는 억압적인가

사회: 임선생님은 제3세계 민족주의에 대해서도 비판적이시더군요. 저항적 민족주의 안에도 억압성과 배타성이 내장되어 있다는 이야긴데, 김동춘 선생님의 생각은 어떻습니까?

김: 모든 민족주의 안에는 억압의 싹이 담겨 있습니다. 하지만 소외와 억압이 사라지지 않은 상황, 다시 말해 억압이 개별화되지 않고 민족 단위로 집단화되어 있는 상황에서 민족주의의 위험성을 지나치게 강조하는 것은 자칫 억압적인 질서를 용인하게 될 위험성도 있습니다.

임: 저라고 식민지 시대에 저항적 민족주의가 가졌던 진보성을 부인하는 것은 아닙니다. 하지만 전제가 있습니다. 우선 식민지 시대라고 민족적인 억압만 있는 것은 아니라는 사실이 인정되어야 합니다. 계급적인 억압이나 사회문화적 코드로서 존재하는 신분적인 억압이 여전히 존재하기 때문이죠. 성적인 억압도 있습니다. 결국 식민지의 모순은 중층적입니다. 따라서 이때의 해방이라는 것도 중층적인 억압으로부터의 해방이어야 합니다.

김: 제 생각은 다릅니다. 식민지 말기의 정신대 문제를 예로 들어볼까요? 정신대로 끌려간 여성들 대부분은 힘도 없고 못사는 여성들이었습니다. 여기서는 민족문제와 계급문제, 여성문제가 중첩됩니다. 유념할 점은 민족주의란 대단히 정치적인 운동이라는 것이죠. 다양한 억압과 모순들이 중층적으로 존재하긴 했지만, 결국 일차적 규정력은 일제의 강점이었습니다. 이러한 현실에서는 항상 '주적'의 문제가 제기될 수밖에 없습니다. 물론 민족주의가 갖는 자기 관성에 의해 해방 이후에도 담론의 폐쇄성과 억압성은 재생될 수 있습니다. 그러나 우리가 1917년에 사회주의 혁명이 일어나지 말았어야 했다고 이야기할 수 없는 것처럼, 1945년 이전에 일제의 억압을 물리치기 위한 민족해방 투쟁이 아니라 복합적 실천이 필요했다고 말하는 것은 설득력이 약하다고 봅니다.

임: 글쎄요. 주요 모순과 부차적 모순을 구분하는 것도 타당합니다만, 그러다 보니 한국의 민족주의가 정신대 여성들에 가한 억압이 간과되어 왔던 것은 아닐까요? 저는 문제를 좀더 현재주의적인 시각으로 바라보아야 한다고 봅니다. 왜 정신대 피해 여성들이 해방 후 50년 동안 그 문제에 대해 침묵할 수밖에 없었을까요? 여전히 일본 제국주의가 힘을 행사하고 있어 그랬습니까? 아닙니다. 저는 이러한 맥락에서 저항 민족주의를 바라보는 시각 역시 현재적이면서도 미래 지향적이어야 한다고 생각합니다. 또 다른 문제가 있습니다. 근대성과 민족주의의 문제입니다. 이화여대에서 있었던 김활란 기념관 논쟁을 떠올려봅시다. 김활란은 친일파였지만, 여성의 입장에서 본다면 근대적 제도를 도입함으로써 여성들이 전통적 속박에서 벗어나는 데 기여한 사람입니다. 제 말은 민족이라는 틀 안에 여타의 문제들을 종속시켜왔던 기존의 시각에서 벗어나 문제를 새롭게 바라보자는 것입니다. 저는 요즘 '한국사회의 결'이란 표현을 즐겨 사용합니다. 아무리 혁명적인 변화라 하더라도 사회의 미시적인 결이 바뀌지 않는

다면 피상적인 변화에 불과하다고 보기 때문이죠.

사회: 그렇다면 임선생님은 해방 이후 민족주의에 대해서는 더욱 비판적이겠군요. 김선생님 생각은 어떻습니까?

김: 저는 흔히 지적되는 한국인들의 폐쇄성이나 자민족 중심주의는 민족주의가 아니라 국가주의의 소산이라고 봅니다. 임선생과 결정적으로 다른 점이죠. 국가주의는 권위 의존적 인간형을 만들어냄으로써 시민의식의 성숙을 가로막습니다. 이것은 결코 역사문화적인 차원으로 거슬러 올라갈 문제가 아닙니다. 임선생 시각으로 본다면, 한국인들이 갖고 있는 양면성, 요컨대 정치권력에 노예적으로 굴종하면서 한편으로는 대단히 폐쇄적인 한국인들의 이중성을 제대로 읽어낼 수 없습니다.

임: 국가주의와 민족주의의 경계가 그렇게 뚜렷한 것인지 저로선 의문입니다. 저는 한국의 민족주의를 하나의 담론 구성체로 보아야 한다고 생각합니다. 남이나 북이나 혈연과 같은 원초론적·객관적 요소를 강조한다는 점에서는 공통점이 있습니다. 민족을 역사적 변수가 아닌, 초역사적 상수로 보고 있다는 것이죠. 그런데 핏줄이라는 요소가 개입하면, 민족주의는 필연적으로 배타적인 성격을 띠기 마련입니다. 핏줄이 다른 사람, 언어가 다른 사람은 같은 민족으로 간주하지 않게 되는 것이죠. 대단히 위험한 논리입니다. 한국에서 국가주의적 동원 기제가 가능했던 것도 결국엔 담론적 차원에서 작동하는 민족주의 때문이 아니었을까요?

김: 저는 핏줄 같은 원초적 요소는 한국의 민족주의를 구성하는 부분적 자원일 뿐이라고 봅니다. 그리고 그것을 동원의 기제로 활용한 것은 어디까지나 국가권력이었습니다. 대표적인 예가 '동포'라는 개념입니다. 이것

이 사회적 동원의 수사로 등장한 것은 1960년대 박정희에 의해서입니다. 북한에서 '핏줄론'이 등장한 것도 1970년대입니다. 이러한 예들은 혈통이라는 민족주의의 특정한 자원을 동원하고 강화한 것이 다름 아닌 국가권력이라는 점을 여실히 드러내줍니다.

국가주의와 민족주의의 경계는 무엇인가

임: 그렇다면 저항 민족주의에서 발견되는 억압적 성격은 어떻게 설명합니까? 일본의 예를 살펴보죠. 일본의 좌파 지식인들이 제국주의 잔재 청산에 미온적인 이유는 자신들도 미국이라는 서구 제국주의의 피해자라는 의식 때문입니다. 일본의 입장에서 본다면, 자신들의 과거는 서방의 제국주의에 대한 일종의 저항 민족주의인 셈이죠. 이것은 저항 민족주의 역시 역사적 맥락 속에서 끊임없이 그 정당성을 검증받아야 함을 의미합니다. 우리의 저항 민족주의 역시 마찬가지입니다.

사회: 남한의 저항 민족주의가 줄곧 화제가 되는군요. 이번엔 북한의 민족주의에 대해 얘기해볼까요?

임: 정치적인 차원에서 본다면 남북은 대척점에 서 있습니다. 하지만 양자는 민족에 대한 인식틀을 공유합니다. 몇 해 전 북한의 개천절 행사에 남한의 진보 인사를 제쳐두고 극우 인사인 안호상씨가 초청받은 적이 있습니다. 대단히 충격적인 사건이었죠. 최근 김정일은 새마을운동과 천리마운동이 같은 것이라고 얘기했다죠? 비록 정치적 입장은 다를지라도 양자 모두 민족주의를 동원과 권력 유지의 기제로 활용하고 있음을 예증한 셈입니다.

김: 저는 정치권력의 논리로서 북한 민족주의의 보수성은 비판해야겠지만, 그 나름의 정당성은 인정해야 한다고 봅니다. 국가주권을 상실한 데 따른 자존심의 훼손이 북한의 초민족주의(hyper-nationalism)로 나타났다는 점을 간과해서는 안 됩니다. 북한 엘리트들이 보기에 미국과 남한의 관계는 과거 중국과 조선의 조공관계와 동일한 것입니다. 물론 이러한 시각은 21세기의 변화된 상황에서는 적절하지 않습니다. 하지만 그들에겐 훼손된 자존심을 회복하는 것이 중요했던 것이죠. 이러한 점에서 박정희의 민족주의와 북한의 민족주의를 동일시하는 것은 온당치 않습니다.

임: 발생론적 정당성이 현재를 정당화할 수는 없습니다. 우리는 두 가지를 혼동하는 경향이 있습니다. 저로선 1980년대 NL의 민족주의 역시 박정희식 민족주의와 별 차이가 없다고 봅니다. 어린 시절 국민교육헌장과 국기에 대한 맹세를 암송하면서 형성된 국가 공동체에 대한 충성이 대학생이 되면서 방향을 전환한 것에 불과합니다. 저류에 흐르는 민족주의적 인식에는 변화가 없는 셈이죠.

사회: 화제를 돌려보죠. 6·15 정상회담 이후 형성된 남북의 화해 분위기를 타고 정서적 민족주의가 힘을 얻고 있습니다.

임: 같은 핏줄이기 때문에 통일돼야 한다는 논리는 굉장히 위험합니다. 요즘 남북한의 동일성을 회복하자는 이야기가 많이 나오는데, 의구심이 드는 것은 과연 그 동질성이 무엇일까 하는 점입니다. 미국에 살고 있는 보수적 인사들이 북한을 방문하고 나면, 북한에 대해 우호적인 입장으로 변합니다. 그 사람들 이야기가 재미있어요. 북한에도 유교적 예절이 남아 있고, 여성들은 모두 다소곳하고 정숙하며 남편에게 복종하더라는 겁니

다. 이런 식으로 남북의 동질성을 찾아나가서는 곤란합니다. 현 단계에서 중요한 것은 막대한 군비 지출, 혈육들이 만나지 못하는 끔찍한 상황, 남한의 레드 콤플렉스와 북한의 양키 콤플렉스, 이러한 것들을 하나하나 제거해나가는 것입니다. 통일이 아니라 탈분단, 탈냉전이 필요하다는 것이죠. 이것은 권력이 주도하는 민족주의 열기에 휘말려들지 않는 길이기도 합니다. 도대체 왜 통일이 되어야 합니까? 남북한 주민들의 보다 나은 삶을 보장하지 않는 한 통일은 아무런 의미도 없습니다. 우리가 민족을 위해 존재하는 것이 아니라, 민족이 우리를 위해 존재하기 때문이지요.

김: 임선생의 지적은 타당성이 있습니다. 모든 문제가 상층의 정치적 타협에 의해 결정지어질 때, 반드시 피해를 입는 사람들이 생깁니다. 통일 열기 속에서 민간인 학살문제나 북한의 정치범 문제는 거론될 여지가 봉쇄되어버렸습니다. 분단으로 인한 최대의 피해자들이 또다시 피해를 입고 있는 셈이지요. 저는 통일문제를 인간 고통의 경감이라는 차원에서 접근해야 한다고 봅니다. 한핏줄이기 때문에 통일을 해야 한다는 논리에는 저 역시 반대합니다. 하지만 임선생과는 강조점이 다르죠. 저는 '한반도 문제의 한반도 당사자화'라는 점에서 정상회담 이후의 남북한 정세를 긍정적으로 평가할 수 있다고 봅니다. 이것은 지난 1백 년 동안의 일그러진 역사를 되돌리는 과정이기도 합니다. 아울러 상호 화해와 평화 정착은 남북한 민중들에게도 복리를 가져다줍니다. 과연 그럴까? 여기에 계급적 입장이 개입되지 않았기 때문에 쓸모없다는 생각은 대단히 관념적인 판단입니다. 안타까운 것은 한국의 민주화 운동 세력이나 시민운동 세력이 개입하지 못하고 있다는 점이죠.

사회: 통일보다 탈분단이 중요하다는 임선생님의 입장은 동질성보다 차이의 인정이 중요하다는 논리로도 들리는군요. 그런데 과연 동질성에

대한 인정 없이 효과적인 교류와 협력이 가능할까요?

임: 지금 남북한이 갖고 있는 동질성이 어떤 겁니까? 언어가 통한다고 동질성이 존재한다고 말할 수 있을까요? 저는 남북한 어디에도 동질성 같은 건 없다고 봅니다. 차라리 인권이나 민주주의, 인간적 삶을 보장하는 조건들을 구체적으로 짚어내고 이러한 사회를 공동으로 지향해나가야 한다는 주장이 더 구체적입니다. 저로선 민족적 동질성을 찾아내고 거기서부터 협력과 통일로 나아가자는 논리가 오히려 추상적으로 들리는군요.

동질성 전제 않는 교류·협력은 가능한가

김: 이 문제는 요즘 저의 고민거리이기도 합니다. 인권이나 민주주의 같은 보편적 가치가 서양의 근대 문명이 가져다준 성과라는 점에는 이견이 없습니다. 우리는 아직 그러한 최소한의 진보조차 성취하지 못한 단계라고 할 수 있습니다. 이러한 상황에서 '우리 것'을 강조하는 특수주의는 보수와 반동을 초래할 위험성도 농후합니다. 문제는 사람들에게 삶의 의미를 부여하는 그 무엇은 인권이나 권리의식만으로 충분하지 않다는 데 있습니다. 역사적으로 이러한 것들을 제공한 것은 종교였습니다. 불행히도 진보를 주창하는 세력들은 그것을 갖고 있지 못했어요. 그렇다면 그 자원을 진보세력은 어디서 이끌어내야 할까요? 제가 생각하기엔 우리의 전통사회가 갖고 있는 문화적·정서적 유산들로부터 추출하는 길밖에 없습니다. 사람들을 움직이게 하는 힘은 결국 자신이 특정한 공동체에 속해 있다는 의식이니까요. 저는 남북한의 동질성도 바로 여기서 찾을 수 있다고 봅니다. 그렇다면 필요한 것은 언어와 언어 속에 담긴 사고의 원형들로부터 뭔가를 찾아나가는 것입니다. 저는 그것이 21세기가 요구하는 새로운

민주국가의 상과도 배치되지 않을 것이라 생각합니다.

임: 존재의 의미를 부여해주는 무엇을 찾는 작업, 이것은 매우 중요하지만 신중을 기해야 할 문제입니다. 흔히들 한국사회에 공동체주의적 요소가 강하다고 하는데, 최근 공기업에 대한 감사 결과를 보면 전혀 그렇지 않습니다. 철저하게 이기적인 집단이죠. 스위스 같은 경우는 다릅니다. 거기서는 공기업이 살아남습니다. 왜 그럴까요? 잘 정비된 지방자치제도와 정치인 소환제도가 공동체에 활력을 불어넣어주기 때문입니다. 흔히 생각하듯 전통적인 공동체 정서가 공동체의 유지를 뒷받침하는 것은 아닙니다.

사회: 그럼 임선생님은 민주주의나 인권 같은 보편적 가치가 민족주의와 양립하기 힘들다고 생각하시는 건가요?

임: 그렇다고 볼 수 있습니다. 서두에서 말했듯 민족주의는 항상 배타성을 내장하고 있기 때문이죠. 따라서 저는 논의의 초점을 민족주의로부터 개인의 자유로 옮겨야 한다고 생각합니다. 물론 여기서 말하는 자유란 고전적 자유주의가 전제하는 원자화된 개인의 자유가 아닙니다. 굳이 번역하자면 개성주의라고 부를 수 있겠지요. 이것은 자신이 속해 있는 공동체를 전제로 한 개인주의, 혹은 공동체성이 내면화된 개인주의입니다. 물론 여기에도 위험은 따릅니다. 내면화된 공동체성이라는 것도 밑으로부터의 자발적인 참여나 사회에 대한 고민을 통해 얻어지는 것이 아니라, 권력에 의해 위로부터 주어진 것일 수도 있기 때문이죠.

김: 저는 민족주의의 내용 자체가 계급적이라고 보는 편입니다. 민족주의는 결국 이 땅에서 살아갈 수밖에 없는 사람들, 이민을 갈 수 없는 사람

들, 이중 언어를 사용할 수 없는 사회적 약자들의 저항 속에 자리 잡게 되니까요. 오늘날 그들의 대부분은 파산 직전에 와 있는 농민들, 그리고 50 퍼센트가 넘는 비정규직 노동자들입니다. 민족주의와 인권이라는 가치가 결합되는 것도 결국 이들의 저항운동을 통해서입니다. 세계화가 야기하는 삶의 황폐화에 대한 민중들의 저항은 비록 민족주의적 외형을 띠고 있지만 그 내용은 어디까지나 계급적이고 생존권적인 요구라는 사실을 인식해야 할 것입니다.

일상적 파시즘론에 대한 생각

1

임지현 교수의 문제제기에 일단은 공감한다. 임 교수의 문제제기는 군부독재가 퇴진한 이후 이제 '합리적 지배'(즉 자본의 지배)의 영역에 포섭되어가는 한국 민중들의 의식과 실천 일반, 그리고 권위주의의 비판자였지만 그것으로부터 자유롭지 못한 사회운동가들을 나름대로 적절하게 비판하고 있다. 특히 '민주'와 '진보'를 대변한다고 자임했던 운동진영 내부의 반민주성, 권위주의, 가부장주의 문제는 크게 문젯거리가 된 바 있고, 민중들의 일상생활의 영역에 뿌리내린 권위주의와 군국주의 잔재 역시 1990년대 이후 본격적으로 부각되었으며 필자도 그러한 문제의식을 갖고서 일련의 작업을 한 바 있다. 그러나 과거의 계급론자, '민중 메시아주의' 사고를 가진 사람들이 비판자들에게 그러하였듯이 임 교수 역시 때늦은 시점에서 1980년대식의 민중주의, 계급주의를 과도하게 단순화한 다음 그러한 가공의 대상을 공격하고 있다는 인상을 준다. 1987년 6월 항쟁과 7, 8월 대투쟁이 발생한 지 14년이 지난 오늘 누구도 민중을 타자화하는 투박한 민중 메시아주의를 견지하지는 않는다. 그렇다면 이러한 비판은 시체에 칼을 들이대거나 허수아비를 보고 소리 지르는 것일 수도 있다. 일상적 파시즘론이 오늘의 시점에서 한국사회의 과학적 이해 혹은 한국 민중들과 운동가들의 의식과 행동을 이해하는 데 어떤 유관성(relevance)을 갖는지 다시 묻고 싶으며, 아울러 『당대비평』이 그렇게 많은 지면을 할애하여 다루어야 할 정도로 중요한 쟁점인지 묻고 싶다.

2

지배는 언제나 가시적인 폭력과 내면화한 동의를 수반하게 마련이다. 군부독재가 전자를 전면에 등장시킨 시기라면 정치적 민주화는 어떤 점에서건 후자의 측면을 두드러지게 만드는 전기가 된다. 폭력이 전면화하고 가시화하는 시기라고 해서 민중들의 내면화한 복종이 뒷받침되지 않는 것은 아니며, 민중들의 내면화한 복종이 더욱 문제가 되는 시기에도 권력이 언제나 피지배자의 일상생활의 통제를 통해서만 자신의 지배를 관철할 수는 없다. 이 모든 과정에서 권력은 사회·문화적으로만 관철되는 것은 아니며 언제나 물리력을 배후에 깔고 있다. 2000년 여름 롯데호텔 노동자들에게 가해진 전경들의 폭력은 현장에 있었던 신참 사무직 노동자들에게는 '1980년 광주'의 재연이었다. 그것이 '일상'의 영역으로 지배 권력의 행사가 변화된 시대의 우연하고 돌출적인 사건이었는가?

따라서 일상의 영역이 구조적 영역과 어떻게 연관되는지 밝히지 않는다면 이러한 문제제기는 자본주의 국가와 그 지배기구에 대한 그릇된 설명에 도달하게 된다. 크게 보아 이러한 문제제기는 서구 자본주의가 상당한 물질적인 성공을 거둔 1970년대 이후 유럽의 신좌파 역사학과 사회학에서 (하버마스의 '생활세계의 식민화' 논의, 톰슨의 『영국 노동계급의 형성』, 스콧의 '일상투쟁'의 개념, 무어의 *Injustice* 등의 저서) 충분히 제기된 바 있고, 그것은 정통 좌파의 경제주의적 편향을 극복하기 위해 사회 혹은 문화현상을 새롭게 주목할 것을 제안하는 흐름들이다. 유럽 신좌파의 지적 반성이 1968년 혁명의 경험에서 나온 것이었다면 일상으로의 관심 전이 역시 1980년대 교조적 마르크스주의의 경험에 대한 반성에서 제기된 것과 유사한 맥락 속에 있다. 그러나 한국의 6월 항쟁은 68혁명은 아니었다. 임 교수의 문제제기는 실천적인 관점에서 본다면 이미 1990년대 초에 민중운동, 민주화 운동 진영을 향해 공개적으로 제기되었어야 할 것이 지금 제기되는 것이기 때문에 너무 뒤늦은 점도 있고, 이론적으로 본다면 아직 분단체제의 억압기구나 억압적 법이 사라지지 않은 시점에서 제기되고 있기 때문에 너무 빠르거나 탈맥락적인 측면도 동시에 갖고 있다.

3

한편으로는 수동적이고 다른 한편으로는 공격적인 파시즘, 권위주의 체제 아래 민중의 행동 양상, 가부장제 사회에서 길들여진 남성들의 행동 양식에 대한 개념화는 '일상적 파시즘'의 개념이 없이도 충분히 비판될 수 있고, 또 해석 비판되어온 바 있다. 임 교수가 설명하는 오늘 민중들의 정서와 의식 속의 수동성과 보수성, 지식인들의 이중성과 일상에서의 보수성 등은 일상에서의 파시즘이라기보다는 오랜 왕조체제를 거치는 동안 침전된 전통적 보수주의와 권위주의가 군부독재가 주도하는 자본주의적 근대화 과정에서 새로운 형태로 변형된 것이다. 통상 지배체제를 설명할 때 사용되는 '파시즘'이라는 개념을 동원하여 선택지가 별로 없는 민중들을 지배자와 동일한 주체 위치로 올려놓는 것이 어떤 점에서 오늘날 민중들의 의식과 행동의 특성을 잘 드러낼 수 있는지를 이해할 수 없다.

물론 일상의 영역 혹은 코드 등의 개념이 하나의 문화 현상 혹은 단순히 상부구조가 아니라는 점에는 동의한다. 그렇다면 이것은 상부구조와 하부구조를 매개하는 습관의 영역이라고 부를 수 있겠다. 그것은 브로델(Braudel)이 말하는 사회변화의 장기 지속의 개념에 포함시킬 수도 있을 것이다. 그것은 언어의 영역이자 사회학에서 말하는 일상적 실천의 영역에 가까운 것이다. 이것을 부르디외(Bourdieu)는 아비투스(habitus)라고 명명한 바 있다. 그렇다면 이 개념이 부르디외의 그것보다 더 현실 설명력이 있는가? 그냥 가부장주의와 군부독재에 길들여진 민중의 아비투스라 부르는 것이 더욱 정확한 것이 아니겠는가?

일상적 파시즘론은 역사적 국면에서 나타난 파시즘의 개념을 지나치게 일반화하는 것으로 보인다. 1차 대전 이후 자유경쟁 자본주의의 세계적 위기 속에서 아래로부터의 민주주의 혁명을 거치지 않은 후발 자본주의 국가, 특히 농촌에서의 계급 분화와 계급 갈등이 첨예하게 전개되지 못한 나라에서 나타난 것처럼, 농민들의 권위주의적 정서와 후발 자본주의의 위기가 맞물려서 나타난 역사정치적 지배체제를 설명하는 개념인데, 이 것을 오늘의 수동적인 민중들의 의식과 태도 일반으로 확대하는 것이 타당한가? 그렇게 본다면 모든 후발 자본주의 국가에서 이러한 현상이 나타난다고 보아야 하지 않을까? 복지국가가 자본의 지배가 내면화한 체제라는 점을 강조한다면 복지국가 역시 변형된 파시즘으로 보아야 한다. 하나의 개념이 지나치게 외연이 넓어지면 그 개념은 쓸모가 없어지고 만다.

4

일상적 파시즘론은 실천적으로 허무주의와는 무관하다고 말하고 있으나 결과적으로는 허무주의에 빠질 위험이 있다. 파시즘 지지를 개인의 윤리와 의식의 문제로 돌리지 않는다는 점에서 이광수 식의 민족개조론과는 다르다고 할 수 있겠으나, 유럽의 문화적 좌파들의 실천 지향과 유사하게 자본주의 문화 비판론으로 나아갈 가능성이 높다. 파울로 프레이리 (Paulo Freire) 식의 민중 의식화의 대안이 제시될 수도 있겠지만, 지금까지의 논의는 일단 현실 분석이기 때문에 거기까지는 나아가지 못한 것 같다. 어떤 문화적인 변혁론도 정치경제적 변혁을 전제로 하지 않고서는 운동의 패배를 다른 방식으로 정당화하는 것일 수도 있다. "민중들도 문제 있다"고 말하는 것은 너무나 쉬운 일이다. 그러나 민중들이 주인으로서 행동할 수 없는 조건에서 그들에게 책임을 돌리는 것은 본말을 전도한 것이다. 한국의 경우 특히 그러하다. 즉 민중들이 자신의 생활세계의 체험을 통해 확립한 나름대로의 '합리성'(rationality)을 지식인이 설정한 민중의 이상적인 상태 혹은 지식인적인 관점에서 '민중의 비합리성'의 기준으로 보는 것은 지식인, 사회과학자가 빠질 수 있는 가장 큰 위험이다. 그리고 그러한 접근은 이러한 딜레마를 극복할 수 있는 길을 충분히 제시해주기도 어렵다. 인권침해 요소가 다분한 새 주민등록증 신청 작업에 그렇게 자발적으로 동원된 민중들을 비판하기 이전에 국가보안법 폐지운동이 왜 소수의 메아리가 되고 있는지 먼저 반성할 일이다.

5

한 가지만 더 제안하면 그래도 한국에서 일상의 파시즘이 분명히 중요한 현실이라는 점을 적극적으로 인정하는 사람들은 라이히의 『파시즘의 대중심리』, 서구의 급진적 페미니즘, 탈식민화 담론 등만 읽지 말고 일제 식민지 말기의 동원체제와 한국전쟁기에 발생한 민간인 학살에 관해서도 알아야 한다. 파시즘과 유태인 학살에 동조한 독일 민중들이 오늘날 독일 사회의 보수화의 주역이라면 한국사회에는 군사독재의 원조 격인 식민지 지배와 전쟁 체험이 사회적으로 내재화되어 있다는 것을 알아야 한다. 남의 경험에서 나온 이론을 받아들이는 데는 그렇게 신속하면서 오늘 우리가 겪는 현실이 과거 우리 조상들이 겪었던 역사의 회로 속에 있다는 것을 이해하는 데는 언제까지 그렇게 둔감한 상태로 남아 있을 것인가?

| 참고문헌 |

라이히, 빌헬름, 황선길 옮김, 『파시즘의 대중심리』, 그린비, 2006.

부르디외, 피에르, 최종철 옮김, 『구별짓기』(상·하), 새물결, 2005.

톰슨, 에드워드 팔머, 나종일 옮김, 『영국 노동계급의 형성』(상·하), 창작과비평사, 2000.

프레이리, 파울루, 남경태 옮김, 『페다고지: 30주년 기념판』, 그린비, 2002.

하버마스, 위르겐, 장춘익 옮김, 『의사소통행위이론』(전 2권), 나남출판, 2006.

Moore, Barrington, *Injustice: Social Bases of Obedience and Revolt*, New York: M. E. Sharpe, INC., 1978.

Scott, James C., *Weapons of the Weak: Everyday Forms of Peasant Resistance*, New Haven: Yale University Press, 1987.

해방 60년, 한국의 민족주의와 민족문제의 위상

1. 머리말

동아시아에서 아직 냉전체제는 해체되었다고 볼 수 없지만 이미 세계 정치는 급변하여 지구화(globalization)에 의해 각국의 경제주권 자체가 도전받는 시대에 접어들게 되었다. 국경 없는 경제(borderless economy)의 흐름은 우리가 세계무역기구(WTO), 국제통화기금(IMF) 등이 개별 국가 내 주민의 경제생활과 생존을 좌우하는 시대에 접어들게 되었음을 말해준다. 한국도 1997년 외환위기를 맞이하여 국가의 경제주권을 IMF에 양도한 적이 있었고, 이후 국제 금융자본이 한국의 주식시장에 대거 진입하여 알짜배기 기업과 은행 들이 외국인들의 손에 넘어가기도 했다. 유럽은 냉전 이후 새로운 형태의 민족주의 시대로, 중동은 지구화 과정에서 근본주의(fundamentalism)가 발흥하는 시대로 진입하였고, 동아시아는 전체적으로 이념의 시대가 가고 국가 간 이해의 충돌이나 민족주의 기운이 다시 일어나는 양상이 있지만, 소련이 무너진 후 이제 중국과 미국이 긴장관계에 있다는 점이 다르다.

일제 패망 60년이 지난 지금 동아시아의 정치 지도도 급변하고 있다. 가장 큰 변화는 중국에서 일어나고 있다. 중국은 지난 20세기 동안 제국주의 피해자, 사회주의 실험을 거쳐서 이제 아시아 아니 세계의 신흥 발전국 가로 거듭나는 중이다. 중국인들의 경제적 자신감은 잠자던 민족적 자존 심을 불러일으켰다. 이 중화 민족주의는 산업화와 국력의 성장에 힘입어 장차 아시아를 주도하는 국가 역할을 하겠다는 의지를 깔고 있어서 근대 이전 중국이 인근 조공국가에 보여주었던 대국주의, 문화적 패권주의의 모습도 부분적으로 드러내고 있다. 중국이 비록 정치적으로는 사회주의 체제를 견지하고 있다고 하나 오늘의 중국 민족주의는 내부의 정치 억압, 노동 통제, 언론 자유 제한, 그리고 소수민족 탄압이라는 큰 약점을 안고 있는 사실상의 우파 민족주의 혹은 국가주의 성격을 갖고 있다. 그래서 오 늘의 중국은 과거 사회주의 초기 단계에서 보여주었던 보편주의 이상을 포기하고 '국익, 민족 이익' 중심으로 움직인다. 중국은 미국의 석유 패 권주의에 맞서서 향후 지속적인 성장을 위한 석유자원을 확보하려고 몸 부림치고 있다.

일본은 이미 1980년대부터 '보통 국가'를 지향해왔으며, 제2차 세계대 전 이전의 침략주의와 유사한 성격의 국가주의가 부활하고 있는데, 이는 일본 사회의 우경화를 반영한다. 일본에서 우익 민족주의의 등장은 부분 적으로는 내부의 경제적 위기의식에 편승한 것으로 보이고, 중국의 등장 에 따른 위기의식, 북한의 핵무장에 대한 견제 심리도 작동하고 있다. 일 본은 미국이라는 우산 속에서 '탈아'(脫亞)를 목표로 서구를 모방하며 국 가발전을 도모하고자 했던 지난 20세기의 전략을 그대로 유지하고 있으 며, 따라서 일본은 동아시아 국가로서의 정체성, 그리고 동아시아를 이끌 어야 한다는 의식이 없고 경제력 이상의 도덕적 힘을 갖지 못하고 있다. 물론 일본의 우익 민족주의가 시민사회까지 확산되어 있는 것 같지는 않 다. 일본의 시민사회는 철저하게 탈정치화되어 있어 정치사회를 견제할 힘을 상실하고 있는데, 과거에 그랬듯이 일단 국가가 주도하면 국민들은 그냥 따라갈 가능성이 있기 때문에 일본의 우익 민족주의는 여전히 위험하다.

　미국은 동아시아에서 중국의 성장, 중국의 재무장과 인근 국가에 대한 영향력 확대, 중국 민족주의 등장을 가장 경계하고 있다. 미국은 자신의 전초 기지 대만을 양보하지 않을 것이며, 베트남과 인도를 중국 견제 카드로 활용하고 있다. 미국은 한반도 긴장을 선호하며 한반도가 평화, 통일 국면으로 들어가는 것을 원치 않는다. 동아시아에서 한반도의 긴장, 중·일 민족주의의 충돌과 갈등은 미국이 원하는 시나리오다. 미국과 일본의 관계가 지속하는 한 미국은 동아시아의 이간자로 계속 남을 것이고, 스스로를 태평양 연안 국가라고 주장할 것이다. 한국과 중국의 반일의식 고조에도 불구하고 미국은 일본을 유엔 안보리에 가입시키려 할 것이고, 일본을 자신의 통제 아래 확실히 두려 할 것이다.

　2차 대전 종결 60년이 지난 지금 '1945년 체제'라는 것은 동아시아와 한반도에서 어떤 방식으로 지속·극복되고 있는가? 그리고 그동안 한반도 민족문제의 성격은 어떻게 바뀌었으며, 남·북의 민족주의가 나아가야 할 길은 무엇인가?

2. 한반도의 1945년 당시와 현재

　한국 혹은 한반도에서 1945년 당시와 60년이 지난 현재 사이에는 어떤 차이가 있는가? 우리는 과연 새로운 세기에 진입했는가? 그리고 새로운 국제 환경 속에 놓여 있는가?

　우선 가장 중요한 사실은 남북의 긴장을 생각해볼 때 동아시아에서 냉전체제는 해체되지 않았다는 점이다. 냉전체제 해체라는 것은 주로 소련·동유럽 사회주의의 붕괴를 지칭하는데, 소련의 영향력이 유럽에 비해 덜 직접적인 동아시아에서는 냉전체제가 여전히 지속되고 있다. 중국이 아직 사회주의 체제를 고수하고, 북이 건재하며, 남북 그리고 북일 간의 긴장이 지속되고 있을뿐더러, 중국과 대만 간의 긴장 역시 고조되고 있기 때문이다. 물론 중국이 자본주의 경제발전의 길로 나아가고, 베트남이 개방의 길을 추구하면서 이 지역에도 과거와 같은 좌우 이데올로기의 대립은 이제 거의 존재하지 않는다고 해도 과언이 아니다. 그러나 북핵문제는 동아시아에 끊임없는 긴장을 야기하고 있으며, 그것을 빌미로 하여 미국은 여전히 오키나와, 일본 본토, 그리고 남한 여러 지역에 중무장한 미군을 주둔시키고 있다. 한반도의 휴전체제는 아직 종결되지 않고 있으며, 남북 최고 권력자들 간의 직접 대화는 북핵문제가 불거지면서 거의 답보 상태에 있다.

그러나 미·소의 냉전 대립관계는 소련의 패망으로 말미암아 미국 주도의 세계질서 재편으로 나아갔고, 그 영향은 동아시아에도 강하게 작용하고 있다. 1945년 직후의 동아시아에서는 1949년 중국 혁명이 가장 큰 변수로 작용한 바 있다. 냉전체제의 형성과 인도, 이집트 등지에서의 제3세계 민족주의, 민족 사회주의가 본격적으로 발흥하고 이것이 미국의 냉전 전략과 정면충돌하였는데, 동아시아에서 중국 사회주의 혁명의 성공으로 그러한 움직임은 정점에 달한 바 있다. 그러나 1980년대 이후 사회주의, 민족 사회주의, 국가 개입주의 경제실험은 거의 실패로 드러났고, 중국 역시 1976년 이후 개혁과 개방 그리고 자본주의 경제발전 노선을 채택하게 되었다. 결국 동아시아 역시 기존 냉전체제가 지속되는 가운데 1990년대 이후 지구적인 신자유주의 물결이 거세게 불어 닥쳐 미국식 자유주의 모델의 우위가 더욱 확고해졌다.

1905년 국무장관 태프트(Taft)와 일본의 가쓰라(桂太郎) 백작은 하와이와 필리핀을 미국이 관할하고 러일 전쟁 승리의 대가로 조선을 일본의 지배하에 두어서 동아시아 평화를 유지한다는 데 비밀리에 합의했다. 이렇게 본다면 지금까지 외세의 식민화, 정치적 주권의 제약으로 특징지어지는 한반도의 운명은 60년 전이 아니라 사실은 100년 전에 결정되었으며, 그동안 한반도는 기본적으로 이 틀 속에서 움직였다. 당시 일본은 "조선이 일본의 허락 없이 다른 나라와 협정을 맺는 것을 금한다"는 을사늑약 조항으로 사실상 대한제국의 주권을 제약하였다. 한국은 이제 당당한 독립국가가 되어 그것을 과거의 일로만 기억하고 있지만, 오늘날 베이징의 6자 회담에서 미국은 북의 핵 주권을 제약하고, 유엔군의 이름을 내건 미군은 여전히 남의 전시 군사주권을 인정하지 않고 있다.

1945년 당시 한반도에서는 식민지 해방 국가로서 민족주의 혹은 사회주의 혁명의 기운이 고조되었으나, 2차 대전에서 일본을 패망시키는 데 역할을 거의 하지 못했다는 점, 그리고 일제 식민지 지배의 가혹한 탄압으로 한반도 내부에서 민족해방 투쟁을 지속하기 어려웠을뿐더러 심각하게 분열되어 있었고, 미소가 충돌하는 지정학적인 위치로 38선을 경계로 미소가 분할 점령함으로써, 결국 분단이 초래되었다. 그리고 곧이어 세계적 차원에서 전개된 냉전으로 38선 이북에는 소비에트 체제가 급히 이식되었으며, 남에는 좌파는 물론 민족세력 일반까지 소멸되었다. 이후 북한의 선제공격으로 시작된 한반도의 내전이 세계적인 대전으로 비화되면서 남북한 간의 대립은 거의 회복할 수 없을 정도로 악화되었으며, 남한은 미국의 절대적 영향권에 들어가게 되었다. 1959년 조봉암 사형사건이 보여주듯이 1950년대까지만 하더라도 무력에 의한 통일을 제외한 통일론은 금기시되었으며, 1970년대까지도 민족자주, 민족주의를 내세우는 것은 위험한 일이었다. 그래서 1990년대 초반까지 통일운동 일반은 물론 남북화해의 주장도 남한에서는 거의 제기되기 어려웠다.

북한은 1950, 60년대까지 급속한 사회주의 공업화를 추진하여 제3세계의 주목을 받기도 했으나 1970년대 이후 체제 경직화와 생산성 저하를 피할 수 없었고, 1980년대 들어서서는 남한과의 체제 경쟁에서 완전히 밀려나고 말았다. 특히 1972년 이후 북에서 주체사상의 강화는 체제의 융통성을 더욱 저하시키는 결과를 초래하여, 언술상으로 대외적인 자주성을 내세웠음에도 불구하고 경제적으로는 점점 더 자립과 멀어지기 시작했다. 결국 1990년대 수차례의 자연재해와 겹쳐서 북한 경제는 걷잡을 수 없는 상황으로 가고 말았다. 체제를 유지하기도 버거운 상태에 빠진 북한은 핵 문제로 벼랑 끝 전술을 구사하게 되었다. 1990년대 이후 신자유주의와 지구적인 보수주의의 물결은 북한의 입지를 더욱 어렵게 만들었으며, 결국 오늘날 세계에서 가장 고립된 국가로 남게 되었다.

한국의 1990년대는 정치 민주화와 경제 자유화가 공존하는 시기였다고 볼 수 있다. 그래서 경제적으로는 더욱더 보수화했지만 정치적 민주화는 일정한 성과를 거두었다. 특히 문민정부의 등장으로 정치권 내에서 탈냉전의 바람은 거세게 불기 시작했고, 이것은 남북화해, 일방적 대미 종속성 탈피라는 흐름으로 나타났다. 김대중 대통령의 방북과 6·15 공동선언은 그 상징적인 표현이었다. 여중생 사망사건 당시 표출되었듯이 반미주의가 과거에 비해 고조되고 있으며, 이제 젊은이들은 미국보다 북한에 더 친밀감을 느낄 수 있을 정도로 남북한 간의 냉전적 대립은 크게 완화되어 왔다. 물론 사회운동 진영에서는 민족자주, 반미/통일(극히 부분적으로는 친북)을 지향하는 민족주의가 일정한 흐름을 형성하고 있다. 탈냉전 탈분단 지향의 민족주의(현재 한국 정부와 민간이 어느 정도 모두 공유하는 민족주의)가 자리 잡아가고 있다. 그러나 젊은 세대의 문화와 의식, 그리고 시민사회 차원에서는 탈민족주의, 탈국가주의 경향이 동시에 나타나고 있다.

한반도는 물론이고 동아시아 정치는 여전히 지구 패권국인 미국이 가장 강력한 입김을 행사하고 있다. 60년 전이나 지금이나 미국의 동아시아에 대한 관심은 한국보다는 일본에 맞추어져 있다. 한반도는 대중국 방패막이, 혹은 북한이 일본의 안보, 더 나아가 이 지역에서 미국의 이익을 위협하지 않는 범위 내에서 중요하다. 북한 경제를 지탱해주는 지주는 중국이지만, 중국의 후원과 보호가 향후에도 어느 정도 지속될 수 있을지는 미지수이다. 과거나 현재나 한반도는 강대국 정치의 희생양이 될 수 있지만 그동안 남한 경제력의 향상과 국제적 입지 제고로 1945년 당시에 비해서는 강대국 권력정치의 일방적 피해자가 될 처지는 아니며, 지난 6자 회담 과정에서 나타났듯이 미국과 중국, 북한 틈새에서 나름대로 자신의 목소리를 낼 수 있는 위치에 올라서게 되었다.

3. 민주화, 지구화 시대의 한반도 민족주의

(1) 탈냉전과 한국의 민족주의

1989년 소련·동유럽 사회주의 붕괴 이후 현재까지는 홉스봄(Hobsbaum)이 말한 이른바 '후기 민족주의' 시기, 즉 냉전체제 고착으로 봉합·억제되었던 민족주의의 에너지가 다시 분출한 시기다. 냉전체제는 1917년 전후와 1945년 직후의 민족국가 건설의 열정을 이념적 대결로 단일화해냈다. 그래서 이 두 시기에 민족국가 건설을 이루지 못했던 지역이나, 미소·동서 냉전의 압력으로 봉합되었던 민족 갈등이 또다시 분출하는 계기가 되었다. 이 경우 민족주의는 단순히 민족해방 민족주의, 민족 사회주의도 아닌 민족 분리주의, 인종주의, 종교적 근본주의의 성격을 띤다.

소련의 해체로 인한 동유럽 여러 나라의 분리주의 국가 건설 운동과 민족주의 정권의 등장, 러시아의 대민족주의, 피의 보복을 수반한 체첸의 독립운동, 유고 연방의 해체 이후 심각한 인종 갈등, 영국의 웨일스 분리주의 운동, 퀘벡의 분리주의, 르완다의 인종 갈등과 학살 등이 모두 여기에 속한다. 원래 민족주의가 그러하지만 이들 민족주의는 그 자체로는 어떤 긍정적인 가치와 이념을 내포하지 않고 있다. 특히 구 유고와 르완다의 학살처럼, 1915년 당시 터키의 아르메니아 학살과 같은 초기 민족국가 형성기의 학살이 재연되기도 했다.

사실 1989년 이후에도 유럽 지역과는 달리 동아시아에서는 냉전체제가 그대로 온존하였다. 그러나 지구 차원에서 냉전체제 이완의 효과는 동아시아에서 민족주의, 국가주의를 부활시키는 결과를 가져왔다. 1989년 천안문 사태 이후 중국이 자유주의 개혁 개방을 저지하면서 사회주의 국가 주도의 경제성장을 추구하는 과정에서 민족주의 경향을 보이고 있으며, 화교 경제권 형성 노력과 더불어 대만과의 통일 의지 등으로 나타나고 있다. 일본에서는 지금까지 미국의 우산 아래에서 형성해온 자신의 국가 정체성을 허물면서 '보통 국가'를 지향하는 우익 민족주의 정치세력의 목소리가 점점 커졌다. 일본은 분명히 미국과의 긴장 대립관계에 들어가지는 않았지만 이라크 파병, 유엔 안보리 가입 요구 등 국제사회에서 군사적인 역할을 인정받는 등 '정상적인' 민족국가의 길을 추구하고 있다.

　1990년대 이후 한반도에서는 통일 민족주의의 열기가 거세어졌다. 이 중에서 문익환, 임수경, 황석영 방북 등 1990년대 초반의 통일운동이나 한총련 계열의 학생운동 등은 식민지 시기의 민족해방 운동의 정신을 이어받은 과거식의 민중 민족주의의 흐름으로 분류할 수 있는데, 이는 탈냉전이라는 국제적 분위기에 편승하여 일어난 것이기는 하지만 1960년 4·19 직후 한반도에서 나타난 민족주의 운동, 혹은 분단 극복 운동의 연장선에 있는 것으로 볼 수 있다. 1990년대 초반까지의 학생운동과 사회운동 진영의 민족해방 운동은 반미/민중민주주의 내용을 갖고 있었으나, 북한 사회주의가 위기에 봉착하고 남북의 체제 경쟁에서 사실상 북한의 실험이 인정을 받지 못하게 된 1990년대 들어서는 민중민주주의의 내용은 사라지고 민족주의에서 통일 지향성의 내용이 부각되기에 이르렀다. 그래서 1990년대 중반 이후 한국에서 나타난 '태극기 열풍'은 1990년대 초반까지의 반미주의 정치적 학생운동이나 민중운동 진영이 견지했던 사회주의적 민족주의와는 성격을 달리한다. 이것은 탈냉전의 분위기에서 억제되었다가 분출한 통일 지향의 민족주의의 발흥으로 볼 수도 있고, 그동안의 남한 경제의 성장과 북한 사회주의 실패라는 정치적 분위기에 힘입은 우익 이념과 지향을 갖는 후기 민족주의의 한 유형으로 볼 수도 있다.

그런데 1990년대 후반 이후의 민족주의는 과거 분단 지향의 통일운동과 달리 대체로 남한 국가의 정당성을 인정한 것이기 때문에 국가주의 요소와도 결합되어 있으며 붉은 악마 현상, 여중생 사망 촛불시위 등에서 볼 수 있듯이 새 세대의 문화 민족주의 경향도 보여주고 있다. 그래서 이들의 민족주의는 1980년대 이전의 민족주의 운동에 비해 분명히 보수적이다. 이것은 외국인 노동자들에 대한 '유사 인종주의'적 배외주의, 2002년 월드컵 당시의 붉은 악마 현상, 일본 교과서 왜곡과 독도 문제 등을 중심으로 한 반일 민족주의, 황우석 신드롬에서 나타난 일등주의 지향의 민족주의 등으로 표현되었다. 물론 여중생 사망사건, 매향리 문제, 미군 기지 이전 운동 등은 과거와 같은 정치적 민족주의의 흐름에 속한다고 볼 수 있으나 이 운동들도 지역주민 운동 등과 결합되어 있기 때문에 과거 학생들이 주창했던 정치적 반미주의와는 다소 성격을 달리한다.

1980년대에서 1990년대 초반까지 사회운동에서 나타난 한국 민족주의는 부분적으로는 세계적 차원에서 탈냉전 민족주의 발흥, 한국에서 민주화와 정치 변동의 분위기에 편승하여 점차 고조되어왔다. 그것은 세계 여타 지역의 후기 민족주의와 마찬가지로 단일 국민국가 건설을 지향하며, 1945년 당시에 못다 이룬 자주적인 국민국가 건설(분단 극복과 통일)을 지향하였다. 그러나 1990년대라는 사회경제 상황은 1945년 전후의 자주독립 민족주의가 호소력을 발휘할 수 있는 시기는 아니었다. 지구 차원에서의 탈냉전은 지구 자본주의, 신자유주의 경제정책의 기조하에 진행되었다는 특징이 있으며, 한국사회가 이미 상당한 계급 분화가 진척되고 경제적으로는 준선진국으로 진입한 상태에서 발생했고, 한반도의 맥락에서 보면 북한의 사회주의가 남과 대등한 조건에서 대화, 교섭할 수 있는 지위를 사실상 상실한 상태에서 진행되었다.

(2) 지구화, 신자유주의와 민족주의

지구화는 실제로는 주로 다국적 기업, 금융의 지구화를 의미한다. 따라서 이제 지구 내에서 자본주의 시장경제의 영향을 받지 않는 곳은 거의 존재할 수 없게 되었다. 네그리(Negri)가 말한 것처럼 지구적 차원에서의 자본의 제국 건설은 주권의 개념을 낡은 것으로 만들어버린다.[1] 현재 미국 패권주의의 맞상대로 간주되는 중국 역시 경제적으로는 미국과 가장 긴밀하게 연결되어 있는 실정이다. 따라서 지구화 시대에 경제적 자주성을 내용으로 하는 민족주의가 설 자리는 거의 존재하지 않는다고 해도 과언이 아니다. 그런데 이 지구화한 경제질서에서는 반드시 승자와 패자가 있게 되고, 지구화의 수혜자인 국제 금융자본, 다국적 기업의 본산지인 미국과 영국 등은 18세기 말 애덤 스미스가 그러했듯이 국가 이익을 주로 자유무역, 시장주의로 포장하고 있다.

그런데 지금의 신자유주의가 과거의 자유주의와 다른 점은 경제의 지구적 의존성 때문에 지구화 경제에서 불리한 위치에 있는 국가도 19세기 후발국이었던 독일, 혹은 1945년 이후 제3세계의 민족민주혁명과 같은 방식의 보호무역주의, 자립경제 노선 등을 내용으로 한 단절 전략 혹은 경제민족주의를 노골적으로 내세우지는 못한다는 점이다. 그래서 지금 지구화 시대에도 자국 산업과 농업 보호를 위한 각국의 자국 이기주의가 WTO 등의 국제 협상 테이블에서 여전히 작동하기는 하지만 주요 대립은 한 국가 내에서의 부자와 빈자, 주류와 소수자, 지배층과 민중 사이에서 점점 더 나타나고 있다.

한국의 삼성전자 등 재벌기업처럼 외국 자본의 적대적 M&A 위협을 내세우면서 국내의 재벌 지배구조 개혁을 맞받아치는 유사 민족주의 레토

---

1 안토니오 네그리, 마이클 하트, 윤수종 옮김, 『제국』, 이학사, 2001 참조.

력이 사용되기도 하지만,[2] 대체로 각 나라 안에서는 지구화·신자유주의의 패배자들 즉 농민과 노동자 들이 오히려 민족주의 경향을 갖게 되고, 그러한 입장을 견지한 정당을 지지하는 경향이 있다. 즉 지구화 과정에서 소외된 자들, 혹은 신자유주의 정책으로 피해를 보는 계층·집단은 지구화에 대해 방어적인 입장을 취하게 되는데, 이 방어적 입장은 유럽의 청년 실업자들처럼 극우 민족주의·인종주의를 지지하거나, 현재 팔레스타인· 이슬람 국가에서 미국의 이라크 침공에 저항하는 세력이 견지하는 이슬람 근본주의 경향을 띠거나, 제3세계 농민·노동자들처럼 WTO의 다자주의 무역이나 나라 간의 FTA를 반대하는 운동으로 나타나기도 한다. 특히 구 제3세계나 일부 유럽 선진국의 농민·노동자들이 표방하는 개방 반대 / 보호무역 / 보조금 지급 요구는 반드시 민족주의 경향을 갖는 것은 아니며 반지구화 / 반자본주의 기치를 내건 시민운동 혹은 좌파운동과 결합되어 있기도 하다.

이처럼 지구화, 신자유주의 정책, 대량의 노동이민으로 피해를 본 민중 집단이 자기방어적으로 내거는 자국 중심주의(ethnocentrism) 경향이 1990년대 한국에서도 나타나고 있다. 1990년대 한국사회의 변화 중에서 가장 두드러지는 것은 한국이 이제 외국인 노동자의 대거 유입으로 다인종사회로 접어들었다는 점이다. 그래서 탈북자, 중국동포, 동남아 출신의 외국인 노동자 들에 대한 유사 인종주의·유사 민족주의적 차별이 노골화했다. 물론 한국 내의 이러한 차별은 동남아 진출 한국 기업의 관리자들이 현지 주민을 차별하는 것과 동시에 진행되고 있다. 이러한 차별은 아직 유럽의 독일이나 오스트리아 같은 곳에서 나타나는 신나치 운동과 같은 극

---

2 2004년 10월 언론 보도에 따르면 삼성구조조정본부 관계자는 삼성전자가 적대적 인수합병의 사정권에 들어섰으며 상황이 상당히 '시리어스'(serious)한 국면이라고 말한 것으로 알려졌고 (『한국경제신문』, 2004. 10. 5), 이에 화답이라도 하듯 2004년 10월 국회정무위 국정감사에서는 한나라당 의원들을 중심으로 공정위를 강도 높게 비판하였다. 이후 전경련, 삼성경제연구소 등도 외국인의 경영권 위협을 내세웠다.

우운동으로 존재하는 것은 아니다. 그러나 한국의 경제불황이 심각해지고 청년 실업이 더욱 늘어난다면 좌절에 빠진 청년들이 포퓰리즘적 우익 국가주의에 동원될 위험도 있다. 특히 한국인들은 대체로 미국·일본 등 주변 강대국에 대해 깊은 열등감과 피해의식을 갖고 있기 때문에 이러한 감정은 아시아의 못사는 나라에서 온 이주노동자들에게 보복적·자기과시적 우월의식으로 표현되는 경향이 있고, 그것이 일본의 우익과 유사한 형태의 배외적 민족주의로 발전될 소지도 있다.

농민들의 농산물 개방 반대, 우리 농산물 지키기 운동, 혹은 노동단체에서 표방하는 투기자본 감시 운동은 외형적으로는 반지구화 운동이지만 운동의 참여 주체의 차원에서 보면 일종의 생존권적 민족주의 운동이다. 민중들의 생존권 투쟁은 주로 정부의 개방정책·신자유주의 정책을 상대로 이루어지기 때문에 과거와 같이 외세 혹은 타 국가를 상대로 하는 저항적 민족해방 운동과는 성격이 다르다. 1997년 외환위기를 맞이해서 대우자동차 등의 해외 매각을 둘러싸고 국내 자본/국제 자본의 논란이 있었고, 그 이후 지식인들 사이에서는 재벌개혁/기업 지배구조 개혁운동을 둘러싼 논란이 계속되었는데,[3] 구조조정 반대를 표방하는 노동운동은 결과적으로 국내 재벌을 옹호하는 친자본 양상을 띠기도 했고 일부 지식인들은 오히려 시민운동을 외국 자본의 대리자라고 비판하기도 했다.

1994년 전후 북미자유무역협정(NAFTA)이나 최근 프랑스에서 유럽연합(EU) 헌법 반대투표 과정에서 나타난 것처럼 경제 자유화 문제를 둘러싸고 한 나라 내에서 전통적인 좌·우 구도가 뒤섞이는 양상이 나타나고 있다. 이들 나라에는 개방을 지지하는 좌·우파가 존재하고, 개방을 반대

---

3 참여연대와 대안연대회의 간의 대립은 앞에서 언급한 것처럼 자본의 국적성이 있을 수 있는가의 논점과도 관련되어 있다. 전자는 국내 자본 보호의 필요성이 유사 민족주의의 입장에 서게 되어 결국 재벌을 옹호하는 논리로 전락할 수 있다는 비판을 한 바 있고, 후자는 기업 지배구조의 개선이라는 명분하에 전자가 실질적으로는 신자유주의 정책을 옹호한다고 지적하였다.

하는 좌·우파가 공존한다. 민족주의는 주로 개방을 반대하는 전통적 우파들이 표방하는 경향이 있는데, 프랑스에서는 터키가 유럽연합에 들어오는 것을 거부하는 보수주의자들이 유럽 헌법에 반대표를 던졌고, 1994년 NAFTA 협정 당시에도 뷰캐넌(Buchanan)과 같은 19세기식 보수주의자들이 무역 자유화를 반대하였다. 이러할 때 농민이나 노동자들은 대체로 우파 보수주의를 지지하는 경향이 있다. 이슬람 근본주의, 미국의 이라크 공격에 반대하는 저항 테러는 지구화 질서, 미국/이스라엘 연합의 패권 질서 아래서 생존과 문화적 자존심을 지키려는 약자의 몸부림이라면, 북한은 미국 패권주의와 지구 자본주의에 반대하는 일종의 반미/초민족주의 국가로 볼 수 있을 것이다.

그러나 한국이나 다른 나라에서도 시장주의적 구조조정 반대, 인권·평화 등의 기치를 내건 좌파세력과 급진 자유주의는 이제 선진 자본주의의 대부분의 사회운동 세력이 그러한 것처럼 민족주의 이데올로기는 시대착오적인 것이라고 보고 있으며, "우리 식대로 살자"는 북한의 노선에도 상당히 비판적이다. 그러나 앞의 '월드컵 세대'는 외견상은 개인주의·자유주의 경향을 보이지만 그 이전 세대보다 더욱더 우익 민족주의에 기울어 있으며 더러는 별 의식 없이 국가주의에 동조하는 양상을 보이고 있다.

이미 선진국의 문턱에 들어선 한국은 지구화의 수혜 국가라고도 볼 수 있기 때문에 한국의 민족주의는 점차 국가주의, 친자본과 친시장 등의 내용을 갖는 보수 우익의 이데올로기로 변해가고 있다. 신세대를 포함한 한국인들의 심리 저변에는 과거 이래의 피해자 의식과 강대국에 대한 열등의식이 있으면서도 신자유주의 영향 아래서 경제주의적인 우승열패의 신화가 강하게 자리 잡고 있는데, 황우석 신드롬을 뒷받침해주는 일등주의 지향의 민족주의 역시 오랜 역사적 경험에서 퇴적된 민족적 열등감과 성장 지상주의 등의 산물이라고 볼 수 있다. 이러한 우익 민족주의의 강화는 한국 중간계급의 시민의식의 취약성과 동전의 양면을 이룬다.

4. 반민족주의와 탈민족주의

(1) 식민지 근대화론의 도착성

2004년 친일진상규명법 통과 과정에서 볼 수 있었듯이 아직까지 한국에서 '친일파'라는 낙인은 '빨갱이'에 버금가는 지독한 비난의 언사다. 그리고 서구의 발전된 자본주의 국가들과는 달리 한국에서 '민족' 혹은 민족주의는 아직도 우익 보수를 상징하는 용어가 아니라 긍정적인 뉘앙스를 풍기는 용어로 남아 있다. 2005년 한국을 떠들썩하게 했던 "식민지 지배는 축복"이라는 한승조의 발언이나, "러일 전쟁에서 일본이 이겨서 우리 민족에게는 다행"이라는 이영훈의 일제 식민지 미화론이 격렬한 비판을 받은 것도 한국에는 아직 강한 민족주의 정서가 남아 있기 때문이다. 최근 조사에 따르면 북한과 미국이 전쟁을 할 경우 미국 편을 들겠다는 사람보다도 북한 편을 들겠다는 사람이 더 많은 것으로 나타났다.[4] 이는 한국인들 사이에 냉전적인 좌우 대립의식은 거의 사라졌다는 말이 되고, 오히려 미국에 대한 부정적인 인식이 크게 확산되고 있다는 것을 보여준다.

이러한 민족주의 정서가 여전히 강하게 남아 있음에도 불구하고 정치 경제적인 차원에서 보자면 민족 관념, 민족주의의 기반은 점점 축소되고 있는 것도 부인할 수 없는 사실이다. 사실상 오늘날 온 한국민을 사로잡고 있는 유일한 이데올로기가 있다면 그것은 바로 '물질주의'다. 한국인들에게 경제적 성공은 다른 모든 가치를 압도하는 유일한 이데올로기요 가치요 철학이 되었다. 일반 대중들 사이에서 이러한 논리가 지배적이 된 것은

---

4 2005년 5월 3일 한국사회여론연구소가 성인 남녀 700명을 대상으로 한 조사에서 미국이 북한을 폭격하면 북한 편을 들어야 한다는 사람이 48퍼센트로 나왔다. 그래도 미국 편이라고 대답한 사람은 30퍼센트에 불과했다. 신세대들에게서 그러한 경향은 더욱 심한데, 광복 60주년을 맞아 한국갤럽이 신세대 813명을 대상으로 한 조사에서는 미국과 북한이 전쟁에 돌입하면 북한 편을 들겠다는 사람이 무려 66퍼센트에 달하는 것으로 집계되었다(『조선일보』, 2005. 8. 15).

최근의 일이지만, 사실 지식인들의 의식 속에서는 이미 오래전부터 자리 잡고 있었다. 일본 식민지 지배 긍정론 혹은 식민지 근대화론은 박정희 긍정론과 일맥상통한다. 그래서 한승조, 복거일, 이영훈 등의 일제 식민지 미화론의 근저에는 경제성장 지상주의가 깔려 있는데, 경제적 성과가 최고의 발전 기준이라는 전제하에서는 일본 식민지 지배도, 박정희의 성장 지상주의나 억압도 모두 칭찬받아 마땅한 것이고, 그 시대에 항일 민족주의나 반독재 민주주의를 견지했던 인사들은 쓸데없는 일을 한 무모한 사람들로 분류되는 것이다. 이러한 성장 지상주의, 경제 지상주의 담론은 1960년대 근대화론, 더 거슬러 올라가면 약육강식의 사회진화론과 통하는 것이며, 오늘날의 신자유주의 논리로까지 연결된다.

　물론 한승조 등의 친일파 옹호론은 현상적으로 보자면 반민족적인 것으로 볼 수도 있지만 오히려 그들은 민족의 이름으로 자신의 입장을 옹호한다. 이들은 일제 시기 민족 개량주의/친일세력과 마찬가지로, 무모하고 성공 가능성 없는 민족해방 투쟁을 옹호하는 것이 일제 탄압의 강도를 더해서 오히려 민족 구성원을 더욱 고통스럽게 만들었던 것에 비해, 민족해방을 내세우지 않고 실력 양성이나 문명 개화를 추구한 노선이 오히려 민족 구성원의 경제적 삶에 긍정적이었다는 생각을 바탕에 깔고 있다. '민족을 위해 민족을 배반했다'는 춘원 이광수 논리의 현대판인 셈이다. 경제주의, 국가주의의 전제 위에서 논의를 전개할 경우 민족해방 투사가 반민족적인 인사가 될 수 있다. 이러한 우익 민족주의는 다분히 국가주의와 함께 나타나는 경우가 많다. 이는 박정희 식의 부국강병론과 마찬가지로 민족 자주성을 앞세우기보다는 국가와 민족의 경제발전을 지상 과제로 한다고 주장하지만, 그 내용은 전국민·전민족의 경제생활의 향상을 추구하는 것이 아니라 사실 부자들의 기득권 유지를 위한 레토릭으로 쓰일 때가 대부분이다. 이 점에서 분명히 지배층이 퍼트리는 민족주의는 국가와 사회 통합을 위한 이데올로기로 동원되는 경우가 많다. 박정권을 통해서 우리가 경험했듯이 레토릭으로서 민족주의는 사실상 기득권의 이익과 대자본을 옹호하기 위한 지배 이데올로기이며, 과거 내전기 중국 국민당 정부의 전략처럼 필요하다면 제국주의 일본과 손을 잡고서라도 민족 내부의 좌익세력과 전쟁을 하려 했던 행동까지 연결된다. 북한을 응징하기 위해서는 미국과 손을 잡아야 한다는 한국의 보수세력의 논리도 그러하다.

근대국가의 지배 이데올로기로서 국가주의와 경제주의는 민족이라는 레토릭을 구사할 때가 많은데, 이것은 민족주의가 저항운동 과정에서 나타날 경우 보여주는 민주주의·민중주의의 내용을 결여하고 있다. 이것은 사실상 파시즘이나 식민지 부르주아가 자신의 입지를 정당화하기 위해서 종종 사용하는 논리다. 제국주의 모국의 부르주아는 나름대로 '애국자'일 수가 있으나, 식민지 부르주아는 '민족주의자' '애국자'가 되기 어려운 딜레마가 여기에 있다. 이미 1960년대에 이러한 문제를 꿰뚫어 보았던 파농의 이른바 민족 부르주아 비판도 여기에 기초한다.[5] 이렇게 본다면 한승조의 친일 미화론은 일각에서 공격하듯이 '망언'이 아니라 확신에 찬 일관된 논리라고 볼 수 있다. 징집을 기피하고, 돈을 해외로 빼돌리고, 국적을 포기하는 한국 지배층, 오늘날 한국 부르주아의 행태가 그의 논리에 집약되어 있다. 그 내용은 바로 반공주의와 경제 지상주의다. 그들의 정서적·이념적 허약함은 반공주의와 수치상의 경제에만 매달리는 그들의 주장에서 나타나고 있다.

문제는 이들이 주창하는 식민지화와 개발독재의 효과로서의 경제적 성공이 실제로는 소수에게만 돌아간다는 것이다. 이들이 말하는 경제는 언

---

5 그는 "유럽의 부르주아지는 자본을 축적하는 데 성공을 거두어 국가의 번영에 어느 정도 기여했다. 그러나 저개발국에는 그러한 진정한 부르주아지를 찾아볼 수 없다. 단지 탐욕스럽고 게걸스러운 신분, 옛 식민지 권력이 베풀어주는 몫을 받는 데만 혈안이 된 비열한 계층만이 존재할 따름이다. 이 졸부 중간층은 위대한 이념을 만들어낼 능력도 없고 창의성도 없다"고 비판한 바 있다. 프란츠 파농(Franz Fanon), 남경태 옮김, 『대지의 저주받은 자들』, 그린비, 2004, 202쪽.

제나 형평성이 고려된 국가적 부가 아니라, 소수에게 부가 독점되고 다수는 빈곤한 외형적인 경제성장이다. 식민지 근대화론이 일제 말의 경제성장을 그렇게 칭찬하는 것도 이러한 이유 때문이다. 이들은 허수열이 지적하듯이 일본이 물러가고 나서 한국의 경제 상태가 훨씬 더 악화해 일본이 남기고 간 인프라를 제외하고는 거의 식민지 이전과 다름없는 상태로 돌아갔으며, 물질적인 부 역시 일본인과 그들의 하수인인 소수의 조선인들에게 독점되어 있었다는 사실을 인정하지 않는다.[6] 애초에는 민족 정서의 과잉에 대한 사회과학적 자기반성으로서 출발한 이영훈의 일본 식민지 지배 불가피론은 일제 식민지 지배자의 '비뚤어진 보편주의론', 약육강식의 논리에 동조하게 되어버린다.[7] 결국 이들의 도착적인 식민지 불가피론이나 미화론은 일제 이후 지금까지의 식민지 혹은 종속국가의 부르주아지의 사고와 이데올로기를 표상하고 있는 셈이다. 식민지 지배자의 입장에까지 서서 자신의 입론을 정당화하는 그들의 논리를 단지 민족주의로 반박하는 것은 적절치 않을 수도 있다. 그러나 그것은 자본주의 중심부 부르주아의 친자본주의 논리가 식민지 지식인의 극우반공주의와 결합할 때 어떠한 모습을 띠는지를 가장 잘 보여주고 있다.

지금까지 한국에서 투쟁과 저항의 담론으로서 민족주의는 바로 이러한 논리에 대한 분노와 거부감에서 출발했다. 그래서 외세나 내부의 반민족 세력에 대한 투쟁의 담론으로서 민족주의는 대체로 1980년대 후반까지는 자주·반외세·통일의 기치를 내걸었으며, 내용적으로는 민중의 이익을 옹호하고 지배질서를 비판하는 양상을 띠고 있었다. 1990년대 이후에는 위에서 언급한 것처럼 민중적 내용은 점차 희석되고 반미/반외세/평화주의, 통일 민족주의의 내용을 갖게 되었다. 그러나 한국의 반미/반외세

---

6 허수열, 『개발 없는 개발: 일제하 조선경제 개발의 현상과 본질』, 은행나무, 2005, 339쪽.
7 동양 평화론, 문명 개화론, 식민지 근대화론은 모두 제국주의 일본이 퍼트린 사이비 보편주의였다고 볼 수 있다. 그 근저에는 바로 약육강식의 다원주의가 있다.

주의자들이 노골적으로 외국 자본을 비판하거나 보호무역주의를 고집하는 것은 아니다. 이들은 민중의 생존권 보장을 위한 무역 자유화 반대, 쌀 개방 반대, 기업 구조조정 반대 등의 논리를 견지하는데, 이것은 지구화 불가피론, 개방과 자유무역 우위론에 쉽게 제압되어버린다. 그래서 과거나 현재나 우리 사회의 주류세력의 머리를 지배하고 있는 논리는 바로 식민지 근대화론이며, 민족주의는 경쟁력 없는 '원주민'들의 대책 없는 저항논리로 치부되고 있다.

결국 최근에 나타난 이러한 식민지 지배 옹호론은 겉으로는 그들을 격렬하게 비판하지만 사실상 그들과 입장을 같이하는 경제주의, 우승열패의 논리의 등장과 궤도를 같이하는 것이다. 최근 나타난 보수 지식인들의 대담한 식민지 근대화론과 일제 식민지 축복론은 바로 신자유주의 질서와 경제 이데올로기가 지배하는 세상에 고무된 것이다.

(2) 탈민족주의

1990년대 들어서 가장 두드러진 것은 바로 이 오랜 두 경향 모두를 비판하면서 민족주의/반민족의 인식 지평 자체를 넘어서려는 경향이었다. 탈근대의 담론과 맞물려 있는 이러한 논리는 민족주의는 기본적으로 근대의 프로젝트로서 국가주의와 사실상 동일한 것으로 본다. 결국 후발국의 민족주의는 지구 자본주의 아래서 실패할 수밖에 없는 게임의 룰을 받아들인 것이라는 이들의 지적은 나름대로 적절하다. 일본의 독도 영유권 주장을 거세게 반대하면 할수록 일본의 우익을 더욱 단단하게 만들어주는 역설에서도 이러한 논리의 타당성을 확인할 수 있다. 그래서 근대 이후 역사를 돌아보면 민족주의의 종착점은 전쟁이었고, 전쟁은 문명의 파괴로 연결되었다. 오늘날 지구화한 경제질서에서 민족 혹은 국가 이익의 충돌이라는 틀로 세상을 보면 문제의 본질을 놓칠 수 있다는 점에서도 이들의 주장은 설득력이 있다. 한국에서 이러한 탈민족주의 담론이 등장한 것도 따지고 보면 이미 한국이 선진 자본주의의 대열에 들어섰기 때문이고, 민족국가라는 정체성으로 국민을 동원하던 시대는 지났으며 그것이 효과적인 대안이 되기도 어렵기 때문이다.

특히 주변 강대국에 둘러싸인 한국은 국가와 민족을 고집하면 할수록 더욱더 불리한 처지에 놓일 수 있다. 일본의 변화와 세계의 변화에 둔감했던 구한말의 복벽주의 반외세 운동의 한계를 답습해서는 안 되며, 일본이 개화와 부국강병의 우군이 될 수 있다는 김옥균 식의 근대화론도 위험하다. 일본 교과서 왜곡 문제에 흥분하기보다는 한국 교과서 왜곡 문제도 함께 보아야 하고, 중국·미국 교과서 왜곡 문제도 함께 살펴보아야 한다. 일본의 난징대학살을 비판하기 위해서는 마오(毛) 시대의 중국이 그 몇 배에 달할지도 모르는 중국 인민들을 문화혁명의 광기와 폭력의 희생양으로 만들었다는 사실을 함께 보아야 한다. 한국전쟁 때 미군의 무차별적인 공격과 인명 피해에 분노하기 위해서는 대한민국 정부가 저지른 학살과 고문에 대해서도 살펴보아야 한다.

그러나 이러한 방식의 탈민족/탈국가 담론은 민족주의를 비판하는 과정에서 오히려 앞의 식민지 근대화론을 옹호하는 역설적인 측면이 있다. 우선 이들이 비판하는 국가주의와 민족주의가 식민지 종속국가의 조건에서 반드시 동일한 것은 아닌데, 이들은 그것을 동일시하는 오류를 범한다. 대체로 탈민족주의 담론은 선진 자본주의 국가에서 나타나는 극우 국가주의나 우익 민족주의와의 투쟁의 무기였다고 볼 수 있는데, 맥락의 고려 없이 그것을 도입할 경우에는 운동 진영의 민족주의를 비판하는 나머지 역설적으로 극우세력의 탈민족주의를 옹호할 위험이 있다.[8] 후발국의 저항운동이 민족주의·문화적 보수성·남성 중심주의를 지향하는 것은 흔히 있는 일인데, 이 경우 사회운동 진영이 견지한 집단 정서와 문화로서 민족

---

8 『당대비평』, 2001년 봄호에 실린 '일상적 파시즘'론에 대한 필자의 논평 참조.

주의나 집단주의를 비판하는 것과, 현실 정치·경제 권력으로서 국가주의를 비판하는 것은 다른 차원의 문제인데도 이를 같은 것으로 간주하고 있기 때문이다. 후발국가 저항 민족주의의 해체 요구는 언제나 미국·영국 등 자유주의를 내세운 선진 자본주의 국가의 지배와 경제 침략의 담론이었다는 것을 주목할 필요가 있다. 그래서 오늘 중국의 민족주의 등장을 경계하고 비판하는 미국처럼 민족주의 비판 혹은 인권 담론은 지구화 시대 미국 자본의 세계 지배를 정당화해주고 그것에 대한 저항의 여지를 박탈할 위험성이 있다.

탈민족주의론이 지구 자본주의 아래서 민족 개념을 무기로 한 저항이 거의 무망하다는 것을 지적한 점은 타당하지만 이러한 논리가 갖는 또 하나의 오류는 생명과 생명의 유지에 필요한 기초적인 의·식·주의 해결을 위해 아직 세계의 대다수의 민중들은 국가라는 정치 단위와 민족적 결속이 필요하다는 것을 무시하는 점이다. 만약 자족적 공동체에 국제 다국적 기업과 거대 자본이 들어오지 않는다면 문제가 달라지지만, 그것이 실현 불가능한 조건이라면 후발국에게 국가라는 규율기구는 여전히 필요하다. 실제로 미국, 영국, EU 등 모든 선진국가는 자국의 농민·노동자 보호 조치를 철회하지 않고 있으며, 어떤 점에서 IMF의 요구를 일방적으로 수용했던 아시아 국가들보다 더욱더 자국 중심적이고 국민의 이익에 충실하다. WTO가 아무리 다자주의와 무역 자유화를 추진한다고 하지만, 보호주의는 여전히 선진국 사이에 무역의 기본 원칙이다. 미국은 자국 산업 보호와 고용 유지를 위해 지난번 스코틀랜드의 G-8 회의에서 끝까지 교토 기후협약 수용을 거부하였다. '사다리 걷어차기'는 선진 자본주의 국가 경제정책의 알파요 오메가다.[9]

그래서 지구화 시대에 주변부 지역의 약자들에게 국가와 민족은 더욱

---

9 장하준의 선진국의 보호무역주의를 강조한 책 제목을 그대로 표현한 것이다. 장하준, 『사다리 걷어차기』, 부키, 2004 참조.

필요하다. 더구나 지구 경제질서에서 중위 및 하위에 있는 국가들 내부의 사회적 약자들은 부르주아가 주도하는 국가·민족 담론의 지지자가 될 수밖에 없다. 그래서 약자의 생존권을 중시한다면 탈민족주의 담론은 대책 없는 무장해제에 불과하다. 자본과 달리 노동은 자유롭게 이동하기 어렵다. 그래서 물, 식량, 에너지, 환경은 보존되어야 하고, 그것을 지키기 위해서는 정치권력과 시민의 감시와 동원이 필요하다. 현재의 유엔 등 국가 정치기구나 시민단체는 아직은 국가를 대신하기에는 역부족이다. 물과 식량의 상품화를 거부하는 행동이 반드시 국가와 민족을 옹호하는 논리와 일치하는 것은 아니다. 그러나 국가나 민족이라는 공동체는 이들 생존 자원의 보장과 방어를 위한 가장 중요한 무기가 될 수 있다.

선진 자본주의 국가나 다국적 기업은 자국의 약자를 위해서는 물, 식량, 에너지 등을 보호하려 하면서, 약소국 혹은 주변부의 그것들은 마구잡이로 이용하려 한다(최근 중국이 미국의 석유기업을 인수하려 하는 문제를 둘러싸고 미국 의회에서 매각 반대 투표를 실시한 것이 대표적인 예이다). 한편 중소기업 역시 고용 창출의 기반이기 때문에 나름대로 보호되고 육성되어야 한다. 지구화 시대에도 기술 인프라는 마구 이동할 수 있는 것이 아니다. 사실 "자본에 국적이 없다"는 것은 절반의 진실이다. 대한민국이라는 영토와 4,500만의 한국인, 그리고 한국어가 존재하지 않는다면 삼성은 결코 세계 유수의 기업으로 발전해 갈 수 없을 것이다.

결국 지구화 시대에 쉽게 이동할 수 없는 그 무엇, 그리고 인간의 생명과 존엄성의 유지를 위해 필요한 그 무엇은 결코 자본이 충족시켜줄 수가 없다. 생명과 존엄성의 유지를 위해 물·식량·환경·언어가 필요하다고 해서, 경쟁력 없는 식량·환경·언어가 도태되어야 한다고 말할 수는 없다. 그것은 인간의 생명·존엄성과 관련된 것이기 때문이다. 노동자·농민·빈민은 생존을 위해서 국가와 민족 같은 공동체가 필요하다. 민족주의는 부르주아가 만들어낸 이데올로기이지만, 오히려 민중들이 더욱 그것에 집착했던 이유가 여기에 있다.

　대자본의 자기 이해 표현 혹은 국내 정치 지배를 위한 레토릭으로서 민족주의의 시대는 확실히 지났다. 과거 식민지 시기와 달리 민족주의는 이제 희망의 담론도, 궁극적인 대안도 되기 어렵다. 그러나 지구화한 자본주의에서 민중의 생존, 시장 근본주의 비판, 경제주의 극복의 담론으로서 민족주의가 갖는 가치를 일거에 부정하기는 어렵다. 그리고 지구문화가 민족문화를 완전히 없앨 수도 없을 것이기 때문에 문화적 민족주의도 여전히 유효하다. 결국 고유의 언어와 문화, 그리고 민족 정체성의 형성은 인간다운 삶을 누리는 데 반드시 필요하다. 자신의 정체성과 문화적 자존심을 상실한 인간은 곧바로 물질의 노예로 전락할 수밖에 없기 때문이다.

　1987년 이후의 역사를 돌아보면 민주화가 결국 경제적 양극화를 가져왔듯이 미래에도 민족의 통일 그 자체가 모든 민족 구성원에게 반드시 긍정적인 결과만 가져오지는 않을 것이다. 그럼에도 불구하고 통일 민족주의는 나름대로 유효한 점이 있을 것인데, 우선 한반도에서 평화가 진척되고 통일의 기운이 돌면 미국의 입지는 점점 축소될 것이고, 한반도의 평화와 통일이 남북 주민의 생존권과 존엄성 제고에 기여할 수 있고, 장차 동북아 평화질서 유지에 기여할 수 있을 것이기 때문이다. 남북한이 통일되어 7천만 경제권이 형성되면 남북한 민중들의 삶은 지금보다 더 좋아질 것이다. 분단된 상태로 한국만이 선진국이 될 수 있겠는가? 그러나 현재의 지구화, 신자유주의 경제질서, 그리고 디지털 자본주의 아래 있는 한국의 발전 단계에 비추어 볼 때 통일 민족주의를 장차의 통일의 기본 가치로 삼을 수 있는 단계는 지났다. 통일은 이미 '민족'의 통일이 아니라 새로운 정치사회 체제의 구상과 선택의 문제와 결부되지 않을 수 없게 되었기 때문이다.

　일찍이 파농이 말했듯이 "민족해방은 독이 든 칼이다." 그러나 우리가 1945년 일제 말기에 살고 있다면 "독소를 제거하는 방법과 전략이 없으니

칼을 포기하자"고 주장할 수는 없을 것이고 좀 다른 맥락이지만 문화 경제
의 식민주의를 극복하기 위해서는 여전히 칼을 버릴 수는 없을 것이다. 추
상적 평화주의도 아니고 통일 지상주의도 아닌 그 중간 어느 지점에, 우리
가 찾아야 할 새 시대 공생의 철학과 방략이 있을 것이다.

5. 맺음말

8·15 해방 60년의 시점에 선 우리는 과연 식민주의와 그것의 부정적
유산인 폐쇄적·방어적 민족주의로부터 완전히 벗어났는가? 우리는 과연
일본 우익들의 소인배적 자국 중심주의 / 서구 추종주의를 넘어설 수 있는
정신적 역량을 갖추고 있는가?

어쨌든 최근 한국에서도 우익 민족주의가 고개를 쳐들고 있지만 근대,
전근대 모든 시절에서 피해자였던 한국은 그러한 민족주의의 한계를 인
지할 수 있는 경험을 갖고 있다. 한·중·일 공동 교과서 작업을 주도하는
한국 시민사회, 일본 시민사회를 비판할 능력을 갖는 한국 시민사회, 동아
시아 후발국의 민주화를 지원하고 시민운동을 격려하는 한국 시민사회,
북한과의 화해·교류를 적극 주장하지만 미국의 인권 제국주의의 논리를
그대로 추종해서 북한을 비판하거나 반대로 '민족정서'에 사로잡힌 나머
지 북한의 모든 억압과 가난을 일방적으로 변호하지만은 않는 그 어떤 지
점에 우리가 설 자리가 있을 것이다.

해방 60년, 우리는 이제 피해자의 민족주의를 넘어설 수 있는 역량을
갖추었다. 그러나 아직 우리의 시야는 대단히 좁고 정치·경제 위기가 닥
치면 온 사회가 민족주의적 열정과 광기에 돌입할 정도로 시민사회의 기
반은 아직 취약하다.

ㄱ

가례 435
가문주의 440
가부장적 종법질서 438
가부장주의 175, 319
가족 개인 436
가족 자본주의 283
가족복지 279
가족주의 268, 277, 280, 313, 428, 431,
    435, 439, 444, 447, 452, 472, 476
갑신정변 241
갑오개혁 241
강정구 220
개발독재 변형형 신자유주의 103
겔너 385, 483
결손국가 110
경로의존 101
경제결정론 87

계급 286
계급 없는 계급사회 315
계급 없는 자본주의 315
계급 정체성 295, 310, 311
계급 형성 314, 315
계급정치 287
고르 288
고용보험 249
골드소프 289, 311
공공 영역 446, 499
공공복지 279
과잉 교육열 444
교토 기후협약 464, 540
9·11 테러 496
구조조정 242, 243, 248, 335
구해근 385
국가담합주의 275
국가독점자본주의론 87, 89
국가보안법 74, 153, 196, 376, 495, 498

국독자론 → 국가독점자본주의론

국립대 평준화 419, 421, 425

국민연금법 278

국민운동본부 386, 392

국시(國是) 172

국제통화기금 → IMF

국제화 125

군사형 사회 28

궈모뤄(郭沫若) 451

권위주의 175, 389

그람시 70

극우반공주의 476

근대화론 99, 109, 125, 136, 379

근본주의 485, 521

금융산업법 25

기든스 485

기업국가 230

기업별 노조 222, 228, 250, 312

기업복지 250, 279, 280

기업사회 14, 19, 24, 28, 230

기업의 사회적 책임 30

긴급조치 153

김구 156

김규식 178

김대중 188, 226, 284, 328, 342

김상봉 407

김선수 330

김성칠 179

김수영 179, 185

김연명 282

김영민 66, 132

김영삼 126, 213, 226, 240

김우창 177

김유선 299

김창룡 160

김창숙 443, 448

김형기 290

김활란 507

ㄴ

NAFTA 245, 532

나혜석 179

낙선·낙천 운동 214

남아공화국 394

냉전 자본주의 261, 264, 270, 283

냉전 자유주의 152, 171, 276

네그리 530

네언 492

네오마르크스주의 130

노동계급 288, 296, 380, 383, 388, 391

노동의 종말 288

노동자 대투쟁 278, 280, 284, 308, 310,
   320, 392, 393, 515

노동체제 270, 275

노무현 159, 224, 371

노사정위원회 328, 329, 331, 332, 342

노조 조직률 259, 307, 349

노태우 213

『논어』 449

뉴라이트 152

ㄷ

다렌도르프 497

다이아몬드 390

다카하시 도루 437

단체교섭 221, 347

담합주의 104, 134, 250, 273

담합체제 324

대구 10·1 사건 155

대중사회 385

대처 142

대학 서열화 419

WTO체제 254, 255

도덕적 해이 20

도덕정치 396

독사(doxa) 430, 443, 452

독점강화 / 종속심화 106

돈부시 14

동학 농민 저항 241

뚜웨이밍 436, 449, 450

ㄹ

라스키 35, 170, 333

라이스 15

라이시 305

라이히 519

라인형 자본주의 21, 62, 249

레드 콤플렉스 45

레이건 142

로스토 114

록우드 311

루쉰(魯迅) 453

뤼시마이어 380, 383

리영희 35, 42, 48, 150, 159

립셋 325, 382

ㅁ

마넹 211

마루야마 마사오 442, 451

마르크스 58

마르크스 경제학 120

마르크스-레닌주의 86

마르크스주의 88

마산 수출자유지역 345

마하티르 147, 233

만(Mann) 249

『맹자』 449

모윤숙 169

무노조주의 26, 29, 284

무도덕적 가족주의 444

무어 516

문명개화론 125

문익환 387

문화권력 200

문화자본 414

미국화 42, 45, 60

미사일방어계획 464

미제스 130, 246

민사상 손해배상 청구 273

민족주의 260, 466, 481, 501

민족해방론 86, 92, 102

민주교수협의회 139

민주노총 219, 308, 332, 342, 349

민주주의 211

민주주의 공고화 134, 379

민주화 운동 386, 402

민중민주주의 86, 92, 528

밀로셰비치 467, 486

밀스 170

ㅂ

박광주 379

박석운 330

박정희 115, 157, 161, 249, 535

박정희 신드롬 127

박종화 168

박헌영 156

반공 자유주의 175

발전국가 249, 320

백기완 390

백낙청 37

밴필드 444, 446

베버 29, 134, 135

베블런 134

베이컨 38, 39

보수주의 13

복지국가 216

복지국가 변형형 신자유주의 103

부계 혈통주의 438

부당노동행위 341

부드러운 식민주의 60

부르디외 193, 410, 445, 518

부시 15

북미자유무역협정 → NAFTA

뷰러워이 268

뷰캐넌 533

브라질 394

브로델 518

비공식 부문 295

비정규직 노동자 299, 305

비정부기구 → NGO

ㅅ

『사상계』 64

사유화 30, 216, 244, 264, 325, 417

사이드 62, 63, 71

4·19 학생운동 158, 168, 398

4·15 총선 210, 357, 361, 365, 374

사회과학 54, 116

사회구성체 101, 266

사회구성체론 87, 91, 97, 115, 383

사회성격 논쟁 84, 91

사회성격론 84, 108, 112

사회운동 357, 373

사회적 배제 315

사회적 시민권 265, 323, 487

사회적 안전망 46

사회적 자본 410, 444

사회적 힘 397, 399

삭스 119

산별 노조 308

3당 합당 214, 395

생존권적 민족주의 532

생활세계 식민화 73

서구주의 56

서발턴 70

서비스 계급 288, 295

서울대 416, 418, 420

서재필 177

세계경제포럼 351

세계무역기구 → WTO

세계시민 의식 480

세계은행 322

세르비아 467, 486

소로스 233, 323, 326

소비자 주권 20, 29

소수자 59

소유권 절대주의 237

소유자사회 21

SOFA 72

손호철 115

송건호 169, 183

수능시험 423

슘페터 211

스미스, 애덤 58

스콧 516

스티글리츠 218, 246

스펜서 497

시간제 노동자 300

시민 종교 473

시민권 108, 319

시민단체 214

시민사회 368, 379, 385, 393, 429, 486

시민운동 226, 401, 402, 481, 482, 493,
499, 511

시민의식 432, 503

시민적 민족주의 505

시장 근본주의 61, 103, 218

시장 만능주의 46, 226

시장의 실패 265

식민성 133

식민화 57, 62

신공안정국 226

신보수주의 100, 376

신사회운동 287, 364, 373

신생활운동 398

신식국독자론 → 신식민지국가독점자본
　　주의론
신식민주의 101
신식민지국가독점자본주의론 87, 89, 95,
　　106, 109
신실중주의 130
신유학(성리학) 439
신자유주의 100, 121, 199, 242, 264, 320,
　　402
신중간층 391, 400
신채호 72, 428
실러, 허버트 199
17대 총선 → 4·15 총선
씨족 중심주의 440
씨족주의 452

ㅇ

아렌트 48
아롱 54
아마드 194
아비투스 518
IMF 13, 119, 218, 322
IMF 관리체제 44, 233, 321, 328
아탈리 237
안보국가 320
안중근 501
안창호 180
안티조선 203

알베르 62, 242, 249
암스덴 64, 133
애국주의 496
애치슨 15
앤더슨 55
앵글로색슨형 자본주의 21, 62, 249, 264,
　　376
양극화 209, 286, 296, 302, 305, 306, 314
업종별 노조 308
NGO 54, 391, 434, 481
여운형 156
여촌야도 400
영구군비경제 93
오리엔탈리즘 62, 71, 109, 493
오웰 31
OECD 124, 240
5·16 쿠데타 161, 211
5·18 광주 85
오코너 266
YH사건 391
외환위기 13, 22, 113, 118, 131, 137, 218,
　　278, 292, 321
워싱턴 컨센서스 227
월러스틴 95, 121, 465
유가 428, 435
유교 135, 428, 435
유교 자본주의론 135
유신반대 운동 158
유연화 22, 54, 216, 314, 323

6월 항쟁 159, 387, 388, 392, 394, 399, 400, 515, 517

6·29 선언 213

6·15 정상회담 510

68혁명 517

윤치호 177, 181

의료보험 249, 278

의약분업 402

이광규 444

이광수 180

이라크 파병 97

이만갑 440

이만규 443

이병희 297

이상은 430, 436, 449

이승만 48, 163, 178, 182, 473

이승환 450

이필상 125

인간안보 498

인종주의 100, 162, 464

인종차별주의 59

일상적 파시즘 515, 517

일용직 301

임노동자 296

임시직 301

임지현 482, 515

임현진 110

ㅈ

자국 중심주의 531

자기조절적 시장 55

자민족 중심주의 461, 464, 482, 508

자발적 결사체 434

자유 166

자유기업원 149

자유민주주의 164

자유주의 88, 147, 165, 168

장준하 158

장지연 430, 448

재상품화 325

재외동포법 469

저신뢰 사회 444

저항 민족주의 473, 490, 507, 509

전교조 196, 387

전노협 273

전두환 381

전태일 271, 319

전통적 노동자 289, 290

전통적 프롤레타리아 293

정규직 301

정리해고 347

정보 188

정성진 107

정실 자본주의 283

정약용 477

정영태 390

신자유주의와 한국 노동자의 인권 — 외환위기 직후를 중심으로
　　『21세기 인권』, 인권재단 편, 한길사, 2000.
전환기의 한국사회, 새로운 출발점에 선 사회운동
　　『참여사회』(제6호), 참여사회연구소, 2004, 하반기.

제4부
한국 민주화의 주도세력
　　"한국 민주화 운동의 국제적 위상", 민주화운동기념사업회 학술심포지엄, 2002.
21세기에는 학벌주의가 사라져야 한다 — 대학 서열화 극복을 위한 대학개혁
　　'학력, 학벌주의 극복을 위한 정책협의회' 발표 논문, 한국교육개발원, 2002.
유교와 한국의 가족주의 — 가족주의는 유교적 가치의 산물인가
　　『경제와 사회』, 한국산업사회학회 편, 한울, 2002, 가을호.

제5부
한국인들의 자민족 중심주의
　　『실천문학』, 실천문학사, 2001, 가을호.
시민운동과 민족, 민족주의
　　『시민과 세계』(제2호), 참여사회연구소, 2002, 상반기.
21세기와 한국의 민족주의
　　『당대비평』(제14호), 삼인, 2001, 봄호.
일상적 파시즘에 대한 생각
　　『당대비평』(제14호), 삼인, 2001, 봄호.
해방 60년, 한국의 민족주의와 민족문제의 위상
　　"다시 민족문학을 생각한다", 광복 60주년 기념 학술세미나, 민족문학작가회의, 2005.